中国结构性司改论纲

OUTLINE OF STRUCTURAL REFORM IN CHINA

杨力 等／著

法律出版社 LAW PRESS · CHINA
北京

图书在版编目（CIP）数据

中国结构性司改论纲 / 杨力等著. -- 北京 : 法律出版社, 2023
ISBN 978-7-5197-7126-3

Ⅰ. ①中… Ⅱ. ①杨… Ⅲ. ①司法制度 – 体制改革 – 研究 – 中国 Ⅳ. ①D926.04

中国版本图书馆CIP数据核字（2022）第173653号

中国结构性司改论纲
ZHONGGUO JIEGOUXING SIGAI LUNGANG

作　　者：杨　力 等
责任编辑：王　珊　许莹洁
装帧设计：汪奇峰
出版发行：法律出版社
编辑统筹：学术・对外出版分社
责任校对：王晓萍
责任印制：陶　松
经　　销：新华书店
开　　本：710毫米×1000毫米　1/16
印　　张：44.25
字　　数：724千
版　　本：2023年9月第1版
印　　次：2023年9月第1次印刷
印　　刷：北京虎彩文化传播有限公司
书　　号：ISBN 978-7-5197-7126-3
定　　价：268.00元

销售电话：010-83938349　客服电话：010-83938350　咨询电话：010-63939796
地　　址：北京市丰台区莲花池西里7号(100073)
网　　址：www.lawpress.com.cn
投稿邮箱：info@lawpress.com.cn
举报盗版邮箱：jbwq@lawpress.com.cn
凡购买本社图书，如有印装错误，我社负责退换。电话：010-83938349

作 者 简 介

杨　力

上海交通大学特聘教授，教育部青年长江学者。担任智慧司法研究院常务副院长、人民法院矛盾纠纷源头治理研究基地主任、上海交通大学智慧司法实验室主任，兼任国际亚太欧洲法学院联盟（APELI）秘书长、上海市法学会公司法务研究会会长、上海市大数据社会应用研究会首任会长。主持多项国家社科基金重大项目、最高人民法院重大项目等，发表国内外期刊论文 130 余篇，获专利、软著和技术标准15项。曾经在美国杜克大学、美国北卡罗来纳大学、荷兰鹿特丹大学等担任访问教授。主要致力于智慧司法知识体系及场景应用、数据交易和授权运营、司法体制结构性改革、企业反舞弊合规与社会责任、法社会学基本理论、法学教育改革等研究。

序　一

该部著作是杨力教授主持国家社科基金重大项目、最高人民法院重大项目、国家重点研发计划课题的集成性、体系化的原创成果。中国新一轮司法体制改革分为基础性司法体制改革(简称基础司改)和综合配套司法体制改革(简称综配司改)两个阶段。其中,综配司改更加具有“结构性”。本成果甄别和精选了新时代中国结构性司改理论和实践的若干重大命题,给予全面深入研究。

决策咨询成果获过党和国家领导人、省部级以上领导肯定性批示16次,并被相关实践工作部门采用,不少经验被多个省份借鉴。其中,涉及“智慧司法”的技术研发成果取得计算机软件著作权7项、申请发明专利5项,并在全国多地转化应用,形成了“产学研用”一体化闭环,产生较大经济和社会效益。

理论成果在《中国法学》、*Asian Journal of Law and Society*、*Hong Kong Law Journal*、《中国社会科学评价》、《政法论坛》、《法律科学》、《法学家》、《东方法学》、《华东政法大学学报》、《法学》、《政治与法律》、《政法论丛》、《人民司法》、《法律适用》、《上海交通大学学报(社会科学版)》等刊物发表学术论文19篇。其中,8篇论文在最高人民法院、中国社会社学杂志社、香港城市大学、英国伦敦国际政治与比较法研究院、荷兰伊拉斯姆斯大学、日本大阪大学、新加坡国立大学、西班牙阿维尼达大学主办的学术研讨会上,以主题报告方式被宣读,产生较大国内外学术影响。

相关成果入选上海市人民政府决策咨询奖一等奖2次、第十六届长三角法学论坛一等奖、世界人工智能大会法治论坛二等奖、中国社会科学评价研究院中国智库咨询建言地方贡献奖、最高人民法院司法体制综合配套改革论文优秀奖。

特别鸣谢最高人民法院办公厅、立案庭、信息中心、司法改革办公室，以及中共上海市委办公厅、中共上海市委政法委、上海市人民代表大会监察和司法委员会、上海市高级人民法院、上海市人民检察院、上海市司法局、上海市法学会、上海市第一中级人民法院、上海市第二中级人民法院、上海市第三中级人民法院、上海金融法院、上海社科院法学研究所等提供的各种支持和帮助！

序　二

2014 年起，中国的新一轮司改在地方先行先试，渐次在全国展开。这一阶段作为“基础司改”，初步完成了司法责任制、人员分类管理、以审判为中心的诉讼机制和省一级人财物统管改革。其中，司改的“上海样本”尤其受到中央和社会各界的充分肯定，具有十分重要的代表性意义。2017 年 8 月 29 日，中央深改组[①]审议通过《关于上海市开展司法体制综合配套改革试点的框架意见》（以下简称《上海综配司改框架意见》），使上海又一次成为深化司改的“试验田”。区别于前一阶段，综配司改定位于深化司法体制改革的“有限目标”，包括有基础、迫切性、可行性、有特色、可复制等内容。相对于基础司改，综配司改牵扯多方利益、流水线长、作业面广、程序繁复、难度较高，所以，以“一盘棋”思路，更加强调同步设计、系统完备、互为前提、体系配套，尤其关注关键议题与优先顺位的内在锲合性。

毫无疑问，这一轮的基础司改及综配司改是一项立足于全局视野的系统工程，借助国内外前沿成果不断创新，反思以往司改的经验和教训，以及破解基础司改中存在的难题。在此基础上，作为中国结构性司改特色最为显著的综配司改针对司法主体体系化、优化司法职权配置、健全司法管理运行机制、综合法律服务供应体系、智慧司法和司法行政、定性定量

① 中央全面深化改革领导小组，2018 年 3 月根据中共中央《深化党和国家机构改革方案》改为中央全面深化改革委员会（中央深改委）。

评估体系等重点领域,逐步建立了新时代司改理论和实践架构,又提炼了进一步推动全面政法改革的攻坚点。正是从这一角度,中央甄选上海推动综配司改,具有深刻的内在逻辑和具体指向,目的是让趋于成熟的上海司改在改革思路、推进模式和运行机制上具有更强的可复制和推广的意义。

2019 年 12 月,全国首个试点的上海综配司改已经完成。它探索以往司改存在的以下重大问题:改革的系统集成性不强,司改多个项目之间的耦合性没有被充分认识;部分改革任务协同性部署不够,制度和机制的衔接有缝隙,平台化转型缺少统筹;满足多元化需求供给不精准,执法司法的便民和惠民政策不到位;另外,还存在配套政策未完全实施、改革重点任务未彻底落实、实质性改革成效不明显等问题。这些现象虽然直接导致"改革红利"的释放不足,但也是进一步深化综配司改的契机。

基于以上分析,中国新一轮司改包括基础司改和综配司改两个阶段。为了疏解长期以来的"小修小补"司改陷入的"内卷化"困境,作为主体工程的基础司改完成了阶段性突破。但是,对其效能分析使深化司改的复杂性逐步被认识,不少实际问题甚至超出人们想象,导致改革目标难以毕其功于一役。简言之,不进入配套工程的综配司改,就难以上升到一种新的形态,还会让持续的治理成本投入不能带来更多相应的增益,又陷入新的阶段的"内卷化"。于是,综配司改基于"锚定理论"以基础司改为测评的起始值,部署和决策时对基础司改出现的问题给予更多关注,尤其强调配套工程与主体工程的跟进衔接。值得关注的是,综配司改试点有成绩,但也出现了聚光灯下的"霍桑效应",让这一配套工程仍然存在"内卷化"现象,亟待整饬以推动司改进一步深化。在此基础上,政法改革的概念随之而出,并需要优先解决一些亟待破解的关键议题。所以,本研究就是对于以上以综配司改为主要对象的中国结构性司改进行的体系化研究。

本研究框架采取"总分结构",且在总和分的展开上又遵循了"递进逻辑"。在总论部分,开门见山,回顾了综配司改的背景和意义之后,分析了在综配司改之前中国司改的演进道路、取得的成绩和存在的问题。之后,全面梳理了综配司改在理论界和实务界的改革共识,包括现实基础、内在驱动、逻辑支撑、突出短板和重点难点。同时,根据中央深改委、中央政法委、"两高",以及全国政法机关的深改共识,引出聚焦于综配司改"四梁八柱"的整体研究框架。在此基础上,对于员额制的动态调整改革、司法责任制下的强化法律监督、以审判权为中心的职权优化配置改革等重大现实命题给予重点关注。

在分论部分，基本上按照法院、检察院、司法行政部门三大系统分类，抓住其中的六类命题分别加以展开。这种分类式研究并不苛求“面面俱到”，而是务求寻要害、抓重点，突出可复制和可推广的经验，以及深改中出现的重要创新；同时，又注意关注分析深改出现难题背后的更深层次问题，探索和提出解决问题的“可选项”，逐一加以评点和分析，提出破解难题的最佳方案。当然，也不刻意避讳深改出现的失误和短板，重在汲取教训和经验，以为后事之师。比较值得一提的是，本研究的最终成果付梓之时，恰是上海司改综配试点的收官的次年，所以，最终以量化实证分析工具，对整体和局部的上海综配司改进行了比较科学的全面评估，实现了让研究成果形成“闭环”的目的。

本研究成果主要撰稿人包括杨力、彭辉、徐礼强、顾全、陈红蕾、林竹静、赵帅、宋虹、张倩、夏朝羡等。

是为序。

简　目

详　目

第一编　导　　论

一、重大意义

继司法现任制等基础司改取得重大突破，综配司改标志着新一轮中国结构性司改迈进体系化改革的全新阶段，改革的任务目标、外延内涵、方式模式等都产生重大变化。综配司改是对司法体制改革的纵向深化和横向拓展。其内涵主要有两个方面：一是要筑牢基础司改，固化已经取得的改革成果，建立稳定长效的框架，以及促进改革成果的规范化、常态化和系统化；二是要通过综合性、系统性的制度安排，填补基础司改的“空白”或“缝隙”，消弭改革举措之间的不协调，形成整体性的改革合力，推进司法体制向更加科学完备方向发展。

2019 年 12 月，首个试点的上海综配司改历时一年多，基于前期坚实的司改基础完成收官。改革成果得到中央深改委、中央政法委、“两高”和其他省市以及学术界充分认可，也在实践中取得预期成效。试点以来，在党中央和中共上海市委的正确领导下，政法机关和相关责任单位结合政法系统大调研，着力在巩固、健全和深化司改举措以及持续彰显改革成效上不断改进，尤其在推进制度创新、形成可复制可推广的经验上下功夫，努力实现司法公正与司法效率的全面提升。通过准确把握综配司改总体要求，纵深推进、多点突破和全面发力，增强改革的整体性和协同性，拓宽和加深改革的深度和广度，成效显著。同时，长三角区域经济社会一体化发展，为上海综配司改带来了强大的外部动能。2018 年 5 月 26 日，上海牵头召开沪苏浙皖政法系统领导座谈会，四地签署了推进更高质量平安长三角、法治长三角建设的总体方案，积极构建长三角政法工作联动融合发展的崭新格局，在引领推动长三角政法工作的同时，为进一步提升上海综配司改的质量和效率提供了广阔空间和有利契机。

上海前期在基础司改和综配司改中取得的成效，是在深入分析把握新时代司法体制改革规律特点的基础上，敢于“啃硬骨头、涉险滩、闯难关”，善于“打攻坚战、歼灭战、持久战”，不断推动改革取得突破性进展的结果。改革虽然有不少“首创”，积累了丰富经验，但是，作为全国率先开展的综配司改试点仍存在领先不足、实效不明显等短板，制约了改革纵深推进。一是推进各项改革试点任务的责任感、紧迫感还不强。按照改革总体部署发挥能动性，自主改、大胆试的决心和干劲还不足，客观上会存在个别的“等靠要”。二是改革的系统集成力度不够大。部分改革任务的关联性、耦合性尚未充分厘清，有的改革任务和举措缺乏系统部署，实施过程中衔接不够紧密，系统集成水平亟待提高。三是改革试点实质性落地的成效不够明显。司法机关内控机制不够健全，司法人员办案能力和案件质量提升还有较大空间，改革的最终目标和人民群众的实际感受之间还有差距。四是满足群众多元需求的精准供给不充分。执法司法的各项为民、便民、利民、惠民政策措施仍待进一步完善，群众满意度对政法工作发展的促进作用尚未充分显现。这些问题既是司法体制改革中尚存的短板和不足，也是新时代推动全面政法改革的空间和契机，亟待全面深入研究。

二、重要命题

毫无疑问，作为中国司法进入深水区的上海综配司改试点，不宜被简单复制，但作为改革“尖兵”积累的经验、引发的效应和出现的难题，值得全面梳理和研究。其要点包括但不限于：

1. 司法主体体系化构建。法官、检察官的素能从根本上决定了法律正义的质量，甚至可以“片面式”地认为，有什么样的法官、检察官，就会有什么样的司法。不论制度有多先进、设计有多周全，如果忽视了法官、检察官的全方位进阶培养，抑或不关注法官、检察官的法律职业选拔机制，公平正义必将大打折扣，也会让他们之中的优秀者产生极大的挫败感。因此，需要深入研究法官和检察官的员额优化配置、激励导向显著的职业选拔，需要厚基础接地气的精良法学教育、法律实践、职业训练和在职培训。这些环节之间密切相关，又紧密依赖于各方面的共同努力，以使法律职业的人才进阶和培养制度“配套性”更强。

2. 优化司法职权配置。优化职权配置，乃是所有司法改革的“必选项”，涉及的是司法制度的内部职能划分和相互关系界定。让司法实现公平正义，必须有一个合理、科学的内部构造，维持一个平衡结构。最高人民法院“四五”改革纲要出台以来,建立以审判为中心的刑事诉讼制度、国家监察体制和检察机关提起公益诉讼等重大改革,都被认为是优化职权配置的成功典范。改革仍在行进,需要有相应的“配套”措施跟进,并且其折射的方向与综配司改完全吻合,这就迫切需要研究如何进一步把司法职权合理地划分为不同的“功能区”,以完成司法职权的优化配置。

3. 健全司法运行管理机制。一项系统工程得以最大程度地释放效能,除了静态的主体、元素、构造等,把静态各项结合起来的制度、程序和机制,同样应被高度关注。司法上的这些“软件要素”主要分为三类:直接规范和指引案件审判的诉讼程序规则;保障组织和人员履行职责的管理规范;司法责任制改革之后的监督应对。因此,需要针对这三类规则的不健全、不完备、不合理,尤其针对长期以来司法顽症的破解,提出深化改革之道。

4. 综合法律服务供应体系。一般认为,司法改革的对象就是司法,殊不知司法改革一半的功夫要花在司法之外,司法的“独善其身”行不通。综配司改的关键功效就在于“系统集成”,如果关联性强、相互制约的改革不同步,就会导致事倍功半。因此,除了锁定司法的多元纠纷解决、繁简分流、速裁机制、法官助理和其他辅助人员配置、特邀和委托调解等研究,还要扩展到“拍评鉴”等诉讼服务辅助机构推荐、公证机构体制改革、社区矫正和安置帮教、诉仲调对接、商事调解组织专业化和市场化等难点的研究,这都有赖于系统性的综配司改研究。

5. 智慧司法和司法行政。智慧司法,已被认为是平行甚至更重于司改的新兴重要领域。然而,全国司法机关的智慧化程度发展不平衡,信息化基石不稳固,智慧司法的顶层规划有待优化。在此基础上,亟待延伸探索以下方面:互联网对审判体系、审判能力的影响度全面评估;面向案件审判执行全流程的智能化管控切入点;案件全流程的审判风险智能排查与预警;审判资源优化配置的动态化绩效评估;基于人案关联分析的法院廉政风险防控;数据挖掘人财物及使用关联分析助力法院破解“执行难”;面向数据与智能裁判的舆情监测与应急处置机制;等等。

6. 定性定量评估体系。评估考核是整个司改的一个转承启合的重要环节,它既是对全过程的检视和评估,也是一个更高层次新过程的开始。虽然综配司改还不宜直接让司法评估考核机制纳入审判程序,但它在总结经验教训、衡量改革进度、评价改革成果方面具有不可替代的作用。目前,涉及司法改革和公信力评估的指标、指数不胜枚举,①这些也都验证了把评估考核机制引入综配司改的必要性。但是,当前的评估考核存在评估样本不足、数据不全、方法简单甚至背离司法规律等问题,亟待构建科学、公平、客观的司法评估考核体系。

三、整体思路

深化综配司改研究的整体思路,沿着"1234"的内在逻辑展开,包括:一个聚焦、两个层次、三个核心、四个维度。

(一)一个聚焦

聚焦于综配司改这一系统工程。已有多数研究只关注司改的系统设计、信息搜集、数据整理、专项分析、实务运用、综合评价等,不太关注司改进程性动态研究。这一进程是长期、复杂而又需循序渐进的,不可能一蹴而就,需要不断在实践中摸索与完善。目前,综配司改的系统研究不够深入,导致在认知意识、要件架构以及配套的制度建设、运行机制等方面存在这样或那样的问题。为此,本研究倾注更多关注在综配司改的基础理论证成、员额动态配置和选任、权力运行的监督管理、信息和智慧技术的支撑、定量化司法公信力和改革绩效评估体系等方面。

(二)两个层次

采取"总分框架"覆盖了两个层次。

1. 总论。开门见山,回顾了综配司改的背景和意义之后,分析了在综配司改之前中国司改的演进道路、取得的成绩和存在的问题。之后,全面梳理了综配司改在理论界和实务界的改革共识,包括现实基础、内在驱动、逻辑支撑、突出短板和重点难点。同时,根据中央深改委、中央政法委、"两高",以及上海市委政法委、法院、检察院和司法行政部门的深改共识,引出了聚焦于综配司改"四梁八柱"的整体研究框架。在此基础上,对于员额制的动态调整改革、司法责任制下的强化法律监督改革、以审判权为中心的职权优化配置改革等重大现实命题进行重点研究。

① 比较主流的指数包括中国社会科学院法学所的"司法透明度指数"、中国政法大学的"司法文明指数"、中国人民大学的"中国法治评估指标体系"、广州大学的"中国司法综合指数"等,最高人民法院也有"司法绩效考核体系"。在国际上,还有世界正义工程的"法治指数"、新加坡等国的"卓越法院评估框架"等。

2. 分论。基本上按照法院、检察院、司法行政部门三个综配司改领域，分别加以展开。在分类式研究中，并不苛求“面面俱到”，而是务求寻要害、抓重点，突出可复制和可推广的经验，以及深改中出现的重大创新；同时，又注意关注于分析深改出现难题背后的若干更深层次问题，探索和提出解决问题的“可选项”，逐一加以评点和分析，提出破解难题的最佳方案。当然，也不刻意避讳深改出现的失误和短板，重在汲取教训和经验，以为后事之师。比较值得一提的，本研究的最终成果付梓之时，恰是上海司改综配试点的收官之次年，所以，以量化的实证分析工具，又对整体和局部的上海综配司改进行了比较科学的全面评估，让研究成果形成了“闭环”。

(三) 三个核心

围绕结构、功能和类型三个核心逻辑。(1) 结构上，主要研究综配司改的基础理论和实践运用的复合性系统，重点针对暴露出来的现实短板和理论供应不足问题，优化司改理论和提出策论式建议。(2) 功能上，提出描述、评价、检验、改进、批判、反思、监测、预测和推进等指标。比如，构建了一套由诸多指标所构成的内部评价、外部评价、目标评价、质效评价四位一体的评估标准体系。(3) 类型上，着眼于不同地区、不同发展阶段的时空上的特异性展开，以基层法院/检察院、中级法院/检察分院、高级法院/市检的分散而又系统的综配司改实践为切入点，以面临的现实问题为导向。

(四) 四个维度

主要内容沿着四个理论和实践维度。

1. 基础理论和实践的梳理。全面回顾综配司改的源流与发展轨迹，归纳和评析综配司改的基础理论全景，在此基础上，分析司改的结构性特性、基础、动力、逻辑和难点等。其中，创新的重点是完成对于综配司改研究的理论基础论证，在此基础上，通过对国内外已有研究、各方对综配司改思路主张的比较，对综配司改理论与研究范式加以类型化梳理，由此建立研究的框架与方法体系。基于此进一步明确研究的目标与推进的逻辑，借助对国内外司法体制改革演进的历史分析、现有司改革实践的总结，以及结合对国内外司改经验的考察与总结，评估不同时期、不同地区的司改实践绩效，凝练司改一般规律。

2. 机理分析和数据库构建。甄别综配司改存在的问题，在把握改革的建设背景和汲取经验教训的基础上，交叉采用法学、社会学的理论与方法，探讨综配司改实践。通过综配司改的内在机理分析,持续为后续的研究提供支持;基于理论机制分析,确定相应的变量和权重;再进一步通过大数据的挖掘、清洗和整理,以及借助深入实地调研和统计等小数据,构建国内司改研究所需的专题数据库。一方面,充分利用获取现有资料与数据方面的优势与条件,通过国家及上海法院/检察院、相关研究机构和与国外组织的广泛合作获取相应研究数据。另一方面,通过重点调研与微观调查的方式获取一手研究数据资料,科学选择代表性地区,设计相应调查问卷,对调查区域法院/检察院的综配司改实践以及相关主体的认知决策进行大规模调查,构建大样本的"田野调研数据库",支撑定量化研究。

3. 实证分析和政策评估维度。为了贯彻落实中央深改委的上海综配司改框架意见,中共上海市委政法委制订了 117 条意见,法、检、司法行政部门又各自推出共计 400 余条更细致的改革方案。对此,本研究利用不同宏微观数据,建立相应的计量模型,多元采用统计、计量分析等手段分析影响综配司改的因素,尤其对关键变量进行测度。[①] 在机理分析与实证分析的基础上,基于法社会学的视角对相应的政策进行检验;同时基于管理学方法,构建综配司改的诸多子系统以及制度调整与以往司改四个重点任务、经济社会变革之间的关联性系统;又在计量分析变量相互关系的基础上,模拟综配司改的政策效应,评估对司法体系与司法能力的影响。

4. 体系构建和改革要素配置。基于综配司改的现实需求以及中国的国情政体,最终提出综配司改的体系框架和实施步骤,并总结可复制和可推广的清单及方案。"地方试点的司改一旦出现缺少体系化的全局观,就会出现步调与思路不统一,缺乏整体布局和规范,进而出现改革走向深入之后的'力不从心'。"[②]因此,地方性综配司改样板试点不能各自为政、各行其是,而是需要上下层级、主体客体、系统内在、前后的衔接,加以内在联结和统筹制度照应。否则,就会导致改革的偶然性和随意性,甚至还会出现改革举措被诟病和责难,严重影响司改的效果。

---

① 比如,对法官动态员额、案件权重系数影响因素的测度,对综配司改供给与需求影响因素的测度,对法官、检察官、社会公众等群体对综配司改满意度影响因素的测度等。

② 蒋惠岭:《未来司法体制改革面临的具体问题》,载《贵州法学》2014 年第 8 期。

四、系统研究

根据以上的整体思路，围绕综配司改要素之间的关联研究，在广义上全方位展现改革的重点是题中应有之义。主要包括：

1. 体系化、结构化的改革配套研究。一方面，聚焦综配司改的具体问题，深入进行理论与实证研究，寻找综配司改创新之道，构建相关的创新理论；另一方面，注重树立系统的观念，推进综配司改内部各条块之间的有机联系，并将综配司改置于司改大系统中加以审视与研究。

2. 理论剖析、经验总结与实证协同。既注重理论分析，以法学、社会学等理论对综配司改进行分析，也注重对国内外司改演进的经验总结与借鉴，还将以数据挖掘和“田野调查”的交错运用破解司改的困境。毕竟综配司改的时日尚短，仍属新生事物，既有理论并非“灵丹妙药”。其中，除了成功经验的归纳，尤其关注对失败教训的吸取和分析，因为其可以较完整地反映出制度或政策设计的缺陷，进而凝练与丰富司改变迁的理论。

3. 改革效益与短板风控的双重并重。综配司改涉及员额和助理配置、整体办案辅助人员编制、人事任免提到省级统管、经费纳入省级和国家预算、建立与行政区划相分离的司法辖区等方面，逐步走向成熟后还涉及《人民法院组织法》《法官法》《人民检察院组织法》《检察官法》甚至《宪法》的修订和调整。同时值得关注的是，改革风险依旧很大，许多方案要运行很长时间后才能印证，使司改“于法有据”需要重点考量。因此，需要充分重视综配司改的外部性，在评估当前改革所引发的司法运行、机构管理和信息安全等问题的基础上，树立底线意识，以更大气魄促进综配司改优势因子属性的释放。

4. 分布式的信息互联与共享性思维。借助“206 工程”刑事案件智能辅助办案系统的样板，推动政法机关信息系统的互联互通、办案业务协同和信息资源共享；进一步推动刑、民、商、行政等更多领域智能辅助办案，以及移动终端办案等系统的场景应用，为司法办案和行政管理提供智能辅助服务；加大人工智能辅助系统在欠费、银行小额债务纠纷等部分小额诉讼及简易程序案件审理中的应用；推动有关政法机关与行政机关、移动通信与网络信息服务商、民航、铁路、航运等部门之间的信息交换与联动机制，授权开通办案人员核实信息的“点对点”查询权限，确保在安全规范前提下提高办案效率；运用信息化手段深化司法公开、警务公开与狱务公开，更好服务人民群众。

5. 试点特征凝炼与可复制可推广总结。对综配司改展开第三方独立评估，把方案设计的科学性建立在客观数据之上，使得司改过程告别“拍脑袋式”的定性经验决策，将司改成效、问题与建议奠基于定量分析的结论，根据数据评估结果，客观呈现改革成果，及时纠偏。换言之，既要立足于解决现存的司改问题，助推中国司改进一步纵深推进，又要将基于综配司改的实践总结，创新中国特色的司改理论体系。只有体现中国语境与特色的司改，才能更好顺应中国的发展，更好适应中国的现实环境。这就要求在构建第三方评估指标体系解决上海综配司改的现实问题的同时，进一步凝练与创新综配司改中的可复制、可推广经验。

五、多元方法

本研究采用理论证成与实证分析相结合、面上评估与突出典型相结合、事实梳理与实验测度相结合的研究方法，对综配司改的逻辑架构、关键变量、基本要件、主要议题、评估体系等进行了全面深入研究。方法论包括：

1. 文献分析方法。上海成为开展综配司改唯一的试点地区，这是中央对上海以往司改经验和成效的充分肯定。上海再次扛起改革创新的大旗，使命光荣，责任重大。鉴于司改对经济发展与社会变革的重要性，无论在司改理论领域还是实证研究领域，国内外都已有了较丰富的研究积累，因此需要对其中涉及综配司改的重点文献进行全面梳理和类型化比较。

2. 差异比较方法。深化综配司改的布局是“由点到面”，样板的可复制、可推广意义非同寻常。但是，区域、城乡之间差距仍在扩大而导致政法发展的不平衡，多样性和复杂性程度更为显著。所以，这一轮综配司改选择以上海为试点，采取了“试错与建构相结合”的方案，关键在于把可复制、可推广经验加以提炼之时，需要同时借助横向的比较研究，对不平衡进行清晰认知，探索和优化改革方案，以及“何为最佳改革进路以及成功的可能条件”①。因此，整体推进与地方试错之间不是非此即彼的截然对立，只是侧重点有所不同。②

3. 大数据挖掘分析。大数据的应用是新一代大规模实证研究的主要方法。司法大数据建设本身已被“两高”不断迭代，事实上，许多综配司改的重大决策

① 孙莉：《论作为过程的司法改革的过程正当化》，载《法制与社会发展》2014 年第 6 期。

② 左卫民：《十字路口的中国司法改革：反思与前瞻》，载《现代法学》2008 年第 6 期。

都是大数据分析结果。这使得对综配司改的研讨,离不开还原大数据、数据清洗、因子赋权、算法设计和场景可视化的全链条闭环研究。其中,难点在于因子赋权和算法设计能否形成问题导向、业务驱动型的司法大数据应用研究,尤其是学科交叉、跨界交叉实现深度融合,克服数据与业务“两层皮”现象,是大数据方法成功与否的关键。

4. 小数据统计分析。小数据的交叉应用乃是检验大数据研究范式及成果成熟度的重要衡平器。大数据是以概率方式判断综配司改影响因素的权重,但是,对综配司改中的某些指标属性项,特别是定量化的具体属性,完全可以从有关方面的统计数据中直接取得,为该属性进行权威赋值;对于某些属性没有明确的已知值,需要通过对相关历史资料或者其他统计数据的整理和分析间接计算取得。

5. 专家咨询和评估。对于综配司改研究中具有较高的理论深度和专业水平的问题,特别是一些定性的、主观性的指标属性项,一般都难以由大数据、小数据等客观的数据加以表示。对于这一类的定量研究信息采集,还必须借助专家咨询法。由于专家的知识较为专业,能比较科学地分析和判断综配司改近几年带来的成本与收益;同时,也由于来自全社会各个行业的专家对综配司改进行评价,其实际上能成为真正“第三方”,进行公正客观的校验。

6. 计量分析方法。以上的大、小数据运用,以及专家评估校验对综配司改的评估,又划分为“前—后”分析、“投射—实施”分析、“有—无”分析和“控制对象—实验对象”分析四种具体方案,以四个方案的事实数据及社会影响为基点,简捷地进行多元回归。为了克服回归结果的内生性等问题,保障研究结论的可信性,还可以基于数据质量与实现情况,更多地引入最新的计量分析方法,进行参数或非参数计量分析,力求实证研究的科学性和严谨性。

7. 个案分析方法。本研究还将采用个案分析的方法,特别是通过深入细致的调查与访谈,凝练和总结代表性综配司改的实践经验。上海样本的三级法院、检察院和司法行政机关在落实市委政法委的 117 项综配司改举措上,结合自身以往的积累,从改革开始就进行的是“一盘棋”整体布局下的优势分工和有序试点,不少进行了卓有成效的探索,提供了宝贵经验。当然,研究不唯“拔尖”,而是以可复制、可推广为出发点,挑选了典型进行梳理和总结。

8. “田野调查”方法。除了个案分析,研究中还采用“田野调查”方法,进行了大样本的问卷调查。调查问卷发放,既面向整个司法机构内部,也注意向具体地区和特定目标群体（法院和检察院的管理层、员额法官和检察官、法官助理和检察官助理、其他办案辅助人员等）。同时，又结合采用了座谈会方法，邀请组织法院/检察院的目标群体，专门针对综配司改的重点难点进行座谈，深入了解综配司改的现实问题、主体诉求与制度约束，为进一步的统计分析、计量分析提供一手数据。

第二编　结构性司改基本理论

第一章 司改的进阶式分析

格尔茨(Clifford Geertz)在研究爪哇殖民地和后殖民地时代的水稻农业中发现,爪哇农业生产属于劳动力填充型,不断重复简单再生产。经过观察,他发现爪哇农民在人口压力下不断增加水稻种植过程中的劳动投入,但劳动的超密集投入并未带来产出的成比例增长,而是出现了单位劳动边际报酬递减的现象,人均产值长期原地踏步,以致爪哇农业的渐次放缓。[①] 他以此为起点,掀起了学术界对于近现代发展进程中一系列问题的讨论,产生了深远的学术影响,引起了多个国家学者持续50多年的学术争鸣。[②] 此后,这一讨论的成果又被法学界用于分析特定国家和地区的司法变迁史和诉讼制度问题。[③] 这一问题指向的是一种社会或政治、经济、文化模式发展到某个阶段形成一定的形式后发展放缓,只是在内部变得越来越复杂而无法向新的、更高级的形式变迁的状态,描述的是一种快速发展进入瓶颈期之后,需要采取结构性改革方案以达到实质性突破的状态。其在结构上,表现为系统内部各

---

① Clifford Geertz, *Agricultural Involution*: *The Process Ecological Change in Indonesia*, University of California Press, 1963, p. 31-45.

② Philp Huang C. C., *The Peasant Family and Rural Development in the Yangzi Delta*, University of California Press, 1990, p. 1350-1988; Michael Burawoy, *The State and Economic Involution*: *Russia through a China Lens*, World Development, Vol. 24, 1996(6).

③ 比如,吴英姿教授运用内卷化理论分析诉讼标的理论;陈慰星教授分析了超职权主义诉讼模式下法院调解内卷化现象;蒋勇博士运用内卷化理论探讨警察权控制形成的宏观机理。

构成要素之间的关系亟待进一步理顺；在功能上，表现为系统发展需要上升到更高层级，以解决不能有效适应新需求的功能性障碍；在绩效上，呈现为系统运行效率迫切需要不断优化以提高绩效。

第一节 以往司改的阶段类型

在理论构建上，涉及司法管理的研究在中国尽管还没有在学科体系上被大规模组织，但是，其从20世纪末至今一直是法学界关注的焦点。学者们不断从基本理论、制度创新和模式构建等提出新观点，论证推进司法体系和司法能力现代化的宏大图景、路径选项、时间表和行动进程，但没有一个学说敢于标榜自己无懈可击。新观点一直受到挑战没有达成共识，导致理论沉淀不足以支持司改向纵深推进。同时，原有政治环境、诉讼结构、司法职权锁定了技术性司改轴心的外部框架，在司法机关对外和对内关系上成为改革舒展的阻碍。即使学术界试图创新，但与实务界存在隔膜，因此没有能突破理想与现实的失衡而实现质的超越。甚至不少学者质疑“司法研究”是否是一个学术存在，认为该领域研究只能在概念修正和局部论证挖掘，导致司改呈现“内部精细化”的动向，概念变得越来越精细、理论论证越来越复杂，但是，提出的改革方案要么理论过于艰涩深奥或自洽性差，要么缺少可行性难以付诸操作层面，只能坚信制度自信这一前提而埋首于做技术性调整，导致与司法实践的具体需求渐行渐远。这种改革理论不足使司改步伐不得不放慢。

在现实情境中，以建立公正高效权威的社会主义司法制度为目的，1997年以来中国司改大致可分为探索、推进、深化三个阶段。一是探索期（1997~2008年）：由“政治司法”向“职业司法”转变。该时期的目标是借助对司法人事管理、职业保障、办案方式等的初步改革探索，使司法权运作模式、司法官角色等基本元素“去政治化”，渐次让司法回归其“职业化”应有的本质。[①] 可以说，起步阶段司改的方向对、选点准，不过改革限于“两高”范围内，不少举措之间缺乏关联而只能零打碎敲。二是推进期（2008~2012年）：重述“人民司法”。这一时期的改革是通过提高司法透明度、增强裁判文书说理性、提供多元纠纷化

---

① 陈金鑫：《关于深化司法体制改革的若干思考》，载《东方法学》2008年第6期。

解渠道、加强司法对困难群体救济等方法，旨在不断缩短司法与人民之间的距离。[①] 但司法的地方化、行政化两大顽症并没有获得明显改观；[②]改革沿袭了以往的“机制性”修补，根本上触动利益群体的全面司改尚未开启。[③] 三是深化期（2012 年至今）：“四梁八柱”系统性、体制性司改走向深水区。改革是基于中央深改委的统一部署，所以提出了不少全局性、深层次问题，尤其是司改的基础性工程逐步完成让司法整体上实现了提质增效。[④]

盘点上述三个阶段，尤其党的十五大以来，日益清晰的司改阶段目标任务已被递进式提出并分步骤实现。从党的十五大“推进司法改革”，党的十六大“推进司法体制改革”，党的十七大“深化司法体制改革”，党的十八大“进一步深化司法体制改革”，再到党的十九大“深化司法体制综合配套改革”，不难发现，尽管以实现公正、高效和权威为目标的司改在加快推进，改革的持续复杂性逐步被认识，不少实际问题甚至超出人们想象，导致改革目标难以毕其功于一役。改革方案始终存在理性不足，制度执行出现走形，导致司改中出现了一些问题。比如，改革中新建立的员额遴选制度和组织不够科学；办案团队的动态绩效评估不够合理；省级人财物统筹依赖的最大饱和工作量测算不准确；破解“案多人少”的案件权重赋值体系未达成共识；人员分类改革后的办案辅助人员岗位职责模糊；以审判为中心的诉讼制度证明标准缺少一体化；公安司法机关之间不协同；跨行政区划的综合性法院、知识产权案件的“双轨制”，以及金融法院、互联网法院等专门法院的案件管辖碎片化；办案放权后的案件管理监督相对不足；司法机关的内设机构设置不优化；捕诉一体之后的侦查监督和审查起诉衔接不畅；公益诉讼案源线索的挖掘不尽如人意；诉讼监督尤其民行监督的短板效应明显；公共法律服务的平台化架构缺项多不完善；政法机关的智慧化程度不高；甚至局部还出现了司改目标的“替代现象”等。[⑤]

---

① 关倩：《法官视角中的能动司法》，载《法律科学（西北政法大学学报）》2012 年第 1 期。

② 龙宗智、袁坚：《深化改革背景下对司法行政化的遏制》，载《法学研究》2014 年第 1 期。

③ 陈光中、龙宗智：《关于深化司法改革若干问题的思考》，载《中国法学》2013 年第 4 期。

④ 龙宗智：《司法改革：回顾、检视与前瞻》，载《法学》2017 年第 7 期。

⑤ 目标替代现象，主要是指在组织运作过程中基于组织领导者的个人或者小团体的利益，组织可能异化为少数能够控制组织体的个人意志的产物，在其决策过程中也必然会追求自身利益的最大化，当自身利益与上级利益冲突时，执行主体就会依据自己的利益需要，利用信息不对称、顶层设计的模糊性和刚性约束的缺位等制度漏洞，采取机会主义的代理行为来架空委托目标，实现自身利益。在司法改革实行过程中，同样存在法检领导层基于个人利益或者小团体的利益扭曲或者替代司法改革组织目标的现象。

当下中国司改已进入深水区。改革措施一旦不能对相关因素作出预先反应,就必然受到系统其他要素的限制,导致配套措施跟不上、制度衔接有缝隙、地方试点差别大,严重影响改革效果。新一轮的基础司改成就斐然,但是,部分板块的确出现了行动延迟、错位或滞后,致使实然状态、应然状态与当然状态三者之间产生迭代的"制度性问题"。[①] 相应地,一些改革措施琐碎、相互冲突和彼此脱节,遭遇各种壁垒之后折返到原点。涉及完善分类管理、职权优化配置、规范权力运行、综合法律服务、深化科技应用、科学量化评估等配套性问题仍未得到解决,有的反而更加错综复杂,让改革治理难度明显增强,使司改在一定程度上出现了边际收益递减现象。鉴于此,为了保证司改的持续深化、全面推开,尤其是树立可复制和可推广的样板,极有必要及时对改革的结构性特征、现实基础、基本逻辑、问题短板进行全面梳理。在此基础上,挖掘和分析改革的理论基石,评述改革中存在的突出短板和攻坚难点,探索深化改革的基本原则及优先议题,进而确保改革以整体推进、重点突破、协同配合的方式顺利推进。

第二节　基础司改的效能分析

借助以上对司改的初步分析,可以得出一个结论,即司改在不断突破的同时,也在一定程度上出现了需要进行重大改革的问题。换言之,以往历时性的司改变迁史对原有形态不断进行了精细化修补,新一轮基础司改又实现了阶段性突破,但深化司改的复杂性让现有方案已经难以上升到一种新的形态,使得持续的治理成本投入不能带来更多相应的增益,亟待配套性改革跟上。

这种司改的"内卷化",还可以通过基础司改的"效能分析"获得进一步证成:一是评价司改实际结果是否达到预期,以及两者之间的差距;二是从成本收益角度评价司改有没有提高整体效率;三是司改成本投入所带来的边际报酬变化。

---

① "制度堕距"是从社会学引入的一个概念。1923 年,美国社会学家 W. F. 奥格本在其著作《社会变迁:关于文化和先天的本质》中最早提出"文化堕距"的概念,用以说明在社会变迁过程中,由于社会各部分变化速度差异而产生的诸多问题。奥格本认为,与物质文化和科学技术相比,制度与观念等的变迁速度往往更慢,这就产生了一种迟延现象。目前,已经有学者从制度的实然状态、当然状态和应然状态之间的差距角度,提出"制度堕距"的概念。参见王琪、陈昭:《央地关系:制度堕距与改革的内卷化困境》,载《山东社会科学》2017 年第 5 期。

一、摒弃“两化”现实状况

长期以来，不管是中央统一部署，还是“两高”系统推进、地方司改试点，“去行政化”“去地方化”（“两化”）一直是深化司改不移的核心目标。摒弃“两化”的目标实现与否，很大程度上决定了改革成败。

1.“去地方化”不彻底。遏制司法地方化问题是司改的重要目标。以往央地分权给司法政治关系留下深刻烙印，在“分级管理”的财政体制下，司法机关无论在物质资源上，①还是在人事管理上，②都很大程度地受制于地方政府。笼罩在这一管理模式下，法检机关的司法属性得不到舒展，只能主动或被动为地方大局服务。③ 鉴于此，基础司改从“司法权是中央事权”这一定位出发，重点开展“省级人财物统管”、“跨行政区划案件集中管辖”和“最高人民法院巡回法庭”三项改革，以去除司法地方化积弊。但是，由于司法地方化已内嵌于中国经济社会与政治结构之中，在经济基础、社会环境与政治架构不发生大的变化前提下，这类改革作用有限。④ 具体表现为：一是省级统管的执行不到位。尤其对于县（区）市两级司法机关领导成员，全国范围内有的收拢统一由省委组织部管理，有的由省委组织部委托地市级党委管理；在省级统筹的经费来源上，有的实行省级统一管理，有的暂以地级市为单位管理，甚至有的基层司法机关主要经费来源依然是同级财政拨款。⑤ 二是巡回法庭的功能有限性。最高人民法院设立巡回法庭，负责审理跨行政区域重大行政和民商事案件，以期破解

---

① 《诉讼费用交纳办法》第 52 条第 1 款规定，诉讼费用的交纳和收取制度应当公示。人民法院收取诉讼费用按照其财务隶属关系使用国务院财政部门或者省级人民政府财政部门印制的财政票据。

② 实践中，我国当前法官任免的主体是两个：一个是地方权力机关，它在最终程序上决定人民法院院长的选举罢免和除院长外其他审判员的任免；另一个是法院院长，其除了可以直接任免助理审判员外，还能通过提请方式参与本院包括副院长在内的众多法官的任免。

③ 对于地方政府组织分配的各种任务法院均要参与，例如下乡扶贫要支持，计划生育要抽调，还有文明机关创建、招商引资等，而这些活动均与司法活动无关，可能这些活动近年来有所减少，但在一些地区依旧存在。

④ 内在逻辑在于司法权本身具有地方化的基因，地方经济发展、社会稳定也对司法权产生内在的需求，催生地方法治竞争，这种需求不会因为司法改革而有所减弱乃至消失。

⑤ 部分地区法院同级财政拨款占总经费的比例超过 90%。参见廖钰、王肖：《关于省以下地方法院经费保障制度的调研——基于“省级统管”改革背景下的现状检视和体系重构》，载《中国应用法学》2018 年第 1 期。

司法地方化难题。然而,该类案件在巡回法庭受理占比低;①案件的二审发回改判、提审或提审改判比率低于其他非跨省案件。这从一定程度上说明,巡回法庭"破解司法地方化"的目标尚未实现。② 三是跨行政区划的上诉管辖"走老路"。跨行政区划法检在一审实现了特定案件的集中管辖,但检察院抗诉或当事人上诉、申诉等引发案件之后,案件又会回到以行政区划确认管辖的上级法院、检察院办理,这些案件办理依旧受到司法地方性影响。

2."去行政化"不到位。"司法机关对案件过度管理会影响依法独立行使司法权,产生以行政的目的、构造、方法、机理及效果取代司法自身内容的司法行政化问题。"③以往司改逐步破解了不少体制障碍,但也会加剧司法内部行政化现象。具体表现为:一是省级人财物统管。省级统管的目标是"去地方化",却导致了司法系统的垂直行政程度加深。改革之后省级设立遴选委员会负责全省遴选,省级两院能够直接影响下级的员额选任和升迁,易形成司法系统尤其是法院上下级内部行政化倾向;地方司法机关预决算编制和报送、预算支出管理、政府采购、涉案财物及非税收入、资产管理等汇集省级两院,增强了上下级垂直的影响。④ 二是审判机制的行政化。审判过程的职务主导性、审委会对案件裁判的决定性、上下级法院审级科层化是审判机制行政化的重要表征。基础司改解决了院庭长审批制度、减少审委会讨论个案等问题,同时,责任制放权之后为防止裁判质量下降,产生了专业法官、检察官会议,旨在向办案人员提供疑案咨询。但实践中这一制度"遇冷",不受办案人员欢迎,只是成为提交审委会和检委会的"过滤"机制,或者可能变相成为"控权"的办案决策机构。

二、人员分类管理体系

2019年4月23日,修订后的《法官法》和《检察官法》把员额制上升为法律规定,为司法主体的结构化奠定了合法性基础。不过员额改革仍面临不少后续

---

① 2015年2月1日至2016年9月30日,第二巡回法庭共受理跨省民商事和行政案件249件,占全庭受理的民商事和行政案件总数的17.82%。参见罗书臻:《最高法院通报第二巡回法庭跨省民商事及行政典型案例》,载《人民法院报》2016年10月31日。

② 顾永忠:《专家设巡回法庭应为防止司法领域地方保护主义》,载《新京报》2014年12月17日。

③ 龙宗智、袁坚:《深化改革背景下对司法行政化的遏制》,载《法学研究》2014年第1期。

④ 在省级统管之后,上下级法院在利益诉求上共处于高级人民法院职能的同一载体,高级人民法院可能会运用相关职权实现自我利益最大化的制度变迁。邓志伟等:《高级人民法院职能的调整与优化——基于司法行政管理的功能定位》,载《中国应用法学》2017年第6期。

难题,需要综配司改逐步加以解决,主要表现在:

1. 以编定额少动态。根据中央政法委统一要求,员额制改革“不增加一个政法编”。针对这种“存量式”的员额改革,综配司改之前以政法编为计算基数“缩减”到39%(上海以政法编和文员编为计算数,入额标准为33%)的入额改革已经完成。但是,因缺少相应更具体的员额分配标准,使各地在员额调整上差别大,改革边际递减。对此,最高人民法院“四五”改革纲要提出要根据法院辖区经济社会发展状况、人口数量、案件数量等基础数据,结合法院审级职能、法官工作量、审判辅助人员配置、办案保障条件等因素,科学确定四级法院的法官员额,对法官在编制限额内实行员额管理。这一纲要较详细地规定了司法机关在敲定员额比例时需考量的要素,但是,“其规定仍显笼统,且对于各要素间如何排列,是同等重要还是有所侧重,每一个要素又受什么影响,均缺乏统一的指导规则和价值标准”。[①] 实践中各地区司法机关都有不同的员额确定依据,缺乏操作性较强的标准细则约束。

2. 遴选机制不够合理。基础性改革遴选设定“五年过渡期内,给所有人多次参加入额考试和遴选机会”,让人员不断层、办案不脱节;入额不让助审助检“全体卧倒”重来,突出强调不适宜办案者不占额;遴选委员会以改革成员单位和法学学者的标配构成,这些都已使司改取得了阶段性成果。但是,还要解决部分地区的领导占额过多导致一线办案力量不够、领导基于最低办案工作量的名义性办案、考核认定和遴选考试全国标准不统一、遴选委员会成员的来源不多元化等问题。因此,目前改革成本收益尚不匹配,需要建立更为合理的员额遴选机制,以提高改革整体效率。

3. 绩效考核不够科学。入额不易,退额更难。退额方式包括退休、离职、调动、办案绩效考核退出。其中,难点在于绩效不达标的退出,使得深改必须解决绩效评估的科学性问题。以往绩效评估以办案量、结案量、错案数以及领导评价为主线,简单、粗糙、主观性强。因此,建立以更为精细化的量化大数据为基础,科学测算员额法官、检察官及其办案团队的饱和工作量,辅之以管理层和办案团队判断的制度,变得尤为关键。在此基础上,需要聚焦于饱和工作量测算涉及的所有影响因素的归集、筛选及相应权重的赋值;权重的赋值又不能只依赖于主观,而是可借助大数据、小数据和专家评估的闭环评估机制,加以导入全

---

① 陈澍杭:《法官员额制度浅析》,载《法制博览》2016 年第 25 期。

量数据之后的算法甄选和深度学习，以及信效度偏误纠正、案管经验值校验等，建立比较完善的案件权重系数分析模型。

4. 交流任职不全面。以往司改采取了“省级司法机关原则上到基层入额、辖区市司法机关必须到基层入额”“员额逐级遴选”的基本模式。但是，上下级交流、平级之间任职的常态化机制尚未形成。因此，改革深化既要解决下级司法机关的办案团队负责人遴选至上级司法机关履职，也要解决上级司法机关入额者到下级司法机关担任办案团队负责人；同时，还要关注其他法官、检察官在不同的司法机关之间岗位轮调，以及破解办案资源在不同区域之间的不平衡问题，这些都是大陆法系司法官任职迁调、上下交流的通例。此外，法官、检察官还可以定期借调至综合业务部门或管理部门，或成为上级司法机关的法官、检察官助理，再适时返回办案岗位，这样既可避免法官、检察官常任行政岗位而浪费司法资源，也可提高其行政管理和综合业务能力，以提高改革的整体收益。

三、司法责任制的后续

司法责任制，目的是建立一个权责明晰、统一且权力相互制约的运行机制，以期在落实“让审理者裁判、由裁判者负责”的基础上，全面提高司法质效和公信力。为此，2015 年 9 月，最高人民法院下发了《关于完善人民法院司法责任制的若干意见》，旨在解决司法责任制改革的差异化；2018 年 12 月，最高人民法院又印发了《关于进一步全面落实司法责任制的实施意见》。改革目标不仅是实现司法公正、防止冤错，更是与其他制度改革衔接，以惩戒、制裁和威慑司法人员不法行为为出发点，隔绝对依法独立行使司法权的不当干扰。

1. 案件监督不严密。司法责任制核心是“谁办案，谁负责”，司改后的领导干预和审委会检委会讨论个案比例大幅下降，同时建立了“问责机制”和“容错机制”。然而“硬币”的另一面——案件管理的精细化和常态化、集约化监督管理模式、诉讼事务标准化工作机制、院庭长审判监督管理转型、案件全流程监管体系、检察三类诉讼监督强化、捕诉一体的捕后跟踪机制、羁押必要性的社会危险性认定、对案件提前介入标准、认罪认罚从宽的量刑建议幅度等，都有待进一步补缺。

2. 规范指引不完备。以审判权为中心的诉讼制度改革初步完成，但权力规范运行和加强人权保障措施有待跟上。具体包括简案快审、审前听证、法律文书说理、类案适用审查、非法证据排除、繁简分流、司法巡查、审务检务督察、重大案件终结前讯问合法性的核查、刑讯逼供的源头预防、律师诉讼权利保障强化、刑事辩护全覆盖、律师代理申诉、扩大法律援助范围等。与之相应,目前司法行政事务管理、审务和检务管理、司法人事管理等"漏项"较多。

3. 组织机制不完善。基础司改在"审判委员会""合议庭"之外提出了"办案团队"新概念。这一概念只是应时,尚未正式入法,但实际影响了司法内设部门"扁平化"的架构。以法院为例,根据"好钢用在刀刃上"的改革初衷,员额法官更多负责法律审、审核签发裁判文书,审辅人员负责完成立案、保全、听证、调解、起草裁判文书等工作内容。但是,由于审辅人员配置不全,且综合素质有待提高,这种分工还不现实;此外,也没有大陆法系国家比较常见的"轮侯制",缺少初任从"候补"到实任的培养轨道。

4. 履职保障不完善。富有韧性的改革除了强调问责,还要建立履职保障机制。基础司改逐步实现了人员分类之后的薪资待遇,继而又完成职务等级工资套改等。修改后的《法官法》《检察官法》把法官、检察官的奖励置于"考核、奖励和惩戒"一章中,并未对奖励机制进行具体规定,只是提出"按照有关规定办理"。但是,最高人民法院"五五"改革纲要中仍未对司法人员的奖励进行任何细化,让履职保障机制被边缘化,待遇非终身而责任终身,实质上形成了司改问责有余而保障不足的格局,使得司改红利在触及"内卷"效应的"玻璃天花板"之后难以全部释放。

第三节　综配司改的生态优化

综配司改的事项,进一步破解了以往司改"内卷化"的问题。但是,限于局部的综配司改试点依然只是置于"聚光灯"的情境下,作为被高度关注的对象,参与试点主体不免被激发出渴望成功的主观倾向并付诸实践,又产生了明显的"霍桑效应"(Hawthorne Effect)。[①] 这使试点所产生的效果未必全是试点效果真实状态的自然呈现,有可能只是建立在被考核、被聚焦下的应急反应。基于此,上海试点极为关注改革的均衡性与适度性,没有做不切实际的事情,而是在

① 在发现"霍桑效应"的实验研究中,工人提高工作效率并不是因为工作条件的改善,而是因为工人发现自己成为研究者的关注对象后自觉提高了工作效率。参见时蓉华主编:《社会心理学词典》,四川人民出版社 1988 年版,第 43 页。

全局整体谋划基础上，寻找实现阶段性目标的最佳切入点，因此难免在一些症结问题上没有完全回应以往盘根错节的利益博弈导致的“内卷化”问题。所以，2019 年年底已经“收官”的上海综配司改试点，其本身也出现了“内卷化”现象，亟待整饬以推动综配司改深化，以便于为全国复制和推广过程提供借鉴。

一、更多改变“半开门”的决策模式

改革难题的破解，离不开社会参与。为了保障改革的科学和先进，“开放化、透明化的吸纳公众意见程序必不可少”。① 综配司改延续了“中央主导”和“地方探索”，方案制定和完善在一定范围征求过意见，但本质上只是“半开门”改革而不是“接触型”改革，②导致了外界在改革共识、资源依存、工具选用、机制选项等环节的失语，产生有效监督的悖论或缺少。

在改革共识上，已具有政法改革性质的综配司改，其本身也需要更多的“更小配套”，有赖于形成更多共识以实现统筹谋划。诸如，深化司法责任制和审判权运行机制改革，如果没有贯穿全程的权力监督、制约和保障机制，没有后续的案件管理、考核标准化、信息化建设，效果会大打折扣；同样，薪酬待遇分配怎样真正体现不同的司法责任和岗位分工、内设机构改革怎样与跨行政区划集中管辖、专门法院和审判团队建设等配套实施，也都要通盘考虑。③ 以法院的综配司改为例，上海法院在统筹推进又细化了的 136 项改革任务中，针对需要配套解决的突出问题和薄弱环节，梳理出了立案与诉讼服务、分案机制、送达、执行强制措施、审判监督管理、专业法官会议与审委会、审判专业化建设、审判团队建设、员额管理和单独职务序列、司法绩效考核、队伍思想状况、信息化应用等诸多方面。

在资源依存上，改革攸关的员额及助理缺乏对于涉及自身利益的决策参

---

① 关于公民参与司法的协助司法、制约权力、监督权力功能表述，参见陈卫东：《公民参与司法：理论、实践及改革——以刑事司法为中心的考察》，载《法学研究》2015 年第 2 期。

② 与中国类似，英美法系主要国家从 20 世纪 90 年代开始普遍遭遇不同程度的司法公信力危机，作为回应，英美法系国家着力推动以模式转型为目标的“接触型”司法公开改革。改革的核心在于实现法官与公众的有效“接触”，增进公众对司法的理解和信任，并最终对司法公信力产生正面效应。

③ 增量改革与存量优化也需要统筹兼顾，比如内设机构改革与法官单独职务序列管理。一头是借助等级晋升“去行政化”的红利释放，树立专业化审判人才培养发展导向；另一头是加大法官岗位绩效考核力度，同时开展内设机构改革和人员进退留转工作。这样，有利于消化部分人员在转岗分流甚至退出领导岗位时的思想负担，将员额法官的注意力和职业规划引导到专业化审判职责上，减少重点改革任务推进的阻力。

与，难以把握改革基本方向，导致对职业预期不明朗。这样会让部门的主动改革变成被动落实，更使部分改革设计由于未考量现实的资源依存度而失去改革依据。其中，比较突出的是法官助理、检察官助理配置。许多地区基层的员额助理基本都是在编助理，由于人员转岗落差、编制限制，现有在编助理远不能满足实践需要。鉴于在编助理规模应与员额的比例匹配，过度扩张会造成职业晋升"堰塞湖"，更何况，即便用尽所有空编也无法满足实际需求。因此，在编助理招录更应实行省级统筹和总量控制，以"少而精"思路将在编助理视为员额梯队预备队。同时，面对案件增长的压力，不是依靠扩大招录在编助理弥补缺口，而是"增加编外助理，以及把合同制招录和实习助理常态化"①。

在工具选用上，改革决策往往是妥协的产物，所传递给实施者的信息可能是含糊的，需要实施者的前期深度参与补上缺漏。事实上，许多配套改革需要执行者进行必要的再创造，对实施所需要的工具进行精确选择和定位。"捕诉合一"的设计初衷是提高诉讼效率，更多介入引导侦查，它是检察官办案责任制和内设部门改革的重要配套，正在改变公诉和侦监模式。但是，实践中"捕诉合一"不是体现在精细审查的"提速"上，而只是沦为复制前一诉讼环节法律文书的两道审查的简单化合并；捕后不跟踪和不引导侦查，又导致公诉案件退补率上升。其实，该制度的原初设计若是有更多富有经验的资深办案人员参加，肯定会提出对"简案快办"和退回补充侦查的限制问题。

机制选项上，没有在合理范围内"开门改革"，而是让方案起草、论证和出台秘而不宣，这种方式难以汇聚智识，从而导致机制选项的悖论。相关情形包括：检监的侦查管辖在诉讼环节和时间先后产生了管辖权争议；刑事执行检察在案件分配上，没有对层级管辖的工作能力大小、工作量多少、办案便利性与否给予充分考量，而是"一刀切"；未能构建非监禁刑和监禁刑分层次、相衔接的刑罚执行体系，"三分矫正"的格局和社区矫正的信息指挥系统又未同步建立；深化公益诉讼之时，举证责任分配、检察机关提起公益诉讼二审应适用抗诉程序、同级管辖并对复议案件等特殊情况作出特别规定不到位；行政案件集中管辖以当事人身份确定管辖权，而不是以案件类型的重要性和影响力为考量依据，导致改革效果不明显等。

---

① 陈瑞华：《法官员额制改革的理论反思》，载《法学家》2018年第3期。

二、更多改变“部门化”的推进方式

综配司改是对司法体制全方位的结构性重塑。因此在后续深化过程中，尤应重视遵循司法工作规律和职业特点，促进现代科技与司法工作深度融合，进一步增强改革系统性、整体性、协同性。

综配司改不是完全以类型化而是仍主要以政法机关单一推动的模式，只是试点阶段受限的权宜之举，需要在以后深改中避免。上海试点的综配司改 117 项确定后，转化为具体化、操作性的实施办法和配套制度，公检法司的部门单兵推进起主要作用，协同性不太强。因此，四个部门是在其各自领域内提出警察、检察、审判和司法行政改革要点，导致在实施中留下了比较明显的“条”的改革痕迹，难免陷入部门的权力本位。比如，在以审判权为中心的诉讼制度改革中，对于案件提前介入标准、社会危险性认定标准、认罪认罚从宽量刑建议幅度、“四类人员”特别是证人出庭率、司法鉴定标准不统一和程序不规范等问题，公检法司在这些问题上的立场不同，会导致这一配套改革出现“内卷化”现象。因此，综配司改需全面考虑改革的相关要素，把握其内在逻辑和整体推进。

同时，综配司改的许多矛盾相互交织在一起，改革既要处理好公检法司四个部门的协同，又要与其他部门逻辑上衔接和实现集成化。比较典型的有：授权自由贸易区地方立法助推“一业一证”等行政体制改革，依据该法引发的异地集中管辖的行政诉讼案件，需要解决异地办案依据的不确定性；区域一体化发展，需要解决在跨域异地立案受理、跨地重大案件防范处置、跨行政区划办案标准、司法协同服务、法律适用统一互动、司法大数据共享应用等症结；执行的征信系统联动，需动态向更多部门推送失信名单，限制行业准入、融资信贷、高消费、任职资格、获得荣誉、特殊市场交易；破解破产案件“立案难”，需要府院协同，统一破产原因识别机制，加大“执转破”力度，协同有关部门引导当事人通过“债转股”和公开市场招募重整投资人等方式，提高重大破产重整的成功率和债权回收效率。

此外，还要关注部门之间改革的不均衡性，而不是齐头并进，在一个领域先行寻找突破口，再经过若干磨合之后整体推进。摆脱“内卷化”的综配司改战略，除了表现在先选择局部地区就“一揽子”改革先行先试，还要关注在确定关键议题之后，评估改革的时机和条件是否成熟，改革宜“小步快走”而不是“一哄而上”。比如，法院庭前对侦查、起诉程序的监督权；法院执行实施权从法院剥离;看守所从公安机关转隶的侦羁分离;广义刑罚执行权的一体化改革等难题,亟待更全面布局和时机成熟。这样,便可以集中有限的改革资源,避免面面俱到的改革分散精力,影响实际效果。当然,问题和方法时刻都在变化,利益攸关方时刻都在博弈,时机需要敏感捕捉。

三、更多改革"短平快"的复制推广

综配司改许多不确定性因素的影响尚难预料,只有经历了推行、试错、评估、修正等一系列完整过程后,全面施行司改方案的风险才会降至最低。比如,类案指导和参考机制还需进一步规范和加强,新类型法律适用指导水平还需进一步提高,法律适用疑难问题的反馈机制仍不健全,类案办案要件指南的编撰工作尚存在零散性、随机性等问题,亟待搭建系统性框架和任务分解等机制。

从本质上讲,试点是以"大胆假设、小心求证"为精髓的社会试验模式。试点改革"经验",唯有经历较长时间检验才能进一步推广,否则未经成熟的试错,被上升为所谓经验大范围推广,不仅有违试点初衷而且极易造成混乱、徒增改革成本和风险。最典型的就是在营商环境的司法保障上,对企业家涉嫌犯罪的羁押必要性判定标准不完全一致,新兴业态经济犯罪的证据认定适法不统一。改革可能将之前并未得到重视与充分探讨的这些技术性问题,随着试点本身的规模化而被放大。

其实,还有一些所谓的局部性成功经验做法,是与当地自然、社会、历史条件密切相关或者特殊政策支持的结果。比如,刑事辩护全覆盖、亚太仲裁优先地、域外法律查明、上市公司大宗股权拍卖、涉外法律服务业、金融法院设立、国际商事法庭筹建、司法大数据系统与"一网通办"衔接、公益诉讼"等外"探索、府院破产统一协调机制等。

很显然,综配司改的深化不能抱存"只有成功没有失败"的价值预设,让所有试点改革事项披上光环,而是需要最客观评估。事实上,试点未产生预期效果并非试点的失败,若不在评估优化基础上完善改革而是盲目推广,才是真正的失败。更为妥帖的进路在于遵循"命题假设、情况摸底、规则制定、评估对照、结论分析"的逻辑进路,完整构建试点运行的框架体系,也就是在实证证据的基础上制定改革方案,通过由点到面、在局部先行尝试以取得经验的基础上,采用严格的社会科学方法加以评估,在小范围实践经验与评估信息的基础上上升为国家的整体政策或法律,从而实现对原有政策或法律的渐进调整。

第四节 迈向政法改革的议题

综配司改是对以往和新一轮基础司改仍然留存问题的回应,但是,综配司改本身也出现了进入关键时期之后需要进一步解决的问题。这一叠浪式的发展,让具体的改革行为与宏观的改革话语之间存在一种内在紧张,需要进一步凝练改革的关键议题。

一、"政法改革"的全局思维

以锚定效应衔接基础司改为基准,综配司改实现了新的突破。但是,综配司改试点被置于聚光灯下的"霍桑效应",又需要反思和整饬不断产生的"内卷化"问题。

从效率维度上看,司改目标的实现尚未"严丝合缝"同步于资源投入和产出,没有完全实现资源的合理化、科学化运行,内外部"噪声"干扰不间断持续出现,导致改革成本增大及所带来的边际报酬降低,改革又进入一个瓶颈;从效能维度上看,诸多的改革多为渐进式改良,不少仍是集中组织资源进行持续优化设计,体制和结构突破性创新不多,不少根本症结问题未得到解决;从过程维度上看,由于改革复杂性,局部改革可能会产生未曾预期的或令人迷惑的阶段性结果,改革并未达到最佳的实施状态,制度堕距依然不可避免地存在。

上述"内卷化"困境是不能接受的。2019 年 1 月,习近平总书记对政法系统提出"要在更高起点上,推动改革取得新的突破性进展"。同年 5 月,中共中央办公厅印发《关于政法领域全面深化改革的实施意见》,明确了政法领域 100 项新的改革任务,拉开了司法改革迈向政法改革的帷幕。这里变的不只是名称,更是集成了基础司改和综配司改的内涵、外延、力度和效应的巨大变化。政法改革强调"由点向面"拓展,更加突出全域性、整体性。在对象上,从法院和检察院的集中改革,向党委政法委、公安、国家安全、司法行政等部门全方位改革拓展;强调由易向难挺进,更加突出复杂性、敏感性,从司法资源配置、司法权力运行、诉讼制度优化,辐射到政法工作各领域、各方面和各环节,扩展到社会治理创新、法治人才培养、现代科技运用、涉外法律服务等方面;强调由分向合转变,更加突出综合性、协同性,从员额制、责任制、职业保障等基础性工程,延伸到科学构建更加优化协同高效的政法机构职能体系。

政法改革是通过改革理念和实施路径的转变，引起司改“蝴蝶效应”式的质的飞跃，突破“内卷化”困境，促进司改的良性发展，努力让人民群众在每一个司法案件中感受到公平正义。可以说，政法改革又进入了整体性和重构性变革的新阶段，深度融入推进国家治理体系和治理能力现代化的伟大进程。

二、深化基础司改议题

面对基础司改存在的问题，综配司改迈出了深改的坚实步伐。但是，不少成果有待立法或制度上的固化锁定，有的成果亟待在复制推广前加以甄别，有的缺漏项仍需不断修补或完善。

1. 健全司法责任制配套。综配司改锚定在司法责任制上延伸改革重点，在于强化审判监督。以后政法改革还应在司法管理的精细化和常态化、创新绩效倒逼的集约管理模式、建立诉讼事务标准化工作机制、建立完善履职保障制度上持续深化。(1)进一步确立法官、检察官的办案主体地位。法院落实独任法官或者合议庭办案责任制，检察院落实检察官办案责任制。规范并细化司法权责配置，完善权力清单和履职指引制度，明确应当由院长、检察长以及审判委员会、检察委员会决定的重大事项，可以由法官、检察官决定的事项，并分别规定相应责任。同时，逐步限制审判委员会、检察委员会讨论决定案件的范围，逐步取消审判长联席会议、检察官联席会议，明确仅对重大疑难复杂、新类型案件有条件限制运用“集体决策”。(2)不断健全符合司法职业特点的绩效考评机制。依托现代信息技术，健全对司法权、司法管理权和司法监督权的实时监管、全程留痕、有效监督、相互制约机制。加强对类案适用法律的监督与指导，完善法官、检察官自由裁量权约束机制。落实法官、检察官惩戒制度，健全以错案评鉴为核心的司法责任认定和追究机制。加强对法官和检察官履职的司法巡查、审务检务督查，完善非法证据排除、干预办案留痕的配套细则规定。(3)优化完善法官、检察官依法履职制度保障。明确任何单位或者个人不得要求法官、检察官从事超出法定职责范围的事务，法官、检察官应当拒绝任何单位或者个人违反法定职责或者法定程序、有碍司法公正的要求；同时，从严惩处干扰阻碍司法活动，威胁、报复陷害、侮辱诽谤、暴力伤害法官和检察官及其近亲属的行为。

2. 深化司法人事体制改革。不论制度有多先进、设计有多周全，忽视司法人事体制的改革必将大打折扣。基于综配司改基础，政法改革还要完成员额饱和工作量测算、绩效考核和退出的动态调整、员额的科学遴选和培育，以及为员额的下沉入选和提级交流等外部岗位流动提供支撑。一是完善员额法官、检察官动态调整机制。员额制改革的目的是实现法官、检察官队伍的正规化、专业化和职业化，优化员额制有助于司法责任制进一步落实。政法改革应进一步细化构建“以案定额”数量关系模型，通过以案件数据为支撑，综合考虑案件数量、案件难易程度、案件趋势、案件平均办理时间、法官和检察官有效工作时间等因素，科学合理确定各个法院、检察官实际员额分配数，切实保证定额有据。同时，细化完善员额法官、检察官退出办法，确保不适宜任职人员能够及时退出，实现良性循环。二是建立科学合理的员额法官、检察官培育和遴选机制，以及法官、检察官助理的递补与助理岗位职业化并举机制。接受法官助理、检察官助理岗位的强流动性现实，并创造条件激励法官助理、检察官助理把助理岗位职业化。比如，对于那些工作达到一定年限的员额助理，可以升为高级助理，相应提高其工资待遇，达到接近甚至略高于当地公务员水准。三是由中央深改委尽早确定司改人员分类管理的外部支持统筹方案。打通司法系统内部行政以及辅助人员同外部类似岗位流动的渠道，尤其是尽量打通司法系统内部行政人员同普通党政系统公务员之间的流通渠道，避免司法系统内部的行政人员成为体制内的“孤岛”，通过改善职业预期来减少改革阻力，保证内部入额问题的顺利解决。

3. 诉讼制度改革择点突破。在诉讼制度重大深改项里，与民事诉讼相关的主要是民事执行裁判权与实施权的外分、赋予法院程序裁判监督权两项。前者已在中央与最高人民法院明确了改革规划，目前可以讨论的空间不大；[①]后者则在规划上较为模糊，尚不足以在实施上详细讨论。与刑诉相关的主要是捕诉关系调整、侦羁分离和刑罚执行权归属。综配司改中“捕诉一体”已初步完成，同时对于侦羁分离、刑罚执行权归属改革共识正在形成，接下来需要加速推进。[②] 主要包括：(1)侦羁彻底分离。完成看守所的“成建制”转隶，全国各级看守所成建制地转归同级司法行政机关隶属，全体看守所管教民警继续保留现有

① 《中共中央关于全面推进依法治国若干重大问题的决定》、最高人民法院《关于落实“用两到三年时间基本解决执行难问题”的工作纲要》中已对实行执行权和审判权科学合理分离，进一步优化执行权的科学配置作出了明确具体要求和改革规划。

② 樊崇义：《看守所：处在十字路口的改革观察》，载《中国法律评论》2017 年第 3 期；陈瑞华：《看守所制度的基本缺陷与改革思路》，载《民主与法制周刊》2017 年第 15 期。

的身份和待遇，全部看守所设施整体转由司法行政机关进行管理，看守所回归到纯粹的看管职能，与监狱同属一个主管机构，便于相互衔接。这种将看守所整体移交司法行政机关的改革思路，与当年监狱整体从公安机关转由司法行政机关控制的改革是一样的，只要操作得当，不会引起较大的冲击和震荡。同时，及时跟进配套细则，比如，改善未决犯居住条件，解决未决羁押与刑罚执行职能混同的问题，废止在看守所内设置特情人员的规定，刑案审讯全程录音录像，监所信息共享，监所联合考察等。(2)刑罚执行一体化细化落实。明确所有具有刑罚内容的执行都交由司法行政部门统一行使。① 在尊重权力运行基本规律的前提下，将刑罚准确匹配到相应执行机构。在此基础上，细化看守所、监狱、司法警察等各执行机关的具体执行内容及程序性规范，比如，看守所在未决犯羁押和死刑犯执行中的具体执法标准，监狱在拘役、短期余刑、有期徒刑、无期徒刑执行中的罪犯改造效果量化考核细则，司法警察在执行罚金、没收财产、驱逐出境、剥夺政治权利等刑罚执行中的程序性规范等。

三、深化综配司改议题

1. 健全司法办案组织体系。综配司改初步完成职权专业化和扁平化要求，下一步政法改革的纵深在于推动专门办案机构的健全和高效。(1)复制和推广跨行政区划法院和检察院建设，推行跨行政区划案件集中管辖。尤其是突出综合性法院的鉴别性特征，遵循“诉讼两便”原则，让改革的一切围绕为民、便民展开，既要解决地方干扰，又要避免诉讼成本过度增加；同时，发挥裁判示范效应，在案件审理、裁判标准等方面改变以往异地不同判等问题，以统一法律适用形成司法裁判规则。(2)深化知识产权“双轨制”审判体制改革，有序推进金融法院等专门法院建设。全国知识产权专门审理机构包括最高人民法院知识产权庭、知识产权法院、地方法院知识产权法庭，这种“双轨制”下改革的问题叠加效应更加明显，需要逐步“去双轨制”，形成以专门审判机构为主的审理模式，同时建立最高人民法院越级管辖的类案统一裁判、契合审判运行“三合一”、统一上诉审判等机制。另外，稳步推动金融法院、互联网法院等专门法院建设，对此不宜规模化复制，应以有重大实际需求、专业办案和技术队伍配备齐

---

① 司法行政机关下辖的刑罚执行机构有看守所、监狱、社区矫正机构、司法警察机构，对应的刑罚种类有主刑 5 种(死刑、无期徒刑、有期徒刑、拘役、管制)、附加刑 4 种(罚金、没收财产、剥夺政治权利、驱逐出境)。

全、统筹配套支撑性能力特强等为标准。(3)深化环资生态案件集中管辖体制。综配司改初步实现环资案件在跨行政区划司法机构的管辖,但是,针对环资生态问题本身所具有的潜伏性、流动性以及持续性等特点,需要进一步理顺以行政主体身份实施管辖、环资执行和保全不能衔接的难题,尤其是要建立健全行政不作为引发的生态环保责任追究制度和解决损害赔偿难题。

2. 优先推进智慧司法应用研发。基于高起点规划、高水平建设和高共享发展,加速智慧司法的应用研发。(1)高起点规划。更好发挥类似"206工程"原发性创新重大项目平台的牵引和示范效能,在推广刑事案件智能辅助办案系统基础上,进一步研发民商事、行政案件智能辅助办案系统,按照全流程智能辅助办案标准设计办案要件指引、证据审查判断指引、案件受理标准审查、卷宗智能管理、庭审程序智能提示、无纸化质证、笔录智能生成、类案推送、文书生成等辅助功能,为办案提供精细化和智能化服务,覆盖公检法司各机关在刑事侦查、批捕、起诉、审判、刑罚执行等各阶段的应用需要。(2)高水平建设。推动全要素智慧管理、全方位智慧服务和全领域智慧支撑。典型场景包括智能一体化诉讼服务、全流程管控的精细化执行、司法智能化管理与决策、智慧检察业务模块化(智慧公诉、智慧民行、智慧控申、智慧执检等)、精准公共法律服务智能体系、服刑人员改造演化矫正、假释和暂行监外执行的智能监控等。(3)高共享发展。完善数据分级分类,稳步推进智慧司法数据资源在政法系统的共享,以合作利用企业、社会数据资源,进一步推动设施互联、网络畅通、数据开放、资源共享和地区部门联动,打造司法数据集中管理、跨部门网上执法办案、多部门跨区域联动等多种合作平台。(4)定性定量评估体系。按照顶层规范和统一标准,建立政法改革动态化的监测评估机制,尤其是挖掘和分析各类司法资源数据,针对各地区域发展不均衡和司法资源需求程度差别,编制司法资源分类建设、服务和管理体系,优化职权和资源配置。

3. 完善非诉讼纠纷解决机制。尽管对于小额诉讼、繁简分流、治安法官、诉讼分类收费、立案登记制、集团诉讼、速裁程序、电子送达等诉讼内程序进行了大量细致研究,但是,诉讼的替代性纠纷解决机制被接受度却在不断提高。随着调解、仲裁、行政裁决、行政复议、诉讼等各种纠纷解决方式逐步成熟并得到社会认可,综配司改又推动社会稳定风险评估机制等纠纷解决关口前移来预防和减少社会矛盾。在此基础上,深化这一领域的政法改革包括:(1)更多关注参与化解矛盾社会力量的兴起。运用协商民主、自治民主等方式协调利益、解决矛盾,并大力发展社会组织,发动律师、社工、心理咨询师、医生等行业和专业志愿者参与矛盾纠纷化解。建立人大代表、政协委员、人民团体、社会组织等第三方参与的矛盾调处机制,增强化解矛盾纠纷的效果。社会力量的参与不但补充拓展了纠纷解决渠道,还推动了政府职能的转变,激活了社会活力,承接了部分政府职能,降低了行政成本,又通过社会力量的专业视角发现政府工作中存在的瑕疵和不足,推动政府部门提高工作水平。(2)进一步完善基层大调解格局。推广在基层构建由党委政府统一领导、政法部门牵头协调、职能部门共同参与,以人民调解为基础,人民调解、行政调解、仲裁调解和司法调解紧密衔接,联调联动合力化解矛盾纠纷的基层大调解工作格局。基于此,多元纠纷解决机制不是以往的"各自为战",而是彻底走向以公共法律服务体系为支点的平台化转型。(3)强化行政机关参与解决与行政管理活动相关的民事纠纷的职能。改革行政裁决诉讼制度,更大限度地调动各类行政裁决机关的积极性;行政机关制定政策兼顾各类群体利益;行政执法杜绝损害群众合法权益;行政复议探索建立复议受理先行调解机制。

第二章　司改的结构性特征

党的十九大把“更加注重改革的系统性、整体性、协同性”，作为包括全面深化司改在内的各项改革取得突破的重要经验。结构性的综配司改贯通了之前的基础司改，目标上除了补齐“短板”，尤其强调配套措施与基础成果的衔接，以使其“开枝散叶”逐步形成体系化的长效机制。2018 年，在继基础性改革完成之后推动综配司改试点以来，深改的推进过程犹如“编织公正、高效、权威司法制度之网”，在让这张网“越织越大”的同时也要让其“越织越密”，已步入深水区的司改覆盖的更复杂要素、更强调协同、更多元制度、更精密运行等新的内容，全面体现了综配司改这一复杂系统工程的结构性特征。①

第一节　党的绝对领导

中国新一轮司改的政治性、思想性、战略性和指导性很

---

① 比如，健全“让审理者裁判、由裁判者负责”的司法权运行机制和司法责任制，体现了司法的判断性、亲历性，以及权责一致的司法权行使原则；人财物省级统管以及建立跨行政区划的司法机构，有利于防止司法的地方化，从体制上保障司法权行使的公正性；司法人员的分类管理和职业保障，则意在实现司法人员的职业化，建立高素质的司法队伍，同时实现司法任务在司法体制内部的合理分配，以保障司法公正和效率；涉诉涉法信访依法终结的改革措施，体现了司法的终局性；而以审判为中心的诉讼制度改革，则是在中国特定的刑事诉讼构架中，确认并强调了作为刑事诉讼基本原理的“审判中心主义”。

强，尤其是综配司改更进一步把解决人民群众最关心的现实问题与司改最突出的重大问题等紧密结合起来，覆盖广、链条长、持续久、难度大，离不开党的绝对领导。

一、始终把握正确政治方向

司法体制改革属于上层建筑变革，政治方向正确是改革取得成功的根本保证。因此，在改革中党对司法工作的领导只能加强，不能削弱。

综配司改将党中央的“新理念、新要求”在实施中深化部署、细化落实，努力增强“四个意识”，坚定“四个自信”，做到“两个维护”，保证党总揽全局、协调各方与支持公、检、法、司等部门依法履职相统一。全面加强对综合配套改革的领导，在把方向、定政策、议大事、作决策上下功夫，充分发挥统筹组织、指导协调、督促检查的职能作用。健全完善政治督察、政治轮训等制度，在法院、检察院内设机构改革中坚持将党的组织与工作机构同步设置，在业务部门创新设置专门负责党建及其他行政事务的负责人，加强党组织建设和党员队伍建设，坚持教育熏陶、模范引领、实践养成相结合，深化政法干警社会主义核心价值观教育，进一步培育和践行新时代政法职业精神，带领政法机关坚定不移走中国特色社会主义法治道路，确保综配司改始终沿着正确的政治方向前进。

二、坚持遵循司法规律

作为全国首个试点的上海综配司改，围绕公正、高效、专业、权威四个维度，扎实推进规范权力运行、深化科技应用、完善分类管理、维护司法权威 4 个方面 25 条 117 项具体改革任务，着力强化系统集成、配套衔接，更好地激发综配司改的联动效应。构建“让审理者裁判，由裁判者负责”的司法权运行新机制，推进落实与行政职级完全脱钩的法官、检察官单独职务序列改革，健全和完善司法人员分类管理体系，使三类司法人员各归其位、各尽其才、各负其责。在法院、检察院内设机构改革中，坚持不搞“叠床架屋”，不与其他省市进行简单的数字攀比。严格按照遵循司法规律和满足司法实践需要的原则，指导市两院聚焦主责主业、理顺机构职能、力求精简高效，探索出具有上海特点的“常设部门+特色业务部门”的设置模式，并通过加强办案团队建设、强化入额领导办案等措施进一步凸显法官、检察官在司法办案中的主体地位，优化司法资源配置，实现扁平化管理，促进司法责任制有效落实。改革后，全市 34 家基层法院和检察院内设机构普遍精简 1/3,机构设置符合中央要求、契合办案实际。

三、坚持以人民为中心

首个试点的上海综配司改,不仅要让中央满意、司法人员满意,更重要的是要让人民群众满意。必须以新时代人民群众对公平正义的新期待新要求作为改革的出发点和落脚点,不断提升执法司法能力和水平,切实做到“人民有所呼,改革有所应”。注重运用现代科技破解瓶颈难题,通过互联网及二维码立案、“12348 上海法网”建设等提供更多便民利民的公共法律服务,同时针对人民群众对刑事冤假错案、民商事案件法官自由裁量权较大等高度关注的问题,利用信息技术加强对司法权运行的监督。如研发应用了上海刑事案件智能辅助办案系统,运用大数据、人工智能等新技术统一刑事案件证据标准,规范对证据的审查、校验,完善对侦查、起诉、审判活动的监督制约,倒逼执法办案人员从司法理念、办案思路到办案流程、办案行为的全面优化提升,从源头上防范冤假错案,推动以审判为中心的诉讼制度改革落地做实。在此基础上,进一步研发上海民商事、行政案件智能辅助办案系统,努力覆盖 90%以上一审民商事、行政案件和 90%以上群众投诉的案件,以更好地规范一线司法人员的自由裁量权,让人民群众对司法公正有更高的获得感和满意度。

第二节　法治轨道上统筹推进

2019 年 1 月 13 日,《中国共产党政法工作条例》正式颁布实施,这是中国共产党专门规定政法工作的第一部党内法规,也是政法战线第一部党内基本法规。《中国共产党政法工作条例》指出,党中央对政法工作实施绝对领导,决定政法工作大政方针,决策部署事关政法工作全局和长远发展的重大举措,管理政法工作中央事权和由中央负责的重大事项。党委政法委员会是党委领导和管理政法工作的职能部门,是实现党对政法工作领导的重要组织形式。其职能是把握政治方向、协调各方职能、统筹政法工作、建设政法队伍、督促依法履职、创造公正司法环境。

一、切实加强领导与协调

综配司改，将司改从四项重点任务向全方位延伸，由法检两院向政法系统拓展，进而覆盖到各相关部门和单位，实现了从点面突破到体系重塑的跨越，不断推动解决司法乃至社会治理中的重大疑难问题。综配司改是一项复杂的系统工程，涉及上百个单位，以政法部门为主，还与一些职能部门、社会团体、行业协会、企业等相关。随着综配司改的深入，将不可避免触及深层次社会关系和利益矛盾，牵动既有利益格局调整，因而改革要有序推进、取得实效，势必面临更大的困难。只有坚持党总揽全局、协调各方的领导核心地位，充分发挥各级党组织的作用，整合各方利益，充分凝聚共识、形成改革合力，才能保障综配司改行稳致远。上海综配司改之所以能取得成效，最根本的原因就是坚持党对改革工作的全面领导。上海综配司改启动以来，中共上海市委高度重视加强领导，市委全面深化改革委员会多次听取汇报、专题研究，指导推动改革不断做深走实。上海市委政法委加强总体设计，注重把握全局，统筹谋划推进，着力提升政法系统改革的凝聚力、战斗力，建立健全各项制度机制，最大限度激发改革“正能量”，真正做到了认识统一、步调一致、协同发力。

为保障综配司改试点顺利推进，中共上海市委成立了综配司改试点推进小组，办公室设在上海市委政法委，市委组织部、市高级人民法院、市人民检察院、市人力资源和社会保障局、市财政局、市经济信息化委等单位为成员单位，相关领导为小组成员。这个改革试点推进小组对综配司改工作的组织领导，主要体现在抓关键、抓重点上，面对规范司法权力运行、完善分类管理、维护司法权威等重大问题，面对执法司法工作中的普遍性、倾向性问题，面对政法队伍中的苗头性、多发性问题，面对事关政法工作全局和长远的基础性设施、机制建设等问题，统筹各方面资源研究推动解决。推进小组还通过加强分类指导，着力解决影响综配司改和政法工作的各类实际问题，推动政法单位党组（党委）充分发挥主体作用，建立强有力的组织架构，主要领导牵头抓总，分管领导负责主抓，班子成员分工配合，一级抓一级、层层抓落实，形成了整体合力。指导各区委政法委结合本地区的实际，研究制定区域综合配套改革工作措施，加强本区政法单位改革任务的组织协调、统筹推进，并推动政法各部门在依法相互制约的同时密切协作配合。例如，在跨行政区划审判改革中，涉及行政、知识产权、少年等案件的集中管辖，有 100 多名司法人员因“人随案走”需要划转调动，部分中层干部面临进退留转，难免存在思想波动，上海市委政法委会同市两院，指导各院党组贴近干警做工作、聚共识，通过解释、沟通、教育、激励等方法，充分调动广大干警投身改革的主动性、积极性，扫清了思想阻力和工作障碍，确保有关案件集中管辖，使改革积极稳妥推进。

上海市委政法委充分发挥党委领导管理政法工作的职能作用，加大组织、沟通、协调力度，将综配司改试点工作作为全市政法工作的重要抓手，组织全市政法机关会同相关职能部门，全力以赴推进各项试点。此外，在政法系统外部，积极争取中央、地方和社会各界对改革的支持。例如，加强与全市宣传部门、新闻媒体的联动协作，围绕“首创案例”等主题，以翔实的内容、生动的形式深入宣传综配司改的典型案例、鲜活经验、有效举措，营造良好的舆论氛围。

二、切实做好统筹兼顾工作

推进综配司改，不仅要意志坚定、方向正确，还要确保路径清晰、方法得当，尤其是着重在统筹兼顾上整体推动。

1. 主体责任与协同配合相结合。率全国之先试点的上海综配司改涉及上百个单位、117 项具体改革任务，其中绝大多数任务都与政法部门尤其是法检两院密切相关。需要紧盯关键环节，督促法检两院增强主体责任意识，落实工作机构，制定细化实施方案，全力以赴推进改革。同时，要求公安机关、司法行政机关等政法机关在“推进以审判为中心的刑事诉讼制度改革”“加强司法信息化建设”等跨部门任务上，协同作战、密切配合。推动综配司改试点推进小组成员单位既承担好各自具体任务，如涉及政法队伍思想政治建设、司法人员职务序列管理、人财物市级统管等，又在其他相关任务上给予大力支持、政策指导。督促在健全多元化纠纷解决机制、完善政治督察、建立健全司法公信力第三方评估机制等方面，落实具体措施，确保改革在基层落地生根。有些改革任务虽然指向单一，但是涉及的配合单位众多，如“推进家事审判方式改革，构建专业化家事纠纷综合解决模式”，除了责任单位为法院系统，还涉及 13 个参加单位。对此需要协调联动，督促各相关单位各负其责、形成合力、整体推进，确保实现改革预期目标。

2. 司法规律与兼顾国情相结合。在推进综配司改中把司法规律与国情和地方特点有机结合，防止畸轻畸重、顾此失彼，并提出一系列遵循司法规律、彰显地方特色的综配司改创新举措，比如，健全多元化纠纷解决机制、推动矛盾纠纷前端治理、推进自由贸易试验区审判检察机构和组织建设、深化知识产权法院改革等。既总结推广了多年来行之有效的经验做法,又吸收借鉴国内外有益司法文明成果,推动综配司改厚积薄发、向更高水平迈进。

3. 完善机制与科技应用相结合。世界正处于日新月异快速发展的信息社会和人工智能时代,司改与现代信息科技越来越密不可分。一方面很多改革举措都需要借助先进技术手段实现,另一方面改革需求也催生了一大批新技术、新手段。需把握住推进综配司改的良机,进一步加大现代科学技术的深度开发与融合应用,使科技成为司法工作全面提质增效的催化剂和助推器。比如,运用科技手段推进立案、分案、保全、庭审排期等司法辅助工作的高效集约管理、电子卷宗随案同步生成、庭审语音同步识别转录、网络司法拍卖、人工智能辅助系统在部分小额诉讼及简易程序案件审理中的应用等,从而大大减轻司法人力负担,极大提升司法工作质效。同时,依托现代信息技术,建立健全法官、检察官行使办案权与法院、检察院部门及院领导行使办案管理权、监督权的全程留痕、相互监督、相互制约机制,推广运用庭审规范性自动巡查系统、审判流程态势偏离实时智能化预警程序等,切实强化司法监督,让司法更加阳光透明、公正权威。

4. 落实改革与建设队伍相结合。在综配司改中通过制度建设,切实保证司法权的依法、独立、公正行使,维护司法的公信力和权威性,不断推进国家和社会的法治化建设进程,在宪法和法律的范围内体现党对政法工作的领导。比如,通过协调完善司法机关人财物省级统一管理,完善司法管理体制和司法权力运行机制等,保证基层司法机关的独立性、自主性和积极性,保障案件当事人的合法权益,维护司法公正。同时也应敏锐认识到,改革措施的实施和目标的达成,队伍建设是坚强后盾。面对新时代人民群众对政法工作的新要求、新期待,政法机关需以与时俱进的精神,努力建设一支信念坚定、执法为民、敢于担当、清正廉洁的政法队伍,造就一大批精业务、懂法律、懂科技的复合型司法人才,为综配司改提供坚强的组织和人才保证。

第三节　以邻以史为鉴

综配司改伊始就区别于以往“小修小补”,是一项长期、浩大而艰巨的大规模系统性体制改革。这一特性决定了改革既要勇于探索、“摸着石头过河”，又要通过梳理国内外主要司改经验，以邻以史为鉴，最大限度降低综配司改的试错风险。

20世纪90年代起，不同国家和地区发动了不少“重塑型”或“修正型”司改。[①] 纵观国内外已经完成及正在进行的司改，虽然所处的社会背景、追求的价值目标与面临的改革难题不同，但在改革推进路径与目标举措上不乏共性。

1. 关注顶层设计框架。当下各国推进司改原则上均是在高层领导下有序推进，尤其在亚洲更是如此。比如，20世纪90年代以来的新加坡司改，以“逐步走向卓越”、“正义质量”、“正义新阶段”及“初级法院正义—加强正义公共价值”等为主题，长期由最高决策层借助战略计划统领改革全局；[②]越共中央为确保司改成功实施，专门成立司改指导委员会，制定了改革方案、行动计划、改革项目和建议以及年度司改任务“路线图”。[③]

2. 承继与创新的平行融合。司改无一不基于国情展开，国外经验借鉴与“嫁接”也无一不经适应性改造。比如，2015年9月美国联邦司法中心再次修订《联邦司法改革纲要》，更加突出平衡法院与其他政府分支的关系，重点是改变联邦法院在组织结构、运作程序上的缺陷以及管理失范、理念保守、监狱暴政、量刑失偏等诸多弊端。[④] 基于此，美国学界提出的改革方案日益关注在“承继与创新的平衡”中把握司改进度。比如，认为法官由总统提名、参议院审议的司法任命模式太“政治化”，建议改造为大陆法系的“官僚选任制”；[⑤]认为美国联邦法院“对抗制”效率太低，应适当借入大陆法系“纠问制”等。而在法国，普通法院、行政法院两大系统的分工并行体制，不仅得到进一步巩固，而且进一步引入英美法系的“陪审制”并加以改造，形成了与其诉讼模式吻合的“法国式

---

① 其隐藏的逻辑在于，司法权作为一种裁判性的权利，其对社会问题与矛盾的解决与处理无疑是具有终局性的，同时它还具有在一个法治社会中利用法律治理统合社会的阀门作用。并且，司法权作为一种“危险性最小的权力”，也使其成为人们在运用国家力量去干涉社会问题时，首选的安全和稳妥的权力。

② Waleed Haider Malik, *Judiciary-Led Reforms in Singapore: Framework, Strategies, and Lessons*, The World Bank, 2007.

③ 越南共产党中央政治局：《2005年至2020年司法改革战略》第49号-NQ/TW号决议，2005年6月2日。

④ Posner, R. A., *The Federal Judiciary, Strengths and Weaknesses*, Harvard University Press, 2017.

⑤ Alessandra Casella, Sebastien Turban, Gregory J. Wawro, *Storable Votes and Judicial Nominations in the U. S. Senate*, Journal of Theoretical Politics, Vol. 29, p. 243-272(2017).

陪审制”;[①]此外,法国还根据欧盟宪法增加“重罪法庭”“速裁法庭”等,无一不是根据国情特点之举。

3. 循序渐进。新旧司法体制、机制在理论上的差别,以及置于一国现实政治生态考量,使得司改必因复杂性而兼具艰巨性和长期性。比如,英国司改的被动、迟缓和稳定与英国独特的保守主义传统密不可分,尤其是“试错空间狭窄”,使得英国司改的进程一向缓慢而坚实。法国许多的司改举措涉及宪法性文件修改,门槛高、难度大,反过来也保证了司改的稳定性及渐进性。另外,仍在进行的俄罗斯司改已从多方面把目标指向了政治体制,而不再是简单的纯粹法律问题,势必要求司改审慎前行。[②]

4. 兼及司法公正与效率。国家或地区意图和对司法的价值诉讼必然贯穿司改全程,虽国情与传统不一,“目的价值”与“形式价值”各有侧重,但在改革目标上无不兼及司法的公正与效率两端。[③] 比如,英国刑罚改革既加重对罪犯全面制裁和监管,又兼顾罪犯权利保障,尤其把焦点放在罪犯接受惩罚后融入社会的过程。日本借助“拓宽国民通向法院的渠道”“强化对需要专业知识的案件的处理能力”[④]“扩充诉讼外解决纠纷的途径并使之灵活化”,[⑤]更加突出民商事审判的便利迅捷化。简言之,公平与效率并重乃改革基本趋向。

5. 突出司法权威与职能独立。从政治和社会体制看,权力结构中司法权限不断扩大,司法能动性不断提高,例如,“社会性的集团或公益诉讼”“法官委托与特邀调解”“法官自由裁量权规范化”。尤其是司改构建了一套更加独立完备的司法官管理体系,使能动性落实成为可能。比如,德国的“法官独立性改革”包括法官的选拔、任职及在职培训、职业保障、职业道德教育等众多方面;[⑥]

---

① Loic Cadiet, *Introduction to French Civil Justice System and Civil Procedural Law*, Ritsumeikan Law Review, Vol. 28, p. 331–393(2011).

② Reshetnikova I., *Judicial Reforms in Russia*, 1864 *to* 2014, Russian Law Journal, Vol. 3, p. 109–118 (2015).

③ Ovidiu-Horia Maican, *Reform of the United Kingdom Judicial System*, Juridical Tribune (Tribuna Juridica), Vol. 3, p. 37–44(2013).

④ D. H. Foote, *Recent Reforms to the Japanese Judiciary*, Sociology of Law, Vol. 66, p. 128–161 (2007).

⑤ Y. Honma, *The Tendency of the Recent Reforms of the Japanese Code of Civil Procedure*, Acta Juridica Hungarica, Vol. 49, p. 318–326(2008).

⑥ P. Leuilliot, *L' évolution de la Pensée Juridique dans la France Contemporaine*, Yonsei Medical Journal, Vol. 56, p. 207–216(2015); Serge Guinchard, *Gabriel Montagnier*, *André Varinard and Thierry Debard*, Institutions Juridictionnelles, Dalloz(2015).

法国强调法院职能的体系独立性，严格执行行政法院与普通法院“不相隶属”的双轨制。①

第四节 “四梁八柱”及兴奋点

改革永远在路上。2017年8月，《上海综配司改框架意见》被中央深改委审议通过。虽然司改主体工程所覆盖的司法责任制、人员分类改革、以审判权为中心的诉讼机制改革、省一级人财物统筹四项重点任务已经完成，但是，综配司改引发的兴奋关注度似乎并不强烈，不少人认为配套措施只是后期的“装修工程”。事实上，再高速的铁轨，当最后一个螺钉尚未拧紧，也不能算是一个完备系统，司改的配套工程也是同理。一旦司法制度的综合配套工程不到位，不仅会影响司法制度整体效能的发挥，也会影响民众对司法制度的信赖，而现实生活中往往就是那些“非主体工程”中所发生的差错引起轩然大波。

一、全局视野

配套改革在主体工程建设阶段并不是重点，但在主体工程完成之后便成为唯一的重点。其实，在中央部署四项基础司改主体工程的同时，配套工程已包含在顶层设计之中并同步推进。这也是新一轮中国司改的一个重大特点，即主体工程与配套工程同步设计、同步推进、互为前提、相互促进。基于此，根据中央关于综配司改的总体要求，深度结合上海改革试点方案以及长期以来累积的司改经验，综配司改的三个领域由始至终都受到各方的高度关注。

1. 全面审视综配司改的理论基础、内在维度、外在逻辑和演进路径。主体工程建设阶段的司改为法治中国建设奠定了坚实基础，为新时代的司法制度搭建了基础性框架。同时，逐步走向深水区的司改也面临司法理论滞后于改革、综合资源利用不足、司改前后衔接不畅、办案过度关注形式要件、司改过程的透明程度低、司法对智慧产品应用率低等配套性问题。因此，综配司改需要以实现司法公正、高效、权威为目标，重点解决：更为深刻地提炼当前综配司改在实

① Geneviève Gondouin et Sylvie Rouxel, *Les Institutions Juridictionnelles*, Presses Universitaires de Grenoble (2004).

践中的试点意义;更为深入地拓宽和加强司改的理论基础研究;更为细密地形成司改的主体工程与配套工程之间的闭环;更为全面地增强司改的透明化程度;更为彻底地消解单纯的工具理性对司法功能的威胁和削弱;更多场景地运用大数据和人工智能,在保障数据的开放共享和安全可信的基础之上,推动司法公正化、管理高效化和运行智慧化的建设。

2. 深入分析综配司改对司法体系改造和司法能力现代化的影响。沿着司法制度结构的角度,把综配司改推入纵深的内容表现为:司法制度总体设计更加符合司法规律;司法工作目标更加以人民利益为中心;司法管理体制更加贴近中国国情;司法组织框架更能激发司法效能;司法人事制度更加符合法官职业特点;诉讼程序制度更加体现公平正义、人权原则;司法保障制度更加服务和巩固依法独立公正审判的基础;纠纷解决机制更加系统、科学和合理;等等。在此基础上,综配司改需要重点关注深水区改革的四个转变:规模向效率的转变,管理向服务的转变,建设向实用的转变,需求向安全的转变。归根到底,综配司改需将改革与办案、执行、运行、管理等所有链条和环节进行深度融合,以改革推动实践,以实践促进改革。

3. 以定量与定性方式客观审视综配司改的短板并推动其不断优化。综配司改是一项浩大系统工程,面广量大、点多线长。在推进过程中改革的效果如何、取得了哪些成绩、存在何种不足,都迫切需要根据多维信息的反馈做出实事求是的判断;适时阶段性地对综配司改情况进行全面、中立和科学的第三方评估。这就要求改变传统的数据统计模式,增强大数据分析、解读与预测能力,设置一套科学可行的评估指标体系。而实现这一目标的关键,是要突破以报表汇总数据的数据收集模式,借助大数据挖掘,盘活庞大司法统计数据尤其是底层的数据资源,通过量化、提取并分析其中的关键信息,探索形成适合司改的标准统一、体系完整、客观科学的指标体系。只有这样,方能呈现综配司改最直观、最全面、最深入的庞大系统的各方面情况,为更为精准的重大决策提供基础。

二、改革兴奋点

综配司改任务重,面广量大。为了在有限时间内取得既定的目标,需在问题的选取方面以“有限目标”为原则,需要立足于破解困扰综配司改的关键议题,交错运用法学、管理学、社会学、计算机科学与技术等多学科知识,甄别、筛选、分析和选择影响综配司改的诸多制约和推动因素,以“规范权力运行、深化科技应用、完善分类管理、维护司法权威”为目标，提出综配司改的现实可选项和实施方案。

综配司改的兴奋点，既要密切关注中国司改的宏观改革动向，体现国家治理现代化顶层设计的高度，又要聚焦于地方性综配司改的具体问题，尤其是体现解决问题的针对性；既要对综配司改进行全面系统分析，推进理论与学科的纵深，又要对改革路径做具体设计，力求综配司改具有现实操作性；既要立足综配司改在地方的试点，又要总结试点经验，形成可复制、可推广做法。

根据这些指导思想，综配司改需要关注以下兴奋点：(1)围绕“努力让人民群众在每一个司法案件中都感受到公平正义”的目标，以加强司法权力运行的制约和监督机制为重点，坚持民众需求导向，通过司法公开的常态化和制度化建设，实现“把权力关进制度的笼子里”的目标；(2)针对司法行政化、地方化，深化推动司法主体的结构性改革、打通司法机关的内外部关系，落实司法责任制的配套机制、完善综合法律服务供给体系等；(3)针对案件立案难、裁判不公正、执行难等“顽疾”，以进一步强化流程管理为抓点，充分运用现代化信息技术，加强节点控制，强化司法管理，实现司法过程的规范化运行。上述三个层面，从宏观到微观、由外部到内部、从体制机制到技术运用，在不同维度揭示了综配司改的基本着力点。

第三章　结构性司改逻辑

以上所述的综配司改的“一盘棋”，是对上海作为深改样本的制度设计和实践方案的全面审视，赋予了地方在试点过程中的较大自主权和激励机制，让地方在恪守司法规律和不违背司法原则底线的前提下，可以大胆试错和创新，汲取教训和经验，以期改革成果的最终可复制和可推广。

第一节　改革内在标准

2019年年底，上海的综配司改已经完成。那么，已取得“改革阶段性成果”的上海样本，其背后的内在逻辑是什么？这涉及整体和进一步可复制可推广的政治定位、法律定位和功能定位。

综配司改上海试点的内在逻辑，坚持了从不同地区、不同层级的司法工作实际出发，尊重基层首创精神，鼓励试点地区在具体改革措施上积极探索，分类分层研究提出实施方案，绝不搞“一刀切、齐步走”。更为重要的是，具有“样本和对标意义”的上海综配司改坚决贯彻了中央确定的政策方向，以实现司法的公正、高效和权威为目标，以司法公开和人权保护为两个衡量标准，以外部司法体制结构改革、内部机制的完善和司法主体能力建设为三大支柱，形成“一盘棋”的格局，协调和凝聚各方资源和力量积极稳妥推进。内在逻辑包括以下几个方面。

一、改革布局的计划性和系统性

当下中国司改已进入深水区,改革措施一旦不能对相关因素作出预先反应,就必然受到系统其他要素的限制,导致改革的保障和配套措施跟不上、制度衔接和部门配合出问题,影响司法改革的效果。所以,被关注度极高的上海综配司改全面谋定而动,尤其强调开拓试水的要素协同推进。一开始就抓准要害从"混编"的司法人员分类破题,设定了全国所有试点中员额降幅最大的"橄榄形"人员架构,以法官、检察官岗位的稀缺性为轴点,配以员额的动态管理、岗额适配的双选、员额的认定和考核以及遴选委员会的合理化,设置和提高员额的准入门槛,奠定了推动法官、检察官走向职业化和专业化的基石。在此基础上,又沿着四个方向把改革推向深入:一是改变"行政化"的内部管理。以独任法官/检察官、合议庭责任制、主任检察官责任制为切入点,辅之以削减行政性权力、矫正"多头处理一案"和"集体会商决策"的流弊。二是排除"地方化"的司法干预。除了共识性的省以下司法机关人财物统管,突出了在财、物的收支上完全"隔断"与地方关联,放弃了司法机关收支汇缴层级的差别对待、市县向省级财政转移支付等方案。三是加强"正当化"的司法监督。强调了"去行政化"只是意味着司法管理部门不能超越独任法官/检察官、合议庭和主任检察官办案团队,但不能将正当的审判、检察监督与不当干预相混淆,毕竟监督是司法产品输出链条的质检环节。四是强化职业保障和司法责任制。为了防止司法腐败,建立起符合司法职业特点的薪酬和身份保障制度,使法官、检察官序列与行政职级脱钩,实行单独序列管理;同时通过审判和检务公开等司法过程的透明化、判决和执行的公开化以及司法参与方式的制度化,杜绝渎职枉法现象。可以说,以员额制为起点的内部和外部体制机制改革,涉及逻辑连贯性的许多要素之间的环扣和辅成性互为因果。因此,为审慎起见,上海试点改革采取"报批""备案"等计划性方式,相当程度上确保了改革的系统要素协同得以实现。

二、改革立场的自主性而非依附性

"自主"相对于域外中心主义的"依附",是指上海的综配司改不排斥开放性,又贴合阶段性的本土实情。以改革法官、检察官的选任程序为例,为了防止司法机关受制于某一机构，没有参照国外主流的立法机关、大法官、委员会或行政首长“择一是从”的选任制，而是采取“混搭模式”，即机构序列征询、入额考核（考试）、岗位双向选择、遴选委员会荐任、党组审议调配、人大职务任免六道工序。尤为值得一提的是，法官和检察官入额没有步趋于带有惯性的欧陆法院的“科层化”，让下级法院、检察院的提名、选调和考核完全受控于上级以致走向异化，而是突出了其中第三方遴选委员会“荐任”的权威性，以及法院、检察院不接受荐任的背离理由的严格说明。[①] 而对于遴选委员会和附设专家库的人员组成，则充分考虑到了它与各国政治密切相关，涉及法治、分权与民主等多重因素，因此在起步阶段采取了专门委员和专家委员的简版构成，以最小成本迅速、稳妥推进，而不是提出超越阶段的目标，照搬移植多数国家之法，更多由下级法院法官充任以体现对上级法院提名的制衡，抑或一开始就更多选择非专业人士。[②] 当然，不足之处在于目前上海遴选委员会的功能定位，只是负责初任法官、检察官遴选和惩戒，没有涉及晋升、调任和罢免，更没有扩大到许多国家的司法委员会那样，涵盖法院的战略规划、司法政务、流程管理、司法预算、司法统计、司法信息化等行政事务。

三、改革进程的适度性和均衡性

上海试点不做不切实际的事情，而是在全局整体谋划的基础上，寻找阶段性目标设定的最佳结合点，合理回应以往盘根错节的利益并混合各方博弈的结果。而且转型中的单一制大国，指向公正与效率、专业与便民、统一与差异的冲突，要比成熟的司法制度更为突出。西方国家的司法权运行机制改革主要是狭义的案件管理，而上海的司改试点则广泛包括了办案组织、案件管理和法律监

---

① 虽然作为各地司改的法官、检察官遴选委员会的成立只是局部的试点，但其对于今后推动司法体制改革的意义十分重大。目前，已有60%以上的国家设立了各种形式的法官选拔委员会，98个国家甚至将其写入宪法。

② 不少国家在法官遴选委员会的组成上采取的是既尊重法官自治，又体现价值多元。价值多元体现在委员会成员的身份、来源的多元化上，同时确保司法人事决策能够惠及整个法官群体，而非仅令上级法院法官受益。比如，英国的法官任命委员会包括法官代表5人（上诉法院法官、高等法院法官、巡回法院法官、地方法院法官至少各1人）、律师2人、行政审判所1人、地方治安法官1人、非法律人士6人；泰国司法委员会主席由最高法院院长兼任，包括12名法官代表（最高法院6人、上诉法院4人、初审法院2人）；巴西司法委员会的15名成员中有9名法官，全部来自不同层级、类别的法院；另外，法国、意大利、西班牙的司法会议也是下级法院法官占多数。而荷兰司法会议虽然只有4名委员，但定期从各级法院征调20名法官，任期2年，协助委员们遴选法官。只有作为“反面教材”的日本地方法院法官的荐任长期由最高法院垄断，被诟病为“最高法院本位主义”。

督的闭合运行。核心是“管理案件的法官、检察官与管理法官、检察官的司法机构之间的关系”，它是中国司法的独特问题。其实质在于，基于宪法将审判权、检察权赋予法院和检察院，试点中的司法机构应如何将抽象的审判权、检察权再授权给具体办案组织，这一问题在审判权和检察权运行机制改革中居于枢纽地位。上海试点在力推独任法官/独任检察官、合议庭办案责任/主任检察官办案责任之时，又把业绩考评机制及相应的晋升、惩戒和任免，置于司法职业化体系中进行均衡化考量。同时，坚决杜绝司法机构内部的层级化所产生的不当行政干预，但又立足于欧陆法系的法院法官数量众多的现实，短期内难以彻底消除层级化，所以没有过度激进地提出办案组织的“扁平化”，只是层级化的业务管理限于程序事项的审批、业务管理规范的推行等纯粹的行政性事务。在此基础上，试点中的上海司改又进一步让司法不是绝对被动而是“适度主动”，因为司法的被动性更多的是恪守程序，而不是对司法的价值判断。毕竟如果案件总量不断上升、司法人员的整体素质难以起色、当事人的诉讼认知和风险承受力又并无变化，那么，仅仅通过业务管理对现有案件和人员分流，其改革难度大，效果也会不尽如人意。所以，上海试点更多借助专业调解来分流案件、通过司法职业化争取高素质法官、融入司法环境软实力构建等，相当程度地缓解单项推进司法公开可能导致为规避压力和后果所产生的其他问题。①

第二节 主体工程与配套工程

中国司改已进入深水区。改革一旦不能对相关因素预先反应，会受到系统其他要素限制，导致制度衔接和部门配合出现问题，甚至还可能会出现部门或地方的改革方案各行其是和不断碎化，严重影响整体司改效果。

一、配套与承继

一方面，改革具备“纵向深化”的内在动能。综配司改涉及诸多领域，改革必须对“先改什么、后改什么”做合理安排，以确保改革平稳有序推进。因此，

① 比如，试点改革中的生效裁判文书全部上网导致的工作量、责任、风险的剧增，在获得“阳光司法”带来的益处的同时，也可能导致更多的案件积压、更多的变相强制调解、更多的法官流失。

首先是要根据中央统一部署,在试错改革的能动空间内敲定切入点和着力方向,除了承继已有司改成果,挖掘司改在深层问题上遇到的障碍,抓住其中极为重要又迫切应解决的问题先行突破;同时,又将“原来‘点’状、‘块’状的改革成果,通过整体、有序的综配司改连成线、形成‘面’、组成‘体’”,[①]目的就是“让各个制度之间严丝合缝”。[②]

另一方面,改革具有“横向整合”的实际需求。“司法系统是由互为作用和依赖的若干构件结合而成,又从属于更为庞大的国家机关系统。”[③]所以,对于前一轮基础司改中未解决的难题,绝不能视为单一问题,而应看成多个矛盾交织、叠加形成的结构性问题。在综配司改中破解这些难题,需要有针对性地推动结构性改革,抓好各项改革的协调配套和系统集成。既有司法体制“四梁八柱”的主体框架,又有相应配套、系统完备的辅助性工程,为司改提供更为精细化的配套和衔接措施。

因此,受关注度极高的综配司改全面谋定而动,尤其突出综配司改与基础司改之间的承继性。前一轮基础司改的内容覆盖四项任务:推动司法人员分类管理和员额制、实行省以下司法机关人财物统一管理、健全司法人员职业保障制度、完善司法责任制。

二、承继的内容

基础司改阶段取得的成绩与存在的问题,构成了综配司改的现实基础。主要包括:

1. 落实司法责任制的授权与监督。责任制,包括“授权”和“监督”两个维度。办案人员根据法院、检察院授权,履行判断权和决定权,初步实现了权责从集体到个体的巨大转变,让权责落实不落空。突出表现在:审委会、检委会讨论案件明显减少,办案人员借助集体之力补能力不足的空间大幅压缩,特别是模糊责任追究的可能性降低;在此基础上,又通过制定权力清单、组建办案团队、整合内设机构等,高效提升了人均结案数。不过,放权后的司法责任制尚未配

---

① 张璁:《深化司法　护航公平正义》,载《人民日报》2017 年 11 月 15 日,第 17 版。

② 周斌、李豪等:《司法实务界和法学专家探讨司法体制综合配套改革:本轮司法体制改革进入第二阶段》,载《法制日报》2017 年 11 月 6 日,第 3 版。

③ 陈平、杨波等主编:《管理信息系统实践教程》,东南大学出版社 2015 年版,第 20 页。

以强有力的问责约束机制。① 因此，亟待综配司改进一步理顺独任法官/检察官、合议庭/检察官办案组、审委会/检委会之间的权限划分和责任范围，以及以司法运行既定的载荷为切入点，配套构建起比较立体化的司法过错责任追究制度。

2. 司法人员分类管理制度的建立健全。通过司法人员分类管理与员额制改革，实现员额法官、检察官的职业化，提升司法办案绩效，改善当事人满意度。但是，司法人员分类管理的配套又在相当程度上流于粗糙。主要表现为：区域之间的员额遴选标准差别过大；跨地区的动态员额管理机制尚未形成；②法官助理、检察官助理在基层的配置不到位及岗位分工不清晰；员额法官、检察官的定位于法无据；不同序列的队伍基于复杂原因稳定性不够；员额退出机制不够健全等问题，这些需在综配司改中妥善解决。

3. 人财物省级统管外部衔接的落实完善。推动法院、检察院人财物省级统管是司改解决“去地方化”的重点，这一举措的正面效应已逐渐释放。比如，法官、检察官省级统一遴选、统一提名、党委审批、分级任免的人事统管制度实施后，长期困扰基层法院、检察院的人事地方化问题基本解决，也为全省员额动态调整、职权优化配置奠定了坚实基础。但打破了司法地方化之后与地方政府治理的关系还有待进一步理顺，尤其是在现有体制格局下设法促使地方党委和政府为地方司法机关提供更好的司法权行使环境。基于此，综配司改的难点在于如何改善司法的外部衔接关系，进一步扩大对区域性软实力的影响空间。

4. 司法人员职业保障制度的完整多维。基础司改已解决了法官、检察官的晋升和待遇问题，让最优秀的办案人员安心留在办案一线。法官、检察官职务序列套改及员额法官、检察官薪酬改革初步完成；③同时，法院、检察院职务序列单列后，职级晋升的天花板又被打破，职业尊崇感与工作积极性得到进一步

---

① 司改并未把司法责任停留在抽象化表面，而是充分考虑到了司法本身就具有的“可错性”，比如，审级和再审制度的设立本身就是为了纠错。因此，前一阶段改革所设定的责任承担规则要点在于，除非违法或犯罪导致错案才予以追究，基于正常的理性不足和认知偏差导致的错误，绝大多数实行“责任豁免”，只列入绩效考核。

② 法官、检察官员额动态配置机制，根据不同法院、检察院的案件数量、案件类型、繁简分流、难易程度、交通状况、队伍结构、业务素质、保障条件等因素，动态配置“员额比例”的法官、检察官员额调整机制。

③ 按照员额法官、检察官收入高出同级公务员 50%，其他辅助人员、司法行政人员收入高出 20% 的标准，提高司法人员的收入。

提升。但是,依法履行法定职责的权益保障机制还不健全,综配司改需让法官、检察官在依法行使职权、身份保障、安全保障、责任追究、物质保障等方面进一步得到制度配套,以确保办案免受各种外来压力和干扰,杜绝妨害法定职权行使的情况。

第三节　117 项改革试点

中央对新一轮司改及综配司改的认识经历了长期酝酿和不断深入的过程,在此基础上,上海作为综配司改的试点样板,在直辖市层面推动的 117 项改革任务已经于 2019 年年底之前全部完成。

一、中央的酝酿和决策过程

中国司改是政治体制改革的一项重要内容。自 1997 年党的十五大以来,历次党的全国代表大会都对司改进行了重要部署,党的十五大以来,中共中央依次提出了"推进司法改革"、"推进司法体制改革"、"深化司法体制改革"和"进一步深化司法体制改革"等司改目标。2004 年,中央司法体制改革领导小组出台《关于司法体制和工作机制改革初步意见》;2008 年,中央政法委推出《关于深化司法体制和工作机制改革若干问题的意见》;2013 年,党的十八大在党的最高决策文件中提出了"全面深化"司法体制改革,在此基础上,先后经历了"全面展开"、"统一推进"、"逐步深化"和"进一步深化"的历程。[①] 随着改革进程的加快,司改取得了重大阶段性成果,以"四项基础性改革"为代表的主体框架已经基本确立,包括司法人员分类管理,司法责任制,司法人员职业保障制度,省以下地方法院、检察院人财物统一管理。同时,司改由此也进入了攻坚期和深水区,迫切需要在整体性、系统性方面聚焦发力,不断把改革推向纵深。

2017 年 7 月,全国司法体制改革推进会要求开展综配司改试点,提升司法的整体效能。上海市委政法委按照中央政法委部署和市委要求,及时研究制定《上海综配司改框架意见》,并于 2017 年 8 月报请中央深改组审议通过,这一意见为综配司改提供了基本依据。在此基础上,配套制定了具体分工方案,细化

① 陈卫东:《司法改革之中国叙事》,载《中国法律评论》2014 年第 1 期。

明确职责任务，为改革提供了“精装修施工图”。2017 年 10 月，党的十九大报告进一步提出要“深化司法体制综合配套改革，全面落实司法责任制，努力让人民群众在每一个司法案件中感受到公平正义”。这体现出党中央从坚持和完善中国特色社会主义制度，不断推进国家治理体系和治理能力现代化的宏伟目标出发，对人民、对历史作出了庄严承诺。

二、上海 117 项改革试点已完成

2019 年年底，上海市推动综配司改的《上海综配司改框架意见》中涵盖的“规范权力运行，加强管理监督，着力提升司法办案质效”、“推进前端治理，深化科技应用，着力解决案多人少矛盾”、“完善分类管理，夯实制度保障，着力推动司法人才正规化专业化职业化发展”和“维护司法权威，强化系统集成，着力优化法治环境”四个方面的 117 项任务已经完成，形成了 100 余项制度性成果和一批可复制、可推广的新经验，建立了覆盖较全面、配套较齐备的司法体制改革制度体系，推动上海政法工作开创了新局面。

以上海市综配司改最关键的 2018 年为例。“上海市审判机关共受理案件 79.82 万件，审结 79.41 万件，法官人均办案 264.96 件，92.85%的案件经一审即息诉，同期结案率达 99.48%，经二审后的息诉率为 98.86%，质效数据继续保持全国法院前列。”①全市检察机关人均捕诉合计办案量在直辖市排名第一、全国位居前列，抗诉数、监督撤案数、再审检察建议等几项核心指标均达到两位数的上升。“全市公安机关连续 4 年保持命案全破，‘两抢’案件破案率达 98.7%，有重大社会影响的案件即发即破，公众安全感综合测评指数为 84.91 分，公安工作满意度综合测评指数为 85.45 分，实现了‘双提升’，安全感和满意度均创历史新高。”②“全市司法行政机关主管的人民调解延伸到信访、知识产权、金融、旅游等领域，人民调解组织共受理纠纷 36.16 万件，调解成功 34.18 万件”，③城市的精细化治理水平迈上新台阶。从改革的实际效果看，综配司改的每一项举措都已经落地生根、开花结果；从社会各界和人民群众的普

---

① 刘晓云于 2019 年 1 月 29 日在上海市第十五届人民代表大会第二次会议上所作的《上海市高级人民法院工作报告》。

② 2018 年 9 月 29 日，上海市公安局新闻发言人通报。

③ 陆卫东于 2019 年 5 月 13 日在全国调解工作会议所作的《上海以人民调解为引领，高起点探索多元调解工作新格局》报告。

遍评价看，综配司改的结果符合预期、实现了改革目标。

第四节 攻坚克难领域

综配司改既有成绩和亮点，也存在攻坚克难的探索重点。比如，改革的系统集成力度仍须加强，部分政法改革任务的整体性、内在关联性尚未充分厘清，部分改革任务缺乏系统部署，实施过程中相互掣肘，实施成效上相互羁绊，以及改革试点实质性落地的成效不明显，部分试点单位存在配套政策未完全实施、改革重点任务未充分落实、实质性改革成效不明显等问题，导致“改革红利”的释放不足等。因此，对照人民日益增长的平安、法治需求，亟待拿出更科学、更有效的举措。其中，深化聚焦点在以下几个主要领域。

一、司法人事机制问题

1. 司法人员编制动态增减机制尚不健全。员额的入额绩效科学测算、员额职数在纵向和横向的科学动态设定、员额绩效不合格的退额标准和机制、办案团队的缺员补漏和有效分工、法官助理的更科学化配置比例、全省人财物的差别化统筹配置等的精准设计都有待不断合理化；同时，司法机关的年均饱和工作量测算需要更为彻底地改变思路，工作量不能简单沿袭过去只是按照办案数和主观经验为主的判断方式，而是仍需进一步根据各类案件的精准实际工作量，设定科学合理的动态权重比来测算，在预设法官助理等司法辅助人员可对法官工作实现分流的前提下，探索设立法官、检察官员额数量的测算模型；①另外，内部机构改革之后，以案由分类、核心职能等为标准的新型办案团队初步建成，但如何建立办案辅助人员与员额之间的工作承载和绩效挂钩体系等机制，都需要进一步探索。

2. 司法人才梯队培养的结构性矛盾仍然存在。司法人才培养的同质化现

---

① 目前，法院案件权重系数模型与大数据分析测算不够优化，法院质效考核以及工作量统计上大多采用以案件数为基数的计件考核的方式。一方面，由于统计口径不一致，系列案件、减刑假释案、执行等案件，往往一案一号，形成“数字繁荣”；另一方面，管理学中计件计算方式，适用范围也有限度，尤其是无法适用于复杂劳动即疑难复杂案件中，对于具体案件类型的工作量差异化不能真实反映，具有很大的局限性。

象严重，尚未完全形成差别化、特色化的人才培养格局，各领域、各层次的法治人才需求无法得到有效满足。比较突出的问题表现在检察机关的专业领域过度偏重刑事，民事、商事、知识产权、行政法领域的人才缺口较大，较难胜任检察职能转变后的多元职权行使；专门法院和专门检察院的种类日益增多，但是，在知识产权、金融、涉外、互联网等专业性较强、新类型或语言依赖度较高方面的人才依然缺乏；随着智慧司法和司法行政的建设加快，懂法律的人不会用技术的表态提出问题，懂技术的人又完全不懂法律业务的现象比较严重，相当程度上迟滞了智慧化的跨越式发展等。

3. 政法人才选拔和任用机制需要持续优化。政法机关选人用人的视野和范围过于狭窄，改革后各部门相关序列之间人才衔接配套机制尚未完善，用人主体的作用和积极性还需进一步提升；推动人员分类改革尤其是员额改革，入额比例大幅缩减，客观上延长了法律职业核心成员的法官、检察官的成长周期，使优秀法科毕业生的入职司法机关意愿出现了下滑；从高校科研机构和公共法律服务机构外部遴选，尚未形成比较成熟的机制和经验，现实中应者较少，内部在职流失的数量远大于外部遴选入额的数量，职业尊荣感不强、待遇和负荷在入职前后的差别、职前适应的挂职锻炼和"旋转门"机制未能建立等，都是值得关注和研究的问题。

二、司法权力运行问题

1. 司法执法的裁量标准化、行为规范化不足。比如，审判放权后的审判监督节点智能化管控、有效监督模式和重大案件报告制度尚未完全建立等问题；检察院依然存在检察官"授权而不行权"，不愿独立作出处理决定，习惯于依赖领导审核把关，变相转移案件决定权与司法责任的情况；针对于不同层级在司法办案中的许多特定问题，办案权力清单还仍需进一步调整完善，办案职责还需进一步理顺；案件分配、审核机制有待进一步完善，通过流程监控进行同步监督等工作机制也仍待加紧推进。

2. 执法为民的结构体系化、过程便捷化不足。跨域立案、异地委托等改革创新的手续依然烦琐复杂；委托调解、特邀调解的设计功能未能全部释放；案件集中管辖之后的"诉讼两便"原则未能完全落地；三年解决"执行难"取得了重大进展，但执行的精细化程度仍待提高；授权委托地方深改立法、行政执法机制创新探索、纠纷解决的司法保障之间的衔接机制不足；赋予强制执行力的公证债权文书、律师参与金融产品的发售等改革，与司法在处理相关纠纷中的衔接和创新不足。

3. 改革配套的机制长效性、模式创新性不足。综配司改时间紧、任务重，需要在两年之内提出方案和完成落地。因此，不少改革选择了有基础、见效快的改革项目，而涉及机制长效性的改革有待增强，比如，司法责任制之后的强化案件监督常态化、内设部门"大部制"改革之后的职能深度融合、专门法院成立之后的技术审查官和专家证人出庭的制度化；同时，部分问题的创新需要持续，比如，智慧司法在"206 工程"实现重大创新后，其他场景的智慧化供应不多；类案类判的指引体系初步建立，但精准地结合当地经验和可复制、可推广经验的分类不到位。

三、法治环境配套问题

1. 优质法治资源配置城乡不均衡矛盾突出。一体化公共法律服务尚未系统集成。高水平、高质量一体化公共法律服务体系有待精细化打造，一体化的法律服务实体平台、网络平台缺乏整体性、系统性构思。优质法治资源配给过于向中心城区集中，郊区农村法治资源供给不足、品质不高、效果不理想，在如何保障农村群众基本法律服务需求上还不够重视。与中心城区相比，郊区农村的基层执法管理相对松懈，执法地位不高、力量不足，规范执法、精准执法、协同执法、文明执法、廉洁执法存在更大难度。

2. 司法办案标准化和多元解纷力度不足。诉讼内，局部办案标准不完全一致，导致对企业家涉嫌犯罪的羁押必要性判定标准、新兴业态经济犯罪的证据标准认定等问题仍存争议。诉讼外，司法机关与市场主体的互动水平不高、司法调解的激励机制不彻底、多元解纷机构市场化改革不到位，导致在线争议解决机制发展不足、纠纷解决人员配置不完善，以及国际商事纠纷不以上海仲裁机构为优选地等问题。

3. 类案的常态化、制度化推进抓手较少。类型化重大案件报告、审慎办案制度和风险信息反馈有待完善，尤其涉及大标的额、涉众型、新类型和"执行难"等案件办理，类似"上市公司大宗股票处置办法"的制度化创新方案不多。同时，司法机关相互之间以及与其他政府执法部门之间的沟通衔接机制有待改革和完善，司法机关与金融局、知识产权局、商务委和相关监管部门尚未建立结构性的深度联动机制，导致营商环境的治理能力现代化的关键抓手缺乏。

4. 跨域司法、府院协同的协调力不足。在跨域司法方面，目前长三角司法协作规则基本上比较原则，许多配套机制亟待不断深化和完善。在府院协同方面，虽然已经开展了一系列府院合作，但目前多为难度较小的浅层、窄域的交流，长三角一体化合作交流的深度和广度有待进一步加强。

5. 司法监督和公益诉讼功能空间有限。涉企刑事执法监督、民行检察监督薄弱，重监督数量，轻监督效果，监督质效不高，导致检察建议的刚性不足，影响了司法监督职能的有效发挥。同时，公益诉讼的线索来源不足，证据筛选和锁定机制不完善，行政执法机关协同不够，对检察机关心存戒备甚至抵触，尚未完全形成合力，直接影响到执法效果。

6. 破产案件的短板有待补齐。当前破产程序成本高、周期长，与高效处置“僵尸企业”和市场化破产的要求不匹配。许多案件面临破产法设置的细致完整的程序和严格的表决规则，不少还涉及衍生诉讼及漫长的债权清收过程；破产费用较高，不少破产案件需要多次召开债权人会议，传统的现场会议成本高昂，而网络债权人会议并未普及，且有待进一步完善。

四、智慧司法建设问题

1. 智慧司法建设的延展性不强。与其基础性、战略性和长期性地位之间仍有较大落差，业务、技术供需“两张皮”现象依然存在，基于真实需求的调查研究开展不足，部分应用研发的实用性、适用性仍待加强。围绕重点问题的更多智能化系统应用不足。自动化和可视化的司法业务流程监控、关键证据取证过程录音录像制度、执法取证数据化程序标准等不够完善；把握政法运行状况，科学调配政法资源，提高决策科学化、精准性、高效性的能力有待进一步提升。①

2. 面对难点挑战的智能化协同研发不足。政法工作智能化建设各自为政，缺乏协调统筹，公安、法院、检察、司法行政“小而全”的智慧建设“各管一摊”，没有充分构建闭环式网上业务流程，尚未彻底实现刑事办案全环节网上流转。公共法律服务的体系逐步建立，但数据律协、智慧公证、智慧司鉴、智慧调解、智慧法援，在碎片化多要素之间相互关联、数据区块链分布式记账、公服机构动态信誉推荐系统、瞄准业态变化之后的结构性创新不多。

---

① 除了“206 工程”研发较为成功，以社情、警情、案情、舆情为基础，对社会矛盾风险定性定量分析和分级分色预警的防控精准性不够。

3. 运用智能化提供执法、司法供给质量的机制不够健全,仍有通过建设集约、服务集聚、数据集中、管理集成的智能化公共服务平台,将可拓展上线的窗口服务,延伸到网上改造的更多空间。面对企业遭遇纠纷、违约等问题日益增多,涉企案件快速增长,“执行难”问题突出,急需数据分析能力提升司法质效。然而,目前司法机关的大数据信息化建设存在短板,如检察机关开展法律监督的线索来源主要依赖于群众提出申请、来信来访,尚未完全实现检察机关与相关单位大数据的充分归集和共享,无法通过信息化、智能化的手段,有效扩大监督范围,提升监督质效。

第四章　结构性司改锚定

前一轮基础司改与新一轮综配司改的关系,就是“主体工程”与“配套工程”的关系。在基础司改这一主体工程完成后,“四梁八柱”的框架已经确立,综配司改就成为下一步改革的重点所在。作为最先经过中央深改组(现为中央深改委)批准的试点方案,上海综配司改又延续了“半公开”的惯性,没有向全社会公布方案全文,但经历了第一阶段试点后的改革路径已比较清晰。同时落实在改革方案上,让新一轮综配司改在局部先行先试的合理空间内,加以松紧适度的释放,以及把已走向深水区司改的关键议题和优先议题,以先易后难的方式,渐次稳妥地推动展开。

以主体工程为测算的起始值,强调配套工程与主体工程的紧密衔接,而不是重起炉灶,这就是综配司改的“锚定效应”(anchoring effect),它构成了理解和研究中国司改走向深水区的定位基点。

第一节　目标与结构的基准

一、两个理论:目标设定和功能系统

整体而言,综配司改的设计和实施始终奠基和坚守在以下两个共识之上:目标设定理论和系统功能主义。

1. 目标设定理论(goal-setting theory),强调设定目标的特点会影响激励水平和工作绩效。[①] 该理论认为,设定挑战性目标和具体性目标、设置目标过程的人员参与,以及对过去完成目标情况的反馈等,事实上都会产生不同侧面的激励作用。它对实践的指导意义在于,为了长期目标的实现,需要设定具体、具有挑战性的阶段性目标,进而为目标实现提供更有效的激励。毫无疑问,中国的司改应当通过渐进方式推进,设定"阶段性目标",借助连续不断的试错、反馈、自我效能提升、任务策略、满意感等元素,寻找到顶层设计与阶段性目标设定的最佳结合点,建立司法体制的"高绩效循环模型"(high performance cycle)。基于此,综配司改从本质上是对前一轮基础司改已取得重大成果的反馈和自我效能提升,是进一步优化任务策略以提升满意度的必由之路。简言之,之所以要进行新一轮综配司改,是由于在基础司改中不可避免地出现了进度不平衡、完成度不够高等问题。比如,如何根据实际办案量动态调整员额的具体制度设定、如何安置"员额制"分流出的司法工作人员、如何优化遴选委员会的人员构成和运作机制、如何针对放权后的司法责任制配之以司法运行荷载的既定约束条件等,都需要通过综配司改加以明确和落实。

2. 系统功能主义(syetem functionalism),旨在探寻社会良性运行和社会平衡发展的机制,是一种"维护型"的社会学理论。[②] 该理论探讨了在一个社会系统内,如何保证不同子系统之间的稳定有序和协调一致。在帕森斯(Talcott Parsons)的理论框架中,阐述了系统的整合功能,尤其强调的是"结构整合"(structures integration)。亦即提出了结构之间的优势互补,无论是结构内部,还是在结构与结构之间,都存在功能上的"耦合性"(coupling)。其中比较重要的是,这种耦合所产生的作用大于单个的个体所发挥出的功能,因此有利于系统的整体运行。

基础司改和综配司改贯通于一体,不同于以往的零敲碎打,而是极为注重制度和机制之间的横向关联。但事实上,综配司改以基础司改为现实基础。一方面,前一阶段已开展的实行司法人员分类管理,完善司法责任制,健全司法人

---

① Locke E. A. Latham G. P., *Work Motivation and Satisfaction: Light at the End of the Tunnel*, Psychology Science, Vol. 1, p. 240-246(1990).

② 帕森斯是哈佛大学社会学系的创始人,20世纪40年代提出了"结构功能主义"这一名称,之后一直努力丰富和完善这一理论体系。作为现代结构功能主义的创始人,在帕森斯看来,无论是整个社会行动系统还是构成社会的小群体、家庭和比较复杂的社会组织,都具有一些最基本的共同的结构,这些结构在其运行中既要求着也发挥着某种特定的功能。

员职业保障,推动省以下地方法院、检察院人财物统一管理这四项基础性改革遍及司法的不同方面,但改革中创设的相关制度之间存在的“缝隙”,需要通过综配司改逐一填满,整体性、协调性需要被特别凸显和高度重视;与之相应的目标任务也由“聚焦”转为“多元”,进而从重点领域推广到全部领域。另一方面,综配司改将着力解决司改的内外部体制和机制问题。在外部要改革与司法权运行有关的各方面体制机制,使之与司法机关的各项权能、司法体制改革的各项措施相衔接;在内部着力解决法律机关之间的职权配置问题,将各个法律权力的属性厘清,各归其位、各行其权、各负其责。

二、关联协同与“两个最大”

综配司改是对司法体制全方位的“结构优化”。但是,在深改中也要尤其重视遵循司法和行政工作规律和职业特点。

1. 改革关联要素协同推进。“全面考虑改革相关要素,把握其内在逻辑。处理好法院、检察院、公安机关三者之间在改革推进中的相互协作与制衡。”① 同时,对接司法行政部门以及其他相关部门,做好深化改革任务之间的衔接和配合。

2. 最大限度排除改革阻力。试点改革的司法机关在普遍肯定改革举措符合司法规律的同时,针对某些问题在客观上又存在疑虑和顾虑较多、共识不足的情况。因此,“扣准社会脉搏是凝聚改革共识的重要前提”。② 推进改革应当积极寻找改革的最大公约数,关注各类改革制约因素,掌握不同区域群体、不同层级部门对改革推进的真实意见想法。③ 在此基础上,进一步加强政策解读,审慎推进改革,防止政策解读不到位使相关单位对改革产生误读。④

3. 最大改革成效优先顺位。中国特色社会主义现代化改革在总体规划上一直有“寻找突破口”的战略沿袭,即先寻求一两个突破口,然后再经过若干年实现改革的整体推进。这一战略规划除了表现在先选择局部地区就“一揽子”改革先行先试,比如,本次中央选择在上海先行试点综配司改,还表现在改革项

① 江国华:《中国司法学》,武汉大学出版社 2016 年版,第 312 页。

② 李艳玲:《扣准社会脉搏是凝聚改革共识的重要前提》,载《求是》2013 年第 2 期。

③ 比如,不同地区、不同层级机关、不同类型人员的差异性,除了召集各种类型的内部座谈会,尽可能以“民意调查”方式,通过调查问卷,随时跟踪、了解司法人员对各类改革事项的想法。

④ 比如,关于司法责任制和法官检察官奖惩制度的改革,其目标是“明晰权责、优化机制、有序问责、强化保障”,而绝非简单地加以“问责”“惩治”。

目选择上“容易改的先改，有共识的先改”，时机成熟时再“啃硬骨头”，进而集中有限的改革资源，避免因追求面面俱到的改革而分散精力，影响实际效果。针对综配司改中400余个具体改革项目，现实的做法是从中选出最重要和关联性最强的改革项目重点突破，其他项目协同推进，形成一个具有“最大改革成效”的“一揽子”改革方案。

第二节　人本主义的民生底色

贯彻群众路线没有休止符。坚持党的群众路线，要能把理念提升、机制创新、制度完善和科技应用结合起来。可以说，新一轮综配司改无论是在改革力度上还是在深度上，都足以堪称凸显“民生底色”，解决了许多关系到司改全盘成败的攻坚难题，不少改革甚至实现了历史性突破，具有里程碑意义，正是对这一定位的最好注脚与诠释。

一、回应与解决的三大问题

毫无疑问，综配司改以民生为最高标准，“在每一个司法案件中体现公平正义”。毕竟民生所指，不只是满足饱暖的生理之需，更要解决深层次的痼疾，要满足人民群众深层次的利益需求——更有尊严的生活，以及更加丰富的权利。因此，综配司改除了为破解案多人少、优化配置职权，以及让司法权实现“去地方化”和“去行政化”，其更为根本的目标，乃是回应与解决司法公信力长期存在的三大问题：

1. 案件质效趋好与司法公信力趋弱之间的悖论问题。以往“两高”不断推动的法院裁判文书公开、羁押讯问过程录像、律师会见不在场、指导性案例发布等，正在让司法行为更加趋于规范和透明，案件质量综合指数持续上升。但又存在一些判决合法不合理、偶然性的冤狱平反、涉诉信访等问题，影响了司法公信力提升。

2. 当事人维权意识增强与权利滥用现象的平行存在。由于诉讼收费标准降低、立案登记制改革、行诉立案门槛放低等，当事人诉诸司法越来越频繁，司法受理案件数量屡创新高，但滥用权利而透支司法的功利主义也趋于严重，包括虚假诉讼、不服从裁判、规避执行、暴力抗法、以信访谋取不当利益等。

3. 民众整体客观评价与局部主观臆断之间的悖反性。相较于当事人,民众对司法的整体满意度不断走高,但司法不透明导致的信息不对称,让舆论在某些案件中往往呈“一边倒”的质疑,其产生的负能量在很大程度上影响甚至主导司法。比如,民众对案件的想当然判断;选择性摘取信息、事实及强行拼凑;选择以公众道德而不是法律来作为评判是非的标准等。

新一轮综配司改充分关注了现实中的社会基础、风险识别、资源配置、成本效益、制度成败和实施条件以及甄别和评估不同选项产生的后果,使得司改的涟漪效应早已跨越司法边界,事实上成为国家法治软实力的坚实基础。主要表现为在不违背上位法和中央统一部署前提下,司改着眼于进一步改善司法的外部环境,推出不少具有复制与创新意义的举措。比如,上海的“司法权力清单”首次提出,让民众认知到司法机构的“法定职责必须为、法无授权不可为”;贵州的“以案定额”,借助法院饱和工作量的大数据测算,实现资源优化配置,进一步破解“案多人少”的困境;而中央深改组批准的浙江“互联网法院”,又成为坚决落实司法为民“两便”原则的典范。

二、民生底色的主要表现

新中国的司改浪潮大致经历了三次。第一次由董必武同志于 20 世纪 50 年代主导,当时的司改“人民性”的烙印明显。到了 20 世纪 90 年代初期第二次司改启动之际,司改转向“专业化”的音调开始走强。当下,中国新一轮司改的航向又一次推出了许多带有更多民生底色的改革举措。

1. 以司法责任制实现阳光司法。“让审理者裁判,由裁判者负责”得到落实。在此基础上,司改又进一步推动审判公开和检务公开,以裁判文书公开为契机,坚持“公开是原则、不公开是例外”,以多元化方式保障公民知情权、参与权、表达权和监督权。主要包括:庭审的全过程录音录像、网络直播公开审判的流程,以及公布执行进度、执行结果和失信被执行人信息等;许多地方法院建立集联系法官、案件查询、诉讼咨询等主要诉讼服务功能和微信、微博、移动互联网、App 等先进信息技术为一体的“一门式”诉讼服务平台,不少法院还开发了提供网上立案、阅卷和查询等服务的平台,高效地处理各类诉讼服务需求;落实最高人民法院人民陪审员“倍增计划”,迅速推进了司法民主程度;等等。

2. 落实人权保障而建立刑事冤案预防。司改在审判过程中除了坚守以往的罪刑法定、疑罪从无、非法证据排除等基本要求，又突出了被告人、辩护人在申请启动证据收集合法调查程序上的配套性制度建设，重点下力气杜绝会严重影响司法公信力的刑事冤假错案发生。比如，更多启动非法证据排除调查程序，更多证人和鉴定人出庭作证，宣告无罪案件数量有所上升。同时，法院、检察院在依法保障被告人权利上，更加充分保护被告人获得辩护的权利，落实法定的指定辩护和法律援助力度，基本实现对可能判处三年以上有期徒刑的案件辩护全覆盖；检察机关在讯问全过程做到实施不间断的同步录音录像；刑事申诉的复查制度也在逐步走向完善。

3. 推动多元纠纷解决机制定分止争。根据修订后的《民事诉讼法》，中央"两办"下发《关于完善矛盾纠纷多元化解机制的意见》后，司改在"诉调对接"上不断突破，设立委派和委托调解程序、主张调审适当分离、设立特邀调解组织，并重点加强了人民调解、行政调解、商事调解、行业调解、司法调解的联动机制，还在民商事纠纷中建立评估机制、无争议事实记载机制、无异议调解方案认可机制，以及民事小额诉讼的调解前置等；同时，在拓展调解案件的类型上，开始从传统的交通事故赔偿、劳动争议、家事、医疗、环境、物业、消费者权益问题等普通纠纷，拓展到应对地域性的案件类型多元化和精细化趋向，民生效果显著。

4. 避免地方化的指定案件集中管辖。限制和监督行政等公权，让民众诉权得到有效保障，体现在行政诉讼、破产、食药监督、资源环境和区间交通等易受地方干扰案件的集中管辖改革上。随着司法与行政辖区相分离，改革稳步推进，司法去地方化进一步实现。司改依托铁路运输法院将其设立为跨行政区划法院，不仅激活了原来铁路运输法院在"涉铁"案件中的跨区域性、流动性所累积的办案经验优势，让该院向新型的专门法院过渡和转型，更为关键的是从管辖的"物理隔离"上，让行政诉讼、食药监督等最易受到干扰的几类关系群众切身利益的重要案件类型，得以摆脱地方政府的干预，真正实现依法独立行使审判权的目标。

毫无疑问，基础司改"民生底色"，亟待于更多被固化、复制与可持续发展，而不能只是霍布斯的所谓的"权宜之计"方案，即民众和司法机构之间经过权宜的安排而达成的暂时妥协。否则，它所依赖的利益背后的力量对比一旦发生变化，原来达成妥协的稳定局面即告结束。因此，进一步形成"以人为本"司改理念以及推动系统集成的综配司改,变得尤为重要。

第三节 需把握好的几对关系

综配司改涵盖司法领域的各个方面,各项任务相互联系、相互影响,必须整体推进、统筹兼顾,发挥综合效能,实现改革效果最大化。在这个过程中,必须妥善处理好以下几对关系。

一、顶层设计与基层探索

推动综配司改,既要加强统一部署,也要鼓励基层大胆创新。其中,推进司改的主体工程包括司法责任制、人员分类管理、省以下人财物统管等最关键、最基础的制度性安排,是中央对司改指方向、管全局的顶层设计,必须一抓到底,综配司改中仍是坚持定期、持续地组织开展对司法责任制落实情况的督察和整改,目的是保证执行中央顶层设计的“不走样”“不变形”。同时,对一些不同区域、不同层级的司法机关可能存在差别、具有一定灵活性、需要精细化设计的改革事项,比如,庭审方式改革、新型审判团队建设、审判辅助事务外包等改革任务,综配司改在具体推进中鼓励基层司法机关先行探索,在相关经验成熟后上升到全局予以复制和推广。

二、整体统筹和重点突破

综配司改是一项内容复杂、层次繁多的系统工程,既要紧紧抓住关键的“牛鼻子”,也要善于统筹协调、整体推进。比如,司法责任制、员额制、内设机构改革,都“牵一发而动全身”,一旦不实现先期突破,其他的配套改革就可能陷入观望。同时,综配司改本身也需要更多的“更小配套”保障,以实现统筹谋划,增强各项任务的耦合性。比如,深化司法责任制和审判权运行机制改革,如果没有贯穿全程的权力监督、制约、保障机制,没有后续配套的案件管理、考核标准化、信息化建设,效果就会大打折扣;同样,薪酬待遇的分配怎样真正体现不同的司法责任和岗位分工,内设机构改革怎样与跨行政区划集中管辖、专门法院和审判团队建设等配套实施，也都需要通盘考虑。[①] 以法院的综配司改为例，上海法院在统筹推进136项改革任务的同时，针对需要配套解决的突出问题和薄弱环节，梳理出立案与诉讼服务、分案机制、送达、执行强制措施、审判监督管理、专业法官会议与审委会、审判专业化建设、审判团队建设、员额管理和单独职务序列、司法绩效考核、队伍思想状况、信息化应用等12大方面、34个具体问题，形成了《上海法院司法体制综合配套改革重点任务分解表》，以重点突破带动改革任务的整体推进。

三、立足当前和着眼长远

司改是一个动态、连续的过程，必须在巩固的前提下深化，在立足当前的基础上长远谋划。综配司改坚持"一手抓当前、一手抓长远"的思路，推出的各项改革措施、制度设计都力求兼顾解决当前问题和形成长效机制。

立足当前。就是从当前制约公正司法、影响司法能力最突出的问题入手，切实采取有针对性的措施。比如，针对案件分配机制中存在的指定分案规则难统一、案件难识别、过程难监管等问题，建立"随机分案为主、指定分案为辅，兼顾繁简分流、专业对口的分案机制"，[②]减少分案环节的人为因素，保证办案的程序公正与办案效率；针对改革后案件监督管理方式亟须深化转型等问题，通过完善专业法官、检察官会议制度、同步配套信息化方案、完善审委会和检委会制度、院领导办案常态化机制等，改变"人盯人、人盯案"的传统方式，转向全院、全员、全过程，涵盖事前、事中、事后全流程的案件监督管理。

着眼长远。就是准确把握国家改革大局的方向，把解决问题与建立长效机制结合起来，切实抓好"做铺垫、打基础、利长远"的举措，强化司法长远发展的基础。综配司改在推进改革的过程中把制度机制建设摆在首位，比如，推进基本解决"执行难"中，制定和修订了《执行办案责任制的若干意见》《关于确认和终结无财产可供执行案件若干问题的规定》等20余项执行工作的制度规定，为

---

① 增量改革与存量优化也需要统筹兼顾，比如内设机构改革与法官单独职务序列管理。一头是借助等级晋升"去行政化"的红利释放，树立专业化审判人才培养发展导向；另一头是加大法官岗位绩效考核力度，同时开展内设机构改革和人员进退留转工作。这样，有利于消化部分人员在转岗分流甚至退出领导岗位时的思想负担，将员额法官的注意力和职业规划引导到专业化审判职责上，减少重点改革任务推进的阻力。

② 比如，制定了最高人民法院《关于进一步推进案件繁简分流优化司法资源配置的若干意见》、上海市高级人民法院《关于实行随机自动分案的若干意见》等规定。

改进执行工作建立了规范化、标准化、长效化的制度体系，促进了执行工作的规范、有序运行。

四、内部改革与外部协同

推进改革不仅要聚焦内部存在的瓶颈，也要回应社会的关切。比如，综配司改深化推进的司法责任制改革、内设机构改革、跨行政区划法院改革、知识产权、金融、海事等审判体制机制的改革，均是着眼于进一步理顺优化司法职权配置；完善办案绩效考核、推动适法统一、强化司法责任认定和追究机制，都是以解决社会最关心的司法质量问题为导向；推动的诉讼服务标准化、司法公开、破解“执行难”等一系列措施，也都是着眼于维护人民群众切身利益这个目的。许多综配司改任务的推进不仅集中在“两院”，还需要对接公安、司法、信访、综治、政府职能部门等，形成制度衔接合力，特别是以审判为中心的诉讼制度改革、执行体制机制改革、多元化纠纷解决机制等。同时，改革举措只有真正有利于服务保障大局工作，才能更多得到支持。比如，上海司法机关立足改革“先行者、排头兵”的站位，主动对标自由贸易区、“五个中心”建设、长三角区域一体化发展等重大战略，积极研究司法保障和应对措施，从服务大局的视野去推进改革。①

五、改革深化与科技赋能

深化司法改革和推动信息化建设，是人民司法事业发展的“车之两轮、鸟之双翼”。改革要解放思想、提高生产力，既要靠制度供给创新，也要靠信息技术提升能级。改革深入的过程，必然是现代科技与司法审判深度融合的过程。在推进综配司改的过程中，信息化建设被列为深化司改的重要支撑和破解司法难题的利器。例如，研发刑事案件智能辅助办案系统，运用大数据、人工智能等新技术，对录入系统的证据实施自动校验和瑕疵提示，减少司法任意性，防范冤假错案。又如，研究制定的完善审判监督管理机制的实施意见，同步配套制定信息化方案，力争让每一个需要监督和管理的流程节点都能够信息化、标准化、

---

① 比如，《关于贯彻落实〈上海市着力优化营商环境　加快构建开放型经济新体制行动方案〉的实施方案》《上海高院：关于为企业家创新创业营造良好法治环境的实施意见》《关于服务保障中国国际进口博览会的若干意见》等多项司法举措，与苏、浙、皖地区高级人民法院共同签署了《关于全面加强长江三角洲地区人民法院司法协助交流工作的协议》，全力为国家战略和上海工作大局提供司法服务保障。

智能化，实现全程可视、全程留痕、全程可追溯。已运行的“法院审判执行监督预警分析系统”“检务公开全流程监督系统”，实现了对立案、审判、执行各环节风险点的实时预警、提示，推动审判监督管理向规范化、流程化、标准化转型。再如，司法机关建立的绩效考核系统，推动的繁简分流、司法公开、诉讼服务改革、电子卷宗同步生成和全流程网上办案等，都充分发挥了现代科技的驱动作用。同时，在运用科技助力的过程中，既注重信息化与审判需求和经验深度融合，做到管用，又注重与实际应用感受度深度融合，做到好用，力争避免信息化建设的盲目、孤立、低水平重复。

第四节　阶段—结构改革类型

“基础司改的主体工程与综配司改的配套工程实现了同步设计、同步推进、互为前提、相互促进。”①新一轮的综配司改在框架上可以归类于司法组织体系、司法人员培养、诉讼程序制度、司法管理机制、外部衔接关系五个类型。改革类型化的实质，就是通过既定的标准将具体的改革任务“格式化”，确保改革试点的规范化推进。

1. 司法组织体系。科学整合法院和检察院的内部职权配置，逐步取消司法案件尤其是法院内部的层级审批制度；重新回归上下级法院之间的权限，规范和落实上下级法院的审级监督，确保审判权依法独立行使；科学界定检察机关的刑事检察、民行监督、公益诉讼等职权和人员配置，探索国家监察体制改革之后的检察定位和优势发挥；按照“试点、推进、深化”三个阶段，从易到难、从边缘事务到核心事务、从部门事务到全院事务的顺序，有重点、有步骤、有秩序地稳步有序推进法院、检察院的集约化管理。

2. 司法人员培养。培养具有“胜任力结构”的优秀司法职业从事者，乃是一切工作的基础与关键。包括：加快法律职业建设，建立法律职业共同体，从某种意义上是党的十八大以来最具有综配意义的重大改革。它体系化地带动了法学院校教育制度、法律职业统一考试制度、法律职业一体化发展模式等一系列改革；相应推动的员额法官、员额检察官的初任培训改革，一定程度改善了以

① 蒋惠岭：《同步推进司法改革的五大配套工程》，载《法制日报》2016 年 1 月 20 日，第 11 版。

往缺乏集中规范的职业训练而导致法官、检察官初任培训实效低、培训走过场的局面；此外，法官、检察官上下级交流任职机制的常态化，完善法官、检察官逐级遴选机制，以及通过遴选任用、挂职锻炼等方式提升法官、检察官办案能力，已经成为新型人才跃升轨道。

3. 诉讼程序制度。建立以审判为中心的诉讼制度改革之后，相关的配套机制显得更加重要。审级制度改革、审前程序完善、证据制度强化、诉访分离改造、审判组织重构、人民陪审制度的再造等每一环节的细化落实措施，都是综配司改的重点内容。

4. 司法管理机制。司法管理包括组织管理、人财物管理及审判、检察业务的管理。司法管理机制改革的核心问题，主要是去"司法地方化"和去"司法行政化"。虽然在前一阶段改革中，司法管理机制改革的主体工程已经完成，但涉及具体机制的运转模式、方法、手段以及管理人员的职责，比如，法院、检察院是否也应与行政部门一样实行多个副职分工分管，法官、检察官与司法行政人员的职级换算等，都需要进一步细化设计和全面安排。

5. 外部衔接关系。外部衔接机制的配套包括健康的司法环境、充分的公众信任和尊重、外部权力的自我节制、司法自律的较高觉悟、严密的外部监督等。审判权与检察权的有效行使，离不开外部机制的承接、支持、续展、辅助甚至监督。随着检察环节参与社会治理创新，检察机关公益诉讼试点等的扎实推进，法院、检察院也正在对相关外部衔接缺口逐一排查，从中发现问题，找到"出口"，逐步形成闭环体系。

第五章　结构性司改基石

面向当下中国司法体制改革的理论研究，主要包括三类：(1)立足于司法改革顶层设计的宏观视角，针对上海等试点省份的改革布局所作的“应然”研究。比如，国家治理现代化与地方试点司改的关系、[①]推动地方司改试点的基本定位与方法、[②]省级以下人财物统管的法律障碍、[③]走向统管后司法内部行政的强化、[④]地方司法与行政管辖的适度分离等。[⑤](2)从地方司改的微观上，面向具体审判权运行方式的创新展开的“经验性”研究，包括彰显地方知识的多元解纷机制、[⑥]协

① 杨立新：《国家治理现代化与司法改革》，载《法制与社会发展》2014 年第 5 期；周叶中：《关于新时期我国司法体制改革目标与路径的思考》，载《行政法学研究》2014 年第 1 期；葛天博：《2015—2020 司法改革走向和进路的重整与构设》，载《甘肃理论学刊》2015 年第 1 期。

② 郑成良：《司法改革四问》，载《法制与社会发展》2014 年第 6 期；沈国明：《司法改革应设定阶段性目标》，载《东方法学》2014 年第 5 期。

③ 孟建柱：《深化司法体制改革》，载《中国审判》2014 年第 3 期；高其才：《省以下地方法院、检察院人财物统一管理改革的法律障碍》，载《苏州大学学报》2014 年第 1 期。

④ 谢鹏程：《司法行政事务省级院统管路径研究》，载《人民检察》2014 年第 8 期；沈桥林：《省以下人财物统管问题探讨——兼论审判体制改革之粗略构想》，载《江西师范大学学报(哲学社会科学版)》2014 年第 6 期。

⑤ 孙洪坤：《论建立与行政区划适当分离的司法管辖制度》，载《东方法学》2014 年第 6 期。

⑥ 范愉：《委托调解比较研究——兼论先行调解》，载《清华法学》2013 年第 7 期。

助执行网络构建、[1]审判长主任检察官司法责任制、[2]巡回审判运行机制、[3]法官助理制度。[4] (3)从宏观、微观交集的中观层面，指向设立底线标准和提出倡导性方向的“两个向度”研究。譬如，法官检察官员额制及优化、[5]法官检察官遴选制度、[6]司法人员待遇差异化和“提低填谷”。[7] 不过，目前学术界尚没有针对新一轮司改及其综配司改的理论基石加以深度探讨。

第一节　司改可以走多远

中国在解决纠纷过程中对作为舶来品的“司法能动主义”[8]素怀谨慎。然而，“纠纷解决与规则之治”“自行判决与谨慎表述”“判决与民意”“司法中立主义与司法衡平艺术”等研究，蔚然成为流行主题。冠以“积极的司法”与“消极的司法”之权衡与选择，甚为恰当。积极的司法有别于司法能动主义的“法官造法”，而是代表纠纷解决的立场、倾向和态度，包括法官在裁判中积极解释和运用规则，以及法官的角色担当、程序运作及价值选择等，体现了以顺应现实为取向的“合理主义”。可以肯定，纠纷解决需借助积极的司法，

① 张元：《执行程序中行政部门协助变更股权若干问题研究》，载《人民司法》2014 年第 21 期。

② 龙宗智：《加强司法责任制：新一轮司法改革及检察改革的重心》，载《人民检察》2014 年第 12 期。

③ 陈旭：《回应型司法下的巡回审判运行研究》，载《上海政法学院学报(法治论丛)》2012 年第 3 期。

④ 康宝奇、杜预苏等：《审判资源配置新视角：“外援型”法官助理模型运行之检讨及型构》，载《法律适用》2010 年第 11 期。

⑤ 邢世伟、赵欢：《贺小荣：法官员额制不能简单论资排辈》，载《民主与法制时报》2014 年 8 月 4 日，第 11 版；胡道才：《推行法官员额制改革的两个基础问题》，载《唯实》2014 年第 11 期；方辉：《中国法官员额配置的优化选择——运用量化分析方法整合相关因素》，载《第一资源》2010 年第 2 期。

⑥ 王琦：《我国法官遴选制度的检讨与创新》，载《当代法学》2011 年第 4 期；蒋惠岭、杨奕：《英国法官遴选委员会是如何运行的》，载《法制资讯》2014 年第 8 期；杜承秀、肖瑶：《法国行政法官遴选与训练制度的启示——兼及民、行审判对法官素质诉求之异》，载《广西警官高等专科学校学报》2011 年第 2 期。

⑦ 支振锋：《“体制决定论”的力度与限度——从司法机关人财物省级统管切入》，载《法学杂志》2014 年第 4 期；谢小剑：《省以下地方法院、检察院人财物统一管理制度研究》，载《理论与改革》2015 年第 1 期。

⑧ 司法能动主义是一种司法哲学，它促使法官为了推动新的进步的社会政策而偏离严格遵循先例的原则。共同标志是法官更多地把自己看作社会工程师而不是单纯适用规则的法官，而那些旨在建造社会工程的判决有时候表现为对立法和行政权力的侵犯。

并无太大争议。

一、积极司法的分歧点

与积极的司法相对的是消极的司法。作为消极的司法的一种极端形式，偏重于义务性规则，且从属于权力的“司法工具主义”，已从现代社会的理念逐步淡出。然而，从定分止争的角度，去除了司法工具主义的消极的司法之后，中国司改如何实现积极的司法，仍有较大分歧。

分歧点在于，深化司改中的积极司法究竟可以走多远；与此相应，积极司法与消极司法之间存在矛盾，综配司改如何得以有效化解；同时，面对中国转型后的重大利益格局变化，走向了积极司法的深改趋向，应当选择什么样的立场；从历史性角度而言，这种立场选择是否能够得到司法的历史发展进程的阐释与佐证；接下来，又应如何推行以新的立场为导向的综配司改。对于以上这些问题的深刻回应，直接关系到综配司改的全面展开。

以最为典型的裁判论证为例。一般而言，法律论证有形式推理与实质推理的区分，实质推理包括司法的价值判断，已基本达成了共识，但是，形式推理是否也包括价值判断，则存在很大争议。

以博登海默（Edgar Bodenheimer）为代表的一种观点认为，“形式推理中的价值判断作用极小，进而价值判断被作为了区分形式推理与实质推理的标准”。[①] 以列维（Levi）、孙斯坦（Cass R. Sunstein）为代表的另一种观点认为，司法机关在形式推理过程中，即使有明确的法律规范亦需要进行价值判断，其原因在于：价值判断具有发现、比较、选择、归类、定性量裁、价值导向及司法造法等功能，唯有进行价值判断，方能打开前提与结论之间的逻辑通道，形成“未完全理论化的协议”。[②] 当然，基于“明希豪森的三重困境”和认识论上的“休谟难题”，还必须建立于适当论辩的基础上。可见，从这个意义上说，积极的司法可以走多远的问题，实质上就转化为纠纷解决中的形式推理是否也要进行价值判断的问题。

我们赞同上述第二种观点，形式推理亦可“引经而议”的论据主要有三个

---

① [美]E. 博登海默：《法理学——法律哲学与法律方法》，邓正来译，中国政法大学出版社 1999 年版，第 50 页；郑成良：《论法律形式合理性的十个问题》，载《法制与社会发展》2005 年第 6 期。

② [美]凯斯·R. 孙斯坦：《法律推理与政治冲突》，金朝武、胡爱平等译，法律出版社 2004 年版，第 35 页；[美]列维：《法律推理引论》，庄重译，中国政法大学出版社 2002 年版，第 30 页。

方面:一是任何法律规范命题都始终为"应该怎样"这一应然命题所支配,而"应该怎样"说到底都是从实体上或程序上对一定利益的某种需要的肯定,这种肯定就是立法者的价值判断。如果行为人破坏了立法者的价值判断,司法机关就必须通过有效的司法活动处罚行为人,以恢复立法者的价值判断。二是价值判断揭示的是主体的需要与客观的性质、功能之间的关系,经过价值判断才能使案件事实中的价值判断显现出来。三是司法机关只有找到了立法者的价值判断,也才会找到待决案件应当援用的法律规范,也就完成了对案件事实的司法归类活动,亦即价值判断使大小前提之间的同一性得到了确认。

二、司改中的取舍与权衡

那么,从司法机关在定分止争中的角色担当、程序运作及价值选择等这些裁判之外扩展意义上的维度,又如何在推动司改和综配司改中把握这种"积极司法"?

以司法如何对待民意为例,能够作出很好的说明。当下即使法律职业化程度较高的国家,也不认为矛盾的解决完全取决于立法者预设,司法机关都理应受到民意的影响。而司法如何保持职业主义及克服传统的保守性,融入市民生活?一种典型倾向是以实用主义为基础面向社会、面向大众。但这会产生民主的轻率激情,易使司法为民意驱使。

有鉴于此,对于民意,现代司法折中采取了开放与限制共生的方式。就"开放"而言,例如,司法机关有权进行合理化法律分析,也就是选取作为判断理由的规则、原则及政策时,可以参照民意,以增进判断结果的可接受性;设计了陪审团制度,这一制度的存在本身就代表一种民意,陪审团成员的非职业化特点,必然促使他们更多考虑法律之内与法律之外的、正义与非正义、控辩双方的状况甚或自然法上的因素;努力推动司法机关成为公共政策的发展和实施的通道,使民意能够依托一定的形式和路径进入法律程序,通过司法过程获得承认、发挥作用等。而从"限制"角度采取的方式包括:在案件审而未结之前,限制作评论性报道;变更审判地点;适当地延期审理;法官向媒体提供背景信息及对裁决给予清楚的解释,且针对错误或误导报道作出必要的沟通回应;等等。

不言而喻,司改中推动的积极司法可以走多远,就对待民意问题而言,应当持有一种"警惕的开放"态度。一方面,必须尊重民意,这是现代社会的法律正义观，比如，美国法官对于小额诉讼案件、治安案件及轻微刑事案件的审理所展现的相当人性化的色彩；同时，司法主体自己的角色认同与民众的角色期待尽量达成一致，这也是传统中国司法平民化思维在现代的延续。但是，另一方面，积极的司法需要求司法机关在判断与民意之间必须表现出特有的“卫道士”精神，借助规则或原则采取措施，保护其诉讼程序不受外界偏见的干扰，作出的判断亦经受必要的“合法性检验”。具体包括：(1)司法机关对待民意抱持一种谨慎的态度，通过职业规则强化自律，防止司法活动被民意左右；(2)在关注程序外的事实及判决的社会可接受性的同时，把判断与民意之间的问题化约为规范与事实之间的问题，在判断中依据某一法律原则在论证上打磨功夫；(3)对于能够成为判决理由的民意，必须符合并依托某一法律原则，完成起码的合法性检测。

显而易见，无论是判断过程中的形式推理能否进行价值判断，还是判断外司改中的司法取舍与权衡，归根结底，仍无外乎积极的司法与消极的司法之间所涉冲突与矛盾的解决。司改中“积极的司法”可以走多远，关键在于判断“最短的那块木板”究竟有多高。从微观的裁判论证过程看，即使秉持消极的司法的论点者，也不会再偏颇地把司法机关视为“自动售货机”，上述将价值判断亦列为形式推理要件的观点，无疑可以使积极司法的内涵走向全面和深入，即任何问题的判断，哪怕是简单问题，司法机关都有不可推卸的在法律中潜含更多判断的责任。同时，依法判断之外相关问题的取舍与权衡告知我们，深改中的综配司改特别需要从程序、伦理及机制等不同角度去完善相关的制度设计，谨慎、自制地使司法过程既开放、弹性，也经受过必要的合法性检验，比如，将民众意见导入理想的程序装置，形成公众事件处理的司法斡旋机制等。

第二节　司法多边主义

既然积极的司法需要获得“节制性的认同”，那么深化司改进程的综配司改，究竟应达致何种目的意义上的“认同”，就成为一个非常关键的重大问题。

一、认同主体的界定

“认同”，最为重要在于认同主体的界定。不可否认，在法治国家里司法机关作为纠纷解决的中心存在，司法权的威信和事实上的影响力，使司法判断具有最终决定权。但比较而言，司法判断较少关注当事人的合意，获得判断的基础也比较固定，因此，期待深化综配司改，推动司法过程获得积极的认同，就必须确立明确立场：司法机关作出的判断，究竟仅仅需要得到法律职业共同体的承认，抑或简单被当事人接受，还是应获得更多的社会认同。

司法机关作出的判断只需得到法律职业共同体的承认，而不需考虑当事人的接受及民众的愿望，这种单边主义的司法理念基本被摒弃。然而，当追溯到司法的初始时代，就会发现纠纷的裁断人角色往往由那些在某个部落或族群内，被视为先知或智者的长老来充任。此种现象提示我们，纠纷的解决不仅有赖于职业技能，还应有必要的人情世故，也就是利用他们对人生和社会较多的和较深的理解，以及他们丰富的经验和知识来更加有效地解决纠纷。可以期待根据权威的判断解决纠纷，不过在现实中的许多情况下，司法虽然作出了决定，但问题却往往并不能立即得以解决。显然，司法的功能还在于从问题解决中挖掘应有的自然法与正义，更多地考虑判断如何为当事人和社会所接受。换言之，包括综配司改在内的司法判断既需得到法律职业共同体的承认，又应为当事人所接受，此为当前占据主流的双边主义司法理念。

那么，司法机关经由判断对问题的解决，有无必要超越法律职业与当事人接受的范围加以考虑，这是职业主义与民主主义的冲突与融合问题。其实，司法在判断时适当考虑民众的愿望，即使在美国这样职业化程度较高的国家，也开始受到重视。[①] 从综配司改来看，利益结构调整产生的社会不稳定因素不断出现，司法作为利益诉求的缓释通道，需将复杂的社会问题、政治问题转化为法律问题，经由理性程序使当事人的思维趋于理性化，即使败诉亦不至于采取极端行动。这一独特的把问题处理“正当化”的作用，其他方式不能比拟。与之相应，在问题解决的过程中，当刚性的规范不能作为大前提推出具有可接受性的结果时，司法机关可以援引柔性规范的原则加以思考。以原则为依据，既可以得出符合实质正义的判断，也便于司法对判断结果作正当化的处理。[②] 这种解决问题的方式本身就表明，法律程序之外的民众的意愿与司法过程本身的沟

---

① 在美国，民主主义通过各种制度通道或者舆论，使职业主义有所削弱。美国大部分州的宪法都规定州政府可以应两院之请撤换法官。某些州的宪法规定，法庭的成员由选举产生，并准许多次连选连任。

② Ronald Dworkin, *Taking Rights Seriously*, Harvard University Press, 1978, No. 4 Charpter.

通和交涉作用正在逐步增大,使民众的意愿对司法机构是否启用司法资源,以及如何适用法律等司法载体方面产生重要影响。

二、司法多边主义的提出

然而,司法的定分止争到底是只需要满足几个主要阶层,还是应得到更为多数的认同,这一问题仍存在较大分歧。

有学者认为,“当代中国向市场转型的过程中,国家主导的改良式变迁以及一系列制度性因素,决定了阶层间相对关系的模式并没有发生根本性的重组;原有以阶层再生产为主要特征的相对关系模式,在制度转型过程中仍然被持续地再生产出来”。[①] 然而不容否认的事实是,产业结构的变动使那些与现代经济相联系的职业群体,不但人数大幅增加,而且社会影响力也大为增强;深刻的职业分化使原有的同一阶级内部,又出现了具有不同经济地位和利益特点的社会阶层,原来相对重合的收入、地位、声望三个社会序列发生了分离。换言之,随着产业结构的升级和就业结构的变化,以职业为基础的阶层结构发生了巨大变化,最具代表性的是中国社科院“十大社会阶层说”的理论产生。

因此,针对阶层结构的巨大变化,司法机关尤其是最高司法机关在司法运作过程中,需要从根本上及时洞察不同阶层的利益,并将之转变为绝大多数人可接受的意见,真正实现“司法积极主义”,这是中国司改走向深水区之后的综配司改所应趋向的目标定位。

鉴于此,如果说司改仅满足几个主要阶层的认同,可被称为“少边主义”,那么在制度框架内尽可能地表达更多阶层的利益和意见,使裁判和决策更加明智而富有弹性,以避免几个主要阶层作为多数派可能产生专制和僵化的,就称为“多边主义”。沿着这一逻辑,“多边认同”应当被视作综配司改的理论基石。

司法多边主义,就是要求司改及其综配司改在一种更为开阔的视野内,针对不同群体、阶层利益展开敏感而精细地平衡与把握,逐渐建立会产生“扩散的互惠性”的普遍性制度安排。多边认同聚焦于视角的多元化,其根本意义在于:新一轮的司改及综配司改需要反映民众对公平正义的精细化需求,提高司法供应的质量,增强司法判断结果的可接受性。

---

① Luke Bierman, *Legal Development: Preserving Power in Picking Judges: Merit Selection for the New York Court of Appeals*, Albany Law Review, Vol. 60, p. 625(1990).

第三节 司法功能变迁史

通过上述理论分析导出的一个简短结论是:定分止争应当在更为全面的制度性框架内寻求"积极的司法";针对当代中国的发展变化,积极的司法所趋向的目标定位,应当深刻表现为以"多认认同"为核心的"能动司法"。然而,这一结论能否获得经验的证成?

改革开放以来,大致相应于司法理念流变,当代中国司法功能变迁基本上经历了四个阶段:比较纯粹意义上的司法工具主义;偏重于"控果"导向的积极的司法;以"除因"为中心的司法积极主义;全方位的深水区司法功能释放。

一、1978~1982年

司法功能仍然带有较为强烈的行政色彩。司法机关重新正常运作后,除了平反冤假错案等历史性任务外,亦逐步恢复了纠纷解决这一司法的原初功能。

从这一时期的最高人民法院工作报告可以看出,单就民事和经济案件而言,1980年报告对审理民事和经济案件只一笔带过,1981年报告的相关论述开始有所上升,而在1983年回顾过去五年的总结性报告里,这部分的比重已有了较大幅度的提高。但是,由于作为"专政工具"的司法理念还持续产生着支配性影响,造成功能意义上的司法工具主义痕迹依然存在。

这种纯粹意义的司法工具主义,在当时有一定的必然性,毕竟受限于较为偏狭的视野,致使司法机关解决纠纷时往往强调单一的专政功能有余,全面、综合的考量不够充分。

二、1983~2002年

司法从单纯的专政功能转变为惩罚犯罪、维护公民权利、解决社会矛盾和纠纷的基本手段。这一时期的诉讼以赶超通货膨胀的速度快速增长,冠以"诉讼爆炸"之谓并不过分。鉴于此,司法特别强调规则的严格适用,以高效地提供法律面前人人平等的"均码正义",迅速解决数量日益庞大的各类纠纷。

因此,如何"定分止争"就成为当时司法功能定位的关键词汇。就司法的积极作为而言,例如,颁布司法解释、法律解答及发布案例,甚至"解剖麻雀"

“三堂会审”等，成为有力提高统一适用法律水平的重要手段；与此同时，司法机关开始逐步注意到还应采取不断强化审判监督、加强法官队伍建设等多样的方式，全面、综合提高司法的执法水平，进而增强纠纷的有效解决。可以说，在纠纷解决过程中，努力推动法律的统一适用，使法院的裁决为当事人所接受，并能够经受得起法律专业人士的制度考量，亦即取道于认同意义的“双边主义”，成为实现积极的司法的落脚点。

颇为值得关注的是，司法功能发展的这一趋向在党的十五大召开后，开始发生了变化。事实上，随着改革开放的深入，社会结构不断分化，不同利益集团或阶层之间的疏离感以及对抗日益显著，大量诉讼纠纷的解决已无法止步于“定分止争”，而是亟待获得更为广泛的多边认同，20 世纪 90 年代后期的一系列司法改革措施都非常清晰地阐明了这一要点。1997 年，党的十五大第一次从制度框架上提出了司法改革的任务；随后，1999 年最高人民法院继而推出了“一五”改革纲要，开始从深化审判方式改革、完善人民陪审员制度、改革法官管理模式等诸多崭新的视角，对今后“中国社会主义司法制度如何在全社会实现公平正义”作出了重大部署。① 鉴于此，司法的功能也开始跨越纠纷解决的双边主义，而寻求裁决能够得到社会的多边认同。突出的一个表征就是：司法改革之初，基于迫切需要获得社会的认同起见，首先选择对于妇女、未成年人、劳动者等弱势群体的特殊利益保护表现出一定的实现特殊正义的倾向性，意欲借此初试司法积极主义。

但是，从总体上来看，这一时期的司法表现为一种“控果”导向的积极的司法。换句话说，纠纷解决可以从两个角度入手：消除产生问题的原因，抑或加强对存在问题（果）的控制。前者旨在治本，后者只能治标，当然，就效果而言，前者更为有效，而后者只能从外部遏制问题的发生。确切地说，这一时期的纠纷解决表征为一种积极的司法，甚至对司法积极主义亦有所触及，从功能意义上仍然强调的是对“果”的控制，即对于出现的纠纷及其产生的后果加强制约和监督，而对于纠纷产生的原因一般不加考虑，或者考虑得远远不够充分。

三、2003～2012 年

“司法为民”、“公正司法、一心为民”和“人民利益至上”等旨在获得多边认

---

① 《人民法院五年改革纲要》，载《最高人民法院公报》1999 年第 6 期。

同的方针和政策，相继成为司法功能的主旋律。[①] 随之而来的是，"控因"导向的司法积极功能开始更多释放。

2003 年，是中国改革开放以来对司法改革问题讨论最广泛、研究最深入、活动最频繁的一年。基于党的十六大提出的推进司法体制改革的目标，特别是 2004 年年底，党中央对今后一段时期的司法体制和工作机制改革作了更为全面的部署，指出相对滞后的司法体制和工作机制已经不能适应人民群众对司法公平正义日益增长的需求。2005 年法院很快出台了"二五"改革纲要，从改革和完善诉讼程序制度、审判指导制度、执行工作机制、审判组织与机构等八个方面提出了 50 项改革措施。[②]

从总体上来看，推行"和谐主义诉讼模式"作为纠纷解决的样板，可以视为对这一时期司法功能走向的凝练概括。[③] 这一模式摆脱了单纯从诉讼技巧、诉讼程序上解决纠纷的狭隘视野，不仅要在法律程序、当事人之间解决纠纷，还要让社会关系恢复到或者达到一种真正的和谐状态。其要旨在于实现从对立走向合作、从对抗走向协商，除了着眼于彻底消解当事人争议，还将诉讼作为一项所有人均可接近和享有的社会福利，进而形成一种新型的纠纷解决机制。

首先，和谐诉讼作为"积极的司法"延伸，似乎在刑法领域的发挥余地最为狭窄，然而其却展现出令人称道的变化：一是更为谦抑和人道；二是促进和谐的要求。具体表现为：(1)从"严打"到"宽严相济"的刑事政策。2006 年，最高人民法院工作报告两次提到"宽严相济"，[④]提出综合各种因素，该严当严，该宽则

---

① 2003 年，最高人民法院提出了"司法为民"的根本宗旨，明确依法维护人民群众的合法权益作为法院一切工作的出发点和落脚点，按照"群众利益无小事"的要求，从制度设计到审判作风、工作作风乃至法官的言行，都要体现司法为民、便民、护民的思想和要求；2005 年，最高人民法院根据胡锦涛总书记的重要指示，把"公正司法、一心为民"确立为法院工作的指导方针，进一步阐明了为谁司法、为谁服务，如何司法、如何服务的根本性问题；2008 年，最高人民法院又提出要牢固树立"三个至上"，其中之一便是"人民利益至上"。参见肖扬：《依法治国基本方略的提出、形成和发展》，载《求是》2007 年第 20 期。

② 《人民法院第二个五年改革纲要》，载《最高人民法院公报》2005 年第 12 期。

③ 2007 年在第七次全国民事审判工作会议上，最高人民法院肖扬院长首次提出了"和谐诉讼模式"，即"民事诉讼应当是和谐的、有利于纠纷及时了结的诉讼，不应当是相互顶牛的、没完没了的诉讼"。

④ 一是在介绍一年来审判和执行工作情况"依法严惩严重刑事犯罪，维护国家安全和社会安定"时，要求"贯彻宽严相济的刑事政策，对罪当判处死刑但具有法定从轻、减轻处罚情节或者不是必须立即执行的，依法判处死缓或无期徒刑"。二是在介绍 2006 年工作安排时，强调"坚持宽严相济的刑事政策，对犯罪情节轻微或具有从轻、减轻、免除处罚情节的，依法从宽处罚"。

宽。[①] (2)从“报应性司法”到“恢复性司法”的刑罚执行。以往秉以“惩罚”“矫正”为中心,过度依赖有期徒刑、死刑等,缺乏对罪犯回归社会及被害人合法权益的保护,而恢复性司法的核心在于“修复”,旨在通过温和的社区司法方法实现罪犯改造和社会的安定有序。

其次,在民事纠纷的解决上,检讨与改革也不再拘泥于过去的法官释明权、司法救助、程序性参与、协同主义等问题,而转向从单一的、稳定的诉讼程式向多元的、动态的秩序形成机制的变化。替代性的多元诉讼纠纷解决机制的兴起,就是以社会的复杂化、流动化、网络化为背景,探讨某种具有随机治理特色的中国法治模型以及相应的各种具体制度和机制的设计。司法领域的应对危机处理机制仍有弱点,显然,作为积极的司法表现形式,和谐司法的提法有利于构建司法安全保障体系,故而制订危机处理的具体行动计划的任务也提上议事日程。

四、2012 年以来

党的十八大以来,随着“四五”改革纲要的基础司改,以及“五五”改革纲要的综配司改的展开,中国司改开始进入全方位综合改革。

这一阶段从问题的体系化解决为切入点,充分考虑不同主体的相互作用以及应对行动层面的各种因素的复杂关系,甚至开始涉及纠纷处理的动力、成本、责任、潜规则。从理论层面上,聚集于“建设中国特色的社会主义法治体系”这个统一的主题,以及“纠纷处理”这个统一的对象,从复杂系统的纷争混沌控制、纠纷解决的组织类型、多主体之间的角色分担与协调、博弈与规则等不同层面,分别考察纠纷处理的过程和机制并加以综合,探讨在事实与规范相互作用的动态中进行配套性司法的治理。而从实证进路方面,针对风险社会所导致的围绕审判的争议(如判决与民意、传媒与司法等),进行了复眼式的、多样化的司法改革,在治安和刑罚、民事权益调整、行动规制、公益诉讼、维权运动、参与式决策等众多领域里进行横断的穿行,进而因势利导地为推动司法改革和社会发展提供“一揽子”的制度设计以及操作方法。

---

① 肖扬:《最高人民法院工作报告(2006 年)》,载《最高人民法院公报》2006 年卷。

第四节 多边主义追问

以上从司法工具主义到"控果"导向的积极的司法,再进一步向司法积极主义迈进,无不显现出这样一种趋向:作为消极的司法的立场,基本上是以确定性或者可预测性作为唯一尺度,以稳定或者常态为研究对象,难以满足实践的迫切需要。而应对日益纷繁杂乱、类型多样化、复杂程度远愈从前的纠纷的解决,不可能完全囿于法律条文和程式举措,必须把多层多样的国家规范和社会规范、多层多样的行为主体及相互作用的关系,乃至决定社会心理的各种因素都纳入视野之中。而这一趋向的关键,就是推进以多边认同为核心的新一轮司改及其综配司改。

问题的理论分析并不到此结束。司法多边主义理论为综配司改提供了一个全新的视角,那么,基于这个视角的综配司改会产生什么新的动向?

从近代法治国家的司法权性质分析,司法权不宜积极介入市民社会。此种观点的基本理由在于:司法机关所面对的问题都是十分尖锐复杂的社会问题,问题的尖锐性及其对当事人权利的重大意义,使采用调和与折中方法解决问题的可能性很多时侯会被局限在一定的范围之内。司法解决问题的最主要手段是裁判,也就是经由司法的过程实现社会公正。可是,作为司法工作最高理念的司法公正,并不能覆盖司法功能终极目标的全部内容,即国家通过确立司法制度实现社会稳定的初衷或意图。

那么,就实现司法功能的终极目标而言,司法多边主义在现实中尤其是在司改及其综配司改中,究竟又应当选择什么样的整体理念和依赖路径呢?

一般来说,司法运行程序中的"法律释法",往往被视为司法多边主义的一种典型表征。然而,司法多边主义无论从理论研究还是从司法实践来看,都已经走得很远了。特别是两个新出现的动向,需要给予进一步关注。近年来,司法领域中有关纠纷解决的热门话题,莫过于多元纠纷解决机制。司法主导推动这一机制本身,就是司法多边主义的延伸之作。[①] 当然,多元纠纷解决机制的

---

① 参见最高人民法院先后发布的《人民法院第二个五年改革纲要》《最高人民法院关于建立健全多元纠纷解决机制的若干意见》。

必要性,毋庸赘述。仅从社会视角来看,无论是纠纷未进入司法的人民调解,还是进入司法后列入综配司改内容之一的诉前委托调解、特邀调解,以及诉中的法院调解,多元纠纷解决机制的比较优势已经相当程度地凸显,并且具有重大的实践意义和理论意义。

此外,随着中国改革的不断深化,日益积累和显现的各类矛盾使中国进入一个高发展与高风险相伴随的风险社会,当这些积聚的风险达到社会稳定的临界值时,有可能引起各类社会公共事件。当一个社会具有风险导向时,往往伴随作出风险性决定的人们与承受风险的人们之间乖离的现象,同时往往伴随对风险程度的评估有所不同而引起的纠纷(如环保运动)和激化的纠纷(如医患对抗)。尤其对作为解决纠纷重点领域的司法机关而言,司法过程中的信息收集、传递、反馈以及公开具有很重要的价值。如果司法的裁决过程不透明、群众的参与不充分,进行有风险性选择的法官与裁判的被影响者就很容易产生矛盾,被影响者对法官会抱有不安、不信任以及不满,而这样的抵触情绪反过来将大幅加大法官选择的风险性,进而减少选择的公共性和正当性。此种循环,又很容易诱发人为灾害的社会公共事件。

无论是多元纠纷解决机制的引入与完善,还是社会公共事件的应对机制,这两个新动向的出现从本质上都进一步确立了"多边认同"的立场。换句话说,司法功能的终极目标,除了以确定性或者可预测性作为基本尺度,还应当把解纷机制的多样性与结果的严重性,以及两者的相乘关系作为解决纠纷的重要标准,而这些仍有赖运作机制设计上的一种复眼式结构或者动态观察。换言之,司法功能趋向以多边认同为核心的司法积极主义,特别需要通过司改及其综配司改在更高水平和程度上实现精致的平衡。这就是司法多边主义的追问,它又会给司改及综配司改带来基准点更高的"锚定效应"。

第六章　结构性司改范畴

综配司改根据中央统一部署，以实现司法的公正、高效和权威为目标，以人权保护和司法公开为两大评价标准，以司法主体的能力建设、外部体制的改革、内部机制的完善作为三大支撑点。改革的内在逻辑包括：改革布局的系统性和计划性，强调深改的要素之间不被割裂而是配套协同；改革立足点的自主性和开放性，试点改革必须超越以往窠臼不被羁绊，自主以外又坚持开放以确保可复制和可推广；改革进程的均衡性与适度性，改革难以避免利益相关者的博弈，不做不切实际的事情，需在整体谋局之后寻找阶段性目标实现的最佳切入点。

以下把综配司改的主要维度归类于六个基本范畴。本章每个范畴涉及的议题尽可能做覆盖式归纳，而在后面的各编、各章中，不苛求面面俱到，而是甄选其中的关键议题分别详述之。

第一节　司法主体体系化建设

除了法律本身和程序公正，法官、检察官的素能相当程度上决定着正义的质量。有什么样的法官、检察官，就有什么样的司法。不论制度有多先进、设计有多周全，如果忽视司法主体的体系化建设，正义必将打折扣。司法主体的体系化建设包括员额动态调整、员额的科学遴选、员额的考核和退出、内外人员遴选的“旋转门“、员额的下沉入选及提级交流等。

一、“以案定额”和“以职能定额”相结合

根据中央政法委的统一要求，司改的员额制改革“不增加一个政法编”。针对这种“存量式”的员额改革，综配司改之前以政法编为计算基数“缩减”到39%的比例（上海以政法编和文员编为计算数，入额标准为33%的比例）的入额改革已经完成。

综配司改根据最高人民法院的相关规定，采取“以案定额”和“以职能定额”相结合的方式，取代“以编定额”后的员额跨单位动态管理机制。以往司改采取的是“以编定额”，即以长期以来的政法编作为员额测算依据，但历史上形成的政法编已在相当程度上不符合当下变化的司法实际。因此，“以案定额”和“以职能定额”相结合的动态员额管理方式势在必行。“四五”改革纲要中提出“要根据法院辖区经济社会发展状况、人口数量、案件数量等基础数据，结合法院审级职能、法官工作量、审判辅助人员配置、办案保障条件等因素，科学确定四级法院的法官员额，对法官在编制限额内实行员额管理。”这种更为科学合理地配置横跨不同的法院和检察院之间的员额数量，可以做到员额与实际工作需要的匹配。

二、更为合理的员额遴选机制

以往基础性改革的员额遴选，设定的是“五年过渡期内，给所有人多次参加入额考试和遴选机会”，保证了改革不让人员流失和队伍建设脱节、不让办案和工作出现断层“两个目标”的实现；同时，入额不让助审、助检“全体卧倒”重来，尤其强调不适宜办案者不占额，以及遴选委员会以改革成员单位和当地法学学者的标配构成，都已使司改取得了阶段性成果。但是，综配司改还要进一步解决部分地区的领导占额过多导致一线办案力量不够、领导基于最低办案工作量的名义性办案、考核认定和遴选考试全国差别较大和标准不统一、遴选委员会成员的来源不多元化等问题。因此，建立更为合理的员额遴选机制，乃是司法主体的体系化建设不可或缺的环节。

三、员额考核与绩效不达标的退出

入额不易，退额更难。退额方式包括退休、离职、调动、办案绩效考核退出。

其中，难点在于绩效不达标的退出，这使综配司改必须解决绩效评估的科学性问题。

以往绩效评估以办案量、结案量、错案数以及领导评价为主线，简单、粗糙、主观性强。因此，如何建立以更为精细化的量化大数据为基础，科学测算员额法官、检察官及其办案团队的饱和工作量，辅之以管理层和办案团队的判断，变得尤为关键。在此基础上，需要聚焦于饱和工作量测算涉及所有影响因素的归集、筛选及相应权重的赋值；权重的赋值又不能只依赖主观，可借助大数据、小数据和专家评估的闭环评估机制，加以导入全量数据之后的算法甄选和深度学习，以及信效度偏误纠正、案管经验值校验等，建立比较完善的案件权重系数分析模型。

四、内外人选双向流动的"旋转门"

司改开始关注从司法机关以外的高校、律师的优秀者中遴选入额者，并取得了初步进展。然而鉴于各种考量和权衡，即使以薪酬提准相当程度上提高了法官、检察官中的职业尊荣感，但外部参选者的意愿从全国情况来看并不强烈，应者寥寥。除了待遇问题，更为重要的是外部参选者对于"体制内"的自我适应和职业发展有不确定性。并且员额改革虽未导致出现"离职潮"，但让司法机关净流出的比例客观上有所提高，其中不乏法官、检察官中的优秀成员，收入差距、办案负荷、终身问责、员额限度、基层入额、职业发展不明朗，是这部分群体的内心旁白。

解决问题的关键是"疏"，而不宜堵，因此可以建立内外人选遴选的"旋转门"，让入职者有入职锻炼的适应期、允许离职者在适当时机返回体制内。

五、交流任职机制的常态化

以往司改思路采取的是"省级司法机关原则上到基层入额、辖区市司法机关必须到基层入额"和"员额逐级遴选"的基本模式。但是，上下级交流、平级之间任职的常态化机制尚未形成。综配司改既要解决下级司法机关的办案团队负责人可以遴选至上级司法机关履职，也要解决上级司法机关入额者到下级司法机关担任办案团队负责人；同时，要关注更多的其他法官、检察官在不同的司法机关之间岗位轮调，以及解决办案资源在不同区域之间的不平衡问题，事实上这些都是大陆法系司法官任职迁调、上下交流的通例。此外，法官、检察官还可以定期借调至综合业务部门或管理部门,或成为上级司法机关的法官助理、检察官助理,适时再回到办案岗位,这样既可以避免法官、检察官常任行政岗位职务而浪费司法资源,也可以提高其行政管理和综合业务能力。

六、“轮候制”与系统化的职前培训

接受完系统的法学院教育之后,列入这一轮综配司改事项的法官、检察官任职之前的职前培训改革,对于高质正义的实现具有内在价值。对此可以借鉴大陆法系国家通用的“司法研修”模式,建立为期两年的预备法官、检察官职前训练制度,以科学的课程设计和务实的培训方法,把进入门槛的法律职业人士,借助法律文书、办案思维、方法训练、沙盘推演等方式,提高到足以担任法官、检察官的水准。目前从法官助理、检察官助理中直接招募法官、检察官的做法,虽然已考虑了必要的实践历练,但终因缺乏集中、规范的职业训练,以及初任法官、检察官阶段的“准备活动”,难有最佳效果。

为此,要改革初任法官、检察官从“候补”到实任期间的培养轨道,可以建立“轮候制”。可以先将经过职业训练的初任法官、检察官任命为候补法官、检察官,从事初级的审判工作,经过一定年限历练后再升为实任法官、检察官。

七、法律职业导向的法学教育改革

职业法官、检察官的遴选,与法学院教育、法律实践经验、职业训练、在职培训等各个环节密切相关,需要依靠各个方面的共同努力,所以人才培养制度的“配套性”需更强。基础司改的司法人员分类管理改革,已确立了管理制度的主体工程地位,而培养能担负起司法使命的优秀法律职业共同体成员,又是其中最基础、最关键的问题。归于统一的法律职业资格考试固然重要,然而这只是一个基本的门槛标准,而只凭通过这一关口的筛选,仍不足以担当涉及个人的生存权、自由权和荣誉权以及个人和组织的利益分配和让渡等之类的司法判断的重任所托。因此,从本质上综配司改既要关注当下务实之断,又要着眼长久,尤其要着眼于中国法学教育制度的改革,真正按照法律职业的司法人才“市场”之需,不断调整和优化课程设置、教学手法、师资结构和学制安排等。

第二节 优化司法职权配置

涉及优化职权配置的改革,早已成为每一轮司改的"必选项",目标是对司法制度内部各类职能的划分以及相互关系的界定。想让司法实现公平正义的目标,则必须建立科学合理的内部构造,维持一个平衡结构。这一轮司改中建立以审判为中心的刑事诉讼制度、国家监察体制改革、检察机关提起公益诉讼等制度,已经是成功的权力配置范例。尽管这些改革仍在进行过程中,但这些配套改革也需要有相应的"小配套"措施跟进。主要包括下列内容。

一、修宪之后合宪性审查涉改革事项

第五次修宪"一锤定音"敲定了合宪性审查制度,权力归集于全国人大。这一制度的运行涉及权力归属、工作机构、审查程序、相关部门之间的工作衔接等内容。

在综配司改中,涉及"合宪性审查"重大权力格局调整的改革项,覆盖到监察机关与检察机关之间的制度衔接;审判机关的庭前程序监督权设立;公安机关的侦查权与羁押权适度分离,刑罚执行权从分控于法院、公安和司法行政机关到统一于司法行政部门;知识产权法院、跨行政区划法院、金融法院、互联网法院、家事法庭、自由贸易区法庭、国际商事法庭等专门审判机构的设置;法院执行实施权从与执行裁判权的内分,探索走向法院之外的外分;行政机关的法制审查部门归并入司法行政部门;劳教制度取消之后部分富余的强制戒毒场所改建为看守所等,都牵扯到原本重大权力的合并、分立或调整,链条长、利益多、难度大,其中比较成熟的改革项直接纳入了综配司改方案,不少仍在持续探索。

二、司法权与司法行政权的优化配置

这一命题指向三个内容:一是侦羁分离。目前,看守所主要作为侦查阶段的羁押场所,由同级公安机关管理,看守所对侦查机关的讯问缺乏有效的监督,刑讯逼供案件主要发生在看守所。综配司改可以考虑从侦查权与羁押权的分权与制约,把看守所的管理移交司法行政部门管辖。同时,配套以运行机制上的进一步保障,比如,办案绩效考核方式的改变、重案讯问的全程录音录像、

“光流技术”的使用、刑讯争议的举证责任的倒置、侦查人员只能在看守所提审、推动警察在法院开庭时出庭作证等。

二是刑罚执行权归属。当下刑罚执行权中的死刑、罚金刑、没收财产刑的执行由法院负责,管制、拘役、缓刑和余刑在三个月以下的有期徒刑的执行由公安机关负责,死缓、无期徒刑、余刑在三个月以上的有期徒刑的执行由司法行政机关负责。这种分立行使不利于统一管理和监督,增加了刑罚执行成本,综配司改可以考量将刑罚执行统一由司法行政机关负责。

三是民事执行权归属。《民事诉讼法》明确区分了执行裁判权和执行实施权,实施权作为司法行政职权,与审判权是两种性质不同的权力,两种权力的行使具有不同的特点和规律,而两者的混同在很大程度上导致了“执行难”问题的出现。除了基础性改革阶段的执行裁判庭内外分设,把民事执行实施权从法院中分离出来也是比较理想的,可以避免由法院自己执行、自己裁判的角色冲突。

三、司法机关外部的职权配置

司法机关外部的职权配置涉及审判机关与检察机关、侦查机关之间,以及司法机关与更多其他部门之间的权力调整。一方面,以审判为中心的诉讼机制改革,其实是“依法独立行使审判权”的逻辑延伸。它并不是喻示改变诉讼法规定的公安司法机关之间的相互配合、相互制约格局,而是更加强调“以法定的证据标准”贯穿整个诉讼过程,让侦查、起诉、审判的职能分工不流于形式,特别是增加“审判程序”的法院裁判权,让审判机关可以主动发起对审前所有活动(侦查合法性、起诉不起诉决定、当事人法律帮助和辩护权行使的救济)的司法审查;当然,当事人也可以向法院发起审前程序性裁判。这一理念直接导致综配司改中,检察机关以“捕诉一体化”把侦查监督部门归并入审查起诉部门。

另一方面,是司法机关与监改之后的监察部门在“监检两种权力上的配置和衔接”。在原隶属于检察机关的反贪、反渎、预防犯罪三个职能部门整体归建到监察委员会之后,监察部门直接负责侦查的罪名达到88个,检察机关的自侦罪名已大幅缩减。但是,综配司改仍须解决不少罪名的归建不清、权责不确定性问题。

四、司法机关内部的职权配置

除了四级法院、检察院的功能定位改革涉及案件管辖、纵向监督、办案范围、员额资质、团队配备等问题,综配司改中覆盖到司法机关内部的职权重大改革还包括内设机构改革和专门机关设立两个侧重点。前者体现为市、县两级为重点的司法机关的内部相关业务庭室和行政管理机关的重大合并调整,内部的“科层化”行政色彩由此大为改观,“谁办案,谁负责”的司法责任制得以进一步落地。后者指向专门司法机关的建设又包括三种模式:(1)以铁路运输司法机关为载体,实现案件划行政区划的集中管辖。比较成功的综配司改典型是把行政案件、破产和强制清算案件、食药类案件、环资类案件以及包括城市轨道交通在内的跨行政区划重大交通类案件,实现相对集中管辖,并尊重“诉讼两便”基础上的当事人选择权。(2)新设立专门的中级建制法院。借鉴了海事法院、林业法院、垦业法院、军事法院的累积经验,设立了知识产权法院、金融法院、互联网法院(杭州的互联网法院采取的仍是铁路法院更名改造的方式)等。(3)在司法机关内部设立专门法庭或派出法庭。改革中推出了未成年人法庭、家事法庭、互联网法庭、自由贸易区法庭等,“小而精”地快速实现内部的职权局部调整。

第三节　健全司法管理运行机制

一项工程能够发挥整体功能,除了具有静态的主体、元素、构造等硬核之外,这些静态元素被结合在一起的程序、制度和机制等“供给侧”的深改也极为重要。在司法制度方面,这些综配司改中的软实力符号大致分为三类:直接规范和指引案件办理的诉讼程序规则;保障组织和人员履行职责的管理规范;“牛鼻子”司法责任制的改革之后的监督应对。

一、规范和指引案件办理的诉讼程序规则

在中国特色社会主义法治体系中,上述规则与主体工程同时产生,同时存在,只是因为各种原因尚不够健全,有不完备、不合理、不科学、不严密的情况。

以诉讼程序为例,尽管我们已经制定了三大诉讼法,但在人民群众对程序正义要求越来越高的今天,持续完善程序制度的任务依然艰巨。在修订《刑事诉讼法》完成了框架健全之后,综配司改又陆续推出涉及权力规范运行和加强人权保障的以下措施:简案快审、审前听证、非法证据排除、繁简分流、法律文书说理、干预办案留痕、类案适用监督、加强检察监督、司法巡查、审务检务督察、

重大案件终结前讯问合法性的核查、刑讯逼供的源头预防、律师诉讼权利保障强化、刑事辩护全覆盖、律师代理申诉、扩大法律援助范围等。在此基础上，最高人民法院、最高人民检察院、司法部(以下简称“两高一部”)的司法解释和指引规范，比诉讼法的法典条文还要多若干倍，而且每年都会更新和发展；另外，司法行政事务管理、审务和检务管理、司法人事管理等制度也都在不断完善。

二、保障组织和人员履行职责的管理规范

综配司改在这一维度上的着力点是司法权力的运行机制。基础司改在司法机关的人员分类改革之后，提出了法定的“审判委员会”“合议庭”之外的“办案团队”新概念。虽然这一概念只是应时之需，尚未正式入法，但是，也实际影响了司法机构走向“扁平化”之后的内部架构。

根据改革设计初衷，“办案团队”在基层司法机关需建立“一审(检)一助一书”，至少守住“二审(检)一助一书”的建制底线，上级司法机关则需要保持“三审(检)二助一书”的格局；同时，办案团队的员额在任务分配上执行“好钢用在刀刃上”的原则，以法院为例，员额法官只负责法律审、审核签发裁判文书两个环节，其他的事实审和事务性工作(立案、保全、听证、调解、裁判文书起草)由助理和书记员分工完成。不过，以上设计在资源和职权的配置上都很难实现。因为现实中的审判辅助人员资源配置很难到位，且法官助理、检察官助理的综合素能尚难匹配以上如此之多的功能期待。

因此，综配司改在推动“大部制”内设机构改革的基础上，关键在于合理进行法官、检察官的助理配比，比例过高，会给以后入额增加难度；比例过低，又会导致入额可能出现断层。

三、司法责任制改革之后的监督应对

司法责任制的核心是“谁办案，谁负责”，这一改革在基础司改阶段上海试点的最大亮点成果之一，就是审委会、检委会的个案讨论比例大幅下降至0.1%、无罪判决率显著上升。同时，建立了平行的“问责机制”和“容错机制”，前者是指严重违纪、违反程序造成重大影响的，实行终身问责；后者是指只涉及事实审、法律审的改判或发回，只影响绩效和退额，不终身问责。

基于此，综配司改的重点转向：以加强法律监督、推动法律文书说理等方式，如何确保放权之后的办案质量；取代了审判长联席会议的专业法官和检察

官咨询会议,如何扮演专业案件的参谋咨询角色,而不"走样"沦为另一个内部非法决策机构;在办案团队基础之上"破冰"探索的"命名检察官办公室"的主任检察官,又如何确保在合规的框架内直接签发法律文书等。

四、职业保障体系的完善

新一轮司改和综配司改以来,根据中央改革精神和统一部署,地方在完成人员分类管理和入额法官、检察官遴选的基础上,逐步实现了法官、检察人员的工资制度改革落地,继而又完成了法官、检察官职务等级工资套改等职业保障的基础任务。

2019年4月23日,《法官法》《检察官法》修订通过,并于2019年10月1日开始实施。修改后的《法官法》《检察官法》把法官、检察官的奖励置于"考核、奖励和惩戒"一章中,并对法官、检察官获得奖励的情况进行了大幅修改,但是,并未就如何奖励法官、检察官进行明确规定,仅明确"法官、检察官的奖励按照有关规定办理",为制度设计留下余白,而在"五五"改革纲要中亦未对法官的奖励进行规定。在综配司改中,法官、检察官权益保障的重要性重新被拉入了决策者和民众的视野。但是,讨论更多集中在履职保障、绩效考核、法官惩戒等方面,而对法官、检察官的奖励有待提高关注度。

第四节　综合法律服务供应体系

司改一半的功夫要花在司法之外,因此司法的"独善其身"难以行得通。作为国家治理体系的重要组成部分,法治并不需要完成国家治理的所有任务。但是,如果没有其他治理方式的协作,司法自己的功能也难以全面发挥。

一、跨部门的协同治理机制

综配司改的一大特征在于"协同",尤其是跨部门之间,包括特定案件的协同配合机制、重大案件和公益诉讼的检察介入侦查与引导取证、破解"执行难"的守信联合激励和失信联合惩戒机制、办案数据的分级和授权机制、部门之间的信息孤岛和数据共享机制等。

以法院精细化执行的协同为例包括以下内容:涉及执行流程37个节点的

前后贯通和无缝衔接;最高人民法院与相关政府职能部门的“总对总”及与地方法院的“总对分”信息归集和共享;基于多维渠道的信息集成基础上的查找人、财、物的被执行人画像;诉讼委托鉴定、拍卖、评估的机构动态推荐机制;网上金融、消费和信令轨迹数据的场景化应用;基于识别要素的执行立案繁简分流;数据化执行单兵装备的运用等。

再以“监检衔接”为例,其涉及监察委的办公室、审查调查部门、案件审理部门、案件管理部门,跨部门与检察院的公诉部门(职务犯罪检察官办公室)、案件管理部门的衔接。具体包括:(1)监检信息通报机制。依法改变案件管辖的;拟改变移送起诉认定事实、定性;改变法定量刑情节且可能影响量刑档次;法院拟单处附加刑或判决免予刑事处罚;拟变更强制措施的;需要续冻、续封涉案款物的,以及退赃追赃等情况;发现可能影响案件处理和社会稳定的重大事项的;上诉、抗诉、再审、发回重审等重要诉讼程序;其他可能影响案件办理的重要事项。(2)线索移送工作机制。监委 88 个罪名的管辖权限,其中既包括六类监察对象职务违法、职务犯罪案件,又包括部分原检察机关职务犯罪侦查部门管辖权限范围之外的 30 个具体罪名,还包括部分原属公安机关管辖现由监委管辖以及监委、公安协商管辖的案件。因此,监检线索移送事项的确定尤其是严格执行很重要。

二、多元化纠纷解决机制

目前,诉讼之外的谈判、调解、仲裁、协商以及混合式等纠纷解决机制已初具规模,但距离国家治理体系和治理能力现代化还有很多不足。对此亟待进一步解放思想,把握诉讼渠道的中心地位的同时,积极拓展其他纠纷解决机制,做好纠纷分流,最有效发挥司法的治理功能。

建立和完善多元化的纠纷解决机制,首先是司法机关要坚持“调解优先、调判结合”的原则,不断在诉前、诉中和诉后的全过程,充分运用调解、和解、协调等各种“软性”司法手段,化解矛盾纷争和平衡利益冲突,达到案结事了的司法目的。比如,综配司改中提出了调解达成共识的事实经公证,可以直接被法院认定;法院要加强委托调解和特邀调解等。

同时,还要推动矛盾的前端治理。除了基层治理改革的“条权属地化”改革,推动下沉行政执法权的配套,更加要确立基层矛盾化解不唯立案数、结案数的全新理念。以定分止争为目标,高效整合人民调解、司法调解、行政调解等多种社会资源，综合运用诉讼、仲裁、调解等多种方式和手段，形成程序衔接、功能互补的矛盾纠纷有效化解体系。比如，综配司改提出了专业调解的市场化、部分职业化的探讨。

此外，还应加大对民调、协商等非诉讼解决纠纷方式的宣传、引导和监督，让群众充分了解、自觉认同多元纠纷解决机制，主动去选择高效、便捷、低成本的方式解决矛盾，化解纠纷。加强宣传力度，大力弘扬“和为贵”的优良传统，积极引导社会改变“解决纠纷就是到法院打官司”的观念，综合运用法律、政策、经济、行政等各种手段和教育、协商、疏导等办法，释放群众情绪，理顺社会矛盾，防止出现因纠纷而结怨的现象。这些非诉讼纠纷解决方式，比如，综配司改鼓励便捷的在线调解，推动区域调解室（服务机构、园区）、行业调解室（工商业联合会、劳动争议、物业管理、消费者权益保护）、律师调解室的建设。

三、创新型的公共法律服务平台

社会的利益格局不断调整，矛盾纠纷处于高发时期，呈现纠纷主体多元化、纠纷类型多样化、利益诉求复杂化等特征。鉴于纠纷类型及发生原因差别较大，矛盾纠纷的化解方式呈动态变化，尤其是个性化的“私人定制”的诉讼和其他替代性纠纷解决方式，亟待建立功能强大的“创新型的公共法律服务平台”。

构建公共法律服务平台牵涉面广，涉及多个主体和多个方面。它的宗旨在于推动碎片化的法律服务供应端与碎片化的需求端的有效对接。比如，综配司改中涉及设立公司律师、法律顾问制度；公证赋予强制执行效力的债权文书机制；常年公证顾问制度；律师参与金融产品的设计、托管、发售等环节；法律援助机制、社区矫正工作机制等。其中，围绕涉外法律服务的综合配套，还涉及自由贸易区建设、涉外法律服务规范性文件起草、域外法律查明、亚太仲裁优选地、涉外法律服务经典案例库、海外投资的合规与法律风险识别及预警机制构建等机制的建设。

第五节 智慧司法和司法行政

中央政法委原书记孟建柱曾指出，要善于运用大数据，提升维护稳定工作现代化水平。谁率先拥有、善于利用大数据,谁就能掌握主动、赢得未来。司法也不例外,除了司法本身源源不断地产生各类业务数据,政府“一网通办”和社会碎片化的异构多维数据,对于推动司法能力现代化也具有不可估量的作用。鉴于此,智慧司法在综配司改中占据相当比例。

一、智慧法院

党的十八大以来,人民法院通过审判监督程序纠正了一些重大刑事冤假错案,这些案件的纠正,提振了社会对司法公正的信心,但也反映出长期以来受“重实体、轻程序”“重口供、轻证据”等错误司法理念的影响,从而导致冤假错案的发生。2014 年 10 月,党的十八届四中全会明确作出推进以审判为中心的诉讼制度改革的重大部署。推进以审判为中心的诉讼制度改革,目的是促使办案人员树立办案必须经得起法律检验的理念,确保侦查、审查起诉的案件事实证据经得起法律检验,有效防范冤假错案发生。

为了使这项改革落地,中央政法委在推进刑事诉讼制度改革的同时,在综配司改中确立了运用高科技助力改革的思路,作出研发“推进以审判为中心的诉讼制度改革软件”的决策部署。其要义在于,借助大数据方法和技术,从海量司法数据中将以审判为中心的证据规划标准挖掘出来,并提炼相关规则;把统一证据标准嵌入数据程序,减少司法任意性。

2017 年 1 月,中央政法委作出研发“推进以审判为中心的诉讼制度改革软件”的重大决策部署。2 月 6 日,孟建柱、韩正到上海市高级人民法院调研,部署了上海司改新的三项任务,其中包括了由上海高级人民法院承担研发推进以审判为中心的诉讼制度改革的软件。这项光荣而艰巨的任务,历史性地落在了上海高级人民法院的肩上。因交办时间是 2017 年 2 月 6 日,为工作方便将这项任务简称为“206 工程”,将系统简称为“206 系统”。

“206 工程”,在推广刑事案件智能辅助办案系统的基础上,进一步研发民商事、行政案件智能辅助办案系统,按照全流程智能辅助办案标准设计办案要件指引、证据审查判断指引、案件受理标准审查、卷宗智能管理、庭审程序智能提示、无纸化质证、庭审笔录智能生成、类案推送、文书生成等辅助功能,为法官办案提供精细化、智能化服务。上海刑事案件智能辅助办案系统目前具有 26 项功能、88 项子功能,覆盖公检法司各机关在刑事侦查、批捕、起诉、审判、刑罚执行等各阶段的应用需要。

此外，智慧法院建设的其他典型场景还包括智慧法院智能化服务技术、智能化一体化诉讼服务技术、高效审判智能辅助关键技术、全流程管控的精细化执行技术、法院智能化管理与决策关键技术等诸多方面。

二、智慧检务

综配司改中智慧检务的整体框架包括全业务智慧办案、全要素智慧管理、全方位智慧服务、全领域智慧支撑。进一步根据结构性的定位，可以分为“向外看”和“向内看”两个侧面。

基于“向外看”，智慧检务建设的根本目标，首先即在于检察如何更好满足群众的多元化需求。比如，充分利用数据和智能技术，创新检务公开平台，畅通人民群众参与、监督检察工作渠道；建立更加便捷的沟通渠道，并为检察公信力测评提供数据支持，更好地接受社会各界监督；整合接访数据，推动涉访涉诉信访案件的信息共享，智能辅助生成涉访涉诉信访案件的应对策略。在此基础上，智慧检务必须进一步提升检察业务质效。其重点是逐步实现智慧公诉，实现智慧远程提审、抓取法律法规和类似案例、自动生成审查报告和法律文书等，提供更高效的智能决策辅助手段；推动智慧民行，以案件偏离度分析、交叉大数据组比对分析等功能，深度挖掘和发现民事和行政案件事后监督，以及公益诉讼事中监督的有效案件线索；建立智慧控申，以网上信访信息平台为核心，建立涉法涉诉信访案件信息共享，采集上访人真实身份信息以及指纹信息，通过身份数据库比对，做到真实上访和有效上访，同时生成上访数据库；打造智慧执检，建立在押人员诉讼期限监督预警系统，以及建立数学分析模型，实现刑罚变更执行监督；羁押必要性审查评估辅助建议，实现对社区矫正人员脱管漏管行为及时发现以及对财产刑事执行案件的有效监督等。

“向内看”，智慧检务的程度直接决定了司法责任制的实现程度，以及检务管理的科学性。智慧型的司法责任制实现包括：为案件管理提供更有效的风险识别和案件偏离度预警系统；全面实现网上办理，做到案件管理全程留痕和实时动态监控；满足检察办案人员外出办案的实际需要；推进检务档案网上统一调阅和移送，大幅提升检务档案管理水平；更多维度地分析检察机关工作的运行态势、特点和规律，为社会治理和经济社会发展提供更多立法建议和司法建议。同时，大幅提高检务管理的科学性，推进资源库建设，将检察机关各类内外部的结构化数据、文档、音视频等数据进行汇聚，构建标准统一、数据精准、管理规范的数据资源池；建立信息化的日常办公申请、项目管理、车辆管理、资产管理，提高信息化综合管理水平；通过建设协同信息化办公指挥中心，实现数据可视化，音视频数据融合，实现全景式应急指挥与调度。

三、智慧司法行政

智慧司法行政关键在于推动核心业务运行的关键技术研究。主要包括以下几个方面：

1. 精准公共法律服务支撑技术研究。包括：面向法治宣传的目标分类、群体画像与精准传播技术；基于深度网络与知识本体库的法律咨询语义识别与智能交互技术；基于语义分析的法律服务案例库建设与搜索技术；法律援助律师服务质量评价模型与智能推荐技术；可信电子公证支撑体系架构与电子证据可信保全、交换和鉴别技术；研发公共法律服务智能平台原型系统并开展应用示范。

2. 服刑人员改造演化矫正技术研究。包括：面向服刑人员改造的心理表征和行为模式智能采集技术；服刑人员心理矫治 VR(虚拟现实)互动内容、技术；基于监管改造大数据的服刑人员矫正质量置信度评估技术；减假暂量化评估模型与减假暂评估数据共享机制；服刑人员循证矫正策略智能推荐技术；服刑人员心理、行为与矫正策略演化态势大数据分析预警技术；服刑人员监管改造智能平台原型系统。

3. 假释、暂予监外执行、刑释人员犯罪预防支撑技术研究。包括：假释、暂予监外执行人员行为与心理特征监测评估智能技术；基于社会状态监测大数据的假释、暂予监外执行人员的矫正智能决策技术；基于要素关联的假释、暂予监外执行人员改造质量评估与风险预警技术；基于安置帮教状态的刑释人员大数据帮扶方案智能决策技术；假释、暂予监外执行、假释人员犯罪预防平台。

4. 司法行政跨区域联合执法协同支撑技术研究。包括：基于态势分析的司法行政跨区域联合执法协同指挥体系与多部门执法资源的智能调度技术；可视化服刑人员跨区域押解联合执法关联预警与协同处置技术与装备；基于智能识别技术的监所服刑人员跨区域远程会见帮教和信息访问控制技术与装备；面向社区服刑人员的多部门数据联合挖掘技术与应急处置预案融合技术；多部门协同律师执业资格及资历电子化鉴证体系及装备；司法行政跨区域联合执法试验平台。

第六节 定性定量评估体系

当前各级法院、检察院，尤其是基层的法院、检察院普遍面临“案多人少”的困境。因此，开展综配司改的质效评估，可以对法院、检察院的司法工作各环节成效进行全面、细致的评价。这不仅有利于司法资源的科学配置，而且可以进一步寻找审判、检察工作的短板并对其及时改进，提高司法公信力和权威性。

目前，学界对于司改更多停留在定性研究，绝大多数的文献是从基本概念的内涵、外延角度入手，基本上没有脱离传统法学理论的范畴，因此需要尝试寻找到大数据、小数据和前沿的计量分析方法与综配司改之间的交汇点，从技术角度提出深度融合方案，探索定量研究的新路径。

综配司改在主体到位、管理完善、程序公正、外围配套等方面逐步走向成熟之后，需要一套科学的评估考核机制，来保证其良好运行和实现改进提升，推动实现综配司改效能的最大化。评估考核是整个运转管理过程中一个转承启合的重要环节，它既是对综配司改全过程及结果的检视和评估，也是一个更高层次新过程的起点。在综配司改中，尽管司法评估考核机制不能直接介入审判程序、干扰依法独立行使审判权，但它在总结经验教训、衡量改革进度、评价改革成果方面，仍然发挥着不可替代的作用。

目前，关于司法评估、司改评估的指标、指数如“雨后春笋”般推出。比如，除中国社会科学院法学研究所的“司法透明度指数”、中国政法大学的“司法文明指数”、中国人民大学的“中国法治评估指标体系”、广州大学的“中国司法综合指数”等评估考核机制外，最高人民法院也有“司法绩效考核体系”。在国际上，还有世界正义工程的“法治指数”、新加坡等国的“卓越法院评估框架”等。这些也都验证了把建立评估考核机制作为司改内容的必要性。前述评价指标体系各有特色、各有侧重，为评估和改进中国司法制度发挥了重要作用。但是，当前的评估考核也存在评估样本不足、数据不全、方法简单，甚至背离司法规律等问题。尽管这些指标体系也在不断完善，但当下仍处于初级发展阶段，尚不够成熟。因此，开发设计一套科学、公平、客观的司法评估考核体系，就成为综配司改的一项重要范畴。

第三编　司法主体体系化建设

第七章　员额动态配置

员额，就是“法官、检察官人数的编制限额”。[①] 2014年，“四五”改革纲要中明确提出了深化法院人事管理改革，建立法官员额制，对法官在编制限额内实行员额管理，确保法官主要集中在审判一线，高素质人才能够充实到审判一线。从此，法官、检察官员额制度先后开始在中国逐步建立实施。

第一节　员额改革后续问题

2019年，第十三届全国人大常委会第十次会议审议通过《法官法》《检察官法》的修正案，将实践中行之有效的改革举措上升为法律规定，规定“法官、检察官实行员额制管理；法官、检察官员额配置优先考虑基层和案件数量多的地方的办案需要；法官、检察官员额出现空缺的，应当按照程序及时补充；最高人民法院法官员额、最高人民检察院检察官员额由最高人民法院、最高人民检察院商有关部门确定”。上述对法官、检察官员额数的确定和调整原则规定，为员额的动态配置奠定了基本法基础。

不过员额改革面临的一些后续问题，需要综配司改逐步加以解决，主要表现在以下方面。

---

① 郭毅敏、闻长智等：《法官员额：理论逻辑、现实背景及制度构建》，载《湖北行政学院学报》2007年第1期。

一、员额改革后的人案矛盾加剧

员额制度,是“根据司法机关的工作量和各地区经济发展、人口数量等因素确定一个国家法官数量的制度”。[①] 狭义上,员额制仅指法院、检察院对法官和检察官人数进行限额与核定的制度;广义上,员额制指在法院、检察院现有编制的基础上,依托于辖区社会经济发展状况、人口规模、案件类型、案件数量,以及法官和检察官的以往多年工作量均数、级别职能、办案辅助人员数量、办案保障条件等基础数据,把法院、检察院的人员划分为法官和检察官、司法辅助人员以及司法行政人员三类的具体制度。随着经济社会的多元化发展,各类主体对于司法解决纠纷的期待愈加强烈,有诉必理、有案必立、有理必赢的期待,已使得司法压力不断增大。以法院为例,员额改革之前截至 2013 年 7 月,中国法官数量约 19.6 万人。员额改革之后,法官数量大幅削减,案件数量却在持续增长。尤其在东部沿海地区,案件数量、案件类型、案件难度都在同步增长。

二、员额的测算受限于中央政法编

除上海外,全国其他省、自治区和直辖市,把员额比例的“测算基数”限定在法院、检察院“中央政法专项编制”之内。[②] 中央政法专项编制这一制度,使得公安机关、国家安全机关、检察院、法院和司法行政系统的编制从“党政群机关”中分离出来,作为专项编制单独管理。该制度设计之初,有关部门充分考虑了基本国情、政法队伍规模、政法工作实际需要、财政承受能力和社会影响等因素,确定了相应的政法专项编制总规模。既定的各级法院、检察院内“中央政法专项编制”也是根据这一原则确定的,是现实中“不可突破的编制规模”。[③] 但是,随着时间的推移,中央政法专项编制的原有设定越来越难以体现不同地区的经济社会发展状况、历史文化传统、诉讼案件数量、司法机关人均办案数量等更为复杂的因素,导致不同地区政法专项编制数不够科学合理,且难以进行必要的动态调整。

---

① 贺小荣:《掀开司法改革的历史新篇章》,载《人民法院报》2013 年 11 月 16 日,第 4 版。

② “中央政法专项编制”,是指自 1982 年以来实行的对全国各级公安、检察、法院、司法行政系统编制单列,实行统一领导,中央与省、自治区、直辖市分级管理的人事编制制度。

③ 何帆:《做好法官员额制的“加减法”》,载《人民法院报》2014 年 7 月 17 日,第 2 版。

三、员额比例固定在39%的局限性

上海在率全国之先推动主体性司改之时，以政法编和文员编为基础，把司改的员额比例控制在33%。此后，经过反复酝酿和研究，中央提出了全国其他各省、自治区、直辖市的法院、检察官的员额比例不超过中央政法编制数39%的要求，这是为了推进改革落地的必要举措。但是，随着改革的逐步深入，将法官、检察官的员额比例固定在一个标准上限的不足亦日益显现，最主要的就是难以兼顾不同地区、不同级别法院、检察院的实际差别状况。比如，中国东南部沿海地区相比中西部地区，人口密度更高、经济更为发达，案件的数量、类型以及复杂程度也随之增加；同样，在某一个省辖区乃至地级市，各地之间不平衡的情况也客观存在。所以，如果简单地按照员额法官、检察院统一占比的上限要求，不同地区的法院、检察院之间"忙闲不均"，实际承受办案压力差别较大的情况，也会影响司法的高效运行。正是考虑到这一情况，不少地方已在省辖范围内推行了员额动态调整，但省级之间的员额比例差别设定尚待进一步跟进。

四、省以下员额配置的标准不科学

省以下法官、检察官员额由省级统筹，也就是将省内员额数的配置交由省级司法机关确定，但是，因缺少相应的具体标准，各地在具体分配员额数时在尺度掌握上存在较大差别。对此，"四五"改革纲要中提出要根据法院辖区经济社会发展状况、人口数量、案件数量等基础数据，结合法院审级职能、法官工作量、审判辅助人员配置、办案保障条件等因素，科学确定四级法院的法官员额，对法官在编制限额内实行员额管理。① 这一条款较详细地规定了各法院在确定法官员额比例时需考量的要素，但是，"其规定仍显笼统，且对于各要素间如何排列，是同等重要还是有所侧重，每一个要素又受什么影响，均缺乏统一的指导规则和价值标准"。② 具体到实践中，各个地区的法院在改革中都有自己的法官员额制定标准和确定依据，缺乏操作性较强的统一细则约束。

---

① 《人民法院第四个五年改革纲要(2014~2018)》。

② 陈澍杭:《法官员额制度浅析》,载《法制博览》2016年第25期。

第二节　新型的动态配置

员额动态配置机制,是指为了发挥员额法官、检察官的最大效益,在不突破核定员额比例的情况下,根据案件量的变动趋势、法检队伍的稳定性以及社会发展的其他因素,依照总量控制、有减有增的原则,适时调整不同层级、不同地区之间以及同一地区的司法机关不同岗位之间的员额配置比例,据此动态调整法官、检察官员额数量的管理方式。

一、必要性

1. 员额动态配置是优化司法资源配置的现实需要。当前,各地法院、检察院虽然已完成法官、检察官的入额工作,但各地的员额比例不完全一样。一些司法机关在遴选员额时的比例低于中央确定的限额,是为未来案件增量留有余地,也为人才储备做好准备,为员额动态调整创造了条件。

2. 员额动态配置是科学考量司法绩效的评价需要。面对法院、检察院当前人案矛盾的加剧,“除了深挖潜力推动繁简分流改革、庭审方式改革、多元化纠纷解决等工作外,还应当以科学合理的绩效评估方案来促使员额的优化配置”①。借助员额动态调整机制,“不仅可以打破司法机关内部同一业务庭中不同案件的评价,还可以打破不同业务庭法官、检察官之间的工作量评价,测量法官、检察官所能负荷的最大工作量和当下工作负担,为丈量法官、检察官的年均饱和工作量提供科学标准”②。目前,“对于员额制改革而言,使用客观精准的法官工作量指标对员额法官检察官绩效进行评价已经迫在眉睫”③。

3. 员额动态配置是完善法官、检察官退出机制的应有之义。员额制的主要目的,是将优秀的法官、检察官留在司法办案一线。但是,遴选入额之后一旦出现不符合留任条件、不适合留在法官和检察官岗位的人员,则应及时根据相关

---

① 苏力:《审判管理与社会管理——法院如何有效回应“案多人少”?》,载《中国法学》2010 年第 6 期。

② 谭世贵、梁三利:《构建自治型司法管理体制的思考——我国地方化司法管理的问题与出路》,载《北方法学》2009 年第 3 期。

③ 姜峰:《法院“案多人少”与国家治道变革——转型时期中国的政治与司法忧思》,载《政法论坛》2015 年第 2 期。

机制退出法官、检察官员额，确保司法队伍的专业化、职业化和正规化。从本质上看，员额动态调整机制是一种全新的处理案件数量与案件增长量动态平衡的有效途径，为改革后未来法官和检察官的增减、流动和退出提供了一种切实有效的解决方案，对推进法官、检察官队伍建设意义重大。

二、可行性

1. 中央为员额动态配置提供了政策依据。《中共中央办公厅印发〈关于加强法官检察官正规化专业化职业化建设全面落实司法责任制的意见〉的通知》(厅字〔2017〕44 号)明确规定："严格控制法官、检察官员额比例。以省(自治区、直辖市)为单位，按照中央规定的范围，严格控制法官、检察官员额比例。建立员额统筹管理、动态调整机制，由省级有关部门在总额度范围内明确辖区各法院、检察院员额控制的具体比例，确保员额配置向基层和案多人少矛盾突出的地区、单位倾斜。办公综合、政工党务、纪检监察、教育培训、司法技术等非业务部门不设置员额。"①

2. 省级司法人财物统管体制初步建立。员额配置是基于国家统一标准的司法资源管理机制，是员额动态调整机制中的体制性环节，也是实现省以下法院、检察院统筹员额动态调整的根本保障。省以下地方法院、检察院人财物统一管理体制的初步建立，为员额动态调整提供了重要条件，奠定了坚实的人财物基础。

3. 司法人员的分类管理制度逐步完善。员额动态调整目标在于突出法官、检察官的主导地位，强化司法功能，让法院、检察院实现回归，让法官、检察官实现回归，逐步建设成高素质的司法队伍。司法人员分类管理制度在员额动态管理中具有基础性地位，其实质是矫正法官和检察官的"去职业化"趋向，改变司法行政人员数量多于、待遇同于和权力高于司法办案人员的局面，提升公正司法能力。因此，司法人员分类管理制度也是员额动态调整机制的基础。

4. 司法大数据应用系统提供了更多技术支持。智慧司法已备受关注，其中在司法主体改革上的员额动态管理的大数据算法及其模型构建，已成为智慧司法发展的前沿成果。大数据方法是借助更为精准的数据核算和分析，做到用数

---

① 《中共中央办公厅印发〈关于加强法官检察官正规化专业化职业化建设全面落实司法责任制的意见〉的通知》(厅字〔2017〕44 号)。

据说话、以数据定员，避免员额配置的主观性和随意性。该方法建立的可复制、可推广模型，可以为员额动态调整提供测算论证。提取这些数据可以精确地测算出员额数量。目前，“上海司法大数据建构模型和数据应用位于全国前列，反映了动态条件下由司法需求所催生的真实员额需求数量”。[①] 它为“精准测算不同地区、类型、级别的司法员额明确了审判人力资源配置方向，为出台法官员额的精准配置方案提供了数字化保障”。[②]

第三节　配置的基本原理

员额动态配置机制不是一个孤立的系统，它具有丰富的内涵和多元的架构，其有效运行不仅需要自身组成部分的协调互动，也需要整个司法流程体系中其他关联机制的配合与支持。

一、逻辑起点

1. 以司法办案为中心。办案职能是法院、检察院的核心职能。司法机关的主要任务便是通过案件办理活动，维护社会公平正义，保护公民、法人和其他组织的合法权益。因此，在法官、检察官员额数量限定的情况下，员额动态调整机制需要“向司法一线倾斜”，优先保障司法办案工作的顺利开展。根据各个司法机关工作量的实际变化，通过精细测算以及科学核定，建立员额数的动态配置机制；同时，建立常态化的员额遴选增补机制，对预留或空出的员额指标，定期进行遴选，让优秀的法官助理、检察官助理及时入额。

2. 以法官、检察官为主体。人是管理要素中最核心的基础，管理学中一直强调“以人为本”的理念，强调人的主观能动作用，对员额的动态调整亦应符合管理学基本原理。法院、检察院的核心职能是办案，进而又是通过法官、检察官来实施，法官、检察官无疑是司法公正的主体。因此，司法资源的优化配置要以法官、检察官为主体，有效发挥其能动性。

3. 以案件本身为基础。司法活动以案件为直接对象，司法资源优化配置目

---

① 屈向东：《以案定编与法官员额的模型测算》，载《现代法学》2016 年第 3 期。

② 上海司法改革成效评估的实证研究重大课题组：《中国司改上海样本成效实证评估（下）》，载《东方法学》2018 年第 5 期。

的在于化解迅速上升的案件压力，司法资源配置的成效亦直接表现为大量案件能够得到优质高效的裁判，涉案矛盾纠纷能够实现迅速有效的化解。因此，在司法资源的配置过程中“必须紧密结合案件性质的难易、案件数量的多寡，以案件特征为基础”①，始终围绕“案件本身”的实际耗费工作量这块基石。

4. 以办案质效为目标。让人民群众在每一个司法案件中感受到公平正义，是司法机关所追求的工作目标，需要通过高质量、高效率的司法产品供应得以实现。从某种程度上而言，司法质效就是对法院、检察院办案水平与工作业绩的最客观反映。所以，对于司法质效的追求，必然成为包括员额动态配置在内的司法管理活动锁定的目标。

二、基本原则

全国各地区初次确定法官、检察官的员额数时，主要是考虑以往当地经济社会发展态势、人口状况以及案件量等情况，但一个地区的办案工作量会随着经济发展、群众法治意识等因素的变迁而不断改变。因此，各个地方在统筹辖区内的法官、检察官员额时，应当动态根据社会经济发展情况、案件增减以及法官工作量的变化情况，定期调整员额，才真正能使员额制度在优化资源配置中释放最大的功用和价值。整体而言，员额动态配置应当遵循以下原则：

1. 统筹协调、调编并进原则。中央历次文件沿革确定的是以法官、检察官工作量作为配置员额数量的主要依据。基于这一配置原则，可能产生两个困境：一是根据工作量核定的员额数在配置时，会发现部分司法机关由于历史原因编制不足，难以补充员额；二是对于案多人少矛盾特别突出的地区，囿于比例的限制，即使省内调整时高于平均比例，仍不能解决人案矛盾突出的现象。鉴于编制制度与员额调整的紧密关联，从未来发展方向来看，建立省级统筹的编制调整机制应当是员额动态调整的题中应有之义。

2. 省级统筹、基层受益原则。根据党的十八届三中全会有关改革精神，这种统一调配法官、检察官资源的权力应由省级司法机关统一行使。“省级司法机关可以在全省确定的法官员额编制比例中设定一定比例的员额，然后，在固定期间内由省级司法机关根据各地方法检当年收案数量的变化情况，灵活调配

① 周迅、钱锋：《论审判资源及其配置——以基层法院为视角》，载《中国审判》2010年第1期。

员额。”①

3. 总量控制、因地制宜原则。在省级司法机关控制总体员额比例的前提下，同一省份的不同地区应根据实际情况的变化实行动态管理。科学确定法官员额比例，需要对司法人员结构和法官、检察官工作量开展整体评估和科学测算，充分考虑地区、人口、审级差异等因素，尽可能地转化为可量化的统计数据，作为员额比例的测算依据。

4. 预留名额、稳步实施原则。各省司法机关应建立一套相对公平有效的选拔机制，为青年后备法官、检察官的成长进步预留足够的发展空间，让符合条件的优秀法官助理、检察官助理通过动态增补进入员额。

三、配套机制

事实上，法官、检察官的合理办案数是有上限的。面对案件数量激增，办案一线的员额法官、检察官实际承受着巨大的工作压力。因此，建立员额动态配置不是孤立的制度设计，其有效运行有赖于建立健全办案团队机制、改革内设机构、繁简分流机制以及员额业绩评价制度。

1. 优化司法团队配置和运行机制。只有员额动态配置到位，而司法辅助人员配备不到位，则会使得动态配置之后司法运行效果大打折扣。有些法院、检察院推出的“321”“1211”“111”等办案团队组建模式，就是在现有办案人员中确定法官、法官助理、书记员或速录员的数量。虽然员额的数量有所减少，但团队的结案总数却不降反升。在案件质量、诉讼成本以及在确保司法公正、遏制腐败现象等方面，更优于员额制改革以前的情况。因此，员额的动态配置必须明确员额配置在各个司法业务部门中的具体比例，明确法官、检察官与辅助人员之间的职责划分，突出其中心地位，避免其陷入大量事务性工作，从而提高整个办案团队的质效。

2. 优化案件分流机制，实现繁简分流。案件繁简分流是提高司法效率的有效路径。繁简分流的目的在于通过司法资源的合理配置和整合，将不同类型、繁简不一的案件进行分类，与不同的诉讼程序和司法主体相对接，使每一个案件得以适用与之匹配的司法程序，促使司法资源整体上得以节约，并更加优质高效地解决更多案件。包括：第一，在立案之前的诉前分流。在案件受理前以

① 赵冰：《地方法院统一管理的机制性障碍与改革途径》，载《边缘法学论坛》2015 年第 2 期。

分流导诉为前置,引导当事人优先选择诉前调解。第二,在立案阶段的繁简分流。发挥小额诉讼等程序便捷、高效的特点来分流案件。第三,在案件审理阶段的繁简分流。比如,简易民事案件速裁、轻微刑事案件快速审理机制等的应用。法官员额的动态调整应当与案件繁简分流相互协同,实现对办案资源的集约利用。

3. 科学精准的业绩考评和退出机制。员额动态配置机制包括员额退出机制,办案业绩不达标退出员额,也离不开科学精准的业绩考评机制。一般认为,法官、检察官的业绩考核需要以办案业绩为主要标准,从而实现考核指标的科学化。但在考核机制上,则应进一步改革目前司法绩效考核制度,科学设置绩效指标体系,真正使考核能切实遵循司法规律。同时,对于违法违纪情形,应当严格按照要求退出员额,实现优进劣退,有进有出,促进员额的动态管理。

第八章　司法遴选制度

法官、检察官遴选，是落实司法人员分类管理的重要举措，也是在源头上落实司法责任制的基础性环节。2014 年 12 月，上海市法官、检察官遴选（惩戒）委员会成立以来，已经组织了多次员额法官、检察官的遴选，探索出了一系列符合司法工作实际、符合遴选委员会职能定位的经验做法，其中一些做法已被全国其他地方借鉴。

第一节　深改的切入点

改革没有“完成时”，面对民众对司改的更多期待，有必要进一步深化完善遴选制度，遴选出优秀的司法人员纳入法官、检察官员额。

一、遴选和差额两个新元素

新一轮司改之前，法官、检察官的产生渠道基本上是：法院、检察院通过人事部门统一招录公务员的渠道招收司法人员，然后将这些人员分配到法院、检察院的各个岗位，有的从事司法辅助工作，如书记员；有的从事司法行政工作，如在政治部工作；有的从事司法技术工作，如单位内部的技术保障；有的从事司法警察工作，如法警；等等。无论从事什么工作，具有公务员身份的这些人员，在满足相应条件后，通过统一的国家法律职业资格考试、工作了一定年限、考核合格后，就可以参加本院的法官（审判员、助理审判员）、检察官（检察员、助理检察员）的晋升选拔考试，考试通过的即可由本院任命为助理审判员、助理检察员，或者报各级人大常委会任命为审判员、检察员。从长期实践看，人大对法官、检察官的任命都会通过，基本没有出现不通过任命的情形。可以说，法院、检察院实际上掌握着任命法官、检察官的权力。这种任命既缺乏社会参与的必要渠道及必要的监督，也与法治发达国家的通常做法不相符合。

因此，新一轮司改及综配司改在法官、检察官的产生环节中增加了由法官、检察官遴选（惩戒）委员会参与，以及实行有差额的选拔两个新元素，可以更宽视野、更严标准、更实监督，从而实现法官、检察官的科学化、制度化、规范化选拔。

二、连接司法公信力与责任制

司法公信力，是多年来困扰司法机关的一个突出问题。司法公信力的高低与法官、检察官的制度设计是否科学，司法责任制是否落实，司法人员素质能力存在密切关系。

员额制改革，就是按照司法规律配置人力资源，从现有司法人员中遴选出精英集中于办案一线，整合与建立高素质、专业化的司法队伍，其切入口就是实行法官、检察官的择优遴选。因为只有将遴选这个关口把好，在坚持政治标准的基础上，切实把专业素质高、职业操守好的司法人才遴选纳入法官、检察官员额，让其心无旁骛地专注办案，按照授权依法独立公正行使职权，着力提高办案质效，才能在权责统一的基础上，推动实现“让审理者裁判、由裁判者负责”，确保司法责任制真正得以落实。

三、最大范围和程度优才选拔

法律规定是统一的，法律实施也应该是统一的。只有当遴选平台和标准做到最大范围、最大限度的统一，才能有力确保遴选出来的法官、检察官能力和素质基本相同，由能力素质相当的司法人员在一线办案，也将会最大范围、最大限度地保证法律的统一适用，并得到社会和群众的最大认同和广泛支持。

鉴于保证工作的连续和队伍的稳定，面向现有司法人员的遴选，特别是主体性工程司改阶段的面上遴选，无论是入额人数、入额比例还是工作岗位等，基本都是以各个法院、检察院为单位设置。这样做最大的好处就是可以使“工作不断、队伍不乱”。但也存在一些弊端，主要是各个法院、检察院的人员素质不尽一致，以各个“两院”的建制为基础，必然导致入额标准不完全相同，可能入额的法官、检察官素质参差不齐，一些优秀的司法人员没有被遴选出来，而一些入额的法官、检察官素质甚至没有达到平均水准。并且各个法院、检察院即使是同一层级的法官、检察官，工作量也不完全一样，按照同样的人数、同样的比例入额，并不能解决入额法官、检察官与工作的匹配度等。

这些深层次问题的存在，与将优秀司法人才遴选出来投入一线办案以提升司法工作质效的遴选改革初衷并不完全契合。因此，深化遴选改革就是在省级区域构建遴选的整体平台和统一标准；同时，在遴选委员会的组成设计、遴选之前的认定和考核方式、外部人才的遴选机制等更为精细化的维度进行进一步深改。

四、遴选经验固化、复制和推广

全国各地在法官、检察官遴选（惩戒）委员会成立之后的历次遴选过程中，在对标样本和结合当地实际的基础上，探索出了许多符合实际、行之有效的“特征化”经验和做法。比如，面向普通司法人员纳入法官、检察官员额管理的“老人老办法，新人新办法”、入额要求越来越严格、考核考试面试并重等；面向高级司法人员（三级高级法官、三级高级检察官）的择优选升；面向社会优秀律师、法学专家学者的遴选等，在许多地方都已经形成了一套较为成熟的经验做法。

这些经验做法可以通过进一步深化遴选制度改革继续加以总结提炼从而复制推广到其他地区，产生更大的辐射带动效应。因此，应当与时俱进改进完善遴选工作，着力优化制度、补齐短板，充分调动法官、检察官和用人单位的积极性，切实把最优秀的司法人才遴选出来，让他们在最合适的单位和岗位发挥作用。

第二节　遴选的“生态圈”

遴选制度的深改，不是单兵突进的独立问题，而是需要在综配司改的整体框架内，与其他各项配套措施互为前提、协同配套和关联推进，构造一个深改优化遴选制度的“生态圈”。

一、人员分类管理的深化与集成

在围绕四项重点任务司改的主体工程阶段，全国的司法机关人员分类改革已经完成。员额、辅助人员和司法行政人员的比例达到了中央下达的对各类人员配置比例的要求。

此后的综配司改重点，将转向进一步构建分类科学、结构合理、职责明晰、管理规范、保障有力的司法机关人员分类管理制度，以保证各类人员各归其位、各尽其才，能够公正高效地履行司法职能，加强司法队伍专业化、正规化和职业化建设。只有这样，才能为深化遴选改革奠定坚实的基础。

以上海的综配司改样本为例。根据分类管理制度的深改实际，上海市制定和出台了深化司法主体的体系化改革的若干配套性制度：覆盖到组织人事的框架体系、法律职务与行政职级不再对应、辅助人员遴选办法、员额的约束和监督机制、辅助人员管理办法、书记员聘任制、员额业务考核规定、法官检察官从业守则、严禁入额者违反任职回避规定、领导班子成员的配偶子女和员额配偶在从事律师或司法审计或司法拍卖职业的“一方退出”、员额岗位说明、遴选考试考核办法、上级院从下级院遴选的机制等。在配套新型的制度构建中创新完善，形成一套比较系统完整的人员分类管理制度，从而为深化遴选改革提供了制度保障和执行依据。

二、统一、动态的遴选平台构建

1. 加大跨院遴选的力度。按照“省级统筹、竞争择优”的原则，进一步统一省级遴选标准和程序，打通院际之间的壁垒，确保参加遴选的跨院人员“想出的出得来，案多的地方进得去”①。

2. 探索法官助理、检察官助理遴选。深改阶段重点在于助理入额要有更高标准、更严格程序，尤其是增加“释法说理”的环节，全面考察法官助理、检察官助理的综合素能。从法官助理、检察官助理的遴选方面突破以往论资排辈的藩篱，进一步打通法官助理、检察官助理的上升通道。

---

① 比如，上海市人民检察院在综配司改跨院遴选工作安排中，在坚持所有岗位面向全市遴选的基础上，确定由浦东、宝山、闵行、松江、上海铁检院五家检察官需求量较大的院划出若干额度，由市级检察院统一配置，专门用于跨院遴选。

3. 实行岗位法定化，严格实行先定岗再入额。综配司改的探索是将员额配置、岗位设置、岗位名称数量等，通过岗位说明书等制度化的方式确定下来，确保员额更多配置到办案量大、办案任务重的一线业务部门。入额遴选中严格实行按岗遴选，即先确定岗位再按岗位配置额度，改变以往先入额再择岗的做法，避免部分干警入额后不愿去一线办案部门，而“扎堆”去二线业务部门等现象，全面实现因岗选人、择岗遴选、按岗管理。

4. 落实“一院一策”和员额动态管理。针对不同层级和区域之间的司法机关人均办案量不均衡问题，综配司改中的遴选深改通过调取办案数据和精细测算，以近几年的法官、检察官人均办案量等多元标准体系为参照，对于明显高于省级平均水平的基层司法机构在用足本院的入额比例后，还可以适当增加遴选额度，增加的额度主要配置在一线办案部门。同时，深改还结合内设机构改革、编制调控、鼓励到郊区院入额等综合施策，逐步实现法官、检察官的办案量总体均衡。

三、以遴选“撬动”员额制的“深耕”

1. 上级院从下级院的员额遴选。在过渡期内主体性工程的批次入额之后，作为常态化的改进方案，综配司改开始了真正意义上的逐级遴选，上级院从下级院尤其是从基层遴选，对于建成严把关口、有序流动的员额遴选尤为重要。综配司改在制度上推出上级院从下级院遴选法官、检察官的工作方案之后，在逐级遴选过程中严守遴选程序，遵循公平、公正、择优要求，坚持综合评价、注重司法实践、自觉接受监督。

2. 从律师和法学专家中公开选任。作为综配司改的亮点，从律师和法学专家中公开选任法官、检察官，虽然应者数量有限，但其在中国司法制度史上的意义非同凡响。它要求经过发布公告、组织报名、笔试面试、入职体检、考察等程序，公开选拔员额法官和检察官。

3. 完善绩效考核机制并积极落实。经反复调研测算，综配司改初步制定并完善了绩效考核及奖金分配指导意见，按照有纵、有横、有级差的总体要求，提出了“两纵两横”的绩效考核和奖金分配模式，着力解决办案量不均衡、忙闲不均等现实问题。

第三节　遴选的关键议题

综配司改探索出了更为科学的遴选制度，但存在不少问题亟待破解，否则将会影响遴选功能的正常发挥，影响司法责任制的落实，最终影响综配司改的成效。其中，有以下几个关键议题。

一、遴选委员会的法律地位和职能

2019年4月23日，第十三届全国人大常委会第十次会议修订通过的《法官法》《检察官法》对法官、检察官的遴选作出了专门规定。但是，现有条款比较原则化。以《法官法》为例，对省、自治区、直辖市设立遴选委员会的表述为“省、自治区、直辖市设立法官遴选委员会，负责初任法官人选专业能力的审核”“省级法官遴选委员会的日常工作由高级人民法院的内设职能部门承担”。

但是并没有明确遴选委员会由哪个部门设立、受哪个部门领导；也未明确初任法官专业能力审核结论的效力，以及逐级遴选、择优选升等需要由哪个机构负责。这种法律地位的不确定性，导致遴选委员会在实际工作中的权威性不足，遴选结果也存在不确定性。现实做法是遴选委员会最终向高级人民法院、省级人民检察院党组提出任用意见，但这个“任用意见”的法律效力如何，两院党组是必须全盘接受，还是可以作变动？无论是作减法，即在建议名单中剔除两院认为并不合适担任法官、检察官的人选；还是作加法，即没有经过遴选委员会遴选，直接将名单报人大任命，都没有明确规定。此外，遴选委员会与设在两院的法官遴选（惩戒）工作办公室、检察官遴选（惩戒）工作办公室的关系如何定位，也没有具体明晰的规定。

二、遴选委员会的更多元化构成

新的《法官法》《检察官法》明确规定，省级遴选委员会中应当包括地方各级人民法院、检察院法官、检察官的代表，且比例不低于三分之一。按照这一规定，不少地方的法官、检察官遴选（惩戒）委员会构成不符合要求。

以上海为例，上海市法官、检察官遴选（惩戒）委员会委员由专门委员和专家委员组成,附设一个法学学者专家库。其中,专门委员由市委政法委员会、市委组织部、市纪律检查委员会、市人民代表大会监察和司法委员会、市公务员局、市高级法院、市检察院等单位的分管领导担任,共7名;专家委员从法学学者专家库中推选产生,共8名,含律师代表1名。如果不考虑个人工作背景的话,遴选(惩戒)委员会中的专门委员中法官、检察官的比例过低,只有1名法官、1名检察官,且都来自省级法院、检察院,没有地级和基层的法院、检察院代表。除专门委员外,只有专家委员,并且还基本上为法学学者,仅1名律师,因而使得委员的代表性不够广泛。此外,有的单位因特殊原因,后期并没有派人担任专门委员;并且委员人员固定,一旦有委员请假,就可能因人数不足而对遴选工作带来影响。

此外,上海市的法官、检察官遴选(惩戒)委员会为合并设立,要满足法官、检察官代表都要达到三分之一以上比例的要求,因而遴选(惩戒)委员会的构成需要进行较大调整。

三、遴选标准的科学化

遴选法官、检察官的核心目标,是遴选出优秀的胜任办案岗位需要的司法人员,一定意义上就是选拔司法精英人才。但是,现有遴选标准并不能确保选拔出的都是优秀的司法人员。毕竟目前遴选的主要标准,是通过法官、检察官遴选(惩戒)工作办公室的考核、考试以及遴选委员会的面试,而司法精英的形成是一个长期的过程,包括其资历、司法经验、司法能力、对司法工作的热爱等因素,而这些因素很难通过简单的考核、考试、面试考查出来。

以考核为例,由于参加遴选的司法人员考核成绩与所在法院、检察院的工作密切相关,而考核主体和考核标准不同,导致司法人员的相同工作在不同院的考核成绩可能并不一致,考核成绩之间很难量化比较,但在实际操作中却被简单量化比较。此外,在以往遴选中,有些通过遴选的法官、检察官在一年内就辞职离开了司法队伍,甚至出现刚通过遴选委员会的面试、人大还未任命就辞职的情形,这既是对遴选资源的浪费,也是对其他落选人员的不公平。这些情形都反映法官、检察官的遴选机制有待进一步优化,应确保遴选出来的是有志于法官、检察官事业的司法精英。

四、遴选环节的规范化

遴选主要分成两个阶段:一个是法官、检察官遴选(惩戒)工作办公室的初选,包括动员组织报名、资格审查、考核考试、面试等环节,产生上报遴选委员会的面试名单;另一个就是遴选委员会的遴选,包括面试、遴选表决等环节。其中,第一阶段遴选委员会没有介入。这就容易出现监督指导失控的问题,既不利于遴选委员会及时发现问题、督促改正,也不利于对遴选对象的全面深入了解,影响遴选委员会的最终选择。同时,遴选的公开性、透明度也应进一步提高,避免一些规则以外的因素干扰、影响遴选的公正性。

因此,法官、检察官的遴选应当围绕中央的统一部署要求,坚持问题导向,采取有针对性的举措,既要保证遴选在法律框架内运行,又要大胆探索创新,通过不断完善遴选制度,确保将优秀的司法人员遴选到法官、检察官岗位。

五、干部管理和单独职务序列衔接

单独职务序列的相关规定要求,使得法官、检察官等级与行政职级完全脱钩。综配司改中涉及党政领导干部选拔任用条例与单独职务序列如何有效衔接,如何在改革后继续加强法官、检察官不同岗位(包括业务和司法行政岗位)的交流锻炼培养,需要更多的顶层设计。例如,检察原来的侦防部门转隶后,政法专项编制减少,在改革后部门检察官配置上落实"以案定额"和"以职能定额"时的员额配置会相对紧张;同时,不少地方由于队伍结构不尽合理,法官助理、检察官助理年龄结构出现断层;并且随着员额数的缩减、助理等级比例限制,未来若干年辅助人员的入额压力会相应增大。

六、直管领导干部的择优选升

从综配司改的遴选实践来看,审判、检察岗位的直管干部与非直管干部被置于同一平台竞争和择优选升。

根据党管干部的原则,直管干部是由相应一级组织部按照《党政领导干部选拔任用工作条例》选拔任用,在德、能、勤、绩、廉等方面有一套较为成熟的考核考察办法,选拔任用程序也非常完善,不同于一般的遴选。同时,法官、检察官遴选(惩戒)委员会的定位是"专业把关",主要是对推荐候选人的专业水平进行评定,为省级两院的最终决定提出专业建议。虽然在进行专业把关时,也涉及政治素质、道德品质、廉洁操守等方面内容的考查,但毕竟不是遴选委员会考查的重点,这与组织部门在人事选拔时的考量区别较大。由于市管干部的选拔任命程序与遴选委员会的专业遴选程序是分开的,各自独立,遴选委员会的专业遴选程序并非组织部门直管干部的考核考查程序,遴选委员会的遴选建议也并非人大及其常委会选拔任命干部的法定审核材料和任命依据;并且在通常情形下,法官、检察官中的直管干部经组织部的选拔任用程序后,往往直接由市人大常委会进行任命。

因此,如果遴选委员会在直管干部任命后,再进行择优选升遴选(专业把关),则可能存在以下问题:一是有可能使遴选委员会的专业把关变为背书性质,难以体现遴选委员会对专业方面的实质把关作用;二是若出现否定性的专业把关结论,与市委组织部的考核考查结论发生冲突,则不利于这些直管干部日后在任命岗位上履行职责;三是将直管干部与非直管干部放在同一平台进行竞争择优,往往难以避免担任直管干部的法官、检察官优先占据更多的高级法官、检察官的等级员额,压缩了未担任领导职务的法官、检察官的晋升空间,也使得未担任领导职务的高等级法官、检察官的择优选升难以有效开展,从而有违单独职务序列改革的初衷。

第四节　遴选的优化方案

根据以上切入点、“生态圈”和关键议题,综配司改在遴选优化上需要在以下几个方面重点展开。

一、遴选资格的省一级标准化

原先的入额遴选以院为单位,可能存在选拔标准不够统一、选拔结果院际不平衡的现象。综配司改对新一轮遴选工作提出要打破以各院为单位的遴选格局,探索建立省级范围内统一平台遴选的新机制,为逐步实行法官、检察官业绩统一平台评价和全面逐级遴选创造条件。

当然,为了保证人员分类管理改革的顺利推进,以及改革过渡期内的工作连贯稳定,鉴于法院、检察院系统不同的队伍和人员状况,可以允许两院在统一遴选平台上,分别探索切合本系统实际的遴选方式,符合条件的人员可以根据自己的实际情况,报名参加相关岗位的遴选。不过从长远来看,今后省一级应当尽快统一审判员与检察员、法官助理与检察官助理入额的基本资格和条件,法官、检察官入额的资格原则上应在省级法院、检察院系统内统一,并制定统一具体的遴选标准、条件和规则。

二、遴选分段考察内容清晰化

综配司改的遴选，可以分为初选和复选两个阶段。以往是在省级两院分别设立法官遴选（惩戒）工作办公室和检察官遴选（惩戒）工作办公室。此举主要基于两个工作办公室可以便捷地了解掌握本系统的待入额法官、检察官的基本情况以及各院员额使用和缺额情况，有利于保证遴选工作的顺利开展。

初选工作，由法官遴选（惩戒）工作办公室和检察官遴选（惩戒）工作办公室分别组织实施。包括：根据本系统年度缺额情况拟定遴选法官、检察官的额度和差额比例；明确报名条件；组织考试考核及成绩评定；上报相关遴选材料等。在初选的基础上，再由法官、检察官遴选（惩戒）委员会组织实施复选工作。此前遴选的时间和频次不固定，以后法官、检察官的入额遴选每年可固定安排一次。综合考虑高校学生毕业时间和从业资格年限认定等因素，从有利于选拔高素质人才，有利于调动法官、检察官积极性的角度出发，入额遴选以安排在每年下半年进行为宜。初选和复选阶段主要可包括以下环节和内容：

1. 初选阶段的环节和内容。一是明确遴选的额度和差额比例的确定办法。每次遴选前，法官遴选（惩戒）工作办公室和检察官遴选（惩戒）工作办公室应对法院、检察院的编制数，在职入额法官、检察官人数，各个法院和检察院本次遴选拟选任法官、检察官人数，符合报名条件人数，实际报名人数，报名志愿，是否接受调剂等情况进行摸底，测算拟定当次遴选额度。同时，为了保证好中选优，使最终遴选有较为宽裕的挑选空间，报法官、检察官遴选（惩戒）委员会的候选人数量与额度之间的比例应不低于1.2∶1。二是明确初选阶段考试考核的内容。初选考试考核，应包括笔试、综合考评、面试三个部分。笔试、面试由法官遴选（惩戒）工作办公室和检察官遴选（惩戒）工作办公室统一组织；综合考评由报名者所在法院、检察院组织；法官、检察官遴选（惩戒）委员会对考试考核予以监督。鉴于对初次入职的法官、检察官职业素养全面性的要求，这三部分考察内容均应当涵盖法院、检察院主要业务工作，并分别占初选考试考核部分的30%、40%、30%为宜。为保证全面客观，笔试、综合考评、面试三个环节应依次进行，前一个环节合格，才能进入下一个环节，所有环节均应设置合理的淘汰率，通过全部环节考试考核的，才能参加复选阶段的遴选，确保最优秀的人才能够脱颖而出。为了防止评价的随意性，避免出现分分必较的情形，笔试成绩可以百分制计；综合考评、面试成绩以等级计，每个等级应限制人数比，等级分最后统一折算成百分制。为确保打分的公正性，每个环节每名遴选对象的成绩均应在法院、检察院系统内部公示，接受监督。笔试、综合考评、面试三项成绩最后加权相加，折合成百分制，所得成绩为初选阶段得分，并以此为依据，由两个办公室分别统一在本系统排名，制作遴选候选人名单，报法官、检察官遴选（惩戒）委员会。

2. 遴选复选阶段的工作和要求。一是加强遴选材料的审核。法官、检察官遴选（惩戒）委员会委员应听取法官遴选（惩戒）工作办公室、检察官遴选（惩戒）工作办公室关于初选工作的情况汇报，确定复选工作方案，并对两个办公室提供的相关材料予以严格审核，对有疑义的候选人以书面形式提出意见。二是严格复选面试工作。遴选的复选面试，应更加突出专业性，考察内容应更具有深度，面试时间也应充分保障。面试题目由法官、检察官遴选（惩戒）委员会委员和专家库成员命制或者委托第三方命制。三是规范投票表决程序。面试结束后，法官、检察官遴选（惩戒）委员会委员应当结合初选情况、候选人入额申请材料和遴选委员会面试情况进行综合评判，并从专业角度对符合条件的候选人进行记名投票。每名候选人须三分之二以上遴选委员会委员出席并经全体委员半数以上通过，方能进入入额建议名单。

3. 加强统筹调剂和组织保障。参加遴选的申请人（候选人）应在报名的同时，明确自己的入职单位意向，可确定一个第一志愿、若干调剂平行志愿。确定申请人（候选人）入职的标准，需要首先依据法官、检察官遴选（惩戒）委员会复选面试时的通过率；在通过率相同的情况下，依据初选成绩，初选成绩相同的情况下，依次考察综合考评、笔试、面试成绩。对通过遴选但未被第一志愿单位选任，又不愿意接受调剂的候选人，视为放弃本次遴选，若再想遴选入额法官、检察官，必须参加下一次遴选。司改之后的法官、检察官遴选是制度化、常态化工作，所以，应当进一步明确市法官遴选（惩戒）工作办公室、市检察官遴选（惩戒）工作办公室的职责定位。法官、检察官遴选（惩戒）委员会日常工作也应有专门机构、专门人员负责，以进一步提高遴选工作规范化、制度化水平。

三、直管干部的员额择优选升

择优选升是针对高级法官、检察官的遴选。择优选升的法官、检察官等级高、关注度大，选升怎样的干部，直接关乎法官、检察官队伍建设的导向和激励。

因而在制度设计时,所应考虑的重点环节、重要问题应与普通法官、检察官的遴选有所区别。在法官、检察官择优选升的探索实践上,需要区分审判、检察岗位的一级党委组织部直管干部和非直管干部,分别进行择优选升。

择优选升需要把握两方面的关系:一方面,区别行政职务晋升与法官、检察官等级晋升的关系。不要将各级法院、检察院领导人员的行政职级与法官、检察官的等级逐一对应;但各级法院、检察院领导人员又要从具备一定等级或一定等级资格的法官、检察官中选任,从而避免司法行政等序列人员通过跨序列交流套改确定法官、检察官等级后,直接被任命为法院、检察院领导人员的情形。同时,要坚持在干部管理基本制度框架内,探索建立有别于行政职级晋升的法官、检察官等级晋升程序事项和资格条件,确保法官、检察官等级晋升制度能突出法官、检察官职业特点,符合法官、检察官单独职务序列改革的初衷。另一方面,准确把握党管干部原则和第三方专业把关的关系。法院、检察院职能部门要立足内部管理,负责做实政治素质、工作实绩等方面的考察考核,遴选委员会则要立足于法律职务,负责做实高级法官、检察官专业能力的考察评定,两者共同确定"择"的条件、"优"的标准,并共同参与"选"的程序,最终由相应一级组织部作出"升"的决定。也就是说,择优选升,需要各相关方通力合作,共同把真正符合高级法官、检察官标准的人员选升出来。

1. 对一级党委组织部直管干部的择优选升。对于直管干部的择优选升,暂以一级组织部任命党政职务的选拔任用程序作为专业把关程序,以一级人大常委会的任命日期作为按照管理权限办理任职手续的日期,一旦任命即视为具备相应等级,并送遴选委员会备案等级情况。直管干部晋升更高等级,必须经一级党委组织部考核考察任命到更高行政职务才可相应匹配,而不应通过遴选委员会的遴选择优选升到更高等级。

2. 对非市管干部的择优选升。择优选升制度的价值和意义,不仅在于把真正优秀的法官、检察官选升到高级法官、检察官的位置上来,更在于从制度上保障不担任领导职务、在一线办案岗位的优秀法官、检察官也能有机会选升到更高等级。因此,需要明确各级法院、检察院办案一线没有担任领导职务的法官、检察官参加择优选升的底线要求。为此,对非直管干部的择优选升,可以按照"同一平台、严格标准、严密程序、好中选优"的原则,在每年的择优选升额度范围内,由遴选委员会进行遴选,即遴选委员会聚焦非领导干部的择优选升,并将之做细、做实、做优。随着综配司改的深化推进,建议将来国家通过立法,把遴选委员会的遴选程序，纳入法官、检察官岗位领导干部选拔任用的必经程序，把遴选委员会的遴选建议作为人大常委会的法定任命依据，从而使遴选委员会的择优选升成为不担任领导职务的法官、检察官职务晋升的法定程序，进一步夯实法官、检察官单独职务序列的工作基础。

3. 在一定范围内实现省级统筹择优选升额度。根据有关规定，择优选升的法官、检察官均要在本院核定的法官、检察官员额内实行比例或者数量控制，额度均以院为单位确定。在此情形下，由于各院总额限定，可能会出现一些院有人选但无额度可选，另一些院则有额度却无人可选的情形。同时，基层法院、检察院高等级的额度普遍较少，而法官、检察官等级又较低，在技术层面上可能存在缺少差额基数的问题。

考虑到这种情况，择优选升可以借鉴遴选法官、检察官的统一遴选模式，在一定范围内实行省一级额度统筹，通过"额随人走、人随额走"的变通安排，盘活额度资源、实现同台择优、确保选升质量。但择优选升额度的省级统筹在某种程度上突破了有关规定，需要在更高层面上达成共识。同时，省级两院也要进一步明确优化额度统筹的方式方法，既做好额度统筹的方案设计和报批程序，又充分考虑全市经济社会发展状况、人口数量、案件数量等因素，统筹兼顾市区和郊区之间，较发达地区和相对落后地区之间，普通法院、检察院和专门法院、检察院之间的平衡，防止额度向个别先进院集中，防止好的更好、弱的更弱，确保司法人才和司法资源在省级范围内的均衡布局和平衡发展。

四、遴选委员会与办公室的分层遴选

一般而言，遴选委员会主要负责一级高级法官、检察官和二级高级法官、检察官的择优选升，不少地方也规定基层法院、检察院的三级高级法官、检察官也需经过择优选升的遴选。

综配司改的择优选升深改中，遴选委员会与两院的遴选办公室可以实行"分层"专业把关。遴选委员会负责择优选升二级高级法官、检察官及以上的法官、检察官；两院的遴选办在遴选委员会的指导下，负责基层法院、检察院从四级高级法官、检察官中择优选升三级高级法官、检察官。两院遴选办公室将择优选升结果报遴选委员会确认后，由基层法院、检察院党组按法官、检察官等级晋升审批权限报所在政法委审核、党委组织部审批、人大常委会任命。

五、划转监委的在额检察官单独归类

国家监察体制的改革，使得全国绝大部分地区实行的是检察机关反贪、反渎、预防职务犯罪等部门人员整体划转后，相关人员待遇不变，检察官的员额制继续执行的制度。该部分入额的检察官已由省级检察院统一实施了按期晋升。同样，在没有明确意见要求该部分人员不参加择优选升的情况下，可以仍将该部分人员中符合选升资格条件的人员纳入选升范围；同时，将该部分人员按照划转人数确定额度比例，单独作为一类择优选升。

六、择优选升额度应适当规划使用

根据综配司改中法官、检察官单独职务序列的相关制度安排，新晋升的三级高级法官、检察官在5年后具有参加选升的资格，新晋升的基层四级高级法官、检察官在3年后具有参加选升的资格。也就是说，在首次择优选升后的未来3~5年内，择优选升的对象基本在现有的存量人员中遴选产生。因此，从队伍发展和稳定的角度出发，在更多符合条件的法官、检察官成长进入“候选池”之前，有必要针对一级高级法官和检察官、二级高级法官和检察官、基层三级高级法官和检察官的额度分别制定5年和3年使用规划，有计划地逐步使用择优选升额度。首次择优选升主要面向2015年职务套改后没有定等级的领导干部。同时，为发挥好激励导向作用，根据法官、检察官队伍实际情况，确定少量的二级高级法官、检察官员额用于办案一线，对不担任领导职务的优秀法官、检察官进行择优选升。首次择优选升中，基层法院、检察院的基层三级高级法官和检察官择优选升额度，不得超过现有空额的2/3，以便于后续适用。

七、择优选升应实行差额遴选

为了保证遴选有相应的选择范围，确保择优选升的质量，择优选升应实行差额遴选。两院遴选办应按照当年度使用额度，以不低于1.2∶1的比例，上报遴选委员会择优选升对象，以便遴选委员会进行差额遴选。省级两院根据遴选委员会反馈的遴选建议，确定拟选升人选，经党委政法委审核后，报党委组织部审批，再由相应人大常委会任命。无论是法官、检察官的初任遴选，还是高级法官、检察官的择优选升，以及面向社会优秀律师、法学专家学者的遴选，都是司改的重要内容，也是一个全新领域。随着新的《法官法》《检察官法》于2019年

10月1日实施,上海司法体制改革过渡期也于2019年年底结束,有关部门可以此为契机,进一步加强遴选制度的设计,加强对遴选的探索创新和规律总结,努力在法官、检察官遴选领域创造出更多具有时代特点,可复制、可推广的经验做法,为综配司改作出贡献。

第九章　员额退出机制

员额退出，是指法官、检察官身份因出现特定情形而丧失。在员额制改革的背景下，这里的法官、检察官仅指已经入额者，员额退出即失去法官、检察官的身份。凡符合任职回避、调离办案岗位、退休、辞职、考核不合格等情形的，一律退出员额；个人申请退出员额的，一般也应当予以同意。

目前员额制的“入口”已经畅通，随着员额制改革的深化，畅通员额制“出口”，建立员额退出机制是深化综配司改的应有之义。

第一节　员额“淘汰制”

随着综配司改的推进，关于员额退出问题在学术界和司法实务界已经有了较多讨论，甚至部分地区已经出台了员额退出的规定。不过，这些讨论和已出台的相关规定，存在员额退出决定主体多元，退出事由混淆、退出渠道不畅通，主动退出后职业保障不明等问题，因此值得重点关注。

一、员额管理的“双重性”

我国的法官、检察官首先是公务员。根据《公务员法》和“党管干部”的基本组织原则，法官、检察官的管理已被纳入公务员管理体系。《公务员法》第 2 条第 1 款规定，“本法所称公务员，是指依法履行公职、纳入国家行政编制、由国家财政负担工资福利的工作人员”。中共中央、国务院印发的《〈中华人民共和国公务员法〉实施方案》明确规定各级司法机关被列入《公务员法》实施范围。

有的学者认为，“法官、检察官的单独序列改革，需要脱离公务员管理体系，将以体现出司法人员的专业性、职业性”①。因此，新《法官法》《检察官法》第2条规定将法官、检察官定位为依法行使办案职权的国家公职人员，更为精准和恰当。这一观点值得研究。

然而，《法官、检察官单独职务序列改革试点方案》将法官、检察官管理纳入公务员管理体系，将其职务单独序列设立，主要是期待解决专业化、职业化建设问题，以开阔晋升空间，增加职业尊荣感。根据这一规定，综配司改中的法官、检察官依旧属于公务员，需要同时适用公务员管理体制。法官、检察官的公务员身份，意味着对法官、检察官管理的“主体双重性”。所以，综配司改推动法官、检察官管理，同样也是公务员管理的一部分，既适用公务员管理制度和党的组织人事制度，也要体现出法官、检察官的职业特性。

明确法官、检察官管理的双重性，对于厘清员额退出问题有积极作用。法官、检察官失去公务员身份自然退出员额；但退出员额，并不一定失去公务员身份。法官、检察官失去公务员身份自然退出员额，遵循的是公务员管理制度和党的组织人事制度；法官、检察官在没有失去公务员身份的前提下退出员额，需要符合司法规律和员额省级统筹要求。

二、省一级统筹员额退出

司法权从根本上说是中央事权。各地法院不是地方的法院，而是国家设在地方代表国家行使审判权的法院。新一轮司改依托的理论基点，是“司法权作为中央事权和判断权的司法性质论”②。虽然已设立了跨行政区划法院和最高人民法院巡回法庭，但由于中国幅员辽阔，各地差异很大，完全实现司法权是中央事权的目标，仍需过渡性制度设计。例如，“法院、检察院经费由省级统筹，

---

① 葛洪义、刘治斌等：《法官、检察官不可纳入“国家公务员”——对〈公务员法〉起草中一个问题的几点意见》，载《法学》2003年第6期。

② 贺小荣、何帆：《深化法院改革不应忽视的几个重要问题》，载《人民法院报》2015年3月18日，第3版。

即是过渡性制度,待时机成熟,适当时候还要进一步推进法院经费的中央统筹”①。2017年,中央深改组在《关于加强法官检察官正规化专业化职业化建设全面落实司法责任制的意见》中明确指出,“以省(自治区、直辖市)为单位,按照中央规定的范围,严格控制法官、检察官员额比例”。所以,新一轮员额制改革是基于省级层面的统筹,法官、检察官的退出也应该从省级层面考虑。

三、尊重司法规律的员额退出

人民法院“四五”改革纲要指出,“建立中国特色社会主义审判权力运行体系,必须尊重司法规律,完善以审判权为核心、以审判监督权和审判管理权为保障的审判权力运行机制,落实司法责任制,做到让审理者裁判,由裁判者负责”。尊重司法规律、坚持以审判权为核心是司改及综配司改的深化方向。员额退出中的应当退出,就是以司法规律为导向的退出方式,具体表现在员额退出的决定主体、退出程序、救济途径等方面,都应当符合司法权运行的基本规律。

正确认识尊重司法规律与坚持公务员管理制度、党的组织人事制度的关系。有些学者认为,“司法行政化是司法体制问题的症结所在,司法改革的途径在于司法去行政化”②。具体而言,就是建立由资深法官、检察官、法学教授等主导的法官、检察官遴选(惩戒)委员会,摒弃公务员的行政化科层管理体制。但我们认为这一观点值得商榷,法院、检察院的管理岗位不仅是行政职务,也是法律职务。比如,《法官法》第2条明确规定了院长庭长是法官。司法实践中,管理岗位人员绝大多数都是办案业绩和管理能力突出的法官、检察官。当我们研究法检主要负责人职务时,会发现法检负责人既是法检党组织领导人,又是行政管理者,还是法检司法权最高行使者。③ 司法机关已经形成以优秀法官、检察官作为领导的党组织,在院党组领导下开展员额退出,也是符合司法规律的。只是在决定退出具体事项上,不能完全等同于公务员管理,而是应该更加注重体现司法的职业特征。

---

① 孟建柱:《深化司法体制改革》,载《人民日报》2013年11月25日,第6版。

② 周永坤:《司法的地方化、行政化、规范化——论司法改革的整体规范化理路》,载《苏州大学学报(哲学社会科学版)》2014年第6期。

③ 左卫民:《中国法院院长角色的实证研究》,载《中国法学》2014年第1期。

第二节　员额退出种类

在探讨员额法官退出的情形前，有必要先对员额制改革后出现的法官、检察官的退出加以类型化梳理。准确地划分退出种类，可以更精确地设计相应程序，目的是让担当不够、能力不足、严重违法违纪的法官、检察官及时退出员额，并做好退出员额后的制度衔接。

一、划分退出种类的标准

员额退出的事由有多种，对退出方式进行类型化分析的前提，就是确定退出的标准。员额退出以是否保留公务员身份为标准，可以分为自然退出、应当退出。

自然退出，是指法官、检察官失去公务员身份而自然退出；应当退出，是指在保留公务员身份的前提下，失去法官、检察官的身份。对于前者，失去公务员身份，自然就失去了法官、检察官的身份；对于后者，公务员身份得以保留的前提下失去法官、检察官的身份，则需要设计一套体现司法规律的员额退出机制。

退出原因是公务员退出种类划分的主要依据，但是需要将公务员退出种类的划分与员额退额的原因进行区分。某一退出类型可能会涵盖多种退出原因，也有可能一种退出原因会归结为不同的退出类型，两者不是一一对应关系。例如，导致自愿退额情形中的健康原因，如果完全丧失工作能力符合公务员退休条件，那就是失去公务员身份，法官、检察官自然退出。但是，如果健康状况只是不能满足高强度的司法工作，仍可以胜任其他工作，可以自愿退额，即在保留公务员身份的情况下退出员额。

二、自然退出种类

在失去公务员身份时，法官、检察官自然就退出员额。根据《公务员法》的规定，失去公务员身份包括辞去公职、辞退、退休和开除四种情形，这也是公务员退出的法定情形。

1. 辞去公职。《党政领导干部辞职暂行规定》将辞职分为因公辞职、自愿辞职、引咎辞职、责令辞职四类。其中，自愿辞职又分为辞去公职和辞去现任领导职务。上述诸多辞职情形中,只有辞去公职是失去公务员身份。《公务员辞去公职规定》对于辞去公职的特定情形及相关程序予以了确定。对于员额法官、检察官而言,辞去公职意味着完全离开公务员体制。应按照干部管理权限,履行正常的公务员辞职手续。待公务员辞职手续完成之后,自然退出员额。对于法官、检察官而言,相对于公务员辞职,法官、检察官辞职手续应符合职业特点,比如,应承诺保守相关审判秘密、履行执业禁止的规定等。

2. 辞退。《公务员辞退规定》第 2 条规定,辞退是指机关依照法律、法规规定,解除与公务员的任用关系。公务员被辞退后不再具有公务员身份。相对于辞职而言,辞退是公务员被迫离开公务员队伍,失去公务员身份。该规定对于公务员辞退的情形、权限和程序等有着详细的规定。此外要说明的是,公务员辞退的情形中有年度考核连续两年不称职的予以辞退。这里的考核是指公务员考核,而不是法官、检察官的司法绩效考核。连续两年考核不合格是属于公务员辞退,如果只是办案绩效没有达到一定的标准,则可能面临着员额法官、检察官管理层面的相应措施。这两种考核内容不能混为一谈。

3. 退休。退休也属于失去公务员身份的一种形式。《公务员法》第 92 条规定,"公务员达到国家规定的退休年龄或者完全丧失工作能力的,应当退休"。除了上述两种缘由外,还包括三种提前退休情形,"工作年限满三十年的;距国家规定的退休年龄不足五年,且工作年限满二十年的;符合国家规定的可以提前退休的其他情形的"。公务员退休后,虽然享受国家规定的退休金和其他待遇,但已经失去了公务员的身份。这里要说明的是工作能力的丧失并不一定导致公务员退出,还有可能只是失去法官、检察官工作能力,而没有失去公务员的工作能力。

4. 开除。开除属于公务员处分的一种方式,处分是对违法违纪公务员的一种纪律惩戒措施。根据《公务员法》的规定,公务员处分种类包括警告、记过、记大过、降级、撤职、开除。其中,开除即意味着失去公务员身份。对于构成开除的情形,在《行政机关公务员处分条例》第 17 条、第 18 条、第 19 条、第 20 条已有较为详细的规定。司法机关在对公务员惩戒规定方面,也可参考上述规定。一经开除后,法官、检察官即失去公务员的身份,也即失去员额身份。

三、应当退出种类

应当退出是指退出员额但依然保留了公务员身份,不涉及公务员退出问题,应当退出主要包括自愿退额、因公退额、办案量不达标退额、违法违纪退额四种。

1. 自愿退额。自愿退额,是指失去法官、检察官身份后,转变成为司法辅助人员抑或调离本院。对于自愿退额应做宽泛理解,不能只包括因个人原因而提出的辞职,还应包括因《法官法》《检察官法》规定的任职回避,以及因自身身体条件不具备法官、检察官的高强度工作但又没有达到退休程度的等。因此,凡是由本人提起的且法官、检察官对于是否辞职具有决定性选择权的退出情形,都属于自愿退额。

2. 因公退额。因公退额,是指因工作需要调离办案岗位担任其他职务而主动辞职。包括调任本院非审判业务部门任职;调任其他公务机关任职;调任其他司法机关任职。与自愿退额不同的是,因公退额是因工作需要,由组织统一安排,法官、检察官个人在某种程度上是被动接受调整。这种不同意味着后果也不相同,因公退额无论调入省内外哪个司法机关,都当然成为法官、检察官;自愿退额如果调入省内其他法院,是否能在调入地法院担任法官、检察官要视情况而定。当然,如果调入省外法院则应退出员额。

3. 办案量不达标退额。办案量不达标退额,是指司法工作量没有达到初任法官、检察官遴选时省级法检设定的办案量最低标准,应当退出员额。法官、检察官需要完成一定的办案绩效,通常无法完成说明能力尚不到职业要求,需要退出员额。办案量不达标退额本身不存在主观过错,只是客观上说明还未达到职业要求。前文提到的法官、检察官绩效考评体系建立,乃是衡量办案量是否达到标准的关键。这种考核评价制度应不同于公务员考核制度,需要尊重司法规律,以及注重保障法官、检察官基本权利。考核机制主要包括考核主体、考核内容、考核结果和考核救济等几方面内容。考核可由所在院成立的考核委员会组成,法检负责人担任考核委员会主任,考评委员会应包括法官、检察官代表。考核应该分为年度考核和平时考核。考核主要内容包括办案工作实绩、职业道德、专业水平、工作能力、工作作风等,其中,重点考核办案工作实绩。法检案管部门提供的司法数据是司法工作实绩的重要依据之一。考核结果作为调整等级、工资以及奖惩、培训、免职等的依据。对于考核结果应该以书面的方式通知本人,对于考核结果有异议的可以申请复核。在考核制度的设计中最重要的就是考核标准的制定。[①] 我们认为,需要首先保证案件办理的质量。在尊重司法规律的基础上合理测定法官、检察官的饱和度。对于远低于工作饱和度的应视为绩效不达标,符合引咎退出条件。当然,以饱和度为标准就可能出现案件办不完的情况,对此应更多从增加员额数来考虑,而不能因此过于加剧法官、检察官的工作量。员额数应由原来的"以编定额"向"以案定额"和"以职权定额"相结合转变,即法官、检察官员额数不应以编制数为基础而应以案件量为基础,这样就充分考虑了各地实际情况存在的差异。[②]

4. 违法违纪退额。司法职业有着自己的特点,要根据司法规律对法官、检察官的行为作出必要的规制。比如,法官应遵守最高人民法院《关于"五个严禁"的规定》《中华人民共和国法官职业道德基本准则》等文件规定等。严重违反这些规定,则必然要求退额,这即是严重违法违纪的退额。违法违纪退额的方式有多种,有违纪较严重直接开除公务员身份自然退出法官、检察官员额的,也有违纪较轻被撤去法官、检察官职务,仍保留公务员身份的。该部分讨论的即是违纪程度较轻而退额的情形。此处的违纪情形与司法职业紧密联系,这也直接导致相应的惩戒措施与司法职业紧密联系。比如,在撤去法官、检察官职务的基础上调离办案岗位,不仅不能从事司法工作,甚至不能从事办案辅助性工作。

第三节 员额退出程序

一、自然退出程序

自然退出,关键特征是建立在失去公务员身份的基础上。这里需分清两个

---

① 现有一些法检建立的绩效考核制度总体上有"以案定量"和"以人定量"两种考核方式。"以案定量"是指法检根据每年案件量将案件均分给不同法官、检察官,法官、检察官必须完成一定案件量,否则视为考核不合格。"以人定量"是指根据法官、检察官每年能够办理的案件量确定考核标准。对于前者,就没有充分考虑办案压力。面对日益增长的案件量,法官、检察官会身心俱疲,案件审理的质量难以保证。当然这也是基层院在面对繁重工作压力的情况下不得不采取的措施。对于后者,则可能会导致法检每年需要完成的办案量难以保证。这两种观点的争论的核心或者说焦点就在于如何确定考核的依据。

② 2018 年修订的《人民法院组织法》第 46 条明确规定,法官实行员额制。法官员额根据案件数量、经济社会发展情况、人口数量和人民法院审级等因素确定。

程序;公务员退出程序和法官、检察官退出程序。公务员退出和法官、检察官退出问题,在前文已经论述过,两者程序与两者关系一样,紧密相连又泾渭分明。公务员退出程序,乃是法官、检察官退出的基础性程序。当出现前文中符合公务员退出的条件,法官、检察官自然退出。在公务员退出基础上,法官、检察官自然退出的程序比较简单。毕竟在公务员退出实质性审查的基础上,法官、检察官的自然退出程序只是形式性审查,简便、易操作。这样做也符合立法规定,公务员管理属于《公务员法》规定范畴,法官、检察官管理则属于《法官法》《检察官法》规定的范畴。在法官、检察官管理方面,《公务员法》相对《法官法》《检察官法》来说是基础性法律规范,《公务员法》应优先适用。

公务员的相关管理规定对于公务员的退出有较为详细的规定,其相关程序不在这里讨论。当公务员退出之后,员额退出程序主要是形式层面,体现为法官、检察官所在院报省级法检形式审核,并报送遴选委员会备案即可。

二、应当退出程序

员额应当退出程序,才是法官、检察官退出的核心内容。这一退出程序关系到法官、检察官权利的保障,关系到员额制改革的最终目的实现。该程序需要重点围绕退出的决定主体、退出原因以及退出后果等方面。

1. 退出的启动。退出程序的启动分两种:自愿退额、因公退额程序由法官、检察官自己启动,办案量不达标退额、违纪违法退额程序由所在院启动。两种启动方式并非泾渭分明,而是存在互相交叉的情形。所在院在法官、检察官启动程序之前,已经有了前期的摸底排查工作。但就退出程序而言,除了确实存在的违纪行为,退出的启动都是由法官、检察官本人发起。这是尊重法官、检察官主体性的体现,也是尊重司法规律的体现。对于存在的违纪线索,则应由所在院启动程序。不管是哪种方式启动,所在院组织人事部门都应将相关材料汇总,为下一步审查做准备。

2. 退出的审查。审查应分为两个阶段,所在院的党的审查和省级法检的党组审查。所在院党组审查通过后报省级法检院党组二次审查,两轮审查皆为实质性审查,这是出于保障法官、检察官合法权益的目的。不同原因的退出其应审查的着重点也不尽相同。因办案量不达标退额应着重审查法官、检察官的司法工作实绩;违法违纪退额应着重审查违法违纪行为等;自愿退额的,应着重审查法官、检察官的辞职事由是否符合法定标准。审查的着重点应从退出原因考虑。

3. 退出的决定。员额退出的最终决定程序应由省级法检的党组决定。相对于审查而言,该程序更多的是形式性程序,具有宣示性。法官、检察官退出的最终决定权由省级法检行使体现了新一轮司改建立在省级统筹基础之上。

4. 退出的救济。2016 年,中央“两办”出台的《保护司法人员依法履行法定职责规定》第 9 条第 2 款规定,法官、检察官不服调离、免职、辞退或者降级、撤职等决定的,可以依法申请复议、复核,提出申诉、再申诉。法官、检察官不因申请复议、复核或者提出申诉、再申诉而被加重处罚。依据这一规定,员额退出也应该赋予救济权利。法官、检察官可以直接向本院的党组或者省级法检的党组直接反映,提出书面异议。所在院党组或者省级法检的党组在接到异议申请后,应在规定期限内作出答复。如果决定程序确实存在问题的,应该重新启动程序,重新调查,再次调查的结论具有终局性。

法官、检察官在员额退出之后,应当在规定的时间内办理员额退出手续,重新安排工作岗位。

第四节　员额退出善后

综配司改中,应当退出的情形虽然失去员额身份,但仍具有普通公务员的身份。在从员额到普通公务员的转变中,相关后续问题需妥善处置。主要是涉及法官、检察官的级别与公务员的级别衔接,以及员额退出后是否可以再次入额抑或终身不得入额的问题。下面就此作一分析。

一、职级衔接问题

法官、检察官身份转变为普通公务员后,首先应解决的是职级衔接问题。在综配司改中,采用的是单独职务序列管理模式。改革的初衷,是期待建立一套有别于公务员职务序列,又符合法官、检察官职业特点的职务序列,但是,两套职务序列在衔接上还存在不少问题。

特别是根据综合管理类公务员职务层次套改的法官、检察官的等级规定,以及相关的单独职务序列的改革意见。毕竟,法官、检察官的等级数要远远多于与之相对应的公务员级别数。中级法检四级高级法官、检察官及以下等级法官、检察官按期晋升,也就是说过了若干年,中级法检的法官、检察官绝大多数都能到四级高级法官、检察官的级别。因此,如果达到四级高级法官、检察官级别退出,能否享有法官、检察官级别相对应的公务员行政级别?如果能够享受,那么法检原本固有的职级数无法满足怎么办?

事实上,涉及衔接级别需要相应依据退出的类型分别加以考虑。“两高”《关于法官、检察官单独职务序列实施后交流适用政策的通知》明确,根据法官、检察官等级晋升审批权限,综合考虑任职资历、工作经历等条件,比照确定职务层次。一级至五级法官、检察官可确定为乡科级,三级、四级高级法官、检察官可确定为县处级,一级、二级高级法官、检察官可确定为厅局级。

因此,因工作原因而失去法官、检察官身份的因公辞职情形,具体的公务员级别在调任其他机关时,应比照原有法官、检察官等级相对应的行政级别确定。对于自愿退额的,退出后享有与法官、检察官级别相对应的行政级别,并应该综合考虑其任职年限、任职表现及单位的职级数情况在原级别相对应的行政级别进行安排。对于违法违纪退额的法官、检察官,因其本身存在主观过错,所以在考虑级别时应该体现出惩罚性,一般应在原有级别对应行政级别降级处理。

二、重新入额及例外

1. 重新入额程序的内涵。重新入额,是指在已经失去员额身份的情况下,经过遴选程序再次遴选为法官、检察官。重新入额有两个条件:一是失去员额身份,重新入额原本是具有员额身份,后因各种原因而失去了员额身份。二是具备遴选条件,失去公务员身份当然不得重新入额。再入额程序从本质上来说,与一般的普通入额程序也应该是一致的。

法官、检察官退出重新入额不同于员额保留制度。重新入额和员额保留的法官、检察官都已经退出员额,但是,员额保留的实质是基于工作需要暂时调离办案岗位,员额可以在特定条件予以保留一段时间,之后又因工作需要仍可以直接调任员额岗位,无需再履行遴选程序;重新入额则不存在直接调任员额岗位的情况,而是需要重新履行入额遴选程序。但员额保留制度有多种条件限制,如果条件不满足,员额保留就会变为员额退出,再入额也需与其他退出类型一样重新走入额程序。对于退出的再入额问题应该区分情形,如果主观并没有过错,在条件成熟时应当畅通再入额渠道。当然对于因公退出的,再入额渠道相比其他退出类型应更加畅通。

2. 重新入额机制探索。重新入额针对的是员额退出中的应当退出情形。

应当退出包括自愿退额、违法违纪退额。自愿退额在主观上并没有过错，只是因为客观原因失去员额职务，在客观原因消除之时，应该允许重新入额。例如，自愿退出的客观原因可能是工作压力过大或身体原因而选择退出。待造成辞职的客观原因消除后，应当允许重新入额。又如，办案量不达标退额，经过一段时间业务锻炼，在司法辅助性岗位的审判业绩很突出，达到参加入额条件，也应当允许参加遴选，再次入额。

然而，违法违纪退额与上述情况性质存在一定差别。违法违纪退额，说明在失去员额职务时存在主观过错，重新入额应该充分考虑其主观过错。对于重新入额应根据违法违纪情况给予某些条件的限制。比如，要有一定时间间隔，设定在几年内不能再次入额等惩罚性规定。如果违纪性质较严重，可以直接规定终身不得担任法官、检察官。

重新入额的具体程序，应等同于初任法官遴选程序。从本质上来说，重新入额也是在参加员额遴选，只不过之前有过员额经验而已。重新入额后，法官、检察官级别应该恢复原来的级别，且承继之前的工龄。这是出于对法官、检察官权利的保障，有利于调动有经验的法官、检察官再入额的积极性。对于因违法违纪退额而失去员额身份的，因为已经在遴选之前接受了相关惩戒，所以不应将这种惩戒性措施带入后面的职业评价。

3. 重新入额的例外。司法职业本身具有较高的准入门槛，民众对于法官、检察官自身的各方面素质有着较高的期待和要求，行为失范也会对司法公信力产生不可避免的损害。所以，对于一些行为失范的法官、检察官在退出员额后，应该采用职业终身禁止准入制度。这也是退出重新入额的例外。

第十章　司法辅助人员

司法辅助人员的配置和职能，作为员额制改革的核心环节起着承上启下的重要作用。[①] 在员额严格控制下内部办案资源的增量有限，推动事务分类和人员分工成为改革关键，审辅事务分离和人员专业化已是世界潮流。[②] 目前，人员数量位于两端的员额法官、检察官与司法行政人员的分工和分类标准相对清晰，管理培养方法可借鉴改革之前已有的经验和做法，司法辅助人员的管理培养要复杂得多。

第一节　辅助事务与人员界定

司法辅助人员的逻辑是“以事定人”，所以，司法辅助事务的界定才是要点。只有解决什么人、从事什么司法辅助事务两个问题，才能精准配置司法辅助工作人员。

---

① 最高人民法院司法改革领导小组办公室编：《最高人民法院关于完善人民法院司法责任制的若干意见》，人民法院出版社 2015 年版，第 153 页。从顶层设计来看，目前集中对司法辅助人员改革进行规定的主要是《关于招录人民法院法官助理、人民检察院检察官助理的意见》《法官助理、检察官助理和书记员职务序列改革试点方案》两份文件，其他规定则散见于司法责任、司法改革政策解读等文件中，内容上除司法辅助人员的职责外，关于配置、管理、遴选入额等方面的规定均较为原则或没有提及。

② 在顶层设计的指引下，各地法院对人员分类管理之下加强审判辅助人员配置已达成共识，但对如何配置司法辅助人员存在不同认知，且做法迥异。

一、司法辅助事务划分

裁判权专属于司法者,其他事务均可由辅助人员代行。但是,对“裁判权”的理解应结合诉讼模式、司法结构和案件分类等来确定人员职责。

1. 辅助事务的界定。辅助事务的界定包括两种:(1)直接列举。比如,“与案件实体审判相关、以服务审判工作为宗旨的各类司法辅助性工作,具体包括立案审查、分案排期、诉讼材料发送、保全,办理委托鉴定评估和审计、调查取证、诉前调解、庭审笔录、裁判文书印发和发送、判决书上网、上诉移送、案卷归档等一系列辅助性事务”①。(2)间接排除。以是否具有判断权为标准,区别核心事务与辅助事务。列举法直观但不周延,排除法又陷入概念循环。界定辅助事务的要义在于区别办案权。办案权实质是判断权,广义的办案权以判断结果为中心,延伸覆盖案件办理的全部领域,只是强度属性不断弱化,即便是“法律文书送达”这样的事务性工作,其在纠纷处理过程中同样具有办案上的意义。因此,宜将判断权限定在狭义上的法律要件事实认定和法律规范适用以及由此产生的当事人权义分配,才能为辅助事务留下空间。实践中,具备判断因素但不具有终局性的或低判断性的事务,可以授权由助理行使,纳入辅助事务范畴。辅助人员不仅分担事务,而且分享部分办案权。甚至可以说,“法官的职责仅限于必须进行依靠极为专业的法律知识作出判断、直接产生既判力或确定性效果的事项上,审判活动中的其他事项均可由司法辅助人员承担”。

2. 基于流程的划分。以法院为例,案件办理流程可分为立案、审理、执行三个环节,其中审理环节是审判权的核心环节,也是判断权行使最为集中的环节。以民事案件为例,一般可分为阅卷、送达、调解、诉讼保全、庭前调查、开庭审理、案件合议定案、撰写裁判文书、结案归档等环节。② 其中,开庭审理、合议定案、撰写裁判文书属于核心环节,法官具有不可替代性。③ 在立案和执行阶段只有

---

① 李桂红、叶锋:《司法改革语境下司法辅助事务管理模式的构建》,载《上海政法学院学报(法治论丛)》2015 年第 4 期。

② 实践中,裁判文书的草稿可以由法官助理根据法官的裁判思路进行起草,但是裁判文书的最终形成必须由法官亲自完成,不应也不能交由法官助理代劳。裁判文书中事实认定和裁判理由,本质上是对裁判结果的说理和论证,说理是否充分、论证是否合理,直接决定了结论是否成立。因此,裁判文书制作应当属于核心审判工作的组成部分,应主要由法官负责完成。

③ 王静、李学尧等:《如何编制法官员额——基于民事案件工作量的分类与测量》,载《法制与社会发展》2015 年第 2 期。

部分事项需法官裁断,其余可划归辅助事务。另外,法院调解虽也产生法律后果,但调解书并非法官判断权行使的结果,其效力的根源来自诉讼当事人的自愿与合意,也可以将其归入辅助事务。

二、司法辅助人员界定

"四五"改革纲要将司法辅助人员列举为助理、书记员、执行员;司法机关工作人员分类管理制度的相关改革意见又在此基础上增加了司法警察、司法技术人员。以法院为例,理论上办案辅助人员被界定为,"围绕着审判工作的设置,辅助法官开展开庭、庭前准备、证据交换、制作裁判文书等审判工作,以及从事组织协调、立案保全、听证执行、法律研究、质效管理等协助法官履行审判职责的工作人员"①。

诚然,从司法工作的整体推进来看,助理、书记员、司法警察、司法技术人员以及执行员等各类司法辅助人员,均承担着不可或缺的职能部分,但相较于助理、书记员,司法警察和司法技术人员更具独立性,其与判断权运行的关联度较低,而执行员的职责启动于生效判决作出后,也无涉于审判权的行使。考虑到综配司改是以审判权运行机制为核心的改革背景,下文择取员额助理、书记员两类与判断权运行密切相关的司法辅助人员作为论述重点,不再就司法警察、司法技术人员、执行员作具体讨论。

综配司改中的各地司法机关在司法辅助人员尤其是助理职能定位上,并未达成广泛共识,实践中存在人身依附型、独立监督型、师徒协作型等多种类型,办案团队成员间各司其职、密切配合、高效运转的目标尚未实现。

1. 员额与助理。助理职能的共性在于处理事务的专业关联性。《人民法院组织法》《人民检察院组织法》,②都是把员额指导或委托作为助理职权行使的前提,助理职权行使没有独立性,定位于"纯粹辅助人"。但是,助理作为员额司法者的重要辅助人,相较书记员承担着更多的专业性职能,其扮演角色应具有"独立辅助人"意味。(1)"辅助职能"并非简单地分担事务,为了保证职责的有效履行,让助理对某些事项享有一定的判断权和决定权,才能在不扩大员

---

① 崔亚东主编:《上海法院司法体制改革的探索与实践》,人民法院出版社 2018 年版,第 118~119 页。

② 《人民法院组织法》第 48 条第 1 款规定,"人民法院的法官助理在法官指导下负责审查案件材料、草拟法律文书等审判辅助事务"。

额数量的情况下，依靠辅助人员行使部分职权、广泛深入参与办案，达到提高办案效率的效果。(2)基于纯粹辅助人的定位，“法官助理缺乏独立角色和法定权责，不可避免会产生法官向法官助理推诿工作的情形”①。法官助理工作负荷沉重又居于附属地位，缺少职业荣誉感。加之法官助理遴选渠道狭窄等瓶颈，作为纯粹辅助人的法官助理职位很难对审判辅助工作产生正向激励。可见，若将法官助理仅视为纯粹的助手，强调其对法官的服从与依附，并不能充分发挥法官助理一职的积极作用，也不符合司法改革对法官助理职能定位的要求。

2. 助理与书记员。相较于助理工作职责的复合性和多样化，书记员的工作内容较为程式化，主要包括送达各类诉讼文书、庭审及评议记录、校对文书、归档结案等事务性工作。随着助理和书记员分工进一步明确，相对而言，书记员更多扮演“纯粹辅助人”角色，主要依据员额司法者指示完成事务性辅助工作。因此，司法责任制在书记员管理的层面也无需过多讨论，当然，不排除其出现因工作疏忽导致案卷遗失等重大过错时所应当承担的行政管理责任。

第二节　辅助人员的现况

结构性司改之前，司法机关并无真正意义上的辅助事务助理，②随着员额制的逐步推进，作为办案核心力量的法官和检察官大幅减少，但是案件数量仍在持续大幅增长，以助理为代表的办案辅助人员成为影响办案任务完成的关键变量，也对司法辅助人员的配置工作提出更高要求。

一、配置方式及履职

全国司法机关在司法辅助人员的配置方式上既有共性特点，又因各类人员数量约束存在明显差异。

(一)配置方式

共性特点是司法行政部门均有零星配置。根据综配司改要求，助理应在办

① 傅郁林：《以职能权责界定为基础的审判人员分类改革》，载《现代法学》2015年第4期。

② 本轮司法改革之前，我国法官助理制度曾有过相关实践探索，但却因种种原因成效甚微，并基本陷入停滞状态，实践中基本上被书记员或助理审判员取代，相关制度并未得到有效贯彻落实。

案业务部门履行职责，政治部、办公室、行政处（科）、监察室等综合管理部门不配备助理。然而，在实践中综合管理部门部分文字材料工作需要较强的法律知识，在不能单独补充专业人员的情况下不得不“借用”助理协助，这也比较符合司法机关工作专业性较强的实际。

地域差异表现在辅助人员数量导致实际配比差异较大。在缺失合同制司法辅助人员补充的地区司法机关，助理及书记员不足问题突出。以上海法院为例，司改之初员额和助理比例集中在1∶1至2∶1的区间，四名法官配有一名法官助理、未配法官助理的也不少见，而近三成法官助理和书记员配比无法达到1∶1。综配司改后各院员额与助理比例接近1∶2。但扣除司法警察以及立案庭、诉调对接中心、执行局等审判辅助力量配置集中的部门后，刑事、民事、商事等办案部门的审辅比在1∶1.3左右。助理和书记员等辅助人员仍难满足办案之需。另外，在有“地方编”补充的司法机关辅助人员数量充足，能够实现员额、助理、书记员1∶1∶1配置，部分甚至可以一名员额配多名助理及书记员。

（二）履职定位

助理工作职责内容与任职年限关系不大。基于辅助事务分工精细化以及分类管理、分类培养的考虑，不少司法机关对助理和书记员在辅助事务职责上作出进一步划分，明确助理主要从事法律专业度要求较高的业务性辅助，而书记员主要负责事务性辅助。但实际中司法辅助人员通常由领导直接根据办案情况、需求指导分工，任意性较强。

不同类型的司法辅助人员间有分工，但实际工作中区分度不高。各地司法机关基本上都会根据司法辅助人员的来源情况划定其职责，并以内部规定形式推行，如规定在编司法助理从事与实体相关的审判辅助事务，让其主持庭前会议、参加诉前调解等，而书记员主要承担送达、记录、校对、归档等工作。

二、管理考核与职业发展

综配司改中人员分类改革重点，就是按照工作性质和岗位特点，制定体现各类司法辅助人员特点的管理考核制度。因此，员额考核备受关注，但对司法辅助人员管理考核则较少涉及。

1. 在编辅助人员以公务员考核体系为主，部分体现辅助岗位特点。对助理考核一般依据原公务员考核体系进行等级评定，具体绩效考核指标则根据岗位特点予以区分。包括参与审理案件数、草拟法律文书数、办案质效、案件权重系数考量、员额评价等。书记员的绩效考核指标集中在裁判文书上网、案件归档等事务性工作。考核结果是在编辅助人员评优评先、等级晋升、岗位流动的重要依据。

2. 管理考核机制的完善激发了合同制辅助人员的工作效能。不少地方的合同制辅助人员的考核被分为试用期考核、平时考核和年度考核,考核结果是调整职务级别、薪酬待遇、工作奖惩、培训交流、续聘解聘等工作的重要依据。考核结果分为优秀、称职、基本称职、不称职四个等次,每个等次对应不同结果,如被确定为优秀等次的,颁发优秀证书,并给予一定形式的奖励,而被确定为不称职等次的,则依法解除劳动合同。同时,有的地方还建立了合同制辅助人员薪酬动态调整机制,随着等级晋升和同级公务员人均收入水平的上升而动态调整,有效调动了合同制辅助人员的工作积极性。

3. 员额助理的日常培养有待加强,职业发展尤其值得关注。各地对助理的培养主要依靠"老带新""传帮带"等传统学徒式培养方式。针对助理类别、年限及职业发展需求施行专门化、系统化、体系化培养的制度体系有待建立健全。助理的业务培训偏少,尚不能满足助理提升职业能力的正常需求。在职业发展方面,部分地区因扩招致使在编助理基数过大,入额遴选难度畸高;部分地区虽通过招录大量合同制助理满足了人手需要,但由于保障不足、职业规划缺失,合同制助理流动率居高不下。在编助理和合同制助理职业发展都存在短板。

第三节 辅助人员的深改瓶颈

辅助人员的配套改革已取得成果,但存在来源地方化、职权越位交叉、职业发展不明朗等瓶颈问题,亟待深改破解。

一、来源地方化倾向明显

人员分类改革脱胎于"案多人少"的持续加压,带有"存量资源内部优化"的特点,外部资源补充非常有限。但是,随着改革效能的不断释放,客观上改革红利的边际效用不断减弱,单纯依靠内部资源提速增效已难以应对审判任务的增速。拓展增量资源是各地法院面临的共同难题,随着员额制的定型,员额已基本用尽,难以大量补充;中央政法编受到严格管控,余量所剩无几。

基于此，各地司法机关或是依靠地方政府补充带有地方编性质的合同制助理，或是从法科学生、实习律师中招录临时性助理，在路径选择上具有明显的地方色彩。部分地区仅招录在编助理导致其他助理数量不足，需要依靠地方高校资源补充实习助理。以上海法院为例，法官助理全部属于在编序列，从新一轮司改以来的法官助理招录计划来看，全市每年平均计划招录200人左右，五年共计划招录1289名。由于人员分类改革的大力推进，近年来编制使用率较高，但鉴于编制总量有限，未来能够补充的法官助理必然会随剩余编制减少而减少，2017年综配司改以后该趋势已经显现。

二、合同制助理缺少稳定性

在地方财政的支持下，部分编制数较少的地方司法机关尝试以合同制助理弥补在编助理的人数缺口。比如，广东省专门出台《广东省劳动合同制司法辅助人员管理暂行规定》对合同制司法助理问题进行了明确，以广州市中级人民法院为例，现有法官助理中，在编130名，占44.8%，合同制160名，占55.2%。但是合同制法官助理的职业保障取决于地方财政人事的支持力度，仅有少数法院合同制法官助理的薪资水平可以达到在编法官助理的70%~80%，中西部合同制法官助理扣除五险一金后薪资只有2000元左右。在未对两类助理进行职责分工的法院中，"同工不同酬"现象突出。[①] 合同制司法助理不能参加入额遴选，加上岗位职业规划缺失、薪酬待遇难以保证，合同制司法助理多被视为过渡性岗位，难以成为优秀法律人的长期选择，队伍缺乏稳定性。

三、履职有越位与交叉问题

根据人员分类改革的精神，理想状态下的员额、助理和书记员应当权责界限清晰、各司其职、相互配合，从而形成权责统一、高效有序的办案团队。但是，客观条件导致三者实际状态与改革的理想图景之间存在明显差距。辅助人员履职多根据实际需要安排，随意性较大、权责不清，越位及补位的情形时有发生。

一方面，员额司法者结案压力大，导致助理在审判权上越位。行使判断权是员额司法者的核心职能，但是，"审判权的行使并不仅仅指确定裁判结果、在

① 叶圣彬：《司法改革背景下法官助理定位及相关问题研究》，载《法治社会》2016年第3期。

裁判文书上署名，还包含通过听取当事人意见、审查证据材料、评议案件形成心证、适用法律继而作出裁判的整个过程，即法官‘亲历性’的要求”[①]。然而，司改以来办案力量只出不进或多出少进，辅助力量对案件提速增效作用过于缓慢，现有员额已难以应对案件数量的“水涨船高”，加之并未厘清“辅助性事务”与“判断权行使”的界限，实践中逐渐衍生出助理独立接待询问诉讼当事人、组织质证，资深助理办案、由带教员额司法者把关署名等做法，实质上是让助理代替原助审、助检作为新增办案力量解决办案指标。然而，“这些事项本质上属于心证形成的过程，关系到案件的终局判断结果，在未经相应授权、给予必要权责约束的情况下直接交由助理处理，虽有减轻员额负担的作用，但明显超出了助理职能范围，必然会带来助理履职越界问题”[②]。

另一方面，助理和书记员力量不足，导致辅助性工作相互交叉。书记员作为改革前唯一的办案辅助人员，其工作内容与改革之后的助理难以完全厘清，各地规定虽对书记员和助理的工作职责进行了一定划分，但实践中仍然存在交叉重叠的区域，而两种力量的不平衡更加剧了这种交叉现象。部分地区仅注重补充助理而忽略书记员力量的补强，由于书记员力量不足，为了应对办案需要，无论任职年限长短、能力强弱，助理都不得不根据院里安排投入书记员的队伍中，承担大量属于书记员职责范畴的事务性工作。部分地区限于编制无法招录新的在编助理，原有干警中转任的助理人数有限，且年龄偏大、工作积极性不高，难以发挥辅助作用。为解决助理的配比需求，当地司法机关直接从聘任制书记员队伍中选择一定数量人员担任助理工作，导致“名为书记员实为助理”的现象出现。

四、辅助岗位整体满意度不高

以上海法院为例，根据权威数据，近五分之一的员额认为助理对其日常办案帮助甚微，甚至会因带教工作影响办案节奏、加重办案压力，半数以上的员额认为助理对办案工作的帮助有限。近40%的初任员额对曾从事的助理工作不满意或认为一般，且不能对办案工作产生积极影响。而中西部地区走访情况显示，在编助理主要由未入额的原来的助审、助检和符合转任条件的资深编内书

---

① 梁译如：《法官审判裁量情境中的话语实践考察——“议论的法社会学”视角》，载《交大法学》2018年第2期。

② 武小琳：《司法改革背景下的审判者权责一致问题研究》，载《政法学刊》2015年第4期。

记员构成,存在年龄较大、资历较深、工作积极性不高的问题。员额司法者较难以“指导”在编助理完成辅助,相比之下,更愿意与担任助理工作的聘用制书记员配合办案。

书记员培训考核管理基本沿用原有方式,没有明显问题,但对助理这一新的角色,无论是东部沿海地区还是中西部地区,均存在培训考核管理不到位的问题。助理普遍反映任职前后缺少系统性培训,不利于专业能力提高,而考核过于“平均化”导致结果上差异不大,不能起到激励惩戒的作用。

第四节　问题剖析与破解之道

一、问题剖析

司法辅助人员的瓶颈折射的是制度本身存在的问题,更为重要的是其反映了在职权和资源配置上的深层次问题。

1. 配置目标的两重性。司法辅助人员运行问题的根源,不是补充人员而是配置上的“两重性”。在编助理既应辅助员额提高办案效率,又要担当员额后备军。前者是员额制保障,后者是助理职业预期。实际运行中,人案矛盾是眼前的、刚性的,而助理职业发展是长远的、渐进的,所以,一般把解决人案矛盾放在首位。比较域外司法系统,其“法官助理”的职能定位、职业设计与中国在编法官助理有着巨大差异,“美国联邦法院的法官助理既包括法官助理(1~2年)、职业法官助理(长期)、司法助理和行政助理,前两者类似中国助理,由法官决定聘任,但不能选为法官”①。英国法院的“法官助理通常则由资深律师担任”②。德国法院中的“司法公务员承担着法官助理的职责,从性质上看,他们是德国国家公务员体系中单独的部分”③。这些司法助理只具有辅助办案这个单一目标,不与“法官”产生联系。因此,对于这些法官助理,司法系统不需在招录、配置和分工时考虑未来的法官角色转换,也不需要加入办案能力培养。反之,中国司法把在编助理视为助理的核心,除了辅助办案也是员额主要来源。

---

① 周玥:《美国法官助理制度研究》,载《法制与社会》2018年第6期。

② 乔宪志主编:《中国法官助理制度研究》,法律出版社2002年版,第262页。

③ 周道鸾主编:《外国法院组织与法官制度》,人民法院出版社2000年版,第81~83页。

所以,扩大在编助理招录规模、用聘用制书记员代替助理等方式,虽都能对提高办案效率起到积极作用,但前者将导致入额难度远超合理范围,后者会引起未来员额断档。

2. 缺乏独立的权责保障。司法辅助人员配置,不能遵循"人多好办事"。实践中出现辅助人员工作内容随意性强、职责交叉错位、各方满意度不高等问题,其根源在于:一是辅助人员数量不足,在基本配置需求未能满足的情况下,任何理想化方案都会在"案多人少"、各类人员疲于完成办案指标的现实面前被扭曲变形;二是办案团队中各类人员权责不清、职能定位不明,辅助人员从事的所有辅助事务,都需要员额司法者再投入精力进行指导、审核、确认,另外办案核心事务和辅助事务边界模糊,相应的权责配置缺失,两者交织之下人员分类分工的效率优势难以体现。这种问题在助理的职能定位上体现得更加明显。目前对助理履职范围尚未达成共识,实践中助理完全依附于员额司法体,缺少主体意识,既无权独立处断辅助事务,也无法独立对辅助事务负责,既缺乏工作积极性和主动性,也难以体现辅助工作的岗位价值,不仅影响了辅助工作成效,还极易滋生工作推诿、争功避责的情况,故有必要反思人身依附型审判辅助人员定位的弊端,重新审视辅助人员的定位,并赋予辅助人员相应的权责。

3. 具体配置的方法单一。必要的辅助人员数量和合理的权责边界,是实现司法辅助人员的科学配置的前提。具体到特定司法机关、特定团队的配置,则要考虑案件数量、审级特点等个性要素,它们决定了办案核心事务和辅助事务各自的工作量。实践中不少司法机关都将员额、助理、书记员三者配置比例目标设定为1∶1∶1,但一味追求"黄金比例"而不考虑具体收案数量、审级特点,其结果可能是不同业务部门司法辅助人员配置数量"利益均沾",工作"忙闲不均",势必影响各类人员发挥其应有作用。

二、破解之道

围绕司法辅助人员的数量配置和职权定位,针对以上存在的深层次问题,寻找解决问题方法的原则包括以下方面。

1. 目标调适。把握助理制度"双重目标"的矛盾统一性。从矛盾统一性来看,双目标之间亦存在相辅相成的关系:提高办案效率,避免员额的职业压力过大,另外也让助理的工作能力与意愿增强。在此基础上,以双重目标导向审视辅助人员配置,不同情况下优化选择。当配置方案在不同目标下的效果冲突时,必须以能剥离影响另一目标的因素、消除负面作用为前提对方案进行调整,否则,在另一个目标上的负面影响必然会对前一个目标的正面影响产生抵消,导致制度运行效果不佳或制度目标落空(见表 10-1)。其中,“在增加辅助人员数量提高办案效率的同时,若仅扩大在编助理招录而不考虑其职业发展,或因编满而用聘用制书记员替代助理,都会将抑制助理正常发挥办案辅助作用,亦难满足助理可持续性的需要”①。这属于该表中的第四种情况。因此,需在省级层面上统筹在编助理总量,兼顾后备队伍的梯次性又不至基数过大造成入额通道拥堵,同时,以采取购买社会服务、招录合同制法官助理、实习法官助理等方式丰富辅助人员类型,对各类法官助理进行精细化管理与培养,激发各类法官助理的内在潜力,最大程度发挥辅助作用。

表 10-1 配置目标效果与配置方案选择之间的关系

配置方案 对提高办案质效作用	配置方案 对后备法官持续发展作用	配置方案采用取向
正向作用	正向作用	采用
正向作用	不影响	采用
不影响	正向作用	采用
正向作用	负向作用	以提高办案质效为主目标,剥离影响后备法官持续发展的因素后落实推进,最大程度降低对后备法官持续发展的不利影响
负向作用	正向作用	以后备法官持续发展为主目标,剥离影响提高办案质效的因素后落实推进,最大程度降低对提高办案质效的不利影响
负向作用	负向作用	不可采用

2. 定位调整。为缓解辅助人员配置中目标两重性的紧张关系,同时满足不

---

① 刘茵、宋毅:《法官助理分类分级管理和职业化发展新模式研究——以北京市第三中级人民法院司法改革试点实践经验为基础》,载《法律适用》2016 年第 5 期。

断增长的办案之需，可以在控制在编法官助理招录数量的基础上，大幅增加合同制法官助理，确保辅助人员充足，为配置方法发挥其应有作用奠定人员基础。此外，考虑到部分在编助理长期甚至整个职业生涯都要从事辅助工作，而合同制法官助理、聘用制书记员因编制身份限制无法成为入额法官，因而为了保障司法辅助人员的稳定性以及个人职业能力的发展，应当明确辅助岗位的相对独立性，并使其成为可以长期甚至是终身从事的"独立职业"。从激励约束的角度来说，要让司法辅助人员积极分担辅助事务，必须赋予其处理事务的独立权责，使其在从事权限范围内的具体事务时可以相对独立于员额去判断，并以辅助人员自己的名义对外行使权限。实际上，无论从一般社会分工理论，还是从司法工作的特殊性来看，权责清晰、权责一致，都是调动各方积极性、提高整体效率的基本前提。[①] 员额与辅助人员相互独立，不仅有助于提高辅助人员的工作效率，更能有效避免员额与辅助之间交叉衍生的问题。

3. 智能再造。以信息化、智能化推动司法事务的集约化、高效化，释放办案辅助力量，保障法官助理配比。人员分类管理改革后，司法机关现有三类人员结构决定了辅助人员中的助理和书记员难以满足实践中的审辅配置要求。特别是法庭记录、案卷归档等大量事务性辅助工作占用了大量书记员人力，不仅导致书记员配置缺口大，而且导致部分助理常年从事书记员的记录、归档等工作，影响了整体效率提升。因此，在"案多人少""编制约束"情况下，要改革辅助事务的作业模式，促进科技在辅助中的深度应用，借助同步录音录像、庭审音字转化、电子卷宗随卷生成、"一键归档"等技术，率先实现法庭记录卷归档等事务性辅助工作的集约化、高效化。继而，从释放出来的书记员中择优补进助理，提高助理配比。基于智能化，以辅助事务的集约化管理将进一步厘清助理、书记员等辅助人员的职责分工。通过购买社会服务、服务外包等途径，将法庭记录、案卷归档等事务集约化处理，缩短单个工作事件所需时间。把分散在各部门的书记员集中管理，由"书记员管理办公室"统一派驻法庭工作，"跟案不跟人"，彻底解决书记员忙闲不均、效率不高的问题，最大限度地剥离助理的事务性工作，避免助理和书记员角色和职责混同、"大材小用"，确保助理全力辅

---

① 这一点也在域外司法系统中有所体现，如日本司法系统中，只有在法定条件下，法官履行一定程序后才能在辅助人员的权限范围内对其进行指示；又如德国司法系统中法官与司法辅助官的职权界限相当分明，几乎没有交集。参见傅郁林：《以职能权责界定为基础的审判人员分类改革》，载《现代法学》2015年第4期。

助员额完成办案任务。

4. 结构调整。根据案件数量和审级特点以事定人，以省级统筹实现司法辅助人员差异化配置。司法辅助人员根本作用在于辅助办案，其工作内容、强度及构成情况会随着所在地区、审级、团队以及案件量等有所不同，“有些地区员额工作量尚不饱和，现有的司法辅助人员结构能够满足需要，没有必要从分工细密的辅助工作做‘大’来增加司法辅助人员配额”①。有些地区编制已用尽，无力招录新的在编助理，必须依靠省级统筹协调；有些地区能争取到地方支持，可以建立具有一定规模的高素质合同制助理队伍；有些地区高校集中，可以更多招录法律实习生分担一定工作等。而即便在同一地区，所处审级不同、案件数量不同，司法辅助人员的配置方式也当随之调整。基层法院收案量大，人均办案量多，辅助性工作体量相对较多，司法辅助人员人数需求较高；省级层面人均办案量小，所负有的指导监督功能更强，所配备的助理“宜精不宜多”。另外，同一司法机关不同办案团队所从事工作各有其特点、办案任务不尽相同，采取统一的人员配置方式，也不符合资源优化要求。因此，确定司法辅助人员的配置结构，必须以办案实践和司法规律为基础，按照“以事务定人员、以人员定团队”的原则，基于对司法工作的解构，结合职责定位和目标，通过省级统筹实现科学的差异化配置。②

---

① 詹建红：《法官编制的确定与司法辅助人员的设置——以基层法院的改革为中心》，载《法商研究》2006年第1期。

② 叶圣彬：《司法改革背景下法官助理定位及相关问题研究》，载《法治社会》2016年第3期。

第十一章　交流任职机制

交流任职机制，是指根据职业化、同质化的要求，明确法官、检察官交流方式、时间、地域范围和程序以及法官、检察官交流后的任职问题。交流任职机制包括法院与检察院之间交流和法院、检察院系统内部交流两种类型。

第一节　单独职务序列交流

员额制改革后，法官、检察官管理实行“单独职务序列”，有别于一般公务员管理。员额交流作为法官、检察官管理机制的重要组成部分，也应当根据员额制改革的要求进行重构，以更好体现其职业特点。

一、交流任职的必要性

不同法院、检察院之间的实际工作量存在较大差异，很不平衡。可以说，延伸到员额的交流任职为员额动态管理提供了重要配套保障。

1. 员额之间的同质化。司法职业化是指“通过一定方式，逐步使法官、检察官职业形成一个拥有共同专业的法律知识结构、独特的法律思维方式，具有强烈社会正义感和公正信仰的整体,具有仅属于该群体的职业传统和职业气质”①。员额法官、检察官在不同地区、不同级别的法院、检察院交流,有助于强化法官、检察官之间职业价值和行为模式的认同,有效防止出现“同案不同判”和上诉率畸高的现象,从而树立法律权威,维护裁判尺度的统一。

2. 优化内部人力资源。考虑到不同审级、不同地区的法院、检察院的司法人力资源状况存在较大差异,但员额的配置具有相对稳定性,通过职业交流,可以让专业素质突出,司法经验丰富的优秀法官、检察官在短期内支援其他地方的工作,缓解燃眉之急。另外,借助法官、检察官交流,还可以让司法人力资源配置在最适合的岗位,可以激发司法队伍的活力,提升专业化水平。

3. 提升员额履职能力。入额并不是法官、检察官素质养成的终点。法官、检察官是专业化群体,“司法作为高度专业化实践活动,其所依赖的并非仅止于‘目的—手段’关系的工具理性,更高度依赖于经验智慧的实践理性”②。实行员额交流,可以促进法官、检察官之间在审执经验、办案方法的研习与交流,也可以借助在不同区域、不同文化、不同级别的司法机关任职,丰富员额法官、检察官应对处理复杂或突发案件的经验,提高员额法官、检察官的综合素能。

4. 员额的廉政风险防控。随着司法责任制改革的深化,员额法官、检察官掌握的办案权力变大,权力寻租空间也变大。法官、检察官长期在一地一部门任职,在办案中难免受到当地人情世故的影响,易滋生司法腐败。因此,推进员额法官、检察官交流任职,可以减轻因“地缘”而形成的“人缘”关系所带来的影响或障碍,降低司法廉政风险。

二、员额交流任职原则

综配司改在推动员额动态管理中,坚持“以案定额”和“以职能定额”相结合。一方面,为了进一步做好实际工作量测算,实施“一院一策”,加大员额的统筹调配力度,向基层院倾斜、向案多地方倾斜,纠正“核定比例就高不就低”“案多案少一个样”等问题。另一方面,实现了法官、检察官岗位设定法定化,即紧密结合内设机构改革,敲定各条线、各级院法官、检察官岗位职责,科学核定岗位,以及细化岗位说明书,并根据实际工作量的差异确定法官、检察官岗位

① 吕忠梅:《职业化视野下的法官特质研究》,载《中国法学》2003年第6期。

② 陈波:《法官遴选制度与司法能力建设——以两大法系法官遴选制度为例》,载《北京社会科学》2014年第1期。

人数，实现员额的确定、部门配置、岗位调配制度化、规范化和标准化，逐步实现因岗选人。基于以上的基调，员额交流任职遵循以下几个具体原则：

1. 充分尊重基本国情。坚持党管干部，构建员额的交流制度坚持正确的政治方向，符合党管干部的基础性要求；尊重组织人事制度，员额改革后的法官、检察官仍有国家公务员身份，有员额身份的司法机关领导仍然是党政领导干部，以往形成的公务员交流制度对员额法官、检察官交流具有参考价值；以省内交流为主，不论从制度实际落实的可行性还是从制度实施的效益性方面考虑，员额交流以省内交流为主，毕竟省级人财物统管使得交流具有便利性，且从交通、距离和时间等角度节省了制度成本。

2. 体现司法职业特点。员额之间的交流也与普通公务员之间的交流不完全相同。一方面，在交流的条件上要注重考察交流对象的法律专业知识、法律职业经验和法律职业道德，择优交流。另一方面，在交流方式上，考虑到不同审级法检的法官，其审判经历、业务能力的不同，原则上，以同级法院之间和上下一级法检之间的交流为宜。而且，随着法律专业分工越来越细，不同类型法官接触的案件差别较大，相互之间"隔庭如隔山"，在交流时尽量实行同类法官、检察官交流。

3. 保障员额合法权益。实行员额制改革，就是要确立法官、检察官的主体地位，增强职业尊荣感。实行员额交流也要最大限度尊重法官、检察官的个人意愿，保障依法独立履职，非因正当事由，非经法定程序，法官、检察官不能随意调动。交流程序要科学、合理、公正，确保优秀法官、检察官凭借自身努力能脱颖而出，使交流目的得以实现。同时，员额交流要照顾法官、检察官的合理关切，特别是注重保障员额身份。

第二节　交流的四种形式

员额的交流任职，既是公务员（干部）的管理序列的延续，更主要是"两高"在不断深化司改中提出的明确规定。其历经多年探索和实践，已逐步形成比较成熟的多种交流任职形式。

一、改革纲要汇集

长期以来,法官、检察官的管理被纳入公务员(干部)管理序列之中,法官、检察官交流特别是领导干部的交流,也是按照公务员(干部)交流的模式进行的。[①] 根据《公务员法》的相关规定,公务员交流的方式包括调任、[②]转任和挂职锻炼。此外,最高人民法院从"一五"到"四五"改革纲要,也对法官交流作出了相应规定。

"一五"改革纲要(1999~2003年):逐步建立上级人民法院的法官从下级人民法院的优秀法官中选任以及从律师和高层次的法律人才中选任法官的制度。对经公开招考合格的法律院校的毕业生和其他人员,应首先充实到中级人民法院和基层人民法院。高级人民法院和最高人民法院的审判庭五年之后从下级人民法院和社会的高层次法律人才中选任法官。在此基础上,进一步加强和完善法官交流和轮岗制度。法官交流原则上在法院系统内异地进行或者在上下级法院之间进行。轮换岗位要以不影响法官专业化为前提,以不影响审判工作为原则。对法院领导干部实行任职回避、交流制度。各地法院院长实行与长期生活的地区异地任职的办法;副院长实行分管工作轮换制;相近审判庭庭长岗位实行定期轮换。通过实行法官交流、轮岗制度,形成法官的良性互动和人员的合理配置。

"二五"改革纲要(2004~2008年):改革法官遴选程序,建立符合法官职业特点的选任机制。探索在一定地域范围内实行法官统一招录并统一分配到基层人民法院任职的制度。逐步推行上级人民法院法官主要从下级人民法院优秀法官中选任以及从其他优秀法律人才中选任的制度。同时,加强不同地区法院之间和上下级法院法官的交流任职工作,推进人民法院内部各相近业务部门之间的法官交流和轮岗制度。

"三五"改革纲要(2009~2013年):完善法官招录培养体制。配合有关部门完善法官招录办法。最高人民法院、高级人民法院和中级人民法院遴选或招

---

① 2006年8月6日,中共中央颁布了《党政领导干部交流工作规定》,其中第2条指出:规定适用于县级以上地方纪委和人民法院、人民检察院的领导成员及其机关内设机构的领导干部。

② 调任,是指国有企业事业单位、人民团体和群众团体中从事公务的人员调入机关,担任领导职务或者副调研员以上及其他相当职务层次的非领导职务。这种交流方式和加强法官、检察官的正规化、专业化、职业化建设的目标相背离,在实践中也几乎绝迹,所以,调任不列入法官、检察官的交流方式讨论。

考法官,原则上从具有相关基层工作经验的法官或其他优秀的法律人才中择优录用。改革和完善人民法院队伍管理制度。配合有关部门完善人民法院主要负责人跨地区跨部门交流任职制度。建立人民法院领导班子成员和中层领导定期轮岗制度。

"四五"改革纲要(2014~2018 年):改革法官选任制度。针对不同层级的法院,设置不同的法官任职条件。健全初任法官由高级人民法院统一招录,一律在基层人民法院任职机制。建立上级法院法官原则上从下一级法院遴选产生的工作机制。

根据以往的历年改革纲要,最高人民法院在公务员交流形式之外,还依据法院的实际需求和法官的职业特征,建立法官轮岗、逐级遴选等制度。因此,根据法律和最高人民法院改革文件的规定,目前法官交流主要有以下形式:逐级遴选、转任①、轮岗和挂职锻炼。

二、交流任职的概念澄清

1. 逐级遴选。虽然早在"一五"改革纲要中,就提出建立遴选制度,但长期以来,中国各级法院、检察院的初任招录和下级法院法官到上级法院任职,一般均适用同级党政机关公务员招录或者选调模式,并没有体现法官、检察官的职业特点。党的十八届四中全会作出的《中共中央关于全面推进依法治国若干重大问题的决定》中明确规定,建立法官、检察官逐级遴选制度。初任法官、检察官由省级两院统一招录,一律在基层法院、检察院任职。上级两院的法官、检察官一般从下一级人民法院择优遴选。为使法官、检察官的逐级遴选制度落地,2016 年 5 月,中共中央组织部、最高人民法院、最高人民检察院联合印发《关于建立法官检察官逐级遴选制度的意见》的通知,对逐级遴选的范围、条件和配套制度作出了原则性规定。综配司改中,全国各地陆续开始从法官助理、检察官助理中遴选初任法官、检察官,这些地区的上级法院和检察院的助理遴选为初任法官、检察官后,统一到基层两院任职。初任法官、检察官的遴选程序和法官、检察官的入额程序基本相同。

2. 转任。以往受历史传统和体制机制的影响,法院、检察院的领导干部转

① 为了与轮岗相区别,这里所说法官转任是指法官因工作需要或者其他正当理由,在同级法院之间进行的调任。

任直接适用《党政领导干部选拔任用工作条例》和《党政领导干部交流工作规定》等相关规定，而对于普通法官、检察官的转任则没有专门规定。这种转任主要是从领导干部成长、培养和减少司法腐败的角度来考虑的。司改的深入，特别是省级法检人财物省级统一管理的推进，为省级两院统筹员额、调配司法资源创造了有利条件，也为普通法官、检察官的异地交流提供了更多可能。同时，对于法官、检察官转任的程序以及是否需要重新入额等问题，尚无相应的统一机制予以规范和保障。

3. 轮岗。轮岗，是指让法官、检察官在各个司法业务部门之间，抑或司法业务部门与综合部门之间进行岗位交换。目前，全国很多法检机构都设立了轮岗制度。轮岗制度的设计和构思，绝大部分源自行政管理的有关规定或做法。随着法官、检察官队伍建设专业化、正规化、职业化的推进，对于员额轮岗制度的质疑也屡见不鲜，提出了不利于队伍专业化培养、影响队伍稳定以及造成办案骨干力量流失等反对理由。此外，司法人员分类管理改革后，员额法官、检察官主要配置在司法办案岗位。对于法官、检察官在司法办案部门和综合部门之间是否还能继续交流，以及员额法官、检察官交流到综合部门后员额身份能否保留等问题，都随着综配司改深入解决。

4. 挂职锻炼。这里的挂职锻炼，仅指有计划地选派法官、检察官，在一定时间内到其他法院担任法官、检察官或者领导干部，锻炼期满后仍回原单位工作的交流方式。挂职锻炼期间，不改变与原单位的人事关系。相较转任，挂职锻炼的主体和路径明显更加丰富多样。从主体来说，既有领导干部，也有优秀法官、检察官。从交流路径来看，既可以在同级法检之间，也可以在上下级法检之间。从交流目的来看，在于丰富挂职人员的司法经验，加强对基层或上级法检工作的了解，增强其领导能力或者提高其处理重大疑难复杂案件、把握宏观问题的能力。

第三节　上下交流：逐级遴选

根据司法队伍正规化、专业化、职业化的要求，这里重点讨论四种比较常见的交流形式:逐级遴选、地区转任、部门轮岗和临时借调。①

一、聚焦的主要维度

逐级遴选,既是员额动态配置的重要环节,也是员额交流任职的首要方式,在制度设计上要聚焦以下三个维度:

1. 遴选标准的差异性。考虑到四级法院、检察院的功能定位不同,四级法官、检察官的遴选标准也应符合本级岗位职能和办案实际,具有相应的特点。一般来说,市级法检遴选法官、检察官主要考虑司法业务能力和司法经验,而省级法检和最高人民法院、最高人民检察院遴选法官、检察官除了考虑司法能力和司法经验外,更加侧重法官、检察官的政治素质、研究能力。

2. 遴选岗位的匹配性。上一级向下一级遴选法官、检察官,往往是补强相关领域办案力量。因此,逐级遴选时,要注重考察在相关专业领域工作的经验和业绩。当然,最高人民法院、最高人民检察院的法官、检察官尤其应该以"专家型"的标准来要求。

3. 遴选条件的综合性。逐级遴选既要看重考试成绩,又要看重平时的司法业绩;既要考评专业能力和素质,又要考察职业伦理和操守。对于有发生严重违反职业伦理道德行为的法官、检察官,要"一票否决"。

二、分级的差别标准

1. 从司法助理遴选初任法官、检察官到基层法院、检察院任职的标准:符合《法官法》《检察官法》规定的任职条件和资格;通过国家统一法律职业资格考试,取得法律职业资格;接受过省级以上法官、检察官学院的职业培训;从事法律职业五年以上经历;通过本地区省级法检组织的法官、检察官入额资格考试;最近三年的年度考核均为称职以上等次。

2. 中级法检遴选的标准:具备良好的政治素养、专业能力和职业操守;在基层法院、检察院任职法官、检察官满五年,且具有遴选职位三年以上相关工作经历;最近五年经法官、检察官考评委员会考评合格,且未受到惩戒委员会惩戒;最近五年的司法质效良好。

① 鉴于法官、检察官的挂职锻炼这种交流方式在实践中比较成熟,而且也不涉及员额身份的变化,因此不再述及。

3. 省级法检遴选的标准：具备良好的政治素养、专业能力和职业操守；具备一定的研究能力，在所在专业领域有相应的研究成果；在下级院任职法官、检察官满五年，且具有遴选职位三年以上相关工作经历；最近五年经考评委员会考评合格，且未受到惩戒委员会惩戒；最近五年的司法质效良好。

4. 最高人民法院、最高人民检察院遴选的标准：具备良好的政治素养、专业能力和职业操守；法学研究能力较强，有相当数量的调研成果；在省级法检或中级法检任职法官满八年，且具有遴选职位五年以上相关工作经历，有办理具有社会影响力的重大疑难复杂案件经验，是相关司法领域的专家；最近五年经考评委员会考评合格，且未受到惩戒委员会惩戒；最近五年的司法质效良好。

三、流畅的遴选流程

逐级遴选是为了促进优秀法官、检察官的合理流动。要实现这一目的，前提是设计科学、合理和规范的遴选程序。鉴于从司法助理遴选初任法官、检察官，与正常的入额遴选程序基本相同，以往经验也比较丰富，故不再赘述。此处只探讨综配司改中上级法检从下级法检遴选法官、检察官的程序设计。其中，法官、检察官遴选（惩戒）委员会的独立性和权威性至关重要。

1. 敲定遴选员额。“两高”根据本院员额情况和办案工作实际，提出拟遴选法官、检察官名额，报送“两高”的遴选委员会批准；各省省级法检和地市中级法检根据本院（辖区）内员额配置情况和司法工作需要，提出拟遴选名额，并报送省级遴选委员会批准并汇总；如果需要跨省遴选，还需要经“两高”同意敲定遴选名额后，由“两高”遴选委员会和省级法检遴选委员会发布遴选公告，公布遴选的职位、职位条件等。

2. 组织遴选考试。逐级遴选考试与普通公务员考试不同，与入额考试也应有所区别。待报名结束和资格审查之后，需要根据遴选岗位的要求，有针对性地设置考试内容。考试内容应该包括笔试和面试。笔试应设置案例题和论述题，主要考察法律专业能力、理论研究水平和文字功底。最高人民法院和高级人民法院的遴选笔试中还要加大对理论研究水平和文字功底的考察。面试应该包括自我介绍、遴选理由、对上级院工作的理解、工作打算等内容。

3. 确定推荐候选人员。由遴选委员会根据法官、检察官基本条件和遴选考试成绩，经充分评议后按照“一人一票，得票多者当选”的原则，以不记名投票方式确定法官、检察官的提名、推荐人选。

4. 决定通过遴选人选。“两高”遴选委员会和省级法检遴选委员会分别向“两高”和省级法检党组提出推荐人员，由“两高”和省级法检党组讨论决定通过遴选的法官、检察官人选，并予以公示，接受监督。为了维护遴选委员会决定的权威性，对于遴选委员会确定的人选，法检党组原则上不得否决。

5. 提请任命。法检负责人对通过遴选的法官、检察官，依法提请同级人大常委会任命为审判员、检察员。

第四节　同级交流：地区转任

一、省内转任机制

1. 转任条件。因正当事由，法官、检察官可以申请转任。但是，转任的决策需要尊重个人意愿，兼及考量转任后对原任职机构的影响。为了使这种影响降到最低，当出现下列情形时，不得转任：有三年以上超长期未结案件或者未结案件较多；正在办理有社会影响力的重大、疑难、复杂案件；过去三年内已经发生过一次地区转任；与法院、检察院签署的服务年限协议中的服务年限尚未届满。对于第一、二项情形，如果能在一定期限内审结，可以延迟转任。

2. 转任程序。法官、检察官提出转任申请后，由院党组审查并同意后，将申请转任事由和相关材料报给省级法检政治部，省级法检政治部认为符合转任条件的，应将其申请的事由和相关材料送至拟转任的司法机关，拟转任司法机关的党组会议同意后，法官、检察官可以进行转任。如果原任职党组或省级法检政治部不同意转任，要书面说明理由，申请人可以向省级法检政治部申请复议一次。

3. 员额身份。这一问题主要是考虑员额法官、检察官产生方式与司法综合素能之间的相当性问题。由于同一省内的法官、检察官是通过省级法检统一组织的入额遴选，参加入额遴选的条件基本相同，因此，可以合理推断省内法官、检察官基本专业素质和能力大致相同。从保障员额身份、节约制度成本的角度出发，由新任职法检来判断拟调入法官、检察官的专业素质和能力是否符合本院的条件是较为合适的。如果新任职法院、检察院党组审议后，认为拟调入法官、检察官符合本院员额法官检察官的任职条件，则报请省级法检批准后，可以直接确认入额，无需再次参加遴选，并报省级遴选委员会备案。

二、省际转任机制

1. 转任条件。与省内法检转任条件一致。

2. 转任程序。法官、检察官提出转任申请后，由所在法检党组审议并同意后，将法官、检察官的申请转任事由和相关材料报给省级法检政治部，省级法检政治部审核同意后，应将其申请的事由和相关材料送至最高人民法院和最高人民检察院政治部，最高人民法院和最高人民检察院政治部经审查，认为符合转任条件的，可以将相关申请和材料送至拟转任法检，经拟转任法检党组会议同意后，法官、检察官可以进行转任。如果所在法检党组、省级法检政治部及最高人民法院和最高人民检察院政治部不同意转任，要书面说明理由，申请人可以向省级法检政治部或最高人民法院和最高人民检察院政治部申请复议一次。

3. 员额身份。鉴于不同省、自治区、直辖市法检人才资源分布的不平衡，加之入额条件和程序也不同，不同身份员额综合素质差异性较大。因此，跨省转任原则上要重新参加新任职法检的入额遴选。但新任职法检因工作需要，认为拟调入的法官、检察官符合员额任职条件的，报请省级法检和省级法官、检察官遴选（惩戒）委员会批准后，可直接确认入额。[1]

第五节　内部交流：部门轮岗

合理的轮岗制度对于法官、检察官迅速找准职业方向，促进法官、检察官素质养成等具有积极意义。

1. 轮岗范围。（1）从队伍专业化角度考虑，轮岗尽量在司法业务部门之间，司法业务部门和综合部门之间原则上不进行轮岗。在司法业务部门内部，原则上是同类法官、检察官之间进行轮岗，有利于法官尽快熟悉业务。（2）从队伍稳定性和工作连续性的角度考虑，一次轮岗涉及的人数不能太多，而且年

① 这里主要是考虑到发达地区法院法官转任到欠发达地区法院担任法官的情形。

龄较大尤其是45岁以上的人员应当慎重轮岗。

2. 轮岗对象。有三类人员可以重点考虑:(1)工作时间不长的年轻法官、检察官,学习能力和适应能力较强,适当的岗位轮换能够使其熟悉不同司法领域的知识,积累司法经验,同时更容易发现其所匹配的岗位。(2)少数政治过硬、业务精湛的优秀者,可以有意识地进行轮岗,把其培养成复合型的优秀法官、检察官,作为后备干部的培养对象。(3)其他正当事由如个人身体原因、出现回避事由、在同一部门工作时间过长等,可以申请轮岗。

3. 轮岗程序。(1)启动主体为法检政工部门或者法官检察官;(2)法检政工部门会同审判管理、纪检部门等有关部门拟定干部轮岗交流的初步方案,提出轮岗交流人选并呈报院党组;(3)听取拟轮岗者及其所在部门的看法和意见,并记录在案;(4)院党组根据轮岗方案及有关部门的意见进行集体讨论、决定;(5)公布轮岗决定方案,并确定异议期间,允许部门及个人提出异议并作出答复意见;(6)院领导或者政工部门领导与轮岗法官、检察官谈话,做好思想工作,同时完成工作交接手续。

第六节　短期交流:临时借调

在司法实践中,也会发生上级法检向下级法检“借调”法官、检察官的情形,但在现有法律法规和“两高”公布的规范性文件中,并没有借调的相关规定。但是,域外也有法官、检察官的临时借调制度,可以适当借鉴域外经验,健全和完善法官、检察官的临时借调制度。

一、比对域外实践

目前,美国有一种颇具特色的临时借调制度:法官跨院调派制度。

美国法院系统分为联邦法院和州法院。联邦法院大致分为三个层次,从高往低分别是联邦最高法院、巡回上诉法院、地区法院。美国联邦法院系统建立了颇具特色的法官跨院调派制度。

调派的形式主要有以下三种:(1)上级法院调派到下级法院。为了公共利益需要,巡回上诉法院的首席法官或巡回法官可以暂时指派该巡回上诉法院内的任何一位巡回法官,到该巡回区的地方法院主审案件。(2)同级法院之间调派。这种调派可以分为三种情形,因公共利益需要,联邦最高法院首席法官可以根据某一巡回上诉法院法官的申请,暂时指定其他巡回上诉法院巡回法官担任某一巡回上诉法院法官;经巡回上诉法院的首席法官或巡回法官申请,并给出必要性说明,联邦最高法院首席大法官可以指定一个巡回区内的地方法院法官到另一个巡回区内的地方法院任职;因公共利益需要,巡回上诉法院的首席法官或巡回法官可以暂时指定本巡回上诉法院内的任何一位地方法院法官,到该巡回区内的其他地方法院担任主审法官。(3)下级法院调派至上级法院。因法院业务需要,巡回上诉法院可以指派该巡回区内的地区法院法官到巡回上诉法院参审案件;经巡回上诉法院的首席法官或巡回法官申请,并给出必要性说明,联邦最高法院首席大法官可以指定一个巡回区内的地方法院法官,到另一个巡回区内的巡回上诉法院任职。

二、制度的思路

综配司改基于对域外经验借鉴以及吸收国内公务员的挂职锻炼、借调等方式的合理成分,改良后提出法官和检察官临时借调的思路。

(一)基本思路

1. 临时借调方式的多样性。新一轮司改作出了“司法权是中央事权”的论断,从这个意义上讲,法官、检察官依法行使的司法权具有全国统一性和整体性。那么,借调不应该是上级法检的“特权”,同级之间、下级法检向上级法检临时借调法官、检察官从事司法工作,也应该成为可能,而省以下法检人财物统一管理又增强了这种可行性。

2. 临时借调事由的差异性。考虑到四级法检功能定位的差异,中层、基层法院、检察院申请临时借调的事由应该主要是基于司法工作需要,而“两高”和省级法检除因办案工作外,还可以因为司法研究、司法政策制定等事务临时借调法官、检察官。

3. 临时借调的激励性。为了激发被临时借调法官、检察官的工作热情,增强职业尊荣感,最大限度发挥临时借调制度的功效,可以在法官、检察官逐级遴选以及法官、检察官晋职晋级时,把临时借调的工作经历作为重要参考依据。

(二)主要方式

1. 从“上”借“下”。因司法工作需要,同一省辖区内的下级法检可以向上级法检申请借调法官、检察官。经省级法检政治部批准,上级法检可以派出本院法官、检察官支援下级法检司法工作。上级法检借出的法官、检察官在办理案件时,可以直接作为审判长或相关负责人。借调期间一般为一年,必要时经省级法检政治部批准,可以延长一年。

2. 从"左"借"右"。因办理案件需要,同一省辖区内可以向同级法检申请借调法官、检察官。经省级法检政治部批准,同级法检可以派出本院法官、检察官参与办理案件。案件审结后,回到原单位。因工作需要,一线司法岗位法官、检察官可以借调到综合部门从事审判辅助、司法行政事务。

3. 从"下"借"上"。因工作需要,"两高"和省级法检可以向辖区内下级法检借调法官、检察官,从事办案、执行、辅助和研究工作。借调期间一般为两年,必要时可以延长一年。中级法检因司法工作需要,可以向辖区内基层法检借调法官、检察官,并报省级法检政治部备案。借调期间一般为一年,必要时可以延长一年。临时借调法官、检察官在借调期届满后,参加上级法检遴选考试,在同等条件下优先予以遴选。

三、构建"员额保留"制度

前文提到,因工作需要,法官、检察官可能会借调到非司法岗位工作,而这次员额制改革一大原则是,法官员额应当配置在一线司法办案岗位。那么在这种情形下,法官、检察官是否必须退出员额?这里,一些地区设立了"调办事"制度,即在相当时期内仍然保留员额的职位,当被借调的时间届满后,仍然回到原岗位任职。

建立员额保留制度主要是基于以下考虑:一是保障法官、检察官的合法权益。借调到非司法岗位工作,往往是为了整体工作需要。从某种意义上讲,法官、检察官作出了职业上的牺牲。如果在借调期间,保留其员额身份,能够减少法官、检察官工作的后顾之忧,保护其工作积极性。

二是提升综合素质。虽然在经过数轮司改之后,法官、检察官的整体素质已有所提升,但离司法队伍的专业化、精英化要求还有一定距离。通过借调到非司法岗位特别是司法研究类岗位,有利于提升法官、检察官的研究能力和专业素养,促进素质的提高。

三是着眼于法检领导干部培养。法检中层干部从优秀法官、检察官中选任,既是普遍司法规律,也是中国司法机关的传统。在现实语境下,中层干部除了具备较高的专业能力外,还应在司法政策掌握、宏观思维考量和管理协调能力上,较普通法官、检察官有更高的要求。而综合部门的岗位特征与院中层干部能力培养的内容相契合。因此,借助员额保留制度,能够有效解决法检领导干部的来源问题。

第四编　优化司法职权配置

第十二章　职权配置定位

党的十五大第一次提出“推进司法改革”任务，党的十六大改为“推进司法体制改革”，党的十七大、十八大、十九大、二十大又连续提出“深化司法体制改革”“深化司法体制综合配套改革”等。党的最高决策文件的表述的变化喻示着，历经多年的努力中国司改已驶入深水区。其中，作为每一轮司改的“必选项”，优化司法职权配置的问题既敏感又重要，在相当程度上决定着司法在整个国家治理体系中的地位。

第一节　全局问题与点的破题

优化司法职权配置，前置性条件是完成职权配置的定位，这具有根本导向意义。综配司改已在以审判为中心的刑事诉讼制度、国家监察体制改革、检察机关提起公益诉讼等问题上有所建树，但仍有不少“小配套”需要跟进，甚至还有一些难题停留于讨论，而难以付诸实施。因此，探索职权配置定位这一问题，既要有整体大局观，又要恰当选择破题点。

一、关键领域的问题

深化司法体制改革作为政治体制改革的重要组成部分，事关全局，“牵一发而动全身”。然而，虽然学术界和实务界对涉及诸多根本性改革的“司法职权配置”问题至今没有定论，到底应当更加偏向于司法职业化还是司法民主化,抑或守于两者之间的中道,仍然众说纷纭。其中,无论是以往提出的"完善司法机关的机构设置、职权划分和管理制度",还是现在凝练为"优化司法职权配置",可以说,在今后相当长的一段时间内,如何权衡把握及合理配置司法职权,已被摆在深化综配司改的核心位置。

目前,我国的司法职权配置主要涉及四个关键领域问题:(1)纵向中央与地方之间的司法权配置问题,即如何将统一的司法权配置到地方,以防止司法权的地方化现象,杜绝司法权行使过程中受到地方因素的不当影响。(2)相同性质不同层级之间的职权配置问题,即消除不同层级司法部门之间的行政化倾向,回归原本意义上的司法层级关系。(3)同一部门内部之间的职权配置问题,即消除同一司法机关内部的科层化现象,改变司法机关的行政官僚化惯习,逐步解决司法权受到行政权制约而难以独立行使的问题。(4)横向不同性质部门之间的司法职权配置问题,即法院、检察院与作为行政部门的公安机关、司法行政管理部门之间的机构设置、权限划分以及相互关系,主要解决的是司法权行使主体泛化导致的多头司法以及部门本位主义盛行的问题。

以上问题在综配司改中只是提出初步设想,未能进入设计和实施的重大命题,具体包括:修宪之后合宪性审查的所有涉改革事项(以审判权为中心的刑事诉讼运行机制改革、监察权与检察权的更合理配置);侦羁分离、刑罚执行权归属、民事执行实施权外分等司法权与司法行政权的优化配置;法院庭前程序裁判监督权、监检在罪名上的归建和权责分配等司法机关外部的职权配置,以及跨行政区划司法机关、新设的专门法院和专门法庭等司法机关内部的职权配置。

诚然,优化司法职权配置不是"简单的分权",可它面临的以上四个问题,涉及的都是过去较少触及的深层体制问题,绝不是浅层意义上具体制度的"修修补补"就能解决的。

二、改革的破题

针对这些问题进行司法职权的优化配置,主要有两条路径:一是从国家层面,根据司法机关发挥作用的需要和司法活动的规律,借助新制定或修改法律实现司法权的优化配置;二是司法机关在法律授权范围内,依据公正高效和利于监督制约的要求,通过内部机构和职权整合来配置职权。比较而言,第一个方面的改革关系到国家法律和司法体制的全面调整,会触及多方的利益,程序复杂,难度较大;第二个方面则较少涉及改变现行法律和体制问题,实际上司法机关自己就可以解决好的。优化司法职权配置是深化综配司改这一复杂系统工程的重要组成部分,两条路径不可偏废。

毋庸置疑,改革中的中国司法职权配置存在不少"习非成是"的现象。但是,出于短期内大幅度地从检察机关、公安机关剥离职权的现实难度和短期内的司法改革预计会产生的过度振荡,因此我们在综配司改研究中,避开了突出表现在横向不同部门之间久议不绝的"检察监督权的存废""检察自侦权的完全剥离"①"羁押权与侦查权相分离"等一些需要"小步慢走"的论题,谨慎选择了把处于中心地位的人民法院,作为下一步优化司法职权配置改革的切入点。②

同时,当前对于法院职权配置的关注,多数还是限于技术层面的调整,而对于优化司法职权配置背后的基本主线,尚缺乏清晰的认识。在此基础上,提出的配置方案就显得零打碎敲,相对具有某种程度的局部性,比较少见"全景式"的改革方案综述。所以,综配司改的破题,可以立足于中国处于社会主义初级阶段的基本国情和发展阶段性特征,一方面,借入"新程序主义"的视角,甄别和选择人民法院依法独立行使审判权下的人民性与专业化两种不同路线,既不盲目超越现阶段实际提出过高要求,强调具有现实的可行性,又不照搬国外理论及体制,且构建之说具有一定的理论深度;另一方面,根据进一步走向依法独立行使审判权的原则,系统梳理和比较人民法院推动司法改革以来出现的各种方案,切实结合不断变化的理念和改革纲要,尽可能对优化法院职权配置里的绝大多数主要问题进行全面、细致的讨论。

第二节　职权改革的一根"红线"

一、从人民性到专业化的轨迹

推动综配司改中贯穿优化职权配置所有问题的一根"红线"是什么？对此

① 龙宗智:《评"检警一体化"兼论我国的检警关系》,载《法学研究》2000 年第 2 期。

② 《人民法院第三个五年改革纲要(2009~2013)》更是明确把优化司法职权配置,放在司法改革"三五"改革纲要四大问题之首,列出十个职权优化配置的重点,为推动这一工作提供了良好的基础。

作出回答,需要先进行必要的历史回顾和背景分析。

20世纪50年代法律并不健全,司法只能转向吸纳民意,以期待获得更多的合理性。所以,那个时候的司法是以阶级司法的观点排除专业化,采取群众路线和政策思维,“人民性”司法的烙印十分显著。到了20世纪90年代初期司改之时,发展起来的市场经济催生了依法办事的规则,以往任意性较大的司法群众路线和政策思维遭受质疑,逐步转向效率优先的“专业化”,开始更多强调依法独立行使司法权。不过,“以专业化为目标的这次改革效果并不让人满意,甚至引起了各种批评”①。根本原因在于随着“设立司法审查权”“扩大司法解释权”“诉讼过程封闭化”等一些提法或举措的出现,行进中的司改要么触及了与权力架构的冲突,要么让司法过程走向了专业垄断而缺乏弹性。此外,现实中整体规模日益庞大的法官、检察官群体素质长期参差不齐,程序观念不强,也与专业化的目标相去甚远。

可以说,这次转变的趋向是从人民性走向专业化,它从本质上涉及如何实现依法独立行使司法权的路线问题。值得庆幸的是,中国立法者的思路始终是清晰的,早从1954年《宪法》第78条起,及至目前施行的《宪法》第131、136条,都反复重申了法院、检察院应依照法律规定独立行使司法权。显然,依法独立行使司法权已成为一条不容置疑的公理。所以,现在关键的问题是,实现依法独立行使司法权的路线到底是人民性还是专业化?而这也正是新一轮司改及综配司改长远所要考虑的核心问题。

二、抱守人民性或专业化的难题

吸取了从人民性走向专业化的经验和教训,新一轮司改中在“谁办案,谁负责”的司法责任制全面落实之后,推动以“加强案件管理和监督”为导向的综配司改,便成为找到贯穿优化司法职权配置改革“红线”的重要线索。

(一)“人民性”的问题

一般认为,如果折返回到“一五”司改时期,只能是依靠民主决策来依法独立行使司法权,法律的预见性和安定性就会遭到破坏。让法律关系安定下来的终局判断只能由司法机关做出,因为司法权行使主体的选任需要经过严格的遴选,赖以判断的学识需要经过长期的积累。相对民意而言,这种封闭的人事机

① 季卫东:《我国司法改革第三波》,载《经济观察报》2009年11月13日,第3版。

制本身就让法律实施具有预见性，因为判断所依据的法律规则，一般都是哈特所说的“确定的核心”（core of certainty），而不是“疑问的半影”（penumbra of doubt）。[1] 正因如此，法律关系在判决后就得到了终结性的梳理和厘定，而不是跟在舆论后面“亦步亦趋”。所以，原来单纯依靠群众路线的司法行不通，它会让依法独立行使司法权的内涵被消耗殆尽。

（二）“专业化”的问题

比较有说服力的司改走向专业化的原因，应该是当代转型社会现实背景的变化。面对日益多元化的矛盾与风险社会下交错的诉求，如果只是以单纯的法治形式迈进，无疑会助长价值保守的倾向，甚至又会诱发新型的法治“全能主义”（totalitarianism）。[2] 这与被作为司法本质的专业化，无疑形成了一个悖论，是一个需要认真对待的重大问题。这一问题决定了我们需要什么样的依法独立行使司法权。正是基于这种现实背景的变化，把目标定位于“走向专业化基础上的人民性”，是综配司改优化司法职权配置的“红线”。

第三节　改革理论支点与权衡

接下来，走向专业化基础上的人民性，除了现实背景是否还能够获得证成，是否能获得逻辑与结构上的自洽？

一、理论范式

在梳理了现实主义的各种法律理论后，我们会发现，不管是所谓批判现实主义（durational realism）、外在现实主义（external realism）、规范现实主义（formal realism），还是攻击性的现实主义（offensive realism），它们的共同点在于，强调司法解决纠纷的前提除了以法律真实为优位目标，仍然需回应不断变化的社会现实，而不是简单跟在概念法学后面，以形式主义为借口，从纯粹专业化构建中汲取营养，完全无视或贬低外在的现实。这种指向了客观性成规（conventionalism）的现象，被达米安·格兰特（Damien Grant）借助“应合”理论

① ［英］哈特：《法律的概念》，张文显、郑成良译，中国大百科全书出版社1996年版，第13页。

② ［美］乔万尼·萨托利：《民主新论》，冯克利、阎克文译，上海人民出版社2009年版，第103页。

(correspondence theory)解释成是一种认真心理。[①] 这种认真心理对民众渴望实现法律对现实的忠诚和责任尤为重要。

沿着这种现实主义道路，涉及正义的看法就会发生一些微妙变化。历经了从“一五”到“五五”的几轮司改，虽然专业化逐步占据了主流，但随之而来的一个负面后果可能就是所塑造的只是分不清个体差异的法律拟制结构，而无法承担起公共的、道德的责任和促进社会团结。换句话说，专业化所追求的是对待所有人一视同仁的“均码正义”。依此分配正义，看上去是平等、统一的，而且照顾到不同人群的特别需求。但是，均码的正义只能算是基本的、初步的乃至是简陋的正义。

有鉴于此，不少有识之士开始意识到须将司法公正放在社会关系之中，把它作为一种公共产品。这样，司法职权的优化配置，以及与此相应的制度设计完善，甚至每一起案件的判断，都还有改进的余地。正是现实主义理论及相应正义论解释的变化，使得专业化的判断需向人民性借力而有所修正。

二、权衡定位

那么，专业化基础之上的人民性，又如何权衡以避免出现以往的司改中强调民意司法所遭遇的难题？

1. 强调法律思维的优先，而不是让司法成为政治利益的妥协之器。一般来说，司法的价值中立，只是一个导向而非现实，只要承认司法过程存在选择，肯定就无法回避选择者受其价值观念甚至利害关系的左右。所以，刚性地让法官、检察官垄断司法权，认为民众作为外行不能进行司法判断的理由不成立。比如，普通法系的陪审团或大陆法系的陪审参与制，都是对这种职业神秘主义的有力反证。但是，司法不应因此而走向另一端，沦为单纯意义上的利弊权衡过程。其中，既可吸纳人民性因素，又能避免司法政治化的关键在于把合法与否的法律思维置于优先地位。就像陪审成员不能是借助“选举”产生的，否则其作为民意的代表，势必会被民众价值左右，而只能是采取随机选择制产生的，这样产生的陪审成员是与价值无涉的。当然，这些通过价值无涉的程序被选定的陪审成员，并不是没有价值观念，实际上他们朴素的价值观念还是会左右他们的判断。简言之，只有经过程序筛选后的人民性，才是其进

① [法]达米安·格兰特：《现实主义》，周发祥译，昆仑出版社1989年版，第12页。

入司法的确切体现。

2. 强调类型检验的补位，而不是遭遇疑难时陷于漫无边际的情境权衡。司法论证多数是从逻辑推理、解释技术的角度展开，昭示了司法过程是一种融合了许多“法律前见”的领域。不过，即使是强调严格论证的拉伦茨教授也认为，司法主体的前见应“及于各种社会脉络，包括各种利益情境及法规范指涉之生活关系的结构”①。正是在这一意义上，当代现实主义法学提出，“不少情况下法律之外的理由才是决定司法判断的关键所在”②，并且往往成为“检验不同主张是否成立的基础”③。这时，强调法律思维优位所包括的形式逻辑的推理、面对规范的一般认识以及固定的知识储备等，就会由于“法律的漏洞或疑难”而出现难题。相对而言，“法律思维”下专业化和人民性互动的本质是，作为情境理由所体现的实质正义与法律规则蕴含的理念接近重叠，因而司法机关仍是从法律的“概念”出发进行权衡；而“类型检验”下的专业化和人民性，则是情境理由所指向的实质正义无法直接从概念中寻找到合理解释，需要从比照已判先例、能否反复适用以及是否具有示范性等角度，特别是在系列类型里指定各个类型的适当位置，通过顺序之安排彰显其异同，以完成从个案情境的“具体化”向“一般化”过渡。正是这种从具体化走向一般化的类型检验，构成了莱嫩(Detlef Leenen)所谓的“代表人民性的生活事实走向代表专业化司法的中间站”。其核心任务是，当法律思维因漏洞或疑难而失灵时，以现实中的人民性为基石，逐步建构起一些可以把复杂情境加以简单化的类型，在此基础上，根据它们对纠纷解决的影响程度以及未来可能产生的潜在效应加以轻重有序的排列，进而超越逐一个案的人民性特征取舍，作出具有可预见性及统一性的专业化结论。

3. 强调走向建设性民主，而不是以人民性为名义的政府主治者控制。“建设性的民主不是强调谁主治，而是对主治者的控制，因为民主的前提应是对人性的警惕。”④只是强调“谁主治”的人民性反映在司法过程中，实质上是司法的大众化而不是民主化。理由在于，它在社会公众对人的基本权利没有达成共识、赖以实施的规则没有以人的尊严为导向以及外在人民性的制度环境相对滞

---

① [德]卡尔·拉伦茨：《法学方法论》，陈爱娥译，商务印书馆2003年版，第91页。

② Steven J. Burton, *Judging in God Faith*, Cambridge University Press, 1992, p. 3-6.

③ Mark Tebbit, *Philosophy of Law: An Introduction*, Routledge Press, 2000, p. 52-53.

④ 周永坤：《我们需要什么样的司法民主》，载《法学》2009年第2期。

后时,完全可以被用来任意扩大公共决策的范畴,并构成对个人权利的非制度性侵犯。反过来,更多强调“对主治者的控制”的人民性,则是倾向于要求建立一系列让人民在司法过程中自由表达的程序和环境。比如,舆论与司法的边界确定、执行异议听证、再审范围扩大、减刑和假释程序公开、个案干预责任追究以及过问案件登记报告等。毕竟如果没有人民的制约,可能会导致专业化法官自身的官僚化及与其他官僚的一体化。

接下来的问题是,贯穿于综配司改中优化职权配置的这一根“红线”,既然定位是“专业化基础上的人民性”,那么,为了实现这种现代意义上的依法独立行使司法权,专业化和人民性两条路线之间又如何达成共识呢?

第四节　配置的分歧与共识

一、程序意义的重申

针对专业化和人民性之间如何达成共识这一问题,理论发展史上,霍布斯曾经提出“权宜之计”(expedient),倾向于使得变动不居的个人和集团利益经过权宜的安排,能够达成暂时的妥协。[①] 很明显,它所依赖的是利益背后的力量对比,当多元力量的对比发生变化,原来达成妥协的稳定局面即告结束。后来,边沁又提出了“功利主义”标准,就是以最大多数人的最大快乐作为共识目标。[②] 不过,这只是聊以自慰的一种理想状况,因为它根本无法计算和解决利益多元群体之间的价值分离,现实的共识早已被碎片化了。二战后,以马歇尔(T. H. Marshall)为代表的功能学派,开始强调以建立起“福利社会”来实现公民共识,亦即以扩张社会服务来弥补人们之间的不平等。[③] 然而,它只是一种面对弱势群体或阶层的协助平等,并非起点意义上的资源分配平等。

比较而言,具有代表性及说服力的当是罗尔斯以合理多元主义的事实为基础,提出的“重叠共识”(overlapping consensus)理论。他认为,“有正当理由的

---

① ［英］霍布斯:《利维坦》,黎思复、黎廷弼译,商务印书馆 1985 年版,第 70 页。

② ［英］边沁:《道德与立法原理导论》,时殷弘译,商务印书馆 2000 年版,第 1 章。

③ T. H. Marshall, *Citizenship and Social Class*, in T. H. Marshall, Citizenship and Social Development, Doubleday & Company, 1964.

稳定”(stability for the right reasons)、“作为公平的正义”(justice as fairness)的得到,绝不能是利益计算、迫于压力、出于盲目或限于浅表的赞成,而是他们对理由的认可。无疑,这些“理由”在不同的人那里会有所不同。问题是,不同的人从不同理由出发,究竟如何形成所谓的重叠共识?罗尔斯提出了程序解决的方案。[①] 比如,罗尔斯即使在强调契约的时候,也并不是强调契约本身,而是强调缔结契约的过程,即作为契约的非契约基础的程序。他认为只有在这种情况下,人们才能排除对立关系,达成持续、稳定的共识。

二、程序受到的质疑和辩证

以程序达成共识。那么,这一立场是否适用综配司改中实现职权优化配置专业化与人民性的深度融合?结论毋庸置疑,程序可以保证依法独立行使司法权。

长期以来,司法现实中饱受诟病的一些现象,实质上都是从不同角度和层面背离了程序的价值,侵蚀着依法独立行使司法权这一现代司法的核心原则,更加遑论司法职权协同人民性与专业化问题。

可见,程序公正是实现职权优化配置在人民性和专业化之间达成共识的前提。由于上述司法职权配置引起的问题,多数与程序公正的理念背道而驰,所以,以程序为杠杆“撬动”综配司改中的优化司法职权配置,已变得十分重要。尤其是,传统司法的实质正义指向过于浓厚,更加使人们期望借助舶来的程序理论、方法和技术,积极推动司法过程以没有依附性的程序独立价值重新构建起道德共识,以个人权利取向的程序装置设计来限制权力任意行使等。相应地,涉及程序公正的一般性判断指标,比如,当事人在法律武装上的平等,判断者的中立性,决定的参与、直观的公正以及恣意的防范等,也就成为优化司法职权配置的标杆。

然而,只有形式上走向现代法治的制度生态,难以摆脱价值单一化的质疑。无论是风险社会下乡土传统与现代成分的断裂转化,还是现代治理方式对不同阶层或群体需求的特殊关照,实际上早已开始涉及对制度治理的多元价值进行更多的实质判断。它至少提醒了既有的制度安排,需要被不断重新审视;固执于某种程式化的态度,需要被适当相对化。显然,更加关注人民性的实质判断,

---

① John Rawls, *Outline of a Decision Procedure for Ethics*, Philosophical Review, Vol. 60, 1951(2).

又不可避免地开始左右制度的设计。面对这一走向实质判断的理念转向,价值同盟、民主商谈、实践理性、后果论辩、合理证成和疑案衡量等概念进入我们的视野。其实它们的目的,都是防止形式价值单一化而与防范社会风险的初衷背道而驰。于是,上面那些优化司法职权配置的程序杠杆开始受到了挑战。

那么,优化司法职权配置中的程序定位是继续恪守中立的方向,还是朝着价值方向有所校正?毋庸置疑,面对利益日益多元化,以及出现了不同价值背景,所强调的肯定不再是某一特定的价值。提出专业化基础上的人民性,就是应当强调不同的价值能够共存,它决定了人民性和专业化之间赖以达成共识的程序公正需要加入更多新元素。

三、新程序主义的到来

程序可以达成共识,但如果程序设计的导向不合理,优化司法职权配置的结果也会往往事与愿违。正如前述,现代社会越来越多元化,早已很难按照一个形式标准来要求它。反过来,把实质判断放进来,同时这种判断又不是任意的,不是局限于某种价值倾向,这就转向了能够兼蓄不同价值、走向共和的“新程序主义”。概括而言,新程序主义理论,应当成为贯穿优化司法职权配置的专业化与人民性两条路线之间达成共识的基石。

与传统的程序公正理念不同,“新程序主义不拘泥于过程的控制,而是更加关注程序正义普遍化的主导价值和社会心理。与此相应,结果的满足度和程序正义本身的妥当性问题被纳入考察范围,程序结果的执行力、对违背的威慑效果以及异议的容纳和适当处理,继而成为程序设计改进的核心要素”。实际上,无论是谈判、调解、立法、民会式裁判、仲裁、审判,新程序主义都正在抛弃掉那些只与形式上的规则有关的传统观点,转向主张对于程序公正判断的价值认同,而且更加强调程序价值的社会化。这样,程序的意义,就不只是供应那种为排除偶然性干扰而加以程序限制的形式合理性,而是也包括从行动与社会结构互动关系的角度去接近正义的实质合理性。

说到底,新程序主义已在很大程度上修正了原来的程序正义立场,使现代程序成为形式理性与实质理性的反思理性。根据这一理路,没有共识的地方可以通过附加内在价值的程序来达成共识,于是“怎样做出决定”的程序共识走向了“共同承认这样做出决定”的实体共识,并使这种作为民主决定和司法决定结果的共识(而不是先验的共同体道德)具有强制执行的力量。可见,从程序共识到实体共识,这就是新程序主义的主要贡献。

当然,面对类似乡土传统与现代成分交错而断裂的不同情境,机会平等与结果公正如何达成社会所接受的均衡,成文制度与习惯规则的非对称化如何得以平滑解决,多元、动态的弹性结构与制度的刚性之间如何有机结合等,都是新程序主义理论有待探索的领域。但是,它的核心意义是提醒我们,程序本身并不是完全中立的,程序产生和运作的时候也是需要有一些价值内设的。同时,在某些特定的条件下,倾向于形式的程序与它的内设价值之间的比重,甚至可能还会发生颠倒性的转换。比如,美国的"温和家长制",国家"强制所有人都要买医疗保险,这对于医疗费用极为高昂、商业保险极为发达的美国社会来说是一件好事情,可它恰恰遭到了许多人的反对"①。因为这一制度性的改革虽然符合法定程序,但它侵犯了宪法基础上的个人权利,而这正是政府不能以任何理由剥夺的。简单地说,即使让我买保险,也不能强迫我买,即便是为我好,我也不能同意。

下文,我们将坚持专业化基础上的人民性导向,根据新程序主义理论,以法院为例,逐一剖析法院系统如何通过职权的优化配置探索依法独立行使审判权之路,以此挖掘和分析综配司改中优化司法职权配置的根本问题。

---

① National Review Editor, *Some Democrats Are Souring on the Centerpiece of Obama's Medicare Reform*, National Review Online(2011).

第十三章　司法与行政辖区

司法地方性、司法行政化，一直是司法的“两大顽症”。新一轮司法体制改革通过省级人财物统筹，已在“去司法地方化”上迈出了坚实步伐。但是，进入深水区的综配司改乃至从更长远来看，仍然需要更为彻底地推动司法地方性改造。

第一节　摆脱地方化的可选项

司法地方化，这是学术界和实务界长期以来高度关注、倾注了很大心力亟待破解的难题。以往不仅有实践做法，还有可以归纳为若干类型的不同改革方案。

一、以往做了什么

解决司法地方化的问题，并不是“四五”改革之后的专利，早在“二五”改革时期，全国就开始了各种“修补式”的尝试。到了“四五”改革其被列为主体性工程的重要内容。

改革原来的党委常委、政法委书记兼任公安部门行政首长。这是横向优化司法职权配置的重要举措，有助于理顺政法委、公安机关、检察机关和审判机关之间的关系，为推动实现司法机关独立行使司法权创造了前提。

2007年起全国法院院长开始大规模异地交流。[①] 这种院长在中央和地方、地方与地方之间的异地交流，就是从重要人事安排方面让司法权力逐步摆脱地方束缚，让中央统一配置司法权的分量加大。这不仅是出于预防司法腐败之需，更是纵向解决司法地方化的重要环节。当然异地交流存在弊端，需要加以适度控制。

新一轮司改提出了省级人财物的统筹，亦即省级统一成立法官、检察官遴选(惩戒)委员会以及员额、财政、物资等资源由省级法检统一预算和调配等。

以上都是从不同角度为破解司法地方化做出的阶段性成果。从更深层意义上讲，以上只是解决了司法地方化的第一步。那么，从在综配司改中到底怎么优化司法职权配置的角度，以进一步摆脱地方化，归纳起来理论和实务界对此提过四个方案。

二、已有四个方案

第一种方案：把地方司法的财政预算和人事任免权通过立法，全部归统到作为权力机构的省级人大及其常委会。[②] 这就是新一轮司改已经采纳并在司改的主体性工程中列为四项重点任务之一的省级人财物统筹改革。但是，这一方案尚未根据省级辖区的经济社会情况、以往饱和工作量、办案团队的结构、行政装备情况等方面，对不同级别、不同区域司法机关工作量进行最准确的判断。

第二种方案：地方司法机关的财政和人事两权，由现在受到政府的横向控制，改为接受上级司法机关的纵向控制。[③] 它的要点是司法系统的预算单列，报经全国人大批准后，由中央财政统一拨付，归由最高人民法院支配和管理，并逐级下达到各级司法机关；在人事任免上，采取上提一级制度，即全国人大及其常委会负责最高和省级司法机关的职数安排，中级和基层司法机关则由省级人大及其常委会完成。事实上，学术界一提出这种观点后，就得到了司法界的积极响应。比如，最高人民法院推动的司法机关行政领导异地交流方式，不断强化对下级法院人事任免的影响力；甚至还曾经积极从中央财政募集专项资金，“一竿子到底”资助人民法庭的建设，期待以此为突破口，打破地方财政独大的

---

① 最为典型的是，2007年在最高人民法院的努力推动下，全国范围内进行了一场涉及范围罕见的高级人民法院院长异地调整。

② 张慜、蒋惠岭：《法院独立审判问题研究》，人民法院出版社1998年版，第220~221页。

③ 赵俊如：《法院司法体制现状及改革前瞻》，载《现代法学》1999年第5期。

垄断局面。[1]

第三种方案:把中央和地方的司法系统分开,相应建立各自独立的司法体系,财政预算放在省级以上人大常委会机关。[2] 比如,中央一级设立初级法院、上诉法院和最高人民法院,抑或简单地采取最高人民法院设立巡回法庭的方式,法官都由全国人大常委会任免,经费也列入中央财政预算;同样,地方一级也设立初级法院、上诉法院和高级人民法院,法官和预算都由省一级人大常委会任免和批准,从省级财政拨付经费。"建立两套体制,实际上就是美国、加拿大等联邦体制的翻版。它与中国单一制的国家结构形式存在冲突,而且会使司法辖区变得更为复杂。其实,面对美国法院双轨制涉及的辖区问题,即使是当地律师也深感头疼。"[3]

第四种方案:较为彻底打破司法机构设置的现有框架,重新划分司法区。大致内容是,全国范围内设大司法区,最高人民法院在各大司法区内设若干分院或高级人民法院,它们在辖区内代行最高人民法院职权;各个分院或高级人民法院在本辖区再设小司法区,相应设立中级和基层司法机关。虽然这一方案完全打乱了现行的司法区与行政区重合的法院设置模式,通过适当减少省级法院数量及扩大它的辖区,以求彻底排除地方机构的干扰。但困难是,其涉及地方司法机构和员额的大规模变动,涉及诉讼法律和解释的大幅度修订,涉及审级制度和运作机制的步调协同,以及涉及人大常委会机关的法官、检察官任免和监督配套等问题。所以,即使该方案理论上可以实现依法独立行使司法权的专业化目标,短期内也不可行。

第二节 完全分离辖区反证

那么,为什么上述的第一个方案最终能占据上风并被采纳,并且在新一轮

---

① 2005 年 12 月 8 日,最高人民法院转发了《国家"十一五"规划期间人民法院物质建设规划》(法发[2005]25 号)。其中,明确了中央将根据中西部地区人民法庭专项建设的规划和要求,分三年投入专项建设资金用于人民法庭建设。

② 蔡定剑:《历史与变革》,中国政法大学出版社 1999 年版,第 396 页。

③ 美国联邦上诉法院管辖本巡回区的针对联邦地区法院裁决的上诉案件,以及针对某些联邦行政机构做出决定的上诉案件。但在州法院和联邦法院之间,哪些案件应该由联邦法院管辖,哪些案件应该由州法院管辖,则是一个说起来似乎还让人明白,但操作起来却是让法官和律师都头疼的问题。

司改中被付诸实施？司法与行政辖区分离是否一定会造成司法地方化？摆脱地方化的司改关键到底在不在于辖区的分离？

为了摆脱地方政府对司法的控制，现有的上述四种方案要么不牵扯机构设置上的任何变动，只是直接改变人事或财政的职权控制方式（前两种方案）；要么让司法与行政辖区分离，间接地格式化人事和财政的职权分配格局（后两种方案）。前两种方案更能获得实务界认同，但或因考虑不周，或违背审级独立，始终难以被完全付诸实施；学界多对后两种涉及辖区分离的方案持肯定态度，因为它更加接近于让依法独立行使审判权走向专业化的改革目标，可由于涉及面过大，成本收益比例也有待考量。

比较而言，虽然辖区分离的方案曾一度被看好，不过有待进一步追问的是，把司法辖区与行政辖区分离是否就一定能消除司法地方化以实现专业化的依法独立行使司法权。反证的逻辑是，许多学者指责司法地方化系辖区重合所致，而一个极为尖锐的问题是，辖区重合就一定会造成司法地方化吗？

美国存在联邦和州两套法院系统，州法院系统在相当程度上保持着地方自治；①相对于以中央集权著称的法国，英国实际上是一个国家能力远强于法国的现代国家，可它也仍保持着地方自治，甚至被认为是事实上的联邦制；②颇为类似的还有澳大利亚和德国，它们的联邦法院功能相对有限，而地方法院则都是一方独大。③ 细究之下，即可发现这些联邦制或准联邦制国家的地方司法与行政辖区都没有错位分开。此外，即使是地缘一衣带水且法律血缘近似的日本，除了北海道，其他所有司法机关的辖区也均与各都府县的行政区域相同。④从国外情况来看，它们的司法辖区与行政区划重合，并没有必然导致司法地方化的现象，司法机关仍保持高度的专业化独立。

第三节　程序改造方案探讨

根据上面的分析，司法机关难以摆脱地方化的症结，实际上在于多数案件

---

① 中国司法改革考察团：《美国司法体制考察及启示》，载《人民司法》2006 年第 7 期。

② 江国华、朱道坤：《世纪之交的英国司法改革研究》，载《东方法学》2010 年第 2 期。

③ 王公义：《澳大利亚司法体制及改革趋向简介》，载《中国司法》2004 年第 8 期。

④ 肖萍：《日本的法院和法院制度》，载《中国审判》2007 年第 8 期。

因为两审终审制被封闭在一个地级市的中级司法机关,使得借助关系社会干扰司法机关依法独立行使司法权成为可能。

一、"三审终审制"的杠杆支点

将现有让司法摆脱地方化的所有方案放在一起就会发现,它们的共同点,其实都在强调把争议出现后的管辖权上提到省一级乃至最高司法机关,借此摆脱司法的地方化。所以,目前实施富有可行性的程序改造,打破两审终审制的藩篱,才是司法职权优化配置之道。

其中,最应予以关注的就是以"三审终审制"为中心,"推动实现各级司法机关等级(judicial hierarchy)之间的职权配置"①。1954年《人民法院组织法》颁布之前,中国施行的是以两审终审为原则、以一审终审和三审终审为例外的审级格局。② 此后取消三审终审制的理由之一就是方便群众诉讼,以及避免拖延使法律关系长期处于不确定的状态。但是,实行的两审终审制,在缓和了对司法专业化要求的紧迫性的同时,也强化了司法裁判的非程序性特点,其后果之一可能就是"以信访切入再审来推翻既定裁判"③。而在审级制度上世界绝大多数国家已沿着不同的通道,最终改革转向三审终审的司法等级结构,两审终审制反而成为少数例外。

那么,为了实现基于专业化又具人民性的司法机关依法独立行使司法权,是否有必要拾回"三审终审制",特别是它相比现行的再审程序有什么优点?实践中,初审法院缺少来自当事人的裁判权监督,上诉法院又有权对未竟的事实进行审查,使得法院内部的审级监督可能落实不到位,因而往往需要寄望于司法机关之外的监督。

三审终审制,就是从程序设计上让案件经过"上诉许可"(leave to appeal)得以顺利进入三审。④ 其程序上的设计原理,除了可以有效解决再审制度使终审不终,更为重要的是,它在制度上允许案件有条件地进入第三审程序,使得较

---

① Harald Koch and Frank Diedrich, *Civil Procedure in Germany*, Kluwer Law International, 1998, p. 49.

② 《最高人民法院关于总结审判经验的报告》,载《参考资料》第一辑,第254页。

③ 苏力:《审判管理与社会管理——法院如何有效回应"案多人少"?》,载《中国法学》2010年第6期;齐树洁:《构建我国三审终审制的主要思路》,载《法学家》2004年第3期。

④ J. A. Jolowicz, *Managing Overload in Appellate Courts: Western Countries*, in On Civil Procedure, Cambridge University Press, 2000.

高级别的司法机关得以利用所处的超脱地位及所拥有的上诉职权，摆脱地方行政控制，真正实现专业化的司法机关依法独立行使司法权。随之而来的是，它还可以降低简易的两审终审带来的错误率，以及当事人日益频繁地启动再审所表示出的对终审判决的不满；可以解决目前借助宽松的审判监督程序进行改判，导致诉讼程序反复无序带来的当事人高成本、低收益问题；可以让较高级别的司法机关面对法律滞后和疑难时发挥公共性的政策权衡和利益衡量功能，适度展开对裁判可接受性的后果论辩，而这些恰恰又是司法机关体现人民性的最好脚注。

因而从程序改造的角度，从目前的《民事诉讼法》修订及司改纲要放宽进入再审的条件及完善再审机制，①渐次过渡到今后条件成熟时重议引入三审终审制，应该成为摆脱司法地方化，推动司法机关依法独立行使司法权的改革路线图。

二、案请制度的诉讼化改造

除了趋向于三审终审制的职权配置，把司法机关现有职权中的案件请示制度加以诉讼化改造，也是走出司法地方化困境的配套程序。

“尽管案件请示和批复制度向来广为诟病，但早自提出‘二五’改革纲要时，所提出的方案就不是废弃，而是将之改造以纳入制度轨道，使其遵循司法运行的逻辑。”②之后，“三五”改革纲要又重申，规范下级法院向上级法院的案请制度。根据两次改革纲要的设想，下级法院对于疑难争议或具有普遍意义的案件，可以根据当事人申请或依据职权报送上级法院审理。这种以“提请移送管辖”为关节点的改造，实际上就是依据诉讼法所规定的程序，对案请制度进行的改造。③

它的一个意料之外的后果是使法院从职权配置上，突破了绝大部分案件因级别管辖拘泥于中级法院范围的限制。诉讼化改造后，借助提审疑难争议案件，不仅可以像上面三审终审制那样，转从制度上寄望于更上一级司法机关排

---

① 《人民法院第三个五年改革纲要》提出，需要继续改革和完善再审制度。

② 蒋惠岭：《论案件请示之诉讼化改造》，载《法律适用》2007 年第 8 期。

③ 根据《人民法院组织法》第 25 条、《刑事诉讼法》第 23 条、《民事诉讼法》第 37 条和《行政诉讼法》第 23 条，将一审案件、二审案件或适用一审、二审程序审理的再审案件请求移送上级法院管辖是有法律依据的。

除地方控制，而且它的个案情境性质，使得司法机关通过提审具有普遍意义的案件进行示范诉讼，以累积不同类型个案的方式，形成判例或指导性案例体系，以此强化对地方干预更为方方面面的彻底打击。正是在上一级司法机关更加偏重公共目的的司法过程以及典型案件中，地方政府与法院之间的力量对比发生实实在在的变化，专业化基础上的人民性也在此以博弈的方式加以彰显。

当然，在这一制度设计中，如果下级司法机关就具体案件"正式"向上级司法机关请示，上级司法机关应当比照预先确定的"上诉许可"标准进行严格的审查，以决定是否由本院审理；如果下级司法机关仍然采取原来的"非正式"方式向上级司法机关请示，当事人可以"违反法律规定的程序"为由提起上诉，要求发回重审。

很显然，以上适时顺势地重拾三审终审制，以及对案件请示制度进行诉讼化改造，正是当前优化职权配置中摆脱司法地方化的程序双翼。它的核心意义在于，如果司法系统是高度地方化的，那么一旦当事人受到公权侵害，就不会指望从司法处获得救济，司法机关也无法提供这种救济，依法独立行使司法权的专业化和人民性都会无从谈起。反之，以程序改造为轴线，使得距离司法等级"塔尖"较近的高级别司法机关，除了行使法律的统一适用职权，为了更好实现公共目的，同时能够审时度势和权衡利弊地加入新程序主义中的实质判断，尤其是引入日本学者平井宜雄所着力提倡的"法政策学"导向，[①]在相对较少损害地方自治的前提下，借助上诉三审、提审和判例示范等程序，逐步改变地方政府与司法力量在具体案件上的局部力量对比，这才是走向专业化与人民性的共和之道。

① 解亘：《法政策学——有关制度设计的学问》，载《环球法律评论》2005年第2期。

第十四章　审级职权分工

前一章提到的无论是重拾三审终审制，还是改造案件请示制度，均涉及上下级法院之间的审级关系如何构建。区别于检察机关的上下级领导关系，法院的依法独立行使审判权不仅是法院系统相对于行政机构的独立，而且也是每一个法院相对于上一级法院的“审级独立”。

第一节　审级之间的关系

我国上下级法院之间应然的“指导式关系”，却由于法院之间行政级别的嵌入，实然更多是上级法院的“领导式关系”。“制约是通过均衡地配置资源使平等或对等主体之间构成力量均势，从而形成双向或多向制衡的机制。监督则是一种单向控制，监督者自身的权力不受来自被监督者的反向制约，因而容易导致权力失控和结构失衡。”①简单地说，上级法院对下级法院更多地呈现“垂直化”的特点，客观上只有服从性质的单向监督，没有形成审级独立意义上的双向制约，其所造成的后果是，上下级法院之间各自独立行使审判权的规定难以落实。

既然上下级法院之间的职权层次存在问题，就需要寻找

---

① 傅郁林：《审级制度的建构原理——从民事程序视角的比较分析》，载《中国社会科学》2002年第4期。

一种妥当的方案,以恰当实现专业化基础上的人民性为主线,恢复审级分工的“指导式关系”,以及确立起科学审级关系的基本原则。

第二节　审级分工的矫正

建立上下级法院的审级分工,除了人事和行政管理的剥离,从审判程序的角度来看,最为要紧的是形成“更大程度上改变审级现状的矫正机制”。

一、上级法院影响的两个路径

目前,上级法院对下级法院的影响路径,长期以来更多倾向使用的乃是以下的两条路径:

1. 最高人民法院的抽象司法解释(包括“解释”“规定”“批复”“决定”四种形式),以及其他上级法院适用于本辖区的抽象规范文件(如“意见”“办法”“规则”等)。随着风险社会的到来,审判依据的模糊和漏洞日益增多,抽象司法解释和地方规范性文件的数量迅速膨胀。可以说,借助抽象解释和文件,仍是走向专业化审判中提高风险应对的预知能力以及尽可能从中体现人民性的主流方案。

2. 上级法院的审判监督职权(包括上诉、再审)所形成的单向的“个案监督”。上诉或再审之所以能够纠正错误,主要是因为它的存在实际上构成了对初审程序的监督,减少了初审判决的错误概率。

二、恢复科学的审级分工

接下来,改变审级分工现状的矫正又如何实现?

(一)指导性案例

虽然指导性案例制度的效用还不明显,数量也相当有限,①但是,指导性案例制度的重要性在于,上级法院直至最高人民法院,在层报、遴选和发布判例时,无疑会反复推敲所推出的指导性案例,是否足以经受得起下级法院的待决

① 2010年11月26日,最高人民法院发布了《关于案例指导的规定》,被视为中国判例制度发展的里程碑。

案件主审法官的参照和援引适用。这样,上级法院就不会再像沿袭过去的抽象司法解释那样,只是面向法律进行"细则式"的制度诠释或填补,而是需要更多评估下级法院的实际裁判情境,更为仔细地把握分寸感、操作感和直觉,更为周全地权衡、比较以寻求真正的察纳,当然,出于审判专业化之需,也要更多进行跳出情境的合法性考量以及加以反复适用的可能性。概言之,加入了更多实质判断,不是个案意义的权利义务关系构建,而是要让这种加入的更多实质判断更加具有参照或示范意义。

以指导性案例式矫正审级分工,改变了以往的上级法院的"领导式倾向",让专业化和人民性获得了超越过去的更多蕴涵。反过来,作为下级法院的法官如果对照待决案件,从内心认可这种分寸感、权衡和合法性,也会更加容易接受指导性案例,且将之作为待决案件的裁判依据。当然,下级法院的法官如果认为难以接受,也会退一步采取"守势",仔细甄别和寻找指导性案例与待决案件之间的必要事实差别,灵活运用"区别技术"(distinguishing technique)来规避,抑或干脆拒绝判例的适用。① 这样,下级法院就预先在制度上占据先位,能够科学合理地保持审级独立。

(二)上诉法律审

无论是上诉还是再审,上级法院都不限于法律审,担负着对初审法院的事实审,即在很大程度上保留着滋贺秀三称之为"必要覆审制"的传统。

而解决之道,就只能是通过建立某种程式装置,既保障整个司法审判过程都渗透初审法院所特有的行为取向,又使得这种案件的处理可以经受某种程度的可预测性检验而发展出一种可靠的记忆。鉴于此,需要推行上级法院只保留法律审,而将事实审当作极少数例外的做法。

既然上级法院应当不过多关注事实审而专注于法律审,那么它对审级分工的矫正机制又是什么?

一方面,面对初审认定的事实,需要上级法院审查的重点应该是根据某一规范性标准将之纳入某一类型,以引导实现类似判决的可预测性。即使在极少数情况下涉及更为深入的事实审,也只能是限于几个较易验证的要点,而不应过多审查事实的个性化特征。另一方面,上级法院的事实审,原则上不应对初审法院在程序中加入的实质判断进行过多的功利性判断,侧重点应在于突出初

---

① 杨力:《中国案例指导运作研究》,载《法律科学(西北政法大学学报)》2008 年第 6 期。

审法院在审级独立意义上对事实进行审查的人民性特征。否则,下级法院可以借助"发回重审的沟通协调"之类的程序,①及时启动对上级法院就事实不清把案件发回重审的反监督。

再者,对于上级法院的法律审,下级法院也可以进行必要的反监督,侧重点在于结合了案件的具体情境对审判专业化产生的不同理解。被誉为是极大丰富了国际司法理论和实践的欧洲法院初步裁决程序(preliminary ruling procedure)已经提供了成功的借鉴。这一制度是在欧共体范围内,"成员国法院在所受理的案件涉及欧共体法的解释或有效性问题时,可以自由向欧洲法院提请初步裁决,以保证欧共体法能在所有成员国法院得到统一解释。但是,成员国法院一旦认为欧洲法院的解释不当,仍可提出异议而拒不执行。欧洲法院与成员国法院的关系,实际相当于上级法院和下级法院的层级结构"②。当然,这里不是说下级法院对上级法院的法律审持有异议时,有权执不执行上级法院生效裁判,而是说可以结合前面三审终审制的程序设计,当下级法院就上一级法院的法律审持有异议,可以在二审期间向审级位阶上的第三审法院提出。第三审法院应当就法律统一适用问题做出初步裁决抑或给出类似的判例予以指导,当然,第二审法院对此仍可服从或不服从。如果作出服从判决,当事人再以此为由继续上诉,将被"裁量性"地认为不符合进入三审终审的"上诉许可"标准;如果作出不服从判决,当事人以此为由继续上诉,则可被"权利性"地认为符合进入三审的标准,并且列入第三审程序的重点审查对象,借此实现了下级法院对上一级法院的反监督。

第三节 科学的审级结构

以上的讨论是上下级法院之间职权如何优化配置的动态机制,接下来探讨的构建起科学审级关系下的职权结构,涉及的是不同审级职权如何优化配置的静态结构。可以说,涉及中国法院审级职权分工的论述多如牛毛,比照国外范例也极其详尽,无需赘述。但是,围绕实现专业化和人民性的审级独立这根

① "三五"改革纲要提出建立发回重审的沟通协调机制,这是从制度设计上开始启动上级法院接受下级法院反监督程序的一个初步信号。

② 张英:《论欧洲法院的初步裁决程序》,载《法商研究(中南政法学院学报)》2001 年第 4 期。

"红线",对于上下级法院之间建立科学审级关系应该包括哪些原则这一核心问题,相关的论述尚不够透彻。

根据审级的原理,"一般认为,较高等级的法院更多服务于公共目的,反之,较低等级的法院则倾向于更多服务于私人目的"①。虽然从广义上公共目的抑或私人目的都代表人民性的不同侧面,但从狭义上看,由于上级法院是以法律审为主,因此偏重法律统一适用的上级法院更是以专业化为职权定位原则,下级法院则必须在保持专业化的基础上,尽可能地兼及贴近裁判可接受的人民性。那么,立足于这一立场,审级之间的职权分工原则主要包括以下四个方面。

一、比较优势原则

诚然,迈向专业化审判的例行化,增强了法官对不同情境加以处理的能力,可这种能力并不应均匀分布在整个司法科层体系之中。下级法院更加贴近群众,他们不太会对整个案件中的个性化特征视而不见。同时,上级法院所面对的则是经过下级法院包装或剪裁过的事实,个案正义甚或面向特定群体的特殊正义就不是如此清晰可辨。正是基于这种缓冲机制,上级法院容易忽略他们做出决策的案件事实中所包含的复杂因素。因此,上下级法院的职权分工,应当是通过各自的比较优势共同促进纠纷的解决,特别是下级法院的事实认定往往具有不可替代性。尽管通常人们更看重上级法院的决定,但上级法院必须高度尊重下级法院的裁判,即使有时上级法院在法律争议上推翻了下级法院的裁判,也并不代表下级法院的思考、推理或解释就是错误的,而更可能是为了保持法律的一些形式价值。

毕竟,假设上级法院沉于下级法院在司法决策中的事实细节,就等于绕过法律制度上的利益,重新对影响既定规则实行、中断或放弃的因素加以权衡,有违司法裁决依据的前后一贯性原则。

二、取向错位原则

上下级法院之间的裁判职权取向,始终是争议不休的话题。因为案件审理

---

① 傅郁林:《审级制度的建构原理——从民事程序视角的比较分析》,载《中国社会科学》2002年第4期。

的本土叙事、巡回审判的惯性机制、对纠纷的近距体认以及熟人社会的人情往来,都会让法官"陷于情境"之中,所以,下级法院的裁判不得不强调"理解的具体性"。

可问题的另一端是,下级法院由于处于司法行政化的垂直审级的底端,同时无法摆脱司法地方化造成横向收缩的境地,因而在裁判(而非调解)时往往"采取守势",即出于保护自己免被审级追究或涉讼上访,而倾向于恪守法律的形式方面。因此,上下级法院的裁判职权配置取向应当有所错位。涉及下级法院的裁判职权配置,应当更为宽松化,从制度上预留下更多的判决裁量空间,甚至允许拥有更多情境下的人民性成分,以更大程度地让裁判获得认同;而上级法院则更多需要维护法院独立行使审判权,"除了通过行使对下级法院的监督权,来克服下级法院面临的地方本位主义,而且需要以法律上的'制度性利益'作为向心力,编织形成统一的司法共同体,以集团的合力抵制来自外部的干预"①。

与此相应,对于上级法院的裁判职权配置,所赋予的判决裁量的空间不是更宽一些,而是更窄一些,以缩小受到外部干预的范围。当然,这不是说放弃人民性,而是强调更多地依照专业化的标准来评估。②

三、有限审查原则

呼应上面的比较优势和取向错位原则,上级法院只能对下级法院已知的事实和证据,以及提出过的问题进行质疑和审查。比如美国的"错误令状"(writ of error),它作为一种传统形成的上诉纠错制度,对事实的审查范围仅限于初审提交的卷宗,而不及于新的事实和证据;对证据的信度评价也仅限于法庭记录下证据的证明力,不及于证据资格的有无。

上级法院如果认为案件事实与初审记录所反映的情况不符,确有必要加以纠正和重新审理,则一般应当把案件发回(remand)一审法院,而不是由它自己改判。③ 因为上级法院承担上诉审或再审的职能,是以专业化复审为主的错误

---

① 季卫东:《最高人民法院的角色及其演化》,载《清华法学》第7辑,清华大学出版社2006年版。

② 杨力:《中国司法多边主义如何成为可能》,载《上海交通大学学报(哲学社会科学版)》2011年第2期。

③ Peter E. Herzog and Delmar Karlen, *Attacks on Judicial Decisions*, in Under the Auspices of the International Association of Legal Science, Civil Procedure, Vol. 16(1982).

纠正,而不是基于新的事实或证据资格的讨论制造错误。毕竟,如果上级法院是针对当事人提出的新的事实和对证据资格的辩驳,甚至是超越当事人请求事实的范围进行全面审查,那么上级法院作出改判决定的事实基础就与下级法院判决的事实基础完全相同,制造错误的概率也是相当的。

只有在极少数情况下,为了防止案件发回后被久拖不决及当事人反复上诉、申诉,与审级制度的终局性目标发生过大冲突,则宁可牺牲无限制追求实质正义的人民性,也要确保作为审级基本功能的终局性。因为虽然审级制度的意义在于以重复审判的方式保证裁判的正确性,但是,如果更多体现实质正义的人民性实现是以过度牺牲司法的终局性为代价的,那么重复审判的次数越多、时间越长,抑或原审判决被随意推翻的比例越大,则司法的正当性和权威性就会越低,而这又是与专业化的审级独立目标相悖的。

四、繁简适当原则

专业化的审级独立实现,需要职权配置更为复杂缜密,规范的力度更大。比如,同样作为大陆法系国家的法国,其国家的法院系统分为司法法院和行政法院。前者包括最高法院、上诉法院、高等上诉法庭、大审院、一审法庭、少年法庭、社会保险事务法庭、初审法院、劳资法庭、劳动法庭、商事法庭;后者又包括国家行政法院、行政上诉法院和行政法院。① 其突出的特点就在于对公权与私权的清晰分野,以及“过密性”的诸多专业法院审判优势,但是,相应的程序过程设计过于烦琐,既不符合司法效益要求,也给作为人民性象征之一的诉权实现带来相当的难度。相比之下,中国的法院简单明了地由四级普通法院和为数不多的海事、军事等专门法院构成,随之职权的配置也相对简便,易于节减诉讼成本,更加符合人民性的诉讼经济和便捷之需,但在以专业化的审级独立角度有效规制司法权和公民权的运作方面,又始终不尽如人意。所以,为了更好实现专业化基础上的人民性,繁简适当的法院职权配置就为题中应有之义。

---

① 刘新魁、张凝:《法国最高法院的机构设置与职能》,载《法律适用》2003 年第 12 期。

第十五章　跨行政区划法院

党的十八届四中全会提出“探索设立跨行政区划的人民法院和人民检察院,办理跨行政区划案件”。之后,中央深改组又通过了《设立跨行政区划人民法院、人民检察院试点方案》。作为综配司改最受关注的议题之一,法院以不断提升跨行政区划法院整体效能为目标,以可复制、可推广为要求,以设立上海三中院和北京四中院两个跨行政区划法院为试点,形成了一系列改革经验与模式,改革取得重大突破。

第一节　特殊的综合性法院

跨行政区划法院作为一项全新改革试点,其不是专门法院,而是“特殊的综合性法院”。在一定程度上,可谓是一场撬动整个法院组织体系变革的探索,但还有许多基本认知需要深化,尤其是其对现有法院组织体系的影响。

一、逻辑起点

随着社会主义市场经济和行政诉讼的深入,“跨行政区划乃至跨境案件越来越多,涉案金额越来越大,导致法院所在地有关部门越来越关注案件处理,甚至利用职权和关系插手案件处理,造成相关诉讼出现‘主客场’现象,不利于平等保护外地当事人合法权益、保障法院依法独立行使审判权、监督政府依法行政、维护法律公正实施”。“探索设立跨行政区划的人民法院和人民检察院。这有利于排除对审判工作和检察工作的干扰、保障法院和检察院依法独立公正行使审判权和检察权，有利于构建普通案件在行政区划法院审理、特殊案件在跨行政区划法院审理的诉讼格局。”①

设立跨行政区划法院的目的是构建“普通案件在行政区划法院审理、特殊案件在跨行政区划法院审理”的诉讼格局，以排除地方保护、干预等对审判的干扰。其逻辑起点主要体现在：

1. 摆脱地方干扰司法。依据《宪法》第30条、第124条的规定，已形成了司法辖区与行政区划基本重合格局。目前，“中国共有3510个法院，一级法院与一级政府对应的共有3243个，占比92.13%”。② 同时，《民事诉讼法》《行政诉讼法》在管辖规定中明确，地域管辖实行“原告就被告”的原则，即以被告的行政区划决定的户籍地或经常居住地作为司法管辖地。因此，司法与行政管辖重合，为本地当事人一方通过本地资源影响司法裁判提供了机会。为了解决这一问题，综配司改中设立了跨行政区划法院，以适当分离司法辖区与行政区划，摆脱地方的掣肘。

2. 推动法律统一适用。区别于普通案件的特殊案件进行专门审判，可以解决地方保护导致的不同待遇，以及管辖不明等导致的“争管辖”问题，使得全体当事人享有同样的司法待遇。同时，因跨行政区划法院实行集中管辖机制，有利于统一裁判标准，防止同案不同判，提升了法律适用的透明度，促进了法律适用统一。此外，因为跨行政区划法院是通过重新组建一套不同于既有普通法院的法院形式，能在新起点上“高门面”建设，对于完善司法责任制，推进人员分类管理，健全职业保障等具有示范引领作用。

3. 提升司法治理水平。设立跨行政区划法院，彰显了司法权的中央事权性质。法院是国家设在地方代表国家行使审判权力的司法机关，因跨行政区划法院与行政区划脱钩，其中央事权的属性更加鲜明。集中管辖一批特殊案件，适当调整原有法院系统存在的案件数量、忙闲不均，可以合理配置司法资源，确保人民群众方便、经济地参与司法活动，提升司法治理效度。

---

① 《关于〈中共中央关于全面推进依法治国若干重大问题的决定〉的说明》。

② 钱文杰：《反思与探索：跨行政区划的司法管辖改革研究》，载《河北科技师范学院学报（社会科学版）》2015年第4期。

二、设立原则

在现行法律框架下，设立跨省（区、市）的法院或在省、自治区内设立跨行政区划法院，尚存在一定的制度障碍。因此，依托铁路法院设立跨行政区划法院，是中央对于跨行政区划法院建设的首选思路。毕竟，铁路法院原本就具备跨行政区划的特点，不增加机构职数，符合改革科学、精简和高效的特征，还可以推动深化铁路法院改革。

跨行政区划法院从改革之始，就定位于高透明度、高权威度、高满意度。同时，基于目标定位及跨行政区划法院案件的特性，探索出一套适合跨行政区划法院的工作制度体系。其中，比较具有突出特点的是：(1)"诉讼两便"原则，改革的一切要围绕为民、便民，毕竟对跨行政区划法院来说，由于跨地区受理案件，诉讼的路途、时间成本在一定程度上会增加，更加要考虑诉讼的便民问题，应尽量减少诉讼成本，通过信息化等手段，提供更加便捷的诉讼服务和参与诉讼的方式。(2)"裁判示范"原则，跨行政区划法院在案件审理、裁判标准等方面要改变以往异地不同判等问题，要以统一法律适用的方式形成司法裁判的规则效应和示范效应。

基于此，综配司改中的跨行政区划法院推动了不同于普通法院的特殊审理机制。包括：(1)以信息化全面推进阳光司法。对于跨行政区划法院来说，当事人"跨地区"特点更加明显，当事人对案件"易受地方因素影响"的担忧更加突出，法官的自我约束和法院的管理水平需更强。因此，信息化是对此回应的重要支撑和保障，需要发挥基础性作用。(2)以互动化让司法更贴近民众。跨行政区划法院案件管辖的特殊性，在一定程度上决定了案件当事人的特殊性。跨行政区划案件中跨地区的当事人多，往往具有诉求的多样性和诉讼不便等问题。行政案件中当事人身份的差异，客观上易产生诉讼地位的不对等情况；在涉食品药品安全、环境资源保护的案件中，取证、举证等方面的困难在实践中已然成为"诉讼难"的集中表现；等等。因此，需要增强法院与当事人的互动，更好地关切群众诉求。(3)以规范化让民众有更多获得感。程序规范、行为规范是树立司法权威和公信的基础。跨行政区划法院通过司法过程的规范来化解和消除当事人的疑虑，让司法回归司法，让跨行政区划法院成为建设司法公信的亮点。(4)以机制化推动法律统一适用。跨行政区划法院的一项重要职责和任务就是促进法律适用统一、促进法律有效实施。

第二节　鉴别性特征

跨行政区划法院的鉴别性特征识别,关键是要处理好跨行政区划法院与跨行政区划集中管辖的关系,跨行政区划法院与专门法院、地方法院的关系。

一、跨行政区划

跨行政区划本质上是让司法辖区与行政区划分离,包括三种形式:一是无相对应的行政区划,比如,直辖市中级人民法院、湖北省汉江市中级人民法院等;二是司法辖区与行政区划互换,比如,河南行政案件集中管辖中开展的“轮转管辖”等;三是一个司法辖区包括多个行政区划,比如,铁路法院、海事法院等专门法院负责铁路沿线和海岸线的案件集中管辖。

这种司法管辖的“跨行政区划”特征,主要体现为:(1)法院组织架构与行政区划脱离。现在试点的上海三中院、北京四中院,都是在原来的铁路中级法院基础上改造的,其无对应的人大、政府班子等行政区划特征。比如,上海三中院是统合全市的以市政府为被告的案件,并未将辖区限制在某一行政区划内。(2)司法管辖范围突出跨行政区划。《设立跨行政区划人民法院、人民检察院试点方案》关于管辖的规定为,“跨行政区划人民法院所在地高级人民法院以司法文件形式指定管辖下列案件:跨地区的行政诉讼案件;跨地区的重大民商事案件;跨地区的重大环境资源保护案件、重大食品药品安全案件等;跨行政区划人民检察院提起公诉的案件和公益诉讼案件;高级人民法院指定管辖的其他特殊案件。为保持管辖范围上的连续性,跨行政区划人民法院仍管辖原铁路法院受理的刑事、民事案件”。另外,“四五”改革纲要也规定,“将铁路运输法院改造为跨行政区划法院,主要审理跨行政区划案件、重大行政案件、环境资源保护、企业破产、食品药品安全等易受地方因素影响的案件、跨行政区划人民检察院提起公诉的案件和原铁路运输法院受理的刑事、民事案件”。其中,尤其强调了跨行政区划这一因素。(3)人财物管理突破行政区划限制。由于跨行政区划法院无对应的地方行政机关,其人财物一般都是由上级相关单位予以保障。比如,上海三中院、北京四中院都是实行省级统管,跨行政区划特征也很明显。

二、特殊综合性法院

不少人认为，跨行政区划法院属于专门法院的一种，特别是现有的试点法院是“借壳”铁路法院这个专门法院而来，更增加了其观点的可信性。

但是，跨行政区划法院不同于专门法院，而是“特殊的综合性法院”。(1)立法初衷上，专门法院是仿照苏联体制设定的，着眼点是以集中管辖更便利于跨区域打击犯罪；跨行政区划法院的设立，则主要是为了避免地方干扰。(2)专业程度上，设立跨行政区划法院的初衷是普通案件在行政区划法院审理，但是，并没有明显的排除跨行政区划法院也属于地方法院，毕竟跨行政区划法院的使命区别于海事法院等，并不强调专业性，而专门法院则应定位为专业性。(3)审判体系上，跨行政区划法院被纳入地方法院系列，可以建构多级审级，若列入专门法院，那么依据现行规定只能建构为一级审级。综配司改中的上海三中院、北京四中院的管辖范围广泛，涉及民商事、行政等案件，并不限于专业性，因而也排除了专门法院的定位。(4)运行机制上，跨行政区划法院突破了地方人财物的限制，远离原来一方当事人的行政区划，因此，从方便当事人诉讼角度出发，需要推进网上庭审、远程立案等新的审理机制，使得其在运行机制方面也具有一定的特殊性。

三、新型审判格局

设立跨行政区划法院，根本目的是形成对特殊案件的新型审判格局。因此，除了以上两个鉴别性特征，还需要形成可复制、可推广的经验，形成“量上、面上”的格局，亦即产生“一定的规模”。现阶段尚未形成规模，需加强两个试点的经验总结，加大推广和复制力度。

同时，可以通过进一步集中管辖的方式将相关特殊案件集中到跨行政区划法院，扩展跨行政区划法院的诉讼格局。2015 年修订的《行政诉讼法》第 18 条第 2 款规定：“经最高人民法院批准，高级人民法院可以根据审判工作的实际情况，确定若干人民法院跨行政区域管辖行政案件。”这一条款的立法背景在于，为已经开展的行政案件集中管辖提供法律依据，草案提出之初规定为“高级人民法院可以确定若干基层人民法院跨行政区划管辖第一审行政案件”。但是，考虑存在由中级人民法院直接跨行政区划管辖的情况，所以删去“基层”的表述；党的十八届四中全会要求探索设立跨行政区划法院后，为了建构省以下审理跨行政区划的特殊案件的两个试点法院，又删去了“第一审”的表述；此外，为了避免赋予高级人民法院过多的自行决定权，又增加了“优先条件条款”，形成了上述条款。

可以说，行政诉讼法为跨行政区划管辖提供了集中管辖这一方式。但是，只是通过这种方式实现跨区划，将大大减少跨行政区划法院存在的意义。解决问题的关键在于明确跨行政区划与相关管辖机制的区分。即通过指定管辖这一方式，实现级别管辖或地域管辖的调整，或达到集中管辖，以此达到跨行政区划的目标。但两者处于不同层面，为了更好推进跨行政区划法院的发展，以后可以进一步通过集中管辖的方式将相关特殊案件集中到跨行政区划法院，从而扩大跨行政区划法院的诉讼规模。

第三节　案件管辖标准

跨行政区划法院的设立，国内无先例可循。因此，作为综合性的特殊案件审理法院，探索形成一套案件管辖标准至关重要。

一、“特殊案件”的认定标准

跨行政区划法院依托铁路法院改革而设。案件管辖的确定，是跨行政区划法院改革探索的基础，也是决定跨行政区划法院改革今后发展方向的核心要素。

（一）作为前身的铁路运输法院

铁路法院在案件管辖上，经历过一个比较长期的变化调整过程。2012 年，铁路法院整体改制后在实行属地管理的同时，最高人民法院发布司法解释《关于铁路运输法院案件管辖范围的若干规定》，对铁路法院的案件管辖作出了整体规定。

铁路法院案件管辖的整个发展历程，呈现以下特点：一是按照铁路线路实行地域管辖。相对于地方行政区划而言，按照铁路线路管辖的模式打破了地方行政区划的管辖，具有明显的跨行政区划的特征。二是从按照主体身份确定管辖转变为按照法律关系事由确定管辖。随着市场经济的发展，尤其是民间资本进入铁路运输行业，企业股权结构发生变化，产生了难以用企业身份来确定主体的问题，逐渐转变为以涉及“铁路运输、铁路安全、铁路财产”相关的法律关系事由来确定管辖。三是采用指定管辖的方式实现管辖的灵活调整。在历次最高人民法院对铁路法院案件管辖作出规定或调整的同时，经常授权各省、自治区、直辖市高级人民法院可以通过指定管辖的方式进行细化，作为法定管辖的一种补充。

（二）跨行政区划法院管辖标准

基于铁路法院的案件管辖历史，跨行政区划法院案件管辖标准既尊重历史，又体现改革创新。其基本原则是：按照中央和最高人民法院文件规定，体现改革精神；不违背现行法律规定；符合地方试点改革的实际情况。

综配司改中对于跨行政区划法院的案件管辖，根据“探索形成普通案件在行政区划法院审理，特殊案件在跨行政区划法院审理的诉讼格局”的要求，基本上是以“跨地区”“易受地方因素影响”“重大”三要素为标准来确定的。

一是跨地区。即案件本身具有跨地区或跨行政区划特性，主要考虑涉诉主体的跨地区性和涉诉行为的跨地区性，比如，涉及河流上下游跨行政区划的环保案件、涉及多个行政区划范围的食品药品案件，以及逃避海关监管的走私刑事案件等。二是易受地方因素影响。即案件由本地区法院管辖可能会存在地方保护的问题，容易引起当事人合理怀疑。需要跨地区管辖的案件，比如，涉及区县政府的行政争议，由所在区县法院审理，难免会有受地方因素影响的怀疑。三是重大。对于属于中级人民法院层面的跨行政区划法院而言，除了案件标的金额的考虑因素外，还要强调案件性质的“重大”特征，重点需要考虑案件的影响面、法律适用的复杂性和法律后果的严重程度等。

对法院而言，管辖制度是法院内部对审判权限的划分；对当事人而言，管辖所解决的是当自身合法权益受到侵犯时，该向哪一级、哪一个法院起诉的问题。下面，以上海三中院这个全国最早的两个跨行政区划法院试点之一为例，围绕行政、刑事、民事三类案件的集中管辖标准，给予重点说明。

二、行政案件管辖

（一）管辖标准

由于行政诉讼解决公权力与私权利之间的冲突，作为被告的行政主体拥有国家公权力，通常既是法规规章及政策的制定者又是执行者；而作为原告的行政相对人或相关人，不一定熟悉行政执法依据，如果没有律师代理，受语言表达能力、认知能力以及法律知识等诸多因素的限制，诉讼能力通常不及被告。同时，由于地方法院设置与行政区划相对应，法院人财物易受地方行政牵制，行政案件的审判难以避免受到地方干扰，审判中立难以得到充分保障。因此，如何通过管辖制度改革，及时充分保护行政诉讼原告的合法权益，一直是行政诉讼理论界和实务界关注的焦点。

根据《设立跨行政区划人民法院、人民检察院试点方案》，上海三中院作为全国首家跨行政区划法院于2014年12月28日成立。上海市高级人民法院根据“四五”改革纲要，报请最高人民法院同意，发布《三中院履职公告》，指定上海三中院依法管辖以上海市人民政府为被告的第一审行政案件和以市级行政机关为上诉人或者被上诉人的第二审行政案件（不包括知识产权行政案件）。

《三中院履职公告》确定的行政案件管辖范围，立足于中共中央及最高人民法院提出的重大行政案件等易受地方因素影响的案件在跨行政区划法院受理的诉讼格局。上海三中院通过对市政府及市级行政机关行政执法行为的司法审查，积极推动行政行为在市级层面得到充分规范，并进而推动区（县）政府及区级行政机关依法行政水平的提高。上海三中院跨行政区划的管辖制度可以更充分地回应和保障人民群众的司法诉求，改善行政审判司法环境、统一司法标准、促进司法公正。

（二）管辖特点

1. 以行政主体的级别确定管辖权。与上海市其他中院的管辖范围不同，上海三中院没有按案件特点确定级别管辖，也未按被告所在地确定地域管辖，而是根据上海市高院指定，以行政主体身份实施管辖。上海三中院受理的一审行政案件，须以市政府为被告，二审行政案件则以市级行政机关为上诉人或被上诉人。因此，上海三中院的行政一审案件，市政府为单独被告或共同被告，二审行政案件中市级行政机关为单独上诉人、单独被上诉人或共同上诉人、共同被上诉人。由于作为行政主体一方的当事人行政级别较高，相对而言，上海三中院审查的被诉行政行为，其违法或瑕疵现象较少，行政机关败诉率明显低于全市法院平均水平。

2. 与其他中院共同实施对区（县）政府为被告案件的管辖权。2000年，《行政诉讼解释》提出，被告为县级以上人民政府，且基层法院不适宜审理的案件，属于本辖区内重大复杂案件,由中级法院审理。但实际上,多数以区(县)政府为被告的案件仍由基层法院受理。基层法院在审理此类案件过程中,难以完全克服行政机关的干预。修订之后的《行政诉讼法》对级别管辖作出重大调整,明确中级法院受理对国务院部门或者县级以上地方人民政府所作的行政行为提起诉讼的案件。因此,以区(县)政府为被告的案件,目前均由中级法院审理。其中,因对区(县)政府行为不服,向市政府提起行政复议,当事人对经复议维持的行政行为仍不服而提起行政诉讼的,应当将区(县)政府与市政府列为共同被告。此类案件,因复议机关为市政府,目前由上海三中院管辖。

3. 实施特殊案件指定管辖制度。根据"四五"改革纲要,重大行政案件等易受地方因素影响的案件应当在跨行政区划法院受理。因此,审判实务中,对于重大的、易受地方因素影响的、跨地区的行政案件,上海市高院有权根据《三中院履职公告》指定由上海三中院实施管辖。当然,管辖权的变更需遵循两个原则:一是以法定管辖为原则,变更管辖为例外。只有法定管辖法院有特殊原因不能行使管辖的,或者案件适合由跨行政区划法院受理的,才能由上级法院指定上海三中院管辖。二是上级法院在管辖权上拥有决定权。上海市高院可以决定审理由上海三中院管辖的第一审行政案件,上海三中院认为其管辖的第一审行政案件,需要由上海市高院审理或者指定管辖的,可以报请上海市高院决定。此外,其他法院发现受理的案件属于上海三中院管辖的,应当移送管辖。在管辖领域与上海三中院发生争议的,可以报请上海市高院指定管辖。

三、刑事案件管辖

(一)管辖标准

2014年12月29日,上海市高院下发的《管辖暂行规定》对上海三中院刑事案件管辖范围规定为市检察三分院提起公诉的案件和上级法院指定管辖的其他案件。同时,还规定了上海市高院可根据情况适时调整。

跨行政区划检察院审查起诉的案件范围,是确定跨行政区划法院刑事管辖权的重要依据。2014年12月30日,上海市人民检察院对市检察三分院的案件管辖范围作出暂行规定:上海三中院审理的行政诉讼案件;上海三中院审理的跨地区重大民商事诉讼案件;上海知识产权法院审理的知识产权类诉讼案件;上海海事法院审理的海事诉讼案件;上级检察院指定管辖的跨地区重大职务犯罪案件;跨地区的重大环境资源保护和重大食品药品安全刑事案件;民航、水运所属公安机关侦查的重大刑事案件；海关所属公安机关侦查的刑事案件；上海市人民检察院指定管辖的其他重大案件。而上述第5~8项正是市检察三分院提起公诉的案件和上级法院指定管辖的其他案件的范围，也是上海三中院应当受理的案件范围。

2015年7月31日，上海市高院、市人民检察院、市公安局、市司法局、上海海关五部门联合印发了《关于跨行政区划人民法院、人民检察院刑事案件管辖的规定》，拓展了上海三中院刑事管辖范围，明确了“跨地区”刑事案件包括：可能判处无期徒刑以上刑罚的危害食品药品安全刑事案件，以及在本市有重大影响的危害食品药品安全、侵犯知识产权、破坏环境资源保护刑事案件；市公安局立案侦查或者提办的危害食品药品安全、侵犯知识产权、破坏环境资源保护刑事案件；市公安局水上公安局、上海港公安局、上海海事公安局、长江航运公安局上海分局、市公安局国际机场分局、市公安局城市轨道和公交总队立案侦查的可能判处无期徒刑以上刑罚或者在本市有重大影响的刑事案件，上海海关所属公安机关侦查的刑事案件。同时规定，由中级法院受理的危害食品药品安全、侵犯知识产权、破坏环境资源保护刑事二审案件，自2015年8月26日起由上海三中院受理。这标志着上海三中院跨行政区划刑事案件管辖范围正式落地。

（二）管辖特点

上海三中院依托上海铁路运输中级法院挂牌设立，并与上海知识产权法院合署办公。除了保留原来铁路法院的刑事案件管辖，上海三中院的刑事案件管辖更体现了“跨、专”两个特点。

与普通的行政区划法院相比，跨行政区划法院的刑事案件管辖范围，都是按类型进行列举式规定的，且具有“跨地区”和“重大”的特点。主要表现在：（1）涉及公共利益，受到关注度高。比如，食品药品安全和环境资源保护刑事案件严重危害公共安全，且危害结果往往超出单一地域，社会影响广泛。（2）涉及流动性的大型交通工具。包括发生在港口、水上、机场、海事、轨道交通的公安负责的刑事案件，以及走私等海关缉私侦办的刑事案件，往往涉及多个犯罪地，且被害人较多、跨越地区。

四、民事案件管辖

（一）管辖标准

上海三中院是依托铁路法院设立的跨行政区划法院，在构建特殊诉讼格局上具有先天优势。铁路法院设立于铁路沿线,根据国家铁路网在各地区间的分布划分管辖片区,基本对应各铁路线路所归口管理的各铁路局,专门审理与铁路运输、铁路安全和铁路财产相关的民商事案件和刑事案件,管辖区域并不以行政区划划分。以上海铁路运输中级人民法院为例,其管辖范围覆盖上海、浙江、江苏、安徽四省市,对应设有上海、杭州、南京、徐州、合肥五个基层铁路运输法院。同时,基层铁路运输法院的管辖范围也是跨区划的,比如,上海铁路运输基层法院的管辖区域并不仅限于上海直辖市的地域范围,同样可以管辖发生在嘉兴、苏州等非上海市直辖区域内与铁路有关的类型案件。

上海铁路运输中级人民法院与上海铁路运输基层法院的人员都由上海市直管,法官由直辖市人大或其常委员会直接任命,杭州、南京、徐州、合肥四个基层铁路运输法院的法官由所在省的人大常委会任免,完全跳出了法院市属行政地域的管辖限制。在办案办公经费方面,各基层铁路运输法院的财政都是由所在省直拨委托所在高院代管,与法院驻所地的区级地方财政没有直接联系。

(二)管辖特点

上海三中院的地域管辖、人员任命和财政资金来源,都脱离了所属地区的铁路法院,从形式和实质上讲都更加独立于地方利益。因此,作为依托此框架建立起来的首个跨行政区划法院,上海三中院天然地继承了司法管辖相对独立于行政区划的优势,符合中央"去地方保护"的大政方针。

虽然在改革初期案件管辖范围还在进一步探索,但覆盖到"四五"改革纲要中明确的破产案件、环境资源案件、涉食品药品安全案件和大交通案件的基本格局,已经基本敲定。这些案件都涉及国家重点行业、重点领域和国计民生。比如,涉环境资源保护和涉食品药品安全的案件,涉及千家万户的日常生活与医药安全。而铁路作为国家经济发展的大动脉,涉铁案件因专业性强,案件本就是集中于铁路法院管辖。破产案件则涉及经济转型过程中的转型、重整与优化,集中管辖更有利于此类案件的类案规范化审理、执法统一和企业资产的组合、重整和规范化、一体化操作。对于受到各方普遍关注的协议管辖问题,在实践中,对于本市行政区划内一方当事人认为另一方当事人或案件审理与所在地地方利益密切相关的案件,可以协议选择上海三中院管辖。

第四节　跨行政区划法院与巡回法庭

2016年,最高人民法院发布的《中国法院的司法改革》(白皮书)明确,巡回法庭和跨行政区划法院两项改革,是当年改革的重点任务。对此,中央深化司改的总体规划和部署为,"力争形成布局科学合理、审级监督顺畅、案件管辖明确、资源配置优化的跨行政区划法院体系,并与最高人民法院巡回法庭有序衔接"。因此,考察巡回法庭与跨行政区划法院改革之间的关系,便成为如何进一步深化综配司改的重要内容。

一、功能定位趋同性

根据党的十八届四中全会决定以及最高人民法院的规划和部署,跨行政区划法院的功能体现在:(1)区域纠纷解决中心的功能。为有效应对区域协同发展中因产业结构调整、区域融合发展带来的大量跨地区纠纷,跨行政区划法院通过审理跨行政区划特殊重大案件,排除地方干扰、行政干预,严格依法审判,公正高效解决跨区域纠纷,实现区域间司法的标准化和统一化,在区域协同发展中以司法一体化推动和保障中央战略部署的有效落实。(2)特殊重大案件审理的功能。跨行政区划法院通过对具有特殊重大影响或涉及重大利益之争的特定类型民商案件、行政案件及刑事案件进行集中管辖,能够有效统一特殊重大案件的裁判尺度、排除地方干扰和行政干预,确保特殊重大案件审理的公正高效。(3)涉民生类案件化解的功能。跨行政区划法院通过集中审理公益诉讼在内的重大环境资源保护案件、重大食品药品安全案件、重大消费者权益保护案件等重大特殊涉民生案件,严格公正司法,在审判工作中预防和化解社会矛盾,提高社会治理水平,有效回应人民群众司法需求,从而实现化解矛盾,保障民生的重要功能。[①]

由上可见,跨行政区划法院在妥善化解区域内纠纷、有效统一特殊重大案件的裁判尺度、排除地方干扰和行政干预、确保特殊重大案件审理的公正高效等功能定位上,与最高人民法院巡回法庭具有趋同性。可以说,设立最高人民

---

① 吴在存:《跨行政区划法院改革若干问题的思考》,载《人民法院报》2017年3月29日,第8版。

法院巡回法庭、设立跨行政区划法院和推行行政案件跨区域集中管辖三个维度，构成了破除诉讼“主客场”、避免地方干预司法的整体性考虑和系统性设计。因此，巡回法庭与跨行政区划法院改革之间必然有密切的制度关联性和功能相似性。

二、审级设置关联性

巡回法庭是最高人民法院派出的常设审判机构。巡回法庭作出的判决、裁定和决定，是最高人民法院的判决、裁定和决定。从审级上来说，它与最高人民法院是平级的。巡回法庭作出的审判效果与最高人民法院的审判效果相同，判决文书上盖最高人民法院的章。因此，巡回法庭的审级设置便依附或等同于最高人民法院的审级，其本身的审级虽无进一步研究的必要性，但如何将其与跨行政区划法院的审级制度改革相结合是一个重要问题。

根据《人民法院组织法》的相关规定，目前地方法院设置以行政区划为依据。广义上的跨行政区划法院，除了省级行政区划以下的跨县级、地市级行政区划的法院，还包含跨省级行政区划的法院。从这层意义上讲，跨若干省设立的最高人民法院巡回法庭，也可以看作广义跨行政区划法院的组成部分，是跨省的跨行政区划法院。但从目前的审级来看，其仍然是最高人民法院。

在目前的综配司改中，只是在省级行政区划以下建立了跨行政区划法院。将省级行政区划内的铁路运输中级人民法院改造为跨行政区划中级人民法院，比如，上海三中院和北京四中院，以及将铁路基层法院改造为跨行政区划基层法院，比如，上海铁路运输法院。它们是对具有特殊重大影响或涉及重大利益之争的特定类型民商事案件、行政案件及刑事案件进行集中管辖。由于没有在省级行政区划以上真正实现跨行政区划法院的探索，即没有跨行政区划高级人民法院，目前，跨行政区划基层法院的案件上诉至跨行政区划中级人民法院，但跨行政区划中级人民法院的案件仍是上诉至地方高级人民法院，不能直接上诉至跨省的最高人民法院巡回法庭，那么跨行政区划法院排除省级地方政府干扰和行政干预的功能，就不能真正得以实现。因此，在现有制度下可以考虑不重复设立跨省级行政区划法院，而是维持现有巡回法庭审级不变的情况下，探索跨行政区划中级人民法院一审案件“飞跃上诉”到最高人民法院巡回法庭，真正实现破除诉讼“主客场”和避免地方干预司法的设立初衷。

三、受案范围重合性

跨行政区划法院旨在构建“普通案件在行政区划法院管辖,特殊案件在跨行政区划法院管辖”的诉讼格局。因此,跨行政区划法院管辖的特殊案件类型,需综合考虑易受地方干扰、行政干预因素、跨地区重大利益因素、公益性质因素等标准。如行政案件天然地具有易受行政干预的特征,在行政诉讼领域便可以将跨行政案件作为跨行政区划法院管辖特殊案件的基本案件类型。在民事领域,大标的跨区域买卖合同案件,重大涉国家金融机构金融借款合同案件,重大保险案件,重大涉外商事案件,重大环境资源、食品药品安全及消费者公益诉讼案件等重大、疑难、复杂案件和新型案件,便应当由跨行政区划法院集中管辖,统一裁判尺度,通过跨区域管辖审理特殊民商事案件将跨行政区划法院打造成区域纠纷解决中心。而在刑事领域,跨行政区划法院集中管辖特殊重大职务犯罪、重大走私案件等,既能消除地方干扰,进一步树立司法权威,推进庭审实质化,也能避免指定管辖不确定性而带来的侦查、起诉、审判衔接不畅、效率下降的问题,促进刑事司法“保障人权、惩治犯罪”目的的实现。此外,“对于存在管辖权冲突或管辖权异议,且不易识别、确定管辖权的案件,可以启动指定管辖程序,统一指定归不存在管辖权争议的跨区划法院管辖;对于特定类型案件,也应允许当事人通过协议管辖的方式将案件交由跨行政区划法院管辖”。[①]

同时,从目前已成立的六个巡回法庭整体地域分布上的受案范围来看,主要是受理各自辖区内的重大民商事和行政案件、刑事申诉案件,以及涉港澳台地区民商事案件和司法协助案件,特别是其中的应当由最高人民法院审理的一审行政诉讼案件,应当是跨越了省级行政区划重大行政诉讼案件。这与跨行政区划法院管辖的案件范围有很大的重合性,跨行政区划法院或许只是在集中审理重大环境资源保护案件、重大食品药品安全案件以及知识产权案件等方面具有其独特的功能。

因此,为了有效节约司法资源,可以探索增强巡回法庭受理一审跨省级行政区划案件的功能,将跨省级行政区划且专业性强、难度大的知识产权等一审民商事案件,以及容易引发地方司法保护的一审重大行政诉讼案件由巡回法庭

---

① 吴在存:《跨行政区划法院改革若干问题的思考》,载《人民法院报》2017 年 3 月 29 日,第 8 版。

审理。一方面，杜绝对于跨省级行政区划案件的诉讼无门和不公正现象；另一方面，也可以将难度大的跨行政区划的行政诉讼案件和知识产权等民商事案件从现有的人民法院分离出来，提高案件的专业化审判程度，提升审判质量，促进司法公正和适法统一，推动建立具有中国特色且与跨行政区划法院有效融合、两者相得益彰的最高人民法院巡回法庭制度。

第十六章　知识产权法院

2019 年 1 月 1 日，根据《关于专利等知识产权案件诉讼程序若干问题的决定》《关于知识产权法庭若干问题的规定》，最高人民法院知识产权法庭挂牌成立，它是最高人民法院派出的常设审判机构，主审全国范围内专利等技术性较强的知识产权上诉案件，旨在进一步统一知识产权案件裁判标准，优化科技创新法治环境。新一轮司改及综配司改中，3 家知识产权专门法院、20 多家知识产权专门法庭挂牌成立。其中，最高人民法院知识产权法庭的设立，则是把知识产权审判组织改革推向高潮。

第一节　“双轨制”：专门法院与专门法庭

现行技术类知识产权审理机构，除了最高人民法院设立的知识产权法庭，全国部分地区还设立了知识产权法院、知识产权法庭，统一审理专利等专业技术性比较强的民事、行政知识产权案件。但是，仍有未单独设立知识产权审判组织的高级人民法院和中级人民法院，同时承担着知识产权审判的重任。

一、改革后的地方“双轨制”

专门的知识产权法院、法庭成立之前,技术类知识产权案件一审由中级人民法院管辖,二审相应由高级人民法院管辖;特殊情况下,诉讼标的额大、有重大影响的案件可能一审由高级人民法院管辖,二审上诉至最高人民法院。但是,随着知识产权法院、法庭的成立,各地知识产权审理模式呈现较大差异,呈现“双轨制”,即专门审理机构与常设机构并行。

(一)全国审理机构体系

在技术类知识产权案件审理机构的全国版图上,除了最高人民法院知识产权法庭、民三庭,全国共有 32 家高级人民法院(审理重大影响的一审案件),另有 42 家知识产权法院、管辖一审技术类知识产权案件的中级人民法院。其中,包括 3 家知识产权法院、20 个内设于中级人民法院的知识产权法庭,以及尚未设立知识产权法院、法庭的省级行政区域中原有管辖权的中级人民法院。整体框架上,形成了“1+1+32+42”的格局(见图 16-1)。

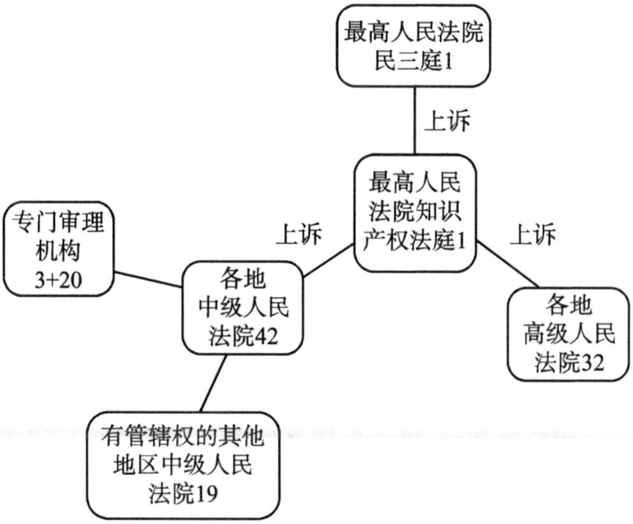

图 16-1 全国知识产权审理机构体系

（二）专门审理机构布局

“双轨制”下又如何分布专门审理机构？前文已述，专门审理机构由最高人民法院知识产权法庭、知识产权法院、知识产权法庭（内设机构）组成，即“1+3+20”（见图16-2）。

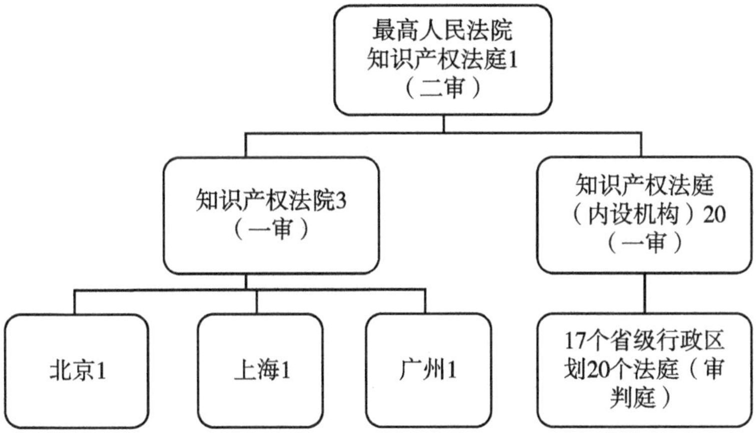

图16-2　知识产权专门审理机构的布局

除最高人民法院知识产权法庭外，从区域分布来看，知识产权法院、法庭在华东地区布局密集，与长三角一体化高度重合。下文梳理了“3+20”个知识产权审理机构的分布情况（见图16-3）。根据法庭、审判庭和法院的数量分布，华东地区最多，共计10个，占43%；其中，又有6个来自长三角一体化的协作城市。可见，审理机构区域设置与当地经济社会发展水平密切相关（见图16-4）。其中，专门知识产权法庭是地方中级人民法院的内设机构，不是独立的法院。

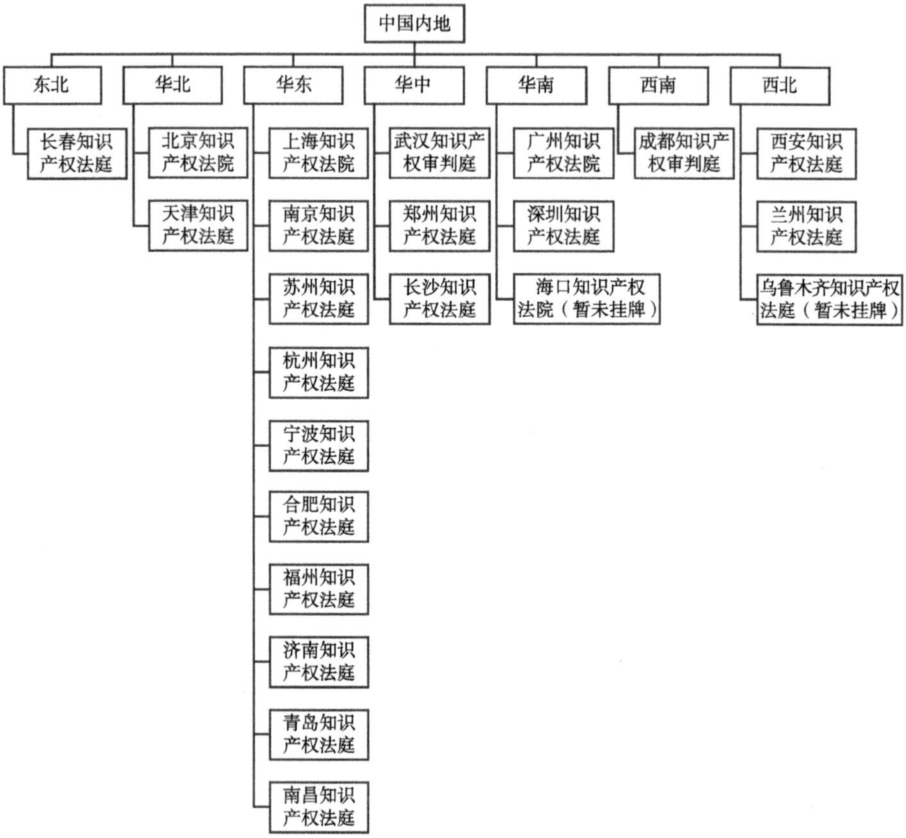

图 16-3　知识产权审理机构的分布明细

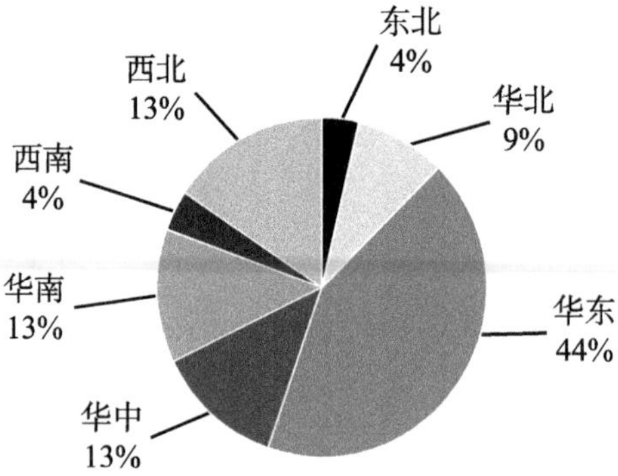

图 16-4　知识产权审理机构的分布区域

二、最高人民法院的上诉审理

2018 年 10 月，中央批准最高人民法院《关于设立知识产权法庭的试点方案》，同意最高人民法院设立知识产权法庭，2019 年 1 月，最高人民法院知识产权法庭设立。最高人民法院知识产权法庭的成立标志着国家层面技术类知识产权案件上诉审理机制建立（见图 16-5）。

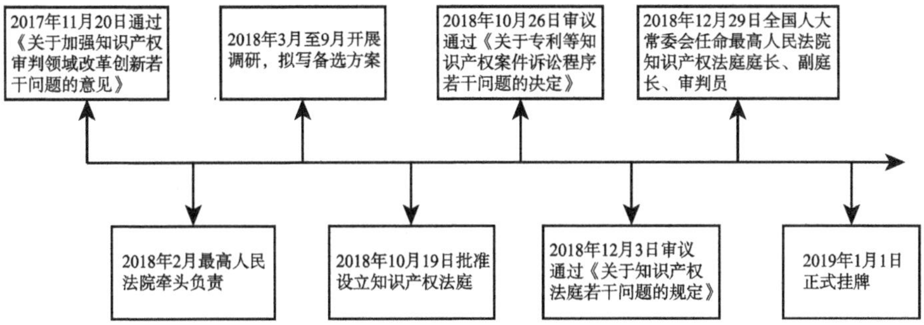

图 16-5　最高人民法院知识产权法庭的成立历程

第二节　技术类知识产权案件审理

长期以来，专家学者、两会代表等社会各界提议设立知识产权专门化审判体系。1993 年 6 月，北京市中级人民法院知识产权审判庭成立，这是我国第一个专门的知识产权法庭；①2014 年，北京、上海、广州知识产权法院挂牌成立；2017 年至 2019 年的综配司改期间内，全国各地又陆续成立了 20 多个知识产权法庭；2019 年，最高人民法院知识产权法庭成立。这一系列的改革步伐，浓缩了技术类知识产权案件审理的组织架构历程。

一、趋于完整的审理组织

1993 年至 2019 年，回顾 20 多年来的发展，从法庭到法院再到法庭，看似历史回归，其中颇为重要的一条线索和脉络是知识产权制度健全、发展演

---

① 韩松：《访中国第一个知识产权法庭》，载《世纪行》1994 年第 9 期。

进的过程。

20世纪90年代初,随着经济发展、对外交流的加快,知识产权纠纷逐渐增加。随着中国签署或加入《建立世界知识产权组织公约》《保护工业产权巴黎公约》《商标国际注册马德里协定》等国际公约,以及国内的市场经济与国际尽快接轨的实际需要,倒逼知识产权司法保护提上重要议程。从北京开始,全国各地陆续成立知识产权专门审判庭(不一定名为"知识产权审判庭",可能以"民三庭""民五庭"等编入民事审判庭序列)。但是,此时的大部分知识产权审判庭还属于基层法院内设机构,审级不高。因此,知识产权法院的呼声随之而起。

2014年,3家知识产权法院设立,进一步加强了知识产权专门审判力量,不过没有解决全国各地的技术类知识产权案件的二审法律适用冲突问题。技术类知识产权二审案件主要由各地高级人民法院审理,部分由高级人民法院管辖的有重大影响的一审案件,二审由最高人民法院受理。专门审理机构特别是最高人民法院知识产权法庭设立后,上诉审理机制情况发生了一些变化。尤其是最高人民法院知识产权法庭主要审理专利等技术性较强的知识产权上诉案件,将在各地中级人民法院一审的案件二审提级由最高人民法院管辖,包括发明专利、实用新型专利、植物新品种、集成电路布图设计、技术秘密、计算机软件、垄断七大类,预示在技术类知识产权案件审判的更为审慎及鼓励创新。

二、增长迅速的专利收案量

审判组织的体系化改革,让全国的专利收案量逐年快速攀升。现以专利案件为口径,列出2014~2018年的新一轮司改及综配司改中,全国法院新收各类知识产权(含一审、二审、再审)案件数量、同比变化和全国地方各级法院知识产权民事一审新收案件数、同比变化及其中专利收案、同比变化(见表16-1)。各地一审新收知识产权案件量及其中的专利收案量,均在持续增长状态(见图16-6)。由图16-7可以看出,在全国新收及各地一审新收知识产权案件基本逐年攀升中,一审专利收案量在2016年增长率有所减慢后,与各地一审新收案件增长率基本同步。即2016年后,专利收案量与地方一审新收案总量一并进入攀升快车道。

表 16-1　2014~2018 年全国专利案件的收案情况

年份	全国新收/件	同比/%	地方一审新收/件	同比/%	专利收案/件	同比/%
2014	133,863	19.52	95,522	7.83	9648	4.93
2015	149,238	11.49	109,386	14.51	11,607	20.30
2016	177,705	19.07	136,534	24.82	12,357	6.46
2017	237,242	33.50	201,039	47.24	16,010	29.56
2018	334,951	41.19	283,414	40.97	21,699	35.53

资料来源:《中国法院知识产权司法保护状况》(2014~2018 年)。

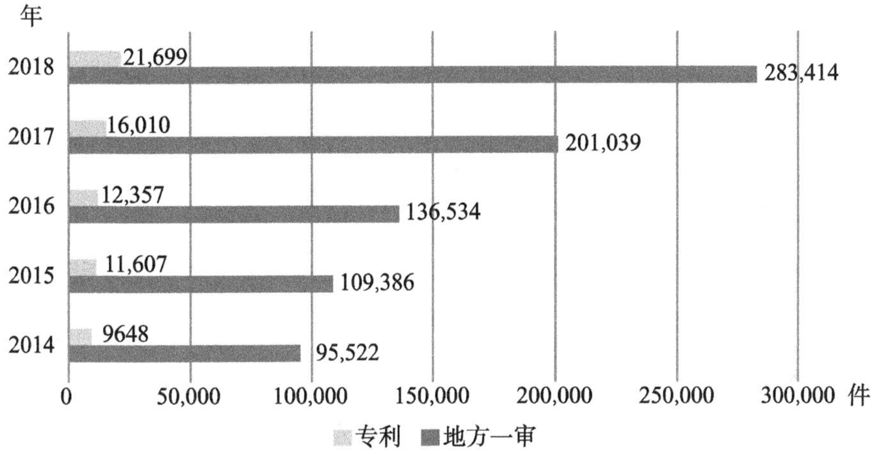

图 16-6　2014~2018 年全国专利和地方一审收案量增长

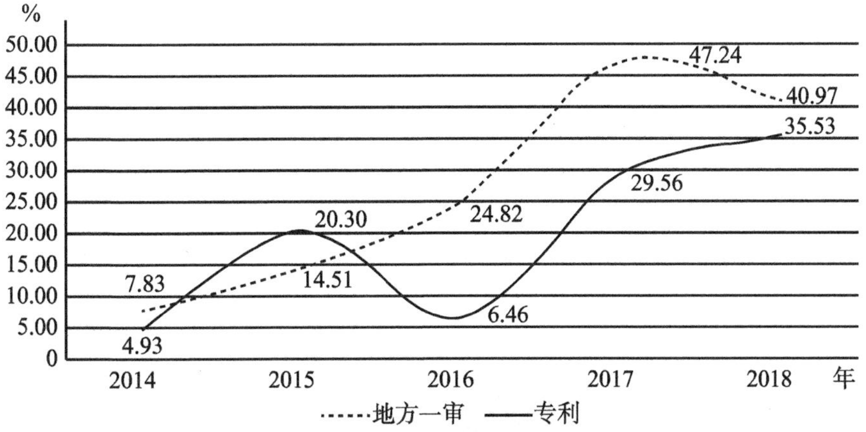

图 16-7　2014~2018 年全国地方一审和专利案件的收案量同比增长

三、裁判标准的全国统一化

专利等案件具有特殊的专业性、高度的复杂性,新型疑难复杂案件众多。其中,还可能涉及行政确权纠纷衔接问题。专利侵权二审案件分由各高级人民法院审理,存在裁判尺度不够统一的问题。

(一)效力判断与侵权诉讼标准对接

以专利为例,我国对专利效力判断与专利侵权认定采取“二元制”安排。根据《专利法》第45、46条及相关规定,专利权效力判断先由行政确权程序决定,对专利行政部门决定不服的,可再行提起行政诉讼。依据该法第65条的规定,专利侵权纠纷当事人协商不成可以起诉或请求专利工作部门处理。司法实践中,主要由民事诉讼进行终局认定,即专利有效性判断由行政部门或行政诉讼决定,而专利侵权纠纷则通过民事诉讼予以确定。但是,专利侵权纠纷更多会涉及确权问题,实际造成民事诉讼的中止审理,需要等待行政部门或行政诉讼的裁判结果。在中国,国家知识产权局专利局复审和无效审理部(国家知识产权局原专利复审委员会并入专利局,由专利局、专利局复审和无效审理部分管专利权的授予、专利权无效)进行专利效力审查,对审查决定不服的当事人可以国家知识产权局为被告向北京知识产权法院提起一审行政诉讼。改革之后,最高人民法院知识产权法庭统一审理发明专利等技术类知识产权案件的二审民事及行政诉讼,通过上诉审理机制统一行政确权、民事侵权认定的裁判标准。

(二)专门化审理克服裁判尺度不一

专利侵权认定涉及许多问题,比如,等同侵权的判断、损害赔偿数额确定、侵权警告函的后果等。全国法院对于这些问题的态度不一,不少案件历经多次诉讼,终由最高人民法院再审改判或维持。比如,“专利等同侵权的判定存在忽视专利群中固有的个性化差别,或者因主观倾向的不同致使客观上对判定方法进行随性化应用的缺陷,应从具体涉案专利类型的角度出发有针对性地予以规制”①。在“陈顺弟诉浙江乐雪儿公司等侵害发明专利权纠纷案”②中,最高

① 刘强、陈曙光:《涉及数值范围选择发明中的等同侵权原则——以“科力远公司与爱蓝天公司专利侵权纠纷案”为例》,载《专利法研究》2017年第2期。

② 最高人民法院民事判决书,(2013)民提字第225号。

人民法院再审改判认为,“改变方法专利的步骤顺序不必然不构成等同侵权,判断标准是所涉步骤必须以特定的顺序实施以及这种顺序改变能够带来技术功能或者技术效果的实质性差异。等同侵权重在保护专利权的实质技术特征,但也可能被滥用损害公共利益,必须对等同原则的适用范围有一个准确的把握”①。虽有禁反言原则、捐献原则、现有技术抗辩等基于公平考虑,已对等同原则作出了合理限制,但是,等同侵权的判断不可避免地会受到主观性影响,具有较大的不确定性,其中的毫厘之差将对专利侵权案件处理结果起到关键作用。

同时,专利侵权损害赔偿数额更是面临各地标准不一、各法院在类似案件中的裁判不一致问题。比如,备受瞩目的“华为 vs 三星系列”案件中,原告在泉州市中级人民法院和广州知识产权法院分别就类似专利提起的侵权赔偿诉讼请求中金额差别较大,不禁为外界质疑是否根据法院裁判尺度不一而“看菜下饭”。由此可见,知识产权裁判尺度不统一难题亟待解决,否则极有可能被专利权人不当利用,根据不同法院的裁判标准临机选择诉请,甚至挑选法院的管辖权,损害了法律的确定性和权威性。

第三节　整体化审判效能

技术类知识产权案件的审理职权被重新分配后,仍存在原有或新生问题,对审级效能发挥、裁判规则统一和诉讼制度稳定产生影响,且改革中问题叠加效应再次放大。因此,需要完整认知该类案件审理职权的进一步优化配置,提高整体化的审理效能。

一、审判和队伍结构的影响

1. 审判结构的影响。专利侵权与专利无效同时存在,以及两种案由的审级差,导致专利诉讼冗长。部分技术类知识产权案件的终审级别不高,给审级制

① 鹿士杰、毛习文、宋献涛:《从格力诉美的专利侵权案谈等同侵权判定的综合把握》,载《中国专利与商标》2014 年第 3 期。

度带来缺陷。“飞跃上诉”可以提高终审级别,消解目前审级制度的缺陷。① 在最高人民法院知识产权法庭成立后,技术类知识产权案件二审以“飞跃上诉”的形式得到提级审理,避免终审不终的问题。然而,法律赋予专利权人就侵权行为提出专利侵权诉讼的救济手段,同时允许被告对无效专利提出质疑,这就是所谓的“二元制”。事实上,日益增多的专利侵权诉讼中被告以专利无效抗辩,且以此为由拖延诉讼,使得侵权与确权案件实际上也存在审级差,“民事侵权案件经过一次一审后,二审到最高人民法院或改革前的高级法院;行政确权案件经过专利行政部门决定后经一次一审后,二审到最高人民法院。因此,专利无效程序冗长复杂,专利无效纠纷的诉讼程序定位不科学,导致民行交叉案件的审理进退维谷,阻碍专利制度效率目标的实现,影响了技术创新的活力”②。由此可见,“二元制”下国家层面上诉审理机制的审级效能并未充分体现。

2. 队伍结构的影响。最高人民法院的队伍来源多元性,会导致在过渡期内法律的适用不统一。在法律适用中,“没有任何一种体制能在规定法律内容的同时,排除正式的自由裁量权”③。可以说,法官在审判案件过程中,必然会伴随自由裁量权的行使,但是,这种权力行使的限度以及司法裁判水平的高低,在一定程度上受制于法官队伍整体的智识水平。在最高人民法院知识产权法庭的设立之初,大部分法官都是从各地抽调过来,尽管他们业务水准都很高,但由于“地方性知识”的差异对于同一案件会有不一样的见解,不利于统一裁判规则的建立。“缺乏统一裁判规则,就会浪费很多时间、精力和财力,会增加在法律上引起的价值争议,使得争议会在很大范围内高概率发生,裁判结果的可接受性就会更差。”④当然,裁判规则的统一也不是成立统一机构就能解决的,随着时间流逝,人们之间交流频繁以及更多知识储备,问题会逐步得到解决。

---

① 叶伶俐:《我国建立飞跃上诉的正当性逻辑与制度设计——以提高审级效能和统一法律适用为视角》,载《山东法官培训学院学报》2019 年第 1 期。

② 史兆欢:《专利无效制度的改革和完善》,载《电子知识产权》2018 年第 8 期。

③ [美]凯斯·R. 孙斯坦:《法律推理与政治冲突》,金朝武、胡爱平、高建勋译,法律出版社 2004 年版,第 125 页。

④ [美]凯斯·R. 孙斯坦:《法律推理与政治冲突》,金朝武、胡爱平、高建勋译,法律出版社 2004 年版,第 127 页。

二、结构短板的长远和叠加效应

1. 缺少制度上的职权优化改革，诉讼制度的长期稳定性难以实现。法律一经颁布、生效，就具有确定性和严肃性，不得随意废弃和改变，司法审判更是如此。“只有在长期稳定的情况下，人们才有希望遵循理性的方法。”①从规范立场来看，“每一个国家都有其独立的法律制度”②，诉讼制度作为国家的一项重要法律制度，其稳定性更重要。但“立法缺陷在于缺少灵活性，因为规则与法典一旦以精确的法律条文制定出来，除非新法取代，否则固守不变”③。为了紧跟时代需要，就需要不断制定新的规则。比如，新一轮综配司改以来，以决定、批复、规定等形式建立技术类知识产权民事、行政案件国家层面的上诉审理机制，对级别管辖、案件管辖等进行了相当大程度的突破，形成了“飞跃上诉”以及省级行政区内跨域集中管辖等格局。对当下民事诉讼法、行政诉讼法制度稳定性特别是制度内在统一性产生影响。

2. 缺少机制上的职权优化配套，改革中的问题叠加效应会进一步放大。在现有“双轨制”下，部分区域仍未设立专门审理机构；2019 年 1 月 1 日前已受理未审结的案件办理与交接、新旧规则更替与衔接，都会对已有或新生的情况产生一定影响，由此形成综配司改中的问题叠加效应。此外，应当注意的是，最高人民法院知识产权法庭成立后，国家层面上诉审理机制运行过程中存在实际操作难点，诸如当事人参加诉讼难、被诉侵权产品移交和勘验仓储难、优秀知识产权法官选调难等客观情况。当然，这些情况随着信息化手段远程审理、服务外包、后勤保障等可能有所缓解，但不可避免还是会产生相应的问题叠加。

第四节 优化审判组织结构

面对技术类知识产权案件影响审理效能的整体化缺陷，需要从审判组织的

---

① [美]沃尔特·李普曼：《公众舆论》，阎克文、江红译，上海人民出版社 2006 年版，第 323 页。

② [美]约翰·亨利·梅利曼：《大陆法系》（第 2 版），顾培东、禄正平译，法律出版社 2004 年版，第 1 页。

③ [比]R. C. 范·卡内冈：《法官、立法者与法学教授——欧洲法律史篇》，薛张敏敏译，北京大学出版社 2006 年版，第 124 页。

结构优化高度,推动司法职权的配置。其中,关键点在于程序构造与机制完善,这是以后进一步综配司改中司法审判理论与实践面临的一个重要问题。

一、"双轨制"的逐步消除

前文已述,"双轨制"下改革的问题叠加效应更加明显。因此,原有及新生的问题均有待综配司改不断解决。在以往改革的范式转型中,"双轨制"铺就了国家层面知识产权上诉审理机制,同时确实在一定程度上阻碍体系效能充分发挥。

进一步的综配司改中,需要在全国法院逐步"去双轨制",形成以专门审判机构为主的审理模式。在设立知识产权法庭的选择上结合当地知识产权案件量,特别是技术类知识产权案件比例,因地制宜地采用集中管辖形式扩大法庭覆盖面和辐射范围。当然,完成技术类知识产权案件高效审判的组织架构重建,以及深化实现机构的职权调整,也只是解决了"面"上的问题,真正要发生"化学反应",需要下好全国"一盘棋",强化机构职权优化统筹,完善各项配套制度。

二、更多裁判规则的体系化

类案类判,构建统一裁判规则,不仅是保证公民能获得同等对待,以及对法的安定性和司法判决信任的重要举措,而且是保证法律适用的统一性、稳定性以及可预见性的必然要求,更是"谁办案,谁负责"的司法责任制改革之后,深化推进综配司改需加强审判监督的题中应有之义。

最高人民法院知识产权法庭成立后,要充分发挥越级管辖的审级效能,在裁判标准、法律适用的统一方面创造更好经验、打造经典判例,形成更多参考价值的裁判规则。其中,公布、发布知识产权类案的指导性案例尤为重要。对于下级法院而言,法官"或者深受先前法院判例的权威的影响,或者不愿独立思考问题,抑或不愿冒所作判决被上诉审撤销的风险"①,会主动适用最高人民法院发布的类案指导,以此逐步统一法律适用。

---

① [美]约翰·亨利·梅利曼:《大陆法系》(第2版),顾培东、禄正平译,法律出版社2004年版,第47页。

三、契合审判运行"三合一"

《国家知识产权战略纲要》明确规定了推进"三审合一"。目前,最高人民法院知识产权法庭受案范围不包括刑事案件,但是,各地法院也在积极探索实践知识产权审判的三审合一。其中,上海市在综配司改中是最早开展三审合一试点的地区。

主张推进三审合一的原因:一方面,现在涉及犯罪的案件较少。比如,2018年地方各级人民法院共新收侵犯知识产权罪一审案件4319件,审结的4064件中,假冒专利罪案件2件,侵犯商业秘密罪案件39件(其中的技术秘密案件涉及技术,经营秘密通常不涉及技术判断);另一方面,中国现行刑法规范中涉及知识产权犯罪的罪名,主要有"假冒注册商标罪,销售假冒注册商标的商品罪,非法制造、销售非法制造的注册商标标识罪,假冒专利罪,侵犯著作权罪,销售侵权复制品罪,侵犯商业秘密罪",即知识产权与刑法的交叉。仔细分析这些罪名的构成要件后可以发现,核心在判断知识产权侵权行为(包括假冒注册商标、专利,侵犯商业秘密等)的成立,这必将涉及更加专业的知识产权判断,所采用的标准也必然要从属于知识产权法上的具体认定标准。因此,从案件审理的便捷性与合理性角度来看,三审合一更符合实际审判运行逻辑。

四、构建统一上诉审理机制

鉴于改革先行先试及技术类案件实际处理难点,国家层面的上诉审理机制范围仅限于技术类知识产权案件,暂未对其他类知识产权案件适用。"知识产权审判也是涉外因素较多的领域,是国际化程度较高的领域。既要准确把握严格保护、平等保护的基本原则,也要准确理解国际关系、国际规则,确保案件处理的法律效果和社会效果。"①接下来的综配司改可考虑借鉴相关国家和地区的有益经验,构建统一上诉审理机制,从技术类案件扩展到全部知识产权案件,以便于全部知识产权案件在同一平台上接受检验,促进司法实践专业化、国际化。

同时注重把握案件审理,改革"二元制",充分体现审级效能。在现有两审

---

① 黎淑兰:《适应新的上诉审理机制　提升知产司法保护水平》,载《人民法院报》2019年3月26日,第2版。

终审制、不明确区分法律审和事实审的大背景下，探索中国“减少专利确权程序审级”的制度改革。由最高人民法院知识产权法庭受理针对国家知识产权局无效宣告决定而提起的行政诉讼案件，实现专利侵权与确权终审裁判的高效衔接。[①] 当然，这一方案赋予了专利行政部门无效宣告一个审级的作用。事实上，无效宣告的行政审查模式也借鉴了类似司法审判的处理方式，重视双方意见陈述与对抗。同时，它又不完全等同于民事诉讼，存在明显的行政审查色彩。所以也有观点认为，“可以对不服无效宣告决定径行提起民事诉讼，即赋予专利权人和无效请求人诉权，以民事程序审理，两审终审”[②]。只是这种观点混淆了民事诉讼与行政诉讼的本质区别，对专利无效宣告程序的定位模糊，易对诉讼制度产生更大的影响。

---

① 刘洋、刘铭：《判例视野下美国专利确权程序的性质研究——兼议我国专利无效程序的改革》，载《知识产权》2019 年第 5 期。

② 史兆欢：《专利无效制度的改革和完善》，载《电子知识产权》2018 年第 8 期。

第十七章　金融法院

2018 年 3 月，中央深改委审议通过了《关于设立上海金融法院的方案》；4 月 27 日，全国人民代表大会常务委员会作出设立金融法院的决定；同年 8 月 20 日，上海金融法院揭牌成立。这是全国首个金融专门法院，在中国金融司法史上具有里程碑意义。

第一节　专门法院

跨行政区划法院的定位是特殊的综合性法院，全国知识产权案件的司法职权配置采取了专门法院和专门法庭的“双轨制”，而金融法院则是功能比较纯粹单一的中级人民法院建制的专门法院。

一、基本建制

金融法院的设立，曾因有关部门存在不同意见而搁置。借助于综配司改的契机，上海市委政法委会同上海市高级人民法院持续推动，特别是根据上海国际金融中心建设的实际需求加大工作力度，最终形成了广泛共识，成立了全国首家金融法院。改革期间，上海市委政法委、上海市高级人民法院多次到上海市人大和政协通报综配司改进展情况，得到了人大代表、政协委员的高度认同和大力支持，都表示需要在金融司法领域对维护司法权威、营造良好司法环境方面给予政法系统更有力的制度保障和工作支持。

设立之初,金融法院设有6个内设机构。其中审判业务机构有4个,分别为立案庭、综合审判一庭、综合审判二庭和执行局。中央深改委批复8个,目前暂设6个,4个审判业务部门、2个综合行政和司法辅助部门,政法专编拟定100名;关于人员配备,班子成员及首批共25名金融法官于2018年7月底经上海市人大任命,金融法院来自上海全市12个政法单位,人员适应和协同配套已迅速完成。

二、案件管辖

该院成立之前,上海的金融民商事案件和涉金融行政案件由上海市的中级人民法院管辖。金融法院设立之后,上述两类案件实行专门管辖,即对金融案件实行“民事”“行政”二合一审判。同时,依托(浦东、黄浦、虹口、静安)4家基层法院和上海金融法院,对金融案件实行集中管辖。

根据2018年8月7日最高人民法院公布的《关于上海金融法院案件管辖的规定》,该法院的案件管辖主要包括:上海市辖区中级人民法院管辖的金融借款、票据、信用证、证券、期货、保险、融资租赁、典当、金融仲裁等一审、二审和再审金融民商事案件;上海市辖区中级人民法院管辖的以金融监管机关为被告的一审、二审和再审涉金融行政案件;上海市辖区新型、重大、疑难、复杂的一审金融民商事案件和涉金融行政案件;最高人民法院相关司法解释指定由上海市辖区中级人民法院管辖的以上海证券交易所、中国证券登记结算有限责任公司上海分公司、上海期货交易所等为被告或者第三人履行职责引发的一审民事、行政案件。对上海金融法院判决和裁定的上诉案件,由上海市高级人民法院管辖。上海市第一、二、三中级人民法院不再管辖金融民商事案件和涉金融行政案件。

第二节　高起点运行

金融法院坚持高起点、高速度、高标准、高水平的规划,聚焦建设“专业化、国际化、智能化”世界一流金融法院发展目标,初步实现了运作开展。

一、履责成效

截至 2019 年 12 月综配司改试点收官之年，仅一年多时间，金融法院共受理各类案件 8785 件，涉案标的总额达人民币 1864. 43 亿元，其中 2019 年收案 6888 件，涉案标的总额 1594. 53 亿元。尤其是 2019 年，28 名法官审结 6924 件案件，且无一案件被二审改判或发回重审，同期结收比达到 100. 52%，位列上海全市法院第一。另外，加大典型案件审理力度确立审判规则，共有 5 个案例分别入选 2019 年度人民法院十大行政及国家赔偿案件、十大执行案例、金融纠纷多元化解案例、全国法院系统年度优秀案例等，通过司法裁判厘清市场规则，规范和引导金融交易行为。

2020 年，上海市要基本建成与我国经济实力以及人民币国际地位相适应的国际金融中心。金融法院把推进自身"三化"建设与国家战略目标任务对标对表，在更高起点、更高层次、更高目标上提高金融审判质效，提升金融司法服务金融改革开放和国家治理能力水平，为上海国际金融中心建设提供优质高效的金融司法服务保障。

二、机制创新

围绕国家金融发展战略和上海国际金融中心建设以及三项新的重大任务，首创证券示范判决机制，建立"示范判决+专业调解+司法确认"全链条的纠纷多元解决机制，创新科创板并试点注册制改革司法保障机制，创新大宗股票司法协助执行方式，创新金融风险防范预警机制，落实金融司法服务保障大局各项机制。强化司法建议预警功能，共有 8 份涉及防范金融风险、规范金融秩序、涉外金融案件管辖等方面的司法建议被采纳。

以首创证券示范判决机制为例。为了创新资本市场投资者保护，金融法院办结全国首例由中证中小投资者服务中心支持诉讼的证券虚假陈述责任纠纷案，标志着证券支持诉讼制度开始"破冰"，被写入 2019 年最高人民法院在全国两会上的工作报告。同时，该案的判决生效还直接带动了涉及 500 余名投资者案件的快速调解或撤诉、配套诉讼费的杠杆机制、表格式和要素式简化裁判文书，探索形成了以"示范判决、专业调解、司法确认"为关键的全链条资本市场新型纠纷解决机制，有效降低当事人诉讼成本，缩短诉讼周期，高效保护了中小投资者权益，具有相当的可复制和可推广意义，获得世界银行营商评估团队专家的高度称赞。

同时，积极引导和规范金融市场行为，合理把握资金借贷的利息、罚息、违约金以及其他费用的裁判尺度，同步推进案件办理、化解风险、追赃挽损和维护稳定，强化对金融消费者的保护，协同推动相关部门对金融犯罪案件的追赃挽损，尽可能维护其他相关企业的正常生产经营，避免"过度"查封冻结；积极推进诉调对接体系的新模式，梳理金融纠纷案件审理中发现的突出问题，提示潜在风险、防治对策及完善建议，建立与"一行两会"等监管部门、行业协会、专业调解组织的合作机制建设，不断推进金融审判机制创新和纠纷多元化解工作。

三、统筹配套

充分发挥集中管辖、专业审判、专业队伍的制度和资源优势，统筹推进司法体制综配司改。重点围绕构建"1+3+3"新型专业化金融审判运行机制，建立"大统小分、一专多能"随机分案机制、法官专业委员会工作机制、新型审判团队工作机制、专家支持工作机制、院庭长办理重大疑难复杂案件常态化机制等多项配套工作机制，全面落实司法责任制，确保"让审理者裁判，由裁判者负责"。2019 年，金融法院的院庭长办案数达到 2043 件（其中主审案件数 804 件），超过全院结案数的四分之一，发挥了示范引领作用。建设"智源、智审、智管、智慧法庭"四位一体的大数据平台，开发了具有创新性的金融审判数据分析及风险预警、庭审及文书中英文双向翻译等系统，提升司改综合效能，促进金融审判体系和审判能力的现代化。

另外，坚持人才强院建设高素质队伍。与高等院校联合建立金融司法人才培养和机制，开选送法官出国（境）培训，着力培养一支通晓金融政策法律、善于处理复杂金融纠纷、能够参与国际规则制定的金融法律专家队伍，为金融审判更好地参与国家治理、服务金融改革开放提供坚实的人才智力支持。同时，深化国际交流合作，许多国家、地区或国际组织代表团来访，展现了上海金融法院的良好形象，为构建多层次、跨领域、跨国界的信息共享平台、学术研究平台和沟通合作平台创造条件。

第十八章　集中管辖机制

跨行政区划法院、知识产权法院、金融法院的改革，已在案件集中管辖标准上初步形成框架，提供了可复制、可推广的重要经验。但是，综配司改在案件集中管辖的司法管理运行机制不断健全上，仍然存在与现有立法脱节的现象或在实施过程存在问题。

第一节　没完全理顺的情形

案件集中管辖改革并不是局限于法院内部的独立改革项，而是涉及与全国人大法律法规、最高人民法院规范性文件、国家行政体制改革以及法院以往的管理运行机制的关联和耦合，使这项改革实际比较复杂，配套改革中还要进一步衔接与完善。下面，以上海三中院为例。

一、政府深改与行政诉讼法的抵牾

与新一轮司法平行展开的，是以中国（上海）自由贸易试验区为起点的政府治理体系迈向深水区的重大改革。许多深改举措的力度之大、程度之深、影响之广，都是前所未有的，且明显在一些问题上出现了“先改革、后完善”的步骤，这也使涉及大量行政案件集中管辖的运行机制遭遇不少改革瓶颈。

主要包括：(1)政府的权力清单、责任清单和负面清单、事中事后监管、综合与智能等改革,具有试点性和动态性,影响了法院在法定职权方面的判断,部分也与法定程序存在冲突;(2)在生态环境保护责任追究制度和生态环境损害赔偿制度中,行政不作为引发的生态环境损害问题引发重视,同时环境领域行政公益诉讼进入法院,又会对法院认定事实带来挑战;(3)以政府为主导的公共服务方式创新,包含将部分公共服务职能授予独立第三方,行使上述公共服务职能的主体能否成为行政主体在行政诉讼中成为被告;(4)行政执法体制推进执法的重心是向市县政府下移,尤其是充实基层力量,在重点领域推行综合执法,但是,综合执法与现存的联合执法、集中执法并不完全一致,引起的行政争议又如何确定被诉主体。

二、行政一审级别管辖的不确定性

2017 年修正的《行政诉讼法》第 26 条第 2 款规定:"经复议的案件,复议机关决定维持原行政行为的,作出原行政行为的行政机关和复议机关是共同被告。"2015 年,《行政诉讼解释》第 8 条规定:"作出原行政行为的行政机关和复议机关为共同被告的,以作出原行政行为的行政机关确定案件的级别管辖。"

根据这一规定,对于上海市级行政机关作出的行政行为,经市政府复议维持后,当事人不服提起行政诉讼的,按照《行政诉讼法》及《行政诉讼解释》,一审的级别管辖应当为基层法院,市级行政机关和市政府作为共同被告,二审应为上海三中院。而根据最高人民法院批准同意的《三中院履职公告》,以市政府为被告的第一审行政案件,上海市高级人民法院指定由上海三中院管辖,因此市级行政机关和市政府作为共同被告,一审应为上海三中院,二审应为上海市高级人民法院。由于《三中院履职公告》与此类案件的级别管辖存在冲突,在审判实务中,一度出现了基层法院和上海三中院均受理市级行政机关和市政府为共同被告的一审行政案件的情形。

三、行政二审地域管辖的不确定性

地域管辖,涉及同级法院之间对案件的分配。根据《行政诉讼法》和《行政诉讼解释》关于管辖的规定,对区级行政机关作出的行政行为,市级行政机关经复议维持的,案件由基层法院受理,且既可以由最初作出行政行为的区级行政机关所在地基层法院管辖,也可以由进行复议的市级行政机关所在地的基层法院管辖。

问题在于，如果当事人一审败诉后提起上诉的，鉴于市级行政机关为共同被上诉人或共同上诉人之一，对于此类案件的二审，究竟应当按照《三中院履职公告》由上海三中院受理，还是应当由一审法院对口的上级法院受理，也容易引发歧义。

四、案件受理类型的有限性

根据《设立跨行政区划人民法院、人民检察院试点方案》和“四五”改革纲要的相关要求，案件集中管辖的目的在于“构建普通案件在行政区划法院办理、特殊案件在跨行政区划法院办理的诉讼格局”。上海三中院的设立及实施集中案件管辖改革，聚焦的是解决重大、易受地方保护影响、跨地区的行政案件。

以行政主体身份实施管辖权，可以打破地域管辖带来的司法地方化弊端。但是，收案是根据人实施管辖权并非根据案件特点，导致了简易案件在上海三中院的行政收案案件中占据一定比例，跨行政区划特色的重大案件占比不高。因此，上海三中院仅在跨区县集中统一管辖特定案件方面具有优势，现有管辖案件较多集中于政府信息公开、行政复议等类型。《行政诉讼法》规定的“由中级法院管辖区（县）政府为被告的案件和涉海关的一审案件”，尚未经高级人民法院指定纳入上海三中院管辖范围。因此，现有案件管辖难以充分体现案件集中管辖改革目的瞄准的重大复杂性。

那么，案件集中管辖的权限划定，能以案件类型的重要性和影响力为考量，而不仅依据当事人身份来确定管辖权，变得尤为重要。

五、执行和保全的衔接不足

法院执行和保全工作已从“磨合期”过渡到“发展期”。接下来，执行案件集中管辖还存在一些亟待衔接和探讨的问题。

主要包括：(1)身份问题。根据上海市高级人民法院的文件精神，上海三中院执行局负责执行知识产权法院和铁路中级人民法院的执行案件，但在对外执行工作中欠缺制度的保障。比如，在执行法官要求协助义务人执行保全裁定时，有些协助义务人会对上海三中院执行法官持知识产权法院出具的裁定书办理业务提出身份上的疑问，由此引发多起诸如身份核实、向上请示等拖延执行的行为，延长了办理时间，不利于保全目的的及时实现。(2)证据保全缺乏制度保障。目前,无论是立法上还是司法解释上,缺少证据保全这一类案件的明确具体制度依据,司法实践中,证据保全的审查和实施尚有一定的随意性,不利于证据保全的效果和效率。(3)缺乏技术支持。涉知识产权证据保全案件具有特殊性,已有大量案件涉及高新技术领域,而执行人员往往不具备相应的专业背景,往往需要多部门配合及专家辅助人参与,同时相应的证据保全规定还要着手制定,从制度上弥补不足。

第二节 影响集中管辖的考量

健全案件集中管辖机制是综配司改的重要内容,既有一些制度性成果,也有存在的问题。影响这一机制进一步深改的因素覆盖较广,需要认真对待和加以分析。

一、基础性考量

制定和颁布案件集中管辖标准,只是案件集中管辖机制的初步成果,涉及解决这一司法管理运行机制问题,需要进一步着重考虑以下因素:

1. 符合跨行政区划法院的需要。根据《设立跨行政区划人民法院、人民检察院试点方案》和“四五”改革纲要,跨行政区划法院的设立,在于构建特殊行政案件在跨行政区划法院审理的诉讼格局,根除传统管辖制度下审判难以中立和行政诉权难以得到充分保护的沉疴。因而,确定跨行政区划法院的行政案件管辖制度,目的主要不在于划定不同中级人民法院的管辖区域,也不在于区分上海三中院与上下级法院之间在案件上的分工。其根本目的在于通过管辖制度的良好设计和整体考虑,凸显跨行政区划法院对重大、易受地方因素影响、跨行政区域案件的管辖特色,为跨行政区划法院的推广与运行提供经验。因而,完善案件集中管辖机制,首先需立足于跨行政区划法院的定位与职责,进行全局性和长远性的设计和思考,要为构建审理跨行政区划行政案件的诉讼格局,打好坚实的审判前提和基础。

2. 落实2017年修正的《行政诉讼法》的需要。新《行政诉讼法》施行后,行政案件管辖及审理制度发生了重大调整,产生了诸如《三中院履职公告》所确定的上海三中院行政案件管辖规定如何与新《行政诉讼法》衔接的新问题,包括级别管辖和地域管辖不一致时，应当如何确定具体管辖法院等。为了落实新《行政诉讼法》及《行政诉讼解释》的规定，避免管辖上发生争议，上海三中院的管辖制度需要明确：(1)市政府为被告的第一审行政案件，被诉行政行为既涉及市政府单独作出的行政行为（含作为类和不作为类），也包括市政府作为复议机关对区（县）政府或市级行政机关行政行为所作出的复议决定。其中，对市级行政机关作出的行政行为，经市政府复议维持的，是否可以提级由上海三中院统一管辖。(2)以市级行政机关为上诉人、被上诉人的第二审行政案件，如市级行政机关系作为区级行政机关的复议机关而成为共同当事人的，此类案件的审理是否还需要根据《三中院履职公告》由上海三中院统一管辖。

3. 推动“三院合一”新机制运行的需要。上海三中院作为跨行政区划的试点法院，在“三院合一”的新机制下运作。上海三中院管辖的跨地区刑事案件包括上海海关所属公安机关办理的刑事案件，以及上海市公安局城市轨道和公交总队办理的可能判处无期徒刑以上刑罚或者在上海市有影响的刑事案件等。因此，上海三中院如对被告为上海海关及其各隶属海关的第一审行政案件加以管辖，有利于审判全局的统一性，符合类案集审的机制安排。此外，随着“三院合一”整合的完成，今后上海铁路运输中级人民法院将不再办理其管辖的涉轨道交通类第二审案件，此类行政案件亦可以由上海三中院管辖。

4. 促进基层法院集中管辖机制探索的需要。自 2016 年 7 月 1 日起，上海铁路运输法院实施对长宁、静安、虹口、普陀四个市中心区域行政一审案件的集中管辖，上述案件上诉后集中到上海铁路运输中级人民法院审理。鉴于上海三中院（上海铁路运输中级人民法院）设行政庭，此类案件的上诉将由上海三中院行政庭进行审理。因而，上海三中院将在相当程度上集聚一定数量的跨区（县）案件，通过对此类案件开展二审审理，上海三中院将在推动市级层面行政执法标准趋向统一的基础上，进一步推动区级行政机关依法行政理念、能力与水平的提升，展示和发挥跨行政区划法院在推动法治政府建设过程中的重要作用。因而，上海三中院管辖制度的明确，也应当有利于理顺对集中管辖的行政案件的二审审理机制问题。

二、延伸性考量

另外，随着新《行政诉讼法》的实施，《三中院履职公告》确定的管辖制度与立案登记制、共同被告等新制度产生了相应的冲突，上海三中院与其他中级法院甚至基层法院之间出现了案件管辖不确定的现象，在一定程度上影响了案件受理和审理工作的有序开展。因此，案件集中管辖机制在延伸意义上，还要考量的问题包括：

（一）指定管辖及其完善

法定管辖是管辖制度的基础，指定管辖应当作为一种例外。《刑事诉讼法》规定了级别管辖、地域管辖、专门管辖、移送管辖四种法定管辖模式，而指定管辖一般适用于以下两类刑事案件：一是管辖不明的案件；二是管辖权明确，但由于案件特殊性而对法定管辖进行个案调整。后一种情况的实质是法律赋予上级司法机关在特殊情况下，有权变更和确定案件管辖，以保证案件及时公正办理。

党的十八届三中全会提出“探索建立与行政区划适当分离的司法管辖制度”，但这样的管辖制度在法律上尚未被写入。因此，跨行政区划法院的案件管辖范围在法律上缺乏明确的依据，只能依靠上级法院予以指定。而指定管辖作为法定管辖规则之外的一种管辖确定方式，具有很强的灵活性，可作为跨行政区划法院管辖案件的重要来源，在通过修改《刑事诉讼法》将跨行政区划法院案件管辖法定化之前，仍有一定的存在价值。

上海三中院的受案范围是根据上海市高级人民法院的指定管辖，且限定为“跨地区”的“重大”刑事案件。但是，从实际收案情况来看，此类案件很少，尤其是跨地区的环境资源保护案件。所以，需要进一步完善当前案件的指定管辖范围，可在级别管辖上予以变通，不局限于可能判处无期徒刑、死刑的环境资源保护案件，对于可能判处三年以上有期徒刑的破坏环境资源案件进行提级管辖。“环境犯罪有其特殊性，其要素具有流动性和整体性。因此，环境案件的系统性、复杂性和生态性等特点十分显著，跨行政区划的可能性极大。如果按照行政区划的方式划分司法管辖区，可能会人为地割裂区域、流域等自然功能区域，并不利于事实的调查、案件的审理和纠纷的解决。”①同时随着工业文明的发展，环境破坏和污染问题离不开当地企业的生产活动，当经济利益和生态利益存在利害冲突时，仍将环境犯罪案件属地化管辖，则可能会产生地方保护主义，干扰司法的正常程序。所以，将环境资源保护案件统一交由跨行政区划

---

① 张忠民：《建立与行政区划适当分离的环境资源案件管辖制度》，载《环境保护》2014 年第 16 期。

法院管辖有其必要性,也有助于打造专业化的审判队伍。

当然,这样的提级管辖和指定管辖只是诉讼法规定的特殊措施,而非常态化的举措和常规性的程序。随着跨行政区划法院试点工作的不断深入,跨行政区划法院的案件类型有必要在《刑事诉讼法》中予以明确,但在现阶段,指定管辖仍应当完善而不应被否定,以便在改革过程中及时纳入新类型的刑事案件。

(二)知识产权刑事案件审判模式完善

上海三中院与上海知识产权法院合署办公,知识产权刑事案件由上海三中院刑庭受理,在审理时由知识产权庭的法官参与到合议庭中。但这只是权宜之计,“三院合一”的结构模式难以从根本上达到知识产权案件民事、行政、刑事“三审合一”的目的和要求。鉴于上海已经成立知识产权法院,知识产权案件“三审合一”的实现必然依托于上海知识产权法院。

(三)刑事案件管辖范围的深层探索

1. 新类型案件的纳入。设立跨行政区划法院,旨在排除地方因素对司法活动的干扰,确保依法独立公正行使审判权,保证国家法律统一正确实施。因此,理论上案件集中管辖机制应当设计管辖容易受地方因素影响的案件。但是,这也只能是案件管辖范围的考量因素,无法作为一类案件,在技术上不具有统一划归跨行政区划法院集中管辖的可能性。随着这项改革的不断推进,需要适时做出调整纳入新类型的案件,比如,新零售、公共卫生、大数据社会应用等专业性较强的类型。

2. 省际跨域管辖权的问题。案件集中管辖限于省级行政区域内,省际跨域案件较少,且从级别管辖上来讲也仅限于中级人民法院级别,制约了跨地区环资类、食药类案件的管辖。一般而言,重大环境污染和食品药品安全案件都存在跨省市的特点,这是由其案件本身的性质所决定的,环境要素、食品、药品等都有高流通性和无界限性,导致了犯罪行为实施地和犯罪结果发生地涉及多个行政区域。需要考虑进一步拓展跨行政区划法院案件管辖范围,将省际跨域的市重大环境污染和食品药品安全案件纳入集中管辖。

第三节　集中管辖的“小配套”

案件集中管辖机制改革,不是单一独立的,而是要协同省级人财物统筹改革、行政案件集中管辖、完善审级制度、铁路运输法院改制等多项改革，不断完善"小配套"的制度和机制。

一、案件集中管辖体系

案件集中管辖机制，是涉及跨行政区划法院和当事人诉权保障的基础工作。在深化综配司改过程中，需要进一步对"特殊案件"作出明确界定，尤其是对"跨地区"、"易受地方因素影响"和"重大"三要素的判断标准，还要经受更多的实践检验。对此，全国各地的实践探索尚未形成统一的认识，需要进一步加以深入研究。

笔者认为，可以采用"1+3"的模式，即以上级法院指定管辖为基本方式，充分结合地域管辖、级别管辖等，探索健全案件集中管辖体系。指定管辖的客体是"特殊类型案件"，什么时候指定，以什么方式指定，需要根据实际情况，以开放思维，视案件情况和法院审判资源配置情况而定。在此基础上，案件集中管辖机制主要解决的是特定区域内的特殊类型案件管辖问题，比如，行政案件、环境资源保护类案件集中管辖等。同时，辅之以地域管辖，主要解决如何"跨"的问题，可以通过最高人民法院指定的方式，实现跨省管辖；另外，再辅之级别管辖，主要解决管辖层级问题，按照四级法院的功能定位，把案件审理的主要功能放在基层法院和中级法院。

二、集中管辖法院组织体系

案件集中管辖机制改革的关注焦点虽然在跨行政区划法院，然而实际上还会广泛涉及人民法院的更多集中管辖问题。因此，对于该机制的准确定位需要在法律上予以明确。以跨行政区划法院为例，鉴于司法权是中央事权，立足跨行政区划法院设立的目的在于破除地方保护、避免诉讼"主客场"，跨行政区划法院今后在组织体系的设计上，结合国家区域发展战略的推进实施，借鉴铁路法院跨省管辖的模式和经验，形成相对独立的跨行政区划法院组织体系。这个体系的建设要以省以下法院人财物统一管理改革为基础，消除省内跨行政区划设立法院的法律障碍，也要以《人民法院组织法》的修订为基础，充分利用现有铁路法院的组织机构，在全国范围内设置三级跨区划法院，即在省、自治区、直辖市内，根据地理位置、人口数量、辖区面积等因素，设置若干个跨区（县）的基层法院和跨地区的中级人民法院。

在此基础上,加强对设立跨省高级人民法院的理论研究和探索,按照现行四级二审终审制原则,对接最高人民法院巡回法庭。在设置程序上,可先行省内试点,逐步转向由中央直属,由最高人民法院管理,财政经费由中央财政保障,法官由全国人大常委会任免,逐步构建和完善真正意义上的跨行政区划法院组织体系。

三、集中管辖审判工作体系

案件集中管辖机制,区别于以地域管辖为主的案件,往往具有因跨地域给当事人诉讼带来不便的问题,因此,建立一套符合案件集中管辖之后的审判工作体系至关重要。包括:(1)借助“互联网+”,完善司法公开和“诉讼两便”机制。推动在线审判,实现诉讼电子化、网络化和移动化;还要适应公媒融合和自媒发展,更多从用户需求和用户体验角度,回应民众期待和保障对司法的知情权、表达权、参与权和监督权。(2)建立适应特殊类型矛盾化解的多元纠纷解决机制。进一步完善民商事案件诉调对接、诉裁对接机制,尤其是针对涉环境资源保护、食品药品安全以及企业破产类案件的特殊性,更多地从恢复环境资源、食品药品安全和企业经营秩序的角度出发,加强与其他的相关机构,比如调解机构、政府协调机构等的联系互动,强化补偿和恢复秩序。(3)适应以审判为中心的诉讼制度构建,完善相应的工作衔接、监督机制。以审判为中心的诉讼制度的构建,不仅需要凸显法院裁判的权威性、终局性,还要发挥法院裁判和审查的监督、引导作用,促进检察机关、公安侦查机关和其他政府部门依法、规范行使权力。要建立与这些机关的工作衔接、监督机制,加强沟通交流,规范工作程序。

第十九章　内设机构改革

法院和检察院的内设机构改革，是综配司改中司法机关内部职权优化配置的关键一环。其中，检察机关的“大部制”改革使法律监督职能出现了重要调整，相对审判机关更显著。以下主要以上海市的检察机关内设机构改革为例，作深入分析研究。

第一节　改革契机与方案

这一轮的内设机构改革是以“合并”为导向，重点是进一步优化司法职权配置，大幅提升办案质效。司法机关内部业务庭室的组织建制适度收缩，除了非业务部门的“趋一元化”调整，更重要的是出现了审判机关的庭室合并，以及检察机关的“大部制”改革。其中，检察机关的改革印迹更加深刻，值得高度关注和探讨。

一、改革契机

2018 年 10 月 26 日，全国人大审议通过《人民检察院组织法》的修正案，标志着检察机关的组织建设进入新时期。该法实施为检察机关内设机构改革提供了制度基础。其对派出检察院、检察室的设置权限作了明确的规定，也为检察院内设机构和检察室的设置提供了法律依据，让检察机关内设机构改革有法可依、有章可循。

党的十八届四中全会确定了推进以审判为中心的诉讼制度改革,改变了侦查中心主义模式,其中,检察机关扮演举足轻重的角色。这也给检察机关内设机构改革提供了路径选择,即聚焦主责主业,履行法律监督职责,整合内部刚性能量,打造监督拳头产品,为构建以审判为中心的刑事诉讼体系提供支撑。同时,侦防部门转隶为检察职权重构、内设机构优化设置提供了重要契机。新时代司法环境下检察权发生了深刻的变化。原属检察机关的反贪、反渎和职务犯罪预防等部门整体转隶监察委,而检察机关作为公共利益代表,其承担公共利益守护者、维护者的角色又以法律的形式确立,这就对检察机关享有的检察权的内涵和外延进行了拓展,为优化检察机关内设机构配置提供了契机。此外,检察官作为检察机关最基本的检察业务机构,其在检察机关内设机构优化配置中的地位举足轻重。毕竟,“检察官作为法律的守护人,既要追诉犯罪,更须保护被告人免于法官恣意及警察滥权,担当国家权力双重控制的任务”①。在内设机关改革中只有凸显检察官的主体地位,才能保障检察权充分有效的实施。而这些内设机构优化配置的改革动作都在侦防部门转隶之后调整职务犯罪办理权限、拓展检察权能内涵和外延中孕育契机。

二、改革方案

上海市检察机关在推进内设机构改革试点过程中合理设置机构,科学配置职能,在部分区院开展先期试点的基础上,根据市检察院、各检察分院及基层区院的不同实际情况,分别形成了较为成熟的内设机构改革方案。

在基层检察院内设机构改革方案中,基层检察院常设机构精简为业务部门6个、行政部门4个。根据区域特点、历史传承、办案数量和改革任务等情况,条件成熟的基层检察院可增设个别特色业务部门,比如,金融检察部门、未成年人检察部门等,以适应基层刑事诉讼和监督工作的需要。其中,整合立案监督、侦查监督、审判监督、刑事申诉的审查与办理等诉讼监督职能,成立刑事诉讼监督部,统一行使上述刑事诉讼监督职能,解决刑事诉讼监督碎片化问题;整合研究室、案管、控告接待等部门的职责,设立业务管理部,统一负责业务管理事项。在推进内设机构改革的同时,将内设机构改革和完善办案组织建设相结合,探

① 林钰雄:《检察官论》,法律出版社2008年版,第78页。

索推行检察官办公室建设，检察官办公室不作为内设机构、不确定行政职级，重点建立突出检察官司法办案主体地位的办案模式，进一步推进和完善司法责任制。

三、改革问题

但是，内设机构改革在推进过程中出现了一些在过渡期内，以及在可复制、可推广过程中的因地制宜问题。

1. 内设机构改革过渡期间面临的挑战。内设机构改革带来了重大变化，检察机关在机构整合、人员调整和配套制度建立的同时，无疑会尽力将改革冲击带来的影响控制在合理范围之内。但是，在探索推进内设机构扁平化改革的过程中，部门、个人均会面临重大的调整，原有工作、利益格局被打破，新的平衡尚未建立，个别部门工作节奏有所放缓，对检察工作造成了阶段性影响，这种影响不仅在改革过渡期内存在，甚至还将延伸到改革任务落实之后的一段时期内。

2. 内设机构改革相关配套措施建设。内设机构改革并不仅仅是简单的机构撤并，更重要的是对人员管理模式、检察权运行体系、工作运转机制作出的重大优化。尤其是今后业务部门主任（副主任）不再对应行政领导职务，检察官、检察官助理和书记员不再确定行政职级，实行捕诉合一办案模式、单独设立刑事诉讼监督部门、办案业务与行政事务适当分离等，这些都为检察机关带来了全新的挑战，需要有一系列的“小配套”机制来支撑。①

3. 内设机构改革的“因地制宜”。比如，上海市浦东新区检察机关的原有内设机构较多、级别配置较高、案件数量多而复杂，且服务于自由贸易区建设以及科创、金融中心建设。因此，在内设机构改革、检察官单独职务序列政策推进过程中，该院确实有区别于其他基层检察院的更多特点，如果按照相同政策标准，改革难以凸显区位特点，会不利于队伍管理。

---

① 例如，四级高级以下检察官等级实行按期晋升，如何让检察官绩效考核结果与等级晋升挂钩，体现奖勤罚懒？四级、三级高级检察官和二级检察官助理是否按区管干部管理，是否享受相应的政治待遇、经济待遇和退休待遇？又如，新设立的检察三部主要负责刑事诉讼监督职责，上级检察院由哪个部门负责业务指导？改革后各业务部门的核心业务指标和评价标准如何重新设定？等等。这些均需要上级机关尽快明确相关的配套政策，制定相关配套制度规定，便于新的内设机构高效运转，让各类检察人员工作有动力、努力有方向、发展有预期。

第二节　内部职权定位

包括审判权、检察权在内的司法权能属性定位,直接关系到司法机关的内设机构改革方向、原则和架构,至关重要。目前,围绕审判权能的认知已达成基本共识,但是,针对检察权能的争议仍不绝于耳。

一、检察权能的定位之议

检察权的属性定位在学界和实务界都存在争议。代表性观点认为:"检察机关并非单一的司法机关,检察权的性质及组织、活动兼具行政、司法色彩。检察权的行政性,体现为检察构造上的'检察一体制',即以上命下的行政关系,以及职务转移、职务继承等行政性制度要素的支撑。检察权的司法性,体现在检察办案组织构建的相对独立,在检察官依法独立履行批准逮捕、审查起诉等检察职能中体现得尤为明显。"①

因此,检察权与具体检察权能之间是整体与局部的关系。根据这一定位,检察权能包括判断权、追诉权和监督权。比如,审查逮捕权就是典型的判断权,具有司法属性;自侦权和公诉权属于追诉权的范畴;而立案监督权、侦查监督权、审判监督权和刑事执行监督权,这些权能全部隶属于检察监督的范畴。

在此基础上,以诉权为轴的检察权开始初具雏形。之后,还有学者又进一步从宪法角度对检察权能的内涵进行法理解释,认为对检察权的分析必须考虑宪法权力划分标准的双轨制,既考虑决策、执行、监督的纵向划分,也考虑立法、行政和司法的横向划分。②

因此,应当把检察机关被宪法赋予的法律监督权置于本位,坚守检察权能的这一内核,进一步研究法律监督权的行权手段和方式,保证法律监督权实施的实效性。

二、检察权与内设机构的内在性

内设机构,是检察职能的形态分类和检察权在运行过程中的不同组合设

---

① 陶建平:《检察权运行的结构化逻辑》,载《东方法学》2017年第6期。

② 周叶中、叶正国:《我国宪法检察制度若干关键问题辨析》,载《四川师范大学学报(社会科学版)》2015年第2期。

置。“中国检察权是一项以法律监督权为本质属性的集合性权能。”检察机关履行法律监督权能的方式、手段呈现多元化和多样化的特征。从内在横向结构关系看，检察权进行职权分解后，将具有相同职能属性、目标价值和运行特征的职权归为一类，由相应的内部机构行使此检察权能，各内设机构之间是一种同类分权的关系。但同类分权关系的各内设机构也不是绝对分离的，其也存在权能的交叉。比如，在对监狱、看守所的执法活动实行法律监督的过程中，由监狱、看守所检察部门根据法律规定行使侦查权；或在此场所发生刑事案件的，由监狱、看守所检察部门行使审查(不)逮捕权和审查(不)起诉权。这种权能交叉在刑事检察部门和民事检察、行政检察以及公益诉讼部门的同类分权归口中表现得更为明显。

从内在纵向结构关系看，主要有这样几个方面的关系：一是检察长和内设机构及其负责人之间的关系；二是检察长和其辖属检察官之间的关系；三是检察官与其所在内设机构及其负责人之间的关系。检察长领导检察工作，管理行政事务，副检察长协助检察长工作。在工作需要的前提下，设置必要的内设机构及其负责人是检察长领导和管理权力的延伸，其并不具备独立的检察意志。其工作内容和权限以服从检察长为前提，一般情况下检察机关内设机构及其负责人不具有独立对外行文主体资格。因检察官系检察机关法定组成人员，故与其他内设机构不一样，其可以对外具名行使检察权。检察官与其所在内设机构及其负责人之间的关系，本质上是一种平权归类关系，内设机构及其负责人并不当然具有对检察官的管理和领导权限，只是由于检察长的时间和精力所限，无法直接管理和领导每一位检察官，故内设机构是检察长管理的延伸。

三、检察权与内设机构的外在性

检察机关长期存在“重刑轻民”“重刑事轻行政”的检察权运行思维，更有甚者，形成了检察机关“唯刑事论”的行权模式，这种观念和思维模式无法满足法律监督在维护公平正义领域的全覆盖。检察机关长期存在的“民行检察边缘性”“公益诉讼附属性”的偏颇局面需要得到纠正，以适应经济社会发展和人民群众司法需求。

为更好履行检察机关法律监督职能，实现对司法公平正义领域的全覆盖，最高人民检察院启动新一轮的内设机构改革，分别设立民事检察、行政检察、公益诉讼检察部门，以提升检察权运行的专业化水平，更加高效、及时地处理人民群众的司法诉求。“刑事检察、民事检察、行政检察和公益诉讼已构成检察机关法律监督职能的四个重要组成。科学设定内设机构,合理配置司法资源,使法律赋予检察机关各项职能都能得到充分有效的履行。”民事诉讼、行政诉讼和公益诉讼在权力的运行机理上存在质的区别,故而检察机关在履行民事检察、行政检察和公益诉讼检察职权过程中应当充分运行检察监督多样性,分类制宜,实现对不同质权力运行过程的监督。

此外,《人民检察院组织法》也进一步完善了检察机关行使检察职权的方式和手段,保留了检察机关依法对部分案件行使侦查权的规定,明确了检察机关在对外行使检察权时,可以进行调查核实,提起公益诉讼,提出抗诉、纠正意见、检察建议,巡回检察等履行法律监督职能的方式和手段。检察长、检察官作为检察院的组成人员和一级内设机构,应当具名对外行使检察权。内设机构设置中应当充分体现检察官的主体性,构建“检察院(长)+检察官”对外行权模式,遵循检察机关内设机构设置“检察一体化”原则和“司法责任制”原则,建立检察一体、权责明晰、运行高效、监督有力的检察权运行新机制。

第三节　改革基本原则

检察机关内设机构改革应当坚持什么样的原则,学界和实务界对此有诸多不同的观点。就性质而言,检察机关内设机构具有检察学和行政组织学双重属性,其改革路径既要以检察权运行理论为基本遵循,又要兼顾行政组织理论的一般原则。

从检察权运行理论来看,检察机关内设机构改革应当以检察一体化、司法责任制和行政组织管理原则为基本遵循。

一、检察一体化原则

“检察官乃‘上令下行’的官署,检察官作为检察机关内设机构最基本的业务单位,其行权范围以检察长的授权为限。检察长对其所属检察官,上级检察机关对下级检察机关享有纠错、撤销、变更以及职权回收的权力。检察长是所在检察院的首脑,拥有并行使全部检察权,统一领导检察院的工作,其指示和决定就是该检察院的指示和决定,各内部机构和检察人员都必须服从。各内部机构和检察人员只享有局部的、授权范围内的权力。"①

《人民检察院组织法》对"检察一体化"这一原则明确规定,最高人民检察院是最高检察机关,领导地方各级人民检察院工作,规定上级人民检察院对下级人民检察院行使以下职权:认为下级人民检察院的决定错误的,有权指令下级人民检察院纠正,或者依法撤销、变更;可以对下级人民检察院管辖的案件指定管辖;可以办理下级人民检察院管辖的案件;可以统一调用辖区的检察人员办理案件;规定下级人民检察院应当执行上级人民检察院的决定,有不同意见的,可以在执行的同时向上级人民检察院报告。

坚持检察一体化,是由检察机关作为法律监督机关的宪法定位决定的,其扮演着"法律守夜人"的重要角色。对其他公权力的专门化监督是检察监督的核心内容,渗透在检察办案的各个环节,以此为特征的检察权行使,以承办检察官一人之力难以独挡,需要凭借检察机关一体的组织优势以保障监督的有效性。因此,反映在相应的办案组织结构上,"需要形成检察机关上下一体的组织特征"②。故而,不管是从相关法律的规定,还是从检察权运行的实际需求来说,检察机关内设机构设置都应将"检察一体化"作为基本遵循。

二、司法责任制原则

检察官司法责任制是司改的重要成果之一,也是内设机构优化设置的最佳驱动力。"在现有格局之上对内设机构进行精简,需要一种新的利益驱动,一方面要对被精简人员有一种合理的补偿,另一方面还要满足现有检察人员的合理预期,而检察官办案责任制正是应和了这种利益驱动的需求。"③法律在赋予检察官权力的同时,也规定了错案终身追责的法律制度,这种制度设计将权责归于一体,体现了全新的职业模式、评价机制和价值追求,不再纠结于行政职级的有无、高低和任免,而是将更多精力放在是否具备一名合格或者优秀检察官所应当具备的业务素养上面;同时,实行司法责任制也有利于提升检察官身份认同感、责任感、职业归属感。检察官作为检察机关最基本的办案业务单位,在内设机构优化设置中坚持司法责任制是检察官行权履职的底线。

---

① 谢鹏程:《论检察机关内部机构的设置》,载《人民检察》2003 年第 3 期。

② 陶建平:《检察权运行的结构化逻辑》,载《东方法学》2017 年第 6 期。

③ 高继明:《试论检察官办案责任制改革与内设机构改革的关系》,载"主任检察官办案责任制——第十届国家高级检察官论坛"论文,2014 年于山东临沂。

司法责任制原则是在检察长领导下的检察官办案责任制，其与坚持检察一体化原则之间并不矛盾，两者是相互补充、相辅相成的关系。一方面，检察一体化需要司法责任制作用于具体的检察业务，体现“谁办案，谁负责”“谁决定，谁负责”的司法规律。检察长系检察官之长，其当然对辖区内所属检察官职务行为享有纠错、撤销、变更之权力，也应当对检察官职务行为的结果承担领导责任，即两者的责任区别在于领导责任和直接责任的不同。另一方面，从责任分配的不同界面看，检察一体化是司法责任制的纵向责任追究模式，“检察官办案责任制”是司法责任制的横向责任追究模式。“检察一体化”责任模式下的检察长，是检察官办案责任制的监督者、执行者和检察官对外职务行为后果的承受者，所以，内设机构设置需充分考虑司法责任制下检察权的行权路径。

三、行政组织管理原则

从行政组织理论来说，检察机关内设机构还应当坚持行政组织理论的一般原则。包括：

1. 职权分类原则。在国家监察体制改革对职务犯罪的侦办进行整合后，《人民检察院组织法》等相关法律也对检察机关的职务犯罪办案职权进行了调整，保留了对部分案件的刑事侦查权，另外增加了依照法律规定提起公益诉讼的权力，明确了对民事、行政诉讼活动、执行活动实行法律监督等职权。新的检察职权调整对检察机关内设机构改革提出了更多现实要求。

最高人民检察院强调依据检察职能进行内设机构设置，要求各级检察机关要以业务归口为方向，本着科学、精简、效能的原则充实加强业务部门，合理调整非业务部门。另外，需要强调的是检察职权分类是在坚持检察一体化原则下对检察职权的分类行权。“按照检察一体化的要求，检察组织、检察官之间要形成上令下从、相互协调、关系密切的有机统一整体，对内上令下从、横向支撑，对外整体协调、步调一致，以此确保检察权的依法独立高效行使。”[①]故而，坚持检察职权分类原则并不是对“检察一体化”原则的否定，而是在检察机关内部将职权分类行使，保障检察业务的专业化、检察官角色的类型化和检察权运行的规范化。

---

① 汪建成、王一鸣：《检察职能与检察机关内设机构改革》，载《国家检察官学院学报》2015年第1期。

2. 必要性原则。《人民检察院组织法》明确了人民检察院根据检察工作需要,设必要的业务机构或综合业务机构,可以设立必要的检察辅助机构和行政管理机构或者根据检察工作需要设立检察室等。这就从法律的角度确立了内设机构配置的必要性原则。检察机关内设机构改革应当体现必要性原则,也就是说检察机关在考虑内设机构配置时,应当考虑其内设机构设置的必要性,不符合检察权行权目的的,应当排除内设机构改革候选方案范畴。"提高司法效率应是司法机关追求的重要目标之一,其体现在司法机关自身的低投入和高收益上,即以最小的司法成本投入获取最大的司法效益,必须使内设机构尽可能科学合理,合乎司法办案规律,合乎公正高效的要求,以实现资源配置的最优化。"①

第四节　内设层次与改革模式

一、检察机关内设机构层次

检察官是一级内设机构,而且是检察院组成的最基本业务单位。根据《人民检察院组织法》的立法精神,内设机构设置应当力求精简,实现"检察一体化"的检察职权行使模式。这里,可以从两个方面理解立法精神:一是《人民检察院组织法》在第二章"人民检察院的设置和职权"中,多次、反复强调检察院根据检察工作需要,可以设置派出机构、检察室,设必要的业务机构、检察辅助机构和行政管理机构。其中,力求精简进行内部机构设置的意图十分明显。二是在《人民检察院组织法》第四章"人民检察院的人员组成"中,规定了检察院的检察人员由检察长、副检察长、检察委员会委员和检察官等人员组成,并未将其他任何一级内设机构的部门负责人列入检察院组成人员。根据这一立法精神,内设机关辅助职责地位已很清晰。

有学者从法理上分析了检察机关内设机构设置的目的:"一是辅助检察长之管理;二是检察业务专业化发展之所需。其认为检察机关的内设机构并非必然存在之事物,一级检察机关可以设立内设机构与否,关键性的考量因素是检

---

① 周道航:《检察机关内设机构改革的思考》,载《中国检察官》2017 年第 7 期。

察长的管理幅度、一级检察业务专业化发展的程度，具体应当斟酌检察机关内部行政事务的繁杂程度、检察官员额数、案件数以及案件类型等，综合权衡后决定。"[1]这一观点遵循了"检察一体化"基本原理，也契合了《人民检察院组织法》的立法精神，是对检察机关内设机构内涵的较好诠释。所谓检察机关内设机构，是指检察长为行政管理需要，履行检察业务办理职责，根据检察工作需要而设置检察业务机构（综合业务机构）、检察辅助机构和行政管理机构，其目的在于便于检察长行使检察职权和履行检察职能。

二、检察机关内设机构改革模式

基于"检察一体化"的理论视角，检察职权均归属于检察长，检察长根据相关的法律和程序将分解后的检察职权分别授予不同的检察官行使。另外，检察机关内部事务日常行政管理的事务性权力，当然属于检察长享有，这也是"检察一体化"的题中应有之义。

检察长、检察官均属于检察机关一级内设机构，且检察官是检察机关最基本的检察业务单位。比较流畅的检察权行使，就是检察长直接行使检察职权，抑或直接指挥检察官行使检察职权。检察机关内设机构分为检察长和检察官两级业务机构，并配之以必要的检察辅助机构和行政管理机构。从检察权行使路径来说，其理想模式为"全能型检察长+专业型检察官"，检察官依照分解后的检察职能类型，进行专业化塑造，在检察长统一指挥调度下行使相关检察职权。

检察机关内设机构，实际上是检察机关内部的一个管理层级和单元。创设内设机构，主要是为了弥补检察长直接行使管理权之不足，以内设机构的名义延伸检察长的检察权，加强检察长对所属检察官的管理效能。检察权分解后，其权能内容呈专业化、精细化的趋势，检察长虽为检察业务的专家，但术业有专攻，检察长亦不能面面俱到。检察职能要得到全面而高效的履行，检察官内部就应当实行业务分类、各司其职。从检察制度设计上来说，确有必要创设若干承载不同检察业务类型的内设机构，并将从事相同检察业务职能的检察官进行归口，提升检察权职能化分类行使的专业化程度，以提升检察权行使质效。

---

① 万毅：《检察机关内设机构改革的基本理论问题》，发表于"万家灯火"公众号。

总之,“内设机构改革应以责任制改革和检察权有效行使为必要”①。从检察权的有效行使来说,检察机关内设机构改革是以有效的司法为要求进行内部的机构优化组合,实现最大化的司法效益。检察机关内设机构改革,应当充分注重检察官的主体地位,减少“科层制”,尽可能以“检察长+检察官”的行权模式,实现“上令下行”,保障检察职能履行的专业、高效,这不仅符合“检察一体化”原则的运行规律,也是强化检察权行使的力量、简化决策流程、理顺组织机构内部关系、整合组织优势、集约高效行使检察权的需要。

① 夏阳、高斌:《司法责任制视野下检察机关内设机构“大部制”改革思考》,载《人民检察》2015年第20期。

第二十章　强化公益诉讼

2014 年，党的十八届四中全会提出“探索建立检察机关提起公益诉讼制度”。2015 年，中央深改组审议通过了《检察机关提起公益诉讼改革试点方案》；同年，根据全国人大常委会《关于授权最高人民检察院在部分地区开展公益诉讼试点工作的决定》，最高人民检察院在 13 个省、自治区、直辖市开展了为期两年的检察机关提起公益诉讼试点，此后又陆续在全国展开，已经成为新一轮司改和综配司改的重要内容。2017 年，全国人大常委会通过了《关于修改〈中华人民共和国民事诉讼法〉和〈中华人民共和国行政诉讼法〉的决定》，检察机关提起公益诉讼被明确写入两部诉讼基本法，标志着以立法形式正式确立了检察机关提起公益诉讼制度。

第一节　检察公益诉讼基础

一、职权的依据与形式

检察公益诉讼既有宪法法律规定，也有“两高”司法解释的配套规定。主要包括：(1)《宪法》第 10 条、原《物权法》第 42 条、《土地管理法》第 2 条等法律规定都出现了“公共利益”一词，但没有具体解释。(2)《民事诉讼法》第 15 条规定：“机关、社会团体、企业事业单位对损害国家、集体或者个人民事权益的行为,可以支持受损害的单位或者个人向人民法院起诉。”这是检察机关支持起诉、督促起诉的法律依据。(3)2017年修订的《民事诉讼法》第55条、《行政诉讼法》第25条第4款分别对检察机关提起民事公益诉讼、行政公益诉讼作出了规定,①标志着我国以立法形式正式确立了检察机关提起公益诉讼制度。(4)2016年2月25日,最高人民法院发布《人民法院审理人民检察院提起公益诉讼案件试点工作实施办法》(以下简称《实施办法》),对人民法院受理人民检察院提起民事公益诉讼和行政公益诉讼案件的范围、案件管辖、案件当事人、调解、撤诉、审理规则等方面进行了规定。《实施办法》于2016年3月1日起施行。(5)2018年3月2日起施行的“两高”《关于检察公益诉讼案件适用法律若干问题的解释》对检察公益诉讼案件的管辖、上诉,民事公益诉讼中的公告程序、反诉,刑事附带民事公益诉讼、行政公益诉讼中的诉前程序等予以明确。②

在国外,许多国家都在立法上规定了检察机关介入公益诉讼的职权和方式。在美国,检察长有权对涉及联邦利益的案件、涉及环境保护和税法的案件提起诉讼;如果当事人一方或双方是国家机关或公职人员时,检察长有权参与诉讼。在英国,检察长为公益事项参与民事诉讼和行政诉讼;对于公共机构越权损害公民权益和社会公益的行政案件,检察长可以随时介入诉讼。在法国,根据其民事诉讼法第423条的规定,在公共秩序受到损害时,检察长可以为维

① 《民事诉讼法》第55条第1款第1句规定:“对污染环境、侵害众多消费者合法权益等损害社会公共利益的行为,法律规定的机关和有关组织可以向人民法院提起诉讼。”《行政诉讼法》第25条第4款规定:“人民检察院在履行职责中发现生态环境和资源保护、食品药品安全、国有财产保护、国有土地使用权出让等领域负有监督管理职责的行政机关违法行使职权或者不作为,致使国家利益或者社会公共利益受到侵害的,应当向行政机关提出检察建议,督促其依法履行职责。行政机关不依法履行职责的,人民检察院依法向人民法院提起诉讼。”

② “两高”《关于检察公益诉讼案件适用法律若干问题的解释》第13条规定:“人民检察院在履行职责中发现破坏生态环境和资源保护、食品药品安全领域侵害众多消费者合法权益等损害社会公共利益的行为,拟提起公益诉讼的,应当依法公告,公告期间为三十日。公告期满,法律规定的机关和有关组织不提起诉讼的,人民检察院可以向人民法院提起诉讼。”第20条规定:“人民检察院对破坏生态环境和资源保护、食品药品安全领域侵害众多消费者合法权益等损害社会公共利益的犯罪行为提起刑事公诉时,可以向人民法院一并提起附带民事公益诉讼,由人民法院同一审判组织审理。人民检察院提起的刑事附带民事公益诉讼案件由审理刑事案件的人民法院管辖。”第21条规定:“人民检察院在履行职责中发现生态环境和资源保护、食品药品安全、国有财产保护、国有土地使用权出让等领域负有监督管理职责的行政机关违法行使职权或者不作为,致使国家利益或者社会公共利益受到侵害的,应当向行政机关提出检察建议,督促其依法履行职责。行政机关应当在收到检察建议书之日起两个月内依法履行职责,并书面回复人民检察院。出现国家利益或者社会公共利益损害继续扩大等紧急情形的,行政机关应当在十五日内书面回复。”

护公共秩序而提起诉讼。德国和日本确定了公共利益代表人制度,检察官对于无效婚姻、禁治产案件等有权提起诉讼;对于判决不服的,可以提出上诉。

根据以上法律规定和司法实践,检察机关参与公益诉讼的完整内涵,覆盖支持起诉、督促起诉、提起诉讼和刑事附带民事诉讼。支持起诉,是检察机关利用其资源优势支持国家、集体或者个人利益受损方提起诉讼的方式;督促起诉,是检察机关针对利益遭受损害、有关部门不行使或怠于行使自己的监管职责的情况,以监督者的身份,采用检察建议等形式督促有关部门履行职责、依法提起诉讼的方式;提起诉讼,是检察机关以公益诉讼人身份对侵害国家利益或社会公共利益的行为直接提起诉讼的新方式,检察机关提起公益诉讼包括提起民事公益诉讼和行政公益诉讼;另外,检察机关还可以通过刑事附带民事诉讼的方式来保护国家利益和集体利益。

二、"面和点"的实践探索

全国检察机关提出公益诉讼的主要形式,包括支持起诉、督促起诉和提起诉讼。综配司改中,检察机关深化推动公益诉讼,既是检察机关保护公益实践的升级版,也符合司改的趋势方向,已在建设生态文明、保护国有资产等领域作出很大贡献。新一轮司改在公益诉讼首批试点的两年期间,已在不少地方取得较大成就。比如,云南省试点检察院共发现公益诉讼案件线索 834 件,提出诉前检察建议 793 件,提起公益诉讼 130 件。截至 2017 年 1 月,吉林省检察机关共办理诉前程序案件 277 件、起诉案件 60 件。通过公益诉讼,恢复林地 4 万公顷,恢复湿地 3.9 万公顷,关停整改污染、违法企业 41 家,为国家挽回经济损失近 2 亿元。

作为全国首个综配司改试点,上海市在综配司改中不断深改检察机关提出公益诉讼。仅在综配司改的第一个阶段,2018 年 1 月至 9 月上海市检察机关办理公益诉讼诉前程序案件 72 件,其中民事案件 5 件、行政案件 67 件;办理刑事附带民事公益诉讼案件 3 件,其中 2 件为食品药品安全领域案件,1 件为生态环境与资源保护领域案件。以"基层检察机关建制"的上海市闵行区人民检察院 2018 年办理的公益诉讼案件为例,可以发现对此类案件的办理力度不断增强。该年度办理了 7 件行政公益诉讼案件,均为提出诉前检察建议,其中 4 件为环境公益诉讼案件、2 件为食品公益诉讼案件、1 件为烈士公益诉讼案件(见表 20-1)。

表 20-1 2018 年度上海市闵行区人民检察院公益诉讼案件

序号	检察建议文号	建议对象	检察建议所涉主要问题	案件领域
1	沪闵检建〔2018〕民行 17 号	上海市闵行区市场监督管理局	2017 年 12 月 8 日,韩某因生产、销售过期奶酪被上海市闵行区人民法院以生产、销售伪劣产品罪判处有期徒刑一年六个月,缓刑并处罚金。判决生效后,该局未及时将韩某上报列入本市食品药品安全重点监管名单,也未对其作出相应行政处罚,导致食品安全生产领域存在隐患	食品安全公益诉讼
2	沪闵检建〔2018〕民行 23 号	上海市闵行区吴泾镇人民政府	自 2017 年以来,闵行区吴泾镇塘川路东侧放鹤路北侧处场地被倾倒建筑垃圾和工程渣土 5900 余吨、毛垃圾 700 余吨;星乐路江川东路处土地上被倾倒建筑垃圾等 180 吨,这些垃圾堆放在上述区域,存在土地资源受损、环境污染的隐患。两处垃圾堆放至今尚未处理	环境保护公益诉讼
3	沪闵检建〔2018〕民行 24 号	上海市闵行区颛桥镇人民政府	自 2017 年 6 月以来,在位于北竹港东岸的颛桥镇北桥村 60 余亩区域内,露天堆放大量生活垃圾未及时得到有效处理,影响了周围群众的正常生活。经查,该处原为已经停用多年的颛桥镇生活垃圾填埋场,因周围的南长浜、北竹港和西五号河疏浚拓宽工程,使大量填埋的生活垃圾被挖掘并被长时间露天堆放。该些生活垃圾长时间堆放而未得到及时有效处理,对周围空气、土壤及水体存在污染隐患	环境保护公益诉讼
4	沪闵检建〔2018〕五部 29 号	上海市公安局闵行分局	闵行区交警茆某某 2015 年因公牺牲继而被评为烈士后,新浪上海、宽带山等多个网站上陆续出现一些歪曲、否定茆某某的事迹甚至侮辱其家人的信息、评论。建议公安局闵行分局会同有关部门采取停止传输、消除影响等手段处置网络上的相关负面信息、评论	烈士保护公益诉讼

续表

序号	检察建议文号	建议对象	检察建议所涉主要问题	案件领域
5	沪闵检建〔2018〕五部34号	上海市闵行区市场监督管理局	经营地在闵行区范围内的部分网络餐饮服务提供者通过"饿了么""美团外卖"等网络餐饮服务第三方平台提供网络送餐服务,存在不符规定的情形:一是未在网上公示食品经营许可证或营业执照,如"饿了么"平台上的"黄焖鸡米饭菜饭骨头汤(联曹路店)"等商户;二是网上公示的食品经营许可证超过有效期限,如"美团外卖"平台上的"杨明宇黄焖鸡米饭"等商户;三是网上公示的食品经营许可证所载信息与实际经营地或营业执照所载信息不一致,如"美团外卖"平台上的"华莱士(炸鸡汉堡北桥店)"等商户。上述网络餐饮服务提供者通过第三方平台持续对外提供餐饮服务,导致该领域存在食品安全隐患	食品安全公益诉讼
6	沪闵检建〔2018〕五部35号	上海市闵行区水务局	位于北竹港河东岸的闵行区颛桥镇北桥村地区,堆放着大量腐烂中的生活垃圾且较长时间未予清理,影响周围环境及居民生活。经查,上述堆放的垃圾为有关水利建设部门在周边河道污染防治过程中因开挖到原颛桥生活垃圾填埋场的填埋垃圾所致	环境保护公益诉讼
7	沪闵检建〔2018〕五部42号	上海市莘庄工业区管理委员会	位于莘庄工业区管理委员会辖区内毗邻闵行区烈士陵园的生活垃圾分拣站自设立以来,因分拣压缩作业产生的刺激性气味影响周边居民生活,同时有碍陵园内保持应有的庄严、肃穆、清净的环境和氛围	环境保护公益诉讼

三、部门法律交叉的复杂性

检察提起公益诉讼,覆盖多部法律,尤其是涉生态案件的处置。随着经济的快速发展,一系列的生态环境问题接踵而来,生态案件的范围广泛而且复杂多样，不仅在环境法领域有所涉及，而且在其他部门法中也有所涉及。虽然一提到生态案件，首先都会先从环境法入手，但是，现有法律部门的交叉越来越多，在民法、刑法、行政法、合同法等领域尤其如此。

民法上，比如，物权法上的农用地使用权和建设用地使用权等类似案件。有这样一个案件，在土地上不合理建设房屋从而造成土地污染或者噪声污染问题等有关绿色污染方面的问题而引起法律争议。这种类似的案例虽然表面上看和生态问题没有多大的联系，但是这两种权利涉及土地在使用过程中的生态环境，涉及土地的污染等方面的问题。

刑法上也有许多罪名是与生态环境相关的，比如，刑法分则中危害公共安全类罪名中的放火罪、决水罪、爆炸罪、投放危险物质罪等，放火涉及生态环境领域的大气污染，决水涉及生态环境领域的水污染等；此外，还有刑法中的破坏环境资源保护罪，如污染环境罪、非法处置进口的固体废物罪、非法捕捞水产品罪等。

行政法领域上政府的行政规划问题，有时也会涉及生态环境保护等方面。比如，政府的规划不合理，附近居民的垃圾无处安置，造成环境污染，附近小区的居民向法院提起行政诉讼。

海商法作为一个交叉商法和国际法的边缘性学科，一般很少专门讨论，而且其中涉及的有关问题一般是国际性问题，但也存在一些关于生态环境方面的问题。比如船舶油污污染案件，一艘装载石油的油轮在海域上发生泄漏事件，暂且不关心是什么原因导致的泄漏事件，油污污染海域也存在破坏水资源的生态环境问题，当然这里同样不讨论有关地域管辖（国内、国外、国际）的问题。

第二节　程序问题

检察机关提起公益诉讼，涉及检察机关的法律地位、案件管辖、举证责任、二审诉讼等一系列特定程序探讨，这是综配司改的核心问题。

一、配套改革的聚焦点

深化公益诉讼的配套改革问题复杂，但该制度在中国还处于起步的阶段，需要更加清晰认知和破解这些问题,这在相当程度上直接关系到该制度的兴衰成败。

1. 检察机关提起公益诉讼的法律地位。相关制度文件中所称的“公益诉讼人”与诉讼法中的主体不对应,需要进一步厘清。根据《实施办法》第 4 条、第 14 条的规定,“人民检察院以公益诉讼人身份提起民事、行政公益诉讼,诉讼权利义务参照民事、行政诉讼法关于原告诉讼权利义务的规定”。但是,检察机关是为了维护国家利益和社会公共利益提起公益诉讼,它并不是普通的、与案件有利害关系的当事人,不适用民事诉讼法、行政诉讼法关于普通原告的诉讼权利义务。鉴于此,“两高”《关于检察公益诉讼案件适用法律若干问题的解释》第 4 条规定,人民检察院以公益诉讼起诉人身份提起公益诉讼,依照民事诉讼法、行政诉讼法享有相应的诉讼权利,履行相应的诉讼义务,但法律、司法解释另有规定的除外。可见,《关于检察公益诉讼案件适用法律若干问题的解释》在明确检察机关为公益诉讼起诉人的同时,也为法律、司法解释规定检察机关提起公益诉讼过程不同于普通原告的权利义务预留了空间。《关于检察公益诉讼案件适用法律若干问题的解释》对于民事公益诉讼中公告程序、行政公益诉讼中的诉前程序等规定,是检察公益诉讼与其他主体提起的公益诉讼有所差别的特定程序。《关于检察公益诉讼案件适用法律若干问题的解释》第 16 条规定,“人民检察院提起的民事公益诉讼案件中,被告以反诉方式提出诉讼请求的,人民法院不予受理”。这也反映了检察机关在公益诉讼中的地位与普通原告截然不同。

2. 案件管辖。前期试点实践中,有的地方遵循提级管辖的原则。《实施办法》第 5 条对民事公益诉讼的管辖作出了规定,“人民检察院提起的第一审民事公益诉讼案件由侵害行为发生地、损害结果地或者被告住所地的中级人民法院管辖,但法律、司法解释另有规定的除外”。有的地方遵循同级管辖原则,《实施办法》第 15 条对行政公益诉讼的管辖作出了规定,“人民检察院提起的第一审行政公益诉讼案件由最初作出行政行为的行政机关所在地基层人民法院管辖。经复议的案件,也可以由复议机关所在地基层人民法院管辖。人民检察院对国务院部门或者县级以上地方人民政府所作的行政行为提起公益诉讼的案件以及本辖区内重大、复杂的公益诉讼案件由中级人民法院管辖”。可见,《实施办法》已经区分两类公益诉讼,并对管辖进行了分别规定。比较而言,《关于检察公益诉讼案件适用法律若干问题的解释》对管辖作的规定较为笼统,“市(分、州)人民检察院提起的第一审民事公益诉讼案件,由侵权行为地或者被告住所地中级人民法院管辖。基层人民检察院提起的第一审行政公益诉讼案件,由被诉行政机关所在地基层人民法院管辖”。整体而言,《实施办法》与之后出台的“两高”《关于检察公益诉讼案件适用法律若干问题的解释》关于管辖的规定不尽相同,如果简单适用《关于检察公益诉讼案件适用法律若干问题的解释》,则对县级检察机关提起的民事公益诉讼缺乏管辖适用依据。所以,检察公益诉讼的管辖问题尚未完全解决。

3. 举证责任分配。《实施办法》第 2 条对检察机关提起民事公益诉讼规定了证明材料要求,包括污染环境、破坏生态、在食品药品安全领域侵害众多消费者合法权益等损害社会公共利益行为的初步证明材料,以及人民检察院已经履行督促或支持法律规定的机关或有关组织提起民事公益诉讼的诉前程序的证明材料。《实施办法》第 12 条对人民检察院提起行政公益诉讼规定了证明材料要求,包括被告的行为使国家和社会公共利益受到侵害的初步证明材料,以及人民检察院已经履行向相关行政机关提出检察建议、督促其纠正违法行政行为或者依法履行职责的诉前程序的证明材料。但是,《实施办法》对被告的举证责任并未作出规定,这显然是一种缺漏,应对被告的举证责任也予以规定,才能形成完整的公益诉讼举证责任体系。

4. 二审程序设计。《关于检察公益诉讼案件适用法律若干问题的解释》第 10 条规定:“人民检察院不服人民法院第一审判决、裁定的,可以向上一级人民法院提起上诉。”在目前的司法解释和公益诉讼实践中,检察机关提起二审适用的是上诉程序。但也有观点认为:“检察机关在公益诉讼中是履行法律监督职能,不应适用普通民事、行政案件当事人对一审未生效裁判的上诉程序而应当适用抗诉程序。”①

二、程序构建的重点

根据以上配套改革的聚焦点,检察机关提起公益诉讼的问题集中在程序构建上,破解问题需抓住以下几个重点:

1. 发现线索并调查核实。公益诉讼线索的发现,既包括检察机关在履行审查逮捕、审查起诉、诉讼监督等职责中发现,也包括公民、组织的控告、申诉、举

① 郑新俭:《检察机关提起公益诉讼的若干问题》,载《人民检察》2016 年第 20 期。

报和其他机关的移送。检察机关的调查核实权应包括调查核实污染环境、危害食品药品安全、侵害消费者合法权益等违法行为、损害后果或者行政机关违法行使职权或不作为的相关情况及证据。通过调查核实,检察机关确定国家利益或社会公共利益受损的情况后,作出是否进入诉前程序的决定。

2. 加强诉前程序。鉴于法律监督权的行使在公权领域和私权领域的差异性,两类检察公益诉讼应采用不同的诉前程序。在民事公益诉讼中,检察机关应先向适格主体提出督促或支持起诉,通过提起诉讼前依法进行公告的方式也可确定适格主体是否提起诉讼;在行政公益诉讼中,检察机关应先要求行政机关纠正违法行为或依法履行职责,通过提出检察建议的方式可进行督促,再视行政机关是否依法履行来决定是否进入提起诉讼的程序。

3. 提起公益诉讼。具体诉讼制度设计含通知出庭方式、诉讼费用承担等方面。在通知出庭方式方面,由于检察机关的司法属性和法律监督属性,法院通知检察机关出庭不宜使用传票,应使用出庭通知书;在诉讼费用承担方面,由于检察机关代表国家利益和社会公共利益,诉讼利益归国家和社会公众享有,应免交诉讼费用,同时获得的赔偿费用应收缴国库并作为公益保护专项经费。

三、特定程序立法建议

接下来,深化检察机关提起公益诉讼的综配司改,除了更多释放该制度的效能,还要开始协同推动在修订法律上的考量。

1. 明确检察机关提起公益诉讼的法律地位。《关于检察公益诉讼案件适用法律若干问题的解释》已明确检察机关为公益诉讼起诉人,且对检察公益诉讼的特有程序作出了规定。这较之《实施办法》已有了很大进步。无疑,推动检察的公益诉讼势在必行,毕竟它能起到更好保护国家和社会公共利益的重要功能,所以,在《行政诉讼法》《民事诉讼法》中需要明确检察公益诉讼的基本程序,以及检察机关在公益诉讼中的法律地位。

2. 推动同级管辖原则并对复议案件等特殊情况作出特别规定。无论是民事公益诉讼,还是行政公益诉讼,随着司法机关更加能够依法独立行使司法权,需要更大程度发挥基层检察机关在线索发现、调查核实方面的优势作用,实行同级管辖原则。同时,对复议案件、区域内有重大影响的案件,可以结合《民事诉讼法》《行政诉讼法》作出特别规定。因此,有必要统一《关于检察公益诉讼案件适用法律若干问题的解释》和《实施办法》涉及管辖的标准,尤其在《关于检察公益诉讼案件适用法律若干问题的解释》中修改管辖规定。即对于民事公益诉讼作出规定:基层人民检察院提起的第一审民事公益诉讼案件,由侵权行为地或者被告住所地基层人民法院管辖;对于区域内有重大影响的案件,以及重大涉外案件,由中级人民法院管辖第一审民事公益诉讼案件。同时,对于行政公益诉讼则作出规定:基层人民检察院提起的第一审行政公益诉讼案件,由被诉行政机关所在地基层人民法院管辖;对国务院部门或者县级以上地方人民政府所作的行政行为提起诉讼的案件,以及区域内有重大影响的案件,由中级人民法院管辖第一审行政公益诉讼案件;经复议的案件,可以由最初作出行政行为的行政机关所在地人民法院管辖,也可以由复议机关所在地人民法院管辖。

3. 明确公益诉讼案件中的举证责任分配。区分民事公益诉讼和行政公益诉讼,采用相应的举证责任承担规则,建议在《关于检察公益诉讼案件适用法律若干问题的解释》中对此增加相关的规定。对于民事公益诉讼的举证责任分配,应采取的分配原则是公益诉讼案件的损害事实、损害后果由公益诉讼起诉人承担举证责任;特殊情况下则实行举证责任倒置原则,比如,环境公益诉讼案件的侵权行为与损害后果之间的因果关系由被告承担举证责任。对于行政公益诉讼的举证责任分配,应采取的分配原则是举证责任倒置,由作为被告的行政机关承担证明行政行为合法的举证责任。

4. 检察机关提起公益诉讼二审应适用抗诉程序。检察机关不仅是司法机关,更是法律监督机关,其为了维护国家利益和社会公共利益提起公益诉讼,二审程序应适用抗诉程序。在目前检察公益诉讼程序主要由司法解释规定、很多实践操作仍依托《民事诉讼法》《行政诉讼法》的情况下,二审适用上诉程序是一个阶段的权宜之计。从检察公益诉讼的目标宗旨和内在特征来看,二审适用抗诉程序更为适当,这需要在检察公益诉讼专门立法的背景下才能实现。

第三节　环资刑事案件管辖与环境公益诉讼

已经走向深水区的新一轮综配司改,不仅是主体性工程的衔接与配套,而且包括配套改革本身的要素之间的协同。环境资源(本节以下简称环资刑事案件)的集中管辖改革对检察机关提起环境公益诉讼的影响就是典型。

一、环资刑事案件的集中管辖

随着我国环境法治发展迅速，环境公益诉讼案件多样化、专业性、复合性及跨区域性等特征越发明显。传统的管辖制度难以及时有效解决跨区域环境资源保护的一系列问题。环境公益诉讼历来受案率低，甚至有些环保法庭成立后无案可审。环境侵权案件常形成跨区域案件，对案件审理和调查增添难度。此外，环境案件还伴随外部因素的干扰，行政执法缺失、监管缺失及部门推诿等问题阻碍了司法救济的进程，给持续推动实施环境公益诉讼带来了新的挑战。

管辖指“确定上下级之间和同级司法机关之间受理第一审案件的分工和权限”。[①] 综配司改中环资刑事案件的集中管辖，是指重新调整、配置特定区域内环资刑事案件的管辖权，指定特定的检察院、法院专门管辖一个或几个区域内的环资刑事案件。为了实现环境资源保护的整体性，适当分离司法审判区与行政管理，促进环资刑事案件高效解决，在原有的级别管辖、地域管辖的基础上形成一种全新模式。2016 年 8 月 19 日，上海市人民检察院印发的《关于对本市破坏环境保护刑事案件调整管辖的规定》指出，“各公安分局立案侦查的破坏环境资源保护刑事案件，由上海铁路运输检察院审查批捕、起诉，由上海铁路运输法院依法审判；依法由中级人民法院一审的案件，由上海铁路运输检察院报送上海市人民检察院第三分院审查起诉，由上海市第三中级人民法院依法审判。上海市公安局立案侦查或提办的破坏环境资源保护刑事案件，向上海市人民检察院第三分院移送审查起诉、依法应当由基层法院一审的案件，自 2016 年 9 月 26 日起，由上海市人民检察院第三分院交由上海铁路运输检察院审查起诉”。

二、环资刑事案件对检察环境公益诉讼的影响

随着《民事诉讼法》第 55 条的修订，以及《关于检察公益诉讼案件适用法律若干问题的解释》的施行，检察机关提起环境民事公益诉讼制度现已正式确立。检察机关是法律监督机关，而通过环资刑事案件集中管辖，最终应实现跨行政区划人民检察院环境公益诉讼的新格局。在《刑事诉讼法》已经赋予检察机关提起刑事附带民事诉讼法定职权的情况下，将检察机关提起的刑事附带民事诉讼与民事公益诉讼职能有机结合，才能更有效保护国家和社会公共利益，

---

① 江伟主编：《民事诉讼法》，北京大学出版社 2015 年版，第 87 页。

这是检察权的根本要求。“检察机关作为环境行政公益诉讼的原告，使得诉讼双方能够势均力敌，推进公益诉讼工作更有质量的开展。”①

1. 环资刑事案件的集中管辖对检察公益诉讼的有利影响。自然资源与公共环境本身具有一定的公益性。环资刑事案件多发、类型复杂、犯罪手段不易被察觉，其不利后果会严重危害社会公共利益。基于环境污染和生态破坏具有交互性的特点，同一行为可能造成人身、财产和生态环境的损害，极易同时侵犯环境资源刑事、民事、行政法律关系。以往环资刑事案件的管辖模式较为分散，导致各地对于环资刑事案件的认定标准不相一致，涉事主体会采用非诉形式去处理纠纷，助长了企业环境侵权的风气和地方保护主义。综配司改设立跨行政区划检察机关，“推行此类刑案的集中管辖，有利于克服地方保护主义，保障法律的统一正确实施”。集中管辖跨区域性具有创新性，不仅能够打破地域限制，也更能发挥专业人员专案专办的优势，对跨行政区划检察队伍专业化的培养和职业化建设具有积极影响。

2. 环资刑事案件的集中管辖对基层检察提起公益诉讼的影响。跨行政区划的集中管辖，实质上属于“指定管辖制度的变通”。根据环资刑事案件的集中管辖，基层检察机关提起环境公益诉讼面临诸多问题：(1)检察监督障碍，对基层检察机关提起环境公益诉讼不利。以铁路法院为例，“经报最高人民法院同意，授权铁路基层法院管辖部分民商事、行政、知识产权、执行案件”②。上海铁路运输中级人民法院下辖上海、杭州、南京、合肥、徐州五个铁路运输基层人民法院，“五家基层铁路法院中除了徐州院尚无指定管辖案件，其他四家铁运法院都已受理了指定管辖案件。其中，除了上海铁运基层法院，又涉及对此类案件的同步检察监督职能由谁行使、如何行使，仍然没有明确规定”。这一制度缺位对基层检察机关提起公益诉讼产生了较大阻碍。现有体制下在提起检察公益诉讼时，普通基层检察机关如何处理与铁路运输法院、铁路运输检察院及上海三中院的关系，对新增类管辖案件该如何处理，究竟跨行政区划检察院行使检察监督权，还是上级人民检察院行使检察监督权，仍然存在较大争议。(2)行政管理体制与业务体制分离。办理环资刑事案件时，行政管理体制与业务体制分离使得跨行政区划检察机关对下辖基层人民检察院以及驻地省级人

① 徐英兰：《完善环境行政公益诉讼制度之探究——以检察机关原告资格为切入点》，载《行政与法》2018年第10期。

② 2012年8月1日起施行的最高人民法院《关于铁路运输法院案件管辖范围的若干规定》。

民检察院之间的协调不足，降低了办案效率；下辖的基层检察机关在专业化人员配备上，不足以支撑知识产权案件、重大民商事案件、海事案件等特殊性案件。（3）此外，跨行政区划检察机关的架构制约了基层人民检察院提起环境公益诉讼。因此，由于地域因素的制约，需要在改革过程中进行合理考量地域因素并合理布局，保证各地区办案力量的相对均衡。

三、以试点基层检察院为例

鉴于上海市崇明区的环资保护上的特殊地位，下面以该区的检察环境公益诉讼为例，展开综配司改的集中管辖模式对基层检察院提起公益诉讼的影响与对策分析。

（一）集中管辖与基层信息的协同

上海综配司改试点中，特定案件集中管辖模式已全部落实。整个市辖区内的环资刑事一审案件由上海铁检院跨行政区划管辖，而管辖权及其他相应材料的连带转移将必然引发一系列具体操作上的问题。因此，在案件的转交衔接环节上，需要做到各区院和上海铁检院分工明确、信息共享，尤其针对检察院办理环境公益诉讼案件中的线索收集、提交及证据保全和鉴定费用缺口等重点问题，需要基层检察院同上级检察院的沟通合作。“基层院要合理明确包括批捕权、起诉权的管辖权移转的细化分工，比如，将已收集到的案件线索和证明材料应适时、主动、准确移送到位，以便铁检院在案件办理的任何阶段的介入，都将获取到最完整的案件信息。”①其中，需要重点关注检察院提前介入、立案监督等程序上的职权范围及上海铁检院办案、区检院负责的“两法衔接”等工作的沟通，引导相关部门严格证据标准，规范取证程序，及时收集、固定和移送证据等。

试点实践中对于发生在崇明区内的环资刑事案件，崇明区人民检察院在线索排查、证据固定、控制涉案人员、持续调查情况等方面，比较上海铁检院仍有明显的地理优势。由此，区院与上海铁检院建立了针对崇明区内环资刑事案件的指定管辖制度，使两院检察资源得到充分合理的分配和侧重，在制度上探索基层检察院与上级检察院涉环公益诉讼的提起和办理。其中，涉及崇明区内自然生态资源保护与野生动植物保护的案件（如非法狩猎案、非法捕捞水产品

---

① 朱庆华：《崇明检察服务保障世界级生态岛建设初探》，载《上海崇明检察》2018年7月19日。

案、故意毁坏财物案等)，其不法行为本身往往并不具备跨行政区划的特征，案件的相关线索和证明材料完全在崇明区内可以调查清楚、完备保存，对犯罪嫌疑人的追踪也多于本区，可以由崇明区院进行管辖，省去了案件相关材料的转移和通报等流程，减少了办案时间、降低了技术失误风险。

同时，建立健全线索的双向通报制度和专门化办案制度。线索信息的迅速共享，是有效衔接上海铁检院与区检院工作的必备条件。针对环资刑事案件的专项办案，上海铁检院和崇明区人民检察院建立健全案件线索的双向通报和移送固定制度。所谓线索的双向通报，即由上海铁检院每月向崇明区人民检察院通报受理崇明区环资刑事案件的(不)批准逮捕、(不)起诉和法院判决情况，崇明区人民检察院也要对所受理的环资刑事案件的立案监督线索向上海铁检院及时通报，并对符合立案条件的线索，在决定向崇明区公安机关移送前先及时通报上海铁检院。这种线索的双向通报，使得上海铁检院与崇明区人民检察院对各自管辖的环资刑事案件、民事案件情况全面掌握、实时跟进，便于有针对性地设计和推进后续监管程序。专门化共事的工作模式既利于专业人员办专门案件，减少业务不熟练和专业知识欠缺可能导致的局促。崇明区检察院和上海铁检院分别加设信息联络员，专门承担双方环资刑事案件各项工作的联络协调工作，使得案件线索的归纳整理机制成为一道经历过两层筛查和总结的"双保险"型机制，能够有效舍弃重复、无价值线索。同时要求公诉、侦监、民行、社区、控申、案管等检察机关内设机构之间要加强信息共享、协作配合，增强法律监督的合力。

(二)集中管辖与基层的协作分工

2017 年，崇明区人民检察院与上海铁检院签署《关于办理破坏环境资源保护刑事案件加强配合协作的工作意见(试行)》，探索由上海铁检院办案为主、区检察院负责"两法衔接"的协同模式。包括：(1)明确环资刑事案件的立案、批捕及起诉标准。作为对崇明区生态岛建设的检察保障，辖区内高发的环资刑事案件亟须区院与铁检院在相关司法解释和上级规范性文件的基础上，共同探讨如何进一步细化和明确此类刑事案件的立案、批捕及起诉标准，并需明确该标准的制定应当结合崇明区环境状况、涉环刑事案件发生原因与破坏程度及世界级生态岛的建设等实际情况，具体到非法捕捞、捕猎之"情节严重"这一最低红线的设置、农用地"大面积"破坏的最低程度等问题上，同时需适当体现出对生态保护严加监督及制裁的适当侧重。(2)完善检察机关提前介入案件的制度设置。检察机关提前介入个案侦查工作的制度设计初衷是加强对案件侦查工作的监督,从源头上提升侦查机关办案质量,从而促进侦查工作由“破案抓人”向“证据定案”转变。但在具体的检察实践中,仍因缺乏操作规范和指导而暴露出诸多问题,比如,检察院的提前介入的启动条件该如何确定,在会同公安机关双向启动之模式下的具体形式要求有无简化之处;崇明区人民检察院是否有必要、是否有职权提前介入辖区内环资刑事案件中去,若介入又该如何合理有序地完成和上海铁检院在此工作上的对接;对于提前介入刑事案件而固定刑事证据的做法,是否需要同时对公益诉讼案件的证据同步固定等。崇明区人民检察院在办理涉环公益诉讼案件时需要从案件实际和操作实际两方面,做好和上海铁检院的沟通协调,协商并及时予以解决,以进一步完善检察院提前介入案件侦查环节的制度设计。

第二十一章　捕诉一体化

检察机关“捕诉合一”并非一个新话题。1978年,检察机关恢复重建以来,捕诉关系经历了由合到分、分合并立,以及新一轮综配司改的合一历程。

第一节　职权归一

综配司改中推动捕诉合一之际,同时也是推动国家监察体制改革、检察机关职务犯罪侦查权转隶这一重大时间节点。围绕捕诉合一形成的职权归一结果,需要提供更多的理论证成。

一、诉讼效率

职务犯罪侦防部门转隶后,最高人民检察院提出“转隶就是转机”。检察机关以办案为中心,进一步聚焦主责主业,加强法律监督。随着内设机构改革,借助于捕诉合一机制实现权力集约化行使,提高了刑事检察办案专业化,以此可以增强法律监督合力,加大检察机关引导侦查力度,提高刑事办案质量和效率,构建与以审判为中心的诉讼制度改革相适应的大控方格局,做到“在办案中监督,在监督中办案”。

毫无疑问,检察官在审查逮捕阶段已熟悉案情,为审查起诉阶段节约了审查时间,文书制作亦可“提速”。比如,审查逮捕意见书经过修改,即可转化为起诉书,从而提高办案效率,缓解案多人少的矛盾。新一轮综配司改以来,“检察院经过‘主任检察官及捕诉一体化’改革探索后,与同期相比公诉案件办理期限明显缩短”①。当然,检察机关担忧经过较长的侦查周期,待到移送审查起诉后,承办人对于案情或已淡忘,或对于提高诉讼效率所起作用有限。其实,这种担心是建立在“捕诉分立”基础上的,而这也正是捕诉合一的优势所在。因为在捕诉分立的情况下,受多种因素影响,承办检察官对于(不)捕后跟踪和引导侦查的情况并不乐观,大多“一(不)捕了之”;捕诉合一的情况下,依据“谁(不)捕谁诉”的原则,承办检察官对于(不)捕后跟踪和引导侦查的责任心大为增强,能够保持对所办案件的熟悉程度。

二、侦查引导

捕诉合一,倒逼了审查逮捕阶段以提起公诉的证据要求,及早与侦查机关沟通,提前介入引导侦查方向,第一时间固定可能会随着时间推移而灭失的证据。同时,根据“谁(不)捕谁诉”原则,承办检察官也会更加关注捕后侦查进程,弥补了捕后诉前侦查监督的“缝隙”,切实增强检察机关法律监督的质效。更为重要的是,捕诉合一强化了检察机关在审前的主导作用,已经成为检察机关指挥侦查机关的侦查模式。与此相关,因审查起诉乃至审查逮捕均是按照法院审理裁判标准,所以,有助于适应以审判为中心的诉讼制度改革要求。毕竟由于我国的司法传统和现实国情,检警一体、检察指挥侦查并不具有现实可行性。就检察引导侦查而言,作为支持捕诉合一的理由,真正催化其发生“化学反应”的乃是司法责任制。

此外,鉴于此次检察机关捕诉合一改革发生的特定时间节点,故不乏论者认为,检察机关此举是担心再失去批捕权。但是,随着中国发展进入新的历史方位,检察机关也进入了一个新的历史时期,这进一步要求检察机关必须提供新的法治产品、检察产品。捕诉合一,正是检察机关为了满足人民新时期的需求进行的改革。“当前,将批捕权从检察机关转移至法院尚不具备现实可能性。”②随着社会发展变化,若国家确实需将批捕权转由其他机关行使,检察机关亦会适时顺势。

---

① 杨勇:《浅析基层检察院内设机构改革——以捕诉合一为视角》,载《法制与社会》2016 年第 31 期。

② 李训虎:《逮捕制度再改革的法释义学解读》,载《法学研究》2018 年第 3 期。

三、办案单元

在捕诉合一的制度设计中,新设的检察办案部门依据的不是审查逮捕、审查起诉职能划分,而是依据案件类型划分,推动让每起案件的审查逮捕和审查起诉集中由同一名检察官负责。主要体现在两个方面:一方面,在批准逮捕后督促公安机关继续侦查,提供庭审所需证据材料;另一方面,在不批准逮捕后开展不捕案件跟踪监督,区分不同不捕类型,重点监督不捕后继续侦查、犯罪嫌疑人释放、撤销案件或侦查终止等工作落实。当然,捕诉合一办案机制探索还要进一步完善和健全相关的配套制度,设计合理办案单元,更彻底地实现刑事检察职能一体化与专业化。

捕诉合一优化了办案单元设置,不应简单被理解为只是侦监和公诉两个部门的简单合并和人员相加,而是检察官办案职权的融合交织。检察机关对于同一刑事案件适时介入、审查逮捕、延长羁押期限审查、审查起诉、诉讼监督等办案工作,原则上由同一办案部门的同一承办人办理。事实上,两个诉讼阶段的工作内容各有侧重,而且捕诉分离模式下行使两项职权的检察官的审查重点和专业水平也有不同。因此,捕诉合一后办案力量的构建,既要考虑检察官以往的能力水平、专业特长,科学搭建分工专业化、管理扁平化的办案队伍,也要结合刑事诉讼制度改革中认罪认罚从宽制度的适用,推进案件繁简分流。

四、捕诉机制

捕诉合一模式下案件进入审查起诉环节后,承办检察官并非首次接触和了解案情,所以,在具体办案要求上与捕诉分离模式有所不同。

一是“简案快办”工作机制。审查逮捕、审查起诉归于同一检察官后,势必在阅卷、提审、制作审查报告等方面存在工作上的重合。为避免重复劳动,发挥捕诉合一后办案效率提升的优势,有必要将两种办案职能有效整合,实现审查起诉环节的“去重”(去除重复性审查)。

二是“侦诉不一”案件的评查机制。在捕诉合一模式下,为突显对侦查取证的引导监督和防止承办检察官主动做“减法”、规避办案责任风险,应当强化对“侦诉不一”案件的记录留痕和分析评查。检察官改变侦查机关认定的犯罪嫌疑人、事实、罪名、数额、情节等内容的,要在审查报告中说明理由。在案件质量评查时,对于减少侦查机关认定的犯罪嫌疑人、事实、罪名,将重罪变更为轻罪,或者改变犯罪数额、情节等导致降低量刑档次的案件,未在审查报告中说明的,可将其认定为瑕疵案件;处理结果确有错误的,可将其认定为不合格案件;如果检察官增加侦查机关认定的犯罪嫌疑人、事实、罪名,或者将轻罪变更为重罪,获得人民法院判决认可的,可将其认定为优质案件。

五、内部监督

捕诉分离模式下侦监、公诉部门可以形成前后程序的监督制约,避免权力过于集中在检察官个体身上。捕诉合一后,检察官集批捕权、公诉权于一身,因此,既可以加强内部监督工作力度,防止检察权滥用,又充分尊重了检察官办案权威,防止过度制约影响案件办理。

第一,检察官联席会议。对于拟作绝对不诉或者存疑不诉的案件,一般应当经检察官联席会议讨论,确保承办检察官的决定是在充分、审慎的基础上作出的。对于经检察官联席会议讨论,检察官仍认为应当作绝对不诉或者存疑不诉处理的,应报请检察长或者检察委员会决定,强化内部的把关制约,保证案件质量。

第二,不诉案件听证审查。可通过对拟作相对不起诉处理的案件,在作出不起诉决定前,一般应当同时召集侦查机关、犯罪嫌疑人及其辩护人、被害人及其法定代理人或者近亲属、诉讼代理人以及社会公众代表,听取其意见,作为是否作出不起诉决定的参考。

第三,案件质量评查。针对捕诉合一模式中同一检察官办理的案件,提出全流程评价与分阶段评定的评查原则。简言之,在一审公诉案件办结后启动评查工作,对案件办理的全流程进行全面检查、综合分析的基础上,对评查中发现的问题应当明确其发生的诉讼环节,从而客观地评定是批捕环节还是公诉环节发生的办案质量问题,根据不同的证明标准作出不同的实体性判断,形成对案件整体的质量评查报告。

第二节　改革现实基础

围绕捕诉合一改革不应再纠结于逮捕权、公诉权的性质之分,而应关注实定法及现实可行性。在支持意见中除传统理由外,更应关注本轮司改中的司法责任制改革，尤其应给予检察官办案责任制、检察官员额制改革应有的关注。这是检察机关实行捕诉合一最有力的现实依据。

一、检察官办案责任制

2015 年 9 月，最高人民检察院印发了《关于完善人民检察院司法责任制的若干意见》，从目标和基本原则、健全司法办案组织及运行机制、明确检察人员职责权限、健全检察管理与监督机制以及严格司法责任认定和追究等多个方面，系统规定了检察官办案责任制。在承认“如果不改变相关的司法体制和环境，由法官扮演审查逮捕的角色并不一定比检察机关更合适，甚至负面作用更大”①的大前提下，应当更加注重逮捕权、公诉权权力的行使而非性质。那么，对于捕诉合一的最大担心或许有二：一是捕诉间原有内部监督的削弱问题；二是辩护人的辩护空间被挤压的问题。

针对第一个顾虑。相对于先前“捕诉分立”形式上部门间的互相监督，新一轮司改后的检察官办案责任，对于检察官形成“终身追责”的内在心理强制作用要大得多。(1)以往“捕诉分立”时的部门间监督。“抛开逮捕是否绑架起诉的争议，只是就两个部门的同事关系而言，这种相互间的监督作用也必然有限。”②同时，从人民群众的感受来说，如果是在审查逮捕或审查起诉任一环节出现了问题，民众也只会认为是检察机关办案出了差错，而不是检察机关的某个部门出了差错，所以这种内部监督意义又必然有限。(2)检察官办案责任制下的心理强制作用。在检察官办案责任制的背景下，以往认为“审查过程形式化，缺乏对逮捕要件相关事实的证明活动，片面相信侦查机关的报捕意见”的情况基本上还会再次出现。③ 审查逮捕过程中承办检察官虽会进行实质性审查，遇到案件事实、犯罪证据有疑问处，仍然会直接询问侦查人员、鉴定人或有专门知识的人，形成了审查逮捕阶段的心证；以往基于各种因素可能存在的审查逮捕阶段检察官迁就侦查人员、审查起诉阶段检察官迁就批捕人员的旧疾虽然会继续存在，但也因检察官办案责任制大为改观。

针对第二个顾虑。同一检察官行使审查逮捕和审查起诉职能，或许多少会挤压审查起诉阶段的辩护空间。但是，在检察官办案责任的背景下，审查起诉

---

① 汪海燕：《检察机关审查逮捕权异化与消解》，载《政法论坛》2014 年第 6 期。

② 张和林、严然：《检察机关内设机构改革若干问题探究》，载《人民检察》2014 年第 6 期。

③ 闵春雷：《论审查逮捕程序的诉讼化》，载《法制与社会发展》2016 年第 3 期。

阶段的挤压会反向传导至审查逮捕阶段,使得审查逮捕阶段承办检察官会更加注重听取犯罪嫌疑人、辩护人的意见,让“可捕可不捕的不捕”原则真正落地,学界批判的审前羁押率过高问题或因此发生转机。捕诉合一试点地区审前羁押率和逮捕率的降低就是很好的说明。①

二、检察官员额制

检察官员额制,是检察机关司法责任制改革的“牛鼻子”。在反对捕诉合一的观点中,有一种理由是对检察官的职业素养抱有担忧:捕诉合一实质上是“将裁判权与追诉权交由统一主体行使,这种模式的根本问题是存在职能冲突与角色冲突”②;“不同的权力性质,决定了不同的思维模式与程序安排,将两种性质相迥的权力交予一个机构乃至同一个人行使,有悖于人的思维模式及惯性,容易造成工作上的两难境地,造成承办检察官办案思维及节奏的混乱,使其处于变速跑的状态”③。

对此应当看到,随着人员分类管理、检察官员额制实施,检察人员素质正不断提高,为捕诉合一奠定了人员素质的基础。2011 年,最高人民检察院《关于加强人民检察院基层建设促进公正执法工作情况的报告》指出,“基层检察官中具有本科以上学历的占 78.7%,硕士、博士研究生人数比 2007 年增加近 1 倍”④。此轮司法改革,更是意在使检察官朝着“精英化”的方向发展。据相关统计结果,“2016 年,参加上海司法改革全面铺开后的首场检察官遴选考试的人员中,具有硕士、博士学位的占 70.7%”。如果说学历水平的提高还只能说明一个方面,那么,现有检察员确认入额以及助理检察员、检察官助理遴选入额条件中的“近 5 年年度考核均为称职以上等次”则为人员素质的提高奠定了一定的工作经验基础。

接下来,对于因捕诉合一可能造成职能冲突、角色冲突,易言之,即检察官可能失去中立性的问题。检察官的客观中立性,既源于道德层面“正义守护者”角色的扮演,也为各类法律准则所认可。正如美国大法官萨瑟兰所说,“检

---

① 徐盈雁:《“1+1=2”还是“1+1>2”?——全国人大监察和司法委员会、最高人民检察院联合邀请法学专家赴基层检察机关调研“捕诉合一”侧记》,载《检察日报》2018 年 7 月 24 日,第 1 版。

② 龙宗智:《检察机关内部机构及功能设置研究》,载《法学家》2018 年第 1 期。

③ 闵春雷:《论审查逮捕程序的诉讼化》,载《法制与社会发展》2016 年第 3 期。

④ 陈丽平:《检察院三年多来刑事抗诉逾万件》,载《法制日报》2011 年 10 月 26 日,第 3 版。

察官代表的不是普通的一方当事人，而是国家政权，他应当公平地行使自己的职责；因此，检察官在刑事司法中不能仅仅以追求胜诉作为自己的目标，检察官应当确保实现公正”①。联合国《关于检察官作用的准则》序言也有言，“所制订的下列准则，其目的在于协助会员确保和促进检察官在刑事诉讼程序中发挥有效、不偏不倚和公正无私的作用”②。其实，在世界大多数国家，“检察官的职业养成机制、职业待遇、伦理规则等，都几乎完全等同于法官，如果我们对法官的客观公正性抱有信心，就没有理由怀疑检察官的客观公正性”③。

此外在改革过程中，应更加注重权力行使的方式和行使权力的主体。在批捕权的问题上，于外部而言，问题的关键不在于是交由法院行使还是交由检察院行使；于内部而言，问题的关键也不是捕诉合一还是“捕诉分立”，而在于批捕权行使的程序，是否在最大程度上“合于司法”。当前，检察机关在各检察环节以听证为载体进行的诉讼化改造，方向正是尽可能地“合于司法”。正如有论者指出：“我们思考法治改革问题时，常常出现‘重组织调整，轻程序保障’的倾向，这本身就是司法行政化的一个重要体现。”④另外，司法责任制、检察官员额制改革，也有助于增强检察官办案责任心，提升检察官的职业荣誉感，而这些都是捕诉合一的履职保障。“任何管理制度在设计时，都应重视将引导法官形成职业荣誉感这一内控机制作为基本理念。希冀通过外在的体制、制度、机制约束来保证审判质效和司法公正，只能达到体制的、制度的、机制的所认为好的审判质效和公正的司法。”⑤于检察机关而言，亦是如此。

第三节　侦监和公诉模式变化

捕诉一体，不是简单的职权归一，也给侦监和公诉模式带来了全方位的转变。这在综配司改的配套机制设计上体现得尤为明显。

---

① ［美］爱伦·豪切斯泰勒·斯黛丽、南希·弗兰克：《美国刑事法院诉讼程序》，陈卫东、徐美君译，中国人民大学出版社2002年版，第230页。

② 杨宇冠、杨晓春编：《联合国刑事司法准则》，中国人民公安大学出版社2003年版，第371页。

③ 沈海平：《捕诉关系的辩证思考》，载《国家检察官学院学报》2018年第4期。

④ 郭烁：《为什么捕诉合一可行》，载微信公众号“法学学术前沿”2018年6月17日。

⑤ 张建：《法官绩效考评制度的法理基础与变革方向》，载《法学论坛》2018年第2期。

一、公诉模式变化

在推行以审判为中心的刑诉制度改革背景下，检察公诉部门更新公诉理念，转变工作模式。

1. 以“大控方”执法理念释放诉前主导功能。综配司改中，检察机关健全符合裁判要求、适应各类案件特点的证据收集指引，从制度层面对侦查行为进行规范，促使侦查取证更好地面向起诉、面向审判。同时介入侦查，引导取证，有效传导庭审对案件证据的要求，形成包括个案指引、类案指引在内的引导侦查模式。最后，建立健全退回补充侦查引导和说理机制，明确补查方向、标准和要求，最大限度补强夯实指控证据体系。

2. 强化出庭支持公诉，推动实现庭审实质化。充分运用庭前会议制度，在适用范围、会议内容、证据开示、参加主体和会议效力等方面明确操作规范，发挥庭前会议在保证庭审效果、防范和化解公诉风险方面的作用；同时，进一步完善证人、鉴定人出庭制度。此外，公诉部门创新法庭指控犯罪模式，从运用书面证言指控犯罪，转向安排证人、鉴定人、侦查人员和有专门知识的人员出庭作证证实犯罪；从结合书面证言出示实物证据，转向出庭人员当庭对实物证据进行辨认和围绕实物证据陈述案件事实；从控方宣读证言、出示证据等举证模式，转向控辩双方对“四类人员”进行交叉询问、质证。

3. 转变证据审查方式，运用非法证据排除规则。公诉部门贯彻“两高三部”《关于办理刑事案件严格排除非法证据若干问题的规定》，改变“坐堂式”的办案模式，从孤立、静态和封闭的书面审查，向全面、动态和开放的亲历性审查转变。高度重视证据合法性审查，强化对证据形成过程的审查，尤其是同步录音录像等材料，及时补正瑕疵证据，坚决排除非法证据。系统性审查判断全案证据，认真排查证据之间的矛盾，重点解决关键性、根本性矛盾，构建以客观性证据为核心的证据论证体系，准确认定案件事实，实现公诉人出庭效果的最优化。

4. 进一步强化监督意识，全面提升监督质量。以审判为中心的刑事诉讼制度改革对检察机关的诉讼监督提出了新的更高的要求。一方面，加强侦查监督。重点加强对刑讯逼供、非法取证等问题的监督，促使侦查机关依法侦查、规范侦查。另一方面，加强审判监督。构建以抗诉为龙头的刑事审判监督格局，探索建立法院裁判改变起诉事实、罪名的案件报上一级检察机关备案审查制度。

5. 理顺环境资源类案件集中管辖办案机制。以上海铁检院为例。自2016年9月起,上海铁检院实现对该市破坏环境资源犯罪一审刑事案件的集中管辖。上海铁检院公诉部门专门设立检察官办公室,全面负责环境犯罪案件的批捕、起诉、监督、预防等检察职责,并提出“4+N”的办案模式,即“捕、诉、监、防工作+公益诉讼工作”。同时,基层检察机关公诉部门针对本地区破坏环境资源案件多发且较为疑难复杂的特点,加强与上海铁检院公诉部门工作协作,积极探索联合办案模式,促进全市生态检察工作整体发展。

6. 探索老年人司法保护案件专办机制。不少检察机关对老年人涉罪情节比较轻微的案件,前移引导公安机关尽快移送,审查起诉的办案期限大幅缩短;对老年人控告、举报、申诉的案件相对优先办理。对老年犯罪嫌疑人慎用羁押强制措施,对罪行较轻、主观恶性较小的,一般不予逮捕或依法不起诉。

二、侦监模式变化

监改、检察机关侦查部门转隶、捕诉一体化、司法责任制、内设部门改革、案件集中管辖、检察质效评查等制度和机制的展开,给以往侦监模式带来很大影响。

1. 环境资源类案件管辖制度。探索环境资源专门检察机构建设,2016年10月,上海推进并实现了环境资源案件建立集中管辖,由上海铁检院集中管辖。加强环境领域“两法衔接”,上海检察机关与环保、公安部门联合制定《上海市环境保护行政执法与刑事司法衔接工作实施办法》,明确信息共享、案件移送、联动执法、证据收集固定移送等工作规范。综配司改中,上海检察机关完善上海铁检院、区院协作机制,明确上海铁检院与基层检察院的职责,在实行办案集中管辖的同时,监督和综合治理工作实行属地化,由各基层检察院负责“两法衔接”、建议行政执法机关移送涉嫌犯罪案件、立案监督和环保领域的综合治理项目,确保“两法衔接”及时畅通、监督工作有效开展、社会治理工作不断深化。

2. 基于检察智慧化的证据指引标准。借助上海刑事案件智能辅助办案系统的研发与应用,逐步统一行使办案各阶段的证据标准,规范办案程序。包括:制定符合检察环节工作要求的证据标准,构建渐进式证据指引;强化对侦查活动监督,发挥检察监督功能;研发社会危险性审查功能,促进逮捕必要性评估的科学化、规范化；研发出庭一体化功能，辅助出庭示证；结合监督职能，梳理证据校验规则；发挥检察电子卷宗数据资源优势，助力系统、深度地学习。

3. 非法证据排除的启动、调查和认定机制。坚持证据裁判规则，严格证据合法性审查。建立健全非法证据排除捕、诉、监所三个环节的情况通报、信息沟通机制，形成前后环节的紧密配合、有效衔接。

4. 检察介入侦查和引导取证工作机制。完善补充侦查制度，建立退回补充侦查引导和说理机制。检察与公安就完善重大敏感案件信息通报、提前介入工作的时间节点、案件研商、检察机关侦查取证意见的落实等进一步明确工作要求。延伸"两端"工作，加强引导侦查取证：抓前端，加强捕前引导取证，完善重大疑难案件公安机关听取检察机关意见和建议机制，加强重大疑难案件的信息通报，强化提前介入和捕前协商，促进报捕案件质量提高，为高效精准打击犯罪奠定基础；抓后端，加强捕后跟踪督促。健全逮捕案件继续侦查取证释法说理机制，增强补侦意见的针对性、说理性，跟踪督促公安机关落实补侦意见。探索与公安机关建立继续侦查取证情况反馈机制，提高存疑不捕重报率。

5. 加强犯罪嫌疑人、被告人及其他诉讼参与人的权利保障。加强对刑讯逼供和非法取证的源头预防，坚持每案必讯，规范讯问犯罪嫌疑人对诉讼权利告知等程序，充分保障犯罪嫌疑人诉讼权利。贯彻"两高三部"《关于依法保障律师执业权利的规定》、最高人民检察院《关于依法保障律师执业权利的规定》，在审查逮捕环节落实措施，依法保障律师知情权、辩护权、申请权等各项诉讼权利。与监所检察部门加强侦查终结讯问合法性审查的工作衔接，防止刑讯逼供，依法排除非法证据。

6. 深化检察监督制度改革。加强检察机关对刑事诉讼的法律监督。综配司改中，着力解决有案不立、有罪不究问题。着力解决利用刑事手段插手民事经济纠纷，监督公安机关撤案。着力解决有案不移、以罚代刑问题，针对环境资源、食品药品领域突出问题，拓宽监督线索来源。针对民营企业加强非公经济司法保障，把握非公企业的司法需求，依法纠正涉及非公企业的违法使用刑事手段插手经济纠纷，该立不立、不该立而立、违法扣押财产等执法不严、司法不公案件，激发非公企业活力，保障非公经济持续成为最具活力的经济增长点。探索重大监督事项案件化工作，研究监督案件受理、审查、监督纠正等办理程序和管理规范。结合内设机构改革，建立健全侦查活动监督线索发现、移送、反馈机制。

7. 审查逮捕程序诉讼化转型。推进审查逮捕公开听证工作，举办审查逮捕公开听证研讨会，加强理论和实务研究，完善工作的程序和机制。进一步探索逮捕诉讼化审查案件范围、启动方式、程序设计，对事实证据有争议、侦查取证合法性有争议等案件探索开展逮捕诉讼化审查。加强听取律师、被害人意见，完善审查逮捕环节法律援助制度，探索值班律师制度。

第四节　捕诉合一注意的问题

综配司改对于检察机关捕诉合一改革持肯定态度，并已付诸实施，认为检察官办案责任制、检察官员额制改革应成为新时期检察机关实行捕诉合一改革最重要的注脚。但是，这并不代表检察机关、检察人员可以继续沿用过去的工作思路和节奏。在捕诉合一的新形势下，检察机关、检察人员应应势而动，不断巩固和加强符合检察规律、诉讼规律的工作理念，真正体现出捕诉合一的监督力度、诉讼效率；同时，对“逮捕诉讼化”等改革的协同推进保持必要的关注。

一、符合检察和诉讼规律的理念

检察官具有客观公正、中立性的法定义务。检察官“不能不惜代价追求胜诉，而是负有公正义务并应当公正行事；不是一味追求不利于（被告人）的裁决；而是进入协助实现正义的执法者角色；控方不应千方百计试图获得定罪，不应该把自己作为一方当事人出庭，而是需要公正无偏地向法庭展现构成控诉案件的全部事实，并在本案可能出现的所有法律问题上协助法庭”①。事实上，这种客观公正、中立性要求并不是仅对检察机关某一部门的要求，而是针对全体检察人员的标准，更不能由于捕诉合一而降低。

虽然有人把承办检察官会认真研究、把握全案的事实、证据，并以起诉的证据标准来审查批捕案件，以保证捕后能够提起诉讼作为捕诉合一“积极的功利性价值”。② 但是这里还有个遵循诉讼规律的问题。“不能出于考虑案件能够起诉，相对严格的把握审查逮捕的构成要件，对有些需要逮捕的案件因担心捕

---

①　中国政法大学刑事法律研究中心组织编译：《英国刑事诉讼法》（选编），中国政法大学出版社2001年版，第70页。

②　沈海平：《捕诉关系的辩证思考》，载《国家检察官学院学报》2018年第4期。

后无法起诉或者起诉后出现无罪判决而不适用逮捕。”①比较科学的做法，应为在严格依照审查逮捕标准的基础上，及时做好以前可能没有受到应有重视的（不）捕后跟踪和引导侦查工作。比如，上海检察机关在《捕诉合一办案规程（试行）》②中专节规定了（不）捕后跟踪和引导侦查，“批准逮捕同时建议侦查机关补充侦查的，应当定期跟踪补充侦查情况；出现新情况、新问题的，应当及时提出意见和建议”。同时，“作出存疑不批准逮捕决定后，应当定期跟踪侦查机关对补充侦查建议的落实情况，必要时参与侦查机关重大、关键证据的收集、复核等工作。对存疑不批准逮捕案件，侦查机关拟重新提请批准逮捕或者直接移送审查起诉的，应当要求侦查机关至少在拟重新提请批准逮捕 5 个工作日前，或者拟直接移送审查起诉 10 个工作日前，提交补充侦查取得的证据并听取检察官的意见。经侦查机关补充侦查，仍证据不足的，可以建议侦查机关撤销案件；符合逮捕条件的，应当建议侦查机关提请批准逮捕”。

二、捕诉合一的诉讼效率

有人认为：“捕诉合一没有改变现行诉讼格局和公检法权力的重新分配，体现了效率优先、兼顾公平的原则。”③我们对此表示认同，并认为正所谓“迟来的正义非正义”，既然将效率放在优先的位置，必然要在司法实践中实实在在体现出来；若能够通过捕诉合一，减少犯罪嫌疑人、被告人对未来不确定的等待时间，未尝不是另外一种正义的实现。

然而，两种现象值得注意：一是承办人检察官通过复制前一诉讼环节的法律文书，从而实现提高办案效率的目的的做法值得商榷。捕诉合一后，诉讼效率的提高应该建立在承办检察官于对案情的熟悉把握上，绝非通过这种技术性的操作手段，后一诉讼环节对于前一诉讼环节的精细审查也绝对不可或缺。若捕诉合一后，诉讼效率的提高只是体现在法律文书制作、精细审查的“提速”上，则与理论界批判“审查判断证据的两道工序合二为一”无异。④ 二是捕诉合一后，综配司改中出现了公诉案件退补率大幅上升的问题。部分基层检察机关

---

① 马文静：《刑事检察部门架构问题研究》，载《山西省政法管理干部学院学报》2016 年第 4 期。

② 参见 2018 年 7 月 22 日上海市人民检察院《关于印发〈上海市检察机关捕诉合一办案规程（试行）〉的通知》（沪检发〔2018〕24 号）。

③ 曾国真：《检察体制内建立捕诉合一制度之我见》，载《今日南国》2010 年第 5 期。

④ 陈瑞华：《异哉，所谓捕诉合一者》，载微信公众号“中国法律评论”2018 年 5 月 29 日。

经过主任检察官、捕诉一体化改革探索后,公诉案件退补率环比出现较大幅度上升,虽然难以得知产生这种现象的具体原因,但这与审查逮捕环节以后没有真正做好(不)捕后跟踪和引导侦查工作不无关系。

上述现象让捕诉合一提高诉讼效率的价值受到了折损。鉴于此,上海在综配司改中提出了"简案快办"和对于退回补充侦查的限制,"对于事实清楚、证据确实充分、案情简单的认罪认罚案件,移送证据材料与审查逮捕时没有实质性变化,且侦查机关已经根据检察机关建议进行相关补充侦查的,应当简化审查、快速办理,不再单独制作审查报告,但应当将审查中需要说明的问题记录在案、随案归档,审查起诉期限一般不超过 10 日"。"对移送审查起诉的案件,侦查机关未落实检察机关(不)批准逮捕的补充侦查意见的,检察官应当了解情况,确有补充侦查需要的,应当要求侦查人员及时补充;无法在审查起诉期限内补充完毕的,应当依法退回补充侦查。经上述退回补充侦查,侦查机关仍未补充提供有关证据,又重新移送审查起诉,检察官认为不符合起诉条件的,可以报请检察长或者检察委员会决定不起诉,无需再次退回补充侦查。"以此推动捕诉合一效率优先价值的具体实现。

三、与其他改革的协同推进

党的十九大把"着力增强改革系统性、整体性、协同性"作为全面深化改革取得重大突破的一项重要经验,足见改革协同性的重大指导意义。具体到检察机关捕诉合一改革,也要关注与其他改革的协同性,以提升检察改革的整体质效。

1. 通过检察机关内设机构改革设立专门的诉讼监督部门,解决捕诉合一后诉讼监督工作力度削弱的问题。检察改革总的目标应是围绕如何更好履行宪法、法律赋予的法律监督职能。针对综配司改试点中出现的捕诉合一改革后,立案监督工作基本持平,其他如纠正漏捕、漏诉、侦查活动纠正违法、审判活动纠正违法等工作有不同程度下滑问题,[①]更宜通过成立专门的诉讼监督部门来巩固和加强。例如,整合社区检察部门的检察监督、侦查监督部门的立案监督和"两法衔接",以及公诉部门的审判监督抗诉等职能,成立专门诉讼监督机

---

① 杨勇:《浅析基层检察院内设机构改革——以捕诉合一为视角》,载《法制与社会》2016 年第 31 期。

构，强化刑诉监督的统一性和系统性；又如，框定立案监督、侦查活动监督、监督复查、派出监督作为刑诉监督四项核心业务，列明刑诉监督工作具体职能、规范要求及操作流程，精细化案件管辖、线索受理、审查办理等相关制度，保障统一规范行使刑诉监督权。

2. 与逮捕诉讼化改革的协调。"行政化的审查逮捕方式缺乏同时听取追诉方与辩护方意见的程序构造，使得承办检察官无法准确把握逮捕适用的证据与事实，逮捕质量根本无法有效控制；同时，逮捕审查说理功能的缺乏容易致使双方不满，也违背了人权保障与正当程序原则。"①为此，最高人民检察院在《"十三五"时期检察工作发展规划纲要》中提出，"围绕审查逮捕向司法审查转型，探索建立诉讼式审查机制"。基于此，全国多地探索审查逮捕诉讼化，已取得良好法律与社会效果。检察机关以听证为载体的诉讼化改造，贴合了检察机关的角色定位。当然，以听证等为载体的诉讼化改造，需要耗费大量诉讼资源。以往在捕诉分立情况下，快节奏的审查逮捕让检察官听证比较吃力，捕诉合一改革后检察机关如何在案件数量多、案件轮转节奏比较快的情况下，继续确保逮捕诉讼化改革质效，值得进一步思考。

3. 与认罪认罚从宽制度改革的衔接。类似于捕诉合一改革效率优先、兼顾公平的价值取向，认罪认罚从宽制度改革也具有两个价值定位。因此，既要把诉讼效率的提升叠加呈现，也需要精细化的制度设计，突出表现为检察机关在引导侦查、简案快办、简案集中出庭上对认罪认罚制度的相关规定。比如，规定对事实清楚、证据确实充分、案情简单且自愿认罪认罚的案件，在作出批准逮捕决定或者因无社会危险性不批准逮捕决定的同时，可以建议侦查机关在指定期限内移送起诉；移送证据材料与审查逮捕时没有实质性变化，且侦查机关已根据检察机关建议进行相关补充侦查的，应当简化审查、快速办理，不再单独制作审查报告；审查起诉期限一般不超过 10 日等。目的是使改革在协同配合中推进，取得事半功倍的效果。

---

① 郭烁：《捕诉调整："世易时移"的检察机制再选择》，载《东方法学》2018 年第 4 期。

第二十二章　检监衔接

随着国家监察体制改革走向深入，建立健全检察机关与监察机关的协调衔接机制，把监察机关调查和刑事诉讼程序有效衔接，乃是巩固发展反腐败压倒性态势、提高反腐败工作效率的重要保障。综配司改中检察机关提高政治站位，高度重视职务犯罪案件办理，充分发挥检察机关在反腐败斗争中的职能作用。

第一节　监察调查监督

基于监改背景，检察院亟待进一步加强法律监督能力，依法对监察委在职务犯罪的调查活动程序等是否合法进行监督。"在职务犯罪审查起诉过程中，检察机关发现监察委员会调查人员的搜查、扣押、羁押、审讯、留置等涉嫌违法，除了通过审查卷宗发现非法证据予以排除，改变强制措施，抑制监察委员会的违法调查行为，防止犯罪嫌疑人、被告人合法权益受到侵害之外，还要建立完善的违法调查行为线索的初核和移送机制，并在一定情况下拥有补充侦查权。"①

深化综配司改试点的上海市检察机关，已经设立职务犯罪检察官办公室，在进一步完善和深化与监察委的衔接机制

① 韩大元：《论国家监察体制改革中的若干宪法问题》，载《法学评论》2017年第3期。

的同时，与纪检监察机关在职务犯罪案件提前介入、移送审查起诉、退回补充调查、不起诉、律师介入以及违法所得没收等主要内容和环节达成共识，行使对监察权的监督。主要包括：

1. 职务犯罪案件专办机制。专门成立职务犯罪检察官办公室，承担了职务犯罪的审查逮捕、审查起诉等工作。以此实现了检察院内部的专业化分工，提升检察人员专业化水平。这不仅与目前司法体制改革的初衷相吻合，而且在检察机关内部进行精细分工，旨在培养一支职务犯罪审查逮捕、审查起诉专业技能过硬的检察队伍。在此基础上，更好实现对监察机关的职务犯罪案件职权行使的监督。职务犯罪审查逮捕和审查起诉工作是一系列工作的叠加，不仅包括对事实、证据和程序的审查，也要对监察委的工作人员的相关调查工作程序等是否合法依法进行监督，有大量的沟通联系工作要做，对于证据体系的完善也需要相互配合，这大量的沟通联络对接配合工作也要专人负责。如此，提高了监督侦查权进入检察机关提起诉讼的效率。成立职务犯罪检察办案组，既畅通了与监察委的对接，又有效减少案件退查、撤案和不起诉的概率，切实提高诉讼效率，强化打击职务犯罪的成效。

2. 监察机关调查职权监督。检察机关在审查逮捕、起诉职务犯罪案件时，发现监察委调查行为涉嫌违法犯罪时，可以发挥法律监督职能。一是对发现的违法线索应该采取一定的调查措施，予以初步核实加以确认，避免认定违法调查行为的随意性；二是对于轻微违法行为，确属履职过失行为造成的，可以采用口头纠正违法的方式向案件调查人提出；三是确认一般性调查违法行为后，可通过制发《纠正违法通知书》等形式，向负责调查的监察委及其上级机关提出纠正意见，要求予以纠正；四是发现监察委工作人员有重大违法或违纪嫌疑，应该以书面的形式向监察委专门机构移送违纪违法线索函，反映情况要求查处并反馈。

3. 排除监察非法调查证据。职务犯罪案件经由监察委移送到检察机关后，即进入刑事诉讼程序，检察机关经审查，若存在刑讯逼供以及其他违法收集证据行为的，可以依法作出排除非法证据的决定，不再将该非法收集的证据作为逮捕和提起公诉的根据。

4. 行使补充侦查权。《监察法》第 47 条第 3 款前半段规定："人民检察院经审查，认为需要补充核实的，应当退回监察机关补充调查，必要时可以自行补充侦查。”根据这一规定，“检察机关的侦查权并未完全被监察委调查权所取代”[①]。在新的国家监察体制下，检察机关对职务犯罪的补充侦查权不能弱化，尤其要加强对主要证据的复核权。一是因为职务犯罪案件直接证据都是言词证据，言词证据本身的特性决定了其不牢靠、易变的危险性，特别是在无法判断证人提供证言时的情形的情况下，对证言有疑问的，检察人员应该补充侦查。二是在监察委未能及时提供有关证据的情况下，为提高诉讼效率，检察人员可以自行补充侦查。三是对重要的新证据收集，检察人员原则上不采取自行侦查的模式，而应要求国家监察委补充调查。四是采取灵活多样的形式补充侦查，比如，在重要证据的复核中，可以要求监察委给予配合，甚至是派员共同复核。

第二节 衔接配合机制

监改深化之后，检察机关公诉部门立足本职，优化职能，积极与监察机关对接，就衔接配合过程中的涉检事项进行研究会商，对职务犯罪案件提前介入、退回补充调查、不起诉、沟通协作机制等内容达成共识，形成符合司法规律的检监衔接配合机制。

一、提前介入机制

《刑事诉讼法》第 85 条规定，检察机关提前介入公安机关侦查的重大案件。国家监察体制中的检察机关提前介入，对于引导职务犯罪案件的调查取证仍具有重要意义。

1. 提高诉讼证据质量。在以审判为中心的刑事诉讼制度改革背景下，证据裁判标准对取证行为、证据品格、检察官在法庭的证据运用的要求越来越高。检察人员引导监察委调查取证，有助于完善职务犯罪案件的证据体系。

2. 提高诉讼效率。在调查终结前检察官引导调查取证，可以形成相对完备的证据体系，以及深化检察官对案件事实和证据的认识，提高审查起诉阶段的诉讼效率。但是，职务犯罪案件提前介入机制尚处于探索阶段，仍需进一步完善：一是要明确提前介入的启动方式为应邀介入。提前介入应当由监察委以书

① 刘艳红：《监察委员会调查权运作的双重困境及其法治路径》，载《法学论坛》2017 年第 6 期。

面形式,要求检察机关职务犯罪办案人员提前介入个案调查。由于监察委的职责不仅包括职务犯罪案件的调查,还有对违纪、违法行为的调查,在案情明朗之前,很难确定案件性质,故检察人员不得主动提前介入监察委正在调查的个案。二是规范提前介入的形式为定期联席会议和个案及时介入。检察机关同监察委协商定期召开联席会议,交流该时间段内的职务犯罪案件的起诉判决情况,通报调查取证方面存在的问题,有针对性地提出改进建议。对个案的提前介入,检察机关在收到监察委的书面邀请后,应根据情况及时派员介入。三是划定提前介入范围。检察机关介入职务犯罪案件调查,只能对案件的取证方向、取证规范、法律适用等方面提出意见和建议,不得参与制定案件调查方案、收集证据等实际调查。

二、退回补充调查机制

《监察法》第 47 条第 3 款规定了职务犯罪案件退回补充调查机制。对于普通刑事诉讼案件中存在的案件退而不查、利用退回补充侦查制度借用诉讼时间等问题,检察机关缺乏强力督促程序。在国家监察制度下,检察机关退回补充调查制度同样可能会存在上述问题。

从完善制度的角度,需要考虑以下问题:一是退回补充调查必须制作补充证据提纲及清单,列明需要补充调查的事项、证明目的,让监察委有的放矢补充证据。二是退回补充调查必须全案退回,也就是连同卷宗材料、相关法律手续文书一并退回监察委。三是补充调查完毕,监察委列出证据清单和补充调查报告,连同卷宗一并移送人民检察院,如果没有补充调查材料或者缺少其他证据材料,检察机关案管部门可以认为卷宗材料不全不予接收案件。四是两次退回补充调查完毕,发现没有犯罪事实或者证明犯罪事实证据不足的,检察机关公诉部门可以不接收案件,并建议监察委撤销案件。五是怠于补充调查情况通报查处制度,对监察委调查人员怠于行使补充调查权,检察机关公诉部门可以向监察委有关部门通报情况要求追究相关人员的责任。

三、不起诉机制

不起诉制度,是检察机关的一项终结性的司法权力。这项制度的执行在实践中也受到争议,仍有很多需要完善之处,特别是在新的国家监察体制运行后,在职务犯罪不起诉制度上要更加注重公开、公正、公平。一是职务犯罪案件相对不起诉的标准要统一。各省级人民检察院、监察委结合本省经济、社会、文化等情况，制定统一相对不起诉参考标准，如一定犯罪数额以下、自首、立功、坦白情节等，让职务犯罪的不起诉具有明确的参考标准，然后再考虑刑罚的个别化原则进行整体斟酌。二是不起诉程序公开。相对不起诉、绝对不起诉、存疑不起诉执行程序都要公开，公开听证程序、公开审查程序、公开听取意见程序等，都需要阳光透明，尤其注重监察委的参与和监督。三是所有不起诉法律文书向社会公开。接受社会监督，并努力做到同案处理结果相同，避免不起诉的恣意。

四、沟通协作机制

为提高职务犯罪案件的办理质效，要健全监察委和检察机关之间的沟通协作机制。一是建立与监察机关的日常联络机制。可确定公诉部门与案件审理部门作为双方对口联系的承办部门，每半年召开一次工作例会，通报相关信息、解决工作中存在的问题。二是建立个案协调会商机制。明确检察机关与监察机关在办理案件过程中，对案件管辖、证据和法律适用等问题出现分歧的，及时协调解决；出现重大分歧需要由上级检察机关和监察机关协调会商的，需要及时上报上级检察机关公诉部门和上级监察机关案件审理室。三是建立案件信息通报机制。明确检察机关在办案过程中遇到拟提出补充调查等八种情形的，应当及时通报监察机关。

第三节　侦查权管辖分配

一、刑事诉讼法的检察侦查权

2018 年 3 月 20 日，国家《监察法》审议通过。该法整合了政府系统的行政监察部门、预防腐败部门的工作职能和检察机关的查处贪污贿赂、失职渎职、预防职务犯罪等工作职能，成立了国家监察委。随后，全国各级检察机关的反贪污贿赂检察部门、反渎职侵权检察部门和预防职务犯罪检察部门纷纷转隶各级监察委。同年 10 月 26 日，《人民检察院组织法（修正案）》和《刑事诉讼法（修正案）》，进一步明确了检察院与监察委的办案协调机制，区分了检察机关与监察委各自拥有侦查权的分工。比如，修订后的《人民检察院组织法》第 20 条第

1 项明确规定,人民检察院“依照法律规定对有关刑事案件行使侦查权”。修正后的《刑事诉讼法》第 19 条第 2 款前半段也明确规定,“人民检察院在对诉讼活动实行法律监督中发现的司法工作人员利用职权实施的非法拘禁、刑讯逼供、非法搜查等侵犯公民权利、损害司法公正的犯罪,可以由人民检察院立案侦查”。

根据以上法律规定,检察机关能够直接进行立案侦查,需要同时受到三个硬指标的限制,借此把监察体制改革后检察机关侦查权与其他国家机关管辖权明确划分。

1. 限制在 14 个具体罪名。分别为:非法拘禁罪,非法搜查罪,刑讯逼供罪,暴力取证罪,虐待被监管人罪,滥用职权罪,玩忽职守罪,徇私枉法罪,民事、行政枉法裁判罪,执行判决、裁定失职罪,执行判决、裁定滥用职权罪,私放在押人员罪,失职致使在押人员脱逃罪,徇私舞弊减刑、假释、暂予监外执行罪。但是,并非凡是能构成以上 14 个具体罪名的犯罪行为,都可以由检察机关直接立案侦查,同时还受到另两项条件的限制。

2. 司法工作人员利用职权实施的犯罪。根据《刑法》的规定,在上述 14 个具体罪名中,具体可以分为三类犯罪,一是刑讯逼供罪,暴力取证罪,虐待被监管人罪,徇私枉法罪,民事、行政枉法裁判罪,执行判决、裁定失职罪,执行判决、裁定滥用职权罪,私放在押人员罪,失职致使在押人员脱逃罪,徇私舞弊减刑、假释、暂予监外执行罪等 10 个罪名是只能由司法工作人员作为犯罪主体实施的犯罪。若犯罪主体不具有此种属性,则不构成犯罪或者不构成此种犯罪。二是滥用职权罪、玩忽职守罪,属于只能由国家工作人员作为犯罪主体实施的犯罪,其犯罪主体较司法工作人员要广。三是非法拘禁罪、非法搜查罪,其犯罪类型的主体为一般主体,但是当犯罪主体具有司法工作人员的身份时,应当从重处罚。其中,对第一类 10 个罪名,不存在犯罪主体而引起的管辖争议;但是,对非司法工作人员犯以上第二类、第三类的 4 个罪名,检察机关无权直接立案侦查,而要根据具体案情事实确定检察机关之外的管辖机构。比如,既非国家工作人员又非司法工作人员犯非法拘禁罪、非法搜查罪,则由公安机关管辖;是国家工作人员又非司法工作人员犯非法拘禁罪、非法搜查罪、滥用职权罪、玩忽职守罪,则应由监察委员会管辖。另外,司法工作人员不是利用职权实施以上 14 个罪名,检察机关也无权直接立案侦查。例如,司法工作人员仅作为普通参与人员参与非法拘禁罪的看押等活动,并非利用自己的职权,则应由公安机关负责管辖,而非检察机关管辖。

3. 对诉讼活动实行法律监督中发现的。换言之,必须是检察机关在依职权进行侦查监督、审查逮捕、审查起诉、刑事执行检察等诉讼活动时,在法律监督过程中发现案件线索,才能直接立案侦查。对不在检察机关对诉讼活动实行法律监督中发现的线索,则应该移转监察委或者其他国家机关管辖。例如,在接待群众来信来访中,获悉一些司法工作人员利用职权犯下上述 14 个具体罪名的犯罪,但是,接到线索的检察机关并未承办和此人有关的刑事案件,在侦查监督、审查逮捕、审查起诉、刑事执行检察等环节均不涉及关于此人的司法活动,这种并非在对诉讼活动实行法律监督中发现的线索,而是纯属举报中获得的线索,应当移转监察委或者其他国家机关管辖。

二、监察法与刑事诉讼法的冲突

《刑事诉讼法》的上述规定与《监察法》存在冲突,难以用现有法律规则解决,且在综配司改实践中存在问题,需要国家立法再次解决。

《监察法》第 34 条规定:“人民法院、人民检察院、公安机关、审计机关等国家机关在工作中发现公职人员涉嫌贪污贿赂、失职渎职等职务违法或者职务犯罪的问题线索,应当移送监察机关,由监察机关依法调查处置。被调查人既涉嫌严重职务违法或者职务犯罪,又涉嫌其他违法犯罪的,一般应当由监察机关为主调查,其他机关予以协助。”根据这一规定,检察机关对在工作中发现公职人员涉嫌贪污贿赂、失职渎职等职务违法或者职务犯罪的问题线索,应当移送监察机关,由监察机关依法调查处置。其中,也包括检察机关对诉讼活动实行法律监督中发现的、司法工作人员利用职权犯下的上述 14 个具体罪名的犯罪。但是,检察机关如果将对诉讼活动实行法律监督中发现的、司法工作人员利用职权犯下的上述 14 个具体罪名的犯罪问题线索移送监察机关,由监察机关依法调查处置,那么,《人民检察院组织法》赋予检察机关的侦查权、《刑事诉讼法》关于案件分工的规定就形同空文。

《监察法》和《刑事诉讼法》在法律位阶上都是全国人大通过的基本法律,不存在下位法遵守上位法的问题。同时,这两部法律又是在各自领域的基本法,也不存在特别法和一般法的关系。另外,《刑事诉讼法》修正案在后,《监察法》通过在前,如果适用后法优于先法的规定,则可以认定《刑事诉讼法》效力优先于《监察法》,但是,《监察法》明确使用了“应当”,《刑事诉讼法》使用的是

"可以",两者存在共存空间,也不宜以后法优先于前法为由,用《刑事诉讼法》修正案否定《监察法》的规定。因此,两者之间存在的法律冲突,难以用现有的法律规定解决的,必须从国家层面具体立法,再次进行明确。

三、刑事诉讼法规定的瑕疵

即使按照《刑事诉讼法》的规定,划分监察体制改革后检察机关侦查权与其他国家机关的管辖权,又会在司法实践中出现三类问题:一是根据诉讼环节和时间先后产生的管辖权争议。比如,司法工作人员利用职权犯下上述 14 个具体罪名的犯罪,犯罪必然违法,违法必然涉及违纪,监察机关有权在追究犯罪刑事责任或违法责任前,先对其追究违纪责任,由此可能产生侦查权的冲突;二是司法工作人员一人犯数罪,其中有监察机关应当管辖的贪污贿赂犯罪,又有利用职权犯下上述 14 个具体罪名的犯罪,也会产生侦查权的冲突;三是共同犯罪中司法工作人员利用职权犯下上述 14 个具体罪名的犯罪,其同案犯犯下监察机关应当管辖的贪污贿赂犯罪,同样会产生侦查管辖权的冲突。

针对第一类问题,如果监察机关对司法工作人员利用职权犯下上述 14 个具体罪名的犯罪的违纪或者违法问题进行调查,确定其涉及犯罪问题后再移交检察机关行使侦查权,就会面临很大的国家资源浪费的问题。监察体制改革之所以将检察机关的查处贪污贿赂、失职渎职、预防职务犯罪等工作职能并入监察机关,相当一部分原因就是为了改变以往纪委先"双规",查清违纪违法问题,确定有犯罪行为后再移交检察机关侦查一遍的浪费国家资源的情况,因而将侦查权统一收归监察机关。而在司法工作人员利用职权犯下上述 14 个具体罪名的犯罪这一个部分,又面临此类问题。

针对第二类问题,司法工作人员一人犯数罪,其中有监察机关应当管辖的贪污贿赂犯罪,又有利用职权犯下上述 14 个具体罪名的犯罪,《监察法》第 34 条第 2 款明确规定,被调查人既涉嫌严重职务违法或者职务犯罪,又涉嫌其他违法犯罪的,一般应当以监察机关为主调查,其他机关予以协助。这一条文之规定又明确排斥了检察机关行使独立侦查权的余地,虽然是"一般",但是明确"应当"以监察机关为主,检察机关只能根据监察机关需要予以协助。

针对第三类问题,共同犯罪中司法工作人员利用职权犯下上述 14 个具体罪名的犯罪,其同案犯犯下监察机关应当管辖的贪污贿赂犯罪,虽然《监察法》中没有明确规定,但是,在该法的留置规定中明确允许对同案犯也进行留置,即默示了监察机关对犯下监察机关应当管辖的贪污贿赂犯罪的同案犯,含利用职权犯下上述 14 个具体罪名的犯罪的司法工作人员进行管辖的权力。这样,必然在司法实践中产生监察机关和检察机关的管辖冲突。

以上三个问题,虽然可以通过地方同一层级的监察机关、检察机关进行会签工作文件,商定具体管辖办法来解决,但是从根本上,也是需要从国家层面具体立法,再次进行明确。

第四节 内部侦查权配置

接下来,检察机关内部对侦查权的管辖划分,也是综配司改高度关注的问题。检察机关内部对侦查权的管辖划分具体可分为两个部分,一个是部门管辖的分配,另一个是层级管辖的分配。

一、部门管辖的分配

部门管辖的案件分配在最高人民检察院一级已经解决。2019 年,最高人民检察院内设机构改革后明确由第五检察厅,即刑事执行检察部门在负责“对监狱、看守所和社区矫正机构等执法活动的监督,对刑事判决、裁定执行、强制医疗执行、羁押和办案期限的监督,羁押必要性审查”的同时,又明确规定该部门负责“对法律规定由最高人民检察院办理的司法工作人员利用职权实施的非法拘禁、刑讯逼供、非法搜查等侵犯公民权利、损害司法公正犯罪,以及按照刑事诉讼法规定需要由人民检察院直接受理的其他重大犯罪案件的侦查”。

同样,地方检察机关也宜采取最高人民检察院的内设机构分工模式,由刑事执行检察部门负责对这 14 类案件的侦查权,原因有三:

1. 这 14 类罪名的相当部分罪名只发生在监所领域内,例如,虐待被监管人罪、私放在押人员罪、失职致使在押人员脱逃罪,其犯罪地只可能在监所内部,本身就是刑事执行检察部门检察监督的工作范围,带有鲜明的监督依附性和线索唯一性,交由刑事执行检察部门负责侦查,从侦查的便利性和监督的有效性方面来看更为适宜。

2. 这 14 类罪名的大部分罪名在检察机关内部工作分工中,都属于刑事执行检察部门的监督范围,例如,虐待被监管人罪,执行判决、裁定失职罪,执行判决、裁定滥用职权罪,私放在押人员罪,失职致使在押人员脱逃罪,徇私舞弊减刑、假释、暂予监外执行罪都直接属于刑事执行领域中发生的犯罪;刑讯逼供罪,暴力取证罪,徇私枉法罪,民事、行政枉法裁判罪,滥用职权罪,玩忽职守罪,非法拘禁罪、非法搜查罪等罪名,也较易在刑事执行检察部门和在押人员的教育谈话,或者在押人员向驻所、驻监检察官的控告申诉中获得线索。

3. 刑事执行检察部门负责侦查,对监狱、看守所和社区矫正机构等执法活动的监督效果更有直接性,更具震撼力,更有利于开展刑事执行检察监督工作。刑事执行检察部门对这 14 类案件行使侦查权,可以对司法工作人员特别是监狱、看守所和社区矫正机构等执法部门人员利用职权实施犯罪的行为做到及时发现、监督有效、震慑有力,也对刑事执行检察部门的其他工作顺利开展带来很大益处。

二、层级管辖的分配

层级管辖的案件分配则必须将工作能力的大小、工作量的多少、办案的便利与否综合考虑,每个省区市都有各自特殊情况,不宜采取“一刀切”的手段。

从工作能力的大小、工作量的多少、办案的便利与否分析,不宜将此类案件的侦查集中到省级检察机关的刑事执行检察部门。因为省级检察机关的刑事执行检察部门人员较少,且需要忙于对下级检察机关刑事执行检察业务的指导和督查,难以承担全省的侦查任务。另外,也不宜将所有此类案件的侦查全部下放到基层检察机关,毕竟基层检察机关刑事执行检察部门人员同样不多,也忙于各类刑事执行检察业务。

根据司法实践,将案件侦查交由基层检察机关刑事执行检察部门,可能出现的情况是发生案件时压力不堪重负,但是,加派人员则会导致没有案件发生时又无事可做,造成人力浪费,也不利于形成专业化队伍。因此,较宜规定由地级市或者专门的刑事执行检察院负责此类案件的侦查,既可以保证工作量的适宜,又能形成专门负责侦查工作的队伍,形成案件侦查的专业化精神、专业化能力、专业化队伍。

第二十三章　司法行政协同

综配司改着眼于系统性、整体性、协同性。在全国首个试点上海综配司改推出的 117 项改革要点中，司法行政部门牵头及参与事项达到了 40 多项，已取得明显成效。同时，司法行政部门对司改的“综合配套”效应还需进一步释放，尤其在改革的协同性上。

第一节　司改的跟进与融入

司改本身不是孤立的，而是国家法治建设的重要一环。综配司改要在全面依法治国大局下推进。同时，行政体制改革背景下法制行政部门归并重组后的司法行政部门职能，也应更结构性地融入改革，不断推动司改纵深发展。

一、依法治国办公机构

整体来讲，司改的前期主体性工程阶段，以法院、检察院为主线进行改革和突破，综配司改则更应在整体协同上下功夫。鉴于此，把重组后的司法行政部门职责定位纳入综配司改中，目的就在于增强改革的系统性、整体性、协调性、联动性和配套性。其中，全国各级依法治国（省/市/县）办公机构具有极为重要的功能。

全面依法治国是中共中央作出的重大战略部署，具有重要的基础性、保障性作用。全国各省(区、市)已全部组建党委依法治省(区、市)委员会,普遍设立法、执法、司法、守法、普法等协调小组,并下设办公室作为办事机构,党领导全面依法治国新的体制机制初步形成,迈出了历史性的一大步。各地把本级党委依法治省(市/县)委员会办公室设在司法行政机关。

司法行政机关依托依法治国办、依法治省(市/县)办等成为党全面领导法治工作的具体实施部门,统筹协调推进各地区、各部门落实全面依法治国委员会、各级党委全面依法治省(市/县)委员会决定的事项、工作部署和要求。设定在司法行政机关的这一重要办公机构,完全可以推动解决综配司改中一个部门、地方解决不了的重大事项,协调解决部门、地方之间存在分歧的重大问题,把综配司改融入全面依法治国工作大局,与立法、执法、司法、守法、普法领域各项任务整体布局、系统推进。

二、行政立法和执法协同

司改是一项复杂系统工程。综配司改目的在于增强政法系统各单位之间的协调性、联动性和配套性,发挥协同效应。

1. 行政立法。国家行政机关是制定、实施法律法规的重要主体,大部分法律、地方性法规草案和全部行政法规、政府规章都是由设区以上人民政府提出或制定的,大约80%的法律、90%的地方性法规和几乎所有的行政法规、规章都是由各级政府执行的。[①] 综配司改中,很多改革已不再局限于司法机关,而是包括公安、司法和司法行政机关,乃至覆盖财政、人社、信息化等政府部门在内的综合性、协作式改革。这就需要加强行政立法与改革决策的衔接协调,涉及政府部门改革内容的,通过行政立法进一步理顺行政立法体制,修改完善《行政法规制定程序条例》《规章制定程序条例》等,探索制定精细化的行政立法操作流程,探索建立统一的行政立法技术规范,严格立法质量和时限要求,促进行政立法工作标准化、规范化。同时,要根据全面深化改革及综配司改推进情况,及时开展法规规章和规范性文件清理工作,做到有序衔接,为改革保驾护航。此外,要加强对行政规范性文件的监督管理,在建立行政规范性文件审查衔接工作机制的基础上,进一步加强行政机关、法院、检察院在规范性文件审查工作

---

① 袁曙宏:《在新时代深化依法治国实践中谱写法治政府建设新篇章》,载《学习时报》2018年8月29日。

上的有效衔接,形成司法监督与行政监督的合力,共同推进依法行政和严格司法。

2. 行政执法。行政执法部门需要与司法机关加强协作配合,完善联动机制,形成工作合力。同时,司法制度本身也是国家法治建设的重要一环,只有更好地推进严格、公正、文明执法,坚持依法行政,才能全面贯彻落实依法治国方略,才能全面提升司法质量、司法效率和司法公信力。一方面,要统筹推进行政执法体制机制改革,完善行政执法程序,重点规范行政许可、行政处罚、行政强制、行政征收、行政检查等执法行为。另一方面,要健全完善行政执法与刑事司法衔接机制。

三、影响职权行使因素

综配司改强调对与司法相关的外部因素进行配套改革,通过以外促内寻求整体改革效应的最大化。立足于司法行政的角度,部分涉改事项属于司法外部因素,不可避免地存在如何把这些外部因素纳入司法体系发挥作用的衔接性问题。

基于外部的视角,司法行政职权优化配置的制度性成果,在外部执行上还存在一些不顺畅和不到位的情况,与改革设计初衷尚有差距。比如,在保障律师权利方面,上海市推出一系列改革举措,出台相关制度,建立了维护律师执业权利中心,开发了"律师一卡通"系统,会同政法各单位建立了维护律师执业权利快速联动处置机制等。但律师在实际执业过程中,还是一定程度上存在会见难、调查取证难等老问题,律师到一些单位调查取证时,时常因这些单位缺乏具体可操作的程序性、流程性工作规则而吃"闭门羹"。同时还存在发问难、质证难、辩论难等新问题,制约了律师在法治建设和促进司法公正中充分发挥作用。比如,在刑事案件法律援助方面,还没有真正形成基于"法律援助"基本属性的便利化工作机制,法律援助律师与委托代理的律师同样需要排队会见、排队阅卷等,导致在一些刑事法律援助案件中,援助律师从接到通知到出庭辩护的间隔很短,安排阅卷、会见的时间非常紧张,导致援助律师对案件本身了解研究难以深入,影响了辩护效果。

而从更深层次的内部视角,司法行政对标改革目标的职权功能发挥,还有拓展空间,也倒逼司法行政的职权优化配置进一步深化。比如,为了推动建立覆盖城乡、便捷高效、均等普惠的公共法律服务体系,需要持续推进"12348"上海法网、App、微信公众号等智慧大平台建设，尤其在司法行政业务的智慧顶层架构、多维异构大数据的挖掘和结构化、服务功能的智能化和便利化上还有较大差距。同时，公共法律服务应被纳入政府提供的基本公共服务的项目清单，以及解决通过政府购买公共法律服务的具体支付标准、经费来源没有明确的法律依据等问题。

第二节　协同效应的短板

综配司改本身突出改革的协同性，围绕司改目标把与之相关的所有因素衔接成为一个整体，以形成更大的聚合效应。随着司法机关的先行改革及配套改革中日益显露的问题，虽然配套改革阶段以后来跟进的司法行政改革作为强援，但在协同性上仍受多重因素的影响，导致部分改革的聚合效应不明显。

一、诉讼衔接分流机制

司法行政的职权配套改革的内容之一就是对案件进行分流，减少司法机关日益增长的办案压力。案件数量不能合理疏减，很可能会在一定程度上影响司法公正的质量，导致司法公信力下降。基于此，司法行政的综配司改继续将已推行多年的多元化纠纷解决机制作为重大配改事项。客观上，调解、仲裁已经在案件分流中发挥了一定作用，但是，由于诉调对接、诉仲对接的衔接配合机制不够健全完善，仍然存在“接口梗阻”，导致调解、仲裁等非诉纠纷解决方式的作用尚未得到更充分的释放。

一方面，调解作为一种重要的纠纷解决的方式，在深化多元化纠纷化解机制中发挥着重要作用，也深受百姓欢迎。但当前对人民调解的职能拓展、资源整合还不够充分，人民调解的整体合力还要进一步加强；同时，社会上各类调解组织很多，并且比较分散，但目前对各类调解资源缺乏有力有效的统筹，对诸多调解组织与机构缺乏归口指导与工作规范，这在很大程度上影响和限制了通过调解化解矛盾纠纷作用的发挥。另一方面，仲裁是解决争议特别是商事争议的一种重要方式，具有充分尊重当事人意愿、一裁终局、审理不公开等特点，受到越来越多市场主体的认同和接受，目前大多数国际贸易纠纷通过国际商事仲裁程序加以解决。但总体上说，我国仲裁行业发展水平不高，除缺乏仲裁行业人才、仲裁机构体制机制落后等行业自身因素外，仲裁与司法衔接机制不健全，也是影响仲裁在商事争议解决发挥作用的重要因素，这在一定程度上影响了仲裁对部分纠纷特别是商事纠纷的分流作用。

二、与公安司法机关衔接机制

整体而言，政法系统各单位之间的制度协同已建立，难点是在具体衔接方法上的不流畅。例如，司法鉴定与公安、审判、检察衔接机制不健全，工作衔接协同的常态化、动态化、信息化水平不高，司法鉴定委托、受理、执业规范、出庭作证、鉴定意见采信、鉴定人执业保障和执业惩戒、司法鉴定法律援助等有关情况通报、工作对接不够及时、全面，在一定程度上影响和制约了司法鉴定在刑事侦查、审判、检察等环节作用的发挥。又如，社区矫正作为非监禁刑罚执行方式，矫正场所的开放性、社会参与的广泛性是其显著特征，这也决定了做好社区矫正和安置帮教工作，必须依靠多个部门、多方力量共同参与。但是，就目前实际情况分析，公检法机关在社区矫正对象的接收纳管、收监执行、信息共享、刑释人员必接等方面衔接不顺畅、配合不紧密。此类具体工作衔接上的不通畅看似是小问题，但对具体当事人来说就是体现在每一个司法案件中是否感受到公平正义的大问题，需要深化改革予以解决。

三、司法行政的职能统筹机制

党的十九届三中全会通过的《中共中央关于深化党和国家机构改革的决定》和2018年3月中共中央印发的《深化党和国家机构改革方案》，使得司法行政的职能有了很大拓展，形成了"一个统筹、四大职能"总体工作布局，明确了司法行政机关法治综合部门的定位。"一个统筹"即作为全面依法治国的工作机构统筹协调法治工作；"四大职能"即行政立法、行政执法、刑事执行、公共法律服务。

综配司改试点始于2017年，当时党和国家机构改革尚未进行。因此，司法行政系统参与综配司改试点局限于当时的职能范围，主要集中在"一个统筹、四大职能"中的"刑事执行"和"公共法律服务"两个职能领域，"统筹协调法治工作"以及"行政立法"、"行政执法"等三个职能领域没有纳入综配司改范畴。从"一个统筹、四大职能"的具体内容看，司法行政机关的新增职能应当统筹纳入综配司改一并统筹推进：一方面，推进综配司改，理应被纳入全面依法治国新战略，将其作为法治国家、法治政府、法治社会一体建设的有机组成部分。同时，作为法治综合部门，统筹协调法治工作的职能定位，更加有利于整合有关法治资源，为司改“综合配套”提供新的动力。另一方面，司法行政机关是推进法治政府建设的具体落实部门，行政立法、行政执法等都与司法有紧密联系，司改不可避免地需要行政立法、行政执法的综合配套。

四、相互配合和制约的模式

党的十八届四中全会提出，“健全公安机关、检察机关、审判机关、司法行政机关各司其职，侦查权、检察权、审判权、执行权相互配合、相互制约的体制机制”。但是，该项改革举措尚未完全落实，公安机关、检察院、法院、司法行政机关之间的相互制约机制还不尽完善。具体表现在司法行政领域，主要包括：审判权和执行实施权的外部分离，尚未提上司改日程；对刑讯逼供和非法取证进行源头预防的侦查权和羁押权分离，仍然面临很大的改革阻力；刑罚执行，仍然由公安、司法行政、法院等多家部门共同承担，不利于刑罚执行一体化。

第三节　刑罚执行一体化

刑罚执行一体化，广义上是指整个刑罚执行体制的一体化；狭义上是指司法行政机关履行的监狱改造和社区矫正职能。这里限于狭义上的刑罚执行一体化。社区矫正和监狱改造共同构成了非监禁刑和监禁刑分层次、相衔接的刑罚执行体系。推进刑罚执行一体化作为综配司改内容，有利于推动刑罚执行体系协同，提升刑罚执行社会化水平，以及节约刑罚执行成本。

一、狱政体制改革

健全完善新型的监狱体制，深化推动狱政体制改革，首先是完善全额保障、监企分开、收支分开、规范运行的体制机制，完善监狱经费财政保障机制。健全监狱企业管理体制和运行机制，推动在政府采购活动中将监狱视同小型、微型企业，享受政府采购促进中小企业发展的相关政策。深化监社分开，进一步强化监狱改造功能。

接下来，需要进一步完善刑罚执行制度。严格规范监狱减刑、假释、暂予监外执行制度,依法进一步扩大罪犯假释适用范围。完善减刑、假释、暂予监外执行评审规则,进一步规范罪犯罚金缴纳程序,健全刑罚变更执行请示审批和备案审查机制。建立执法过程全程记录制度,完善执法证据保全机制。完善执法办案责任制,健全执法纠错机制和追责机制。

同时,在监狱对罪犯的改造上,还要统筹推进以政治改造为统领的“五大改造”格局。突出政治改造的统领地位;推行对罪犯的行为训导,依法打击“地下航线”“牢头狱霸”“非正式群体”等狱内违纪,优化特岗犯、重要罪犯、危安犯等特殊类型罪犯的管理模式;释放教育改造的治本作用,完善罪犯改造评估体系,完善评估工具;推进矫正工作,建立矫正项目库;完善矫治师评聘、管理、培养、使用工作机制,提高狱内侦查、心理健康辅导、改造评估等工作岗位的专业化程度,提高监狱教师、心理咨询师、评估员等队伍技能水平;拓展文化改造的教化功能,深化罪犯监禁文化建设,制作文化改造标识,设计创作统一改造训词、誓词、歌曲、口号和标语等;推进劳动改造的功能回归;开展劳动观念教育,矫正恶习,培育良好劳动习惯和劳动素养;更合理引进劳动项目,把劳动改造与监管、教育改造结合起来,探索“产学业”一体化实现渠道,让罪犯掌握回归社会的劳动技能。

健全专业人才引进、培养和使用制度机制。完善警务运行模式,探索建立警力编制动态调整机制,增加一线警力。改善民警队伍结构,探索通过政府购买服务等方式引进教育、医疗、信息技术等专业领域人才。探索建立基层人民警察培养招录模式,进一步建立健全域外监狱干警招录政策。

此外,还要推进智慧监狱建设,运用大数据、人工智能和物联网等技术,健全智能安防体系,建立“智慧监狱应用大平台”。主动融入“数字法治、智慧司法”信息化体系建设,配合做好“206 系统”分平台建设工作。开展减刑、假释案件远程开庭审理、罪犯亲属远程探视会见、患病罪犯远程医疗会诊等工作,提升科技应用能力。

二、社区矫正改革

以促进社区服刑人员顺利回归并融入社会为目标,基本建成适应宽严相济刑事政策的社区矫正体系。主要包括:(1)加快推动社区矫正法出台。加强执行落实研究,推动地方立法,理顺工作体制机制,有序开展规范性文件、制度立改废,开展社区矫正规范化执法建设,开展社区矫正法宣传活动,落实“谁执法、谁普法”责任举措，采取有效措施提升执法能力。(2)坚持发展社区矫正集中执法。做强区社区矫正中心、做实街镇司法所职能作用，深入落实社区矫正工作岗位责任制，更好统筹管理在区社区矫正中心、日常管理在司法所、选派民警密切联系司法所的优势作用，健全“职责清晰、互为补充”的社区矫正职责。(3)深化“三分矫正”体系建设。落实“三分矫正”体系建设，提升“三分矫正”理论实践内涵，动员更多优质社会力量参与；健全心理矫正工作体系，在各社区矫正中心加强心理矫正工作室建设，完善心理矫正工作内容和流程。(4)深入推进“智慧矫正”建设。推动信息化智能化建设，推广复制社区矫正信息指挥系统，提升社区矫正指挥中心能级。

三、监狱监禁与社区矫正的衔接

社区矫正工作与监狱监管改造性质相同、目标一致、措施关联、方法相通，需要围绕罪犯改造目标，构建起相互衔接和协同的刑罚执行体系。

一方面，推进监狱民警支持和参与社区矫正。全国正在探索完善监狱与社区矫正相互衔接、统一协调的刑罚执行体制，采用抽调、转岗、挂职等多种形式、多种渠道，选派监狱、戒毒民警直接参与社区矫正工作。可以根据社区矫正对象分布和监狱改造警力的实际情况，选派监狱民警支持县级社区矫正机构集中执法，同时，特别注意社区矫正对象分布不平衡情况和监狱警力实际。此外，还可以借助“智慧矫正”运用智能化手段，推进集中执法模式跨越式发展。

另一方面，加强社区矫正和监狱的衔接配合。社区矫正机构与监狱要共同开展执法实务、教育矫正等专业化培训，共建执法协作平台，共用执法装备设施，为推进刑罚执行一体化提供基础保障。加强衔接配合，健全完善联席会议制度、情况通报制度，建立会商机制，完善信息交换平台，定期通报情况，及时分析研判，通过共同出台制度文件、共同召开协调会议、共同开展业务培训等方式，共同协调解决执法中存在的问题。社区矫正机构对拟提请撤销假释、暂予监外执行拟提请收监执行的，与监狱机关加强沟通和通报情况。此外，要加强刑罚执行交付接收和收监执行的衔接配合管理，确保接收和收监顺利、“及时”、安全。

四、与公安司法机关的衔接

监狱、社区矫正工作是一项社会治理系统工程。司法行政机关需要加强与公安司法机关等部门的沟通协调,推动刑罚执行与刑事侦查、追诉、审判紧密衔接。加强与法院在审判中、审判后、矫正中的配合,确保执法统一,提高执行效率;接受检察监督,不断提高社区矫正执法规范化水平;加强与公安机关的衔接,及时依法处理严重违规及再犯罪的社区矫正对象,维护刑罚执行严肃性和权威性。同时,引导社会力量参与和拓宽社会参与渠道,发挥社区居民委员会、村民委员会的作用,鼓励企事业单位、社会组织,动员组织社区矫正对象监护人、保证人、家庭成员、所在单位或就读学校和社会工作者、志愿者等力量,协助做好社区矫正工作,多元参与,共同打造"专群结合、群防群治"的社区矫正工作新格局。

第四节　法律职业准入和培养

深入推进综配司改,需要加强法律职业共同体建设,充分发挥法官、检察官、律师以及法学学者等法律职业的不同功能。法律职业共同体的产生与成熟,已成为国家和社会的法治化程度和法治文明水平的重要标志。

一、法律职业准入和资格管理

加强法律职业共同体建设,需要从源头上把好法律职业共同体的准入门槛,全面落实和完善国家统一法律职业资格考试制度。国家统一法律职业资格考试制度是在司法考试制度基础上调整完善的全新制度,更加突出了法律职业资格考试的专业性、扩展性、实践性特征。在实施过程中,需要准确把握制度设计中的创新点,完善国家统一法律职业资格考试内容和方式方法,提高选拔培养法治人才的科学性和公信力,通过公平公正科学的考试,选拔培养德才兼备、德法兼修的合格社会主义法治人才。同时,要加强对取得资格人员管理,健全完善法律职业资格档案管理和信息发布制度以及法律职业资格暂停、吊销制度,提升取得资格人员的正规化、专业化和职业化水平。

二、法律职业人员的职前培训

在国家统一法律职业资格考试制度推行之后,亟待加快建立统一职前培训制度,实行"先选后训"培训模式,培训合格者方可准予从事法律职业。由司法部会同最高人民法院、最高人民检察院等法治实务部门制定法律职业入职前培训的统一标准和相关规范。具体而言，对于各省、自治区、直辖市每年通过法律职业资格考试的人士，由司法行政部门统一安排为期一至两年的职前培训。

在综配司改中从优秀律师和法学专家公开选拔法官、检察官的基础上，深入探索打通立法、执法、司法、法律服务和法律教育研究等队伍之间的人才交流渠道，推动立法、执法、司法等机关从基层选拔优秀人才，加强不同法律职业形式之间的人才流动、互动与认同，推动形成法律职业共同体的纽带，优化法律职业共同体人力资源配置。同时，尤其要关注加强中国特色社会主义法治理念培育和法治信仰养成，深入开展社会主义核心价值观教育，提升法律职业共同体素养和专业水平，建构法律职业共同体精神基石。

三、法治人才全面职业保障体系

此外，推进法律职业共同体制度保障建设，健全符合法律职业共同体人员职业特点的工资收入保障体系，推动建立收入合理增长机制，注意平衡不同职业形式从业者待遇保障水平，为共同体内部流通机制建立提供制度条件；注重保护法律职业共同体人员履职安全及尊严；整合资源和建立相关的权益保障委员会，对法律职业共同体人员及其近亲属受到人身威胁、个人信息泄露等实际侵害的，及时给予必要保护。

第五编　健全司法管理运行机制

第二十四章　以审判为中心的诉讼制度

综配司改标志着司法体制改革进入系统性改革的新阶段，改革的内涵外延、目标任务、模式方法等都发生了重大变化。综配司改是对司法体制改革的纵向深化、横向拓展，呈立体纵深推进之势。其内涵主要有两方面：一是要夯实前一阶段司改成果的基础，将业已取得的改革成果固定下来，形成稳定长效的机制，促成改革成果系统化、常态化和规范化；[①]二是要通过综合性、系统性的制度安排，填补前一轮改革的"空白"或"缝隙"，消弭改革举措之间的不协调，进而形成整体性的改革合力，推进司法体制向更加科学完备的方向发展。其中，深化以审判为中心的诉讼制度，是在司法运行机制上承袭了前一轮主体改革的典范。

第一节　诉讼构造中心变化

一、"侦查权为中心"的反思

从刑事诉讼的视角看，长久以来影响和制约司法公正的核心问题，是侦查、起诉和审判职能之间关系失衡，突出体现

---

① 王亚新、陈卫东、卓泽渊：《十九大报告"深化司法体制综合配套改革"解读：护航公平正义》，载《人民日报》2017年11月15日，第17～19版。

在以“侦查为中心”的导向和实践。“基于公安司法机关之间的分工混淆和运行机制，法定的分工负责、互相配合、互相制约原则，逐渐成了侦查、审查起诉、审判等诉讼阶段相互平行、首尾相继的‘流水线’型诉讼结构。”①刑事诉讼的重心前移至侦查阶段，“直接导致了侦查权力过大，检察机关对侦查监督不力，法院庭审过分依赖侦查机关收集的证据、卷宗笔录等书面材料，侦查阶段的结论往往决定了审查起诉甚至审判的结果”②。法院居中裁判和终局把关的作用没有得到有效发挥，原本是定罪量刑最终环节的审判阶段反而被这种以侦查为中心的诉讼构造虚置。

虽然这种以侦查为中心的诉讼模式实现了高效破案，但又容易产生非法取证、刑讯逼供等违法行为，客观上造成对犯罪嫌疑人合法权益的侵犯，引发诸多弊端，甚至铸成冤假错案，阻碍司法进步和公平正义的实现，削弱司法机关的公信力。司法实践中，一些冤假错案，不仅反映后果的严重性，而且存在纠错的偶然性，充分暴露了“以侦查为中心”以及侦查、起诉、审判职能失衡所带来的弊端。

基于这一背景，党的十八届四中全会提出了推进以审判为中心的诉讼制度改革，以期改变传统分段包干的流水作业式线性关系，重新审视和定位公安司法机关之间的关系，切实解决实践中存在的“以侦查为中心”的问题，从而构建一个更加科学合理的诉讼构造。

二、以审判为中心的诉讼改革

以审判为中心的诉讼制度改革，包括以下几个层次：(1)从审判程序外部看，以审判为中心是指审判在刑事案件中处于中心地位，侦查、公诉应当服务于审判。只有通过审判才能在个案中实现国家刑罚权，才能最终确定被告人的刑事责任。侦查、起诉只是审判的准备程序，应当面向且服务于审判程序。(2)从审判程序内部看，庭审应在整个审判程序中处于中心地位。相较于庭前和庭外程序，庭审程序则是审判程序中最为重要的阶段，也是最符合审判权以审判方式运作和实现审判职能的程序。以审判为中心强调一切与定罪量刑有关的证据都应当在法庭审理过程中提交并进行质证，法官判决必须建立在法庭审理基础之上，事实证据调查形成于法庭、争议焦点辩论在法庭、判决结果形成于法

① 魏晓娜：《以审判为中心的刑事诉讼制度改革》，载《法学研究》2015年第4期。

② 卞建林、张可：《中国刑事司法改革的路径思考》，载《中国司法》2017年第1期。

庭，真正让庭审活动成为审判的决定性环节。(3)从审级关系上看，理想的审判中心主义应当是一审中心主义，即“以审判为中心”在程序上应该以一审为主，“强调第一审程序在认定事实和适用法律方面的重要作用，一审是基础和关键，同时要完善二审、再审程序对第一审程序的权利救济和纠错功能，有效预防或阻止冤假错案”①。

第二节　整体性规范与实践

以审判为中心的诉讼制度深改，通过准确把握综配司改总体要求，全面发力、多点突破、纵深推进，增强改革的系统性、整体性、协同性，拓展改革的广度和深度，取得了明显成效。下面以综配司改的唯一试点——上海市为例分析。

一、基础性制度规范

以审判为中心的诉讼制度改革内容丰富，覆盖公安司法机关和司法行政机关等部门的不同领域和多个环节。因此，尤其需注重改革的整体性和配套性，注重与其他改革举措的相互配合、相互衔接，靠任何一家政法单位的力量都难以独自完成，必须依靠党委、政法委的统筹协调、指导推动，才能确保改革整体推进、顺利实施。

为了推动改革有效落实，中共上海市委政法委研究制定了《贯彻实施〈关于上海市开展司法体制综合配套改革试点的框架意见〉的分工方案》，由市委、市政府办公厅印发，将117项的改革任务又细化分解为400多项更为具体的改革要点，并确定了每一项改革要点相应的责任和参与机构，举全体之力完成改革。

此外，公检法司机关也加强协作配合，联合制定发布了一系列规范性指导性意见，推进以审判为中心的诉讼制度改革落地做实。比如，2017年上海市高级人民法院、市人民检察院联合在全国率先出台开展认罪认罚从宽制度试点的指导意见，制定了刑事案件认罪认罚从宽制度试点工作实施细则，及时研究解决试点中出现的量刑建议形式等新情况新问题，探索与之相适应的诉讼程序、

① 卞建林：《扎实推进以审判为中心的刑事诉讼制度改革》，载《人民法院报》2016年10月11日，第3版。

处理机制和办案方式。检法机关还共同探索细化常见犯罪量刑标准，上海市高级人民法院、市人民检察院联合制定常见犯罪的量刑指导意见实施细则，促进庭审实质化改革。公检法司四部门联合发布法律援助值班律师工作实施办法，充分发挥法律援助值班律师在以审判为中心的诉讼制度改革工作中的作用，维护犯罪嫌疑人、被告人诉讼权利，加强人权司法保障，促进司法公正。

二、公安机关的深改

上海公安机关推进以审判为中心的诉讼制度改革的核心是以证据规则为指引，规范取证工作。包括：受案立案流程和标准；刑事案件立案追诉标准；刑事案件基本证据标准；常见罪名逮捕证据标准；刑事办案和监督数据通报核查机制。同时，推动在公安机关和检察机关实现信息共享，公安机关把刑事立案（不立案）、刑事拘留、直接移送审查起诉、变更和撤销强制措施、终止调查、撤销案件等数据通报给检察机关，借助检察机关的监督核查来防止发生执法问题。

三、检察机关的深改

人民检察院依法对刑事诉讼、民事诉讼、行政诉讼活动实行法律监督，是中国司法制度的鲜明特色。以审判为中心的诉讼制度改革，既为检察机关加强法律监督创造契机，也对提升监督能力和增强监督效果提出更高要求。

1. 对侦查活动的制约与规范。除了前述的刑事案件基本证据标准、常见罪名逮捕证据标准，重点转变了证据审查方式，尤其关注对重大案件讯问的合法性审查，强化对同步录音录像等证据形成过程的审查，完善非法证据排除的启动和调查机制，推行书面审查和调查复核相结合的亲历性办案模式，开通“网上法医技术性证据审查工作协同系统”，发挥实物证据和鉴定意见等在认定案件中的作用。在此基础上，加强对公安机关刑事立案和侦查活动的监督，注重监督纠正有案不立、有罪不究、滥用强制措施、违法插手经济纠纷、违法查封扣押冻结财物等问题。

2. 强化公诉和监督职能。一是完善审前过滤机制。强化检察裁量权的运用，加强对进入刑事诉讼程序案件的质量把控，对不符合逮捕、起诉条件的犯罪嫌疑人，依法作出不批准逮捕、不起诉决定，避免事实不清、证据不足的案件进入审判程序。二是落实“四类人员”出庭。制定证人、鉴定人等人员出庭工作指引,完善证人、鉴定人、侦查人员和专门知识人员出庭培训、诉讼风险评估、出庭作证预案等系列工作机制。三是提升量刑建议精准性。进一步细化危险驾驶罪等8种常见犯罪量刑标准,大幅提高认罪认罚案件量刑建议的法院采纳率。四是探索"人工智能+量刑建议"工作模式,运用信息化手段汇总分析类案量刑情节,研发应用量刑建议智能辅助系统,实现类案推送和量刑偏离度分析,为提出精准量刑建议提供支点。五是增强信息化办案能力。协同法院、公安机关研发应用刑事案件智能辅助办案系统,加强检察特色模块研发,嵌入社会危险性证据审查模块、智能证据校验模块、定罪要素审查功能及智能量刑功能,提升检察官运用信息化手段进行证据审查、精准监督、司法判断的能力。目前,涉及盗窃、故意杀人、抢劫、诈骗、非法吸收公众存款、集资诈骗等19个罪名的所有批捕、起诉案件已经依托系统流转,并同步梳理制定71个常见罪名的逮捕、起诉标准。六是加强对法院刑事审判监督。综合运用抗诉、检察建议、纠正违法等方式,监督纠正定罪不当、量刑失衡、法律适用错误、审判程序违法等问题。同时,加强对司法行政部门刑事裁判后执行活动的监督,纠正违法减刑、假释和暂予监外执行等问题。

3. 探索创新法律监督工作模式,建立健全全流程立体化监督机制。一是推行办案组织改革,全面实行捕诉合一,并率先在全国检察机关中制定捕诉合一办案规则。"首创立体化刑事诉讼监督模式,构建案卷化、可追溯和可核查的案件管理。优化案件办理模式,在基层检察院设立刑事诉讼监督部,将立案监督、侦查活动监督、审判监督等职能归口统一行使,实现刑事诉讼监督工作的集中化和专门化。"①二是建立重大监督事项的案件化办理制度。制定专门的办案流程和案件管理流程,解决监督不留痕、难制约,监督手段错用、混用等不规范问题。三是开展法律监督决定公开宣告制度试点,对重大复杂监督案件,当面宣读监督决定,充分释法说理,增强法律监督仪式感和权威性。全面推行检察建议公开宣告制度,以"'三方'+'三化'"("三方":检察官、被建议单位、第三方,第三方指人大代表、政协委员、媒体代表;"三化":场所化、仪式化、公开化)提升监督刚性。同时,健全定期回访、跟踪督促、工作通报等机制,提升对诉讼全流程的监督作用,确保监督意见的有效落实。

---

① 上海市人大内务司法委员会《关于加强法律监督　推进以审判为中心的诉讼制度改革实施情况的报告》。

四、审判机关的深改

2015年12月，上海市法院制定了《"推进以审判为中心的诉讼制度改革"试行意见》，出台了《被告人认罪认罚案件证据审查判断的若干意见（试行）》、《庭前会议规则（试行）》和《非法证据排除规则（试行）》等六个配套指导性文件。2016年5月，上海市高级人民法院确定上海市一中、二中、浦东、闵行、长宁、虹口、普陀、杨浦8家法院为试点单位，在上海市法院系统推行以审判为中心的诉讼制度改革试点。试点以来，上海市法院在推进庭审实质化、证据裁判、繁简分流机制、认罪认罚从宽、加强人权司法保障、刑事辩护全覆盖、听取采纳辩护和代理意见制度、尊重和保障律师依法履职制度等方面，取得阶段性的显著成效。

第三节　配套性的司法行政

随着司改的深化，以审判为中心的诉讼制度的改革更加注重配套性。涉及司法行政统筹推进律师、公证、司法鉴定、法律援助、人民调解等与之有密切联系的配套改革。

一、司法鉴定

司法鉴定制度是解决诉讼涉及的专门性问题、帮助司法机关查明案件事实的司法保障制度，在一些案件中司法鉴定意见对裁判结果起着至关重要的作用，甚至决定了案件审理走向。2005年，全国人大常委会《关于司法鉴定管理问题的决定》实施以来，司法鉴定管理有所加强，执业活动不断规范，但行业管理出现一些问题，如相关法规制度体系不健全，缺少国家和地方的专门性法律法规；鉴定意见异议的救济不畅，鉴定意见高采信率与鉴定人的低出庭作证率，形成当事人低信赖度的反差；鉴定问责和退出不完善，鉴定人虚假鉴定、重大过失导致错误鉴定的责任不落地，鉴定机构和人员的退出规定位阶低、难适用等。司法鉴定存在问题，对防范冤假错案、维护公平正义产生重大影响，影响了以审判为中心的诉讼制度改革。

根据国务院健全统一司法鉴定管理体制实施意见、上海市综配司改试点针对此问题,健全法规体系、完善管理机制和加强执业监督管理。2019 年出台《上海市司法鉴定管理条例》的专门性地方性法规,同时,严格司法鉴定准入和问责制度,健全司法鉴定与审判、检察、公安衔接机制;在此基础上,对"鉴定黄牛"、问责关系鉴定、人情鉴定、金钱鉴定或鉴定意见严重质量瑕疵等严格问责,加大行业自律和惩戒;此外,健全鉴定人出庭作证制度,明确司法鉴定人出庭作证费用标准,设置庭审鉴定人专席,依法鼓励和支持保障司法鉴定人出庭作证,推进庭审实质化,坚决制止和依法惩处扰乱鉴定机构工作秩序、干扰正常鉴定活动以及侵害鉴定人及其近亲属人身安全的违法行为。

二、律师制度

律师是以审判为中心的诉讼制度改革的重要参与者,律师作用的有效发挥是确保司法审判质量的重要环节。配套改革的重点是营建良好的律师执业环境,保障律师依法行使执业权利,有效发挥律师作用,规范法官、检察官、人民警察与律师的关系;开展律师专业水平评价体系和评定机制试点,有效提升律师业务能力和水平;成立律师惩戒委员会,加强投诉处理,对违法违规执业的行为进行严格惩戒。

三、法律援助

提高律师为犯罪嫌疑人、被告人的辩护率,乃是防止庭审走过场,保障庭审实质化的重要举措。目前,司法实践中还有相当比例的犯罪嫌疑人、被告人没有辩护律师。因此,有必要通过配套改革,进一步完善法律援助制度,扩大法律援助的案件范围。刑事诉讼法对法律援助的范围仅限于无期徒刑、死刑案件,对于其他可能判处有期徒刑的重罪案件则不适用,这在实践中不利于保障犯罪嫌疑人、被告人的辩护权。上海市综配司改全面落实人民法院、看守所法律援助值班律师制度,探索刑事案件律师辩护全覆盖,保障庭审在事实查明、证据认定、诉权保障、裁判中发挥决定性作用。

第四节 已有成效和深改重点

改革虽然有不少"首创",积累了丰富经验,但作为全国率先开展综配司改试点的地区，仍存在领先不足、实效不明显等短板，制约了改革工作的纵深推进。

一、改革成效

以审判为中心的诉讼制度改革实施以来，主要有以下几个方面成效：(1)树立现代刑事司法观念。通过参与以审判为中心的诉讼制度改革实践活动，司法工作人员逐步树立程序公正、证据裁判、疑罪从无等现代化的司法理念，破除根深蒂固的重打击犯罪、轻保障人权等陈旧司法观念，侦查人员开始主动适应改革要求，转变侦查办案方式，以收集证据作为侦查活动的中心，将“破案”和“庭审”的要求相结合，实现侦查办案由“抓人破案”向“证据定案”的目标转变。弱化口供在案件侦查中的作用，加快实现“由供到证”向“由证到供”“供证结合”的模式转变。(2)完善公检法三机关分工负责、互相配合、互相制约原则。以“分工负责、互相配合、互相制约”的原则为前提，强调庭审程序的功能和作用，形成“侦查是基础，公诉为主导，审判是结果，监督作保障”的新型诉讼格局，进一步规范刑事司法行为、调整司法职权配置、加强权力监督制约。(3)进一步贯彻证据裁判原则。修订完善刑事案件非法证据排除规则，完善非法证据排除规则的启动、调查和认定程序，完善刑事诉讼证人、鉴定人出庭作证规则和庭前会议规则，明确非法取证方式、重复性供述可采性、审前阶段非法证据排除的程序性规范、举证责任分配等问题，探索检察环节终结前诉讼案件跟踪监督，开展重大案件侦查终结前讯问合法性核查，健全非法证据排除规则。(4)推进庭审实质化。通过改革审判方式、开展案件繁简分流，简化审理程序，加大速裁和当庭裁判力度，促进了诉讼效率明显提升。(5)强化律师辩护作用，进一步完善法律援助制度。在综配司改阶段，已组建了专门刑事法律援助律师队伍，建立辩护律师跨区办案统筹调拨机制，初步实现对可能判处三年以上有期徒刑被告人刑事辩护全覆盖。

二、下一步深改重点

根据综配司改存在的问题，下一步要重点采取以下工作举措：增强改革的系统性、整体性、协同性，特别是推动改革举措的落地见效。尤其是推动公安司法机关形成的一系列配套规范，进一步加强公安司法机关的工作衔接配合。进一步凝聚公安司法机关办案共识，比如，对案件提前介入标准、社会危险性认定标准、认罪认罚从宽量刑建议幅度等加强协商统一。此外，进一步健全完善一些改革措施及相关配套机制，比如，加快完善非法证据排除的发现、启动、调查等机制，提高“四类人员”特别是证人出庭率，建立健全专项经费保障、证人保护、无正当理由拒绝出庭的责任追究等机制。跟进配套司法服务保障，比如，加强对部分郊区值班律师的资源配置，以便更好为犯罪嫌疑人提供实质有效的帮助。研究解决司法鉴定标准不统一、程序不规范等常见问题。[①] 总之，要通过多措并举、综合施策，全面提升以审判为中心的诉讼制度改革水平。

---

① 上海市人大内务司法委员会《关于加强法律监督　推进以审判为中心的诉讼制度改革实施情况的报告》。

第二十五章　案件审判监督管理

随着司法责任制的深入推进,审判权运行机制发生了重大改变。区别于检察机关,审判机关基于"谁办案、谁负责",在放权于法官和合议庭之时,处理好独任法官、合议庭办案责任制与院庭长审判监督管理的关系,健全完善审判权监督制约机制,既是完善司法责任制的关键问题,也是综配司改的难点问题。

第一节　责任制后的审判监督

综配司改中围绕司法责任制的质疑或担忧依然存在。比如,院庭长审判监督管理权的保留必要性;院庭长审判监督管理权被削弱;审判权运行的风险提高;一岗担双责导致的权责不明晰等。这些问题本质上反映的是落实司法责任制与加强审判监督管理的关系问题,或者说审判权放权与控权的平衡问题。

一、两种表达上的争议

构建新型的审判监督管理模式,涉及落实司法责任制与加强审判监督管理,两者之间实质上并行不悖。

所谓"审判监督管理",即指审判监督权和审判管理权。关于审判管理的概念,一种观点认为:"审判管理就是在尊重司法规律的前提下，对审判过程与结果进行调控、评价、引导的监督管理机制。”[①]还有观点认为：“审判管理是指人民法院基于对审判活动规律的认识与把握，以提高审判质量、效率和效果为直接目标，以指导、规范、服务和保障审判权依法独立、顺畅运行为准则，通过设计和运行一套科学合理的综合管理体制，通过体制内的管理机制和措施，对审判活动及其赖以展开的审判资源进行配置、评价、组织、指导、协调和控制的过程。”[②]《最高人民法院关于加强人民法院审判管理工作的若干意见》指出，审判管理就是人民法院运用组织、领导、指导、评价、监督、制约等方法，对审判工作进行合理安排，对司法过程进行严格规范，对审判质效进行科学考评，对司法资源进行有效整合，确保司法公正、廉洁、高效的活动。这是关于审判管理权最权威的定义。

进一步延伸为“审判监督权”的概念，首次提出是在最高人民法院的“四五”纲要中，其明确提出，“完善以审判权为核心，以审判监督权和审判管理权为保障的审判权力运行机制”，但是，并未进一步界定审判监督权的内涵。因此，学理阐释认为，“审判监督权即具有审判监督职能的人通过集体行权的方式，在法定职责和权限内，对案件审判和质效运转情况进行监督，甄别审判责任，并引入全程留痕制度，将全部监督活动记录在案卷和办公平台上的权力运行过程”[③]。但是，也有不同观点提出，“审判监督权是一种审核权，而不是审批权，且只能针对特定案件、重大情形才能启动”[④]。根据最高人民法院关于审判管理的定义，审判监督权与审判管理权存在一定的交叉混同，两者的边界划分未达成统一的认识。

二、概念的正本清源

词义上的监督，即察看并督促。审判监督，亦即对审判相关事务进行视察，并根据视察结果以一定的方式进行督促反馈；而管理则指的是负责某项工作并使之顺利进行。因此，审判管理权的外延要比审判监督权更广。两者既有联系又有区别。

---

① 尚洪立：《司法改革前沿问题研究》，人民法院出版社2011年版，第206页。

② 王晨编著：《审判管理体制机制创新研究》，知识产权出版社2013年版，第2页。

③ 周维远：《审判权与审判管理权、审判监督权良性互动关系的重塑——以审判权运行机制改革为背景》，载《盛京法律评论》2016年第2期。

④ 田成有：《审判权、审判管理权及审判监督权的分立与制衡》，载《法治日报》2016年12月28日，第4版。

两者的联系在于审判监督和审判管理都是制约审判权的方式，都能发挥预防和纠正审判权运行过程中的偏失，促进审判权公正高效地行使。区别在于：一是两者的权力主体不同。审判管理权的监督主体一般是法院的院庭长，而审判监督权的行使主体除了院庭长之外，还可以是上级法院对下级法院的监督、社会对法院的监督、人民代表大会对法院的监督。二是两者的权力范围不同。审判监督权一般仅针对案件及司法人员的廉政风险，而审判管理权除案件管理之外，还包括日常工作管理，如决策管理，即对上级确定的宏观工作、专项工作、法院及法院各部门的审判管理工作进行部署、落实和指导；事务管理，即对与审判业务有关的事务性工作进行统一指挥和协调；活动管理，即主持召开与审判专业、审判管理有关的会议和活动；资源管理，即法官及辅助人力资源调配和工作业绩考核评定等。三是两者的行使效果不同。审判监督权的行使效果并非终局性的，监督者依据法定职责针对特定事项对被监督者实施监督，并根据监督结果提出意见或者建议，但该意见或者建议并不是决定性的，被监督者对其提出的意见或者建议仍可以申辩。监督者无需对监督权的行使承担责任。而审判管理权往往是终局性的，管理者根据监督结果或者政策要求对被管理者进行工作部署决策，被管理者需要服从管理者的决策，并按照管理者的要求行事，且管理者对其决策应当承担相应的管理责任。

三、审判监督的价值追问

当前司法改革的核心是司法责任制。一种代表性论点提出，改革审判权运行机制的目标是去行政化，涉及审判业务的宏观把控、整理队伍建设等问题，应由院庭长行使司法管理权，主审法官和合议庭负责审判权。事实上，司法责任制与院庭长审判监督管理并不冲突，两者是高度契合的。

审判监督管理是落实司法责任制的重要保障。法官行使的是代表国家公权力的司法审判权，其涉及对国家、社会和公民利益的处分，具有中立性、亲历性。这些属性要求法官能够排除行政政令干扰，进行独立判断、自由裁量、谨慎裁判、自担其责，因此，司法责任制要求“让审理者裁判、由裁判者负责”。然而，任何国家权力都有两面性，一方面，法官行使国家审判权按照法定程序查明案件事实，适用法律，并对案件作出客观公正的裁判，保证诉讼活动程序正义和实体正义的必然性实现；另一方面，法官可能因缺乏权力制衡而滥用国家审判权，尤其是在放权于法官、放权于合议庭之后，法官行使审判权的自由边界随之扩大,导致枉法裁判成为可能,因此在提出“让审理者裁判、由裁判者负责”要求的同时,必须在强化审判权监督管理方面予以充分保障。

同时,审判监督管理也是促进审判权公正高效运转的有效手段。审判监督管理是确保审判权公正行使的根本需求。审判监督管理权从属于审判权,具有服务和制约审判权的双重功能。审判权运行的目的就是公正,而审判监督管理权运行目的是确保审判权合法公正行使,两者在内在价值上是同一的。因此,审判监督管理是提升审判权高效运行的有效举措。审判监督管理的本质在于优化审判资源配置,法院通过分析全院案件质效数据的变化对法官的审判工作进行管理,包括裁判标准统一、程序规范、绩效考核、案件追责、人员调整等,通过审判管理优化审判权运行方式以及审判执行参与者的配合程度,进一步提高审判质效。

第二节　院庭长审判监督管理转型

2017 年,最高人民法院为了在司法责任制全面落地之后,构建起新型的审判监督管理模式,特别推出了《关于落实司法责任制完善审判监督管理机制的意见(试行)》(以下简称《管理意见》),针对完善审判监督管理机制提出意见,并为审判监督管理模式的转型明确了方向。

一、一体化监督管理框架

建立一体化监督管理框架,实现从“单一部门监管”向“全院联动监管”的转型。新型审判权运行机制下的审判监督管理,仅凭单一业务部门是远远不够的,必须建立起以审判监督管理工作指导机构为领导,以审判监督管理控制中心为主体,各部门协调联动的监督管理新格局。

根据这一框架,在法院内部设立审判监管领导小组,全面负责协调、指导法院的审判管理工作;审判领导小组下设审判管理办公室作为审判监管领导小组的常设机构,对审判质效进行集中管理,负责实时动态监控和定期通报分析审判工作运行态势;立案庭除负责各类案件的立案审查、登记、分类以及保全、送达、审计、评估、鉴定、公告、移送等审判辅助事务外,还负责各类案件的审判流程管理和审限管理,对案件的审限情况进行预警和通报;审监庭负责开展常规检查、专项检查、组织庭审观摩等,对普遍性、同类型问题及时通报,并开展案件质量讲评工作;各业务庭庭长全面负责本庭室的审判监督管理工作,业务庭定期开展本部门的案件质量分析讲评工作,结合审判质效指标数据通报情况,针对具体案件和人员在案件质量、效率、司法行为、工作作风方面存在的问题分析原因,提出整改要求和措施,并在各业务庭设立审判质量监督管理员,具体负责本庭室的审判质量监督管理工作以及与有关部门的协调联络工作;另外,审判委员会作为法院内部的最高审判组织形式,逐步将重心从个案讨论转移到类案裁判方法的提炼总结上,负责研究审判工作中出现的新情况、新问题,总结审判经验,讨论决定重大或者疑难案件和其他有关审判工作中的问题。

二、人员权责分配考核制度

建立人员权责分配考核制度,实现从"无限监管"向"有限监管"的转型。首先,建立权力清单和履职指引制度,明确审判主体责任和监督管理责任。《管理意见》第2条要求,人民法院应当逐步完善院庭长审判监督管理权力清单,明确院庭长审判监督管理的具体职责。

因此,责任制改革之后,院庭长的监督管理权不再是无限不确定的,院庭长的监督管理职责的范围、内容应当是明确的、具体的、有限的,通过建立审判监督管理权的权力清单制度,将院庭长的审判监督管理权严格控制在职责和权限的范围内。包括:独任法官负责制、合议庭负责制、院庭长审判管理职责三个层面的权力清单和职权,科学设置和合理界定各审判组织的职权范围,强化合议庭、独任法官负责制,限缩审判委员会讨论案件的范围。在此基础上,确定院庭长行使审判管理权、审判监督权的工作规程,针对审判管理工作实际,明确回答"管什么""谁来管""怎么管"的问题。针对"管什么",梳理管理监督事项;针对"谁来管",规定院庭长对个案实体处理问题只能经由专业法官会议集体讨论,不得个人干预,对其他有权决定的程序性、管理型事项,全程留痕,过错追责,谁行使权力,谁承担责任;针对"怎么管",明确各类管理监督事项的用权限度和程序,使正当的管理行为严格区别于行政干预。

三、案件全流程监管体系

构建案件全流程监管体系,实现"个案监管"向"动态监管"的转型。

第一,加强个案的案前和案中监管。(1)以多层次案件分配加强案前监管。建立电脑随机分案制度，通过审判管理系统及内网庭审排期公示系统对分案情况在内部予以公示，无正当理由不得变更审判组织或承办法官，减小分案的人为因素影响，从源头上堵塞“人情案”“关系案”的漏洞；兼顾人案的匹配性，确保审判质量，建立资深法官主审重大疑难敏感案件机制。明确重大、疑难、复杂案件的分类标准，构建资深法官库，通过直接分案和会商分案的方式，将此类案件指定分配给资深法官，发挥其在重大疑难敏感案件中的经验优势，避免年轻法官在此类案件中因审判经验不足而影响审判权的有效运行。(2)以诉讼事务重点流程节点加强案中监管。加大对重大疑难复杂案件的监管力度，可以制定要案和重大事件登记报告工作规定，以及大标的关联性案件的管理办法，在重大疑难敏感案件分案以立案庭为主、审判业务庭调整为辅的基本框架下，对大案要案，由院庭长或业务部门指定资深法官审理，并形成大案要案诉前专报、诉中详议、判后快报的信息报告、跟踪机制，确保大案要案审判、裁判情况的及时、准确管理。

第二，对审判效率更多关注，加强跟踪监管。在审限管理方面，可以加强案件审理期限的全流程管理，对中止、庭外和解、调取新证据、延长审限、评估鉴定等可能影响审限的原因，以“一表登记”的形式列出清单，由法官填报。同时，在审判管理系统中嵌入信息审查点，如将“简易转普通”“调整审限起点”“法定事由”“延长审理期限”等主要影响案件审判效率的关键节点梳理出来，分别设置院庭长不同的审批权限予以监管；在完善立审执衔接机制上，可以明确财产保全案件在“材料收取—业务庭移送—立案审查—移送执行”不同阶段可停留的最大期间，防止人为拖延，减少诉讼周期的不当延长。

第三，加强类案指导，促进法律适用统一。通过转变审委会职能，将审委会的职能中心转移到总结审判经验，提炼类案裁判方法上来。即由业务庭从审判实践中总结经验、提炼方法、制定规则；由审委会对类案中具有代表性、示范性的问题进行深入研讨，明确法律适用标准；接下来，对讨论成熟的规则由审管办编发通报，明确调研性指导意见。

第四，健全案件差错考评机制，加强审判权案后监管。建立案件质量差错责任追究机制，构建“一般差错责任、重大差错责任、违法审判责任”的分级体系，明确案件质量差错的分类、认定标准、追究范围、认定程序以及责任后果，为院庭长行使审判管理权、审判监督权增加有力的抓手。同时，需要明确法官免责的各类情形，并对案件差错与差错责任进行明确区分，注重维护法官依法履行审判职责,保护法官的工作积极性和职业发展。在此基础上,可以依托审判业绩考核评价体系通报考核结果,以及对考核结果相对落后的个人进行约谈和提示,甚至可以考核结果为依据,对审判资源配置、审判管理任务目标和瓶颈问题等进行分析改进。

第三节 深化审判监督管理

司法责任制之后的审判监督管理模式,在综配司改中实现了以上转型,但模式转变过程中仍存在不少问题。比如,审判监督管理仅由部门个别人员负责或参与,全员参与度不够、覆盖面不广、影响力有限;司法标准化建设主要依靠审判委员会总结经验和宏观指导,类案裁判标准缺乏成果转化机制,审判诉讼事务标准化机制也有待建立;在审判质量的重点流程节点和环节的管控上,已经形成了较为系统和完善的运作模式,但在信息化建设与法院审判执行工作的深度融合上还有进步的空间等。因此,需要深化审判监督管理。

1. 审判管理精细化和常态化。在监管制度设计上,确立全面监管和重点监管的思路,监督主体和监督内容要全面,同时对影响质效的特殊环节予以重点监管,尤其是全面建立健全质量效率评估、流程管理、案件评查、考核奖惩、监督指导等监管制度,让法院的内部监管工作变成一项制度。基于此,确保监管制度有效地规范化、常态化运行,避免相关制度在执行落实上打折扣。

2. 创新集约化监督管理模式。在内部事务管理上,把以往一些各审判庭分散工作、平行运转、线状管理的共性事务,从审判庭提取出来,采取“合并同类项”的方式集中处理。例如,将诉前调解事务集中,将分属不同科室的调解工作室整合,全部归由告申庭一个部门负责,推动人财物调配统一、流程设计统一、案件管理统一、办公场所统一;又如,将简单案件集中管理,探索归口分案、要素式审判、裁判文书批量生成等简单案件快速处理机制,有效缩减审理周期,提高审判效率。在外部事务管理上,通过将法官、法院并不“在行”的事情,外包给社会上更加专业的企业进行,既做了审判压力的“减法”,又实现了工作质量的“加法”。例如,把卷宗扫描、审判执行工作的摄影、录像、留存、归档等事务外包,将审判辅助事务从审判权中剥离出来,促进审判权运行的专业化、高效化。

3. 建立诉讼事务标准化工作机制。司法责任制对统一裁判尺度提出了更高要求，综配司改在人员管理上也产生了一定流动性。为避免在放权于法官之后带来裁判尺度的主观性偏差和审判人员流动带来的专业性不适，建立法院内部审判事务规范化操作标准实属必要。因此，可以通过将全部审判工作划分为一些可以单独命名的、具有相对独立性的工作单元，比如，送达、证据、法庭调查、裁判观点等，并针对每单元的工作任务、工作方法、评价标准等制定操作性强、标准明确的规范，解决审判中经常出现的实务问题。不仅起到了总结和传承审判经验的效果，同时也保障了类案裁判的统一。

4. 监督管理与信息化技术更多融合。司法审判管理也应当不断获取智能技术的变革红利，为自我完善提供支撑。在审判质效监管保障体系建设的硬件方面，以标准化为抓手，加快建立集数据采集、存储、分类管理和综合利用于一体的多功能数据中心，通过信息化手段实现对审判信息、电子卷宗、庭审录音录像、典型案例、法律法规等司法资源的存储和转化运用，着重解决信息化与审判工作、审判管理脱节的问题，逐步实现审判运行态势可视化、办公办案信息化、卷宗档案数字化；在软件方面，院庭长和法官都要提高运用大数据加强审判管理的基本功，善于运用数据库中的数据指标，分析审判权运行中存在的弱项，不断反馈和修正，促进审判权良性化运转。

第二十六章　专业法官会议

健全完善专业法官会议机制，是综配司改中完善司法责任制改革的重要配套举措，是为法官审理案件准确适用法律提供指导和参考、促进裁判规则及标准统一、总结审判经验、完善审判管理的重要制度。

第一节　制度溯源与语境

2018 年 12 月，最高人民法院出台《关于健全完善人民法院主审法官会议工作机制的指导意见（试行）》（以下简称《最高人民法院意见》），就健全完善主审法官会议工作机制提出了指导性意见。但是，最高人民法院同时明确，主审法官会议与全国各地不同的专业法官会议探索并行不悖，可以根据自身实际灵活设置具体工作机制。

一、专业法官会议溯源

专业法官会议机制，从法院的"一五"改革纲要正式提出建立符合审判工作特点和规律的审判管理机制之后，已在持续不断探索。

1999 年，"一五"改革纲要提出，"以强化合议庭和法官职责为重点，建立符合审判工作特点和规律的审判管理机制"。审判管理、案件质量评估开始被重视。之后，"二五"改革纲要强调了“改革和完善审判组织与审判机构,在审判委员会中设立专业委员会”。于是改革审委会的成员结构,让资深法官能进入审委会。“三五”改革纲要中提供了建立符合司法规律的审判制度这一改革原则。

“四五”改革纲要明确要求“完善主审法官会议、专业法官会议机制”。配套性的最高人民法院《关于完善人民法院司法责任制的若干意见》第 8 条规定,“人民法院可以分别建立由民事、刑事、行政等审判领域法官组成的专业法官会议,为合议庭正确理解和适用法律提供咨询意见”。最高人民法院在随后的该意见问答中又进一步指出,主审法官会议的设置和运行应当充分考虑不同法院的差异,除了必须统一规范的以外,各地法院应当按照《最高人民法院意见》提出的指导性原则,根据自身的审级职能定位、案件情况、机构设置、人员结构等实际情况,灵活采取各种有效措施,对相应工作机制作出适当细化补充规定。

“五五”改革纲要更清晰地提出,“健全主审法官会议与合议庭评议、赔偿委员会、审判委员会讨论案件的工作衔接机制”。

二、专业法官会议语境

专业法官会议,是综配司改的一项重要内容。虽历经“一五”司改以来的沿革变化,但改革的角度定位基本保持一致。其为“咨询制度”语境的逻辑产出。专业法官会议制度的设置,是为了解决法官疑难案件研究的难题。它既可绕开向上请教时“被干预”的尴尬,还可将优质的审判资源汇集在一起,实现法官的深度专业交流。

专业法官会议在实际的功能发挥中,可以表现出专业性、无责性以及参考性三个特征。

1. 专业性。专业性是专业法官会议作为一项“咨询制度”存在的核心意义。首先,专业性表现在参会人员的专业性。由法官作为参会主体已经成为共识。比如,上海在综配司改中明确“参会法官应具备相应的审判资历和业务专长。参加基层法院专业法官会议的法官一般应为一级法官以上。参加中院、高院专业法官会议的法官一般应为三级高级法官以上”,“提交讨论案件的合议庭法官、法官助理、书记员应当列席”。另外,有条件的“可以邀请专家学者、人大代表、政协委员等其他相关专业人员参加会议并发表意见”。其次,专业性表现在讨论范围的专业性。从讨论案件的特点分析,提请专业法官会议讨论的为重大、复杂、疑难、新类型案件及影响社会稳定的、敏感案件，影响裁判尺度统一的案件，上海市还将涉司法监督案件以及特殊刑事案件纳入讨论范围。最后，专业性还体现在程序的专业性上。一般表现在地方对于参会的议事规则，都有较为详细的定位以及会议的全程留痕。

2. 无责性。无责性是专业法官会议灵活性的重要保证。无责性主要表现在合议庭对于裁判结果的负责性上。专业法官会议原则上应该形成多数意见，专业法官会议的意见对于合议庭具有指导意义，但无法左右合议庭的处理结果，由审理案件的合议庭或者独任法官决定是否采纳主审法官会议讨论形成的意见，并对案件最终处理结果负责，这与司法改革"让审理者裁判，让裁判者负责"的改革理念相契合；院庭长等具有行政职务的领导以普通员额法官的形式参与专业法官会议，所有参与法官不因发言而承担裁判责任。专业法官会议的无责性是区别于审判委员会的重要特征。

3. 参考性。参考性与专业性、无责性特征相辅相成。参考性主要表现在对于与会讨论内容的参考性以及对于类案或相似问题的参考性上。在专业性的前提下，专业法官会议讨论的理论态势形成一场头脑风暴，会议上产生的意见对于提请会议讨论的案件具有重要的参考意义。同时，参考性还表现在会议成果的会后转化上，比如，会议对于裁判尺度的讨论对类案审理的参考作用；会议案件的讨论对于精品案件以及精英法官的培育上。

第二节　改革试点样本

法院内部的审委会、院长办公会、党组会等，参加人员的范围和讨论事项特定化，不能针对具体审判工作进行有效指导。以院庭长和资深法官组成的专业法官会议制度，作为审委会的过滤机制值得推广。

为进一步推进综配司改，健全完善专业法官会议工作机制，2018 年 11 月，上海市高级人民法院对《关于专业法官会议的规定》（以下简称《上海规定》）进行修订。《上海规定》与《最高人民法院意见》既一脉相承，又结合上海法院特点和审判工作的需要，在参会人员范围、提请条件、讨论范围、会议效力等方面进一步细化和创新。

一、《上海规定》修订背景

健全完善专业法官会议制度是综配司改的重要任务之一。司法责任制改革后，专业法官会议已经成为为法官提供适法统一智力支持、规范审判权运行、确保审判监督和管理有效实施的关键环节。

上海高级人民法院在司法责任制改革督察中发现，专业法官会议运行存在不规范、不统一的问题。比如，各院对专业法官会议的功能定位认识不一，具体操作规则五花八门；缺乏统一的信息化留痕平台；院庭长监督管理作用难以有效发挥；有些法院管理失位，一年只有几次会议，甚至连准确的数据及记录都无从统计。

以上问题既有各院抓落实之因，也与原有制度规定在参会人员产生、意见处理、问责机制、信息化配套等方面存在空白、缺乏指导性和可操作性有关。因此，上海高级人民法院根据综配司改精神与要求，以问题为导向，对原来的规定进行了较大幅度修订，进一步明确了专业法官会议的功能定位和操作细则，同步配套信息化方案，将专业法官会议管理和工作量分别嵌入审判流程管理系统和法官业绩档案系统，实现了三个“相适应”：与新型审判权力运行机制要求相适应，增强监督管理的公开性、透明性、规范性；与审判实践需求相适应，确保制度规定具有针对性和可操作性；与日常考核管理需求相适应，通过信息化方案将制度要求嵌入日常流程管理和考核系统，以确保制度真正落地。

二、名称表述

《上海规定》采用“专业法官会议”的表述，但是，《最高人民法院意见》采用的是“主审法官会议”的表述。对此，最高人民法院在意见问答中指出，“多年以来，最高人民法院各审判业务部门、各巡回法庭和地方各级人民法院根据改革要求和自身特点，探索建立了不同形式的用于讨论案件法律适用或者裁量标准问题的会议咨询机制，为合议庭或者独任法官裁决案件提供咨询、参考、指导意见。虽然名称各异，有的叫主审法官会议，有的叫专业法官会议、法官联席会议，还有的叫审判长联席会议等，但实质是类似的会议工作机制”。一种观点认为，“会议名称只是一个形式，目前还在试运行之中，没有必要强求绝对统一。这项制度的基本定位，就是由本院员额法官组成，为法官办案提供咨询参考意见，服务于审判监督管理”。

三、功能定位

根据中央、最高人民法院有关文件精神，上海在综配司改中进一步规范和完善专业法官会议制度，实现专业法官会议与审委会有效衔接，强化专业法官会议研究重大疑难复杂和新类型案件、促进法律适用和裁判标准统一、为审判组织提供咨询服务、为审判权规范运行提供监督平台等职能作用。

1. 专业法官会议的前置过滤。配合审委会制度改革，以及确保司法责任制落实到位，是专业法官会议设立的重要考量。它是在合议庭、审委会两个法定行使判断权的审判组织之间承上启下，通过专业法官会议限缩或过滤提交审委会的案件数量。即使专业法官会议无法形成一致意见，讨论情况也可供审委会决策时参考，切实发挥审委会对重大敏感和疑难复杂案件的把关作用。

2. 提供法律适用咨询意见的平台。取消院庭长案件审批制度后，有必要建立一种咨询研讨机制，对一些疑难案件进行会商，确保案件质量。专业法官会议正是应用于审判领域的这种机制设计，目的是为合议庭提供咨询参考意见。它不同于一些法院建立的法官会议或法官委员会等法官自治性组织，专业法官会议主要讨论案件法律适用问题等审判事项，不包括学习培训、图书采购、法庭建设等司法行政事务。

3. 法律适用统一的重要平台。随着审判权运行机制改革深化，"让审理者裁判、由裁判者负责"逐步落实，"在上下级法院之间、审判团队之间没有形成健全完善的裁判理念规则和统一协调机制之前，这属于改革进程中的伴生现象，带有一定阶段性，但必须引起高度重视"[①]。通过搭建专业法官会议等集体研讨平台，促进不同业务条线的交流，解决好民行、民刑交叉等疑难问题，督促、引导、辅助办案法官全面把握裁判规则和裁判标准，有效防止"同案不同判"现象出现，促进法律统一准确适用。

4. 审判监督管理的重要平台。司法责任制改革后，院庭长不再审核签发未直接参加审理案件的裁判文书，也不得以口头指示、旁听合议、文书送阅、判前审核等方式变相审批案件。按照新型审判权力运行机制要求，"院庭长对案件的法律适用问题发表意见，必须依托专业法官会议、审判委员会等平台提出，监督管理活动全程留痕、有据可查，对来自内外部的不当干预过问形成有效威慑"[②]。

---

① 周强在2018年10月10日全国法院审判执行工作会议暨全国法院审判管理工作座谈会上的讲话。

② 李少平：《放权后如何监督追责》，载《人民法院报》2018年3月28日，第2版。

四、突出特征

这项内容的深改涉及对会议组成人员、讨论案件范围、提交事项程序等管理运行机制的全面分析。

1. 组织结构的去行政化特征明显。基于综配司改试点,专业法官会议在组织架构上出现了庭内会议和跨庭会议的两级设置。虽然庭内会议仍占绝对多数,但是,专业法官会议无疑为业务交叉案件的跨庭室联动协同提供了有效路径,有效凸显了会议的智囊作用。同时,参会主体去行政化趋势呈现。作为审判领域的咨询性会议,各级法院的相关规则中均明确了专业法官会议由员额法官组成,与会法官地位平等,院庭长应以法官身份参与会议等相关内容,较为明显地体现了专业法官会议的去行政化趋势,对法官以平等身份独立、自由发表裁判意见具有相当积极的意义。此外,仅规定最少人员要求的灵活参会构成。考虑到为避免会议召开过于随意,也为保证参会人员具有一定代表性,并强化固定人员的履职行为,改革试点对固定人员出席率及出席人数做出了一定要求,规定提交讨论案件的独任法官、合议庭全体成员及负责案件审判辅助工作的法官助理应当参加或列席会议,且庭内专业法官会议应有该庭二分之一以上并不少于三人的专业法官会议成员参加,跨庭专业法官会议与会人员由相应审判庭的分管院领导决定。如此规定在确保基本参会人员构成的基础上也赋予了一定灵活性,有利于促进专业法官会议的及时有效召开。

2. 议事范围以个案的讨论指导为绝对多数。目前,提请专业法律会议审议的案件比例仍较低。同时,比照《最高人民法院意见》规定的六类可提交专业法官会议讨论事项,包括“属于新类型、疑难、复杂、社会影响重大的;裁判规则、尺度有待统一或者在法律适用方面具有普遍指导意义的;拟作出的裁判结果与本院或者上级人民法院同类生效案件裁判规则、尺度不一致的;合议庭成员意见分歧较大的;持少数意见的承办法官认为需要提请讨论的;拟改判、发回重审或者提审、指令再审的;其他需要提交讨论的”。但是,实践中绝大多数只是集中在因法律适用问题提请讨论,其他事项未被更大程度激活;此外,刑事案件提请讨论较多,民商类新类型、疑难复杂案件的讨论反而相对有限。

3. 相对严格的提请程序和较为宽松的议事规则并存。提请程序较为严格,各庭专业法官会议的召开一般分为定期召开和发起召开。定期召开分为每周或半月召开,主审法官或合议庭可向庭室负责人申请案件讨论,该种形式是专业法官会议制度正式落地前庭室业务交流的传统方式。发起召开一般由主审法官或审判长根据需要向庭室负责人提出，层报分管副院长或院长，由其决定是否召开及召开时间，囿于较为固化、烦琐的会议申请方式，发起召开的适用实践中仍属寥寥。但是，议事规则又较为宽松，只是规定了承办法官及合议庭成员汇报案情、与会人员发表意见、主持人总结归纳三个基本程序。

第三节　问题症结点及分析

专业法官会议作为审判"咨询性会议"，主要对重大复杂和新类型案件进行研究，解决疑难案件法律适用问题，统一同类案件裁判尺度和标准。该项制度在综配司改运行过程中仍然存在问题。

一、会议功能进一步澄清

2019年起，上海在全市范围内推行专业法官会议制度，对专业法官会议的召开规则和程序进行规定，也开发了专业法官会议操作系统。但是，司法实践中对专业法官会议的运用情况差异较大。

《上海规定》把专业法官会议讨论的案件分为八个类型，包括：涉及群体纠纷、可能影响社会稳定的案件，疑难、复杂且在社会上有重大影响的案件，新类型或在法律适用上有普遍意义的案件，与本院或上级法院的类案判决可能产生冲突的案件，有关单位或个人反映法官有违法审判情况的案件，合议庭处理意见分歧较大的案件，拟提交审委会讨论的案件以及需纳入审判监督管理的其他案件。但是，专业法官会议功能比较分散，过分强调维稳、审判监督等，稀释了专业性这一主要功能；同时，类型之间存在概念模糊、界限不清的问题，比如，疑难复杂案件、新类型案件、合议庭处理意见分歧较大的案件、与上级法院的类案判决可能产生冲突的案件等存在一定的重叠，影响了专业法官会议的准确利用。

另外，不少地方把专业法官会议设定成提交审委会讨论的前置程序，过分强调会议对于审委会的过滤功能，在一定程度上给专业法官会议贴上形式化的标签，不仅会造成资源浪费，而且还会导致行政力量干预、指标数据控制等外在因素对于专业法官的影响，反而让这个制度设计在法官中的接受度不高，专业化程度被大打折扣。

二、回避制度执行的漏洞

无责性是保证专业法官会议活力的重要方面。但是,它以在程序的规范性基础上为前提。专业法官会议的讨论结果,对案件审理具有重要指导作用。因此,参与专业法官会议的法官,亦应遵守回避制度。

《上海规定》第3条规定的参加专业法官会议人员的回避情形,"是讨论案件的当事人或者当事人的近亲属;本人或者近亲属和讨论的案件有利害关系;是讨论案件的诉讼代理人近亲属的;与讨论案件的当事人或者诉讼代理人有其他关系,可能影响案件公正处理的"。第6条又规定"案件由不同审级法院审理时,参加会议的法官曾经担任过原审案件合议庭成员的,或案件经原审法院审判委员会讨论决定时担任原审法院审判委员会委员参与讨论的,在专业法官会议中不对该案件发表意见"。

所以,回避人员涉及两个方面:因与本案存在利害关系而回避,或者审判组织上的回避。但是,回避的提请主体、监督主体以及提请程序不明确。根据民事诉讼法的规定,当事人对于审判人员有权提出回避申请,审判人员对于特殊情形也应主动回避等。专业法官会议作为审理的中间环节,由于召开的不确定性以及内容的不公开性,最了解案件的当事人对于会议召开情况无从知晓。因此,专业法官会议的回避提请主体只能靠法官自身,提请程序亦无其他救济途径等,使得回避制度难以落实。

三、审判管理流程过于刚性

《上海规定》赋予专业法官会议对案件的咨询指导职能,同时赋予了其审判管理的职能。然而,审判管理的强制性与专业法官会议的无责性之间存在矛盾。

1. 无责性与上会的强制性。根据《上海规定》,除了合议庭自己决定需要专业法官会议讨论的案件外,处于审判管理的考虑,部分案件为必须经过专业法官讨论的案件。包括"拟免于刑事处罚、拟对处于羁押状态的被告人判处缓刑、拟改变检察机关的指控罪名或量刑建议等刑事案件,基层法院受理的诉讼标的额在3000万元以上的大标的民商事案件,拟判决区级以上人民政府、市人民政府工作部门败诉的行政案件等"。一方面,作为参会的法官,由于自身的办案压力较大,参会情况与个人业绩考核并未挂钩,再加上与会情况不承担法律责任,参会法官会把参会当作额外负担,很难负责任地分析案件;另一方面,作为提交会议讨论的承办法官作为责任的最终承担者,或部分案件已经过前期工作有了调解方案等其他处理方式,此时的强制上会反而会添加负担。

2. 无责性与会议意见的采纳。虽然按照《上海规定》,"专业法官会议形成的多数意见为会议建议意见,是否采纳由合议庭决定"。但是,同时又要求,"合议庭拟不采纳的,一般应当提请审判委员会讨论。专业法官会议意见存在较大分歧且无法形成多数意见的,一般应当提请审判委员会讨论"。即对于提请专业法官会议的法官来说,提请会议召开会有两种结果:其一为会议讨论充分,合议庭采纳专业法官会议意见,案件合理合法解决;其二为案件讨论不充分,或者未形成多数意见,此时合议庭需另行提交审委会讨论。实践中形成前者的可能性较小,因此提请专业法官会议对于法官来讲,多重程序"风险"要大于"收益"。

四、会议成果的质效不高

会议的参考性主要表现在,会议的召开对于与会案件的参考作用,以及对于类案的指导作用。但是,专业法官会议成果及其转化都存在不足。

首先,会议成果的质量不高。专业法官会议在运行中,往往被视为审判之外的负担。与会法官不对裁判结果负责,因此,讨论内容多为合议庭已讨论过的重复内容,或者众说纷纭由承办法官裁夺。实践中,案件在提交专业法官会议之前,合议庭一般会形成倾向性意见,且专业法官会议形成的倾向性意见,与合议庭提交的倾向性意见存在高度一致性。少数不采纳原因,多为专业法官会议召开之后,又出现了新证据、新情况等,导致案情发生了重大变化。

其次,会议成果难以转化。专业法官会议的成果,既应对提交会议的案件具有指导意义,也应对类案指引、成果升级和法官培育产生积极效果。但是,专业法官会议具有形式上的封闭化特征,由于会议召开情况局限于参会法官,加之上文所讲的法官对该制度的接受度不高,后期的考核绩效等配套制度的落后,使得专业法官会议的成果难以实现转化和产生更多效用。

五、结构性缺陷导致适用障碍

配套机制缺位阻碍了会议机制的有效运行。虽然各法院均出台文件对专业法官会议组成人员、讨论范围、提请程序、议事规则等进行了规定,但是,对如何保障会议顺利运行缺少制度约束。一是缺少会前"过滤"机制,没有可操作性的会前准备程序,或虽有规定但未付诸实施;二是缺少总结归纳机制,过多专注个案讨论,忽略类案裁判标准的归纳总结,导致会议讨论案件后结果运用较差,对法官的指引培养效果不佳;三是缺少监督考核机制,各法院未将成员参会情况纳入部门和个人考核,导致会议召开较为随意,记录归档情况较为混乱;四是缺少激励保障机制,无相应激励机制和保障内容,使得实践中专业法官会议遭遇"冷场"。

另外,各地各级法院分别探索建构的专业法官会议机制,多数只是定位为各院内部议事会议机制,在推动裁判规则及标准统一的问题上收效甚微。同时,司法实践中以庭室为单位的审判组织内部,主审法官在长期共事过程中本就容易形成较为统一的裁判思路,且法官之间谈天式的随意交流,亦在一定程度上取代了专业法官会议的应有职能。因此,在法院中提交专业法官会议讨论的案件数量较少,形成建设性意见的更是屈指可数。

第四节 适应性和实效性

专业法官会议打破"审委会依赖症",促使法官亲审、亲判和亲责。但是,入额法官司法能力的提高不可能一蹴而就,通过完善法律统一适用机制,完善审委会宏观指导职能等措施,可以逐步提高法官的职业素养和水平。因此,需要渐进式完善专业法官会议运行机制,使之对中院、基层法院更有适应性和实效性。

一、科学设定会议架构

专业法官会议功能可以逐步拓展,会议组建也应冲破"面面俱到"等形式主义束缚。组建会议的数量、分类、会议成员的名额等,应根据各法院司法审判实际需要和专家型法官储备而定,规模和质量应充分体现专业化、精英化要求,确保"司法智库"作用得到最大限度的发挥。

1. 会议组建的纵横拓展。组建专业法官会议的数量、分类不应拘泥于法院的审判条线或庭室划分。在制度设计逐步完善的基础上,横向拓展可渐进实现跨审判条线甚至跨地域的专业法官会议。跨审判条线会议可促进不同条线的业务交流,汇聚不同视角,解决好刑民交叉、行民交叉等疑难问题。跨地域会议可通过联网视频等形式灵活多样开展交流,进一步实现不同地域之间对法律适用的共识;纵向拓展可探索实现跨层级的专业法官会议。建立上下各级法院专业法官会议联动机制,确保上下各级法院对法律适用问题沟通顺畅,最大限度统一裁判尺度。

2. 成员推荐的专业权威。专业法官会议的成员必须具备高度专业化和充分代表性,如此方能提升会议讨论形成意见的准确性和权威性,提高个案意见的采纳率和类案指导的认同度。专业法官会议院内成员应为各法院内实践经验丰富、理论水平深厚的一线资深法官,重点考查"专业能力"而非"级别高低"。建议从理论水平、办案质效及从事相关审判工作年限等方面设定成员条件,每半年或一年在全院法官中以无记名民主投票方式推荐,经法官本人同意,组建新一届会议。主持人可由票高者居之或由成员轮流担任,弱化其行政色彩。

配合专业法官会议的纵横拓展,会议成员也可逐步扩展。一是不局限于审判条线。突破各审判条线之间的组织藩篱,鼓励法官跨业务领域研究审判问题,除参加对口专业法官会议外,可根据个人业务专长和研究领域,申请参加其他一至两个专业法官会议,有效应对日益复杂的审判形势。二是不局限于法院体制。在严守审判秘密,遵守回避制度的前提下,专业法官会议可邀请上下级法院资深法官、法学专家学者、法律工作者等参加疑难案件法律适用的会商、研讨,减少错案发生和保证"同案同判"。未来还可考虑建立院际、区域人才共享机制,打造"大智囊团",通过电脑随机筛选条件匹配成员。

二、严格履行前置程序

专业法官会议的核心功能系为案件提供审判咨询,但不能无限制、无原则地放任案件进入会议讨论范畴。"法官对重大疑难复杂案件的主观判断,也应当经受司法共同体其他成员的批评和监督。"①因此,需要精心设置会前准备提请程序,建立案件选择机制,将审查召集程序化繁为简,避免会议随意启动,共同保障会议实效。

---

①　季卫东:《法治秩序的建构》,中国政法大学出版社1999年版,第221页。

1. 审理者为中心的准备提请。科学严谨的提起程序，能防止进入专业法官会议事项过多导致的司法资源浪费，同时有利于强化审理者的责任。为了突出审理者的审判权力主体与审判责任主体地位，专业法官会议应由审理者，即主审法官或合议庭审判长，通过会议办事机构或主持人直接提出申请。提请会议讨论的案件，需要经过审判组织充分论证并且形成明确意见。根据案件重大疑难复杂程度，区分撰写上会议题报告，还应概述相关案件争议焦点，附相关法条、简要判例及学界和实务界观点等。

2. 主持人为中心的审查召集。专业法官会议要深度破解行政化、层级化倾向必须去等级秩序烙印。会议召集程序须化繁为简，建立由资深法官作为会议主持人为中心的审查召集机制。主持人对提请上会案件的案件类型和待议事项作实质性审查，区分必须上会讨论的案件和可以上会讨论的案件，即重大、敏感、群体性、可能影响社会稳定等的案件，属应上会讨论的情形；合议庭有重大分歧难以做出决定的新类型案件，可视情况决定是否召集会议讨论。经审查确定排除非必要讨论案件及事项，拟定会议时间并告知提请人。在会议召开三天前，主持人安排会议秘书将会议通知、隐去当事人身份信息及审理者意见的议题报告及待讨论案件电子卷宗等呈送会议成员，会议结束后统一收回。既确保会议讨论的质量和效率，又保障讨论过程最大化严谨规范且符合保密要求。

三、合理规范议事规则

“会议，是通过民主协商、研究讨论的形式，对某一问题的解决形成一种共识。”[①]专业法官会议的民主性越强，其所提供咨询意见的参考价值也更高。专业法官会议的议事程序，应以民主公开原则为核心，围绕会议议事的平权性、独立性、互动性与有效性，规范议事规则。

1. 议事免受追究和有序发言规则。为了保证会议议事的平权与独立，应先行明确专业法官会议成员在会上独立发表意见不受追究，同时设置有序发言规则：按照审判资历由低到高依次发言；审判资历相同的，按照行政级别由低到高依次发言；先由各成员独立思考后发表处理意见及理由，再由审理者公布自己的意见，会议主持人最后发言，经讨论修正确定各自观点后，主持人归纳会议讨

---

① ［美］亨利·罗伯特：《罗伯特议事规则》，袁天鹏、孙涤译，格致出版社、上海人民出版社2008年版，第3页。

论结果,形成最终意见。

2. 充分交换意见和独立表决规则。为了保证会议议事的互动与有效,首先,提请人应更多地介绍案情、回应成员对案情的发问,以交流促成信息对称。其次,成员不得拒绝陈述或仅作同意与否的简单表态,发言或辩论时应充分陈述理由和依据;同等尊重各成员意见。最后,各成员在充分且自由地辩论协商后依次明确个人最终意见。

3. 结果多数决定和异议保留规则。为了保证会议议事的平权与有效,实现会议统一裁判尺度的附属效果功能,应以多数人的意见作为专业法官会议意见。但是,不应强求持不同意见的会议成员改变意见,所有意见同时记录在卷,共同作为审理者的参考依据。“因法律具有不确定性,某种意义上允许异议保留是法治发展的生命力所在。”①

四、全面跟进配套机制

为了确保专业法官会议的功能实现和良性运转,从激励成员参与、个案结论适用、类案总结指导、推进成果转化等方面跟进配套机制。

1. 成员业绩评价机制。将专业法官参加每次研讨,区分书面和口头发言,分别折合一定工作量计入法官部门和个人业绩。同时依据专业法官参与会议的次数、发言的积极性、发表意见对最终定案的影响等方面进行计分,设置合格分数线,未达到年度合格分数线的法官,取消其次年进入专业法官会议成员候选推荐的资格。达到合格分数线的法官,根据分数的高低适当进行精神和物质的双重激励,强化成员司法尊荣感。

2. 会后程序衔接机制。在一个经合理设计且“去层级、去行政化”的规则体系中,平等主体出具的咨询意见,理应受到重视。案件经专业法官会议讨论后,会议意见与合议庭意见不一致的,无论是否采纳会议意见,合议庭都应及时进行复议,针对会议出具的意见以及会前合议庭提出的意见再次讨论形成新的合议庭意见。采纳与否均需记明复议笔录,决定采纳可直接据此审结案件,不予采纳还需简单记明理由,并合议决定是否还需提交审委会讨论。需要进入审委会讨论的,专业法官会议意见应当同时报送审委会,成为审委

① 赵盛和、乔娟:《审判长联席会议制度的反思与重塑——法律统一适用协商机制的探寻》,载《法治论坛》2012 年第 3 期。

会讨论的重要参考。

3. 会议总结归纳机制。设立专人负责会议记录、形成会议影音资料并保存归档等，同时每季度或半年定期对会议讨论事项进行归纳与整理，提炼类案裁判规则或形成总结性报告，经审委会研讨通过后，以会议纪要等适当方式发布，统一裁判尺度、扩大指引效应。

4. 会议成果转化机制。专业法官会议享有最丰富的智慧资源和最全面的案件素材，通过对个案研讨的积累，总结和提炼类案规则，在法官达成共识并适用的基础上，可实现更高层次的成果转化。部分经会议讨论的重大疑难复杂案件可以打造成具有指导、参考价值的典型案例，也可成为课题调研的实证研究、学术论文问题意识积累等方面极为丰富、有利的素材。

第二十七章　认罪认罚从宽

2016年11月，“两高三部”下发《关于在部分地区开展刑事案件认罪认罚从宽制度试点工作的办法》（以下简称《试点办法》），标志着认罪认罚从宽改革的全面展开，它也是综配司改试点的重要内容。

第一节　协商司法本土化

党的十八届四中全会提出“完善”刑事诉讼中认罪认罚从宽制度，说明这项改革不是全新的制度设计与重构，而是对现有制度的整合与优化。

一、程序的分化与衔接

根据《试点办法》，认罪认罚从宽制度既包括实体上的自首、坦白等量刑从宽规定，也包括程序上的速裁、简易、普通程序简化审等诉讼从简机制，共同特点在于体现和落实宽严相济刑事政策中“宽”的要求。其精神内核是宽严相济制度化，目的是实现更为科学的程序分流。以上海检察机关试点为例。

上海检察机关各级公诉部门按照最高人民检察院的统一部署，在综配司改中落实试点要求，对进一步完善认罪认罚从宽制度进行了探索和实践。（1）制度先行规范办案流程。市人民检察院先后与市高级人民法院、市司法局联合制定了《刑事案件认罪认罚从宽制度试点工作实施细则(试行)》《关于审查起诉阶段律师参与认罪认罚从宽制度试点工作的指导意见》,并制定《上海检察机关开展刑事案件认罪认罚从宽制度试点工作的指导意见》,统一规范审查起诉环节的相关内容,做到建章立制、有据可循。(2)沟通协调保障诉讼权益。市人民检察院公诉部门与市法援中心协商,组建值班律师队伍,做到值班律师定点化、固定化,并在有条件的地区实行法律援助辩护律师全覆盖,使律师从形式参与向实质参与深化,全方位保障犯罪嫌疑人、被告人的合法权益。(3)多管齐下提升量刑建议精准度。加强量刑规范化实践探索,与市高级人民法院会签《〈关于常见犯罪的量刑指导意见(二)(试行)〉实施细则》,进一步细化危险驾驶等八种常见犯罪量刑标准,以明确性促确定性。同时,积极探索“人工智能+量刑建议”,积极运用信息化手段分析汇总类案量刑情节,研发量刑建议智能辅助系统,为提出精准量刑建议提供科技支撑。(4)整合力量,促进诉讼程序简约化。打造集中受理、集中审查、集中具结、集中起诉、集中开庭的集约化诉讼模式,积极探索审诉分离,设置出庭检察官岗位,集中对速裁、简易程序案件出庭支持公诉。

认罪认罚从宽制度的最大创新,在于突破传统的对抗式司法模式,借鉴和吸收协商式司法的合理要素,犯罪嫌疑人、被告人认罪认罚后与检察机关就量刑进行协商达成协议,法院继之根据协议依法从轻量刑。这里,犯罪嫌疑人、被告人的意见对诉讼结果的形成具有更为实质性的参与和影响,控辩双方的关系从对抗转为合作。这既是对刑事诉讼控辩审关系的调整,也是刑事诉讼制度日益注重人权保障的体现。

该项试点改革最明显的改变是,建立认罪认罚从宽制度后,以认罪与不认罪作为程序机制的第一层划分。在认罪的程序机制下,再做速裁程序、简易程序、普通程序简化审的第二层次划分。这样各个诉讼程序之间得以有序衔接,充分发挥程序多元化优势,实现了司法资源配置最优化。

二、基本要素的敲定

“认罪认罚从宽”的内涵,需要与自首、坦白、简易程序等规定精神,以及宽严相济刑事政策要求保持一致。例如,对“认罪”,应当与自首、坦白中“如实供述自己的罪行”的认定一样,只要求如实供述主要犯罪事实并概括地认可自己的行为构成犯罪就可,行为人承认指控的主要犯罪事实,仅对个别细节提出异议的,或者对犯罪事实没有异议,仅对罪名认定有异议的,都不影响认罪认罚从宽制度的适用。又如,对"从宽",根据宽严相济政策的一贯要求,不仅要体现在实体上的量刑减让,也要同时体现在诉讼从快以及优先适用非羁押强制措施等方面。

同时,认罪认罚从宽制度的范围,需要涵盖所有的刑事案件。与刑法所规定的自首一样,认罪认罚从宽制度没有对适用的罪名和可能判处的刑罚作出限定。只要自愿认罪认罚且没有《试点办法》第 2 条规定的情形的,都可以适用该制度,不受罪名罪数、罪刑轻重和具体程序的限制。即使是适用普通程序审理的死刑案件,只要不是应当判处死刑立即执行,也可以适用认罪认罚从宽制度,以死刑缓期二年执行的方式,体现对自愿认罪认罚死刑犯的从宽处理。

此外,认罪认罚从宽制度的适用,需要兼具实体性和程序性,但更侧重于实体性。认罪认罚从宽制度中犯罪嫌疑人、被告人享有程序选择权,不能把认罪认罚从宽制度简单等同于某个诉讼程序。若犯罪嫌疑人、被告人不同意适用速裁程序、简易程序的,不影响认罪认罚从宽制度的适用。因为即便程序上不能诉讼从简,但基于自愿认罪认罚,仍然可以依法在实体上从宽量刑。

第二节 制度改变了什么

与现有诉讼制度规定相比,综配司改中认罪认罚从宽作为重大制度创新,已产生不少新的变化和要求。概括起来,包括以下几个方面:

一、认罪认罚要求同步化

认罪认罚要求同步化,是宽严相济政策在认罪认罚从宽制度中新的要求。现有的自首、坦白以及简易程序适用等,均只要求自愿认罪即可。认罪认罚从宽制度,则在自愿认罪的基础上,进一步要求自愿"认罚"。这种"认罚",不同于认罪的概括性要求,而是要具体认罚,即认可、接受检察机关就刑罚的种类、刑期、执行方式、罚金刑数额等提出的具体量刑建议。

有的观点在比较考察域外相关制度,特别是与辩诉交易制度比较后认为,要求认罪、认罚同步不合理。但是,这一要求符合我国法律制度框架下引入司法协商因素的现实需要,符合我国国情。因为基于职权主义的诉讼模式、实质真实的诉讼观,以及罪刑法定原则和犯罪构成要件理论,我国的司法协商只能主要集中在量刑问题上，由控辩双方就量刑轻重进行协商、达成协议，不可就事实证据、罪名罪数进行协商。因此，只有在认罪的基础上同时要求认罚，并以具结书的方式将所认之罚确定化、实效化，我国的协商司法才能有明确的内容指向和实践的持续动力。没有“认罚”，司法协商的实际效果将大为削弱。

二、量刑建议效力确定化

“确定化”是相对而言的，是指相对于既有的量刑建议制度，认罪认罚从宽制度之下，量刑建议内容更趋向具体、明确，对法院刑罚裁量权的拘束力也明显加强。《试点办法》第 20 条规定，除特定情形外，法院“一般应当”采纳检察机关量刑建议，即量刑原则上要“诉、判一致”。这是认罪认罚从宽制度之下量刑建议最显著的变化。

与此相适应，《试点办法》也对量刑建议提出了新的更高要求。(1)量刑建议应当做到相对明确。根据该办法第 11 条的规定，检察机关不能再适用诸如“建议从轻/从重处罚”这种概括型量刑建议，而应当采取“建议判处有期徒刑一年”之类刑期明确的确定型量刑建议，或者“建议判处有期徒刑六个月以上一年以下”之类较小幅度的幅度型量刑建议，对建议判处财产刑的，“一般应当提出确定的数额”。(2)量刑协商应当充分听取意见。《试点办法》在第 7 条、第 10 条对检察机关提出了两个“应当”的工作要求：一是“应当”就从轻、减轻或者免除处罚等从宽处罚的建议，听取犯罪嫌疑人及其辩护人或者值班律师的意见，并记录在案和附卷；二是“应当”听取被害人及其代理人意见，并将犯罪嫌疑人、被告人是否与被害人达成和解协议或者赔偿被害人损失，取得被害人谅解，作为量刑的重要考虑因素。我们理解其目的是使检察机关在诉前尽量周全量刑信息，使量刑建议尽可能妥当，防止庭审中出现大的反复和变化。

三、轻案庭审趋向形式化

“轻案”，即可能判处三年有期徒刑以下刑罚的案件。根据《试点办法》第 16 条，对这类轻案适用速裁程序的条件是事实清楚、证据充分，当事人对适用法律没有异议，且被告人认罪并接受检察机关量刑建议。由于控辩双方以及当事人双方的诉讼分歧、对抗基本消除，故速裁程序的庭审“由审判员独任审判，送达期限不受刑事诉讼法规定的限制，不进行法庭调查、法庭辩论，当庭宣判”。

因此，速裁程序被塑造成一种有别于简易程序和普通程序的快审程序，其基本特征是“三最”：罪刑性质最轻微、对抗程度最微弱、庭审简便最彻底。特别是完全省却法庭调查和辩论，并且当庭宣判，意味着事实是否清楚、证据是否充分，更多是通过法官庭前阅卷、审核来完成，庭审基本失去对事实、证据进行实质上“审理、裁判”的必要性，更多转向对被告人认罪认罚自愿性和认罪认罚具结书内容真实性、合法性的“审查、确认”。这是与传统的庭审功能最明显的区别。

四、律师角色职责二重化

值班律师制度是速裁程序试点中的一个创新。认罪认罚从宽制度将其完全引入，并做相应完善，目的是弥补现有援助辩护制度实际适用的局限，确保所有认罪认罚犯罪嫌疑人、被告人都有机会获得律师的法律帮助。根据《试点办法》第5条，犯罪嫌疑人、被告人自愿认罪认罚，没有辩护人的，都应当通知值班律师为其提供法律帮助；根据《试点办法》第10条第2款，犯罪嫌疑人“应当在辩护人或者值班律师在场的情况下签署具结书”。

鉴于此，认罪认罚从宽制度中律师诉讼职责的“两重性”，体现在两个层面：其一，就制度整体而言，辩方的律师介入诉讼的身份，由原来的辩护人一种，变为可选择的辩护人或者值班律师两种，具体是作为辩护人进行实质性辩护，还是作为值班律师提供法律咨询和程序性帮助，要视个案情况和犯罪嫌疑人、被告人的意愿而定。其二，就具体案件而言，律师介入诉讼之后，其法律职责由原来的只提供辩护一种，变为在提供辩护等服务的同时，还要在签署认罪认罚具结书时在场。这种“在场”，是一种刚性要求，即便犯罪嫌疑人明确拒绝辩护人或者值班律师帮助，检察机关在犯罪嫌疑人签署具结书时也要通知值班律师在场见证。笔者认为律师在场具有程序监督的作用，一定程度类似搜查、现场勘查等诉讼活动中的见证人，以保证签署具结书的自愿性和合法性。

五、侦诉特别裁量制度化

根据《刑事诉讼法》第16条的规定，侦查阶段撤销案件仅限于不应当追究刑事责任的情形，在应当追究刑事责任的情形下，侦查机关对终结诉讼没有裁量空间。根据《刑事诉讼法》第177条第2款的规定，检察机关的不诉裁量权仅限于微罪不诉。然而，根据《试点办法》第9条的规定，对于有重大立功或者涉及国家重大利益的案件，犯罪嫌疑人自愿如实供述涉嫌犯罪的事实的，侦查阶段经公安部报请最高人民检察院批准可以撤销案件；根据《试点办法》第 13 条的规定，审查起诉阶段经最高人民检察院批准可以不起诉，或者对涉嫌数罪中一项或者多项提起公诉。该两项规定赋予了公安、检察机关诉前终结特殊案件的特别裁量权，也扩大了审前程序分流的空间，是对现有立法规定的重大突破。

同时，根据最高人民检察院的要求，改革中对特别裁量权要按照“严格控制，慎重适用，防止滥用”的原则，规范适用和报批程序：一是严格把握“有重大立功或者涉及国家重大利益”的条件。这里所说的“重大立功”，不能简单等同于立功制度中的“重大立功”，要注意与涉及国家重大利益情形的平衡，更加从严掌握；这里所说的“涉及国家重大利益”，主要是指涉及国家主权、安全、外交、国防等方面的重大利益，必须严格控制。另外，可以撤案的特殊案件，限于公安机关、国家安全机关侦查的案件，并不包括职务犯罪案件。二是严格审批程序。这些特殊案件撤销和不起诉的批准权在最高人民检察院，省级及以下检察院无权批准。三是严格把握后续违法所得的处理。《试点办法》第 14 条赋予公安、检察机关对违法所得及其孳息的特殊收缴权，这也是现行法律没有规定的。这种特殊收缴权，仅限于上述特殊案件，不能适用于其他案件中。

第三节　集中问题及应对

认罪认罚从宽制度在试点实施过程中，全国存在标准不一、量刑协商机制不完善、有效法律帮助不到位等反映比较集中的问题，亟待研究解决。

一、认罪认罚之下证明标准

最高人民检察院孙谦副检察长强调指出，“法定证明标准适用于所有刑事案件，包括认罪认罚案件。推动认罪认罚从宽制度改革，并未降低证明犯罪的标准……办理认罪认罚案件仍须按照法定证明标准，依法全面收集固定证据、全面审查案件”。法定证明标准不因认罪认罚而降低，并不是完全否定认罪认罚的证据价值。从刑事诉讼证明原理看，在犯罪嫌疑人、被告人自愿供述案件主要事实的情况下，刑事诉讼可以采取直接证明的诉讼证明方式，只要有其他证据能够补强有罪供述的自愿性、真实性，就可以认为达到法定证明标准要求。

概言之,虽不能因为自愿认罪认罚而降低法定证明标准,但自愿认罪供述减轻了检察机关达到法定证明标准要求的难度,这正是认罪认罚证据法的积极意义所在。比如,那些犯罪手段比较隐蔽的案件,犯罪嫌疑人、被告人的如实供述,对于查证案件细节,收集客观性证据,起获犯罪工具或者赃款赃物等关键物证,就显得尤为重要。

二、量刑协商机制

构建符合我国法律制度和司法实践的控辩量刑协商机制,对认罪认罚从宽制度试点意义重大,有利于检察机关周全量刑信息、在兼听基础上提出更为准确和公正的量刑建议,有利于使犯罪嫌疑人产生较为稳定、明确的量刑预期,更加激励其自愿认罪认罚、服判服法。"两高三部"《试点办法》对该机制没有作出明确集中的规定,但通过相关条文可以梳理形成大致的框架。

1. 协商的范围控制。如前所述,基于我国的诉讼模式、诉讼目的观和犯罪构成原理,我国的控辩协商范围应受到三个方面的限制:协商的前提应当是案件事实清楚、证据确实充分;协商的内容应限于认罪基础上的具体刑罚适用,事实、证据问题不容谈判,罪名、罪数问题不能协商,只能由检察机关依据证据和法律审查认定;协商的空间应在法定刑限度内,否则应当报最高人民法院核准。这是认罪认罚从宽制度中司法协商的红线和底线。

2. 协商的参与主体。涉及三个方面:检察机关和犯罪嫌疑人是当然的参与主体,辩护人、值班律师以及被害人的参与必不可少,法官则不应参与其中。(1)律师参与。《试点办法》第5条明确规定,"没有辩护人的,人民法院、人民检察院、公安机关应当通知值班律师为其提供法律咨询、程序选择、申请变更强制措施等法律帮助"。据此,为了保证认罪认罚的自愿性、合法性和正当性,检察机关应当确保犯罪嫌疑人是在辩护人或者值班律师帮助下参与量刑协商;未经犯罪嫌疑人明示拒绝,没有辩护人或者值班律师提供法律帮助的,量刑协议应当无效。(2)被害人参与。《试点办法》第7条规定:"办理认罪认罚案件,应当听取被害人及其代理人意见,并将犯罪嫌疑人、被告人是否与被害人达成和解协议或者赔偿被害人损失,取得被害人谅解,作为量刑的重要考虑因素。"据此,应当保障被害人实质性地参与协商、充分地发表意见。特别是在符合《刑事诉讼法》第277条规定的刑事和解的案件中,被害人与犯罪嫌疑人达成和解协议,构成法定从宽处罚情节,直接影响刑罚的具体适用。这是量刑协商机制中被害人发挥实质性作用的最集中体现。(3)律师、被害人参与的作用。辩护人、值班律师以及被害人的意见主要作为量刑协商的考虑因素,对量刑协议的达成并没有直接的决定效力。量刑协议能否达成,关键在于检察机关和犯罪嫌疑人本人的意见。检察机关进行量刑协商和提出量刑建议,不应受辩护人、值班律师或者被害人意见的拘束和左右。对因被告人确无赔偿能力不能满足被害人不合理要求,而未能达成和解协议的,不影响认罪认罚从宽制度的适用。(4)法官职责。《试点办法》第 1 条、第 11 条要求适用认罪认罚从宽制度必须在起诉时形成量刑建议,意味着量刑协商应当在诉前进行并接受法庭审查;第 21 条又规定,法院认为量刑建议明显不当的,只是“可以建议人民检察院调整量刑建议”;检察机关不同意调整量刑建议的,“人民法院应当依法作出判决”,也就是说,对于非自愿或者不合理的量刑协议,法官有权拒绝,并可以建议检察机关予以调整,但不能直接参与量刑协商,更不能主动提出新的量刑方案。因为如果法官直接参与量刑协商,或者主动提出新的量刑方案,不仅与审判的中立性立场相悖,也容易侵害被告人的选择权。

3. 协商的法律效力。《试点办法》第 21 条规定,被告人、辩护人对量刑建议提出异议的,人民法院可以建议人民检察院调整量刑建议,人民检察院不同意调整量刑建议或者调整量刑建议后被告人、辩护人仍有异议的,人民法院应当依法作出判决。据此,量刑协议以协商一致为原则,犯罪嫌疑人、被告人可以反悔;反悔后,量刑协议是否需要调整由法官认定:需要调整的,可以进行新的量刑协商、达成新的量刑协议;达不成新的量刑协议的,交由法官依法裁判。

三、“有效法律帮助”原则

《试点办法》第 5 条要求,“办理认罪认罚案件,应当保障犯罪嫌疑人、被告人获得有效法律帮助,确保其了解认罪认罚的性质和法律后果,自愿认罪认罚”。有效法律帮助是保障认罪认罚自愿性的程序标准,也是认罪认罚从宽制度生命线和正当性的依托。在现有条件下,值班律师制度对弥补辩护律师资源不足起到积极作用。但是,对照“有效法律帮助”的原则要求,局限在于,值班律师不具有辩护人的诉讼身份和诉讼权利,不能阅卷、取证,不能全程参与诉讼,不能出庭辩护。所以,其难以实质性地了解案件,难以提供深入、全面的法律意见,仅能提供法律咨询等有限的程序性帮助,难以达到“有效”法律帮助的程度。因此,实践中有意见提出“值班律师辩护人化”的意见主张。

然而,值班律师向辩护人转化,比较符合"有效法律帮助"原则的要求。在认罪认罚从宽制度的全国试点中,如果当地的法律援助辩护资源较为充足,则可以推动实现辩护人全覆盖,更能确保犯罪嫌疑人、被告人认罪认罚的明智性、自愿性,保障改革试点效果。

四、庭审程序的界分

实现诉讼程序的层次性,是认罪认罚从宽制度的重要目标。需要把握两条标准:一是控辩双方的对抗程度,对抗程度越弱,程序简省空间越大;二是案件处理结果对犯罪嫌疑人、被告人的影响程度,影响程度越大,程序简省空间越小。

1. 速裁程序。根据《试点办法》第 16 条的规定,速裁程序案件作为简化程度最大的案件,应当是诉讼对抗性基本消除的案件。相应地,即便是可能判处三年有期徒刑以下刑罚的案件,如果犯罪嫌疑人或者辩护人对罪名有异议,或者与被害人未就附带民事赔偿等达成一致,由于存在分歧对抗,则法庭调查或者法庭辩论也无法完全省却,故不能适用速裁程序,只能考虑适用简易程序。因此,适用速裁程序审理案件,被告人、辩护人对指控的犯罪事实、证据无异议,仅对罪名提出异议的,或者仅对量刑提出异议且无法达成新的量刑具结的,应当转为简易程序继续审理。

2. 简易程序。《试点办法》第 18 条对认罪认罚从宽制度下的简易程序的规定比较笼统,仅明确一般应当当庭宣判,对于具体的程序简化没有涉及。笔者认为,鉴于认罪认罚从宽制度下适用简易程序的案件在罪刑上重于适用速裁程序的案件,因此,庭审的简化应当少于速裁程序,应当在形式上维持基本的庭审环节与步骤。一是起诉书可以摘要宣读;二是对无异议的证据,仅就证据名称及所证明的事项作出说明,对有异议的证据,或者法庭认为有必要调查核实的证据,应当出示并质证;三是对有争议的问题,可以进行相应的辩论。

3. 普通程序简化审。对于不符合速裁程序和简易程序条件的认罪认罚案件,在适用普通程序时,是否可以简化审理,《试点办法》中没有明确,但在"两高三部"《关于推进以审判为中心的刑事诉讼制度改革的意见》中则明确,"对犯罪嫌疑人、被告人自愿认罪认罚的,可以适用速裁程序、简易程序或者普通程序简化审理"。因此,认罪认罚案件虽然适用普通程序审理,但在具体程序内容上也并不完全按照不认罪案件的普通程序审理模式,而是可以有所简化。至于具体简化哪些内容还没有成熟意见,需要在试点中进一步探索。

第二十八章　民行调查核实权

在新时代的各项检察工作中，民事和行政检察是亟待做好、做实和做优的项目。在综配司改中，检察机关通过“调查核实权”的规范化和保障机制改革，推动了上述两项检察工作转型优化。

第一节　调查核实权运用

《民事诉讼法》和《行政诉讼法》以及相关司法解释，都规定了检察机关在履行民事、行政诉讼监督时，可以对相关证据进行调查、收集和核实。但在实践中“调查核实手段尚不明确，规范化程度还不高，具体适用范围、方式手段、当事人的程序权益保障不足”[①]。综配司改对此进行了探索。

一、改革突破点

调查核实权运用的全面落实首先有赖于两块基石：(1)提供调查核实权行使的规范性依据。重点针对虚假诉讼监督、审违监督、执行活动监督三类诉讼监督案件，提供依法查明相关事实的具体规范。(2)建立民行部门与司法警察的协作保障机制。敲定民行监督的申请用警条件、申请程序以及司法

---

① 李强、常海蓉：《民事检察调查核实制度若干问题探究》，载《人民检察》2017年第2期。

警察在协助调查取证期间的行为规范，为调查核实权的充分运用提供保障。

在此基础上，改革突破点主要包括以下三个方面：

1. 强化检察机关的刚性调查手段。当调查手段的对象是司法工作人员的时候，相应的调查权限应当具有较高刚性以及充分保障。比如，在民事、行政审判活动违法监督中，检察官有权要求办案人员说明证据收集合法性、要求审判人员说明裁判理由、要求查阅侦查、审判全部案卷材料；检察官也有权向有关单位或人员调查核实情况、调阅复制案卷材料、重新组织鉴定；另外，赋予检察机关对侦查的违法人员实质性处分的建议权，以及对审判人员错案责任追究的建议权。

2. 建立调查核实外部协调配合机制。推动民事监督调查和刑事侦查的衔接，在民事案件监督办案中发现涉嫌犯罪并移送监察机关、侦查机关的，将侦查、调查活动获取的证据材料转化为民行监督所需的证据材料；推动行政监督调查和行政执法活动的协同，在行政诉讼监督中借鉴刑事诉讼要求公安机关提供法庭审判所必需的证据材料的做法，要求行政机关提供行政案件监督必须的证据材料；推动信息技术协作平台的升级，在综配司改框架下推动与行政机关、移动通信与网络信息服务商、民航、铁路、航运等部门之间的信息交换与联动机制，依授权开通办案人员核实信息的点对点查询权限，提高调查核实效率。

3. 构建民行重大案件的公开调查程序。针对民事诉讼程序中检察机关无权采取强制措施，而其他组织、个人又不配合调查的情况，探索在重大民事诉讼监督案件中运用公开调查程序，邀请人大代表、政协委员或人民监督员主持召集调查，要求其他组织、个人就了解的案件事实、审案办案经过等说明情况。

二、专业体系建设

以往检察机关对民行诉讼监督专业知识、专业队伍、专门机构的重要性认识相对不足，需要在专业化建设上下功夫，以专业化检察官队伍、专业化办案组织和专门业务机构的体系布局，推动诉讼职能与监督职能的适度分离，健全贯穿两大诉讼法领域的民事、行政诉讼监督格局。

1. 建立专业化民行诉讼监督检察官队伍。司法责任制改革后，诉讼监督职能的发挥与加强主要依靠检察官。强化检察官的监督理念，需要改变以往认为监督是“软任务”的观念，牢固树立诉讼监督的案件意识、规范意识和质效意识，把诉讼监督提升到主责主业的高度。在诉讼职能和监督职能分置体系下，承担诉讼监督职能、办理诉讼监督案件的岗位配置了资深检察官,对其提出了更高的业务素质要求。以检察官为核心合理配置诉讼监督职权,让检察官成为办理诉讼监督案件的主体,依法提出纠正违法、检察建议、检察意见和抗诉;合理设置考核项目,提高诉讼监督在业务考评中的权重比例,发现移送监督线索和直接承办监督案件都纳入业务考核评价,记入司法档案,全面评价检察官的工作实绩。

2. 建立专门化民行诉讼监督办案组织。最高人民检察院在《关于完善人民检察院司法责任制的若干意见》首次提出,民行诉讼监督等其他法律监督案件可以由独任检察官承办,也可以由检察官办案组承办。多数地方检察机关采取将民行诉讼监督办案组织配置到办案部门,原则上由独任检察官承办的机制。在此基础上,上海市检察机关进一步探索设置检察官办公室作为办理民行诉讼监督案件的最基本单位。检察官办公室由多名检察官、检察辅助人员组成,即可以共同承担重大诉讼监督案件,其中入额检察官也可以在分管检察长审核监督下承办一般民行诉讼监督案件。检察官办公室的设置具有更加突出的灵活性,能够适应各级检察院专业化、差异化的组织结构体系。

3. 建立专门化民行诉讼监督机构。检察机关针对民行监督线索匮乏的问题,以专门诉讼监督部门为中心,建立上下贯通、前后关联的全流程立体化民行诉讼监督业务体系,健全内外监督协作机制,搭建统一的监督线索收集、评估、流转、处置平台。针对监督联动不畅的问题,充分发挥各级检察机关的优势,进一步健全联动机制,上级检察机关加强对监督个案和类案的专项指导,主动帮助基层法院解决监督中遇到的问题,排除阻力和干扰。基层法院通过备案、请示、报告等方式,主动加强与上级法院的沟通配合,确保上级法院全面及时掌握面上监督情况。特别是对一些典型性、普遍性的同类问题,以及重大监督事项,要开展专项监督活动,进一步提升监督效果和社会影响力。

第二节　民事监督调查职能

在履行刑事指控职能时,检察机关主要通过其他机关的侦查和调查活动取得证据材料。然而,在民事案件法律监督活动中对相关事实和证据的调查核实,乃是检察机关需要履行的职责。《民事诉讼法》已赋予检察机关调查、收集和核实相关证据的职权，但是，法律条文比较概括，调查手段相对单一，检察自身能力不足，以及缺乏刚性的保障机制，制约着民事诉讼监督，亟待加以解决。

一、民事调查职能界定

对于检察机关的民事监督案件的调查职能，一种比较普遍的意见认为，为了确保调查核实效果，有关单位和个人应当配合检察机关，建立比较刚性的保障机制。比如，《人民检察院民事诉讼监督规则（试行）》规定，有关单位和个人应当配合检察机关的调查活动。但是，还有一种观点指出，在民事诉讼监督中赋予检察机关刚性调查核实权，有可能会破坏民事诉讼结构的平衡。

检察机关的三类诉讼监督案件中的调查活动适用的程序、对象和目的均不相同，需要区别对待。检察机关在履行非法证据排除职能时的调查核实活动，对象是侦查机关，目的是维护程序公正和保障人权，应当具有较高刚性以及充分保障机制，检察机关有权要求侦查机关说明证据收集合法性、提出纠正意见等。但是，在民事诉讼监督中，检察机关的调查核实不必过于刚性，可以参照《民事诉讼法》第 114 条规定，对不配合调查的单位和个人处以责令履行，抄报其上级主管部门等。

二、调查核实手段规范化

检察机关在民事诉讼程序中无论是履行民事诉讼监督职能，还是提起民事公益诉讼，地位都不是民事诉讼原告，因此，检察机关的证据调查核实权不能完全等同于民事诉讼当事人，而是应当在权力行使的程度上有所增强。但是，又不能增强到了破坏当事人平等地位，异化法院和检察院关系的程度，而是要找到民事诉讼监督效果的最佳平衡点。

在民事诉讼监督中，对于相对简单的案件，调查核实可以只进行书面审查，必要时还可以采取询问、听取意见、咨询专业人员，以及委托鉴定、评估、审计等方式。在检察民事公益诉讼中，由于涉及社会公共利益损害，具有监管职责的行政职能部门违法行使职权或者不行使职权的，检察机关应当督促其纠正，纠正的内容应当包括启动调查程序。因而可以借鉴刑事诉讼程序中要求公安机关提供法庭审判所必需的证据材料的做法，要求行政机关提供民事侵权公益诉讼必须的证据材料，借助具有法定监管、调查权限的行政机关获取证据材料。

三、调查核实协作平台化

在民事诉讼监督中,检察机关行使的调查核实权缺乏刚性,因此,更多依靠内外协调配合,通过便利化的协作手段实现最大效果。在刑事诉讼程序中,所依托的监督线索统一平台内在逻辑是“双重审查”,前期是由审查逮捕、审查起诉、刑事执行检察等业务部门初查监督线索,汇总到刑事诉讼监督部门之后再启动调查核实程序。而在民事诉讼程序中,只有单一审查机制,因此,通过监督线索统一平台的客观研判,规范调查核实权的启动,需要将调查核实权限制在查明民事裁判和审判活动合法性的范围内,防止调查核实结果被一方当事人滥用,破坏了诉讼双方平衡。在检察民事公益诉讼的诉前程序中,构建与法院、公安、行政监管部门、银行等单位的调查联动平台,重大民事公益诉讼案件的调查活动邀请人大代表、政协委员、行政机关、律师代表参加,扩大检察公益诉讼工作的影响,形成法律监督合力。

第三节　行政监督调查职能

党的十八届四中全会提出,检察机关在履行职责中发现行政机关违法行使职权或者不行使职权的行为,应当督促其纠正,为检察机关开展行政监督提供了政策依据。检察机关的行政监督有诉讼方式和非诉讼方式两种。通过行政诉讼监督、提起行政公益诉讼,把有关行政行为置于诉讼程序的框架内进行合法性和适当性审查,即检察机关运用诉讼方式参与行政监督。诉讼仅能在个案中实现对公共利益的保护,容易出现碎片化问题,难以在全局上对行政权运行形成影响。因此,需要以非诉讼方式适度延伸法律监督服务保障作用,形成诉讼方式和非诉讼方式相结合的行政诉讼监督治理体系。

一、行政规范性文件审查衔接机制

对地方政府规范性文件的司法审查,长期以来一直是行政诉讼领域的难点问题。2014 年《行政诉讼法》修改后,形成了对行政规范性文件立法备案审查、行政备案审查、司法附带审查三种审查形式。但是,检察机关是否可以对行政规范性文件监督尚有争议。

2018年，综配司改中上海检察机关对接行政机关的备案审查机制，探索对行政规范性文件更有效的监督。上海市法治政府建设领导小组办公室、市高级人民法院、市人民检察院共同签署《建立行政规范性文件审查衔接工作机制的指导意见》，将各级法院行政诉讼、检察院行政诉讼监督及公益诉讼涉及规范性文件的审查，各级行政机关制定规范性文件和规范性文件合法性审查及备案审查等工作纳入衔接审查范围；行政机关和法院、检察院之间可以就特定的规范性文件相互听取对方的意见；行政机关和法院、检察院之间通过召开会议，探讨共性问题、通报审查情况；行政机关应当及时提供涉诉文件制定的相关材料，法院、检察院可以将相关司法监督建议告知行政机关；法院、检察机关对司法行政机构备案审查意见在案件办理中予以参考，进一步形成行政监督和司法监督的合力。

二、行政执法监督信息平台

对行政违法行为监督还存在监督线索不足的实践障碍。有论点提出，发挥刑事司法与行政执法的信息共享和衔接，破解难以发现违法问题。比如，吉林省长春市、江苏省无锡市检察机关在市委、市政府支持下，与40多家行政执法部门的执法系统直接联网，在专业研判和关键信息抓取软件的支持下，已经实现违法的行政执法信息直接推送给检察官的功能。上海市检察机关积极寻求行政执法监督领域新突破，先后建立“黄浦区行政检察监督办公室”、“黄浦区行政执法与行政检察信息共享平台”和“徐汇区行政复议与行政检察信息共享平台”，依托与行政机关信息平台的对接，有效获取执法信息、执法动态、监督线索，梳理发现行政执法具有典型性、代表性或区域特殊性的问题，与相关行政执法机关共同分析存在的原因，完善相关预防制度。

三、多元化诉讼衔接机制

2018年，“两高”《关于检察公益诉讼案件适用法律若干问题的解释》第20条提出，“人民检察院对破坏生态环境和资源保护、食品药品安全领域侵害众多消费者合法权益等损害社会公共利益的犯罪行为提起刑事公诉时，可以向人民法院一并提起附带民事公益诉讼，由人民法院同一审判组织审理”。这一规定建立了刑事公诉与民事公益诉讼之间的衔接。同理，检察机关也可以建立行政公益诉讼与民事公益诉讼、刑事公诉的多元化衔接机制，利用可以同时追究刑事、民事和行政责任的优势，整合司法资源及增强监督合力。比如，在对破坏环境资源、食品药品安全专项立案监督行动的同时，不能仅以立案数、追诉数来衡量成效，还要关注不特定社会公众利益损害，以及相关行政部门的执法行为，综合运用检察建议、督促起诉、提起公益诉讼等手段强化监督效果。

第四节　完善检察建议制度

作为检察机关开展法律监督的重要手段，检察建议在促进依法行政、严格执法，维护宪法法律权威，促进社会公平正义，维护国家和社会公共利益等方面发挥了重要作用。全国人大常委会已经明确检察建议是公益诉讼的前置程序，在《人民检察院组织法(修正案)》增加了以检察建议加强行政监督的规定，这对新时代检察建议工作提出了新要求。检察建议制度应进一步完善。

一、扩展检察建议的应用范围

检察建议可应用的范围很广，但法律只规定在民事、行政诉讼中可制发再审检察建议和对审监程序外审判人员违法行为的检察建议，社会综合治理、行政执法监督领域的检察建议尚处于法律规定的空白状态，在法律全面规范检察建议之前，可以先提请市人大以地方立法形式规范其运行方式和效力。

二、保障检察建议的合理制发

为保障检察机关顺利开展监督，合理制发检察建议。一方面，应当赋予检察机关相应的调查权，在监督时可赋予检察机关查阅、复制案卷，旁听民事、行政诉讼庭审，对相关人员进行询问等权力，使检察机关可以开展对诉讼活动、行政行为是否违法的调查。另一方面，应坚持并完善检委会审议重大检察建议制度，根据《人民检察院检察建议工作规定》的规定，在制发涉及国计民生领域的重大检察建议时，为保证其准确性、严肃性、权威性，由检委会审议就显得很有必要，这也是进一步加强检察建议管理的有效途径。各地可结合工作实际以及地域特点，明确重大检察建议的具体范围，进一步落实检委会审议重大检察建议制度，每年书面向省级法院检委会专题报告审议重大检察建议情况。

三、强化检察建议的监督实效

检察机关依法制发检察建议，目的在于阻止监督过程中发现的不当行为或违法行为，并在行为影响进一步扩大之前向有关单位或部门进行预警。但实践中，部分单位对检察建议不重视、接受监督意识不强。同时，部分单位回复随意性较大，缺少实质性内容，流于形式，讲难处多一些，想办法少一些，加之检察建议本身刚性不足，影响检察建议实效。因此，需要合理把握检察建议的监督力度，在司法实践中，可逐步建立检察建议的反馈与责任制度，就检察建议的反馈方式及期限等作出明确规定，并建立督办机制，加入外部督促执行力量，以此提升检察建议的实际效果。以上海的综配司改为例，2009 年上海市人大常委会为监督和支持检察机关依法开展法律监督工作，专门出台《关于加强人民检察院法律监督工作的决议》，其中规定了检察建议制发和回复的有关内容。此外，上海市人民检察院定期向市政府司法行政部门提供全市检察机关向本市政府机关制发的、超过一个月未回复的检察建议信息，由市政府法制办开展逐案督办，落实检察建议，着力破解检察建议质量不高、监督刚性不强的难题。

四、加强检察建议工作共识

立法尚未就检察建议的效力作出明确规定，检察建议想要真正发挥监督指导目的，需要相关单位的配合。因此，为了使检察建议达到良好的效果，一方面，要善于借助外力、“外脑”，积极争取各级党委、人大、政府和社会各界的支持，凝聚工作合力。比如，上海市人民检察院与上海市人大内司委、上海市政府法制办均建立了联合督办制度，市人民检察院已建立并严格执行检察建议向人大内司委抄送、备案、报告制度，安排专人向市人大内司委定期报告情况，接受市人大对检察建议工作的指导和监督。同时，探索开展检察建议公开宣告工作试点，开展检察建议公开宣告和检察建议通报会，邀请市人大代表参加检察建议专项评查，经常性地听取市人大代表意见建议并研究落实。另一方面，加强与相关单位的沟通交流，建立跟踪回访机制。注重调研和分析，事先同被监督单位加强沟通。通过走访或座谈会的形式加强与被监督单位的交流，了解问题具体情况，在同被监督单位共同研究问题成因、探讨防范措施、就争议问题达成共识的基础上，有效提出堵漏建制的建议。

第二十九章　刑事检察监督

检察监督，除了批捕、公诉等传统职能，还要加强刑事诉讼监督、民事行政检察和检察公益诉讼，拓宽法律监督的内涵和外延。前文已在优化司法职权配置，优先分析添加了职权配置之后的公益诉讼强化；又在健全司法运行机制，重点研究民事行政调查核实权这一检察监督短板。但是，刑事诉讼监督无疑依然在检察监督范畴内占据比较突出的地位，甚至是最重要的地位。涉及该制度及相关机制的完善，其重大意义绝对不只是对刑事诉讼的个案监督那么简单，而且还牵涉整个检察诉讼监督的体系化理论架构、整体程序性设计、系统化运行机制保障等一系列问题，值得高度关注。

第一节　刑诉监督的逻辑改变

十三届全国人大一次会议通过的宪法修正案，以及党的十九届三中全会通过的《中共中央关于深化党和国家机构改革的决定》，是推进国家治理体系和治理能力现代化发生的又一次深刻变革，国家机构从“一府两院”转变成“一府一委两院”。检察机关需要更精准地把握自身的宪法地位，重新认识和提高新时代检察机关在法律监督上的定位，这在综配司改中刑事诉讼监督功能和程序变化上体现尤为明显。

一、刑诉监督的审前权威性

以审判为中心的刑事诉讼制度改革，是一项基础性和综合性的改革。但是，检察机关以往配合协调多、主动作为少，出庭证人保护等制度尚未建立。因此，综配司改中的刑诉监督，更多需发挥检察机关上联侦查、下通审判的诉讼地位，推动在统一证据规格、完善权利保障、加强侦查监督等方面形成一系列制度机制，倒逼侦查机关全面贯彻证据定案原则，树立检察机关的审前权威性。

1. 审前主导作用。随着自侦部门转隶，检察机关以往“查办职务犯罪、打击刑事犯罪和诉讼监督”三项工作格局受到影响，需要寻找新的着力点。在刑事诉讼“分工负责、互相配合、互相制约”的诉讼架构中，检察机关关键是要突出对诉讼进程、裁量处断的影响力和控制力，变被动为主动、变消极为积极、变守势为攻势、变粗放为精细，更好地保障案件质量，维护公平正义。一是强化对侦查活动的引导。检警关系、检监关系是体现审前主导作用的重要方面，也决定了主导作用的发挥程度。要在突出以检察机关为主的基础上，完善介入引导侦查工作机制，把审判标准向侦查工作传导，把庭审压力传导到侦查工作中去，推动引导侦查规范化、制度化。二是重新规划司法办案区。刑事诉讼是程序运作，仪式和场所非常重要。传统的刑检工作缺乏“主场”意识，辗转于其他政法单位，对于诉讼参与人很难产生程序上的严肃性和尊崇感。因此，需要重新建设司法办案区，把公安、监察、辩护人、证人邀请到检察机关专门的听证室和审查调查室，推动诉讼化审查。

2. 专业运行体系。专业化建设是综配司改的重要内容，也是检察机关履行职责使命的根本保障。一是完善专业化工作格局。以打造专业化检察官办公室为切入点，整合检察机关专业化办案力量，从职权职能、机构人员、制度机制等层面进一步切分、整合和优化，让专业的人做专业的事，实现精细化分工和高质效运转。二是完善专业化工作机制。善于引入律师、学者、专业领域人士以及专业部门、专业机构等外部力量辅助检察，促进提高专业化水平，健全完善专家咨询支持体系，建立同专业管理部门协作配合机制，借助外力补齐检察机关相关领域的知识、技术和能力短板。健全完善适应专业化建设的案件管理和管辖机制，探索特定案件集中管辖和指定管辖制度，确保办案质量和效果。三是加强专业化能力建设。素质和能力是专业化的根本保障，把能力建设置于首要位置,推动专业素质再上新台阶。加强专业和专门人才工作,打破对检察人才的传统认识,广泛培养、吸纳和使用各行业各领域人才,更好地满足专业化办案需求。采取多种形式开展专业培训,既要巩固既有做法,又要创新举措,促进提升专业素能。加强检察专业理论研究,实现专业办案和专业研究良性互动,推出一批高质量研究成果。

3. 法律监督信息平台。以信息手段构建统一高效的法律监督平台。在厘清刑诉监督部门职能清单的基础上,深化检察大数据分析利用,设计刑诉监督信息化流程,形成适应内设机构改革要求的刑诉全流程监督。按照“诉讼职能与诉讼监督职能”适当分离的原则,由专门部门专司刑诉监督,解决司法办案与诉讼监督职能混同、界限不清导致的“一手硬、一手软”的问题。随着监改深入,以及《人民检察院组织法》《检察官法》的修订,都涉及对检察职能任务、基本原则、工作体制、机构设置、办案组织、检察人员管理和检察权行使的制度保障等重大调整。因此,需要深入推进刑诉监督制度化、规范化、程序化、体系化和信息化,促进依法规范和理性监督,进一步把检察监督纳入法治化轨道,特别是借助综配司改把理论成果和实践成果固化为法律规定,推动刑诉监督体系规范化,从立法上促进刑诉监督质效。

二、刑诉监督的案件化办理

检察机关的法律监督程序规范化不足,附属于诉讼程序,甚至检察机关自身在监督内容、程序和方式上统一标准还不够。为此,综配司改提出了推进法律监督司法化观点。司法化运作能使刑诉监督职能的行使更加公正、公开和规范,检察机关的司法属性得到明显增强。刑诉监督的司法化本质上又是程序法治化。从检察机关自身而言,首先在于刑诉监督活动的案件化办理。

1. 准确界定刑诉监督案件范围。法律监督机关的基本职责,不仅包括案件的司法性审查、履行诉讼职能和诉讼监督职能,还包括:(1)根据检察一体化原则内部层级化的业务决策和管理活动,比如,检察长指挥、领导办案、上级检察官审批审核案件、上级对下级的个案指导、备案审查、案件复核等;(2)根据分工负责、互相配合、互相制约原则,检察机关对外的配合协作办案活动,比如,对公安机关侦查案件的提前介入、引导取证活动、庭审程序后的检察长列席审判委员会会议等;(3)检察机关结合办案开展的犯罪预防、矫正和社会综合治理活动,比如,未成年人附条件不起诉的监督考察、提出改进社会公共治理的检察建议等;(4)检察机关依法履行维护社会公共利益和对公权力的监督活动,比如,检察公益诉讼及其诉前程序活动等。

2. 完善法律监督案件管理机制。在明确案件范围的基础上,逐步建立从受理、立案、审查、结案、提出法律监督意见到制发相关法律文书全过程的程序化办理机制,以及服务于办案的配套制度,实现刑诉监督办案的统一性、规范性和准确性。其中对于比较明确的刑诉监督类案件,建立专门的办案规程和案件管理流程,重点解决监督不留痕、难制约,监督手段错用、混用等不规范问题。同时,把这项工作与完善检察权运行监督制约机制、检察官绩效考核等工作统筹起来,不断提升诉讼监督工作的专业性和规范性。检察机关已普遍推行统一业务应用系统,侦监、公诉、刑事执行监督等主要办案活动,都是通过该系统内相应业务模块进行。但是,还要增加相关业务模块,把尚未纳入案件化办理的刑诉监督活动整合进去,同步完善案件流程监控系统和检察官办案全程监督考核系统,促进办案规范化和质量监控智能化。

3. 建立法律监督案件司法监管体系。根据"有权必有责、用权受监督"原则,检察机关构建与法律监督体系相协调的新型司法监管体系,形成检察官办公室、检察长、检委会等多层次立体化监管体系,推动监管方式从微观的个案审批、文书审签向宏观的全院、全员、全过程的案件质量效率监管转变。检委会工作重心转移到整合办案重大分歧意见、统一法律适用、总结办案经验上来,检察官联席会议发挥好专业咨询、业务交流等作用,通过整休司法办案质量提高倒逼个案依法规范办理。健全事后司法责任认定和追究机制。完善案件质量评查制度,将评查结果纳入检察官司法档案,作为检察人员入额遴选、等级晋升的重要依据。此外,进一步完善个案评鉴程序,既要严格责任追究,又要明确责任限度,细化追责事项和免责事由,对"有权不行权"的检察官也要追究司法责任。

第二节　检察办案监督制约机制

加强刑诉监督的审前权威性,推动刑诉监督的案件化办理的实现,特别重要的是建立一套司法责任制改革之后,同时在检察机关内部形成与检察权运行机制相适应的新型监督管理机制。综配司改中,检察机关提出了要充分运用

"制度+科技"推动新型检察权运行监督机制，构建起纪检监察、上级对下级监督管理、本级内部监督、自我监督四位一体的监督体系。

一、院部领导检察办案监督管理

院部领导是检察机关决定方向政策、具有承上启下作用和不可或缺的重要骨干队伍。切实完善落实院部领导检察办案监督管理权责，建立健全履职清单，对于进一步规范并强化院部领导监督管理工作，更好地保障人民检察院依法独立公正行使检察权具有十分重要的意义。

（一）监督管理权责的范围及内容

根据地方检察机关及其院部两级领导岗位职能特点，可以将院部两级领导对检察办案的监督管理权责归纳为以下几个方面：

监督权责，包括办案质效、纪律作风。（1）对办案质效监督，包括了解和监督重大敏感案件的办案进度、办案质量和办案效果，以及案件的新闻宣传和舆情处置等情况；检查监督办案流程，把握办案态势，提示纠正不正当、不规范行为；督促落实重大敏感信访案件的风险预警和处置措施；通过召开检委会、专题会议等方式，定期召开业务数据研判会商，把握办案整体质效，对突出案件质量问题督促办案部门整改；（2）对纪律作风监督，包括推进落实"四责协同"机制及责任要求；通过接待群众来访、处理举报投诉等途径，及时发现案件办理中存在的问题，提出改进和督促落实。

管理权责，涉及落实办案任务和配置办案资源、审批程序性事项、开展业务指导协调和培训、综合评价办案绩效等。（1）落实办案任务和配置办案资源，包括部署及落实检察工作、综合治理、调研任务等综合工作；配置和调整办案组织、人员及职责分工；分配和调整办案任务及具体案件等。（2）审批程序性事项，包括依照法律规定和职责权限，审批案件、办案组织及人员调整变更等程序性事项等。（3）开展业务指导、协调和培训，包括通过参加检委会、检察官联席会议，以及开展案件讲评等方式，对业务部门和检察官进行业务指导；协调处理重大案件以及与办案有关的重要事项；组织开展业务培训等。（4）综合评价办案绩效，包括结合部门绩效考核数据情况，定期综合评估部门工作态势；依据检察办案绩效管理系统形成的考核数据，综合评价检察官及其他工作人员的办案绩效等。

此外，基于检察办案的复杂性和多样性，还必须灵活规定院部领导除了依照上述权责范围行使权责以外，还要依法依规履行与岗位责任要求相一致的其他权责。

（二）监督管理权责的清单层次

根据检察机关院部两级管理层级的构造及设置，在权责的层级结构上，主要有检察长、副检察长、部门主任和副主任四个层次。根据履职的特点和需要，可以采取将检察长和副检察长单列、分别列表的方式设置，以利于突出院领导监督管理的重要性，也有利于提高执行的针对性；对于部门正副主任，考虑到部门工作层级和管理的实际，采取一个清单目录的方式，予以规定和表述。

在院部领导行使权责的边界范围上，需要明确检察长统一领导全院工作，依照法律和有关规定履行规定权责；副检察长受检察长委托，依照法律、分管部门和有关规定，协助检察长履行规定权责；部门主任接受检察长（副检察长）领导，根据检察长授权和有关规定履行规定权责；副主任接受检察长（副检察长）领导，根据检察长授权、部门分工和有关规定，协助部门主任履行规定的权责。

（三）监督管理权责的设置方式

既有涉及监督管理的正面清单，也有涉及监督管理的负面清单。正面清单方面主要明确和规定院部领导应当做什么。在建立健全院部领导检察办案监督管理权责正面清单的同时，“需要明确并制定履行权责的负面清单，既要管住乱用滥用权力的渎职行为，又要管住不用弃用权力的失职行为，整治不担当、不作为、慢作为和假作为”①。从另一个角度，规范院部领导的监督管理行为，以确保正确充分履行监管权责。为此，归纳提出与监管权责有关的若干种情形，对于需要从监督管理权责行使的质量、效率、效果以及防止权责行使过程中产生相关延伸性问题，作出提示性、禁令性规定。比如，不得超越职权范围或者违反规定程序，干预检察官依法独立行使检察权；不得擅自超越职权范围或者向不属于自己分管的部门，过问案件情况和办理进展；除本人参加检委会、检察官联席会议等场合外，不得超越职权对案件处理提出倾向性意见或者具体要求；不得对发现或下级提出的重要问题不研究、不处理或者拖延推诿；不得弄虚作假、虚报瞒报重要情况或者问题；不得在案件办理阶段为当事人请托说情、打招呼；不得利用监管便利为自己或者他人谋取私利；不得泄露国家秘密和检察

---

①　姜洪：《做好巡视后半篇文章　打造人民满意检察队伍　以政治强作风硬把党中央决策部署落到实处》，载《检察日报》2019 年 1 月 17 日，第 1 版。

工作秘密;不得有其他不履行或者不正确履行监管权责的行为等。

二、深化智能化的检察办案监督

随着大数据的更多场景应用,检察监督方式的转型迫在眉睫。以智慧检察实现刑事诉讼监督职能"内涵式增长",是综配司改中强化检察办案监督的有效途径。

1. 数据化的监督标准。证据监督,在刑诉监督办案中的重要性与日俱增。检察机关有效履行法律监督职能需要不断强化证据意识,通过大数据和人工智能的深度应用,把统一的证据标准嵌入办案程序,形成数据化的证据标准,减少司法任意性,使刑诉监督建立在更加扎实的证据基础上。综配司改中,上海检察机关在刑事案件智能辅助办案系统中,把公检法统一适用的证据标准嵌入办案系统,提供规范性证据指引,统一证据的提取、固定、保全要求,引导办案人员调查取证、排除非法证据,及时发现和纠正办案中的问题和瑕疵。

2. 监督大数据的平台。检察机关正在加强全国检察统一业务应用系统的分析功能,探索运用大数据技术将分散的案件数据集中起来,及时准确把握各类案件变化情况,科学研判司法运行态势,提高法律监督决策的时效性和针对性。比如,2017 年上海检察机关建立大数据中心,加强跨单位、跨条线、跨部门的数据资源整合,完善数据挖掘、分析、管理、发布等机制,推动数据的集中统一处理和有效利用,与高校科研机构和大数据公司组建检察大数据融合创新实验室,推进大数据系统和应用开发。加强内部数据资源整合,对统一业务应用系统、案件管理系统等 13 个系统进行数据整合,加强对海量案件资源的深度挖掘分析,实时监测司法办案中存在的突出问题,动态研判检察工作发展变化趋势,形成大数据驱动型的法律监督创新模式。

3. 政法机关之间数据互联互通。刑诉监督既包含检察机关与其他政法机关的互相制约,也包含互相配合的内容。在政法工作积极主动拥抱现代科技,与现代科学技术深度融合的新时代,检察机关与其他政法机关、行政机关业务系统的全面互联互通、信息资源共建共享与合理配置,是法律监督相互配合的新路径。比如,上海检察机关探索建立检察机关参与社会治理的信息收集和大数据研判平台,打破法律监督与社会治理创新相衔接的信息壁垒。比如,依托涉罪人员信息系统进行公、检、法、司信息跨单位共享,案件信息和文书网上随案移送;通过"两法衔接"平台升级改造,实现与 32 家市级行政执法机关监管信息和案件线索移送的双向对接。

第三节　结构性的检察监督

在综配司改中，刑事检察部门认真履行法律监督职能，在检察监督的结构性上进行全面探索，在改革中形成一批行之有效的制度机制。

一、证据规格

刑事检察部门与市公安局会签盗窃、寻衅滋事、故意伤害等18个常见罪名逮捕证据标准，推动侦查机关进一步完善各种类型证据材料的取证规范；建立非法证据排除及瑕疵证据补正规则，细化非法证据排除相关制度规定。严格落实罪刑法定、疑罪从无等法律原则，坚持以证据为核心，重视对客观证据的审查，加强对命案和主要依靠言词证据定罪案件的审查；重视对罪轻、无罪证据的审查，加强对犯罪嫌疑人无罪辩解的核实；重视对证据合法性的审查，防止事实不清、证据不足的案件或者违反法律程序的案件进入起诉、审判程序。

二、提前介入侦查和引导取证

刑事检察部门与公安机关建立关于刑事案件适时介入、捕前协商的共识，进一步推动建立公安机关重大疑难复杂案件听取检察机关意见建议制度。坚持对重大有影响案件快速应对、加强指导，及时收集、研判案件信息。加强捕前质量把关，对重大敏感、群体性案件第一时间派员到场，适时介入侦查，研判事件走向和提出取证方向意见。借助这些方式，检察机关跟踪指导，掌握办案主动权，从源头和起点上把握好办案质量。

三、专项立案监督

刑事检察部门持续开展破坏环境资源、危害食品药品安全的专项立案监督活动。积极推进两个领域案件的集中管辖，实现破坏环境资源类犯罪由上海铁检系统集中管辖工作平稳过渡。加强环境和食品药品领域的法律法规衔接。完善案件移送标准和程序，完善信息通报、线索摸排、提前介入工作制度，共同举办新闻发布会、组织专项培训，形成联合执法、联合调查、联合培训和联合宣传的协同,以及增强执法合办机制。

四、强化侦查监督

通过依法开展讯问犯罪嫌疑人、询问诉讼参与人和听取律师意见工作,发现侦查活动监督线索。进一步完善侦查活动监督工作机制,与公安机关针对规范撤销或者变更逮捕措施形成共识,加强对限制人身自由强制措施的监督;与社区检察部门联合,在对公安派出所刑事执法活动监督中加强协作配合,健全对派出所执法监督方面的配合协作机制。为突显审查逮捕的司法属性,更加准确地评价犯罪嫌疑人的社会危险性,以公开促公正、树公信,对犯罪嫌疑人认罪但在社会危险性的认定有争议的案件,由检察官依职权启动和依犯罪嫌疑人、辩护人申请,召开由侦查人员和辩护律师参加的公开审查。

五、信息化辅助

探索将信息技术与侦查监督工作深度整合,着力提高监督能力,提升工作水平,尤其是借鉴“206 工程”刑事案件智能辅助办案系统。包括:(1)制定符合审查逮捕规律特点的证据标准,构建渐进式证据指引。以与市公安局会签的盗窃、寻衅滋事、故意伤害等 18 个常见罪名逮捕证据标准为重要参考,对照审判证据标准,提出“206 工程”的逮捕基本证据标准,形成渐进式证据标准模型。(2)研发社会危险性证据模块,促进逮捕必要性评估的科学化、规范化。与公安机关商榷逮捕应当提供的社会危险性证明材料,开发社会危险性审查证据模型,既包括五种法定社会危险性情形,又包括犯罪性质、个人情况等酌定社会危险性情形,提示公安机关移送案件提交证据时予以标注,未标注的系统将自动提示,有助于督促公安机关重视对社会危险性证明材料的收集提供,提高社会危险性评估的科学性和规范性。(3)结合监督职能,需要梳理监督点,结合检察机关侦查监督违法信息库积累的侦查活动监督数据和监督文书,提炼非法证据、瑕疵证据常见、多发的情形,建立证据校验规则,提高侦查活动监督的效率和质量。

六、第三方参与不起诉案件公开审查机制

综配司改试点中,检察机关对拟作相对不起诉的案件实行公开审查全覆盖,引入第三方参与公开审查过程并评议,邀请社会公众参与旁听,并通过全程

网络直播实现审查透明化，落实不起诉案件的社会监督。

1. 第三方参与不起诉案件公开审查的人员构成与案件范围。如何将不起诉案件公开审查与第三方参与听证有机结合是本项制度架构合理与否的关键。检察机关在案件相关人员共同参与审查的传统模式基础上，探索中立第三方参与公开审查制度，加大社会公众对不起诉裁量权的监督监管，使不起诉权力脱离制度"暗箱"。明确不起诉案件公开审查参与人员范围，包括：负责案件侦查活动的侦查机关承办人员；当事人、辩护人、诉讼代理人等诉讼参与人；其他与案件有利害关系的人员；与案件无利害关系的第三方参与人员（三人或三人以上单数）。同时，明确对相对不起诉案件公开审查全覆盖和争议存疑不起诉案件公开审查制度，对终结性的拟作相对不起诉的案件，以及拟作存疑不起诉案件中相关当事人有不同诉求、可能引发信访风险的案件，除涉及当事人隐私、涉及国家安全、国家机密及商业机密及其他不适宜公开的情况，均由检察官依职权或在符合一定条件的前提下由辩护方依申请启动公开审查程序，充分保障当事人及其他参与人的合法权益，确保相对不起诉案件件件公开，有争议的存疑不起诉案件公开。

2. 第三方参与不起诉案件公开审查的程序启动与操作流程。针对以往公开审查制度宽泛化、审查程序原则化、审查内容模糊化等问题，检察机关制定执法办案公开听证（审）工作规则，落实公开审查制度责任部门和责任人员，细化操作步骤和操作程序。一方面，检察机关突破以往规则限制，[①]赋予当事人及检察机关双重启动公开审查的权利（力），并将程序启动的审批权限下放，由检察官自行决定是否启动公开审查，进一步简化审批步骤，加大监督力度。原则上公开审查活动一般由检察官依职权启动，报部门负责人备案；当事人及其辩护人、诉讼代理人书面申请需要公开审查的其他案件，检察官原则上应当依申请启动，报分管检察长审核；检察官认为不宜启动的，报分管检察长审批；遇有重大分歧时，可以报检察长决定。决定不启动案件公开审查程序的，检察官应当及时答复申请人并说明理由。另一方面，在第三方评议意见效力方面，由于听证结果并不具有法律意义上的强制力，检察机关将其作为检察官或检委会做

---

① 最高人民检察院于2001年颁布的《人民检察院起诉案件公开审查规则（试行）》第6条规定，人民检察院对于拟作不起诉处理的案件，可以根据侦查机关（部门）的要求或者犯罪嫌疑人及其法定代理人、辩护人，被告人及其法定代理人、辩护人，被害人及其法定代理人、诉讼代理人的申请，经检察长决定，进行公开审查。

出不起诉决定的参考,适当赋予其一定的约束力,从而保障公开审查制度运行有效、监督有力。第三方参与人员评议意见一致且与检察机关拟处决定一致的,检察官应遵从评议意见,当场宣布案件审查处理结果或事后宣布结果并及时反馈;第三方参与人员意见不一且与检察官拟处决定不一致,或者检察官认为案件拟处决定不能遵从评议意见、尚有重大分歧的,应当报检察长决定或经检委会讨论作出处理决定,并及时将结果反馈案件当事人及其辩护人、诉讼代理人及其他与案件有利害关系的参加人员并说明理由,同时报送办公室反馈给第三方参与人员。

第四节　全面的运行保障体系

刑事诉讼监督涉及检察职权的理顺、专业化监督体系的构建、监督管理机制的完善、数据科技应用的深化等,链条长、覆盖广、难度大,有赖全面的运行保障机制。

一、全员全过程检察监督

综配司改把检察权运行全面纳入案件化监管机制中,制定了关于案件种类、办案方式、案件承办、检察长直接办案等制度规定,探索建立重大刑事诉讼监督事项案件化办理程序。进一步推动落实入额领导干部办案规范化、常态化,将入额领导干部纳入随机分案范围,全面推行入额领导干部办案情况通报公示制度。完善案件质量评查制度,探索重点案件跨院交叉评查。上线运行案件质量评查系统,实现评查案件化办理、全方位覆盖、区域化统筹、智能化辅助,进一步提升评查的独立性、权威性和精准性。规范细化案件流程监控机制,上线运行案件流程监控智能预警系统,实现监控自动化、检查精细化、预警层级化、溯源可视化。

推行捕诉合一办案模式,由同一承办人对案件逮捕、起诉等工作“一办到底”,实现“案随人走”。承办人跟踪整个捕后侦查阶段,加强对捕后引导侦查、退回补充侦查、撤案、直诉等全过程监督,补强监督薄弱环节。探索设立刑事诉讼监督部,整合侦查、起诉、审判等刑事诉讼环节的监督职能,实现“简易监督事项随案便宜办理,重大疑难复杂监督事项专门办理”的监督新模式,突出加强刑事程序前端监督,激活调查核实权的运用,构建全流程、立体化刑事诉讼监督机制。健全检察建议公开宣告制度,探索按照"三方"(检察机关、被建议单位、第三方代表)+"三化"(场所化、仪式化、公开化)的要求,构建常态化工作机制。探索建立特邀检察官助理制度,聘请知识产权、环保、食药监等领域专业人士担任特邀检察官助理,健全技术事实调查机制,借助外脑补齐检察人的综合素质短板。

二、科学设置办案组织

"检察官办案责任制是司法责任制改革的主要价值体现,在整个司法责任制改革甚至司法体制改革中处于重要核心地位。"①全面落实检察官办案责任制,需要坚持"谁办案谁负责、谁决定谁负责"的原则,抓住关键环节,落实检察官权力清单,建立科学的考核机制,探索新型办案组织和新的办案模式,进一步突出检察官主体地位,推动检察机关刑诉监督职能规范化运行。

其中,最重要的是探索建立具有检察特点的办案组织,对于有效组织办案、实行专业分工具有重大意义。要根据办案实际需要,合理配置、灵活搭配检察官和检察辅助人员。比较突出的就是综配司改中试点主任检察官办案组织形式。"检察人员分类管理、员额制改革实施后,全国检察机关根据最高检《关于完善人民检察院司法责任制的若干意见》,结合司法办案实际,探索独任检察官和检察官办案组两种办案组织形式。"②在此基础上,检察机关进一步探索设置检察官办公室作为最基本的办案单位。检察官办公室由多名检察官、检察辅助人员组成,既可以共同承担重大案件,其中的入额检察官也可以在分管检察长审核监督下承办一般案件。检察官办公室的设置具有更加突出的灵活性,能够适应各级检察院专业化、差异化的组织结构体系。

三、探索检察办案制度

"办案"是检察基础理论中的一个"元命题",其中重要的子命题是"案件种

---

① 王治国:《全面落实最高检机关检察官办案责任制　推动司法责任制改革在最高检落地生根》,载《检察日报》2017年11月16日,第1版。

② 杨平、杜颖:《司法体制改革试点中的检察办案组织研究》,载胡卫列、董桂文、韩大元主编:《人民检察院组织法与检察官法修改——第十二届国家高级检察官论坛论文集》,中国检察出版社2016年版。

类”和“办案方式”。综配司改中案件成为入额检察官办案、领导办案等一系列改革项目的核心内容，办案方式是界定现有各类工作和办案之间关系，确保司法责任制落实的重要标准。随着检察配套改革的进一步推进，迫切需要确立科学、规范的检察机关案件种类，明确办案方式。比如，2017 年，上海检察机关发布《关于确定上海市检察机关案件种类的意见(试行)》。根据检察机关司法规律和办案实际，确定了包括控告申诉检察类、职务犯罪侦查类、职务犯罪预防类、审查逮捕类、审查起诉类、未成年人特殊检察类、刑事执行检察类、刑事诉讼监督类、民事检察类、行政检察类、公益诉讼类、检委会业务类、案件管理监督类、通用类等 14 大类 126 种案件。

检察机关作为法律监督机关，法律监督在运行方式上既落实检察官办案责任制，也遵循检察一体化原则；在效果上既完成指控犯罪等诉讼职能，还要确保法制统一、维护公共利益。

此外，需要认真落实检察官权力清单。检察官权力清单是明确检察人员职责权限、坐实检察官权力、合理配置办案组织、界定办案权限的一种制度设计。2015 年，上海市人民检察院印发《上海检察机关落实司法责任制工作细则(试行)》，并以附件形式发布《上海检察机关业务部门权力清单(2015 年版)》。2016 年 7 月全国司法体制改革推进会召开后，上海检察机关进一步完善了检察官权力清单，持续推进办案责任制的深化落实。根据司法改革要求和检察工作实际，每年更新权力清单，努力构建更加规范高效的检察权运行机制。“上海市检察官权力清单科学配置各级办案主体权力，将检察官作为办案权力的主要承担者，进一步扩大检察官的办案权力，突出了检察官执法办案的主体地位。”①

① 王光贤：《检察官权力清单制度实施及其完善——以上海市检察机关为样本》，载《上海政法学院学报(法治论丛)》2017 年第 4 期。

第三十章　案件质效评查

综配司改中案件质效评查的主要依据，主要是指落实司法责任制工作细则，以及司法机关的法官、检察官的权力清单。改革后法官、检察官办案主体地位更加突出，办案职责权限更加明晰，监督制约更加科学高效。同时，综配司改试点中反映出案件质效评查机制本身仍需认真研究，进一步破解难题。

第一节　评查倾斜性特征及问题

以综配司改中的上海检察机关为例，全市三级检察院案件质效评查部门对每位办案人员随机评查和重点评查的案件数超过其年度办结案件总数的5%。全市院案件质效评查部门根据市检重点评查案件范围规定，重点对自侦案件作撤案处理、自侦案件作不起诉决定、捕后作不起诉决定、捕后侦查机关不再移送起诉、提起公诉后撤回起诉等“轻处理”案件、诉判不一案件等进行重点评查。

一、评查倾斜性特征

根据综配司改期限内的评查情况，仅有极个别案件因质量问题应当启动司法责任评鉴程序，检察官办理案件总体办案程序规范，案件质量情况良好，呈现以下倾斜性特征：

1. 案件类型上，公诉、侦监部门案件评查量较多，其他业务部门案件评查量较少。上海市案件质效评查工作主要都集中在公诉、侦监、未检、监所等部门，对民行等其他业务部门案件评查量相对较少，社区、案管、研究室等部门的检察官履职办案情况难以通过案件评查的形式充分体现。同时，在评查发现的质量瑕疵案件中，大部分系审查批捕、审查起诉案件。当然，这种情况既与公诉、侦监部门本身案件基数大有关，也与检察机关案管部门评查员的队伍配置有关。同时，上海检察机关内设机构改革已经全部落地，内设机构的调整对案件质量评查范围和评查方式产生了深刻影响。在当前推动“四大检察”全面协调充分发展的要求下，需要对检察官办案质量的评查要及时调整工作范围和重点，探索构建一套科学、严谨的入额检察官办案质量评价指标体系。

2. 瑕疵类型上，出现规范性瑕疵案件较多，出现实体性瑕疵案件较少。法律文书记录反映案件办理的全过程，法律文书的规范与否、质量高低，不仅能够体现承办人的业务水平，更关系到宪法和法律的权威性。根据综配司改中瑕疵类型的分类统计，存在质量瑕疵案件中，仅小部分存在事实认定、法律适用、量刑情节、强制措施适用错误等实体性瑕疵；绝大部分的案件存在程序瑕疵、案件超期、法律文书基本信息、案号、条款笔误，办案系统应用不规范、归档材料有误等规范性瑕疵。这些规范性瑕疵多数系入额检察官办案工作不够细致、马虎粗糙所致，是影响检察官办案质量的常见多发问题。

3. 行权方式上，检察官审核案件瑕疵较多，检察官承办案件瑕疵较少。在司改主体性工程建设阶段，部分单位采取授予检察助理办案职权的方式承办案件，被授予司法办案职权的检察官助理所办理的案件需报主任检察官或部门负责人审核。不过从分案量上看，入额检察官与经检察长授权的检察官助理在办理案件类型数量上相差不大，主任检察官、检察官与独任检察官在办案难度、办案数量上区分度不明。实践中，主任检察官或部门负责人（通常是入额检察官）既要亲自承办案件，还要审核把关被授予司法办案职权的检察官助理办理的案件，在审核案件时容易忽略一些隐蔽的规范性瑕疵。

二、案件质效保障问题

综配司改期间，案件质效保障机制的建设成果明显，相当程度上改变了以往少标准、无体系、主观强的评查模式。但是，仍然存在的问题在于：

1. 流程监控中发现的问题。流程监控的主要目标是程序质量。但是，办案部门对案件程序质量的重要性认识还不到位，重实体、轻程序现象仍然一定程度存在，文书遗漏制作、录入系统不及时等情况还时有发生。流程监控虽然强调即时性，然而监控实际上在时间节点上依然滞后于检察官审查案件行为，以现有的监控流程队伍配置也无法做到对所有案件和所有节点进行全覆盖，对检察办案的同步监督尚未完全发挥作用。

2. 案件质量评查机制完善。地方试点的案件质量评查制度早于上级检察院相关规定，因此各级制定的案件评查规定与上级检察院规定存在不统一之处，需要进一步修订完善。突出表现在对于司法瑕疵、质量问题、严重错误三个层次的界定存有分歧；审批层级高于上级检察院规定的层级；有关案件评查的系统与上级检察院系统还无法做到无缝衔接，部分数据依赖人工输入，影响评查工作效率；评查更偏重问题发现的纠错功能，而具有正向激励的评优功能尚未充分激活，作用发挥不够。

3. 办案风险预判能力不足。有关风险评估的规定，是办案部门对所办案件作出处理决定前进行风险评估的依据和指南，然而，办案部门对风险评估的重要性认识还不到位，办案风险评估不充分，甚至怠于评估的现象依然存在。这一问题导致了案后出现风险而办案中未评估出来，抑或虽然进行了评估制作了预警表和预案，但是，预案中又缺乏有针对性的风险预警和矛盾化解措施，反映出风险预判能力不足问题。

4. 检察官专业职业化加强。检察官办案能力水平不一，履职责任心各有差异，部分办案人员的素质能力还不能完全适应司法责任制的要求。不少办案人员仍习惯于以往的三级审批制，独立判断案件的能力不足，存有不敢担责、不愿担责的畏惧心理。有些从综合部门、二三线业务部门转岗至一线办案部门的人员，办案业务还较为生疏，在短时间内难以适应办案工作的需要，对法律法规运用、办案程序掌控等方面的能力还有待进一步提高。同时，随着检察机关捕诉一体机制的推行，原来从事审查批捕或审查起诉工作的检察人员，还存在未适应捕诉一体办案机制的问题。

第二节　影响办案质效因素

改革后员额法官、检察官的办案压力增加，少数法官、检察官对行权存在一定顾虑。作为新一轮司改的核心内容,司法责任制强调了法官、检察官的办案主体地位,它意味着法官、检察官摆脱以往的依赖性,需要独立思考,依靠自身的专业素养依法作出决定和承担办案责任。但是,综配司改中的案件质效评查显示,少数法官、检察官对于独立行使权力仍有顾虑,影响了办案质效。以下仍以检察系统为例加以说明。

一、影响职权行使

综配司改中,在案件证据状况不理想的情况下,少数检察官在审查起诉时,过多考虑法院预期判决,对检察权独立行使存在顾虑。

1. 检察官对三级审批制有依赖惯性。党的十八届四中全会提出了“实行办案质量终身负责制”和“错案责任倒查问责制”,并在司改予以贯彻。但是,基于传统的三级审批制度,个别检察官长期形成对审批把关的依赖心理,在文书规范性等方面重视程度有待增强。司法责任制的落实使得原有的“保护伞”不复存在,检察官办案需要依法独立行使案件决定权并承担相应责任,必须依靠自身业务素能把握核实证据、判断法律适用。尤其是承办案件被重点评查过或者办理的案件出现过质量问题的检察官,存在思想顾虑,导致案件容易出现质量瑕疵甚至质量问题。

2. 检察官考核“指挥棒”效应明显。比如,检察系统一般将办案量和公诉成功率作为对公诉人考核的重要指标,检察官考核往往又与本人的绩效奖金、职级升迁等挂钩。当在案证据稍有疑点或者法律适用存在争议时,个别公诉人存在起诉罪名、量刑建议得不到法院支持而影响考核的担心。此外,在办案中,法检两家在案件事实认定、法律适用上往往存在一些分歧,一旦案件难以顺利走完整个诉讼程序,办案检察官可能面临接受案件被评查的被动局面,造成个别有过类似经历的检察官“患得患失”,承担风险的勇气变小。

3. 检察官对庭审实质化应对要加强。“以审判为中心”突出了审判程序在刑事诉讼中的中心地位,所有定罪的事实证据都要经过法庭质证,确保侦查、起诉、审判的案件事实证据经得起法律检验。承办检察官对证据稍有疑点的案件,必须积极主动补充、收集证据,排除疑点,做到“罪当其罚”,否则很容易在庭审中陷入被动。

二、影响审查复核

司法人员对关键证据、重要犯罪事实的审查复核力度,有待进一步增强。

检察官办理案件时，对犯罪嫌疑人供述和辩解、被害人陈述、犯罪数额等关键证据的审查复核力度有待进一步增强，否则，极容易导致对被告人身份认定、刑期计算、累犯、自首、立功等重要量刑情节的审查认定出现质量瑕疵，影响办案质效。归结起来，这一方面的影响因素包括：

1. 检察官对“小案子”办案质量的重要性认识有待增强。一般而言，因检察官业务能力不过关导致的冤错案件概率极低，麻痹大意、审查不严往往是导致案件出现司法瑕疵的重要因素。其实，许多瑕疵只要检察官稍作留心，加倍谨慎便可避免。部分员额检察官在办理案件时存在“抓大放小”思想，重视对可能判处死刑、无期徒刑等重大案件审查，对常见的案情简单、情节轻微、数额不大的“小案子”存在轻视，容易出现司法瑕疵。

2. 首例和新类型案件对检察官素能知识提出挑战。随着经济社会的飞速发展，检察官在办理案件中遇到的新情况、新问题越来越多，知识更新换代较以往更加频繁，不仅对检察官的业务素能，在各个领域专业知识方面也提出严峻挑战。尤其是年轻检察官工作时间不长、知识储备不够丰富，加之办案实战经验较少，对一些疑难复杂的案件判断失误导致在办理案件中出现瑕疵。比如，在涉及伤势鉴定或精神病、抑郁症或者证券期货市场、知识产权认定等专业性较强的问题时，检察官的知识储备和应对需要进一步增强，需要主动适应新形势全面提升司法能力，这是一个渐进的过程。这个渐进提高的过程，既需要一定的制度设计，又要从能力培养角度提升检察官的履职能力。

3. 法检在司法实践中的分歧导致检察官产生疑惑。司法办案中法检就法律适用、证据采信、证明标准等在办案中经常产生的一些分歧，导致诉判不一，且诉判不一案件往往被纳入重点评查案件范围。比如，销售假冒注册商标的商品、容留卖淫等类案件较多见、常见，但是，法检之间评判案件的数额往往差异较大，给实践中检察官在具体认定时造成困惑。

三、影响办案规范

评查过程中检察官办案的司法瑕疵，大部分属于规范性瑕疵。比如，法律文书中错漏重要内容，办案中未履行有关告知程序、涂改处未签字确认，法条漏引、错引，存在明显的错别字、语法错误、常识性错误，办案系统应用不规范，卷宗装错材料等。这些瑕疵多数是检察官办案工作不够细致、马虎粗糙所致。主要原因可归结为以下几个方面：

1. 在办案任务繁重的情况下，部分检察官对案件规范性要求有待进一步重视。囿于办案时间节点和办案量的压力，检察官在有限的精力内需要完成阅卷、提审、撰写文书、录入系统、材料归档等一系列工作。在有限的实践和精力内，检察官往往倾向于重点关注案件的实体认定和程序规范，在处理琐碎的、事务性的工作时容易因疏忽而出现瑕疵，引发规范性问题。

2. 信息化建设的智能辅助办案效用有待进一步充分发挥。全国统一业务应用系统已贯穿检察官办案全过程，并依托统一业务应用系统进行流程监控，要求也应对检察官办案全过程进行记录留痕。但是，网上网下“两张皮”现象依然时有发生，或由于信息录入迟延，或由于在系统操作中存在疏忽。最高人民检察院《2018—2022 年检察改革工作规划》中提出，要“健全运用科技手段提升司法办案、检察管理与服务能力机制”，“深化检察改革与现代科技的结合，推进智慧检务工程，全面构建应用层、支撑层、数据层有机结合的新时代智慧检察生态”。当前，信息化、智能化与检察办案有待进一步深度融合，办案系统的流程监控、文书勘误、法律文书公开等功能有待进一步开发完善，促使检察官按照流转程序和分工权限认真使用系统，保证系统能够真实客观地反映检察官办案工作实际，避免常见多发的规范性错误。

第三节　案件质效完善机制

评查的目的，是推动提高案件质效。根据评查特征、存在问题及影响因素，检察机关案件质效完善的机制可以覆盖几个方面。

一、完善办案机制

1. 完善审前分流处理机制。审前的妥善分流是以审判为中心刑事诉讼制度的重要补充和有力保证，检察机关应积极探索刑事案件审前分流制度，切实落实案件繁简分流，进一步优化诉讼资源配置，推行繁案精办、简案快办，对认罪案件与不认罪案件、简单案件与复杂案件分类审查、区别起诉，对达不到起诉标准的案件在审前依法分流，防止“带病”案件进入审判程序。

2. 健全检察官联席会议制度。充分发挥检察官联席会议作用，对一些疑难复杂、争议大的案件，承办检察官难以作出决定时，承办检察官向部门负责人提出申请，部门负责人召集部门检察官召开联席会议，参会检察官就案件的法律适用问题等开展讨论，检察官联席会议讨论形成书面意见，供承办检察官或检察官办案组参考，但是否采纳会议意见则由承办检察官自己决定。

二、证据裁判规则

1. 建立常见罪名证据标准指引。通过整合数据，将盗窃、故意伤害等常见罪名案件应当具有的证据进行分类归纳，形成完备的证明标准，并将该标准及时通报公安机关，指引其参照相应标准收集、固定证据，确保移送批准逮捕和移送审查起诉案件证据形式完备、内容真实有效。对常规罪名探索建立一类案件的不捕、不诉标准，规范自由裁量权。

2. 建立不认罪案件争议证据复核程序。以证据审查亲历性为办案重心，对不认罪案件中存在争议的证据应主动复核，对被害人以及其他关键证人要亲自询问，做到严审细查，确保证据质量。

3. 完善非法证据排除制度。加强证据的合法性审查，对侦查机关提交的证据要细致审查，严格排除非法证据，对于存在瑕疵的证据，应积极引导侦查机关补正。加强与公安机关的个案沟通和类案分析，定期或不定期地就侦查中的问题交换意见，统一证据标准，形成工作规范，从源头上避免非法证据的产生，提高证据质量。

4. 深化“四类人员”出庭作证工作。推进证人、鉴定人、侦查人员和有专门知识的人“四类人员”出庭作证，要进一步细化证人出庭案件范围、启动权限及操作流程。对鉴定人、有专门知识的人，可建立相应人员出庭人才库，根据其专业门类，区分不同案件申请对象范围，细化申请流程，采取组织指派和主动申请等方式，推进鉴定人、有专门知识的人出庭比率上升，同时完善组织保障和经费保障，形成对口单位鼓励鉴定人、有专门知识的人出庭作证的新模式，并争取财政支持，为其出庭作证提供相应补助，解除后顾之忧。加强证人出庭保护机制，针对特殊敏感案件或有遭受打击报复风险的案件，探索并适用“隐身作证”模式，通过隐匿身形面貌、声音技术处理、设置物理屏障等方式，保障证人人身安全。

三、优化质效评价机制

1. 完善案件评查结果反馈机制。进一步修订完善区院案件评查制度，保持与上级检察院规定的一致性,做好评查软件衔接。运用好评查结果,充分发挥案件评查的功效,定期撰写案件质量评查报告,在本院范围内通报讲评,对评查中发现的问题及时向办案部门反馈,跟踪整改落实;对于评查中发现的办案质量好的精品案件,作为个案表彰的重要依据和典型案例讲评的重要素材,发挥案件评查正向激励作用,促进办案质量的提升。

2. 强化流程监控的过程控制作用。进一步优化流程监控人员配置,细化流程监控职能,设定专人专岗,填补有关应用系统部分节点自动提示的缺失,严防超期;根据办案部门实际情况和工作重点优化监控方案,有针对性地调整监控时段、监控侧重点和监控幅度,提高监控质效;加强对办案流程问题的登记汇总,总结规律性问题,及时与办案部门沟通反馈,防范个别问题扩大成普遍性问题。

3. 完善检察官执法办案全程监控考核系统。综合考量检察官履职情况,结合上级检察院规定的各业务条线的业务核心指标,进一步优化指标设定,完善不同业务条线不同岗位检察官考核指标设定,对检察官行使检察权及完成岗位责任情况纳入信息化系统,落实对检察官办理每个案件以及履职成效的监督和全程留痕,同时自动生成检察官的考核分值,实现监督考核的同步,确保考核评定的精确性和科学性。

四、业务能力提升

司法责任制改革对检察官的综合素能提出了更高的要求,以审判为中心的诉讼制度改革,使检察官面临证据标准、庭审方式等改变带来的理念和能力挑战。一方面,新形势下检察官要增强自我成才意识,牢固树立案件质量意识,在办案中着力提升案件审查、法律监督和出庭指控等核心能力;另一方面,从组织层面积极探索检察官业务培训新模式,建立分层分类培训模式,完善检察官业务研修制度,通过岗位素能轮训、业务实训、岗位练兵、业务研修、听庭评议、案件讲评、指导性案例和优秀法律文书学习培训等途径,不断提升检察官的专业素能,使检察官都具备“决定”和“负责”案件的能力和要求。

五、信息化建设和应用

信息化是案件质量监督管理的重要支撑,充分运用现代信息技术,依托各个应用系统,探索案件质量监督管理的过程、发现的问题、解决的情况全部可视，盘活检察办案大数据，从纷繁复杂、分散碎片化的数据中总结规律、发现问题，加强对办案态势、新类型新罪名案件、各类问题的分析研判，制作好相关业务分析报告，实现可视化分析、研判和展现，为检察官办案提供指导，为领导决策提供有价值的参考，不断提高案件质量，促进检察办案整体水平提升。

第六编　综合法律服务供应体系

第三十一章　营商司法保障

改革尚在路上，但已步入深水区。我国开始连续接受世界银行对国内营商环境的评估，这一国际权威评估以一国标杆城市营商环境为样本，上海及后加入的北京无疑被列为评估对象，上海权重占比55%。法治是最好的营商环境。无疑，新一轮司改及综配司改的深化，已经离不开以营商法治保障为核心的综合法律服务供应体系。

第一节　世界银行营商环境评估

上海推动综配司改的两年，也是世界银行连续跟踪评估中国营商环境，尤其是以上海、北京为样本评估的关键时段。

一、营商环境主流评价工具

世界上涉及营商环境的评价工具包括三类：一是国际组织提供的评估工具，包括联合国贸易和发展会议的《世界投资报告》，世界经济论坛的《全球贸易促进报告》《全球竞争力报告》，以及世界银行的《营商环境报告》等；二是国别提供的评估工具，包括《中国投资环境评价报告》、美国的《投资环境报告》、德国的《投资指南》、印度的《营商便利度报告》、英国的《营商环境国别报告》等；三是民间机构提供的评估工具，包括"四大"会计事务所、贝克·麦坚时(Baker Mckenzie)、穆勒指数等提供的评估报告。

其中,世界银行的《营商环境报告》覆盖近 200 个国家和地区,比较具有权威性,亦被我国政府认可。它包括 10 个计分的评估指标(见表 31-1):

表 31-1　世界银行《营商环境报告》评估指标

类别	考察项目
开办企业	程序、时间、成本、最低实缴资本
办理建筑许可证	程序、时间、成本、建筑质量控制
获得电力供应	程序、时间、获得电力连接的成本、供电可靠性与电费透明度
登记财产	程序、时间、成本、土地管理质量
获得信贷	法律权力、信贷信息、征信、信用登记
保护少数投资者	信息披露、执行官责任、股东诉讼便利、股东权利、所有权和管理范围、公司透明
纳税	时间、税费、税费占利润比、报税后程序
跨境贸易	进出口业务时间、成本
执行合同	时间、成本、司法程序质量,包括法院结构和诉讼程序、案管、法院自动化、替代性纠纷解决等
破产	时间、成本、破产债务追偿、破产框架力度

这一评估工具只评估经济体中的标杆样本城市,上海权重占比 55%,北京权重占比 45%;只评估最一般的标准情景,不评估享受特殊政策的主体功能区,如自贸区、高新区、特别经济区等。它的数据来源多个维度,但是,针对法官、律师、公证员、会计、建筑师、工程师、信贷官员、机动车驾驶员的问卷,对结果起决定作用。

二、世界银行报告的上海结果

2019 年 10 月 24 日,世界银行发布《全球营商环境报告 2020》,我国的营商环境全球排名继前一年大幅跃升之后,再度迈进至全球第 31 位。这是紧密围绕中共中央提出的“稳定公平透明、可预期”的营商环境总体目标,全面落实党中央、国务院决策部署的重要成果。上海作为两大样本城市之一,瞄准最高标准、最高水平,力争全面进入国际先进行列,进行了一系列大刀阔斧的改革,争创上海营商环境这块“金字招牌”,为全国“放管服”改革和综配司改,优化营商环境树立了标杆。

法治是最好的营商环境。构成世界银行营商环境评估的10个一级指标中,“执行合同”指标专门针对民商事司法制度与法院工作质效进行评价,此次评估跻身全球前五名,其中,体现司法制度与工作机制的“司法程序质量”指数更是获得了16.5分(满分18分),排名全球第一。“保护中小投资者”“办理破产”两大指标排名均大幅提升,前者指标排名上升了36位,位居全球第28名;后者指标排名上升了10位,位居全球第51名。

可以说,上海综配司改已为改善投资和市场环境,加快建设开放型经济新体制提供了强有力的司法服务和保障,为推动上海努力成为全国改革开放排头兵和创新发展先行者作出了重要贡献。无疑,作为全国商业重镇的上海为进一步推动地方治理方式走向现代化,迈出了又一“更为积极”的坚实步伐。它被寄予了一种成为“改革杠杆”的期望,承载了持续助力产业结构升级转型,以及深化综配司改的重担。

第二节　综配司改供给体系

接受世界银行的营商环境评估,并不是目的,而是借助于这样的国际权威评估,检讨和反思我国的不足,进一步倒逼深化改革。同样,在这场深刻推动国家治理体系现代化的进程中,上海作为首个综配司改试点,全面性、体系化的供给贡献是功不可没的。

一、服务科创中心建设

1. 着力破解知识产权案件长期存在的“举证难”“赔偿低”“周期长”三大顽症。加强知识产权“三合一”办案机制的升级建设,尤其是率全国之先创新设立技术调查、技术咨询、专家陪审和技术鉴定“四位一体”的技术事实查明制度体系;加大了知识产权犯罪案件的财产刑适用,探索进一步惩罚性赔偿,形成“司法人员、执行人员、技术专家”的诉讼保全模式,灵活运用行为保全、财产保全和诉前诉中禁令;及时总结知识产权的类案裁判经验,挑选具有市场规则导向和价值引领的知识产权案件,通过案例阐述裁判观点,明确当事人合理预期,有效缩短知识产权办案周期。

2. 落实国家战略,服务保障科创板注册制的顺利实施,并延伸科创的司法保障功能。在上海证券交易所设立科创板并试点注册制,是中央立足全国改革开放大局作出的重大战略部署。上海司法提前谋划,积极回应这一战略举措的司法需求,出台《关于服务保障设立科创板并试点注册制的若干意见》,提出了21条具体措施,试点集中管辖涉科创板企业的五类证券案件,为资本市场改革创新提供司法支持。同时,延伸司法职能,挖掘办案中反映的专利融资难及相应设立专利贷款、专利转化率较低的制度性障碍,中小企业技术保护成本高、技术过度保护又导致垄断等深层问题,以高度社会责任感提出司法建议,并推动建立科创人才维权援助机制。

二、保障自贸区建设

1. 探索和完善与扩片后相适应的司法创新工作格局。上海司法重点依托浦东和静安司法机关、三个中级法院和检察院分院以及海事和金融专门法院,举全市之力推进扩片后自贸区建设。出台了《关于服务保障浦东新区改革开放再出发实现新时代高质量发展的若干意见》,重点做好三项工作:覆盖与证照分离、负面清单管理等改革的司法衔接;依法保障金融制度创新和金融领域开放;推动建立常态化的"府院破产统一协调机制"。同时,主动对接企业司法需求,提升检察服务精准度。围绕服务优化营商环境主题,司法机关调研访谈企业家及工作人员,拓宽和畅通企业诉求表达及法律服务渠道,聚焦企业家的人身自由、财产权利和自主经营权,有效防范冤错案件,增强财富安全感,依法平等保护不同所有制主体的合法权益;精准把握监督事由,关注申请人诉求,促进政府依法行政,积极稳妥开展公益诉讼"等外"探索,助推营造国际一流营商环境。

2. 在自贸区创新和提升司法供给高质量法律服务和保障能力。上海司法积极研判和协同应对由于授权自贸区地方立法助推"一业一证"等改革创新所导致的行政诉讼案件的异地管辖,司法办案依据不确定性等新问题;充分发挥自贸区法庭、自贸区知识产权法庭及相应的派驻检察室的集约化优势,梳理自贸区企业涉诉情况,提供优质司法服务;推进现代诉讼服务体系建设,探索涉外商事纠纷"诉讼、调解和仲裁"一站式解决,把专业的国际化船舶交易网站平台纳入司法拍卖平台,推动司法大数据系统与自贸区"政务云"衔接,提高了司法服务和保障能力。

三、推进长三角一体化

1. 强化司法协作力度，推动司法协作长效机制建设。在“面”的意义上，上海司法协同长三角地区的其他司法机关，以加强司法交流、工作对接、资源共享、治理融合为出发点，健全跨域司法服务机制建设，促进司法资源集约优化，为长三角区域一体化的发展协作提供优质司法服务与保障。通过“一网通办”跨域立案系统提交的起诉材料，整个立案和推送材料时间缩短至10分钟以内。目前，已在跨地重大案件防范处置、执行精细化联动、异地立案受理、跨行政区划办案标准、司法协同服务、司法大数据共享应用、法律适用统一互动、司改及综配司改经验复制、法科人才联合培养、区域服务保障大局经验交流等问题上，提出更高质量一体化发展的系列措施，有力推动了平安长三角、法治长三角的高水平建设。

2. 重点协同开展长三角区域生态保护专项监督。在“点”的层面上，基于《长江保护法》已进入全国立法规划，上海司法抓住长江生态环境的突出问题先行先试，针对一些法律之间衔接和协调不足，部门之间多头共管反而导致的“谁也不管、监管不一”难题，有效开展司法专项监督，探索相关案件的跨省管辖，建立了线索移送、统一证据标准和法律适用、异地调查取证协作、案件联合会商、典型案例共同发布等机制，将刑事诉讼、行政诉讼、民事诉讼等全面纳入司法协作范围，使区域性生态环境司法协作制度化、常态化和实体化。

四、紧扣营商环境指标

1. 形成专门机构、专业人员、集中管辖的司法新模式。上海司法系统成立了铁路运输法院(检察院)、海事法院、知识产权法院、金融法院，以及自贸区、破产、环境资源等专门法庭。通过对专门案件的集中管辖和集中指导，以及商法前沿、疑难、复杂问题研究，较好地发挥了专项办案的集聚效应。同时，高度关注与境内外高校科研机构合作，借助于联合举办专题高级研修班、选拔赴境外留学和高端业界国际会议，培养法律功底深厚、外语能力较强、熟悉国际规则的商事办案队伍，为营商环境的司法服务和保障可持续、高层次发展打好人才基础。

2. 加强与多方主体协同，形成联动营商司法保障体系。在诉前建立调解专项绿色通道，经过司法确认直接获得强制执行力，又充分发挥立案前和诉讼中的委托和邀请专业机构调解功能，覆盖营商多数行业的多元纠纷解决诉调对接体系已经在上海初步成型。同时，拓展联合惩戒范围和方法，向有关单位推送失信被执行人名单，依法对失信被执行人在特定行业准入、融资信贷、高消费、任职资格、获得荣誉、特殊市场交易等方面加以限制。与政府职能部门、行业协会、专业调解组织、仲裁机构全面建立合作机制，坚持每年召开金融审判情况通报会，每年向政府部门、监管机关、金融机构发送司法建议，有力促进金融机构合规经营，规范金融市场秩序。

3. 发挥破产在完善市场退出和救治上的资源配置作用。破解破产案件"立案难"突出问题，统一破产原因识别机制，加大执转破力度，严格按照破产立案登记制的形式审查标准依法立案，不设任何其他条件的隐形门槛干扰和阻挠破产案件受理，破产案件数量成倍增长，已形成畅通立案受理的理念和机制。针对"僵尸企业"的简单破产案件所占比重持续上升，探索破产简化办案，促进破产程序相关环节的标准化作业、格式化处理，实现相关案件快办快结，更好服务保障供给侧结构性改革。引导当事人通过"债转股"和公开市场招募重整投资人等方式，提高破产重整的成功率和债权回收率，近两年依法办理重大破产重整案件，担保债权人的清偿率均达到了100%。

4. 强化企业家人身财产权利保护，坚决从重打击侵害企业资产犯罪。一方面，准确把握法律政策界限，依法慎用逮捕强制措施。检察机关对犯罪情节轻微、积极退赃退赔的涉企案件犯罪嫌疑人更多采取不批准逮捕、不起诉；对民营企业法定代表人、实际经营人等主要负责人尽可能变更强制措施，解决企业经营困境问题。另一方面，坚决从重打击侵害企业资产犯罪，包括：对合同诈骗、职务侵占、挪用资金等重拳出击；严打"套路贷"；依法严惩强迫交易等犯罪，坚决铲除经济领域黑恶势力滋生土壤；构建系统化的追赃挽损工作体系，探索建立追赃挽损工作标准流程，减轻企业或投资者的损失。

五、公共法律服务平台

1. 提供更精准、便捷的综合法律服务。在内容上，既有政府引导国企和民企、外企迅速或有序推动公司律师建设，以及力推公司法律顾问制度，又有引导律师广泛参与金融产品的产研用全链条，抑或强化公证为市场主体提供助力；既着力于高效完备的公共法律服务平台、法律服务信用信息平台等全国司法行政系统引领性落地抓手，又借力于上海智慧司法、公配改革等一系列先发优势，打造数据律协、智慧公证、智慧司鉴、智慧调解、智慧法援等新概念；尤为值得一提的是，秉承国家简政放权的改革走向，提出司法行政的“放管服”改革深化，在地方率先提出以“最多跑一次”优化法律服务审批。

2. 对接建设卓越全球城市的法律服务新需求。一方面，大力发展涉外服务业。比如，制定发展涉外法律服务业的实施意见，实施国内律师事务所聘请外籍律师担任法律顾问试点，建好东方域外法律查明服务中心，支持法律服务人员参与国际交流及加入国际组织。另一方面，又在部分领域保证深改的稳健性。比如，加强对涉外法律服务示范机构的遴选，以试点的方式面向国外等机构，建立有序的法律服务合作开放机制，适度扩大仲裁行业对外开放，而对境外法律服务典型案例库的打造上则坚守了精而不滥的“高标准”原则，确保了营商环境法治化的有序展开。

3. 大幅提升调解的地位。不仅在公证介入调解、律师调解试点以及调解与公证、仲裁、诉讼的衔接等点、面多元推进，而且更加明确地提出了大力发展专业化方向的商事调解。商事调解，作为不少国家普遍接受而在我国较为新生的事物，第一次在上海地方的规范性文件中被提了出来，颇为令人关注，它较之以往的传统人民调解理论又进行了大胆改革，为保障商事领域的专业化调解可持续发展提供了政策上的依据。当然，方案还特别突出了创新调解机构制度的若干改革举措。比如，在各类服务机构、园区及自贸区设立调解工作室，加强工商联、劳动争议、物业管理、消费者权益保护等调解组织建设，推进在线调解试点等方面，都进行了突破性的“探索”。

第三节　依然存在的问题及原因

综配司改，为上海在世界银行的《营商环境报告》中实现连续跃升，提供了强有力的支撑。尤其在执行合同这一维度上，跻身全球前列。其中，司法程序质量更是在2019年跃居全球首位。但是依然存在不少问题，值得深化综配司改深刻反思和研究。

一、办案标准化和多元解纷力度

诉讼内，局部办案标准不完全一致，导致对企业家涉嫌犯罪的羁押必要性判定标准、新兴业态经济犯罪的证据标准认定等问题存在适法不统一的现象。案多人少矛盾依旧突出，导致容易出现释法说理不足、当事人易误解法院裁判等现象。在准确把握好营商环境领域案件刑民交织等法律政策适用问题上仍需下功夫，在契合新产业新业态发展要求的司法办案方式方法上仍需进一步改进；诉讼外，司法机关与市场主体的互动水平不高、司法调解的激励机制不彻底、多元解纷机构市场化改革不到位，社会纠纷矛盾前端化解的治理能力和治理体系现代化不完善，导致在线争议解决机制发展不足、纠纷解决人员配置不完善，以及国际商事纠纷不以上海仲裁机构为优选地等问题，致使建设“集约高效、多元解纷、便民利民、智慧精准、开放互动、交融共享”的现代化诉讼服务体系，实现一站式多元解纷的目标仍有很长的一段路要走。

二、类案的常态化和制度化

类型化重大案件报告、审慎办案制度和风险信息反馈有待完善，尤其涉及大标的额、涉众型、新类型和执行难等案件办理，类似“上市公司大宗股票处置办法”的制度化创新方案不多。类案指导和参考机制还需进一步规范和加强，疑难复杂和新类型法律适用的司法经验总结和条线指导水平还需进一步提高，法律适用疑难问题的反馈机制仍不健全，“上海法院案例库”建设刚刚起步，类案办案要件指南的编撰工作尚存在零散性、随机性，亟待搭建系统性框架和任务分解，充实案例库内容。同时，司法机关相互之间以及与其他政府执法部门之间的沟通衔接机制有待改革和完善，司法机关与金融局、知识产权局、商务委员会和相关监管部门尚未建立结构性的深度联动机制，导致营商环境的治理能力现代化的关键抓手缺乏，这一局限性使得司法大数据系统缺乏整体性推进方略，无法前瞻性地将司法大数据建设构建系统性置于经济社会改革系统中研究，无法全局性地有效探索司法数据与政务数据融合增值收益的共享机制，无法彻底激活为营造稳定公平透明、可预期营商环境的司法职能。

三、跨域司法和府院协同

在跨域司法方面，由于各地司法程序、行为标准、办案经验等方面尚不统一，领导和协调组织机制尚不健全，长三角司法协作规则较为原则，因此许多配套机制亟待不断深化和完善。在府院协同方面，限于“数据孤岛”、协调能力不足等问题，虽然已经开展了一系列府院合作，但目前多为难度较小的浅层、窄域的交流，与执法司法机关、工商联、行业协会等沟通衔接机制有待进一步健全，与公安、法院、行政执法等单位仍有待建立常态化、制度化的工作协调机制。在如何依托“一网通办”平台实现执法司法大数据的充分归集和共享，共同推动营商环境领域治理体系和治理能力现代化方面，仍需进一步加大工作力度。长三角一体化合作交流的深度和广度有待进一步加强，在营商环境司法保障机制示范层面，主动优化对标看齐提速赶超的新举措仍需进一步加强；在营商环境司法协同示范层面，立案标准、立案流程、案件移送、案件管理、执行协作等仍需进一步突破；在营商环境司法创新示范层面，经济金融、航运贸易、产业科创、证券期货等社会矛盾多元化解上仍需要进一步取得新成效。

四、司法监督和公益诉讼

长期以来，检察机关“刑强民弱”问题突出，一定程度上影响了服务保障优化营商环境工作的能力和水平；在支持并服务政府依法行政方面，检察建议是重要方式之一，但以被制发单位接受和积极整改为前提，以柔性监督为主；涉企刑事执法监督、民行检察监督薄弱，重监督数量，轻监督效果，监督质效不高，经济纠纷和经济犯罪、企业主个人与企业、合法财产与违法犯罪所得、企业正常融资与非法集资等界限难以清晰准确厘清，导致司法建议的刚性不足，影响了司法监督职能的有效发挥。同时，公益诉讼的线索来源不足，民事、行政、刑事附带民事公益诉讼案件的类型不平衡，证据筛选和锁定机制不完善，行政执法机关协同不够，对检察机关心存戒备甚至抵触，尚未完全形成合力，在实践中司法机关难免出现追求办案数量、滥发建议、办凑数案等问题，司法机关的业务能力、综合能力跟不上涉及生态环境、资源保护、国有财产的保护、食品药品安全、国有土地出让等公益诉讼的新领域新趋势，直接影响到执法效果。

五、破产案件短板

当前破产工作虽然已取得一定成效，但破产制度设计对比市场经济的快速发展和生产要素的流动性要求，仍存在成本高、周期长的问题，与高效处置“僵尸企业”和市场化破产的要求不匹配。许多案件面临破产法设置的细致完整的程序和严格的表决规则，不少还涉及衍生诉讼及漫长的债权清收过程；破产费用较高，不少破产案件需要多次召开债权人会议，传统的现场会议成本高昂，而网络债权人会议并未普及，且有待进一步完善。上述表象问题实质上反映了我国破产制度和司法实践的重心在于通过规范的程序确保债权人的公平待遇，不太注重促进改善经营管理、优化资源配置、提高破产制度的经济效益，在破产启动、程序加速、庭前重组、运营管理、权利保障、成本降控、市场培育、专业机构设置等环节缺乏精细化通盘考虑的顶层设计。

六、司法数据汇总分析

当前企业遭遇纠纷、违约等问题日益增多，涉企案件快速增长，"执行难"问题突出，急需数据分析能力提升司法效率。然而，当前基于云计算、大数据、人工智能等技术的智慧司法应用智能化程度不高、实用性不强，部分已开发的应用和司法业务支持系统未能直击司法实务的痛点，与司法人员的工作需求间存在较大差距，不仅未能为法官、检察官办案提供智能辅助，甚至部分应用还在一定程度上加重了法官、检察官的工作负担，距离为深化改革创新优化营商环境提供优质高效司法服务和保障的目标仍有差距。

第四节　营商环境配套机制

2019年年底，上海首个批点的综配司改成果报请中央深改委通过。这只是为深化配套改革拉开了新的帷幕，下一步围绕整体提高营商环境水平的配套机制，包括以下几个方面。

一、建设上海自贸区新片区

以"立足本市、服务全国、面向亚太、走向世界"为发展理念，推动制定涉外纠纷"争议解决"示范条款，积极行使涉外案件管辖权，努力形成解决涉外纠纷处理的中国标准、上海规则，推进涉外商事纠纷"诉讼、调解、仲裁"一站式工作站建设，把上海打造成为国际商事纠纷解决的"诉讼优选地"；优化诉讼服务中心的功能，并促进现代诉讼服务系统的建设，加快推动线上线下结合的诉讼服务中心转型升级，推进全流程诉讼服务建设，积极打造适合本市仲裁发展的"专业、快速、方便"的网络平台，专门制定相应的仲裁规则；智能化助推破解财产查控执行难困境，探索构建房产、证券、存款、车辆等主要财产形式的全覆盖网络查控模式，优化被执行人活动轨迹分析，利用大数据电子化送达执行法律文书，对财产执行的数据化进行科学研判，利用人工智能限制高消费的大数据算法，利用社交媒体创新劝执措施，利用互联网生态丰富执行手段，提高执行联动的查控力度。

二、长三角司法服务和保障一体化

深化合作机制，细化协作措施，提升长三角司法协作整体性、协调性和系统性。统一法律执行标准，打破司法地方保护主义，维护法律的统一适用，维护司法公正；深化全方位多层级的沟通体系，完善跨区域重特大敏感、复杂案件沟通制度，向涉案地及时通报案情，跟踪案件进展、通报社会舆情、稳控社会风险，协同处理好跨区域案件；推进跨行政区划法院、检察院改革试点工作，建议以长三角社会治理合作深化为契机，探索在生态环境保护、环境资源类公益诉讼等案件实现由跨行政区划法院、检察院集中管辖，协商解决相关案件管辖问题，推进跨行政区划改革在长三角区域落地见效。

三、金融等领域重大敏感案件办理

上海司法依法严惩金融犯罪，加大对涉众型金融犯罪打击力度，2019 年上半年，市检察院对集资诈骗、非法吸收公众存款犯罪案件批准逮捕 612 件共计 949 人，提起公诉 347 件共计 641 人，依法妥善办理“中晋系”“快鹿系”“旌逸系”“善林系”等一批重大案件。针对涉众型金融犯罪法律关系复杂、证据数量庞大、取证难度较大等特点，通过提前介入、引导侦查取证，努力在侦查环节就基本夯实证据基础，统一证据规格和法律适用标准，加强对金融犯罪办案规律的把握和经验总结，形成可复制可推广的经验。积极探索对组织者、操纵者、拒不认罪被告人先行移送审查，对其他罪行较小、认罪认罚者适时移送审查的分批移送、分类审查办案模式，形成依法从严从快打击态势，加快构建全方位的金融犯罪预防体系。

四、破产审判的专业化水平

切实将破产审判置于经济发展新常态和实现上海经济高质量发展的大局中谋划推进，进一步整合司法资源效能和调整破产审判空间布局，加强破产审判法律统一适用机制建设，集中各种资源力量，加大对制约破产审判发展的难点性、瓶颈性问题的破题攻关，进一步优化具有上海特色的市场化破产审判机制，完善破产审判配套机制，探索构建破产挽救机制、促进“僵尸企业”依法退市，积极探索构建市场化、法制化、常态化破产审判工作体系，深化破产管理人制度的改革与完善，适当调整破产管理人的指定方式，明确管理人职责履行机制，完善对破产管理人的监督，完善法院与债权人会议或债权人委员会的监督机制，打造一支更能满足破产审判工作需要的高素质专业化审判队伍。

五、司法大数据与人工智能技术应用

在智能司法领域，数据采集的局限不仅来自司法本身，也与技术原因相关，需要合力提升数据采集的完整性和规范性，尽可能地扩展数据量，打破“数据孤岛”现象，并建立严整的数据分类储存体系。“懂数据的人不了解需求，有需求的人不能很好地解释需求”是当前推进司法大数据的一大桎梏。从这个角度而言，司法大数据建设一方面要求司法机构具备将需求予以信息化描述的基本能力，另一方面要求研发人员对司法系统和司法运作内在规律有深刻的理解和认知；类案推荐、量刑辅助、偏离预警是当前司法大数据与人工智能开发最为典型的应用模块，它们的功能实现遵循图谱构建、情节提取、类案识别、模型训练、量刑预测和偏离度测算的技术路径。

第三十二章　多元纠纷解决

党的十八届四中全会提出“健全社会矛盾纠纷预防化解机制,完善调解、仲裁、行政裁决、行政复议、诉讼等有机衔接、相互协调的多元化纠纷解决机制”,这是党中央从深化改革的角度,对预防和化解矛盾纠纷工作作出的整体布局。毫无疑问,它构成了综配司改的核心内容。

第一节　矛盾、资源与改革

多元化纠纷解决机制这一概念,在我国从提出以来,内涵和外延一直在不断变化。不是“和为贵”,而是司法机关“案多人少”这一客观、无情的现实,倒逼了这一机制在我国生根之后,尚未来得及缓慢发育便迅猛成长起来。

一、现实的重温

存在即合理。尽管对于小额诉讼、繁简分流、治安法官、诉讼分类收费、立案登记制、集团诉讼、速裁程序、电子送达等诉讼内程序进行了大量细致研究,但是,诉讼的替代性纠纷解决机制的被接受度,依然不可阻挡地具有了泛在性。

一方面,矛盾更多元化和复杂化。我国供给侧结构性改革等步入“深水区”的经济社会转型带来巨大的社会活力,也产生了大量的矛盾和问题。以综配司改期间的经济样板——

上海为例,比照2017年,全市法院共受理案件80.43万件,审结80.21万件;进入了综配司改阶段之后的2018年,全市法院共受理案件79.82万件,审结79.41万件。其中,民间纠纷受理数量逐年上升,医患纠纷、劳资纠纷、物业管理纠纷等专业性矛盾上升较快。尤其值得关注的是平行的替代性纠纷解决机制的调解数据,2017年全市人民调解组织受理纠纷35.40万件,调解成功率91.42%;2018年全市人民调解组织受理纠纷36.20万件,调解成功率94.50%。说到底,绝大多数矛盾"可小可大",但是,如果解决不及时不到位,也会使矛盾激化甚至影响社会稳定。

另一方面,诉讼案件的剧增和司法资源的短缺。随着产生的社会矛盾愈发频繁,民众法治意识和维权意识日益提高,大量矛盾纠纷以案件形式涌向法院。2015年5月1日,最高人民法院《关于人民法院推行立案登记制改革的意见》和《关于人民法院登记立案若干问题的规定》正式实施,人民法院各类案件的受理数量出现井喷式增长,而法官的人数却没有成比例增加,加之近年来推行法官员额制改革,法官断层、人才流失等现象客观存在,加剧了法院案多、司法资源紧缺的矛盾。因此,深化多元纠纷解决机制是缓解法院案多人少矛盾的根本出路,也是综配司改的重要内容。

二、效果到底如何

长期以来,全社会高度重视矛盾纠纷的预防和化解,重视源头治理、系统治理、综合治理、依法治理,统筹运用多种方式化解矛盾、解决问题。随着综配司改的深入,法律体系基本形成,法律权威逐步树立,调解、仲裁、行政裁决、行政复议、诉讼等各种纠纷解决方式逐步成熟并得到社会认可。

在此基础上,纠纷解决出现了注重关口前移,预防和减少社会矛盾纠纷的新动向。随着中国改革步入"深水区",进一步发展难度持续加大,重大事项的推进实施也愈加承载巨大社会风险。基于此,不少地方试点探索社会稳定风险评估机制,比如,为保证风险评估报告的公正客观,探索引入了第三方咨询和研究机构参与风险评估。① 有的地方规范性文件还规定,各级人民政府在作有关社会和经济发展的重大决策时,应当开展社会稳定风险分析与评估,完善听证制度,建立利益相关方参与的协商机制,预防和减少社会矛盾纠纷。比较具有

---

① 朱正威:《健全社会稳定风险评估机制》,载《光明日报》2013年10月8日,第11版。

典型意义的是,2019 年 5 月,综配司改首个试点的上海首个依托于人工智能技术的诉讼风险评估系统在法院上线,这个评估系统可以对离婚纠纷、劳动争议、买卖合同纠纷等十类常见案由,依托大数据和人工智能分析案情,并将对应的诉讼风险综合整理为一份《诉讼风险告知》报告,引导当事人围绕自身诉求进行诉讼风险评估,促进矛盾纠纷多元化解决。

此外,参与化解矛盾纠纷的社会力量初步兴起。在推进矛盾纠纷排查化解工作中,各地开始探索运用协商民主、自治民主等方式推动协调利益、解决矛盾,并大力发展社会组织,发动律师、社工、心理咨询师、医生等行业、专业志愿者参与矛盾纠纷化解工作。建立人大代表、政协委员、人民团体、社会组织等第三方参与的矛盾调处机制,提高化解矛盾纠纷的效果。社会力量的参与不但补充拓展了纠纷解决渠道,还推动了政府职能的转变,激活了社会活力,承接了部分政府职能,降低了行政成本,又通过社会力量的专业视角发现政府工作中存在的瑕疵和不足,推动政府部门改进和提高工作水平。

第二节　“旧瓶装了新酒”

多元纠纷解决机制不是一个新概念。但是,恰恰是植根于现实的日益旺盛的需求,使得这一制度在实践中不断被赋予新的内容。即使放在上海综配司改广泛涉及的 117 项改革举措,且新生事物、全新概念层出不穷的体系中,它以“旧瓶装了新酒”保持了足够的新鲜度,依然闪耀夺目。

一、畅通各类纠纷解决渠道

1. 充分发挥司法职能作用。司法具有专职性、专业性和权威性的特点,综配司改中进一步释放司法的职能作用,推动、指导和保障其他纠纷解决机制的作用发挥,引领纠纷解决机制健康发展。比如,上海法院系统建立完善以审判权为核心、以权责统一为原则、以审判管理权和审判监督权为保障的审判权力运行机制,构建阳光司法机制,提升司法公信力。以综配司改为契机,大力推进审判流程、裁判文书、执行信息三大司法公开平台建设,构建了司法公开服务十大平台。建立完善了“上海法院 12368 诉讼服务平台”,该平台自 2014 年 1 月正式运行以来,日均服务数千次,有效解决了案件查询难、诉讼咨询难、联系法官难等问题。经回访,人民群众对平台人员服务满意率达99%,对处理结果满意率达90%。

2. 完善三调联动工作体系。所谓“三调联动”大调解机制,就是通过有效整合全社会的调解资源,把人民调解、行政调解和司法调解有机结合起来,对各种不同的矛盾和纠纷及时进行有针对性的调处,使之尽可能地化解于萌芽阶段,以实现维护政治稳定、构建和谐社会的目的。

3. 提高行政机关解纷能力。行政机关化解矛盾的方式,包括行政裁决、行政复议等。提升行政机关解决纠纷能力的突破口在于确保其行为的公正性和权威性。比如,上海市各级司法行政部门除努力提升办案水平、强化纠错监督、推行行政复议建议书等措施外,还试行行政复议委员会制度。上海市政府发布《关于本市开展行政复议委员会试点工作的意见》,在市和区县两级政府开展行政复议委员会试点工作,聘任科研院校、律师和实务部门法律专家担任复议委员会非常任委员,参与对重大疑难案件的研究,以表决方式形成案件审议意见,行政复议机关根据复议委员会的审议意见作出行政复议决定,从而增强行政复议制度的公信力,努力将行政争议化解在初发阶段和行政程序中。

二、多元解决方式衔接与联动

1. 调解工作体系优化。大调解,覆盖了基层党委、政府、各行业、各部门以及社会组织、志愿者等多种调解资源,对从民间邻里纠纷到专业性强的医患、物业、交通、劳动争议等大范围多种类矛盾纠纷,形成了人民调解与司法调解、行政调解、仲裁调解相衔接的新型调解工作格局。为了应对社会矛盾凸显的复杂局面,综配司改构建和加强了居村委、街镇和区县三个层级的调解平台,分别解决不同难度和不同跨度的矛盾。在居村委层面,加强和完善居村委人民调解委员会建设,配备调解主任和调解信息员,并将化解矛盾的触角延伸到楼组;在街镇层面,依托综合治理工作中心,加强司法所建设;在区县层面,以法院诉调对接中心为载体,构建各类调解协作和联动的平台,推动调解与诉讼的对接。

2. 诉调对接中心建设。诉调对接中心是大调解在区县一级的重要平台。综配司改推动了让更多案件分流到诉调对接中心,让更多的纠纷能够以调解的方式解决,让更多的人民调解协议经过法院的司法审查,转化为司法文书以确认效力;让更多的退休法官和法律工作者到诉调对接中心工作,实现了诉讼解决与诉讼外解决矛盾纠纷的联动与协调。同时,还专门制定一系列规范性文件,对建立诉调对接中心的目标任务、工作职能、运作机制、人员配备、经费保障等提出具体指导意见,促进了诉调对接工作的规范化和制度化。

3. 探索其他纠纷解决方式与调解的对接。一是探索刑事和解。根据最高人民法院进一步加强诉讼与非诉讼相衔接的试点工作精神,诉调对接逐渐向刑事领域拓宽,贯彻落实宽严相济的刑事政策,完善轻微刑事案件快速办理机制,及时办理当事人和解的公诉案件,有效化解矛盾纠纷。2014 年 9 月,上海市高级人民法院、市人民检察院、市公安局、市司法局联合发布《关于当事人和解的公诉案件适用人民调解的若干规定》,把符合条件的轻微刑事案件委托人民调解委员会进行调解,让具有长期基层法律工作经验的人民调解员参与刑事和解工作,在刑事案件的处理上形成工作合力,增加和解方案的群众认同感和民意基础,妥善处理好轻微刑事纠纷。二是在信访与调解对接方面,利用基层信访代理,吸引自治组织的参与,使群众能够便利地就近表达诉求。探索建立信访代理制度,发动基层自治组织、辖区内人大代表、政协委员和老党员、老干部等担任信访代言人,减少信访人往返奔波。三是在仲裁与调解对接方面,上海市人力资源和社会保障局通过在各仲裁院仲裁申请受理窗口前设立劳动争议调解窗口,及时分流和化解劳动人事争议;加强对调解工作的业务指导和对调解人员业务培训等工作,推进调解与仲裁的程序衔接。另外,上海市人力资源和社会保障部门与市司法局还联合印发了《关于规范人民调解组织参与劳动争议调解的若干意见》,明确了人民调解参与劳动争议调解并与仲裁衔接配合的程序规则,建立了劳动争议人民调解新机制。

三、动员更多力量参与化解

1. 人民团体的工青妇调解。综配司改中上海的工青妇组织从自身特点和基本职责出发,在工作中充分听取所面向群体的需求和意见,并代表该群体与相关单位开展对话、协商以及矛盾处理工作,丰富了大调解体系的内容和架构。上海市总工会印发《关于开展工资集体协商要约行动的意见》,加大行业协商力度,维护职工合法权益。各级工会加强劳动争议调解和矛盾化解工作,构建和谐劳动关系,着力推进基层劳动争议调解委员会建设,重点推进非公企业集聚的工业园区、社区建立区域性、行业性劳动争议调解组织建设。2007 年年底,市妇联就成立了人民调解委员会,全市各区均已成立了妇联人民调解委员会。项目化运行是工青妇组织参与化解矛盾的重要途径,市妇联以项目引入社工和心理咨询师，在对女性信访人进行心理疏导的同时，通过充分的沟通与协商促进矛盾缓解化解。上海团市委维护青少年合法权益，积极探索承接政府青年事务、加强青年管理的社会工作，还运用青少年公共服务平台和优秀“青少年维权岗”创建，及时发现和调解涉及青少年的矛盾纠纷。

2. 律师参与化解社会矛盾。律师的“第三方”地位和法律专业优势，决定了他们是参与化解矛盾纠纷的一支重要社会力量。新一轮司改之前的上海市委、市政府对此高度重视，早在2010年印发《关于进一步发挥律师在法治政府、法治社会建设中重要作用的若干意见》，进一步加强组织律师参加社会矛盾化解工作的制度建设。律师参与化解社会矛盾的主要做法有：一是组织律师参与信访工作。市、区、街镇各级政府组织律师参与领导信访接待已经形成制度化安排，组织律师参与信访积案核查也已在全市普及，上海将律师参与列为信访事项终结的法定程序。设立律师值班窗口，组织律师为来访群众提供法律服务。二是组织律师参与社区矛盾化解工作。开展司法所与律所结对、居村委与律师结对的“双结对”活动近十年，目前已经全覆盖。三是组织律师参与动拆迁矛盾化解工作。全市几乎每一个动拆迁项目，从方案设计到与居民谈判沟通，都有律师参与其中，促进依法拆迁，维护被拆迁人合法权益。四是组织律师参与重大突发事件善后处理。五是组织律师参与重大事项社会稳定风险评估。明确要求重大决策拟定部门和项目报建部门，把律师的审查评价和法律意见作为审批或核准的重要依据。

3. 吸纳社会专业化力量，创新专业调解。市各职能部门着力组建行业性、专业性调解委员会，加强专项纠纷的化解力度。比如，上海成立了全国第一个商事专业调解组织“上海经贸商事调解中心”，且与美国、荷兰、菲律宾、新加坡、英国、日本等建立起形式多样的专业调解合作网络，已经产生了相当的国际影响力。同时，上海还创办了全国第一个商事专业调解培训机构“上海凯声商事调解培训中心”，为全国和当地的政府部门、行业组织、企业、法律专业服务机构等培训了数十批商事调解员，产生重要社会影响，尤其为专业化调解人才的梯队建设提供了“蓄水池”。

四、在线纠纷解决平台

全面综配司改实现法治体系和司法能力现代化，离不开信息化的支撑。全国都在不同程度地推动在线调解等互联网调解平台，主要针对案情相对简单、责任比较明确、当事人有调解意愿的海事纠纷开展网上调解工作。比如,2017年上海海事法院被最高人民法院确定为在线调解平台建设试点法院。综配司改中上海法院以在线调解平台为支撑,与诉讼服务平台、12368平台、律师服务平台深度融合。其中,在线调解平台包含了裁判规则引导、类案推送预判、在线调解、在线司法确认等功能。平台对接了音字转换系统,在线调解视频音频可以实时转化为文字,调解内容可以自动同步保存,调解协议自动生成。上海法院还依托司法大数据库,建立了道路交通案件大数据和知识产权民事侵权案件大数据专项分析平台,通过分析发现矛盾化解规律。上海司法局打造的"智慧调解"系统,集成智能采集、智能调度、法案智搜、协议书自动生成、案件质量评估、短信回访等一系列智能化应用,为人民调解员搭建了全流程、全终端的纠纷化解工作平台,显著提高了人民调解工作质效。

第三节 公共法律服务平台

多元纠纷解决机制在综配司改中的定位,已不是以往的"各自为战",而是彻底走向了"体系平台化转型"。甚至可以认为,公共法律服务平台成了司法行政部门嵌入配套改革的关键要素之一。以上海在综配司改中的公共法律服务平台构建为例。

一、平台的硬件和软件

1. 上海在全国率先建成贯通市、区、街镇、居村四级的热线、网络、实体相结合的公共法律服务平台,初步实现全天候服务。(1)扩容优化热线服务平台。综配司改中整合原有法律援助咨询热线资源,建成上海市司法局、监狱戒毒矫正三局、各区局、各行业协会的基本构架,服务内容扩展到法律咨询、行政审批办理、国家统一法律职业资格考试、公证、狱务公开、所务公开等业务领域,涵盖司法行政全部业务,覆盖范围扩大到所有隶属司法局的公共法律服务中心。(2)建设四级实体平台。建立市公共法律服务中心。由上海市司法局直接驻场管理,市法律援助中心、律师协会、公证协会、司法鉴定协会等单位进驻,除了承担司法部明确的职责功能外,还承担国家统一法律执业资格考试、涉台公证文书审查对比和80岁以上老年人免费遗嘱公证等便民服务。(3)建立区公共法律服务中心和公共法律服务站(室)。各区公共法律服务中心名称和服务场所、功能设置、建设标准、人员配备均执行全市统一标准,功能全部采用“3+X”模式。全部建成街镇、居(村)公共法律服务站(室),实现全市四级实体平台全覆盖。

2. 建成法律服务网络平台。“12348 上海法网”聚合网站、App、微信公众号三种服务方式,包括法律咨询、普法学法、法治地图、法律服务四大板块,提供在线学法、“一站式”法律咨询、一键式查找法律等服务。工作时间律师咨询采用“外包”方式,由社会第三方提供服务。公证服务、司法鉴定、行业调解、社区矫正等方面的专业咨询,由司法行政部门统一安排人员值班解答。同时,基于三大平台积淀的大数据,拓展分析研判功能,将大量数据进行整合,找出群众的法律需求和法律风险,进行人群画像和热点分析,研判司法行政工作方向,精准匹配市民法律需求和优质法律服务。

3. 引入市场机制提高公共法律服务平台运行效能。一是建立完善政府购买公共法律服务机制。根据公共法律服务各项目性质和公共法律服务平台运行情况,将“12348”电话热线非工作时间坐席法律咨询服务、“12348 上海法网”律师咨询服务两项内容纳入政府购买服务范围,由市司法局采取市场机制统一外包社会组织。二是建立公益性法律服务补偿机制。根据实际情况,对“12348 上海法网”工作时间除律师外坐席咨询服务、实体平台法律咨询服务等项目,建立公益性法律服务补偿机制,明确标准,由财政给予相应补贴。三是建立健全公共法律服务平台管理制度机制。根据线上、线中、线下三大平台运行管理需要,建立服务、管理和保障三大基本制度框架,并完善运行机制以制度促规范和强管理。

二、公职律师和公司律师

公共法律服务平台在多元纠纷解决中扮演更重要的角色,离不开专业律师的更多更深参与。其中,公职律师、公司律师是法律职业共同体不可或缺的组成部分,也是多元纠纷解决推向深入的重要力量。

上海市司法行政机关按照中央文件,研究制定《关于推行公职律师公司律师制度的实施意见》,经市委深改委会议审议通过并由市委、市政府“两办”印发,明确建立健全相关配套制度机制:(1)执业许可审核制度。先由各党政机关、人民团体、国有企业提出设立公职律师、公司律师的申请,市、区两级司法行政机关根据管理权限予以审核审批,向符合条件的人员颁发公职律师、公司律师证书。(2)考核管理制度。各级党政机关、人民团体、国有企业把公职律师、公司律师工作纳入本部门本单位年度目标责任制考核,各级政府还要向同级党委、人大及其常委会和上级政府工作报告依法行政工作时,应当汇报公职律师、公司律师工作推进情况。(3)特邀入会制度。公职律师、公司律师可以受邀成为律师协会特邀会员,享有律师协会特邀会员的权利,履行特邀会员的义务,并接受律师协会的业务指导。(4)保障机制。各级党政机关、人民团体、国有企业建立符合本部门本单位工作实际和律师执业特点的工作保障机制,为公职律师、公司律师提供必要的办公条件和设立工作经费预算项目,确保公职律师、公司律师依法依规履职。

三、全面推进居村(社区)法律顾问

为了全面推进居村法律顾问工作,上海市司法行政机关制定出台《关于推进本市居村(社区)法律顾问工作的意见》,在全市居村(社区)推进法律顾问制度,实现让人民群众有身边的法律顾问,更好地为人民群众提供便捷高效的法律服务。同时,建立市、区、街镇、居村四级"微信塔群"。上海市司法局建立由市、区司法局工作人员组成的微信群;区司法局基层科(处)建立由区司法局、街镇司法所工作人员、法学专家等组成的微信群;司法所建立由司法所工作人员、人民调解员、居村(社区)法律顾问组成的微信群;居村(社区)建立由法律顾问、居村(社区)两委成员、人民调解员、法官、检察官、党员干部、居村民代表等组成的微信群,将群众的问题通过微信群予以及时解决,让民众不出家门解决法律难题。同时,将居村(社区)法律顾问工作纳入全市司法行政基层信息平台建设,将其作为重要功能模块,广泛收集信息数据,已成为基层公共法律服务提质增效的引擎。

第四节　深化改革突破点

深化多元纠纷解决机制改革的"步伐不止歇",在综配司改中依然亮眼,关键是不断增长的实际需求与纠纷解决方式"供给侧"之间的矛盾,仍有待进一步寻找更多突破点。

一、纠纷解决法定功能强化

1. 确立司法最终解决原则。诉讼作为一种公力救济方式,意味着对国家意志及法律权威的接受与服从。司法裁判的权威性、实施的强制性和最终的裁决性使诉讼成为一种合法的、最有效的冲突解决手段。然而,由于国家司法资源具有有限性,所有矛盾纠纷都诉诸司法途径解决,无疑将导致讼案数量迅猛增长,司法资源难以为继,因而应确立司法最终解决原则。所谓"司法最终解决原则",是指社会生活中所产生的矛盾与纠纷,用调解、仲裁等非诉讼方法无法解决时,才由国家通过诉讼,以具有国家强制力的司法裁判的方式来加以最终解决,为当事人的合法权益提供保障。在多元化矛盾纠纷解决机制的建构中,应确立司法在矛盾纠纷解决体系中的核心和最高的地位,保证每一个公民都享有且能够平等地行使诉讼权利,保证其能够不受阻碍地诉诸司法救济,并且通过确保司法权的终局性,发挥司法救济的底线保障功能。同时,也应当鼓励和引导人们在矛盾纠纷发生时,寻求非诉讼途径解决,建立以司法救济为中心、有序、协调、多元的纠纷解决机制。

2. 完善仲裁制度及提高仲裁公信力。在民事诉讼制度以外,仲裁为纠纷当事人提供了另外一条自主、便捷的纠纷解决途径。仲裁制度有着特有的诸多优势:更加尊重当事人意思自治、注重实体公正、专业化程度高、一裁终局、较为快捷、保密性强等。由于我国加入了《承认与执行外国仲裁裁决公约》,因此涉外商事仲裁裁决能够在国外的法院得到承认和执行。根据《劳动争议调解仲裁法》,仲裁也是化解劳动争议的重要手段,仲裁委员会由劳动行政部门代表、工会代表和企业方面代表组成,具有审理时限短、专业化程度高的特点,对促进劳资关系和谐具有重要作用。

3. 发挥人民调解在基层治理格局中的重要作用。调解是指双方当事人以外的第三者,以法律法规、政策及道德等多种社会规范为依据,对纠纷双方进行调和、劝导,促使双方进行协商,相互谅解,自愿达成协议,解决纠纷的活动。调解是中国法文化的重要传统资源,也是现代社会争议解决的重要方式。加强人民调解委员会建设,推进人民调解员的专业化、职业化发展,在城乡社区建立实体化人民调解工作室,培育具备法律、医疗、社会工作、心理咨询等专业知识的调解领军人物。推动人民调解、行政调解、仲裁调解与司法调解的联动;完成诉讼、仲裁、行政裁决、行政复议等纠纷解决方式与调解工作的衔接。

4. 强化行政机关参与解决与行政管理活动相关的民事纠纷的职能。一是完善行政裁决制度。作为非诉讼纠纷解决机制的一种，行政裁决为私主体之间争议的解决提供了区别于司法救济的公力救济途径，其在化解矛盾纠纷过程中具有权威性、专业性强，效率高、成本低、解决争议彻底等优势。基于此，需要健全行政裁决制度，改革行政裁决诉讼制度，更大限度地调动各类行政裁决机关的积极性，使该制度更好发挥其在定分止争过程中的优势和作用。二是行政管理领域要依法行政。行政机关化解矛盾，首先在于源头把关。在制定政策规定环节，兼顾各类群体利益，不与民争利；在行政执法环节，执法人员有作为又不乱作为，杜绝随意执法甚至执法犯法损害群众合法权益；在行政复议环节，通过公正的行政复议程序化解行政争议，认真调查研究，提升行政复议公信力。探索建立复议受理先行调解机制；建立政府法律顾问制度，引入律师等社会化专业力量，参与行政政策合法性审查、行政复议调解等法律实务办理。不同的纠纷解决方式有各自不同的特点、程序和效力，分别适用于不同矛盾类型，在矛盾纠纷解决方式的选择上，需要根据当事人偏好和尊重当事人意愿。

二、多元主体和方式协同

1. 形成法律权威下多元主体互补的格局。法院是以国家名义行使司法权的审判机关，在矛盾纠纷的解决机制中居于首要地位，因此，完善多元化矛盾纠纷解决机制应以司法权威的确立为前提。此外，在法院系统之外，还需要其他主体参与到解决矛盾纠纷的活动中，发挥各自在处理案件中的“第一道防线”“第二道防线”的作用，形成多元主体和多元方式互补的格局。

2. 进一步完善基层大调解工作格局。基于平等协商，融法、理、情为一体的调解方式，是基层化解矛盾的低成本、高效率的手段，也是群众乐于接受的手段。大调解的建设目标是，加快在基层构建由党委政府统一领导、政法部门牵头协调、职能部门共同参与，以人民调解为基础，人民调解、行政调解、仲裁调解和司法调解紧密衔接，联调联动合力化解矛盾纠纷的基层大调解工作格局。司法行政部门以深入推进矛盾化解为首责，排查化解矛盾纠纷。在基层建立司法信访综合服务窗口，作为基层各类调解工作的工作前台，负责落实基层矛盾纠纷的排查和受理、数据上报、分流交办、归口调处和检查反馈等工作；法院、检察院和公安机关等政法部门支持和投入各类调解工作格局的建设，坚持调解优先的原则，有序扩大轻伤害案件、治安案件委托调解和诉调对接的类型和范围，推动人民调解、行政调解、仲裁调解和司法调解的有机结合与良性互动，进一步完善多元矛盾纠纷解决机制；信访部门在调解工作中不断完善信访代理等有关工作机制，做好矛盾纠纷的委托调解工作，促进信访与其他行政资源和司法资源的共享和衔接，实现调解资源的优化配置；卫生、人力资源和社会保障、房管等各综合治理成员单位发挥专业优势，完善与行政管理职责范围相适应的矛盾纠纷排查防范和化解处置机制，并根据有关规定和实际需要，组织建立和完善专业性、行业性调解组织，妥善做好医患纠纷、劳动争议、物业纠纷等涉及民生的热点难点纠纷调处工作；工青妇组织作为各类调解工作的重要力量，做好各工作领域的争议调解和矛盾化解工作，进一步发挥集体协商在劳动争议调处中的积极作用。

3. 建立各类矛盾纠纷解决方式的联动机制。实现矛盾纠纷解决机制的多元化，关键是完善相关部门的联动机制，实现共享信息资源，促进诉讼与非诉讼纠纷解决方式的良性互动。整合不同的矛盾解决方式关键是要做好不同部门之间的衔接，建立并完善相关部门的联动机制。联动机制的具体内容，不仅包括部门之间的职能衔接，还应当以具体工作为指引，形成工作联动格局：一是信息预警联动。依托党政在社区等每个基层单位建立信息点，并在法院、司法行政等相应机构之间建立起社会矛盾的反馈网络，在信息传递上实现互联互通，做到心中有数和快速反应。二是人员培训联动。通过现场指导、定期培训或协助矛盾调处等多种形式，不断提高一线工作人员的法律素养和工作能力，促使各类纠纷解决方式价值取向上的一致性。三是矛盾调处联动。包括在具体矛盾可能激化的时候，指导相关行政机关提前介入，特别是对于行政执法或行政管理中的行政矛盾，要做好行政相对人的思想工作，引导其通过行政复议等渠道表达意见，防止激化官民矛盾，形成社会纠纷层级调处格局。四是工作机制联动。通过建立有关行政部门联席会议，处理跨部门、跨区域，特别是涉及政府行政行为的矛盾纠纷，在遇到重大、疑难及群体性纠纷，并在确立统一领导成员后组织相关单位共同会诊，协力解决问题。

三、矛盾解决主体拓展

社会组织和居民自治组织，是社会关注比较少的两个矛盾纠纷解决主体。作为民间性纠纷解决机制的重要主体，它们在自治化程度逐步提高的过程中，已成为矛盾纠纷化解可以利用和整合的重要社会力量。

一方面，借助社会组织中立、非营利等独特功能，发挥其化解矛盾纠纷独特作用。真正发挥社会组织在化解社会矛盾中的积极作用，首要任务是厘清政府与社会组织的关系，明确界分政府与社会组织的职能边界，吸纳社会组织融入矛盾化解体系。制定扶持引领政策，通过政府购买服务、提供办公场所等途径促进社会组织发挥好提供服务、反映诉求、规范行为的积极作用。针对矛盾纠纷复杂化、专业化新特点，发动相关专业领域的专家、学者以志愿者、专业顾问等方式参与社会矛盾化解工作。另一方面，推动通过居(村)民自治方式解决矛盾。发挥好居村委等群众自治平台优势，通过村规民约、公序良俗等方式引导民间纠纷在法治和道德框架内有序解决。

四、多元矛盾化解的保障

1. 加强矛盾纠纷解决领域的立法保障。目前，尚未制定全国立法性质的多元化纠纷解决法律法规，相关规定散见于人民调解法、仲裁法、民事诉讼法等法律规范中。为进一步深化推进矛盾纠纷多元化解机制，有必要从国家顶层设计层面，加快矛盾纠纷多元化解机制的立法进程，依法明确社会矛盾纠纷解决主体的地位、作用及职责任务，规范其纠纷化解行为。应尽快制定相关法律规范，使多元化纠纷解决机制有法可依，从制度层面规范多元化矛盾纠纷的解决。此外，各种纠纷解决方式自身的法律规范及其相关制度的衔接性规范也有待进一步完善。例如，调解的程序问题，调解协议的效力问题，人民调解委员会组成人员的经费、编制、法律培训等问题，都存在模糊甚至不能适应实际需要的情况；又如，刑事和解是各地司法机关对矛盾纠纷化解方式的有益尝试，《刑事诉讼法》也提供了相关法律依据，但在实施过程中不同法院对适用刑事和解的适用范围和运作方式理解上存在较大分歧，造成实践上的不统一。因此，还应当通过修改包括《人民调解法》《行政复议法》《刑事诉讼法》《仲裁法》等在内的相关立法来适应多元化矛盾纠纷解决的现实需求，并积极探索新的立法项目，为多元化矛盾纠纷解决提供有力的法治保障。

2. 营造多元化矛盾纠纷解决机制的法治氛围。一是要坚持教育引导、典型引领、实践养成相结合，努力使政法干部把法治内植于心、外践于行。二是要宣传多元化纠纷解决机制的理念、特点和优势，通过新闻舆论宣传典型的多元化解矛盾的调解案例，增强非诉讼方式的说服力和影响力，提高公众对于非诉讼方式的认可与信赖，正确引导公众认识非诉讼方式解决纠纷的作用，让公众了解、自愿选择和利用非诉讼方式解决纠纷。

第三十三章　司法行政运行

综配司改的参与主体从法院、检察院延伸到了司法行政机关。在上海综配司改试点的117个改革事项中，涉及司法行政的共40项。综配司改收官之年，创造性地推动落实各项改革任务，共形成70余项制度性成果，初步建立了覆盖较为全面，配套较为齐备的改革制度体系。

第一节　亮点与症结

综配司改中，司法行政涉及领域种类繁多、覆盖范围宽泛、需要与其他相关部门衔接的紧密程度更高。但是，由于司法行政系统几乎没有参与新一轮的基础司改，而只是在综配司改中跟进，所以司改的“霍桑效应”在司法行政配套性改革中有所显现。

一、改革亮点

综配司改试点期间，是上海司法行政改革推进力度最大、推进速度最快、推进成效最为显著的时期，经过该系统全力推进，不仅上海司法行政部门承担的40项综合配套改革任务已全部完成，而且引领推动其他各项改革工作加速推进，并取得重要成效。

其中，比较突出的是在加强制度供给上下功夫。提请上海市委深改组会议审议通过并由市委办公厅、市政府办公厅印发《健全统一司法鉴定管理体制责任分工方案》《关于上海市深化律师制度改革的实施意见》《关于加快推进司法行政改革的实施意见》《关于完善仲裁管理机制提高仲裁公信力加快打造面向全球的亚太仲裁中心的实施意见》《关于推行公职律师公司律师制度的实施意见》等重要改革文件，为从更高层面解决制约司法行政事业发展的体制性、机制性、保障性问题提供了有力的政策和制度保障。与此同时，上海司法行政部门还先后出台了公共法律服务平台建设实施方案、深化监狱制度改革实施方案、深化社区矫正制度改革实施方案、深化戒毒工作实施方案等9个具体改革方案，开展刑事案件律师辩护全覆盖、公证“最多跑一次”等8项试点工作，共形成70余项制度成果，为确保综合配套改革任务落实落地发挥了重要支撑和保障作用。

以审判为中心的诉讼制度改革是推进综配司改的重要内容，司法行政多个方面直接服务于以审判为中心的诉讼制度改革，并在其中发挥不可或缺的重要作用。为此，市司法局结合自身实际，紧紧围绕以审判为中心的诉讼制度改革推进有关改革工作，助推提高司法办案质效。

二、问题症结

在亮点的背面，是司法行政参与综配司改存在的不足。一方面，司法行政参与的深度不够。毋庸讳言，本次综配司改试点以完善司法责任制等作为核心改革任务，涉及司法行政的大部分改革任务，更多的是从服务、保障整体改革的角度出发进行设计，司法行政领域的改革任务和综合配套其他改革任务之间的关联度、协同度有待加强。同时，部分涉及司法行政的重要方向性改革没有涉及，比如，党的十八届四中全会决定提出的健全侦查权、检察权、审判权、执行权相互配合、相互制约的体制机制，没有纳入本次综合配套改革的任务范围。另一方面，司法行政领域的改革还存在一些具体的问题需要进一步破解。比如，从人权保护和促进司法公正角度来看，保障律师执业权利十分重要，尽管律师执业权利保障通过改革在不断健全完善，但律师调查取证难问题仍然存在，同时还存在发问难、质证难、辩论难等“新三难”问题。自2018年3月起，机构改革自上而下梯度推进，各级司法行政部门和政府法制工作部门重新组合成新的司法行政部门，并承担党委全面依法治国(市)委员会办公室的职责。重组后的司法行政部门，既承担了刑事执行、公证、鉴定等传统的“司法”的“行政”职能，又承担了行政复议、指导监督行政裁决等“行政”的“司法”职能。机构改革从理论和实践双重层面，均对深化司法行政参与综配司改提出了新的命题，如何更好地将新的职能融合进综配司改，从而保证改革的完整性和延续性，有待进一步加强研究并提出政策建议。

另外，本次改革涉及司法行政的多个领域，包括律师、公证、司法鉴定、仲裁工作、法律援助、社区矫正、人民调解、公共法律服务、狱务公开、公职公司律师等，涵盖了本次党和国家机构改革前司法行政的大部分职能。应该说，司法行政参与综合配套改革的面比较广，但囿于改革的试水性和渐进性，一些具体领域自我改革发展有余，对司法的“配套”深度不足，还存在联动不够紧密、不够深入的问题，比如，在以下两个方面：(1)人民法院通知鉴定人出庭作证率还不高。按照现有法律规定，当事人对鉴定意见有异议，可向办案机关申请鉴定人出庭作证或者重新鉴定，由办案机关结合具体案情和其他证据决定是否采信，鉴定人出庭作证或者重新鉴定是否准许由办案机关决定。据不完全统计，上海司法鉴定机构出具的鉴定意见采信率比较稳定地保持在99.7%以上，但一部分当事人对司法鉴定的信赖度并不如人民法院的采信率那么高。事实上，司法鉴定的高采信率与低出庭作证率、当事人低信赖度形成了一定反差，即人民法院认定的司法鉴定，当事人却不信赖，间接损害了司法公信力。(2)法律援助值班律师作用尚需进一步发挥。从改革实践来看，目前，在押犯罪嫌疑人如需进行法律咨询，必须先向看守所提出申请。得到批准后，值班律师在看守所民警的陪同下，才能为在押犯罪嫌疑人提供法律服务。这种模式下，受限于法律援助审批环节、看守所民警在场等因素，在一定程度上影响了值班律师作用的发挥。同时，目前刑事案件律师辩护全覆盖试点工作尚局限于审判阶段，值班律师不能全过程参与刑事案件，作用发挥还不够充分。在这两个方面，公安、检察院、法院、司法行政机关还需要进一步深化改革，拓展援助范围，将刑事案件辩护全覆盖试点相关工作向审查起诉及侦查阶段延伸，以便值班律师能够在更多环节为在押犯罪嫌疑人提供更多法律服务，以彰显社会主义司法制度优越性。

第二节　刑案律师辩护全覆盖

根据最高人民法院、司法部《关于开展刑事案件律师辩护全覆盖试点工作的办法》精神和要求，综配司改推动了刑事案件律师辩护全覆盖试点。刑事法律援助案件实现了大幅增长。

1. 扩大通知辩护范围。结合刑事案件审判司法实践，在最高人民法院和司法部规定范围基础上，对人民法院应当和可以通知提供辩护的情形作了进一步明确，进一步扩大审判阶段刑事法律援助覆盖面：将适用简易程序、并可能判处三年以上有期徒刑的一审案件，从应当通知提供法律帮助的范围，纳入应当通知辩护范围；将可能判处一年以上有期徒刑及不通晓本地通用语言文字的少数民族及外籍人士列为可以通知辩护范围。

2. 完善经济困难证明制度。上海综配司改试点中，针对上海市犯罪案件中外来人员占比高，但外来人员往往无法提供有效经济困难证明这一实际问题，在适用简易程序、速裁程序的案件中，对被告人因监护人、近亲属或其委托的其他人员地址、联系方式不详，无法协助提供家庭经济状况证明的，经人民法院书面注明，可以视为符合本市法律援助经济困难标准，法律援助机构予以受理。切实解决了申请人因无法提供经济状况证明而不能获得法律援助的问题，确保相关被告人得到律师辩护。

3. 健全工作程序规定。立足于有效保障被告人合法权益，健全完善通知辩护、指派律师等案件办理全过程的程序性规定，特别是明确了有关工作的办理期限：一是明确应当通知情形期限。对于具有应当通知辩护、应当通知提供法律帮助情形的，人民法院应当自发现该情形之日起 3 日内通知法律援助机构指派律师提供辩护或安排值班律师提供法律帮助。二是明确可以通知情形期限。对于具有可以通知辩护情形的，人民法院可以通知法律援助机构。法院决定开庭审理的，一般应当在开庭前 15 日内将材料送达法律援助机构，适用简易程序、速裁程序审理的应当在开庭前 3 日内送达。三是明确撤销和终止期限。人民法院撤销通知辩护决定或法律援助机构作出终止法律援助决定的，应当自作出决定之日起 3 日内函告相关单位，保障被告人可以得到律师的有效辩护。

4. 强化工作支撑保障。一是加强经费保障。将审判阶段刑事法律援助案件补贴标准提高到 2300～3570 元/件，其中可能被判处死刑、无期徒刑案件 4500～5500 元/件，并建立动态调整机制，有效提高了律师办案积极性，保障了试点工作全面开展。二是加强队伍保障。严格条件，招募具有 3 年以上执业经历的律师，组建 1700 多人的专门刑事法律援助律师队伍，建立辩护律师跨区办案统筹调拨机制，统筹解决郊区刑辩律师较少等问题。三是完善工作便利措施。法院优先安排援助律师阅卷,协助免费提供通晓聋、哑手势的人员或者翻译人员,免收复印卷宗材料费等,方便法律援助律师开展工作。四是制定《刑事法律援助办案指南》。为进一步做好刑事法律援助工作,上海司法行政部门还研究制定了《刑事法律援助办案指南》,明确了依法、公正、统一、效率的服务原则,规范了包括受理、审批、指派、承办、未成年人刑事案件、担任公诉案件诉讼代理人、担任自诉案件诉讼代理人、结案归档等全流程及不同情形的程序及要求,明确了值班律师、参与认罪认罚程序等工作规范,同时,健全包括质量管理、质量评估、投诉处理等内容的服务质量控制机制,推动提升刑事法律援助规范化水平。

第三节 法律援助标准化

法律援助在健全社会主义法治、保障人权等方面发挥着极为重要的作用。综配司改围绕强化人权司法保障,积极推动扩大法律援助范围,健全完善申诉法律援助工作机制,不断提高相关困难群体合法权益的保障质量和水平。

1. 积极扩大法律援助范围。一是将民生事项纳入法律援助范围,把劳动纠纷、因家庭暴力虐待遗弃受到侵害、食用有毒有害食品造成人身损害、医患纠纷、军人军属合法权益、未成年人合法权益、农资产品质量纠纷、有关申诉事项等纳入法律援助事项范围。二是简化法律援助资格认定标准。在法律援助领域落实减证便民要求,将法律援助经济困难标准与本市低收入家庭认定标准接轨,已有低收入证明的,无需重复证明,方便相关群众便捷申请法律援助。三是探索社会"夹心层"获取法律援助机制。在部分有条件的区,探索法律援助费用分担机制,推动将不符合法律援助申请标准但又请不起律师的社会"夹心层"能够通过费用分担机制获得法律援助,更好地满足广大人民群众需求。

2. 健全完善申诉法律援助。进一步健全完善申诉法律援助工作机制,推行律师代理申诉制度。一是明确申诉法律援助范围。结合司法实践,明确申诉人可以申请法律援助的两种情形:当事人不服司法机关生效的民事、行政(含国家赔偿)判决、裁定、调解书,依法申请再审的;当事人及其法定代理人、近亲属不服已经发生法律效力的刑事判决、裁定,向人民法院提出申诉的。二是明确申诉法律援助条件。申请申诉法律援助必须同时具备以下条件:申诉人符合本市法律援助经济困难和事项范围标准；申诉相关的裁判文书、决定书已经发生法律效力且在法定申诉期限内提出；有具体的申诉理由和请求且符合三大诉讼法有关规定。三是畅通申诉法律援助申请渠道。申诉人可通过法律援助机构，法律援助工作站、联络点申请代理申诉；人民法院受理的申诉，经审查符合条件的，可告知并引导申诉人向相关法律援助机构申请法律援助；法律援助值班律师应当对刑讯逼供、非法取证情形代理申诉、控告。

3. 全面推行人民法院、看守所法律援助值班律师制度。聚焦全面提高司法质量、司法效率和司法公信力，实现值班律师有形有效全覆盖。一是加强和规范法律援助工作站建设。在法院设置法律援助工作站，为刑事、民事案件当事人提供法律咨询、援助申请和法律援助在内的“一站式”服务。在部分有条件的看守所家属接见区和办公区均设置工作站，值班律师为犯罪嫌疑人、被告人和家属提供法律咨询。统一法律援助工作站标志标识，并在工作站广泛设置宣传栏、放置宣传手册，公示法律援助范围、条件、申请对象、申请受理程序、接待时间、服务内容等信息，以在押人员权利义务告知书等方式告知当事人相关权利，方便当事人获取法律帮助和法律援助。构建以现场值班为基础，辅以网络值班、制作需求表定期收集法律需求并集中解答、延长工作时间等形式的法律援助工作站，方便当事人获取法律帮助或法律援助，提高工作效率。二是构建法律援助值班律师责任闭环机制。明确值班律师工作职责，在“两高三部”规定的值班律师五项职责的基础上，结合司法实践，增加“对适用简易程序、速裁程序的刑事被告人签署适用简易程序诉讼权利告知书进行见证”职责，有效保障适用相应程序案件被告人的诉讼权利；增加“协助看守所开展对在押人员的法治教育”职责，落实“谁服务、谁普法”工作要求。配套制定值班律师工作规范，对值班律师工作运行、监督管理等内容予以进一步细化和完善。健全转交法律援助申请机制，对初步判断符合法律援助条件的当事人，值班律师指导填写申请表，并在 24 小时内转交申请，法律援助机构收到申请后，在 7 个工作日内作出审查决定，并书面告知相应办案机关和申请人等，形成一整套闭环工作流程，进一步畅通申请渠道，确保当事人能够及时获得法律援助。三是强化工作保障确保法律援助质效。加强经费保障，将值班律师咨询等费用纳入法律援助办案补贴范围，标准为每小时 50～150 元，其他刑事法律援助办案补贴标准也均予以明确，并形成动态调整机制，其中侦查阶段每件 1200～1880 元，审查起诉阶段每件 1500～2050 元，审判阶段每件 2300～3570 元等。加强人才保障，全市共建立30个值班律师库，明确值班律师一般应当具有1年以上执业经历。建立值班律师跨区办案统筹调拨机制，解决了值班律师地域分布不均衡和特定案件受援人数剧增等问题。建立常态业务培训机制，市、区两级分层分类开展业务培训，提升值班律师能力素质。建立联系会议机制，与法院、检察院、公安、财政、民政、律师协会等部门建立市刑事法律援助联席会议制度，各区也建立相应工作联系机制，统筹协调推进包括值班律师在内的刑事法律援助工作，研究解决工作中遇到的重大问题，为值班律师开展工作提供便利。建立法律援助机构定期向值班律师所驻单位征询意见、回访当事人，以及向律师协会通报值班律师履职尽责等工作机制，将值班律师履责情况纳入律师年度考核及律师信用信息。建立与服务质量挂钩的差别化补贴制度和退出机制等措施，促进值班律师依法履责。开发法律援助App，推动案件进展实时监控。四是积极推进法律援助标准化建设。研究制定《民事法律援助服务规范》，经市场监管部门审批已纳入地方标准；研究制定《刑事法律援助办案指南》，列入地方标准制修订项目计划，进一步提高了本市法律援助服务质量。同时，在已经将申诉纳入法律援助范围的基础上，会同市高级法院制定加强申诉法律援助工作的意见，进一步明确申诉法律援助的范围、条件和申请渠道。

第四节　人民监督员制度

人民监督员制度是保障检察机关接受监督、公正司法的一项重要举措。司法行政部门按照中央深化人民监督员制度改革部署和要求，与检察机关协商合作，推动人民监督员制度。

1. 健全制度体系。综配司改中，上海市司法行政部门与检察机关联合或单独制发了《深化人民监督员制度改革实施方案》《人民监督员选任实施办法》《人民监督员管理实施办法》《检察机关人民监督员监督工作实施办法》《人民监督员工作经费管理规定》等文件，已经形成了比较健全的制度体系。

2. 突出人民监督员选任的人民性、规范性和公开性。人民性是人民监督员的根本属性，要求监督员来自人民、代表人民、为人民服务。在选任方式上，除了现任人民监督员优先留任和商请有关单位推荐少量人选外，大部分名额都由公民自荐产生；在选任条件上，既没有户籍限制，也没有居住地限制，更没有设置年龄上限或者拔高学历要求;在选任程序上,设置了按一定构成比例和报名先后顺序组织筛选的环节,避免了精英化的选任方式,由随机性保证“人民性”,同时通过设置构成比例保证队伍结构的合理和优化。

3. 建立常态培训和保障机制。为提高人民监督员履职能力,会同检察机关对人民监督员进行常态化的业务培训,按照公平、公正、公开的原则,切实增强监督工作的实际效果。同时,建立完善人民监督员工作经费保障机制,努力为人民监督员依法履职提供服务保障,保证人民监督员履职心情舒畅、高效便捷。

存在问题主要是检察职能调整之后的监督范围尚未拓宽。综配司改试点中,检察机关对人民监督员制度的定位、监督范围的拓展以及监督程序的完善等进行了探索,包括统一工作条线和机构设置。在内设机构改革后,将地方检察机关人民监督员工作职能及机构调整至案管部门(或综合业务部),与最高人民检察院保持一致,统称人民监督员工作办公室。但是,涉及监督范围的拓展仍需保持必要的审慎,及时了解制度保留论证情况。在最高人民检察院明确拓展监督范围以前,在现有制度设计框架下,审慎选取部分案件情形,稳步通过在个别区院、个别条线“点、面结合”方式开展制度改革探索试点。

第三十四章　法律专业机构

法律专业服务机构既有诉讼之外的独立功能，同时，作为司法的协同服务组织，在推动司改中又具有在结构、制度和机制衔接上的不可或缺的重要作用，甚至直接影响到许多司改目标的实现。

第一节　律师制度改革

律师队伍是推进以审判为中心的诉讼制度改革的重要力量，对于提升司法办案质效、彰显司法公信力具有重要作用。同时，以审判为中心的诉讼制度改革也对律师办案、辩护等提出了更高要求，律师能力素质需要一个大的提升。综配司改通过深化律师制度改革，多措并举、多点发力。

一、整体设计

为加强律师制度改革的顶层设计，中共中央办公厅、国务院办公厅印发了《关于深化律师制度改革的意见》。综配司改进一步提出了充分发挥律师在立法执法司法守法、维护社会和谐稳定、依法管理经济社会事务、服务和保障民生中的重要作用等细化落实举措，为深化律师制度改革提供了重要制度保证。

在此基础上，着力于律师机构党建。律师工作是政治性很强的业务工作,也是业务性很强的政治工作。但是,律师队伍存在党组织不健全、党员意识淡化、党建工作弱化等问题,亟须加强律师行业党建工作,推动从有形覆盖到有效覆盖,确保律师队伍发展的正确政治方向。(1)在不同层级成立律师行业党委。建立党委办公室、统战工作部、青年工作部和妇女工作部的党务机构,配备专职人员,实现党群工作一体化推进和实体运作,并制定行业党委工作规则以及党内重大事项报告制度、党建责任区和基层联络点制度,健全完善党建工作机制。(2)推进市区两级律师党建示范点建设。以典型标杆引领带动全行业党组织建设整体晋档升级。同时,在党建引领下,积极开展律师专业水平评价体系和评定机制试点工作,科学、客观、公正地评价律师专业水平,促进律师专业化分工。

在此基础上,上海综配司改试点为进一步加强和深化律师行业党的建设,研究制定律师行业党建规划和行动方案,培养在全国和地方范围内具有领军作用的律师人才,建立若干家管理规范、具备较强综合实力和竞争力的律师事务所,实现党建工作对律师行业各领域工作、各方面人才的全面统领,律师事务所党组织的"战斗堡垒"作用和党员律师的先锋模范作用更加显著,形成符合当地特点的律师行业党建新模式,推动律师行业和律师队伍的新发展。

二、律师执业保障和惩戒

为了把法律规定的律师执业权利切实落实到位,确保侵犯律师执业权利的行为能够得到及时纠正,综配司改中政法各单位对律师会见、阅卷、调查取证等执业权利作出了具体规定,强化诉讼过程中律师各项权利保障,并对办案机关及其工作人员阻碍律师依法行使诉讼权利的情形设置了申诉、控告等救济举措。包括:审查逮捕阶段听取律师意见,审判阶段重视律师辩护代理意见,将律师辩护代理意见及相应处理意见作为案卷必备内容,法院不采纳律师辩护代理意见的,应当在裁判文书中说明理由。同时,政法各单位出台维护律师执业权利快速联动处置的相关规定,完善维护律师执业权利快速受理、联动处理、结果反馈等工作机制,明确相关流程。

依托市律师协会建立维护律师执业权利中心和投诉受理查处中心。针对律师会见权、申诉权、阅卷权等合法执业权利受到限制、阻碍、侵害等情况,依托律师协会建立了维护律师执业权利中心和投诉受理查处中心,畅通律师维权和投诉处理渠道,对维权申请做到第一时间受理、调查、处理和反馈,对投诉查处做到有诉必接、有接必查、有查必果、有违必究，进一步提高了维权和惩戒工作的及时性和有效性。

同时，加强对律师违法违规行为的惩处。一方面，健全完善律师投诉与惩戒工作制度，实现行业处分与行政处罚的有效衔接；另一方面，建立律师惩戒委员会，加大司法行政机关对律师违法违规行为的惩戒力度。

此外，在律师执行环境保障上，一是推进律师执业信息化建设。为营造良好的律师执业环境，方便律师开展专业法律服务，开发并持续升级"律师一卡通"系统，对接审判机关律师服务平台、检察机关律师预约平台、公安部门律师会见预约平台，律师持"一卡通"能够方便快捷完成身份认证，简化安检、登记程序，实现业务信息查询，提高执业效率。二是完善办案机关律师服务设施。办案机关建立完善会见室、阅卷室、诉讼服务中心、专门通道等律师服务设施，规范工作流程，方便律师办理相关事务。全面建立律师参与诉讼专门通道，律师进入法院参与诉讼确需安全检查的，在通知开庭日期时一并告知，并与检察人员同等对待。三是律师行业信用信息服务平台建设。针对所在当地律师体量大如何有效监管、如何引导律师诚信执业一直是一大难题和瓶颈，为此，综配司改通过创新事中事后监管模式，推动律师行业信用信息服务平台建设，探索建立起诚信自律结合、行业社会共治的法律服务综合监管体系，有效发挥了服务社会需求和促进诚信自律的双重作用。该平台收录当地所有律师和律师事务所的信用档案数据，除了少数不适合公开的信息，做到信息全公开，方便群众查询、择优选择律师服务。同时，平台还与市司法局行政审批系统、律师管理系统、法律服务行业信用信息平台、法律援助管理系统实现了自动对接；法院建立了数据交换合作机制，实现双向数据对接，并通过司法行政部门与政府公共信用信息平台对接，实现信息数据的交换，为提升律师监管水平、促进律师诚信执业发挥了积极作用。

三、引导律师履行社会责任

为了引导律师服务国家和地方重大战略，综配司改试点中司法行政部门制定了《优化营商环境行动方案》《上海市法律服务"一带一路"建设行动方案》，明确律师参与优化营商环境、服务"一带一路"的具体举措，积极引导律师服务向高端、涉外和新兴领域拓展，主动为"一带一路"、自贸区、"五个中心"、"长江经济带"、"长三角一体化"建设等重大战略以及企业和个人"走出去"提供高质专业的法律服务。根据中央和司法部统一决策部署，在民业开展法治体检，会同工商联、律师行业组织按照政治过硬、业务精湛、热心公益的标准，组建律师服务团队。为重点民营企业进行法治体检并出具体检报告，在为企业提高合规经营水平、优化营商环境、帮助企业加深对法律政策的理解等方面发挥了重要作用。

引导律师参与社会治理。加强和创新社会治理，需要集聚多方力量，律师作为专业第三方力量，积极介入，特别是在复杂紧急的情况下，提出专业的解决方案，可以及时化解纠纷，避免矛盾激化升级。为此，综配司改试点中司法行政部门研究制定有关律师调解试点、申诉法律援助等文件，引导律师参与各类矛盾化解、代理申诉案件、调解、突发事件应对、重大事项社会稳定风险分析评估等社会治理工作。同时，深化律师协会、人大立法机关立法联系点建设，为律师参与地方性法规、政府规章制定工作搭建平台；建立健全推荐优秀律师担任本市各级党政机关、人民团体、企事业单位法律顾问机制。此外，还引导律师积极参政议政。通过律师参政议政促进委员会，多领域、多层面地深化律师参政议政基础性工作。

四、涉外法律服务业

推动涉外法律服务，弥补我国法律服务业的“短板”，既是营商环境法治化内容，也是中国企业“走出去”和构建人类命运共同体的重要环节。上海综配司改试点在这一领域留下了浓墨重彩的一笔，成绩斐然。

1. 加强涉外法律服务业系统设计。上海司法行政部门联合发改委等部门出台《上海市发展涉外法律服务业实施意见》，确立稳步推进涉外法律服务业开放等十大工作举措，确定建设上海东方域外法律查明服务中心等 13 个重点项目，2020 年基本完成重点项目建设。其中，东方域外法律查明服务中心、（进口博览会）涉外法律服务中心、上海市企业涉外法律培训中心、上海企业合规研究中心、国际贸易金融研究中心等项目已经落地，在助力解决涉外法律问题研究方面发挥积极作用。

2. 完善发展涉外法律服务业机制。上海司法行政部门会同外办、发改委、教委、财政等部门建立发展涉外法律服务业联席会议制度，统筹协调解决涉外法律服务业发展相关重大问题，汇编上海律师行业涉外法律服务示范机构、司法部涉外法律人才库上海名单、上海市涉外法律服务人才库目录，加强人才储备和培育。同时编纂涉外法律服务典型案例，为企业解决类似纠纷提供指引。

3. 深化自贸区中外律师联营互派。充分利用上海推进自贸区建设的契机，在自贸区开展中外律师事务所互派法律顾问和联营，将互派和联营的范围扩大到外国律师事务所，使得中外律师事务所可以就某一个具体的跨国法律事务，为客户提供"一站式"跨境法律服务。此外，上海司法行政部门会同有关部门，有序推进国内律师事务所聘请外籍律师担任外国法律顾问的试点，进一步拓展涉外法律服务业发展内涵，有效增强律师事务所办理国际法律业务能力。

第二节　公证制度改革

公证制度，是服务司法机关、提高办案质效的重要举措，公信力是其根基所在。综配司改聚焦服务司法办案质效提升，深化公证制度改革，完善配套政策，全面增强公证质量、效率和公信力。

一、执业规范和监管

首先，推进公证标准化建设，加强执业正面指引。制定完善行业标准，编制完成公证事项的申请指南和业务手册，涵盖证据保全、国内民事、涉外民事、经济等四大类主要公证事项。适用于公证当事人申办公证和公证机构办理公证业务，详细规范了公证申请材料收取、受理、审查核实、审批出证等各个环节的规则，既是公证办理的标准和业务培训的教材，也是质量检查的依据和责任追究的基础。

其次，严格公证责任追究，加强执业外部监管。建立严格公证责任追究制度，突出强调全面追责原则，严格依法依规追究相关刑事、民事、行政、行业和纪律责任。建立各机关及公证协会相互之间移送违法违规线索制度，明确工作流程及工作要求。建立公检法司和行业协会联席会议制度和信息通报制度，对健全质量责任制、错证追究机制、信用管理机制、质量检查保障机制、风险防控机制等提出明确要求。

最后，综配司改开始推动"智慧公证"建设，加强执业过程掌控。按照业务标准进行"智慧公证"项目研发，严格设定业务流程，实现办证系统标准化、智能化。同步研制专用办证主机，实现引导式操作，简化公证业务受理和事项核查。创新采用“赋码监管体系”，自动生成电子案卷，实现办证过程风险预警和全程监管。通过智能办证室和专用办证主机，进行音视频自动采集并同步云存储，实现数据全记录、过程可追溯。充分利用大数据技术，进行风险数据采集以及信息分级预警推送，实现宏观分析和风险预警。经过强力推进“智慧公证”建设，打造形成了以全国首创的“赋码监管体系”为核心、以服务和监管相融合的“智慧公证”平台，实现公证业务全流程监管。

二、体制和机制改革

长期以来，公证体制之弊为业界和社会所关注。综配司改以优化公证机构体制为切入点，司法行政、编办、财政、人社等联合推进公证体制机制改革创新，敲定公证机构公益二类事业单位的特点，坚持公益性、非营利性事业法人的属性，以及创新实行人员编制使用备案制管理的改革创新方向，推动用好、用足现有事业编制。

在此基础上，大力发展公证员队伍。按照司法部《司法行政工作主要评价指标》中公证员数量应与人口数量达到一定比例的导向要求，司法行政部门敲定公证员配备方案，明确本市公证员核定配备总数逐步提升，并指导公证机构通过合同聘用、第三方派遣等方式，提高公证员数量。

更为重要的是，司法行政部门开始推进合作制公证机构试点，严格申请设立资格条件，须有 5 名以上公证员作为发起人，且有不低于 200 万元人民币的开办资金。严格遴选程序，设立两次报名和审核遴选环节，成立由司法行政部门、公证协会、资深法律顾问代表等组成的遴选工作领导小组。目前，上海在综配司改试点中已组建两家合作制公证机构。

三、减证便民体系

以办理公证“最多跑一次”“一次都不跑”试点工作为抓手，深入开展公证领域“放管服”改革，持续推进减证便民。

以上海综配司改试点为例，首先，大幅扩大“最多跑一次”事项范围。对出生、身份等 38 项法律关系简单、事实清楚、无争议的公证事项，实现让当事人“最多跑一次”。在总结试点经验的基础上，司法行政部门研究制定办理公证“最多跑一次”工作方案，相关公证事项由 38 项扩展为 103 项，均与群众生活息息相关，公证行业便民利民水平显著提升。同时，将“最多跑一次”范围拓展到所有公证处,惠及全体市民。其次,开展"一次都不跑"试点。司法行政部门又进一步推动办理公证"一次都不跑"试点。公证"一次都不跑"服务试点涉及91项公证事项,不需要群众往返公证机构,将极大减少群众办理公证的时间成本。

同时,加强技术保障。通过统一入口或自有网络服务平台,在线受理"最多跑一次""一次都不跑"申请,实行网上申请、网上受理、网上审核、网上缴费。公证申办入口与"智慧公证"办证系统对接,通过后者完成线上受理后续流程。构建统一的查证数据中心,提供有效的信息核实手段,确保只要申请材料齐全、真实,符合法定受理条件,均可通过网络、邮寄送达、代办等方式,实现"最多跑一次""一次都不跑"。

第三节 司法鉴定制度改革

司法鉴定是推进以审判为中心的诉讼制度改革的重要保障,综配司改健全统一司法鉴定管理体制,推进司法鉴定管理创新,提高司法鉴定意见采信率。

1. 司法鉴定管理制度。综配司改试点率先推出司法鉴定地方立法。对标最高标准、落实最严要求,提交上海市人大审议通过了《上海市司法鉴定管理条例》。该法明确了登记范围、准入条件、日常监管等要求,细化了司法鉴定机构、司法鉴定人执业规范,完善退出机制,严惩违法违规执业行为。在此基础上,为进一步落实严格准入要求,司法行政部门在司法鉴定专业技能评估考核、司法鉴定管理等方面,健全案件登记、受理、鉴定实施、鉴定意见书出具、鉴定人出庭、案卷归档及接待投诉等全方位工作规范。同时,突出全面追责原则,会同办案机关严格司法鉴定责任追究,健全鉴定人负责制,健全鉴定人、有专门知识的人出庭作证的审查、启动和告知程序及相关措施。此外,还研究制定法医临床司法鉴定服务规范等地方标准,全面加强司法鉴定质量管理。

2. "智慧司鉴"信息化建设。为进一步提升对源头数据的把控和对司法鉴定全流程的监管,司法行政部门推进"智慧司鉴"项目,形成了法医临床、法医病理、法医毒物、法医精神病和文书鉴定五类操作流程,并推行运用"智慧司鉴"系统。同时,"智慧司鉴"的类别继续涵盖"四大类"其他的所有类别以及知识产权、工程质量两个类别,并同步启动开发司法鉴定统一管理平台。

3. 司鉴分级、分类和准入。为深入贯彻国务院关于转变政府职能、适度下移行政执法重心的改革精神，综配司改中司法行政部门启动司法鉴定市、区两级管理试点，推动管理职权下放、管理重心下移、管理力量下沉，推行分级司法鉴定管理体制。同时，结合鉴定人才、检验设备和实验室物理空间等鉴定资源，建立司法鉴定机构专业类别和等级评估制度，实施分类管理。此外，严格鉴定人和鉴定机构准入。严格依法执行司法鉴定人和司法鉴定机构准入登记，制定鉴定机构准入评审标准和司法鉴定人专业技能评估考核办法，依法依规落实人员和机构准入。

4. 全面开展司法鉴定行业整治，针对鉴定行业中存在的难点、痛点和盲点问题，聚焦整治重点，明确对标核查、现场检查、外部调查、行政约谈和能力测试等手段，全面审查审批文档、开展执业能力审查、开展自查自纠、开展现场督察、清退不合格鉴定人、重点整治“受理点”和“黄牛”。开展“双随机、一公开”、能力验证、案件评查、投诉处理等工作，做到鉴定人、鉴定机构、鉴定类别检查全覆盖；推进司法鉴定从业人员“持证上岗”，加强社会对司法鉴定从业人员的监督。建立鉴定人诚信评价制度，加强司法鉴定行业社会信用体系建设，向社会公开评价结果。制定鉴定人助理管理办法，将鉴定人、鉴定助理的培训、管理和考核工作制度化，形成长效监管、分析机制。引导依法实行登记管理的鉴定机构和鉴定人加入司法鉴定行业协会，接受行业自律管理。

第四节　仲裁制度改革

仲裁是一种具有准司法性质、国家认可的重要法律制度，是解决争议特别是商事争议的一种重要方式，具有充分尊重当事人意愿、一裁终局、审理不公开等特点，受到越来越多市场主体的认同和接受，目前大多数国际贸易纠纷通过国际商事仲裁程序加以解决。推动仲裁制度改革，乃是上海综配司改试点的重要内容。

一、上海仲裁制度现状

截至2019年上海综配司改试点结束之时，当地经依法登记的仲裁机构有3家，即上海仲裁委员会、上海国际经济贸易仲裁委员会（上海国际仲裁中心）、中国海事仲裁委员会上海分会。全市共有仲裁员 2137 名,分别来自 70 多个国家和地区,其中外籍及中国港澳台地区仲裁员 475 名,占 25.6%;共有调解员 159 名,来自 10 多个国家和地区,其中外籍及中国港澳台地区调解员 51 名,占 32.1%。2018 年,上海仲裁受案数量稳步增长,全年共受理各类案件 4745 件,同比增长 42.2%;受理案件标的总金额创出新高,为人民币 480 亿元,同比增长 26.8%,上海仲裁受案数量和案件标的额均呈持续稳步增长态势,可以预见,仲裁在解决司法机关案多人少矛盾方面将发挥越来越重要的作用。但《仲裁法》于 1994 年颁布,至今已 26 年,这期间国际国内形势发生了重大变化,一些规定已经不适应新形势的需要,为切实解决仲裁立法滞后、仲裁事业发展受限等突出问题,根据党中央、国务院关于仲裁工作改革发展的部署和要求,紧密结合上海实际,积极推进仲裁工作改革,并取得重要进展。

二、仲裁改革经验

1. 制定全国首个省级仲裁改革文件。仲裁工作改革政策性强、涉及面广,为扎实推进这项改革,2018 年年初就制定了试点方案,并组织开展调研论证。2019 年 1 月 2 日,上海市委深改委第一次会议审议通过《关于完善仲裁管理机制提高仲裁公信力加快打造面向全球的亚太仲裁中心的实施意见》。同年 2 月 28 日,上海市委办公厅、市政府办公厅印发实施。以全面落实党中央、国务院确定的仲裁改革发展任务为主线,对标国际最高标准、最高水平,提出 6 大方面 16 项具体改革举措,是全国首个出台的关于仲裁工作的省级改革文件,为全国仲裁事业改革发展发挥了开路先锋的作用。

2. 树立"上海仲裁"法律服务品牌。2019 年 5 月,上海司法行政部门印发《打响"上海仲裁"服务品牌行动方案(2019—2021 年)》,以完善仲裁管理机制、提高仲裁公信力,加快把上海打造成为面向全球的亚太仲裁中心为主要目标,提出了 4 大方面 43 项推进措施,并明确了责任部门和时间表,为把"上海仲裁"打造成具有较大国内外影响力的高端法律服务品牌奠定了坚实基础。同时,积极争取司法部批复同意了世界知识产权组织仲裁与调解中心落户上海,这是仲裁对外开放的重大突破,属于全国首创。

3. 组建上海仲裁协会。司法部强调要加快中国仲裁协会筹建工作,地方仲裁协会筹建工作也要一并推进研究,上海也明确提出要组建上海仲裁协会。2019 年 8 月 9 日,上海仲裁协会召开第一届会员大会第一次会议,这是全国成立的首个省级仲裁协会,具有较好的示范引领作用。

4. 打造上海国际争议解决中心。借鉴新加坡等地建设国际仲裁中心的成功经验,上海设立国际争议解决中心,提出打造“一站式”、专业化、高端化、多元化的国际商事争议解决平台。2019 年 5 月,上海国际争议解决中心业务主管单位由市商务委变更为市司法局。目前,相关境内外知名仲裁机构及法律服务机构已基本达成入驻上海国际争议解决中心的意向。

5. 推动仲裁对外开放政策落地。为有序推进我市仲裁对外开放与合作,积极向全国人大、商务部、司法部等中央部门争取临港新片区仲裁对外开放政策。在 2019 年 8 月 6 日公布的自贸区临港新片区总体方案和 8 月 20 日公布的临港新片区管理办法中,明确提出允许境外知名仲裁及争议解决机构在新片区设立业务机构,就国际商事、海事、投资等领域发生的民商事争议开展仲裁业务,仲裁成为继律师后上海又一项在全国率先对外开放的法律服务业。同时,研究起草了《境外仲裁机构驻中国(上海)自由贸易试验区临港新片区业务机构登记管理办法(试行)》,稳妥推进上海自贸区临港新片区仲裁对外开放政策落地。

三、亚太仲裁中心建设

上海仲裁尽管做了大量工作,并取得了不少成绩,但是在立足全国和服务国家战略方面都发挥得不够。比如,在如何利用自贸区仲裁机制服务国家“一带一路”倡议方面缺乏思路,没有发挥应有的辐射效应;建设自贸区要紧紧把握国际通行规则,自贸区仲裁规则只有在仲裁大量国际案例中积累经验、积聚国际仲裁专家、不断完善仲裁机制和体制,才能真正把握国际通行的仲裁规则,也只有如此才能使上海自贸区仲裁院成为真正意义上的国际仲裁院。上海仲裁在这些方面仍有很大潜力可挖掘。

置于国际视野,亚太仲裁竞争格局日趋白热化。仲裁作为一种司法外的纠纷解决方式,由于其具有公正、方便、快捷、费用低、保密性好等特点,受到纠纷当事方的喜爱。特别是在国际商贸领域,来自不同国家的交易方,更加偏爱仲裁这种方式。新加坡等境外仲裁机构一直致力于增加其在国际仲裁市场上的吸引力,努力成为新的国际仲裁中心,其受案量和争议金额呈现爆发式增长态势。新加坡国际仲裁中心(SIAC)2016 年共受理了 343 起案件,争议金额总和达到 110.85 亿美元,是自 SIAC 于 1991 年开始运作以来的最高纪录,案件平均争议金额为3846万美元，其所受理的80%为国际案件，20%为国内案件。反观上海，选择到上海仲裁机构仲裁的基本上都是由于一方当事人选择在上海仲裁，很少有双方都是外方而选择在上海仲裁的，而只有外国企业均愿意选择上海仲裁机构，才能真正体现上海仲裁机构在世界上具有竞争力，对此我们任重而道远。

除了仲裁体制和机制的深改，上海亚太仲裁中心建设实现“弯道超车”的关键一环，是要关注发展“互联网+仲裁”。国际上伦敦国际仲裁院成立于1892年；国际商会仲裁院成立于1923年；美国仲裁协会(AAA)于1926年成立；新加坡国际仲裁中心成立于1991年，整个国际仲裁市场是一个竞争的环境，谁都想成为市场的引领者。互联网经济已全面铺开，网络仲裁不仅将大大提高工作效率，真正破解“地域限制、周期长、成本高”诉讼困境，而且更加有效地保障市场主体合法权益，这将是上海亚太仲裁中心建设实现超越式发展的重要一环。对此，亟待打造适合上海市仲裁发展的“专业、快速、方便”网络平台，专门制订相应的仲裁规则，这不仅是贯彻落实“互联网+”行动计划战略部署的一次有益探索，更是网络化、智能化、服务化、协同化的新业态发展思想的一次集中体现。通过开展“互联网+仲裁”工作，可以使仲裁委的服务触角延伸到更广阔的领域和地域，契合其立足本市、服务全国、面向亚太、走向世界、积极融入全世界仲裁法律服务圈的发展理念。

第三十五章　刑罚执行公开

刑罚执行是整个法律程序的最后一道程序，更是保障司法权威、确保裁判既判力得到执行的重要环节。监狱作为国家的刑罚执行机关，承担着对被判处死刑缓期二年执行、无期徒刑、有期徒刑罪犯的刑罚执行重任。同时，社区矫正机构负责被判处管制、宣告缓刑、假释或暂予监外执行罪犯的执行工作。监狱作为严的一面，社区矫正作为宽的一面，两者相互统一、相得益彰，构成了符合中国特色的宽严相济的刑事政策。

第一节　深化狱务公开

监狱刑罚执行工作包含各个方面，与综配司改紧密相连的是狱务公开。综配司改试点以此为突破口，积极健全完善制度机制，充分利用信息技术，建立健全开放、动态、阳光、透明的狱务公开机制，以多种便利途径向不同群体公开相应狱务信息，增强执法透明度。

一、总体框架

综配司改试点中，在分类细化公开内容上，根据不同狱务信息的性质、面向不同对象的公开需求，逐一梳理分解，细化形成“23+10+6”公开事项，以及依职权主动公开与依申请公开2种公开方式。其中，23项内容向社会公众主动公开，

“23+10”项内容向罪犯近亲属公开，10项内容中有6条为主动公开、4项因涉及罪犯个人隐私为依申请公开；“23+10+6”面向罪犯公开，其中的“6”为依申请公开。

在分级确定公开职责和公开方式上，根据监狱管理局、监狱、监区不同层级权限，明确狱务公开的职责和方式。监狱管理局主要通过“12348”上海法律服务网、门户网站向社会公众发布公开信息、网上咨询，建立罪犯信息查询系统实现信息自主查询，落实新闻发言人制度，微博、微信等新媒体信息发布等方式公开相应信息。监狱主要通过《狱务公开手册》、狱务公开窗口、狱内宣传媒介、监狱领导接待日、监狱开放日、执法情况通报会、建立执法监督员制度等方式公开相应信息。监区主要通过《服刑人员服刑指导手册》告知基本权利义务、设置狱务公开专栏、落实罪犯“一卡通”狱务查询、建立会见日监区领导接待制度等方式公开相应信息。

在建立反馈评价机制上，面向一线干警、罪犯本人、罪犯亲属、社会公众四类人群，设置“满意度综合评价”指标，对会见室环境和执法流程、态度、质量等公开水平进行匿名测评，自觉接受监督。建立狱务公开考核清单，加强不定期狱务公开专项警务督察。通过多维度评价，不断总结提高，形成制度执行闭环，确保狱务公开机制准确执行。

二、公开途径

在保持传统公开渠道优势的基础上，依托“信息化+”“智能化+”等载体和渠道，形成“六个一”公开途径，使罪犯及其近亲属和社会公众能够更加方便快捷地获得相应公开信息。“一网”即门户网站。推出网上陈列馆、便民服务查询、网上狱务公开专栏等功能，实现网上公开“三类罪犯”执法文书等，暂予监外执行决定书在作出决定的10个工作日内全部上网公开，有效提高了执法透明度。“一线”即上海监狱服务热线。纳入“12348”上海法律服务网，专人接听解答。“一号”即监狱微信公众号。实行微信公众号“三加三推”模式，即加矩阵、加联盟、加主流新媒体，头条推广、后台推送、媒体推介，微信平台关注量显著提升。同时，开通推送信息的留言回复、图文投票等功能，及时回复解答相关问题。“一窗”即狱务公开窗口建设。实现监狱会见室标准化建设，统一公告专栏、取阅处、咨询台等功能要素，配置触摸式智能查询机等终端设备，打造面向罪犯近亲属的信息公开平台。

三、公开标准

在实现狱务公开制度化和规范化的基础上，以现有法律法规、制度标准为基础，结合上海监狱工作实际，统筹兼顾功能性监狱的特殊性，坚持简化、优化原则，整合精简工作环节，建立了涵盖服务通用基础、服务保障、服务提供三大方面的狱务公开标准体系，并在上海监狱全面施行，直接采用国家标准 32 项、行业标准 1 项，自行编制组织标准 52 项，全面涵盖狱务公开活动的主要环节、核心要素、支撑要素以及面向服务对象的服务环节。其中《狱务公开管理规范》经市场监管部门审定通过，并报国家标准化委员会备案，已正式发布为全国首部狱务公开地方标准，于 2018 年 4 月 1 日正式实施。

第二节　社区矫正体系

与高墙电网把监狱与社会隔离不同，社区矫正的执法场所并没有脱离社会。比如，街镇层面，司法所负责成立矫正小组，承担社区矫正日常工作；区县层面，建立社区矫正中心，统筹执法、教育、管理等工作。综配司改试点在社区矫正中心建设上的实践，具有样板示范作用，更为建立完善与宽严相济刑事政策相适应的社区矫正体系奠定坚实基础。

一、集中执法模式

建立标准化社区矫正中心，选派戒毒、监狱民警参与社区矫正，并以此为依托，建立集中执法模式，集约高效使用有限警力。统一办公，把全部选派民警日常办公地点集中到各区社区矫正中心，并落实民警办公室、办公设备，向区社区矫正中心倾斜配备警车；统一使用，即统一安排民警工作，并将民警政治学习、警示教育、业务培训等纳入原单位的队伍建设范畴；统一执法，建立从报到接收到解除矫正等各个执法环节的操作流程和规范，实现执法工作由社区矫正中心统筹安排；统一管理，以县（区）为单位成立社区矫正党支部，通过党建实现对选派民警的集中统一管理；统一考核，民警的日常考核由选派民警党支部和县区的社区矫正中心共同实施，上级社区矫正管理局负责对考核工作进行督导和评价。

同时，制定推出刑罚执行一体化建设方案，健全完善监狱社区矫正相互衔接、统一协调的刑罚执行体制，推进刑罚执行一体化建设，实现政治效果、法律效果和社会效果相统一。

二、全覆盖监管体系

推进电子监管全覆盖。社区矫正的本质属性是刑罚执行，被判处管制、宣告缓刑、假释或暂予监外执行的罪犯，其身份依然是经人民法院依法审理宣判的“罪犯”，对其严格监督管理是落实法律法规规定的必然要求，也是维护社会公平正义、保障社会安全稳定的必然要求。根据规定，社区服刑人员应当定期报告，未经批准不得离开居住的市、县，参加并完成每月至少 8 小时教育学习和 8 小时社区服务，接受工作人员的实地检查、通信联络、信息化核查，确保不脱离监管，如果出现违规情形，将面临警告、治安管理处罚直至裁定执行收监。那么，如何对社区服刑人员落实监督管理措施，开展严格规范的社区矫正刑罚执行活动？在监管力量薄弱、监管对象众多且分散的情况下，充分运用科技手段就成为了必然选择。综配司改试点中基于以往多年的探索，采取运用电子实时监管+手机 App 定位双重监管方式，社区服刑人员电子监管率达到 98%以上，基本实现对社区服刑人员的电子监管全覆盖，大幅提升了监管质量和效果。

健全监督管理措施。特别是注重加强与公检法等部门的协作配合，上海司法行政部门会同相关部门，推出社区矫正调查评估及法律文书衔接、依法限制社区服刑人员出境、社区服刑人员请假外出管理、监狱与司法行政部门刑罚执行衔接配合、刑罚执行一体化建设等制度，进一步健全完善了监督管理网络，确保社区服刑人员整体处于可控状态。

推进“智慧矫正”建设。按照司法部有关推进“智慧矫正”试点工作要求，推进社区矫正信息化建设，建成矫正局应急信息指挥中心，并与社区矫正中心实现互联互通。积极推进区社区矫正指挥中心建设，建立实时监控、业务督办、分析研判、保障集成四大功能模块，完成了“一网四化“，即依托运用互联网、大数据技术实现社区矫正管控可视化、督办精准化、研判数据化、保障一体化，以及建立了“一键统矫”，即一手操控键盘鼠标，就可发挥统筹、统揽和统一指挥、保障、规范社区矫正工作的作用，促进社区矫正执法执行核心工作提质增效。

三、“三分矫正”体系

坚持把社区服刑人员教育改造成为守法公民作为中心任务，以认罪、悔罪、赎罪为主线，创新形成分段、分类、分级的“三分矫正”体系。

一是分段矫正。这是社区矫正的基础，主要是针对新入矫3个月内的社区服刑人员开展入矫教育，针对临解矫前1个月的社区服刑人员开展解矫教育，根据这两个阶段社区服刑人员的特点和共性需求，在上海全市层面建立规范的工作制度，统一教育主题、教学指南、管理考核，形成“流程统一规范、内容兼具特色、形式丰富多样”的分段矫正特色。

二是分类矫正。这是社区矫正的重点，主要是入矫教育之后、解矫教育之前，以犯罪类型（案由）和犯罪原因为主要分类标准，对同一类型的社区服刑人员开展项目化分类教育，通过调研发现问题和需求、设计课程、建立专业师资团队，从目标需求、教育内容、手段方法、进度安排、效果检测等方面制定分类矫正项目方案，做到“一类一项”，避免“一刀切”的做法，使教育活动能够更好地“对症下药”。

三是分级矫正。这是社区矫正工作的深化，即根据对社区服刑人员的矫正评估和日常行为考核，对不同管理级别的社区服刑人员开展分级教育，通过制定针对性的矫正方案，落实“一人一案”，开展个别化教育矫正，特别是突出对一级管理对象和重点重要对象的个别化教育，补强矫正小组，如司法所所长任矫正小组组长，选派民警、中级社工或资深社工参加矫正小组，根据需要邀请医学专业人员、禁毒社工、监狱警察、法官、检察官等专业人员参加矫正小组；根据此类社区服刑人员的思想、心理、个性、犯罪原因及现实表现，发掘和运用专业教育资源，采取针对性的心理、认知、行为等矫正方法和手段，加强管控和教育力度。

四、社会支撑体系

社区矫正应有“包裹式”的分散式思维，只有司法行政部门，抑或只有单一维度的突进，都难以形成足够的支撑。

综配司改试点的要义集中在以下几个方面：一是加强社会组织培育。按照政府主导推动、社团自主运作、社会力量参与的总体思路。定期开展社区服刑人员需求、困难与问题分析，建立家庭支持、矛盾化解、就业谋生、心理矫正、临时救助等帮教项目，帮助解决社区服刑人员融入社会面临的急、难、愁问题。二是广泛发动社会力量参与。除市新航总站、市帮教协会外，广泛动员、发动更多社会力量参与社区矫正工作，引进社会组织、民主党派、高校、企事业单位等各类主体,分别发挥优势专长参与帮扶帮教,为社区服刑人员回归社会、融入社会提供支持帮助。三是推进各类基地建设。建立“中途之家”,过渡性就业基地,为社区服刑人员提供住宿、培训、就业等服务;与社区共建社区服务基地,为落实社区服刑人员公益劳动提供保障。四是强化技能培训。在推动将社区服刑人员职业技能培训纳入国家职业技能培训总体规划的基础上,克服社区服刑人员居住分散、需求多元等难题,有针对性地探索开展技能培训工作,并取得了突破性的进展和成效。

第七编　智慧司法和司法行政

第三十六章 “206 工程”

司改和信息化是推动司法发展的“车之两轮、鸟之双翼”。综配司改试点中，全国司法以国家实施大数据战略和司改试点为契机，深化现代科技与司改深度融合，积极推进智慧司法建设。其中，“206 工程”是国内自主研发的重大创新工程，开创了历史先河。

第一节 刑事案件智能辅助办案

智慧司法的内涵广泛，切入点选在了刑事案件智能辅助办案系统。该办案系统很大程度上改变着侦查模式、批捕模式和审判模式，贯穿的一根红线是证据规划和证据标准。

一、研发背景

2017 年 1 月，中央政法委作出研发“推进以审判为中心的诉讼制度改革软件”的重大决策部署。孟建柱同志指出，“把现代科技创新与司法体制改革融合起来，特别是在推进以审判为中心的诉讼制度改革中，通过强化大数据深度应用，把统一的证据标准镶嵌到数据化的程序中，减少司法任意性，既提高审判效率，又促进司法公正”。

2017 年 2 月 6 日，孟建柱同志和时任中共上海市委书记韩正同志到上海高院调研时，明确要求：由上海高院牵头，承担研发“推进以审判为中心的诉讼制度改革软件”的任务。之后,又以下达任务的日期将该任务简称为“206 工程”。“206 工程”的时间紧、要求高、难度大、无先例,是一项运用大数据和人工智能“0 到 1”的重大技术创新,国内外均无先例。①

“206 工程”的逻辑起点是案件智能决策辅助系统,内容上包括刑事、民事、商事和行政等不同类型案件的智能辅助。随着研发不断深入,其内涵已进一步延展到更多领域。只是由于刑事案件的决策要件相对更为清晰,本着“由易到难”的原则,最早开发也是较为成熟的,便稳定为刑事案件智能辅助办案系统。在基础司改和综配司改阶段,上海、内蒙古、辽宁、安徽、贵州等 13 个省、自治区、直辖市已经共同研发出 102 个罪名指引(见表 36-1)。

表 36-1 刑事案件智能辅助办案覆盖 102 个罪名

<table>
<tr><th>序号</th><th>罪名</th><th>完成时间</th><th>制定单位</th></tr>
<tr><td>1</td><td>故意杀人罪</td><td rowspan="5">已在 2017 年 6 月完成
(7 个罪名)</td><td rowspan="11">上海市</td></tr>
<tr><td>2</td><td>故意伤害罪(故意伤害致死)</td></tr>
<tr><td>……</td><td>……</td></tr>
<tr><td>6</td><td>非法吸收公众存款罪</td></tr>
<tr><td>7</td><td>集资诈骗罪</td></tr>
<tr><td>8</td><td>内幕交易罪</td><td rowspan="5">已在 2018 年 4 月完成
(13 个罪名)</td></tr>
<tr><td>9</td><td>利用未公开信息交易罪</td></tr>
<tr><td>……</td><td>……</td></tr>
<tr><td>19</td><td>挪用公款罪</td></tr>
<tr><td>20</td><td>挪用资金罪</td></tr>
<tr><td>……</td><td>……</td><td rowspan="2">2018 年 8 月底前完成
(51 个罪名)</td></tr>
<tr><td>71</td><td>妨碍公务罪</td></tr>
<tr><td>72</td><td>危险驾驶罪</td><td rowspan="4">2018 年 9 月底前完成
(31 个罪名)</td><td rowspan="4">内蒙古、辽宁
等 11 个省、
自治区、直辖市</td></tr>
<tr><td>73</td><td>涉自然资源犯罪</td></tr>
<tr><td>……</td><td>……</td></tr>
<tr><td>102</td><td>涉拐卖妇女儿童犯罪</td></tr>
</table>

① 崔亚东:《人工智能与司法现代化:“以审判为中心的诉讼制度改革:上海刑事案件智能辅助办案系统”的实践与思考》,上海人民出版社 2019 年版。

二、架构环节

这个正式命名为“上海刑事案件智能辅助办案系统”，其系统架构包括：(1)办案网络平台，具体包含网络基础设施、数据安全防护、应用安全监控；(2)中心服务器，部署在上海市高级人民法院；(3)办案应用软件，覆盖证据标准和证据规则指引、单一证据校验、逮捕条件审查、证据链和全案证据审查判断、社会危险性评估、电子卷宗移送、庭前会议、类案推送、量刑参考、知识索引、文书生成、办案程序监督、非法言词证据排除、庭审实质化、案件评议、减刑假释案件办理、刑罚执行状况监督、简易速裁案件办理、赃款赃物管理、要素式讯问、全程录音录像、法律服务办案辅助、刑罚执行衔接、特殊人群衔接等24项功能；(4)大数据资源库，包括证据标准库、案例库、文书库、法律法规库、办案业务文件库等(见图36-1)。

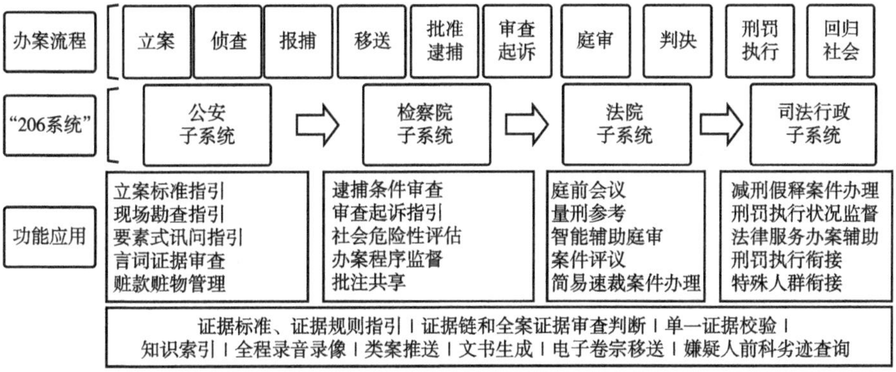

图36-1　“206系统”办案流程功能体系展示

在技术原理上涉及前后四个关键环节：(1)人工智能技术运用，包括图文识别(OCR)、自然语言理解(NLP)、智能语音识别、司法实体识别、实体关系识别、司法要素自助抽取等；(2)智能识别和信息提取，主要是针对各种证据，比如，印刷体文字、部分手写体文字、签名、手印、签章、表格、照片等；(3)机器学习和深度挖掘，针对各种证据提炼证据标准、证据规则、证据模型，集成典型案例、司法信息、办案经验等；(4)校验和把关，及时发现进入系统的刑事案件证明标准、办案程序中存在的不统一、不规范、证据瑕疵及证据之间的矛盾等问题，确保提请逮捕、移送审查起诉的案件符合法律规定的标准(见图36-2)。

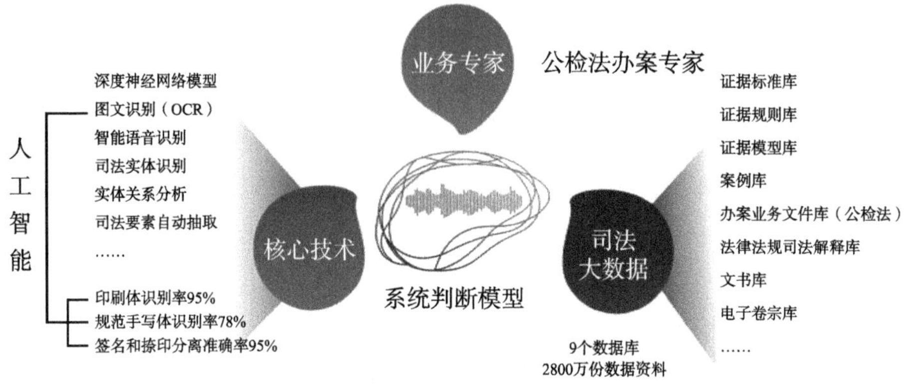

图 36-2　上海刑事案件智能辅助办案系统功能要素

第二节　贵州的原初设想

"智慧司法"的整体设想始于基础司改之初的贵州省高院,包括立案系统(与公安、检察、监狱管理部门的衔接、全面案件数据采集、智能化信息采集)、审判系统(智能审判辅助功能、证据分析功能、案例分析功能、智能生成裁决文书、审判全程数据采集)、法院管理系统(案件数据采集、人员考核管理、数据成本管理)、模拟审判系统(开放模拟判决、案例判决统计)。

该方案原初设计的目标是:让审判更便捷,集成法律法规,完成类案推送,全景案件分析;让管理动态化,实现对案件审理实时掌控,把握案件审结的偏离度;提供立案辅助,对接公检监三部门数据,自动识别纸质资料,自动检测证据资料;让司法更透明,提供模拟审判和类案统计,实现公平审判。

技术路线上,首先是完成司法机关的数据挖掘和清洗,目的是建立结构化数据档案,组织资深专家和实务法官、检察官组团,依据办案经验大规模地编制影响案件判断的数据标签。其次是在此基础上,探索建立起"案由模型",把相关刑事罪名的构成要件和量刑情节结构性和非结构化要素加以穷尽式分解,采用多模态语义嵌入表示成"语义向量",最后结合案件要素末端对应相关的法律法规、判案指引、鉴定标准等,形成相似匹配的"网络图",并通过 Seq2Seq 模型,生成供决策参考的罪名认定和量刑建议。

其中,针对案件要素,吸纳刑法及司法解释的法定要件、指导性案例的裁判规则以及司法政策的引导性影响元素等，通过机器学习和强化学习，构建分层次的图结构（见图 36-3）。

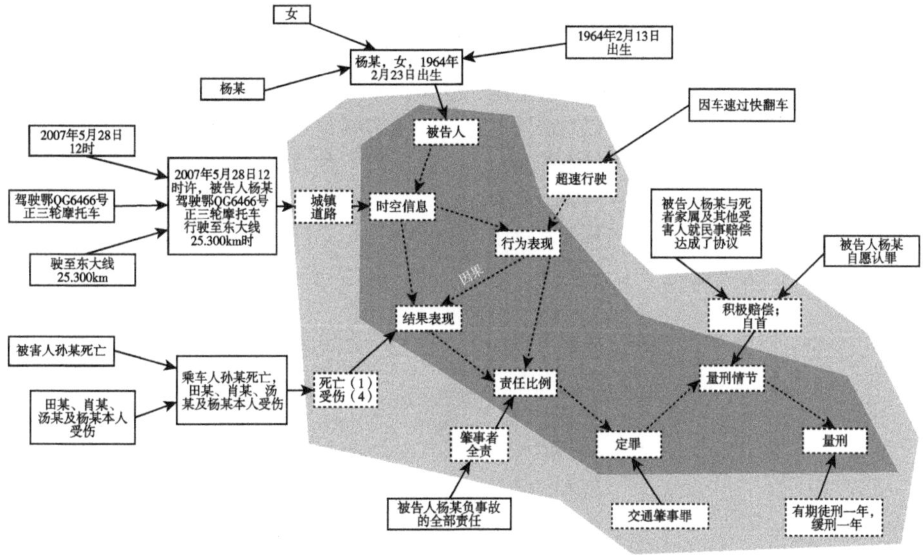

图 36-3　案件要素图结构

基于图 36-3 所示的结构，比照以往类似案件生成证据图谱（见表 36-2）。对于证据项中的有争议部分给予显著区别性标识，除了事先编组的研究团队标签式判断，让待决案件的法官直接对照本次案件证据来判断采信与否，不断完成“自适应”过程，让证据图谱日益完善，自动生成证据分析结论。

表 36-2　证据图谱

类别		证据项
立案侦办证据	立案证据	√报案、控告、举报、扭送、投案材料 √公安机关在履行职务过程中发现犯罪事实的材料 √相关部门移送的犯罪材料 ⚠受案登记表、立案决定书
	案件侦破证据	√锁定犯罪嫌疑人、被告人的相关材料 ⚠到案经过说明 √使用技侦、警犬侦破的说明材料及录像
	勘验、检查、搜查证据	√现场勘查笔录、照片、录像、制图 √提取、扣押相关痕迹、物证、书证等

续表

类别		证据项
鉴定、辨认证据	鉴定意见	√作案工具提取在案 　√犯罪嫌疑人、被告人指纹或者 DNA 鉴定 　√凶器上是否留有被害人的血迹或者 DNA 鉴定 √犯罪嫌疑人、被告人作案时所穿衣物提取在案 　√犯罪嫌疑人、被告人衣物上是否留有被害人血迹或 DNA 鉴定 ⚠被害人受伤 　⚠人体损伤程序鉴定书 　√伤残等级鉴定书 ⚠被害人死亡 　⚠尸检报告 　⚠ DNA 鉴定 　⚠被害人亲属确认死亡被害人身份的证言 　⚠死亡被害人的身份证件或户籍证明 　⚠相关证人辨认尸体的笔录及证言
	指认、辨认笔录	√指认现场笔录 √辨认作案工具或相关物品 ⚠辨认犯罪嫌疑人 √对同案犯的辨认笔录
	视听资料	√现场监控录像 √对犯罪嫌疑人、被告人讯问的同步录音录像 √查找物证的录音录像
	通讯及活动证据	√通讯证据 √活动轨迹证据
	侦查实验	
		⚠被害人陈述

在此基础上，基于裁判规则驱动的决策树模型，完成罪名预测；基于门控机制的多情节分步模型，完成刑期预测（见图 36-4、图 36-5）。

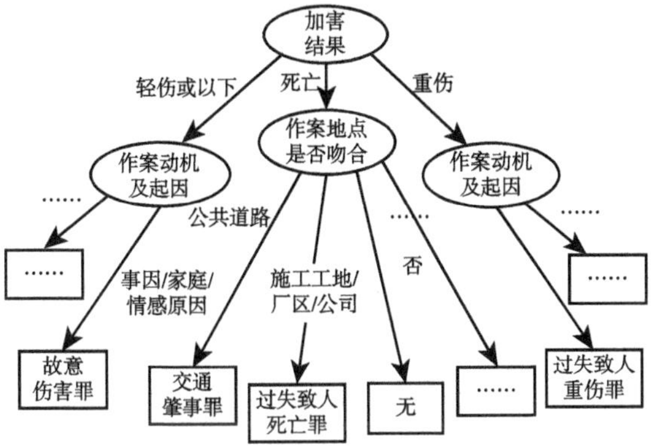

图 36-4　基于裁判规则驱动的决策树模型

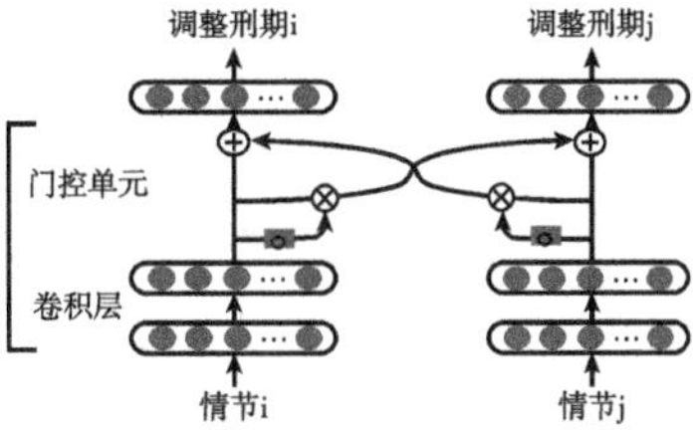

图 36-5　基于门控机制的多情节分步模型

在以上的机器学习和强化学习基础上，达到自动提供判决依据、自动生成判决意见、自动生成裁判文书的目标。

当然，即使经过以上数据学习和严格筛查的结果，只是为承担司法责任的办案人员提供决策辅助依据，而不能被直接援引作为判决依据。这意味着辅助决策依据被直接采纳，一旦发生错案，仍然由办案人员承担责任。从这个意义上讲，贵州设想的定位就是所谓的智能决策辅助定位。

此外，贵州方案也利用这套系统设想，更进一步对案件决策的偏离度问题进行了深度探讨。换言之，贵州设想提供的不仅是一套刑事案件办案决策辅助的过程，而且还利用这一方案替代了部分案件管理功能，即对于真实裁判的结果，一旦发生有违于以往类似案件的偏离，可以及时发现和预警，逐步引导类案类判，以解决同案不同判的诟病，甚至防止枉法裁判。同样，也为检察机关的审查起诉、批捕和公安部门决定立案与否提供参考依据。

第三节　上海方案的功能

相对于贵州的原初设想，上海方案的“206 工程”完成了落地。这一项目的最大特征，是提供了统一的证据标准、证据规则指引清单，倒逼办案人员从案件起点就按照法律规定的证据标准和证据规则收集、固定证据。随着研发应用的不断拓展，已开发出五项功能，包括：证据标准指引功能、证据规则指引功能、立案规范指引功能、要素式讯问指引功能、现场勘查规范指引功能。

一、证据标准指引功能

证据标准指引是“206 工程”的核心内容，是该系统的首要功能。它具体是指办理不同类型刑事案件过程中应当收集哪些证据及如何收集证据的规范；是法律规定的“犯罪事实清楚、证据确实充分”的法定证明标准的具体化、标准化和规范化。坚持完整性与阶段性相统一的原则，制定出证据标准，为办案人员提供统一适用、简便易行、数据化、清单式的办案指引。以故意杀人罪、故意伤害(致死)罪、抢劫(杀人)罪为例(见图 36-6)。

罪　名：

① 故意杀人罪
② 故意伤害（致死）罪
③ 抢劫（杀人）罪
④ 盗窃罪
⑤ 诈骗罪（电信网络诈骗）
⑥ 非法吸收公众存款罪
⑦ 集资诈骗罪
……

▶

清单式证据标准指引

罪名	证据链条	查证事项	证据材料	证据校验标准
故意杀人罪 故意伤害(致死)罪 抢劫(杀人)罪	1、发现案件线索	1、报案、自首、直接发现	30种	235条
	2、确认死者身份	2、死者身份及主要社会关系		
		3、死亡时间		
	3、锁定嫌疑人及到案经过	4、到案经过		
	4、查证犯罪事实	5、作案时间		
		6、作案地点		
		7、作案人员		
		8、手段及经过		
		9、加害程度及死因		
		10、财产损失情况		
		11、作案起因、动机及预谋情况		
	5、证据充实性及排他性	12、排除其他人作案的证据		
	6、量刑情节	13、量刑情节		
	7、涉嫌罪名			

图 36-6　证据标准指引功能示例

二、证据规则指引功能

证据规则指引功能是指公检法三机关收集、固定、保存、运用证据应当遵循的规范。“206 工程”通过制定了《刑事案件证据收集、固定、审查、判断规则》，详细规定了刑事案件证据收集程序、形式要件、内容要件及审查判断要点，明确了量刑证据、程序证据的收集、固定要点，为办案人员提供了证据的收集、固定指引。

三、立案规范指引功能

立案规范指引功能在立案审查和材料跨阶段移送过程中，对于案件材料的齐全与否、初查证据的缺漏与否、案件主体的适格与否、案件时效的逾期与否，以及对于所对应的证据支撑体系是否达到立案标准，给予了根据法律规定的体系化判断，克服办案人员个人判断的差异性、局限性、主观性，防止“起点错、跟着错、错到底”。

四、要素式讯问指引功能

由业务专家总结刑事类案的事实要素、讯问要点和技巧，形成要素式讯问知识图谱，并通过对海量的讯问笔录进行机器学习，构建要素式讯问模型，在讯问过程中自动提示和指引办案人员，梳理案件事实。该功能指导办案人员按照案件事实要素进行结构化的讯问和记录，辅助办案人员梳理口供、及时发现矛盾点，避免办案人员因经验不足造成讯问细节缺失的情况，保证讯问笔录的全面性、合法性和准确性。

五、现场勘查规范指引功能

事前，及时发现现场勘查证据中存在的瑕疵和证据之间的矛盾，以及因此而导致的难以弥补的后果。事中，从办案开始至审判结束，办案流程中的每一个环节均能适时进行校验、提示、把关、监督，实现刑诉活动全程可观、全程可控、全程留痕、全程监督。包括：(1)单一证据审查校验功能。对证据进行审查、校验，在办案时为办案人员提供了对所收集的证据进行自检、自测的科技手段，便于及时发现，及时补正。(2)证据链和全案证据审查判断功能。对证据进行校验、把关、监督，及时发现证据中存在的瑕疵和证据之间的矛盾，及时提示给办案人员，由办案人员决定是否补正或者作出说明。

第四节　进一步延伸应用场景

“206 工程”的最主要应用场景，是以证据标准指引、证据规则指引为支撑，以查清案件事实为目的，构建起的关于不同类型案件的证据链条体系。它将刑事诉讼程序中，影响定罪量刑的因素以及证据规范性的判断要素，拆分到不同的环节项下，并通过智能化的机器辅助识别、检验、评测、审查判断，然后将全案证据和查证事实的分析结果最终以知识图谱的形式展现给办案人员。在此基础上，随着智慧司法的顶层规划不断优化，以及信息化基础和智慧效能的进一步释放，“206 工程”的应用场景也得到了进一步延伸。

一、配套性的应用场景

“206 工程”的全面应用实现了刑事诉讼办案的工作流程再造,更好地体现了“分工负责、互相配合、互相制约”的刑事诉讼原则,防止司法任意性,促进司法责任制的落实,推进以审判为中心的诉讼制度改革落地见效。

在深度研发中,系统还实现了多项功能的集成,节约了司法资源、成本。比如,法律文书自动生成、电子卷宗移送、辅助庭审、类案推送、量刑参考等多项功能的结合应用,大大地提高了办案质量和效率,逐步破解案多人少的瓶颈问题。其中,“智能辅助庭审”功能综合运用了语音识别、语义分析等多项人工智能技术,在庭审时可以做到庭审进行到哪里,文字就记录到哪里;庭审进展到哪个阶段,系统同步抓取的证据材料就展示到哪里,尤其值得一提的是,所有同步抓取的证据材料均按照结构性逻辑被整理在不同的项下,对应所证明的事实,无遗漏地把所有涉及案情的要素全面加以展现,既条理清晰分明,又简洁了然,让正义以看得见的方式被实现。

为了实现多项功能的集成,完成更多应用场景研发,“206 工程”建立了统一网络及运行平台,比较彻底地打破了长期存在于公安司法机关之间的“信息壁垒”,在分类、分级及确保安全使用的前提下,实现了公安司法机关之间办理刑事案件的网上运行、互联互通、数据共享。

正是借助于这个系统的多项功能集成,节约了司法资源和成本,大幅提高了办案质效(见图 36-7)。

1.证据标准、证据规则指引	9.简易速裁案件办理	17.庭审实质化
2.单一证据校验	10.庭前会议	18.赃款、赃物管理
3.要素式讯问	11.类案推送	19.全程录音录像
4.逮捕条件审查	12.量刑参考	20.刑罚执行衔接
5.证据链和全案证据审查判断	13.知识索引	21.减刑假释案件办理
6.言词证据审查	14.案件评议	22.刑罚执行状况监督
7.社会危险性评估	15.文书生成	23.特殊人群衔接
8.电子卷宗移送	16.办案程序监督	24.法律服务办案辅助

图 36-7　“206 系统”扩展集成之后的 24 项功能

二、智能辅助决策的更多场景

2017年起，科技部会同“两高一部”，以国家重点研发计划为载体推出一批智慧司法建设的重大专项。围绕智慧司法亟待解决的重点问题进行攻关，形成了一批引领世界智慧司法建设的前沿技术成果。其中，智慧法院的场景有：

1. 智慧法院智能化服务技术。包括：面向案件审判执行全流程的智能问答技术；面向案件全流程的审判风险排查与预警技术；基于人脸识别的涉案人员智能检索技术；面向审判资源优化配置的人员绩效评估技术；基于人案关联数据的法院廉政风险防控技术；面向案件审判全过程的舆情监测与应急处置技术。

2. 智能化、一体化诉讼服务技术。包括：一体化诉讼服务智能辅助技术；支持多方接入的跨网系网上调解技术；诉讼财产保全智能评估及预警技术；面向数据追溯的电子送达防伪保真技术；面向多方证据关联分析的诉讼风险智能分析和结果预测技术；诉讼材料辅助生成及智能审查技术。

3. 高效审判智能辅助关键技术。包括：虚假诉讼甄别预警技术；案件繁简智能分流技术；庭审辅助信息智能生成技术及庭审虚拟示证装备；智能化庭审记录和分析挖掘技术；类案精准推荐技术；刑事案件量刑智能辅助技术。

4. 全流程管控的精细化执行技术。包括：面向被执行人活动轨迹融合分析的人员线索查找技术；面向虚拟网络金融交易行为分析的隐匿涉案财物线索挖掘技术；面向多要素数据综合分析的司法委托机构信誉动态评价及推荐技术；面向拍卖数据综合分析的拍卖价值差异合理性预警和拍卖违规预警技术；面向执行案件全流程管控的智能分流和辅助监管技术；面向执行案件的单兵执法辅助技术及装备。

5. 法院智能化管理与决策关键技术。包括：基于人案特征匹配的均衡分案技术；面向审判流程规范化管理的全链条监管与偏离预警技术；案件类别全覆盖的审判质量评估技术；面向审判执行质效提升的全局态势研判与管理决策辅助技术；法院信息系统运行态势分析、突发情况应急处置和故障预警定位等技术；基于四级法院统一身份认证的跨层级安全监管技术及装备。

第三十七章　类案检索推送

构建中国特色社会主义现代化智慧法院应用体系的重要一环是通过类案智能推送系统，实现类案检索与检索报告工作机制。就此，“类案”站在纲领性文件的高度，迫切地等待检视与反思。

第一节　类案的语义与制度

人民法院“五五”改革纲要在完善统一法律适用机制中，将“类案”二字定格在“完善类案和新类型案件强制检索报告工作机制”中。寥寥二十余字，什么是类案，什么是案件检索报告，什么类别的案件需要进行强制案件检索报告，这些问题在改革纲要中并未得以解答。

一、类案的语义溯源

目前，学界与实务界均未就“类似案件”的判断达成共识，“尚未从技术层面对何为类似案件、如何识别类似案件等进行规定”①。所以，类案识别的解构应首先对类案的概念加以界定。

---

① 赖江林、李丽丽：《类案识别：指导性案例适用技术的检视与完善》，载《尊重司法规律与刑事法律适用研究（上）——全国法院第27届学术讨论会获奖论文集》，第389页。

从文义解释出发,类案可以理解为一类案件、类似案件。在以往司法办案里并不常见类案的说法,但有与之词汇结构类似的“同案”“同案同判”“同案不同判”的描述。“同案不同判不仅成为法学理论界热切关注的话题,也是新世纪以来司法改革所追求的一个重要目标。”①由此可见,在一个阶段的司法浪潮中,司法工作者或是与案件相关的民众更倾向于追求同案同判的法治正义与司法公正。但是,在同案同判的口号下,不禁令人产生疑问,即便是当事人高度一致的集团案件也会有诉讼请求不一、案件事实不同的区别,就如世界上不可能存在两片一模一样的叶子,完全相同的案件几乎是不存在的。

进一步分析,所谓“同案同判”的通俗说法并非中国古已有之,而是英文“Similar cases should be treated similarly”或“Like cases should be decided alike”的中文翻译,属于西学中译的舶来品。② 其更为确切的译文应当是“类似的案件应作出类似的判决”,可见,同案同判的中文翻译未必妥当。在司法实践中,尽管使用“同案同判”这一说法时应清楚地知道不可能存在两个完全一样的案件,其更多是为了彰显对司法公平正义的追求。但是,同案同判容易将审理的思维局限在求同之中,忽视案件的存异。同时也偏离英文舶来的本义,违背客观事实的内在逻辑。

综上,同案同判实则为类案类判,类案并非一个完全创新、跳脱的名词,其有自身的历史背景与语义溯源。“司法判决并非机械化生产,司法的复杂性、案件事实的差异性都使得受过专业训练的司法人员,努力在法律和事实之间寻找最佳的结合点,作出最合理的判断。”③因此,人民法院“五五”改革纲要中采用类案的描述,显然是基于对法哲学更为精准的理解和定位。相较之下,同案同判的说法既过于苛刻,又无法体现“类似案件类似判决、不同案件不同判决”的简单朴素的法学理念。类案基于语义溯源的层面,应更多地强调一类案件的类似判决。

二、类案的制度溯源

类案的语义辨析回应了其基本概念,但未能解答如何在司法实践工作中界定类案,即类案识别。基于梳理最高人民法院的相关文件和具体条文,可以认

---

① 周少华:《同案同判:一个虚构的法治神话》,载《法学》2015年第11期。

② 张骐:《论类似案件应当类似审判》,载《环球法律评论》2014年第3期。

③ 余双彪:《慎下“同案不同判”的评判》,载《检察日报》2011年5月10日,第3版。

知与类案有关的制度沿革，探求其设计理念（见表37-1）。

表37-1　与类案相关的制度依据梳理

规则名称	出台年份	具体规定
最高人民检察院《关于案例指导工作的规定》 最高人民法院《关于案例指导工作的规定》	2010	“两高”发布的指导性案例，各级人民检察院、人民法院在办理类似案件时应当参照
最高人民法院《〈关于案例指导工作的规定〉实施细则》	2015	各级人民法院正在审理的案件，在基本案情和法律适用方面，与最高人民法院发布的指导性案例相类似的，应当参照相关指导性案例的裁判要点作出裁判，应当将指导性案例作为裁判理由引述，但不作为裁判依据引用
最高人民法院《关于完善人民法院司法责任制的若干意见》	2015	建立审判业务法律研讨机制，通过类案参考，案例评析等方式统一裁判尺度
最高人民法院《司法责任制实施意见（试行）》	2017	承办法官在审理案件时，均应一套办案平台、档案系统、仲裁裁判文书网、法信、智审等，对本院已审结或正在审理的类案或关联案件进行全面检索，制作类案与关联案件检索报告。经检索类案与关联案件，根据拟作出的裁判结果与本院同类生效案件裁判尺度的区别，承办法官作不同处理
人民法院“五五”改革纲要	2019	完善统一法律适用机制，完善类案和新类型案件强制检索报告工作机制

据表37-1可见，2010年最高人民检察院《关于案例指导工作的规定》和最高人民法院《关于案例指导工作的规定》首次运用类似案例的说法，明确指导性案例在审判类似案例中的参照地位。2015年最高人民法院《〈关于案例指导工作的规定〉实施细则》，就指导性案例的参照标准进一步明确，在基本案情和法律适用两方面比对具有相类似性的案件范围，对这类案件的裁判要点与理由作出规定。整体以指导性案例为范本，并不能视为严格意义上的类案界定，但可以说是首次释放规范类案指引的信号。紧接着，同年出台的最高人民法院《关于完善人民法院司法责任制的若干意见》改用“类案”二字的阐述，言指其

目的在于统一裁判尺度,类案的制度依据初见端倪。2017 年最高人民法院《司法责任制实施意见(试行)》的“审判流程”中提出类案检索的新概念,运用大量笔墨详述全面类案检索与制作类案检索报告,根据检索报告与待判案件的裁判尺度比对,视不同情况作出判决。2019 年人民法院“五五”改革纲要再次强调类案检索报告工作机制,意旨统一法律适用。

从整体上来说,类案的制度设计遵循了“类似案例—类案—类案检索”的沿革路径(见图 37-1)。

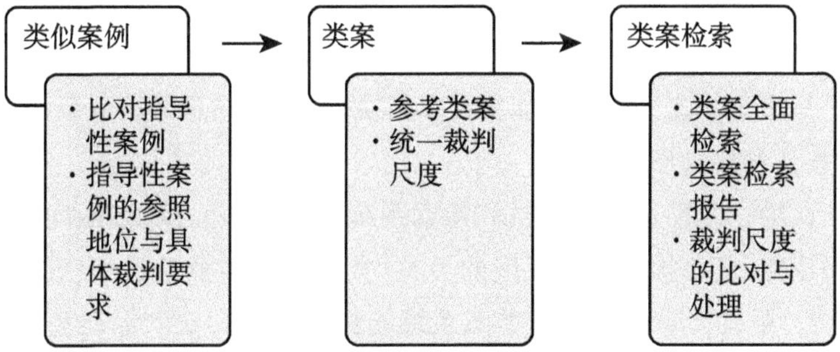

图 37-1　类案的制度沿革线索

虽然在类案的制度溯源中仍未能探寻类案识别的具体解读,但能够明确其设计理念:指导性案例在类案识别中占据重要地位;待决案件的审判应当参考类案;类案价值在于统一裁判尺度;应全面检索类案并制作检索报告;类案应当是指类似案件、相似案件。

综上,类案解释为“类似案件、相似案件”已无争议,但这样定义显然过于简单,亦缺乏可操作性。因为类案概念的提出必然是为了服务上层制度设计,如果定义过于宽泛,相当于扩大概念外延,提高甄别内涵与外延的难度。加之,现阶段的司改目标是全面强制类案检索,而类案检索的基础以及前提条件就是识别类案,过于宽泛的定义显然不易于类案识别,对此还需进一步探讨类案识别的标准与方式。

第二节　类案识别理论

以上已经就什么是类案予以分析,在进一步展开类案识别标准与方法的探索之前,尚需深入考察和研究类案识别的价值与意义,反思类案识别对于智慧司法建设的功效。

一、类案检索与推送

在综配司改的大力推进下,全国各地纷纷开展智慧司法建设,类案检索与推送系统或是初见雏形,或是整装上线。较为有典型意义的有贵州省高院的"类案裁判标准数据库"、北京市高院的"睿法官"系统、上海市高院的"C2J"系统等。人工智能的自我学习以及精密计算使类案检索与推送变得轻松可行,但其背后依靠的是复杂的算法、庞大的数据支撑以及不同检索条件的排列组合。这些都不是反复修正系统编程能够简单解决的,需要的是对类案识别的深刻认识、识别条件的检索设置。

有人认为,"现阶段类案推送和检索系统繁多,但随之而来的问题是,类案推送并不成熟,无法推送高匹配度的类案、类案推送的数量不一、效力混乱、层次不清"①。更有人犀利指出,"类案系统能够提供的司法产品质量有限,目前正在使用的智能系统所提供的类案更多的是一种质量不佳、缺乏权威、指导意义有限的案件"②。这些因素都大幅降低了司法人员使用案件智能平台的意愿与概率,导致类案检索成为应付工作的勉强行为,类案检索报告形成的结论也无法得到有效运用。而这一问题的症结在于类案识别方法与标准的欠缺。如果将目前的类案检索与推送系统比喻成司改下的一件"良器",那么类案识别则是制造"良器"的图纸。如何识别类案是类案检索与推送系统成熟发展的前置条件。

二、案件审理的技术化

在人案矛盾的重压之下,无外乎是寻求办案人员与案件数量的均衡。然而社会发展的多变性导致案件数量日趋攀升,如何提升司法效能显得尤为重要。

对于年轻法官、检察官尤其是初任这一职位的群体而言,其迫切地需要案件办理的方向性指引。特别是在办理新类型或者不常见类型案由的案件时,缺乏办案思路,案件事实整理、争议焦点归纳无从下手。办案经验的缺乏使得年

---

① 朱彬彬、祝兴栋:《类案推动的精细化:问题、成因与改进——以刑事类案推送为例》,载《法律适用(司法案例)》2018年第20期。

② 左卫民:《如何通过人工智能实现类案类判》,载《中国法律评论》2018年第2期。

轻法官、检察官更急于寻找可复制的案件范本以供参照。类案识别可以从庞杂的生效判决中筛选与待判案件相类似、可参照的目标案件，通过对目标案件的梳理一并形成类案检索报告，可以有效把握待判案件的裁判尺度，帮助法官、检察官尽快把握案件办理方向，在开庭与文书写作过程中紧扣关键事实与争议焦点，有的放矢。对于资深法官、检察官来说，尽管其具备充分的办案经验、庭审把控能力以及社会阅历，但是繁重的办案压力也使得这类群体希望能有提高办案质效的路径。基于此，类案识别通过多维度的参照标准将待判案件与目标案件进行比对，通过待判案件与目标案件的有效契合识别类案，以此形成裁判尺度的内心确信并反作用于待判案件(见图 37-2)。

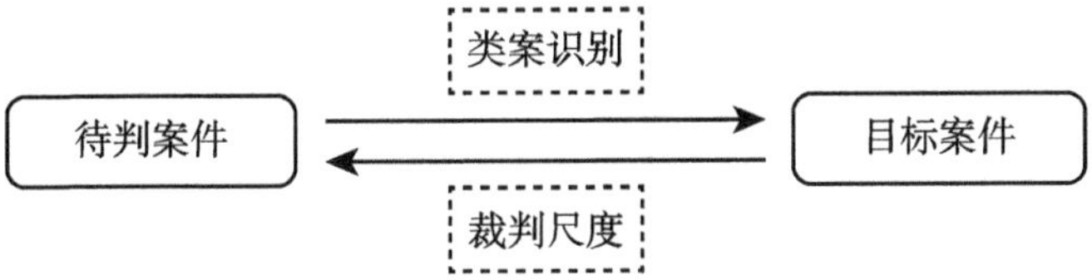

图 37-2　类案识别的逻辑

三、法律适用统一

司法责任制改革中，类案的重要价值在于统一裁判尺度。"法律适用不统一的问题在类似案件中更容易被发现，其存在于不同辖区法院、同一辖区的不同法院甚至同一法院的不同审判庭、合议庭，这说明类似案件的发现和适法统一有待进一步协调。故而，类似案件类似判决所要解决的根本性问题，是法院长期存在的"类案不类判"的问题。事实相同的案件在不同法院甚至同一个法院的不同法官中可能出现大相径庭的判决，由此导致的裁判不统一现象损害了法律权威，成为当代中国司法实践亟待解决的重要问题。"①因此，类案识别为法律适用统一提供了一个检视与规范的平台，通过类案识别标准将案件立体地进行拆分，直观地比较类似案件在证据认定、裁判理由、处理结果的个案差异。

反之，类案识别又为法律适用的统一提供了形成与促进的平台。"法律统一适用要求在正确理解法律规定、准确把握法律精神及价值取向的基础上，确

---

① 应勇：《推进法律适用统一促进法律有效实施》，载《法律适用》2012 年第 3 期。

保类案在裁判结果上的基本一致,而非绝对一致。”①一件待判案件在作出判决结果前,运用类案识别形成类案检索报告,把握案件的裁判尺度,必然能够做到类似案件类似判决,以形成司法的公平正义。

另外,类案识别提供了类似案件的裁判尺度,树立了类似案件的办案标准。但是,标准往往是静态的、确定的,司法工作却是动态的、不确定的。因而,类案识别的价值远不应仅停留于裁判尺度的衡量,还应该延伸至办案经验的传承。经验,是人对某一项事物或某一类工作凭长久地接触、了解、摸索而形成的智慧,是人脑对客观事物理解、加工、转换的过程。审判经验是方法论,是审判实践中所积累并具有推广、借鉴价值的工作思路、方法和技巧,蕴含了审理思路、裁判方法、庭审能力、文书写作能力等方面。在类案工作中反复摸索得出的类案识别标准、不同类案的审理思路与裁判要点,这些都是极为宝贵的审判经验。类案识别无疑为个案经验上升至类案研究提供了施展的舞台与空间。

第三节　类案识别标准

类案识别,初始是在案例库中进行数据挖掘,除了把不同格式文件转成 txt 文本格式,挖掘的关键在于建立类案识别标准,然后从 txt 文本中抓取关键信息,形成 csv/json 等结构化文本。其中,关键是什么样的案件可以识别为类案并进行挖掘。下面,拟从案由、争议焦点、关键事实、裁判理由等方面加以阐述。

一、案由

“类案是统一案由之下的所有案件的总和,其作为人民法院对诉讼案件所涉及法律关系的性质加以概括后形成的案件名称,为类案提供界定标准。”②

根据这一定义,我们对基础司改和综配司改试点阶段的上海市某中院 2017~2019 年结案的 5133 件商事案件的案由展开实证分析,发现了商事案件案由呈现两头不均、分布广泛的特点。5133 件案件覆盖了 134 类案由,其中 37

---

① 陈树森、陈志峰:《司法责任制改革背景下法律适用统一的再思考》,载《中国应用法学》2018 年第 5 期。

② 赵国滨、李宁:《类案证明标准的研究价值及路径》,载《人民法院报》2018 年 6 月 27 日,第 5 版。

类案由在近三年只出现过 1 次，占总数的 2‰，相比案由“买卖合同纠纷”出现 1550 次，占总数的 30%，两者相差了 150 倍。

接下来，把出现次数超过 20 次的案由以频率由高至低，依照第 1 至第 10（见图 37-3）、第 11 至第 20（见图 37-4）、第 21 至第 48（见图 37-5）的顺序，以正态分布的形式列示如下：

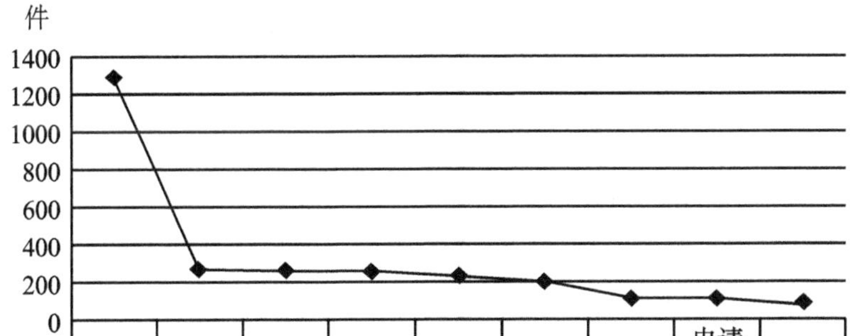

	买卖合同纠纷	承揽合同纠纷	股权转让纠纷	服务合同纠纷	申请撤销仲裁裁决	合同纠纷	借款合同纠纷	申请确认仲裁协议效力	合伙协议纠纷
—◆—案件数	1292	268	259	256	233	200	114	113	90

图 37-3　正态排序第 1 至第 10 的商事案由

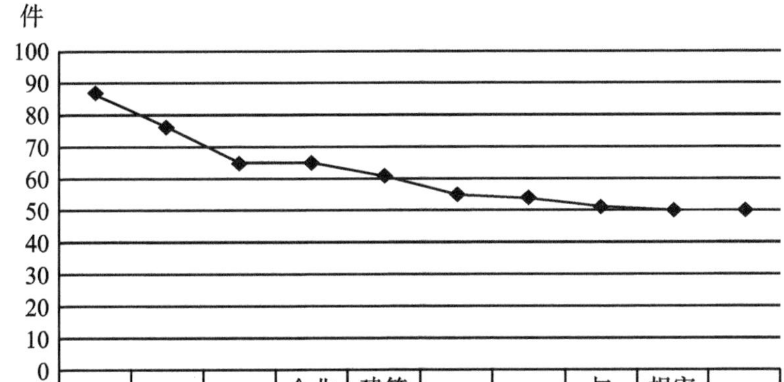

	加工合同纠纷	挂靠经营合同纠纷	股东资格确认纠纷	企业承包经营合同纠纷	建筑设备租赁合同纠纷	定作合同纠纷	合伙企业纠纷	与公司有关的纠纷	损害公司利益责任纠纷	租赁合同纠纷
—◆—案件数	87	76	65	65	61	55	54	51	50	50

图 37-4　正态排序第 11 至第 20 的商事案由

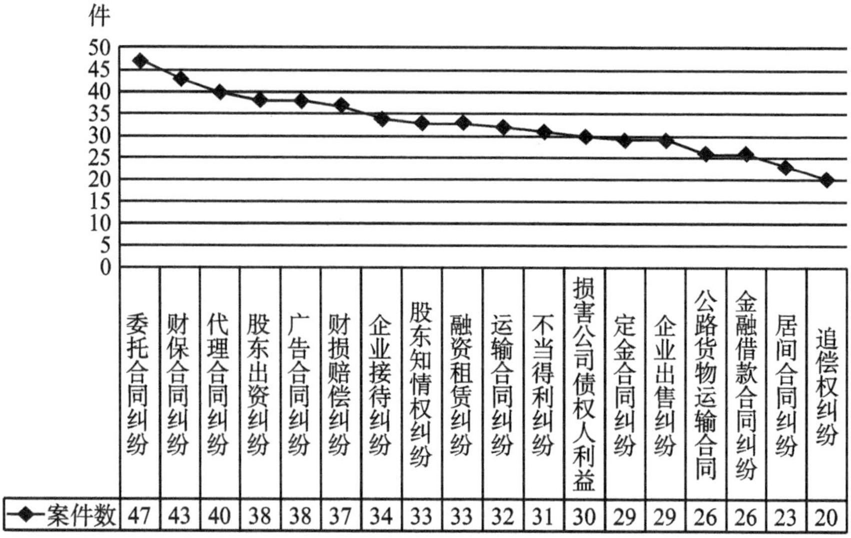

图 37-5　正态排序第 21 至第 48 的商事案由

从图 37-3、图 37-4 和图 37-5 可以得到如下特征：(1)买卖合同纠纷类型以外的其他类型案件数量较之买卖合同纠纷类型案件数量呈“断崖式”下降；(2)商事案件多数集中在承揽合同、股权转让、服务合同、申请撤销仲裁裁决、借款合同、申请确认仲裁协议效力、合伙协议以及合同纠纷案件；(3)近半数案件在近三年的出现次数低于 90 件，尤其是有 86 类案由在近三年的出现次数远低于 20 件，属于较少见类型案由。

对此，案由将不同类型案件进行划分，展现一类案件与另一类案件的区别，着重强调不同法律关系下案件的类型化，为类案识别标准提供了可行之径。但需要指出的是，个案差别不仅是案由迥异，当事人的诉请、案件事实、争议焦点、裁判规则的运用等方面都会影响个案的最终裁判结果，也必然会导致同类案由下案件有不同的判决结论，这是案件本身的独特性所导致的。商事案由分布不均导致部分类型案件体量庞大，也使得单一以案由来识别类案缺乏可操作性。比如，以识别特许经营合同纠纷为例，此类案由近三年只有 1 件案件，以此为识别标准虽简明方便，但获得的目标案件过少也缺乏实践价值。又以识别买卖合同纠纷为例，仍以案由作为单一识别标准，仅是本节列举的一家法院近三年审判数据就有千例，更遑论将类案识别范围扩大至全省乃至全国。因此，以案由作为类案识别标准，需要结合其他标准客观辩证、综合地加以运用，才能兼顾实践意义与可操作性。

二、争议焦点

争议焦点是当事人存在争议的具体事项。整理争议焦点可以有效限缩审理范围，引导诉辩争锋。也有人指出，“判断类案的基本比较点是案件的争议焦点”，提出“以裁判要点为判断相似性的基准，待判案件的事实与裁判要点所包含的必要事实具有相似性”①，则待判案件所要解决的法律问题与类似案件的法律问题也具有相似性。

为论证争议焦点作为类案识别标准的可行性，进一步随机抽取了2017～2019年的50起借款合同纠纷案件，就借款合同案件的争议焦点进行实证分析，将该类案件常见争议焦点（F）梳理如图37-6所示。

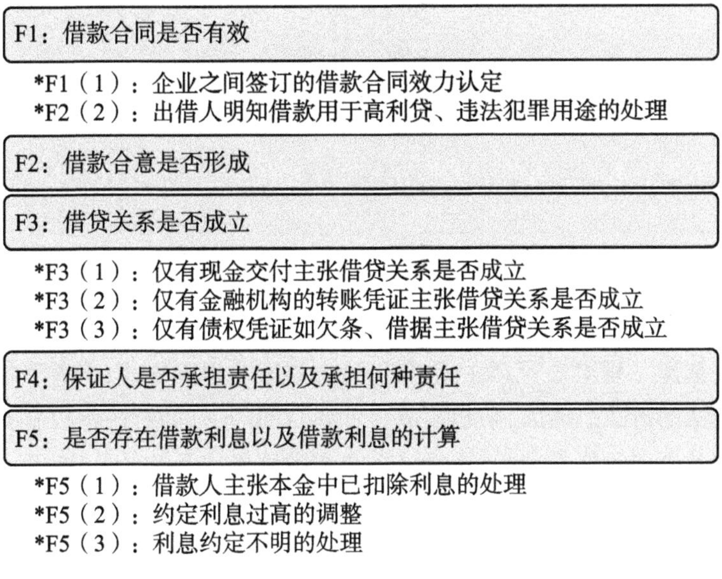

图37-6　借款合同纠纷常见争议焦点梳理

将待判案件与目标案件进行类案识别时，可将两者的争议焦点进行比对。例如，在基本模型下，目标案件的争议焦点是F3，待判案件的争议焦点是F3(1)，F3(1)包容于F3，则两者可以识别为类案（见图37-7）。又如，目标案件争议焦点是F5(2)，待判案件争议焦点是F5(3)，虽两者同属于F5，但互不相容，故难以识别为类案（见图37-8）。

---

① 四川省高级人民法院、四川大学联合课题组等：《中国特色案例指导制度的发展和完善》，载《中国法学》2013年第3期。

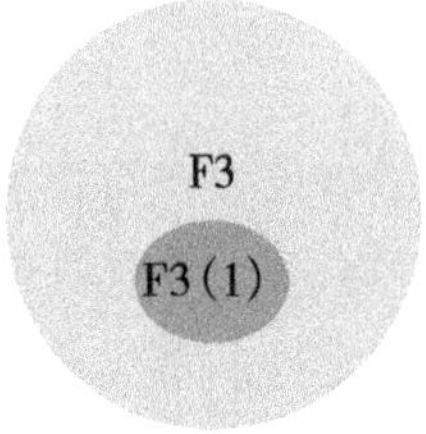

图 37-7　包含关系基础模型

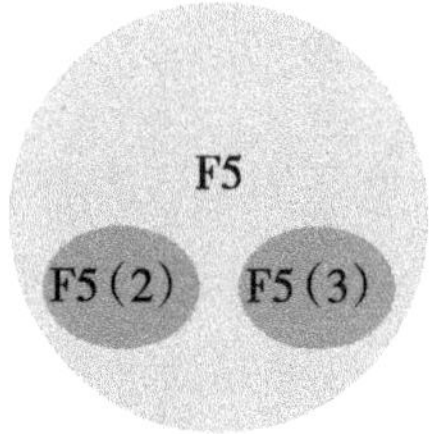

图 37-8　排斥关系基础模型

再如,在涉及多个争议焦点的复杂模型下,待判案件争议焦点有 F1、F4、F5、Fx,那么严格逐一比对争议焦点明显提高了类案识别的难度,可以选择其中个别争议焦点、或个别争议焦点的集合作为类案识别的参照标准。(见图 37-9)

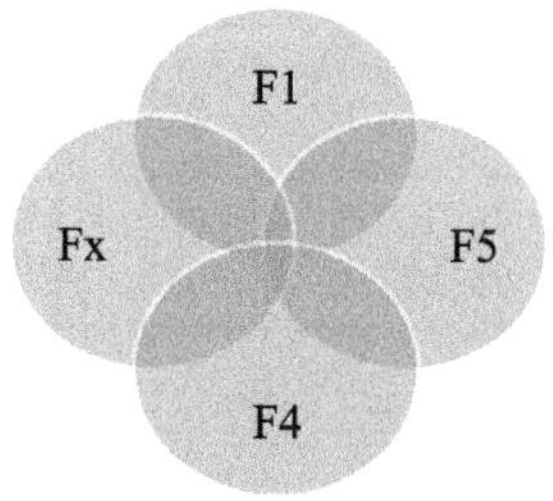

图 37-9　交叉关系基础模型

由此可见,争议焦点是将个案连接为类案的桥梁,为类案识别提供了更开拓的路径选择。相比之下,案由是初步筛选类案的识别方式,但并不能成为唯一识别类案的方式。比如,某起案由为承揽合同纠纷的案件,争议焦点为系争承揽合同是否属于格式条款,显然该案主要围绕格式条款的认定,而承揽合同纠纷在 2017~2019 年的案件数量只有 3 件,仅凭案由显然难以有效获得类案识别,但如果将争议焦点作为类案识别的判断方法,则能够获得一定数量的格式条款认定的生效判决以供参考。

三、关键事实

争议焦点必然是基于对案件事实的判断,因而脱离案件事实,简单以争议焦点作为类案识别的判断标准确实可行,但不够审慎。有观点认为,“以案件事实的法律特性为线索,来确定两个案件的事实在整体上是不是涉及相同的法律问题,是不是属于同样法律性质的案件”①。此处案件事实应作何理解?一

① 张志铭:《中国法院案例指导制度价值功能之认知》,载《学习与探索》2012 年第 3 期。

般而言,案件事实分为两种,基本事实与关键事实。基本事实通常是陈述案件的基本背景或者双方当事人均认可无争议的事实,一般不影响案件的重要走向,但有助于对案件事实的理解。而关键事实则是足以影响案件判决结果的事实,当事人对这类事实可能存在不同的主张而导致其成为争议焦点,需要法官在案件审理中结合证据规则加以判断,因而类案识别的参照标准应当是关键事实,而非基本事实。对此,以下拟以一起承揽合同纠纷案件,区分基本事实与关键事实在类案识别标准中的不同作用(见表37-2)。

表37-2 基础事实与关键事实比较

<table>
<tr><td colspan="2">争议焦点:J公司是否应履行合同项下付款义务?</td></tr>
<tr><td>基本事实</td><td>关键事实</td></tr>
<tr><td rowspan="2">1. 合同基本内容:B公司与J公司签订《施工合同》,约定由B公司承建游客接待中心主体项目</td><td>1. 补充协议:B公司提供全套设计院盖章的工程图纸后,J公司支付第一笔剩余款项……</td></tr>
<tr><td>2. 补充协议2:B公司一旦寄出,J公司收到符合建筑规范、法律法规,并盖有设计院章的图纸后,B公司不再负有提供任何图纸的义务</td></tr>
<tr><td rowspan="4">2. 付款时间:J公司在合同签订后分四次向B公司支付合同价款,分别是……</td><td>3. J公司员工通过微信确认图纸内容</td></tr>
<tr><td>4. 2017年11月16日,B公司通过短信向J公司的员工告知图纸已发顺丰及单号;J公司员工短信回复,确认收到</td></tr>
<tr><td>5. 2018年1月2日,J公司向B公司支付多于补充协议约定的工程款</td></tr>
<tr><td>6. J公司称图纸不符合合同约定</td></tr>
</table>

就案件而言,J公司主张B公司未提供符合合同要求的图纸而拒绝履行合同付款义务。J公司对合同订立本身不存在异议,因此合同内容、付款条件均是基本事实,基本事实虽然无关案件争议焦点,但陈述了案件发生的背景情况。与图纸相关的补充协议、交付、结算事实与争议焦点联系紧密,能对争议焦点产生影响作用,属于关键事实,是类案识别参照标准。

具体来说,以关键事实为识别标准时,遵循类比推理的原则。“类比推理的逻辑基础是类比,在比较事物发现两者在若干重要属性相同的基础上,推出两个事物在其他某个或某些属性上也应相同。首先要提炼出个案的相似之处,然后总结对比案件的法律规则，最后将该法律规则运用在类似案件中。"[①]在逻辑关系上：

大前提（类似案件）的关键事实有X、Y，基于此得出结论A；小前提（待判案件）的关键事实有x，y，z；结论：待判案件也可以得出结论A。

为了进一步实证分析关键事实作为识别标准的适格性以及类比推理的运用，课题组以前述案件为待判案件，相对于目标案件进行类案识别标准的比对，通过多数关键事实存在类似性识别为类案，目标案件的裁判尺度可以参照适用（见图37-10）。

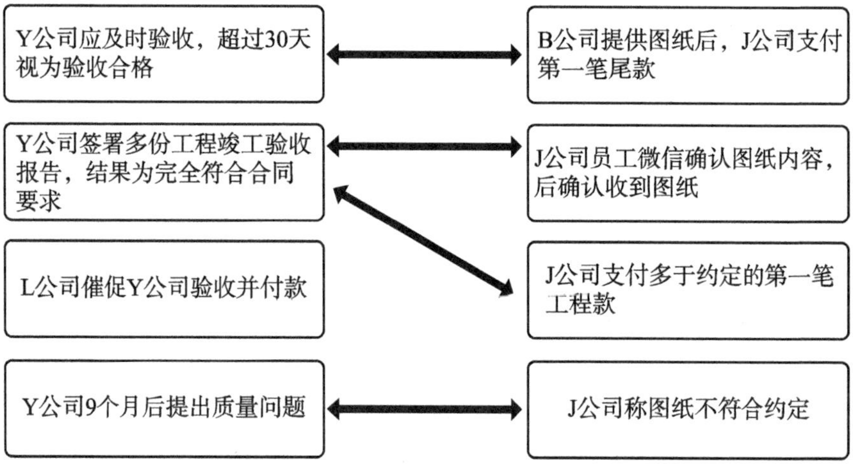

图37-10　目标案件与待判案件关键事实比对

四、裁判理由

类案识别的实践价值在于统一裁判尺度，裁判尺度体现在裁判要点与裁判理由中。那么，裁判要点是否可以成为类案识别标准？有调研分析文章指出，"50%以上的法官倾向于选择裁判要点参考指导案例"[②]。但以裁判要点作为类案识别标准存在一定的问题，一是裁判要点一般是案件判决后，法官通过案例分析的方式加以高度提炼与总结，并非判决书本身载明的，也并非每起案件都会在判决后归纳裁判要点，使案件识别的选择范围较小。二是裁判要点提炼

① 李桂林：《论普通法的类比推理》，载《法律方法》2009年第2期。

② 谢春晖：《从"个案智慧"到"类案经验"：指导案例裁判规则的发现及适用研究》，载《深化司法改革与行政审判实践研究（下）——全国法院第28届学术讨论会获奖论文集》，第1133页。

度高,其更类似于凝练的法律规则,应当遵循演绎推理的适用方法,通过大前提、小前提得出结论,但是前提有可能蕴含在案件事实中。因此,裁判要点并不适合作为类案识别的参照点。

那么,裁判理由是否可以作为类案识别的标准?“类案类判的最终标准是实质理由论证。”[①]争议焦点、关键事实相当于输入前提条件,则裁判理由相当于输出判决结果,因而仅凭裁判理由识别类案会陷入逻辑悖论中:为了确保待判案件适法统一,故通过裁判理由的类案识别标准检索目标案件,提取裁判尺度。显然此时待判案件的裁判理由是尚未形成或者初步的,以此为标准比对获得的类似案件,陷入了为了获得待判案件裁判理由而寻找类似案件裁判理由的逻辑矛盾。

但是,裁判理由作为类案识别的标准这一观点依然成立。一是裁判理由是法官释法说理的部分,是围绕争议焦点阐述对关键事实的认定,或者是对法律规范的解释说明。相当于是前述参照标准的归纳总结。二是裁判理由不仅能够推导出裁判要点的方法论价值,还能展现对关键事实的认定,“解释法律的方法运用与价值判断、法律事实与法律规范结合的技术的承认”[②]。类案识别的最终目的并不单是审判研究,更重要的是裁判尺度的衡量。因而,裁判理由作为类案识别标准具有可借鉴性,法官在案件审理中更注重的是类似案件审理的裁判思路、思维方式,以及如何将类案的审理思路套用在待判案件中。

第四节　类案识别方法

人民法院“五五”改革纲要中,要求强制类案和新类型案件检索报告工作机制。前文已经详述类案识别标准及具体推演方式,但标准属于规范性意见,为确保类案识别的有效运用,还须辅以类案识别方法,诸如法律优先原则、指导性案例优先原则、类案检索报告等方法,对类案适用的程序性要件进行梳理与研究,以期提高类案适用的合理性与准确性。

---

① 黄泽敏、张继成:《案例指导制度下的法律推理及其规则》,载《法学研究》2013年第2期。

② 邹海林:《指导性案例的规范性研究——以涉商事指导性案例为例》,载《清华法学》2017年第6期。

一、法律规范优先原则

在案件审理中,法官要注意待判决结果与类似案件裁判尺度一致,更应确保法律规范优先原则。这是因为我国法律渊源主要是制定法。加之,在司法逻辑的三段论中,法律规范是三段论的大前提,司法裁判必须依据法律规范作出才是适格适法的。

讨论类案识别对审理案件助益的前提往往是由于制定法不能提供审判案件的标准,所以需要在类案的帮助下审理案件。这就容易形成思维上的一种错觉,认为案件审理可以把类案识别结论当成直接根据,不重视或不需要法律规则,这一结论有偏颇。其实,案件类似都是法律性或规范性意义上的类似,所以涉及案件类似与否的判断,仍应以法律标准为前提。由于制定法有其自身不可避免的弊端,比如,法律的滞后性、不周延性与不协调性等特征,导致无法囊括所有的法律关系与法律解释,因而类案能够有效弥补制定法的欠缺。

同时,英美法系遵循先例原则(stare decisis et non quieta movere)的基本理论在类案识别研究中有指导价值,遵循先例原则在适用时对上下级裁判文书严格的效力适用、类似事实仔细地比较,都会对类案识别产生借鉴意义。但是,这并不等于可以在司法实践中忽视法律规范优先原则的运用,简单随意采用拿来主义,把类似案件的判决结果生搬硬套在待判案件中,这样显然是违背类案制度的设计初衷,也与成文法的制度理念不符。综上,梳理类案识别的适用步骤如下(见图37-11)。

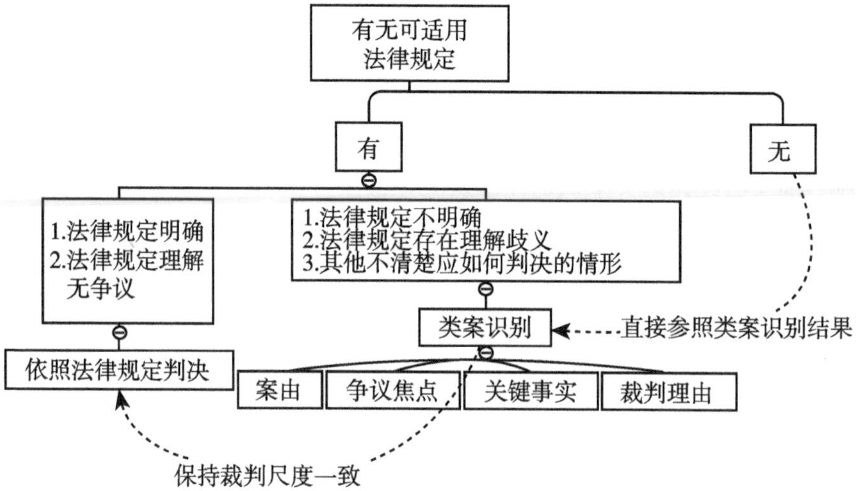

图37-11　类案识别步骤

二、指导性案例优先

类案识别的过程中必然会涉及类似案件的筛选。前文也已详述现有案件智能检索平台存在类案推送混乱的现象。笔者在中国裁判文书网检索合伙协议类案件，获得1245条结果，推送显示200条，而推送的前10条均为浙江当地中院的生效判决。在现有案由智能检索平台查询结果呈现方式无序，不同地区、不同层级法院的不同审判程序的法律文书、指导性案例、公报案例的互相夹杂，检索者在使用类案查询时，尚需注意类案识别的效力层级，对类似案件的筛选加以排序。

在审查类案识别的效力层级时可以参照一定的标准：一是从选择范围来看，可以选择生效裁判文书、指导性案例与最高人民法院公报案例。二是从法院层级来看，最高人民法院的生效判决优先于高级法院的生效判决，优先于中级法院的生效判决，优先于基层法院的生效判决。三是从区域范围来看，本地区法院生效判决优先于外地法院生效判决。这是因为适法统一问题下应当优先确保本地区内裁判尺度的统一，再顾及外地法院。四是从审判程序来看，可以优先参照上级法院有无类似案件改判、发回、再审的情况，兼顾分析裁判尺度。五是从时间范围来看，判决文书生效时间近期的优于生效时间早期的，这是由于法律规范更新修正后，较早期的生效判决所依据适用的法律规范可能经过废止、修改或补充，近期的生效判决相比之下更具有时效性。

三、类案检索报告下的内心确信

类案识别作为审判工作方法，其形成的成果转换可以是多样的。最为直接的是通过类案识别，形成类案检索报告，以此把握裁判尺度，就待判案件应如何判决作出内心确信。类案检索报告是依据类案识别，对裁判尺度的综合把握（见图37-12）。

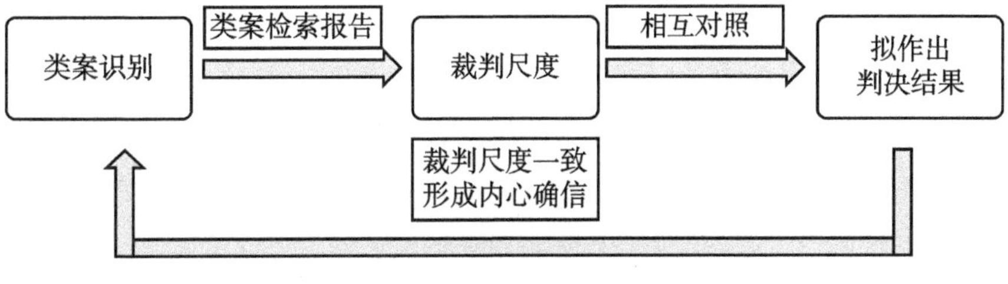

图37-12　类案识别成果转换

现阶段对类案检索报告没有固定的格式要求，一般而言，一份较为全面的类案检索报告可以遵照以下几点：一是在内容上，应有效糅合前述类案识别标准的参照点，可以是不同参照点下类似案件的横向比较，也可以是类似案件与待判案件的纵向比较，既要全面分析，又要避免多项参照标准的简单堆砌。二是在形式上，可以是表格或是图文结合，只要简明扼要便于查阅，又能涵盖全面详实即可。三是在类似案件选择范围上，优先选择本院生效判决。这与前文论述的效力层级并不矛盾。前文所指的效力层级是基于整体类案识别方法的，此处的案件选择范围则是侧重于类案检索报告而言的。在《司法责任制实施意见(试行)》中多次将拟作出裁判结果与本院同类生效案件裁判尺度加以比较，这是因为适法统一首要解决的是本院范围的类似案件类似判决，加之现有智能案件检索系统尚不成熟，在无序的案件推送中耗费大量时间梳理案件层级关系，显然会加重类案检索报告的负担。因此，可以在类案检索报告中优先选择本院类似案件的生效裁判文书。四是在梳理指导性案例上，根据最高人民法院《〈关于案例指导工作的规定〉实施细则》的规定，人民法院在审理类似案件时应当参照指导性案例。所以，类案检索报告中务必需要列明指导性案例的裁判要点与裁判理由。

第五节　类案识别瓶颈

类案识别面临的问题，其实在以上研究中已有所涉及。下文拟将其中的症结点进行归纳，并进行必要的分类，以在进一步完善和更广泛的深度强化学习和应用中予以借鉴。

一、类案标准判断不一

指导性案例的效力是适用指导性案例的理论前提，判断待决案件与指导性案例是否相似，则是能否援引某个指导性案例的先决条件。[①] 根据《〈关于案例指导工作的规定〉实施细则》第 9 条的规定，法官应该从基本案情和法律适用两个方面去比对待判案件与指导性案例是否相似。但是，基本案情和法律适用

① 资琳：《指导性案例同质化处理的困境及突破》，载《法学》2017 年第 1 期。

的定义比较模糊，主观性较强，不利于法院司法实践中的运用以及审判管理部门的监管。对于类案标准的判断究竟应着眼于哪些点，学者们有不同的看法。最高人民法院胡云腾大法官认为，类似案件不仅仅是案情要类似，更重要的是案件中的争议焦点要类似；①也有学者认为，必须结合裁判要点，才能确定哪些案件事实构成了基本案情，哪些法律是指导性案例的核心法律；②还有学者指出类似性应当包含案件基本事实类似、法律关系类似、案件的争议点类似和案件所争议的法律问题具有相似性四个方面。③

二、外在约束张力有限

《〈关于案例指导工作的规定〉实施细则》明确提出，承办法官"应当"进行类案及关联案件检索，说明最高人民法院对于类案检索机制是一种"强制性"规定。《司法责任制实施意见（试行）》更是明确为"类案及关联案件强制检索机制"。但是，作为成文法国家，法官依据法律法规及司法解释裁判案件是法律的必然要求。在我们国家，目前只有最高人民法院的指导性案例具有"应当参照"效力，其他案例仅具有参考作用。简言之，类案检索到的案例对于法官而言，最多也只是"应当参照"而已，并没有强有力的外在约束。虽名为"强制检索机制"，但是，如果法官依然按照常规的裁判思路和规则处理案件，不进行类案检索，裁判结果也完全合法合理，甚至也没有偏离类案确立的裁判尺度，此时，该法官的行为难以被苛责。因此，在成文法的基础上适当扩张案例的外在约束力，是类案强制检索机制实施的应有之义。

三、精细化规则缺乏

最高人民法院先后出台了两个"实施意见"，对于类案及关联案件的检索机制进行明确规定，但是，规定得过于原则性，缺乏具体的实施细则，实践中可操作性较弱。比如，检索的主体是否涵盖全国四级法院、检索的案例范围具体包含哪些、检索的具体步骤如何开展，以及如果不进行检索如何惩戒等，都需要各地法院在司法实践中不断摸索并总结经验，然后该机制才能日臻完善。否则，实际操作成效不容乐观，具体表现为：（1）办案成本提升。《〈关于案例指导

① 胡云腾主编：《最高人民法院指导性案例参照与适用》，人民法院出版社2012年版，第293页。
② 资琳：《指导性案例同质化处理的困境及突破》，载《法学》2017年第1期。
③ 王利明：《我国案例指导制度若干问题研究》，载《法学》2012年第1期。

工作的规定〉实施细则》要求承办法官在审理案件时应当进行案件检索并制作检索报告,并分情形做出处理。而前后两个“实施意见”均未明确检索的案件范围,依照文义解释,就是要求所有的待裁判案件都要进行类案检索,这无疑将增加法官的办案成本,特别是对案件数量急剧增长且基数庞大的基层法院来说。(2)催生“懒法官”。如前所述,实施类案强制检索机制,制作检索报告,无疑是增加了法官的办案成本,而且如果拟作出的裁判结果与最高人民法院的类似案件不相符,还应当提交专业法官会议或者审判委员会讨论,这在一定程度上倒逼承办法官对于类案应该作出与最高人民法院一致的裁判结果,反之将会增加烦琐的程序,甚至被上级法院发回或改判。趋利避害是人的本能,对于类案作出统一的裁判尺度也是正当的,但是如果过于强调类案检索统一裁判尺度,而忽视自由裁量权,会不会催生出一批“懒法官”？因为如果要作出与最高人民法院同类案件不一致的裁判尺度,就要面对专业法官会议或审判委员会,而且还存在被上级法院发回或改判的风险,那干脆作出一致的裁判结论不就行了吗？依葫芦画瓢很容易,但是毕竟不可能两个案件完全一模一样,如果承办法官不发挥主观能动性,过分依赖类案处理,作出的裁判结果可能完全趋同,对于法治建设而言绝非幸事。(3)流于形式。类案检索、统一裁判尺度,对于提升司法公信力具有重要的意义,但是对于案件数量日益激增的当下,法官一定程度上已经在“疲于奔命”,而推行该项机制会较大的增加法官的办案压力。如何避免“上有政策下有对策”而致使类案检索流于形式,也是要认真考虑的问题。

第六节 类案强制检索

那么,基于我国的司法现状,针对已经或预测到的这一大数据应用领域的症结点问题,下一步到底如何有效推动类案强制检索机制,便成为一个极为关键的问题。

一、技术筹划

1. 限缩检索主体。(1)最高人民法院立样板。最高人民法院是我们国家最高审判机关,同时也是我们国家公报案例和指导案例的发布主体,在类案强制检索机制设计中,是全国其他各级法院检索比对的案例样本的制作者,因此最高人民法院自身应该成为检索的榜样,使最高人民法院自己裁判的案件尺度保持统一,也只有这样其他法院才有统一的参照样本,类案检索机制才能顺利地开展下去,同时为下级法院做好表率,以更好地指导和督促下级法院不断推进类案强制检索机制。(2)中、高级法院当主力。在整个司法体系中,各中、高级法院审理的案件多数为二审案件,作为二审法院对下级法院具有指导的权力和职责,只有先将中、高级法院的案件裁判尺度统一起来,其通过二审形成的裁判规则自然会对一审法院起到重要的指引作用,也在很大程度上推进了一审法院裁判规则的统一。同时,各中、高级法院也有一定量的疑难复杂的一审案件,这些案件数量不会很多,把这些案件也作为类案检索的客体在操作上具有较强的可行性,同时这些案件形成的裁判尺度和规则在多数情况下也可以被下级法院所参照,进而统一一审法院的裁判尺度。因为所谓的疑难复杂案件,有些是因为涉案标的额较大或社会关注度较高,有些是法律关系复杂,但是这些案件所涉及的裁判规则可被一审法院类似案件(标的额较低或社会关注度不高)参照,或分解后被一审法院类似案件(只涉及其中一个法律关系)参照。(3)基层法院作补充。基层法院是最贴近老百姓日常生活的审判机关,同时承担着全国大部分案件的审理任务,平均每个基层法院的法官每年要审结200个左右的案件,而这些案件中绝大多数是比较简单的,而且会有一定数量的批量案件。如果不做区分,每个判决和裁定结案的案件都要进行案件检索,并制作检索报告,无疑将大大增加法官及其辅助人员的工作量,而且实际上多数案件并无检索的必要,因为经过长年累月的司法实践,基层法官对于多数简单的案件已经驾轻就熟,裁判规则实际上已经基本统一。对于基层法院来说,需要检索的案件数量应该是少数的疑难复杂和新类型案件,这些案件承办法官往往"吃不准",自身也有学习和研究的动力,类案检索在实际操作中更具可行性。因此,在整个司法体系中基层法院只能作为补充,对少量规定的案件作类案检索。毕竟一审裁判非终审,当事人认为有问题可通过二审来维护自身合法权益,一审裁判尺度即使有偏差也可通过二审程序来纠正。

2. 明确检索客体。(1)划定检索的适用载体。最高人民法院的"实施意见"中提到,应当依托办案平台、档案系统、中国裁判文书网、法信、智审等,进行类案检索。整体来说,最高人民法院对于检索适用载体的规定还比较全面,但是课题组认为还应该加以分类和明确。对于最高人民法院的法官来说其可以应用最高人民法院的办案平台、档案系统对最高人民法院已经审结或者正在审理的类案进行检索，当然其对于已经生效的案件也可以通过中国裁判文书网、法信、智审等进行检索；其他各级法院的法官则可以依据中国裁判文书网、法信、智审等进行检索。但是，课题组认为，对于生效裁判文书的检索应该明确统一的检索载体或平台，比如，规定为最权威的，也是应用最为广泛的中国裁判文书网，而不要规定为两种及其以上的检索平台。这是因为，任何一项制度的设计都需要进行落实和监管，如果规定的检索平台不统一，检索结果就可能不一致，最终会给监管带来不便。而各级法院可在办案系统中嵌入该平台，使法官办理案件、检索案件更便捷。(2)明确检索的案例范围。最高人民法院的“实施意见”中提到，对最高人民法院已经审结或正在审理的类案与关联案件进行全面检索，也就是说案例的检索范围仅限于最高人民法院的类案或关联案件。从统一全国的裁判尺度而言，对最高人民法院的类案或者关联案件进行检索是应当的，但是最高人民法院审理的案件数量毕竟有限，很多案件根本到不了最高人民法院就已经走完程序，因此课题组认为案件的检索范围应当适当予以扩张。申言之，能够检索到最高人民法院相关案件的，自然应该比对这些案件，以做到全国范围内的适法统一，如果检索不到的话，还应该检索所在地区高院和中院的相关案件，并加以比对，以做到省级和地市级范围内的统一。同时，课题组认为，最高人民法院作为我们国家最高审判机关，其作出的裁判为终审裁判，案件审结送达当事人即生效。所以对最高人民法院已经审结的案件进行检索，基本上可以等同于对生效的裁判案件进行检索。当然，对于最高人民法院正在审理或者刚刚审结尚未生效的案件的检索，在实践操作中，目前也只能局限于最高人民法院的法官，毕竟全国法官办案系统并未联网。

3. 规范检索流程。(1)检索步骤标准化。类案检索具体到操作环节，检索的步骤是必不可少的，而通过标准化的检索步骤不仅可以提高检索的速度，同时可以提升检索的成效，使其更契合我们类案检索的目的。课题组认为，标准化的检索步骤应该包含以下环节：提取关键词、设置检索条件、进行类案检索、制作检索报告、检索结果处理、检索过程留痕。(2)检索报告规范化。类案检索完成后，要制作检索报告，对检索的过程及结果进行记录，并附上搜索到的类案案例或裁判文书，以备后续查阅或归档用。具体而言，检索报告应该规范化，包含封面(或标题)、检索结果概览、案例目录以及案例原文(或裁判文书)四个方面的内容。案例检索报告的封面简洁实用就好，应写明“案例检索报告”字样，并注明案号及承办人等；根据情况需简化的也可不制作封面，仅写明“案例检索报告”标题。在检索报告正文需列明检索结果概览，列明检索到几个案例，如果没有检索到也应在报告中注明，以便后续根据检索结果分情形作出不同的处理。同时需要列一个检索到的案例目录，可以通过案号进行区分。最后在报告后面还应附上检索到的案例原文或者裁判文书，案例原文可复印最高人民法院相关的案例公报或者案例指导等，生效裁判文书可以在中国裁判文书网上下载打印。(3)检索处理类型化。根据检索结果，分别作出相应的类型化处理。检索的结果包含检索到类案和没有检索到两种情形。如果检索到类案，承办法官一般应该参照检索到的类案的裁判规则结合案件事实作出裁判，审理的案件适用简易程序的由主审法官决定，适用普通程序审理的案件经合议庭评议后作出裁判；当然，还有一种情形就是检索到了类案，但是承办法官或者合议庭评议后认为不应该适用先前类案的裁判尺度，即要改变先前生效裁判形成的裁判尺度的，应该提请专业法官会议讨论，专业法官会议也不能形成多数意见或者分歧较大的，报请审判委员会讨论。如果没有检索到类案，意味着可能形成新的裁判尺度的，此时需要先经合议庭评议，然后提请专业法官会议讨论，专业法官会议也不能形成多数意见或者分歧较大的，报请审判委员会讨论。此外，如果检索到了类案，但是类案之间的裁判尺度存在较大的差异，不知该如何适用的，应报请相应法院审委会讨论决定，如果是本院相关类案裁判尺度不统一的直接报请该院审委会，如果是上级法院的层报该级法院审委会(见图37-13)。

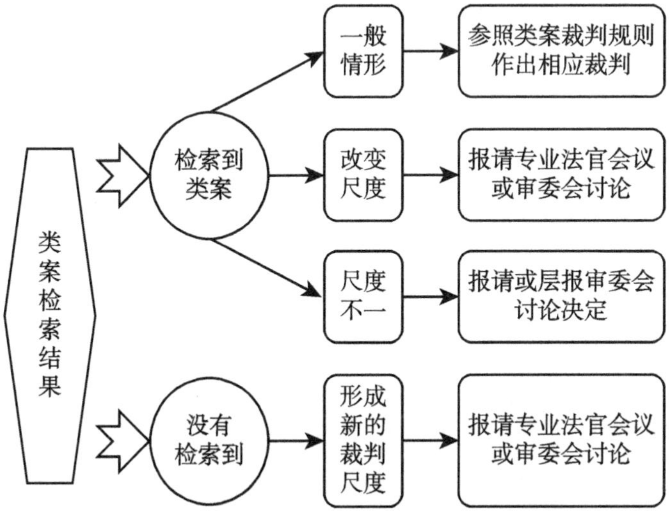

图37-13　检索处理类型化

4. 检索留痕制度化。档案工作是人民法院制度化、规范化建设的重要一环，类案强制检索机制的规范化、制度化建设也离不开检索工作的“留痕”处理。将类案检索的过程和结果，最终以书面形式归档并电子扫描长期保存，不仅使类案检索这项工作有据可查，同时也便于审判管理部门对该项工作进行监督检查。根据类案检索工作的特性，课题组认为，类案检索的相应材料应该放入法院卷宗的副卷，一般不宜对外公开。而应该“留痕”归档的材料，课题组认为主要应该包括检索报告，因为其已经涵盖类案检索的过程及结果，也附上了相关案例或者裁判文书。至于与此相关的合议庭评议笔录、专业法官会议记录等，即使没有类案强制检索机制，这些材料本来就属于法院应该归档的内容，在此毋庸赘述。

二、制度保障

1. 科学布局和细处着眼。(1)统一类案判断标准。类案的判断是类案强制检索机制的前提，而类案的判断标准不一将直接影响承办法官是否需要进行类案检索，也将影响到审判监督管理部门对于该机制落实情况的检查和监督。因此，最高人民法院应当尽快对类案标准进行明确，统一判断的标准，并使之具有较强的可操作性。而在最高人民法院的相关标准出台以前，各高级法院可以结合本地区司法实践，先行出台适用于本地区的类案判断标准，以促进类案强制检索机制在该地区的有效实施，进而为最高人民法院的标准制定提供有力的实践支撑。(2)适当扩张类案的外在约束力。如前所述，我们国家是成文法国家，最高人民法院的指导案例也只是具有“应当参照”的作用，而要推行类案强制检索机制，有必要对类案的外在约束力进行适当扩张。具体而言，应将“应当参照”的案例范围进行扩张，不局限于最高人民法院发布的指导性案例，可扩张至所有的应当作为比照对象的类案，包括最高人民法院发布的指导性案例、公报案例、最高人民法院的其他生效案例以及各高级法院发布的指导性案例等。此外，还应明确如果承办法官审理的案件有可以参照且应当参照的类案而不进行类案检索并参照导致案件被发回或改判的，应当承担差错责任，并计入法官业绩档案。(3)及时更新完善系统数据。类案强制检索的前提之一就是已经生效的裁判文书要在互联网上能够有效查询到，因此要保证被检索的类案的广泛性和准确性，必须对相关系统数据进行及时更新和完善。首先，要抓好生效裁判文书上网工作，确保生效裁判文书及时、准确地上传到互联网上；其次,最高人民法院、各高级法院要做好有关指导性案例、参考性案例的发布工作,并及时上网、上传至相应检索平台;最后,要加强对检索平台系统进行适时维护和数据更新,确保系统平稳、高效运行。(4)建立偏离预警机制。随着近些年来人工智能的不断发展,类案的识别模式也逐渐从“人工模式”向“半自动识别模式”和“智能化识别模式”转换,因此可以将类案检索平台嵌入法院的审判管理系统中,并对承办法官拟在系统中上传并打印的裁判文书进行自动识别、比对,对于偏离类案的裁判文书进行标注和说明,并提示偏离的后果。这样既建立了偏离预警机制,又从技术层面在一定程度上达到了类案强制检索机制的“强制检索”目的。

2. 激励与惩罚相结合。(1)坚持激励优先,调动法官积极性。类案强制检索机制的有效实施不仅需要微观程序层面的设计,也需要制度上的保障,需要形成一定的激励机制,充分调动法官的积极性,化法官被动的检索为积极主动地寻找类案,学习研判。具体来说,可以做好以下几个方面:一是评优评先,激励奋进。各个法院可以将类案检索这项工作纳入平时考核和年度考核,对于做得好的法官可以进行表扬,树立表率,激发和调动大家的积极性。二是发回改判,适当免责。对于被上级法院发回或改判的案件,如果承办法官在裁判之前已经严格按照类案强制检索机制的程序和要求做好了相关工作,审判管理部门在对该类案件进行评议和追责时,应适当减轻或者免除承办法官的责任。因为类案强制检索机制的目标就是为了达到司法裁判的统一,如果承办法官在作出裁判前已经尽力做好了该项工作,应当提交专业法官会议或者审委会讨论的也提交了讨论,最终因为对法律的理解或司法政策的理解不一致等原因而导致的发回或改判自然应该减轻或免除承办法官的责任。(2)教育惩罚后置,确保规则执行力。如前所述,类案检索工作的开展在较大程度上会增加承办法官及其辅助人员的工作量,部分法官可能会有抵触情绪,甚至消极应付。对于此种情形还是应该以激励机制为主,如果激励机制没有发挥其应有的作用,应该对这些少数的法官及其辅助人员进行批评教育,使其认识到类案强制检索机制的积极意义,督促其改变错误观念,认真做好此项工作。各级法院可以考虑将该项工作一直做得不好的个别承办法官或司法辅助人员在考核时降低考核的评定档次,在一定程度上以示惩戒。附件为类案检索报告参照表格样式。

附：

类案检索报告参照样式

<table>
<tr><td>待判案件案号</td><td></td><td colspan="2">案由</td><td></td><td colspan="2">争议焦点</td><td colspan="2"></td></tr>
<tr><td rowspan="3">待判案件
关键事实</td><td colspan="6">1</td><td colspan="2" rowspan="3">备注：此部分描述尽可能简明扼要，紧扣争议焦点</td></tr>
<tr><td colspan="6">2</td></tr>
<tr><td colspan="6">3</td></tr>
<tr><td>指导性案例</td><td>案号</td><td colspan="5">裁判要点与理由</td><td colspan="2" rowspan="3">备注：优先检索与待判案件相关的指导性案例</td></tr>
<tr><td>1</td><td></td><td colspan="5"></td></tr>
<tr><td>2</td><td></td><td colspan="5"></td></tr>
<tr><td>类案案号</td><td colspan="2">案由</td><td colspan="2">争议焦点</td><td colspan="3">关键事实</td><td>裁判结果</td></tr>
<tr><td>1. 优先选择本院生效文书</td><td colspan="2">1. 优先选择与待判案件案由相同的案件</td><td colspan="2">1. 优先梳理与待判案件类似的争议焦点</td><td colspan="3">1. 简明罗列与前述争议焦点紧密联系的关键事实</td><td>1. 摘取与待判案件争议焦点密切联系的裁判结果</td></tr>
<tr><td>2. 优先选择近期生效文书</td><td colspan="2">2. 相同案由下类似案件较少、或新类型案件可放开案由检索条件，结合争议焦点检索</td><td colspan="2"></td><td colspan="3"></td><td></td></tr>
<tr><td>裁判尺度</td><td colspan="5"></td><td colspan="3">备注：依据前述类案裁判结果整理裁判尺度</td></tr>
<tr><td>拟作判决结果</td><td colspan="8"></td></tr>
<tr><td colspan="9">本院同类生效案件与裁判尺度 *
一致(　)　较小差异(　)　重大差异(　)　形成新的裁判尺度(　)</td></tr>
</table>

* 最高人民法院司法责任制实施意见(试行)第 40 条：

经检索类案与关联案件，有下列情形的，承办法官应当按需以下规定办理：

(1)拟作出的裁判结果与本院同类生效案件裁判尺度一致的，在合议庭评议中作出说明后即可制作、签署裁判文书；

(2)在办理新类型案件中，拟作出的裁判结果将形成新的裁判尺度的，应当提交专业法官会议讨论，出院庭长决定或建议提交审判委员会讨论；

(3)拟作出的裁判结果将改变本院同类生效案件裁判尺度的,应当报请庭长召集专业法官会议研究,就相关法律适用问题进行梳理后,呈报院长提交审判委员会讨论;

(4)发现本院同类生效案件裁判尺度存在重大差异的,报请庭长研究后通报审判管理办公室,由审判管理办公室配合相关审判业务庭室对法律适用问题进行梳理后,呈报院长提交审判委员会讨论。

第三十八章　数据交互集成

司法人工智能应用的前提是基于司法大数据的挖掘。司法大数据不仅来自内部的司法结构或非结构化供应，更丰富的场景应用还依赖外部的政务数据，乃至极为碎片化的数据挖掘，此为司法数据应用的难点。执行就是这一难点应用的典型场景，以下以执行的内部和外部数据的交互与应用为例。

第一节　内外数据交互

2017 年 7 月，国务院发布《新一代人工智能发展规划》，最高人民法院也提出“智慧法院”建设目标和规划。执行程序是司法程序的最后环节，直接关系司法确认的权利能否兑现，法律权威及司法公信力能否树立等问题。应用人工智能破解执行难题，将给司法执行带来重大突破。但是，数据的场景应用依然存在不同难点。

一、外部数据应用样板

内部司法数据应用的前提是结构化，“206 工程”是一个主要依赖于内部结构化数据建立的应用典范。但是，司法领域的许多场景仍然需要外部数据的交互，精细化执行乃是这一多源异构数据集成应用的重点领域，已取得不斐成就。

截至 2018 年 9 月综配司改在上海试点启动之前，全国法院通过网络查控系统，为5746万件案件提供查询冻结服务，共冻结资金2992亿元，查询房屋、土地等不动产信息546万条，车辆4931万辆，证券1085亿股，船舶119万艘，网络资金129亿元，有力维护了胜诉当事人合法权益；全国法院累计发布失信被执行人名单1211万例，共限制1463万人次购买机票，限制522万人次购买动车、高铁票，322万名失信被执行人迫于信用惩戒压力自动履行了义务；从2017年3月网拍系统上线至2018年9月，全国法院网络拍卖74.7万余次，成交22.1万余件，成交额5030亿元，标的物成交率73%，溢价率66%，为当事人节约佣金153亿元；全国法院以拒不执行判决裁定罪判处罪犯14,647人，累计拘留失信被执行人38万人次，限制出境3.2万人次；特别是2018年以来，共判处罪犯7281人，拘留13.4万人次，同比分别上升90.6%和11%，形成打击逃避、规避执行行为的强大声势。① 尽管取得了上述成绩，但法院依旧面临十分紧迫的"执行难"困局。

整体而言，"执行难"案件是指被执行人有可供执行的财产却逃避执行、隐匿财产，或者法院没有按规范执行导致执行案件长期没有得到有效执行的案件。其中法院没有按规范执行既指法院没有能够及时、隐蔽、有效地采取规范的保全或执行措施导致被执行人逃脱、执行财产转移的执行结果，也指法院在本次案件执行终结后，怠于继续查找财产线索，以及怠于继续采取相关限制措施，导致失去继续执行可能的执行结果。"执行难"不等于"执行不能"，两者存在根本区别。"执行不能"是指被执行人客观上无任何财产，抑或查控财产被依法处置后无财产可供执行，或者虽有财产但客观上无法执行的一种客观执行状态。② 当然，这种状态也是被执行人实际没有可供执行财产，经法院穷尽一切调查手段核实后，归属于执行不能的最终结果。这种"执行不能"的案件属于民事行为中的正常风险，在世界各国司法实践中普遍存在，即便法院再努力也无法完成没有财产的执行工作，这种案件应当通过引导市场主体加强风险交易管控，完善破产制度本身来解决。

二、数据应用短板

完成基本解决"执行难"的目标，主要精力和措施瞄准的是被执行人隐藏

---

① 最高人民法院《关于人民法院解决"执行难"工作情况的报告》，2018年10月24日。

② 胡志光、尚彦卿：《解决执行难问题的实施标准——以深圳中院基本解决执行难为样本》，载《人民司法（应用）》2016年第19期。

躲避,以及有财产可供执行但隐匿财产逃避执行的行为,同时,还应对执行程度加以规范化。围绕这三个问题的"难",主要集中在以下四个维度:

1. 被执行人联络难。根据最高人民法院《关于适用〈中华人民共和国民事诉讼法〉的解释》第484条的规定,立案执行后被执行人应当经法院依法传唤后到场接受调查询问。① 实践中"执行难"案件中却常出现被执行人经过法院多次传唤均不出现,后又变更电话号码或关机,拒绝与法院继续保持沟通联系的情况。而相关执行文书送达也常遭遇被执行人拒收或送达地址无此人的尴尬局面,使得执行工作初启动便遭遇各种不能。这些"执行难"案件被执行人往往无视法律尊严,刻意隐匿躲藏逃避执行,拒不执行本应履行的法律义务。因此,被执行人难找是执行难的首难问题。

2. 被执行财产查找难。法律规定将生效法律文书付诸执行,不仅是法律赋予法院的一项重要职权,也是公民、法人和其他组织的合法权益得以实现的重要途径。《民事诉讼法》第241条规定,被执行人若未履行则应当报告当前及前一年的财产状况。但由于历史上长期的法律虚拟主义的盛行和影响,债务人明显有支付履行能力,却藐视法律的权威,故意采取推脱、转移、藏匿财产的现象比较普遍,使执行工作遇到各种困难。而在执行实务中被执行人往往瞒报、谎报、乱报其自身财产状况,以便逃脱履行相应付款责任。"金钱债权的执行效率、到位率取决于能否有效地发现债务人及其责任财产。债务人通过人身躲藏、财产隐匿或处分逃避执行是超越国界的普遍现象。"②因此,通过创新数据化执行的方式改变目前这种执行乏力的局面,显得愈加迫切和明显。所以,解决被执行人财产查找难成了整个"执行难"问题中的重中之重。

3. 被执行人规避执行难。被执行人在实际执行中往往存在较强的抵触情绪,刻意通过财产代持、房产代持、存款代持、股权代持来规避执行。有的被执行人甚至通过变更法定代表人、注销原公司、设立新公司,变更主体规避执行。

---

① 最高人民法院《关于适用〈中华人民共和国民事诉讼法〉的解释》第484条第1款规定:对必须接受调查询问的被执行人、被执行人的法定代表人、负责人或者实际控制人,经依法传唤无正当理由拒不到场的,人民法院可以拘传其到场。

② 陈杭平:《比较法视野下的执行权配置模式研究——以解决"执行难"问题为中心》,载《法学家》2018年第2期。

《刑法修正案(九)》对拒不执行判决罪做了相应修正,[①]但在实践中对是否有相应经济能力履行执行义务较难判断。某些被执行人作为当地纳税大户常借助当地机构的配合规避执行,当地法院对其执行效果欠佳,地方保护主义色彩强烈。要彻底解决"执行难"问题,必须从改革体制上下功夫,解决司法权地方化和"地缘""人缘"关系问题,切断法院、执行人员与当地政府、周围环境之间非必要的联系,在他们之间建立一定的"屏障",形成必要的距离。[②] 因此被执行人规避执行难成为"执行难"问题中的实践之难。

4. 被执行财产变现难。法院被执行财产流拍率高,增值率低,变现难一直是困扰各级法院的难题,"内幕交易"和垄断拍卖在被执行人财产变现过程中一直屡禁不止,部分不良拍卖机构利用掌握的信息,联合竞买人在拍卖现场及场外非法操纵和垄断拍卖。现在各法院通过借助淘宝网、京东等司法拍卖平台和第三方拍卖机构,以"法院+社会机构+网络平台"的三方合作模式全面推行网络司法拍卖后,大大提高了拍卖成交率和溢价率,在解决执行财产变现难问题上取得了重大进步。但由于有些被执行人财产具有行业特殊性,其潜在买受人局限为特定行业客户,而这部分买受人又很难关注到被执行财产的拍卖处理,流动性较差的被执行人财产依然面临变现困难和偿付价值低的问题,变现难是"执行难"问题中的财产转让流动性难题。

第二节　外部数据运用逻辑

以往的执行方式多依靠申请执行人提供或法院主动查询财产线索这两种方式进行被执行人财产的调查,将通过调查掌握的可执行财产予以查封冻结,最后对被执行财产变现直到最终完成案件的财产执行工作。在执行工作中,难点中的难点,是找到被执行人隐匿或转移的财产,基于对裁判结果的不服或懈怠,大部分执行案件的被执行人往往不愿主动履行生效裁判文书项下的自身付款义务。因此,需要通过申请执行人提供或法院查找的方式强制执行,但这两

---

① 《刑法》第313条规定,拒不执行判决、裁定罪是指对人民法院的判决、裁定有能力执行而拒不执行,情节严重的,处三年以下有期徒刑、拘役或者罚金;情节特别严重的,处三年以上七年以下有期徒刑,并处罚金。

② 景汉朝、卢子娟:《"执行难"及其对策》,载《法学研究》2000年第5期。

种方式往往效率低下且很容易陷入一无所获的境地。那么,外部数据运用的切入点、关键要素和实施步骤又是什么?

一、寻找切入点

被执行人虽不愿主动履行,但在现代互联网生活中却在源源不断地向各网络公司提供各种实时有效的个人信息,既包括定位、地址、轨迹等出行信息,也包括爱好、兴趣、关注等个人特点信息,甚至是最重要的保险、社保、房产、车辆、银行卡等个人财产信息,这些信息都会被以数据的方式接收存储在某个网络公司的大数据库中,形成了被执行人上传的、分散的、有价值的财产数据信息云端。而法院有能力、有职权、有义务找到这些四散各处的数据云端,整合成一个完整的被执行人的立体数据全息像,从中找到可供执行的数据化财产。数据化执行的切入点主要有三个方面:

1. 对被执行人真实财产状况的数据化挖掘。传统的被执行人财产报告制度往往流于形式,[①]被执行人空白报告、虚假报告甚至隐瞒报告的例子屡见不鲜。此时,大数据查询就能发挥其独一无二的价值和作用。对被执行人真实财产和经济能力的数据化分析是数据化执行工作中最重要的部分之一,所有被执行人现金流的分布构成和流向的分析挖掘,是整个涉案财产信息中不可或缺的一环。执行部门既可从网络执行查控系统查询,也可以利用消费数据、转账信息、交易对象等数据分析构建财产流转的最终走向。同时,依托各大互联网公司、银联司法协助系统、反洗钱中心等网上网下平台,对大额交易和可疑资金等进行查控和数据收集。[②] 从海量数据中勾勒出资金转移关系,再借助专业的图形化线索分析工具,对涉案的往来资金转账、财产转移路径等数据整合后进行

---

① 最高人民法院《关于民事执行中财产调查若干问题的规定》第3条规定,人民法院依申请执行人的申请或依职权责令被执行人报告财产情况的,应当向其发出报告财产令。金钱债权执行中,报告财产令应当与执行通知同时发出。人民法院根据案件需要再次责令被执行人报告财产情况的,应当重新向其发出报告财产令。

② 最高人民法院《关于民事执行中财产调查若干问题的规定》第1条规定,执行过程中,申请执行人应当提供被执行人的财产线索;被执行人应当如实报告财产;人民法院应当通过网络执行查控系统进行调查,根据案件需要应当通过其他方式进行调查的,同时采取其他调查方式。《关于适用〈中华人民共和国民事诉讼法〉的解释》第485条规定,人民法院有权查询被执行人的身份信息与财产信息,掌握有关信息的单位和个人必须按照协助执行通知书办理。最高人民法院《关于民事执行中财产调查若干问题的规定》第12条第1款,被执行人未按执行通知履行生效法律文书确定的义务,人民法院有权通过网络执行查控系统、现场调查等方式向被执行人、有关单位或个人调查被执行人的身份信息和财产信息,有关单位和个人应当依法协助办理。

综合研判，推导出完整清晰的转移财产结构分布图，确定被转移财产的去向，了解被执行人真实财产状况。

2. 拓展数据化执行的财产信息查控来源。一是深入整合现有网络执行查控系统渠道数据资源，应用专业技术手段进行交叉比对，勾勒执行线索信息，为执行财产信息画像；积极运用商业软件和手机 App 软件查询、补充、完善财产线索来源；构建数据化信息查询思维，提高执行法官使用信息化手段查询财产的信息能力。二是深入推动与数据化财产登记部门的执行合作，优化执行资源信息库，建立执行信息快速查询通道。三是针对经济发展、金融体制变革带来的变化，重点收集互联网金融领域的执行信息，筛选挖掘执行线索。只有深刻领会互联网革命、人工智能、大数据、云计算、区块链等技术发展带来的科技革命和对执行工作产生的技术价值和意义，才能彻底运用新技术手段帮助破解“执行难”困局。

3. 实施现金流数据化查控分析。依托案情研判、数据分析、财产查实等专业执行技战法，整合财产数据信息资源，提升人民法院执行和多部门联合作战的整体能力。从传统的查财产转变到查现金流，因财产的产生、转移、变更、消灭都是由被执行人的行为发起的，只专注于数据化财产的变化往往造成碎片化、局部化的审查结果，而忽略了对被执行人整个财产资金流向的控制行为的关注变化，从查财产转向查现金流，通过现金流的变化再反向找到执行财产。依托网络执行查控系统、税务登记系统、工商登记系统、保险信息统一平台、公共事业信息平台等查询被执行人资金账户，进行数据研判，对于重点怀疑的资金账户应前往开户银行通过历史对账单进行现金流分析，对可疑的资金流向账户进行重点关注调查，对确有存在帮助被执行人转移财产、隐匿收入的第三方账户，予以查封冻结，等待进一步的执行调查核实后再行处置。

二、关键要素

数据化执行的关键是司法外部数据的共享。首先是依托政府主管部门、邀请其他部门参与共同整合城市大数据枢纽库，实现数据汇集互联和共享应用。以最高人民法院网络执行查控系统为基础，以跨部门、跨层级应用为重点，统筹构建“云储存”的数据共享交换平台，共建、共用基础数据资源，加快推动包括党政机关、法院执行部门、群团组织、互联网公司等在内的各类服务数据汇集互联和共享应用，让分散、孤立的管理数据成为汇集综合的应用数据。健全以应用为导向的数据按需共享机制，打破“数据孤岛”，向法院执行部门尽可能开放更多的信息查询权限，建设一体化执行信息共享平台、实现相关部门之间信息的互联互通，为加强协作配合、提高工作效率提供线索信息支撑和保障。

可以说，用大数据实现多类数据的相互融合，是将大数据思维运用于“执行难”的关键。深化与数据化财产登记部门之间的信息合作，通过联席会议、定期会商和交流合作等形式深入推进和银行、工商、银保监、证监、房产、税务、财政、审计、海关等行政部门的协作，以财产登记机关掌握的基础数据丰富执行信息资源，利用上述财产登记机关掌握的违规违法记录扩大执行信息资料库。同时，借鉴银联资金查控平台、人民银行征信查询系统等平台的成功经验，建设更为广泛的执行信息共享平台，进一步规范、健全执行案件线索的相互通报、双向移送、立案协助、调查取证、证据互认、协助执行、应急联动等工作机制。

三、实施方案

接下来，数据到底如何挖掘？以法院执行的数据归集、分析和应用为例。首先是结合执行目的与执行重点，对收集到的财产线索信息进行高强度整合、深加工运用。按照综合信息、案件信息、主体信息、地址信息、经济状况信息、财产信息、转账信息等不同模块对收集到的财产线索信息进行划分以便汇总分析。

在此基础上，按照不同的要求和标准，从财产线索信息的三维维度（关联化、轨迹化、数量化）、时间维度（即时化、实时化）以及形式维度（形式化、可实现化）等方面，对财产线索信息的价值进行分类评级；抑或按照人员要素、财物要素、程序要素、机构要素、空间要素和时间要素等方面，对构成线索信息的要素予以分解；再根据不同执行阶段对线索信息的需求和应用层次，将线索信息予以流转、分配和重新组合。这样，使原来看似没有价值的数据能够在某一分类下形成共同特点，反映财产转移的根本轨迹和最终路径。

其中，一方面，利用银行、电信、保险、民航、社保、邮政等数据财产登记部门掌握的信息资源，掌握被执行人的最新动态和变化状况，比如，通过金融机构查询个人和公司账户的基础信息及资金量、资金流方面的信息，通过工商部门、证券交易所掌握企业经营状况、财务审计报告、已发行股票债券等方面的信息；另一方面，发挥社会中介组织的信息收集作用，通过行业协会、律师事务所、会计师事务所、税务师事务所、房产中介公司、资产评估机构等中介组织的服务信息,获取与执行工作相关的人、财、物等方面的数据信息。

当以上条件具备之后,就可以依托执行信息技术手段,针对执行领域内的大案要案,采用数据追踪、分析比对等方式,从涉案财产的流向分析排查财产线索,扩展串并数据化财产可能的隐藏渠道,动态取证涉案财产的非法转移隐藏途径,为执行案件提供可靠的财产线索服务。

第三节　外部数据的交互

数据的意义在于交互产生的价值,而大数据对于法院执行的实用价值在于它数字交互的同时本身也在进行大量信息的交换。其中,既包括外部挖掘的用户数据,也包括被执行人根据要求主动提交的自身信息。这种聚集巨量信息的方式正在逐渐构成一个更为强大的外部网络数据信息资源,成为一个大数据终端信息系统。然而,现实中这些数据的利用率却非常低,所以,能否正确使用这些数据破解难题,乃是智慧转变思维和方式的重要突破口。以下仍以破解“执行难”为例加以说明。

一、被执行人活动轨迹分析

法院查找被执行人的方式包括两种:自主查找、公安协助查找。[①] 目前,查找效果并不理想。一是通过被执行人的日常出行数据研判被执行人位置、可能去向及出行习惯,通过包含定位信息、送货地址信息、公共交通信息、车辆导航轨迹等在内的数据进行综合研判,推断出被执行人的经常居住地和经常出入地,研判其可能持有的不动产信息以及日常行为轨迹,例如,利用滴滴打车软件上的常用地址、通信地址、位置信息、行程信息、IP 地址,结合淘宝、京东、饿了么等平台上的送货地址,以及导航软件信息,就能直接找到被执行人的具体行

---

① 《建立信息共享及网络查控机制的意见》规定:最高人民法院向公安部提供被决定司法拘留的当事人(自然人)信息,并推送对应的加盖电子签章的拘留决定书及协助执行通知书,提供执行法院信息、案件承办人姓名及联系电话;公安机关及派出机构在日常执法过程中发现上述人员时,应当及时通知人民法院。另外,《关于依法制裁规避执行行为的若干意见》第 24 条规定,加强与公安机关的协作查找被执行人。对于因逃避执行而长期下落不明或者变更经营场所的被执行人,各地法院应当积极与公安机关协调,加大查找被执行人的力度。

踪，向其送达相关执行法律文书；[①]二是利用金融交易数据，通过被执行人银行开户信息、现金存取、资金流向、消费数据、网点录像等分析被执行人的金融交易分布热点轨迹、判断被执行人生活半径和确切位置；三是利用互联网信息，通过被执行人身份证号和绑定手机号码查找被执行人社交网络、搜索检索、网络注册、登录记录、使用记录等，结合定位信息查询比对被执行人行踪；四是利用纳税票据、社保信息，通过被执行人定期纳税、开票、使用医保、缴纳社保等被执行人经济活动轨迹查询被执行人确切位置；五是执行人就医信息、保险信息、通信信息等，也可相应地应用于执行实践以辅助执行工作。

2009年1月，小镇网成为全国第一家开始执行IA实名机制标准的网站。IA实名机制标准是一种绝对实名机制，其特点在于将真实姓名、身份证号、手机号、地址一次性验核。这种绝对网络实名制，之后被各大对于身份信息要求十分严格的金融机构吸收采纳。对于网络金融用户而言，将上述四类信息绑定银行卡或者网络虚拟金融账户后的网络消费和理财已经十分普遍和流行，利用这些基础数据信息，查找那些进行过实名认证身份信息的被执行人，显得更为从容便捷。所有的基础数据都储存在互联网数据库中，只需任意搜索身份证号、手机号、用户名、地址、银行卡号中的任一号码就可以了解其他关联数据信息，就像网络摄像机对于摄录范围内的所有活动进行完整摄像，任意个体在互联网金融领域内的行为活动信息，都无时无刻不被记录下来。实名认证后的个人、手机号码、银行卡号、互联网账户、互联网金融等五位一体关联模式，将个人的行为地点、行为数据、行为模式等相关信息逐渐汇集融合，使之成为可以被分析、被判断、被解读的个人活动地点、个人行为模式、个人财务状况，实质上已经形成了一张由相关个人信息组成的数据“天网”。基于此，关联账户的所有个人信息都将一览无余，个人网上行为的次数越多，数据也就越丰富，相关判断分析的结论也就越精确详实。例如，通过分析送货地址的数据，可以用来具体定位被执行人的实际经营地和居所地；通过分析购买的商品服务等数据，可以分析判断被执行人近期真实的经济状况，验证被执行人的偿债能力；互联网金融以及绑定的银行卡内的资金流向则有助于帮助查找被执行人隐匿转移的财产，协助及时冻结执行相关银行账户。

---

① 《建立信息共享及网络查控机制的意见》规定，被告、被执行人身份信息。包括：姓名、曾用名、出生日期、户籍地、住址、公民身份号码、照片。

所以,看似凌乱纷繁的数据背后蕴藏着所罗门宝藏似的个人信息,这些数据对于公众和个人均属于隐私权范畴,但对于以捍卫法律公平正义为目标的法院执行部门来说,其价值等同于拥有了正义女神的智慧之眼,使得困扰法院执行难的迷雾得以逐渐消散,被执行人为了逃避履行而遁匿的身形变得清晰可见。这对于破解“执行难”的首要难题即执行人难找,是一种有效方案。

另外,“执行难”案件有相当数量案件实际都是被告缺席公告案件,被告本身就因无法找到,只能以公告送达方式送达法律文书,庭后也多以公告方式告知其审判结果及上诉权利。因此,在执行案件中也就根本无法向被执行人实际送达执行文书,审判程序尚可以采取公告方式送达,而执行若采取公告送达方式也只是弥补程序合法,对找到被执行人实际经营场所或居住地仍然毫无益处。因此,通过大数据互联网查找被执行人的手段不失为现有送达告知方式的一种重要补充和变革。

二、电子化送达执行法律文书

传统送达需要根据被执行人法定注册地址或户籍地址,或申请执行人提供的有效地址进行邮件送达。在执行法律文书送达无果或拒收时,甚至需要执行人员现场送达。

对此,深圳市中级人民法院已经探索了鹰眼综合执行应用平台系统,实行执行程序性文书自动生成和一键集约后(EMS)现场送达的有效机制。杭州互联网法院电子送达平台,则根据立案时当事人姓名和身份证号等信息,自动检索当事人名下的所有手机号码、绑定的宽带地址、电商平台账号、电子邮箱等常用电子地址,作为电子送达的逻辑起点;根据活跃度过滤筛选现有户籍地或经常居住地,通过比对后找到其实际居住地;同时,采用无法被拦截的弹屏短信,以对话框的形式出现在手机页面,且必须点击“关闭”,才能继续使用手机,以确保被执行人已经阅读相关电子送达法律文书。这两种电子化送达方式,都是对传统送达方式的有效更新和补充,对于提升法院送达效率和节约送达资源,有着无可比拟的效率优势和成本优势,对于加强法院执行送达工作具有借鉴意义。

其实,集约后的现场送达是提升传统送达效率的有效方式,却依然面临成本高昂(EMS 邮件费用)和无法送达的情形。送达的核心本质,在于送达告知“人”(包括法人)而非“地址”。但是,因“地址”是固定的,“人”是移动的,所以，传统送达以“地址”来确定“人”的位置而实现有效送达。比较而言，利用大数据电子化送达则摒弃了按“地址”送达，转由向“人”送达。

杭州互联网短信弹屏的电子化方式优点在于，可以节约相关送达成本，但其可能争议点在于，被执行人依然可以抗辩其家人或子女在借用其手机时误读，并关闭了相关短信送达文书后并没告知其相应情况，后短信沉入已读模式并再无提示。为了完善这一弹屏短信模式，可以在手机使用人阅读相关电子法律文书后点击关闭一栏时，设置自动人脸识别并自拍回传照片的功能（若未成功可再次推送），以此作为送达回执证据之一，确认被执行人已阅读相关执行文书。运用此种大数据电子化送达，不仅能够节约相关送达成本和提升执行效率，还能确认被执行人本人已收到并阅读相关执行内容，完善相关执行送达程序，为后续开展数据化执行打下必要的程序和效率基础。

三、网络执行查控系统的完善

法院获取被执行人财产线索的方式主要有两种：一种是要求申请执行人提供被执行人财产线索，即以银行账号、机动车登记信息、房屋所有权信息等为代表的可供执行财产相关信息。[①] 在得到执行线索后，除了银行存款，执行法官需前往财产登记机构或财产所在地查询、冻结、扣押、划拨并执行相关财产。这种执行过程耗费时力，且执行成本高昂。“德国执行实践中，债权人及其律师根据自行收集的财产信息，选择向执达官或者执行法院申请相对应的执行方式。如果一种执行方法未能实现全部债权，债权人可以选择申请另外一种。尽管从理论上说执达官是最重要的执行人员，但在实践中债务人存款、工资收入、股权等财产的价值远远高于其拥有的动产，因此司法辅助官才是执行程序的真正主角。”[②]若申请执行人暂时无法提供有效财产信息，则只能同时通过法院查询财产信息的方式继续执行措施。另一种是法院主动查询被执行人财产线索，即主要通过网络执行查控系统查询银行账号、机动车登记信息、房屋所有权信息等为代表的可供执行财产相关信息。

2014年10月24日颁布的最高人民法院、原银监会《关于人民法院与银行

---

① 《执行工作规定（试行）》第28条第1款规定，“申请执行人应当向人民法院提供其所了解的被执行人的财产状况或线索。被执行人必须如实向人民法院报告其财产状况”。

② Burkhard Hess and Marcus Mack, *Civil Enorcement in Germany*, European Bunisness Law Review, p. 656-658(2006).

业金融机构开展网络执行查控和联合信用惩戒工作的意见》规定，中国银监会鼓励和支持银行业金融机构与人民法院以全国法院执行案件信息系统为基础，建立全国网络执行查控机制。其建设主要采取两种模式：一是“总对总”联网，即最高人民法院通过中国银监会金融专网通道与各银行业金融机构总行网络对接。而各级人民法院则通过最高人民法院网络执行查控系统实施查控。二是“点对点”联网，即高级人民法院通过当地银监局金融专网通道与各银行业金融机构省级分行网络对接。本地人民法院则通过高级人民法院执行查控系统实施本地查控，外地法院通过最高人民法院网络中转接入当地高级人民法院执行查控系统实施查控。各级人民法院与银行业金融机构及其分支机构已协议通过专线或其他网络建立网络查控机制的，可继续按原有模式建设和运行。① 目前网络执行查控系统除了银行模块外，还包含房产、车辆、船舶、互联网金融等查询模块。若被执行人是法人或其他组织，则可以通过统一社会信用代码进行查询；若被执行人是个人，则可以通过身份证号进行查询。执行实践中可根据查询获得的不同财产线索采取查封、冻结、扣押、划拨等执行操作手段。

网络查控系统目前存在的问题：(1)部分支行尚未与人民法院建立网络执行查控机制，实践中经常遇到某被执行人查询账户反馈结果显示账户余额为零，但赴现场查询后得知账户内仍有标的余额的情况。其原因可能是有些银行分支机构并未与最高人民法院网络查控系统有效对接，系统局部存在瑕疵，造成网络查控反馈结果与实际查控结果并不一致。(2)部分房产、土地、互联网金融机构等网上协助查控机构均未与法院查控网络对接，部分网络金融机构对部分查询未给予反馈结果，取得查询结果后也需亲赴查询部门进行查封、冻结、扣押、划拨等操作，实践中费时费力，对执行资源本就较为紧张的执行部门来说

---

① 最高人民法院、中国银监会《关于人民法院与银行业金融机构开展网络执行查控和联合信用惩戒工作的意见》第 5 条第 1 款规定，“中国银行业监督管理委员会鼓励和支持银行业金融机构与人民法院以全国法院执行案件信息系统为基础，建立全国网络执行查控机制”。全国网络执行查控机制建设主要采取两种模式。一是“总对总”联网，即最高人民法院通过中国银监会金融专网通道与各银行业金融机构总行网络对接。各级人民法院通过最高人民法院网络执行查控系统实施查控。二是“点对点”联网，即高级人民法院通过当地银监局金融专网通道与各银行业金融机构省级分行网络对接。本地人民法院通过高级人民法院执行查控系统实施本地查控，外地法院通过最高人民法院网络中转接入当地高级人民法院执行查控系统实施查控。各级人民法院与银行业金融机构及其分支机构已协议通过专线或其他网络建立网络查控机制的，可继续按原有模式建设和运行。本意见下发后，采用第二款以外模式建设的，应当经最高人民法院和中国银监会同意。

耗费了大量人力、财力，这类查冻扣划工作本身无需较高法律专业知识，但实践中出差工作占据了执行法院大部分有效工作时间，影响了执行工作效率的充分提升，若能像银行系统一样进行网络查冻扣划工作，法院将有限的人力资源投入更为需要的执行难案件中去，将大大提升执行效率，为破解执行难工作打下重要的基础。(3)缺少其他财产登记机关的接入端口。缺少保险、社保、证券、股权、信托、债权等财产形式的查询渠道。

四、数据化财产的分类与查控

财产是指所有的金钱、物资、房屋、土地等物质财富，具有金钱价值、并受到法律保护的权利的总称。在此，我们将被执行人财产划分为两类：一类是实物化财产，包括现金、不记名票据、物资、房屋、土地、汽车、船舶、飞机等物质财产，其对应的登记机关为不动产登记机构、土地登记机构、车辆管理所、各海事局、中国民航局等；另一类是数据化财产，包括存款、理财产品、基金、债券、有价证券、股权、信托、期权、社会保险金、商业保险款、PTOP 资产、区块链货币、知识产权、债权(抵押权)，对应的登记部门为银行、银行间市场清算股份有限公司、中央国债登记结算有限责任公司、中国证券登记结算有限公司、工商局、上海信托登记中心抵押登记机构、社保中心、中国保险信息技术管理有限责任公司、PTOP 公司、区块链交易网站、知识产权局、公证处、抵押登记部门等。

从本质上讲，数据化财产是指所有者拥有或控制下的以电子数据为表现形式存在的非实物性资产，通常以登记数据作为财产记录形式并辅以书面权利证明，当书面权利凭证存在伪造或瑕疵可能时，则以登记机构的数据登记为准。数据化财产旨在方便持久经济关系、方便经济活动相关联的任何形式的财产的登记与变更。这些长时间参与大量经济活动所形成的关联数据发展形成的数据财产，往往采用宽泛的、开放的、代码式的财产定义方式，其目的是尽可能地涵盖各类财产的表现形式，从而能够在最大限度上为数据财产的所有者提供便利和保护。其核心理念是将实物财产形式转化为登记机构服务器内的数据虚拟记录，从而便捷地进行保存、查询、统计。通过对登记数据的输入、保存和修改，为物权权利进行创设和变更，其本身会使具体财产数据化、虚拟化、固定化，使得具体财产从创设到消灭都处于静态的记录和动态的监控中。通过数据化记录，既有助于全面保护财产所有权人权利和财产，也能够使财产所有权始终处于透明化、公开化、合法化的状态之下，有助于预防违法犯罪行为。根据《民事诉讼法》第242条规定，人民法院有权对数据化财产进行查询并根据不同情形进行扣押、冻结、划拨、变价。这也有助于破解法院执行难中隐匿财产线索无法查知的问题。①

对财产执行的数据化分析需要综合科学研判，各类基础数据汇集分析后，以数据可视化动态描述被执行人社会关系、资金往来、流转、消费、财产信息等综合状况，确定被执行人是否存在违法或虚假申报财产、违法高消费、有能力而拒不履行法定义务等行为。对查控到的被执行人财产进行自动对比分析，明确财产价值，结合被执行人的债务情况分析，建立动态模型，确定被执行人真实履行能力。通过对被执行人进行账户明细、财产隐匿、隐性财产分析，判断被执行人是否存在转移资产、隐匿财产等规避执行的行为。最终通过对获取信息的汇总、归类与综合研判，形成被执行人履行能力和履行情况综合报告，供当事人查阅，供执行法官决策。

实践中曾经发生过这样的案例，即借助系统资金流分析发现，被执行人相关公司债权款项汇入了法定代表人子女设立的公司账户中，后被执行人承认错误后履行了判决义务。大笔资金的汇入汇出在整个资金流的审查中尤为重要，如果数据条件允许，可将转账记录数额导入EXCEL等数据表格中方便搜索、删查和分析。利用金融交易数据，通过分析包含被执行人银行账户信息、资金流向、消费数据等内容来分析被执行人的财产状况、关联交易、消费能力从而判断被执行人真实的财产状况。

五、限制高消费数据架构

根据最高人民法院《关于限制被执行人高消费及有关消费的若干规定》第3条规定，被执行人被采取限制消费措施后，不得选择乘坐飞机、高铁、动车一等以上座位、列车软卧、轮船二等以上舱位等交通工具出行；不得在星级宾馆、酒店、夜总会、高尔夫球场高消费；不得购买不动产或新建、扩建及高档装修房屋；不得租赁高档写字楼、宾馆、公寓等办公；不得购买非必需车辆；不得旅游、度假；子女不得就读高收费私立学校；不得购买高额保险理财产品；其他非生活

---

① 《民事诉讼法》第242条规定，被执行人未按执行通知履行法律文书确定的义务，人民法院有权向有关单位查询被执行人的存款、债券、股票、基金份额等财产情况。人民法院有权根据不同情形扣押、冻结、划拨、变价被执行人的财产。人民法院查询、扣押、冻结、划拨、变价的财产不得超出被执行人应当履行义务的范围。

和工作必需的消费行为。①

以上九类限制被执行人高消费的规定,有些已经在实践中贯彻执行并且取得了比较良好的实际效果。比如,在交通出行领域,被执行人无法乘坐飞机、高铁、动车一等以上座位、软卧等交通方式出行,对被执行人享受便捷舒适的高等级出行方式产生了较大影响。但由于技术手段的限制,目前实际未能根本限制被执行人的高消费生活,因其往往能采取规避高消费限制的方式继续享受。比如,驾驶第三人名下的机动车辆及乘坐动车二等座出行等,未能从根本上全面限制被执行人采用高消费享受的目的。因此,数据交互应用仍应进一步健全,主要包括:

1. 完善最高人民法院《关于限制被执行人高消费及有关消费的若干规定》。在高消费项目中,增加不得在高级会所、演唱会、健身会所、高端医疗等高消费。同时,由传统项目类高消费认定转而向"项目+金额"的高消费相结合的认定方式予以限制,因为在普通消费项目中如果超过一定消费金额也应当被认为是高消费,例如,金额较大的宴请,毕竟高消费并非只在高消费项目中出现,在普通消费中也有高消费行为,理应予以限制。因此,要设置被执行人单笔最高消费金额和一定时期内的消费总金额,例如,单笔消费金额为 500 元以下且累计月消费金额不得超过省月最低工资额。而要对被执行人进行单笔消费金额限制,则需要更为强大的失信人员数据和更为先进的技术控制手段相结合,有效抑制失信被执行人的规避高消费监管行为,真正做到一朝失信,处处受制、寸步难行。通过收集相关被执行人消费数据,对潜在或已经发生的高消费行为予以纠正,对高消费商品予以变卖、扣押或停止相关高消费行为。例如,通过教育系统数据与失信人名单数据进行自动比对,对相关失信被执行人子女已经就读私立高收费学校的予以劝退,并重新选择公立学校就读;对准备就读私立高收费学校的予以失信公示并限制招录,督促被执行人履行相关法律义务。

2. 失信人员数据库与工商、税务机构联网。提供高消费项目的企业工商或

---

① 根据最高人民法院《关于限制被执行人高消费及有关消费的若干规定》第 3 条规定,被执行人为自然人的,被采取限制消费措施后,不得有以下高消费及非生活和工作必需的消费行为:(一)乘坐交通工具时,选择飞机、列车软卧、轮船二等以上舱位;(二)在星级以上宾馆、酒店、夜总会、高尔夫球场等场所进行高消费;(三)购买不动产或者新建、扩建、高档装修房屋;(四)租赁高档写字楼、宾馆、公寓等场所办公;(五)购买非经营必需车辆;(六)旅游、度假;(七)子女就读高收费私立学校;(八)支付高额保费购买保险理财产品;(九)乘坐 G 字头动车组列车全部座位、其他动车组列车一等以上座位等其他非生活和工作必需的消费行为。

税务联网系统终端接入互联网征信数据系统，通过联网终端限制税务开票行为，限制被执行人高消费。正常高消费行为都要求服务企业开具相应金额的税务发票，而增值税发票在开具过程中必须提供法人的社会信用统一代码，通过此种技术手段，对法人类被执行人进行高消费予以税务限制和开票限制，对于个人类高消费则通过人脸识别的技术方式予以报警音提醒并限制。以上限制手段的实施，需要将失信人名录数据导入互联网征信数据系统，再将所有企业联网税务终端接入互联网征信数据系统，由所有消费企业联合对被执行人高消费行为予以监督限制，提升执法效果，让失信被执行人在高消费生活中寸步难行，处处受限。

3. 利用人工智能人脸识别限制失信人高消费。设立以人脸识别为基础，人工智能自主查找比对被执行人身份的限制高消费方式。这种限制高消费方式以身份证照片为数据库基础，配合高清摄像头进行身份识别，对于进入高消费场所和普通消费场所达到高消费金额的失信人予以系统报警音提醒和人工消费限制，利用人脸识别技术识别失信人相较于以往利用身份证号识别的优势在于，以往的书面化、单一化、扁平化的限制高消费的措施，转变为更为智能化、精确化、实时化的全方位、立体性限制高消费的控制措施。比如，基于海康威视等品牌高清摄像头全面进入社会监控领域，可以不再需要传统身份证号结合互联网失信人名单查询的方式，直接、迅速、有效地以人脸识别的智能方式，及时锁定出现在高消费场所和普通场所试图高消费的失信人。执行工作中也可以全面借助人脸识别系统，在进入场所、娱乐消费、消费结账过程中，进行精准识别并以报警提示音的方式，通过后台终端自动推送被执行人失信情况、限制措施情况和电子版协助执行通知书，协助商家识别锁定限制失信人。[①] 通过商家人工自主提示被执行人不能进行高消费的方式，严格禁止被执行人进行高消费。对人脸识别出的失信被执行人高消费的，可以采取匿名小额有奖举报，通过高清照片证据上传最高人民法院 App 的方式完成相应举报，相关费用可由申请执行人垫付，被执行人最终承担。[②] 对违反消费令的被执行人可依法拘留、罚

① 最高人民法院《关于限制被执行人高消费及有关消费的若干规定》第 6 条规定，“人民法院决定采取限制消费措施的，可以根据案件需要和被执行人的情况向有义务协助调查、执行的单位送达协助执行通知书，也可以在相关媒体上进行公告”。

② 最高人民法院《关于限制被执行人高消费及有关消费的若干规定》第 10 条规定，“人民法院应当设置举报电话或者邮箱，接受申请执行人和社会公众对被限制消费的被执行人违反本规定的第三条的举报，并进行审查认定”。

款或追究刑事责任，对人脸识别锁定失信被执行人并发送电子协助执行通知书后，却仍允许其高消费的单位，将进一步追究其法律责任。[①] 通过人脸识别方式限制被执行人高消费，还可以完善被限制高消费的人员的高铁、飞机乘坐限制。实践中曾有被限制高消费的人购买短途动车票查验身份车票进站后，又利用他人身份证网络购取票后顺利刷他人高铁票过闸机，并最终到达目的地。也有部分被限制高消费的人通过护照购买机票出行未被限制的案例发生。可见通过身份证信息限制的方式存在瑕疵，其实质痛点在于系统无法识别身份证件的真实持有人。而通过人脸识别将取代以往的身份信息识别，其实时、快速、有效、精确的特点可以通过现有视频探头技术全方位对被限制高消费的人实施身份锁定而彻底限制其高消费的可能性，真正使限制高消费变成被限人的痛点，有效督促被限人自主履行相关执行义务。

六、查询法人个人企业股权

各级人民法院目前已与一些市场监督管理部门建立业务信息系统对接，并通过网络执行查控系统实现了部分网络化查询、执行和协助执行功能。[②] 类似天眼查、企查查均是商业安全工具软件，其中包含企业信息、企业发展、司法风险、经营风险、经营状况、知识产权等40多种数据维度查询（其中包含企业工商信息、法律诉讼、法院公告、商标专利、向外投资、分支机构、变更信息、债券、网站备案、著作权、招投标、失信、经营异常、企业年报、招聘及新闻动态等）。其特点是通过数据搜集进行商业关系的深度梳理，并通过专业报告的方式呈现给查询人。

网络执行查控系统属于官方查控系统，而天眼查、企查查等则属于商业查询软件，两者在价值和功能中各有不同作用。执行部门可以通过天眼查软件梳理出被执行人初步的股东信息、出资信息、股权结构、法人变更、企业背景、风险

---

① 最高人民法院《关于限制被执行人高消费及有关消费的若干规定》第11条规定，“被执行人违反限制消费令进行消费的行为属于拒不履行人民法院已经发生法律效力的判决、裁定的行为，经查证属实的，依照《中华人民共和国民事诉讼法》第一百一十一条的规定，予以拘留、罚款；情节严重的，构成犯罪的，追究其刑事责任。有关单位在收到人民法院协助执行通知书后，仍允许被执行人进行高消费及非生活或者经营必需的有关消费的，人民法院可以依照《中华人民共和国民事诉讼法》第一百一十四条的规定，追究其法律责任”。

② 最高人民法院、国家工商总局《关于加强信息合作规范执行与协助执行的通知》规定，各级人民法院与工商行政管理机关通过网络专线、电子政务平台等媒介，将双方业务信息系统对接，建立网络执行查控系统，实现网络化执行与协助执行。

信息等有价值的信息,全面了解被执行人的经营情况、对外投资、股权变更、财产转移等。对于目前没有财产的被执行人的股东和实际控制人,可以调查其是否存在抽逃出资和转移公司财产的情况,便于追缴原本属于被执行人的财产。通过该类型软件利用数据抓取和挖掘的功能实现海量工商数据、商标数据、公开诉讼数据的分析融合,反映企业关系、股东关系以及投资关系的缩略图,以此终端的数据分析查找被执行人的历史演变和资金流向,通过对抽逃出资的股东和实际控制人进行时间轴演示,更客观了解被执行人的历史演变情况。实践方式是利用该软件查询到的股东变更情况,配合查询的公司账户银行对账单,最终迫使被执行人前法定代表人和实际控制人承认为逃避履行裁判付款义务,先后变更公司法定代表人及抽逃公司资金进入个人账户的事实,从而使其迫于法院压力最终完成全部履行义务。

七、社交媒体创新劝执措施

社交媒体是现今个人网络沟通的主要渠道,大量的行为数据在社交媒体网站生成。2018 年 3 月 16 日,脸书(Facebook)公司宣布暂时封杀两家裙带机构:SCL(Strategic Communication Laboratories)和剑桥分析公司(Cambridge Analytica)。理由是他们违反了公司在数据收集和保存上的政策;3 月 18 日,脸书公司曝出其服务公司——剑桥分析公司利用脸书公司的个人用户数据进行“不道德的实验”,即在未经用户同意的情况下,利用在脸书公司上获得的 5000 万用户的个人用户资料数据,来创建数据档案。其根据每个用户的日常喜好、性格特点、教育水平,预测他们的政治倾向,在 2016 年美国总统大选期间针对这些人进行定向宣传,例如,进行新闻和信息的精准推送,帮助特朗普选举作宣传。

社交媒体在互联网上高速发展,爆发出令人炫目的能量,其传播的信息已经无形中作为自媒体自带流量成为人们浏览互联网的重要内容。社交媒体的影响力在此已经无需赘述,其价值对于执行工作至少可以提供以下思考:一是通过被执行人在社交媒体的喜好、行为、性格,预测他目前的经济状况以及可能的隐匿财产处,对其在微博、微信、博客、论坛、播客、短视频网站、直播平台上的自身行为、分享意见、个体见解、金融经验、财富观点等数据进行删选截取,对核心数据精心分析判断,让各种数据汇聚还原成一个丰富的被执行人画像,再通过画像去查找他高频出入的银行、房产信息,高频乘坐的车辆、船舶、飞机,高频使用的银行金融 App 等相关信息，最后找到隐匿财产的所在。二是在社交媒体内导入失信人名单数据，通过新闻和信息不断向失信人精准推送法院执行信息、失信人后果以及劝执信息。被执行人主动履行是所有执行案件中执行比例最高、执行速度最快、执行效果最佳的结案方式。因此，如何通过推送劝执信息，使失信人了解执行工作进展，清楚纳入失信的后果，明确限高限消影响后主动配合执行，履行执行义务是一个非常值得深入研究的课题。监察委百名红通人员的劝返方式值得法院执行工作借鉴，同样是劝导当事人主动履行法律责任，追逃工作人员往往采取联系其家人劝返、宣传相关法律政策、进行思想政治动员等打消红通人员顾虑，帮助其克服心理障碍从而回国自首。在执行工作中，同样可以利用头条、新闻、微信、视频、直播等社交媒体全天候实时推送的特点，向使用特定手机号码的失信人定向推送执行法律法规、限高限消限出入境政策、失信人案例，帮助其了解逃避履行义务的法律后果，起到执行警示作用，督促其主动履行相关执行义务。

八、以互联网生态丰富执行手段

以“姓名—身份证—手机号—银行账号—互联网金融账号”作为五位一体的互联网金融身份信息为坐标，锚定被执行人金融数据信息。以互联网和传统消费模式互相融合的大消费数据，已成为重要载体，可以被用来查询被执行人的诚信状况与经济能力。例如，以淘宝网交易记录作为原始数据积累，结合互联网移动支付和传统银行卡支付后形成的大金融大消费数据，已经默默成为一个功能强大且数据真实的互联网的网民档案。通过“姓名—身份证—手机号—银行账号—支付宝账号—送货地址”的互相绑定，每个对应真实身份的网民都在向阿里巴巴的数据平台源源不断地提交个人的消费金融记录，个人的兴趣爱好、生活习惯、消费信息、信用状况等意识形态范畴的信息，则通过其网络行为本身转化为数据，这些数据都可以在后端平台一览无余。若数据量足够巨大，则最终可以通过“现实个人—行为数据化—意识数据化—金融数据化—数据化人格”的模式，映射出一个虚拟化人格，其内在表现和外在反映均是最接近本人行为意识的。通过这些数据形成的具化人格，更容易理解和判断被执行人的思想动态，查找可能隐匿的财产。

这些平台数据本身对于执行工作有着无可比拟的价值和作用，它是对被执行人真实经济状况的一种客观反映。包括机票酒店预订、奢侈品的消费、餐饮娱乐支出等在内的数据,都可以被用来分析确认被执行人是否真正丧失履行能力;出行数据和定位热点的高频地址,则可以追踪到被执行人甚至其所有的房产;若有绑定的银行账户,就可以查询现金流和资产转移的途径归宿。这些都是有利于执行法官制定合理和有针对性的执行方案,使得那些声称没有履行能力却大肆进行高消费的失信人,在铁证面前失守心理防线,受到法律的严惩。目前阿里巴巴、腾讯部分数据已经接入最高人民法院网络查控系统,但仅有开户账户、类别、余额等几类较为有限的查询反馈信息,并不能完全覆盖有价值的信息,因此,需要完善互联网金融信息反馈项目和详细内容,助力法院数据化执行。

以支付宝、余额宝、微信理财通、财付通、PTOP 小额贷为代表的互联网金融,正演变为现金流的快速移动,银行账户与互联网金融账户之间的转移简单快速,传统银行账户之间转账也因互联网而更便捷高效。资金流的追踪使得原本难以查找的财产隐匿,出现了流动规律和痕迹,这些数据通过分析是可以被认知、追踪、查找和锁定的。实名信息的认证又使得互联网金融账户等同于普通银行账户,所有关联、常用、活跃传统银行账户信息一览无余是其最大特点,相对于传统的“申请执行人提供财产信息,法官到处跑银行”的执行模式,简单查询互联网“超级银行”账户便可轻松对基于这一平台内的转账汇款关联人、银行卡数量账号、资金流动情况一览无余,且这些金融信息是常用的、真实的、关联的,而且本人主动提交的,作为追踪被执行人隐匿转移的财产线索,能够辅助查找到资金所在银行,对于传统执行方式具有革命性意义,因其既节约了执行成本,又同时加强了被执行人对生效判决的重视程度和诚信度,起到相关示范效应,助力提高民众的诚信度。数据化执行尤其对于常年积累的难以执行的陈案、旧案有特别价值。实践中,曾经使用最高人民法院网络查控系统对数百个老案进行重新查询后,在其中 39 个案件中重新查询到了 1 万元以上金额的未冻结存款,且往往新增的款项较多的,是失信人在本终止执行后在后续工作生活中,重新开具的新账户内转移进的新资金,这也为执行案件的后续重新启动开辟了一条新途径。

九、结合数据化的社区化查控

从查人到查房、再从查房到查人,构成了一条完整的数据查询流程。公安系统的人口信息数据包含了所有房产内的居住人口,而找到被执行人经常居住地,是打开执行难缺口的关键一步。被执行人居住的往往是其所有或实际控制而转移他人名下的房产,现实中往往通过离婚、虚假买卖等形式转移其所有房产。新的房产所有人是其较为信任的家人或朋友,若执行人在其房产转移所有权后仍然居住在其原有房屋内的,则有较大可能是逃避债务而转移财产。现在各小区物业管理系统已经逐渐智能化,通过类似“特斯联”这样的物业管理智能系统 App 可以对车辆管理、进出人员物业维修等进行社区管控,又可以通过“分众传媒”公司社区广告终端推送社区事务的通知通告,这一系列社区管控过程同时进行社区大数据的采集和存储工作。

基于此,可以对社区内的实有车辆、房屋地址、业主身份、手机号码等信息进行识别分析,通过与失信人名单数据比对,对处于失信人状态中的被执行人的相关车辆、房产等信息进行核实确认后通过后台系统及时自动提醒与发送给相关涉案法院执行部门,利用社区智能管理 App 和智能楼宇管理系统配合做好相关执行案件财产线索查找工作。同时,对于居住在本社区或本小区内的失信人,通过楼宇广告媒体终端发布本社区失信人名单的公益广告,利用社区广告媒体的高分布率和高频播放特点,反复播放推送执行法律法规、限高限消限出入境政策、失信人案例等公益广告内容,帮助其了解逃避履行的法律后果,起到执行警示作用督促其主动履行相关执行义务。简言之,充分利用熟人社区网络激发失信人的羞耻心,主动履行被执行义务。

十、社保、公积金、税务、电信等公用事业账户的数据化查控

在德国法实践中,“执行官有权查询债务人的地址、家庭关系等信息,在出示执行名义后可以获得债务人的全国社保号并以此查询其社会保障档案”①。对社保内的医疗金、生育金、养老金、公积金、企业年金、失业保险等应该区别对待,社保中的公积金属于个人权益型基金,可以执行;但是,失业金、医疗金属于社会统筹部分财产,不能直接划扣;养老金、生育金如果是已经退休和已经生育并发放到个人账户内的,则亦可予以执行。对于税务账户,可以利用税务机关掌握的被执行人纳税情况,了解其真实收入水平,有助于进一步判断其法人真实经营状况及法定代表人收入水平,进一步了解其财产经济状况。同时,利用

① 陈杭平:《比较法视野下的执行权配置模式研究——以解决“执行难”问题为中心》,载《法学家》2018 年第 2 期。

房产税、证券印花税、个人所得税、企业增值税等分析其财产状况，向辖区内各商家推送失信人名单和身份证照片，并将相关数据导入税务发票开票软件内，配合人脸识别系统，禁止失信人在商户内高消费以及开具任何商业消费发票。一旦被执行人缴纳高税收，系统便提醒可能存在高收入或隐匿财产情况。此外，电信系统还可以通过固定电话查询到被执行人的经常居住地，从而进一步查询被执行人实际可能拥有的房产和关系密切的同住人，以及通过手机号码，还可以查询到被执行人的通话记录以及来往密切的联系人。

十一、利用大数据加大失信被执行人名单公示效果

解决执行难最重要也是最困难的问题，是完善社会诚信体系建设。对于不报告或无理由逾期报告财产情况的被执行人应当被纳入失信被执行人名单。执行工作要加大技巧，加大失信惩戒力度，加大"拒执"入刑力度，让失信被执行人"一案失信、处处难行"。

对符合条件的失信被执行人，可以建立利用大数据新媒体进行信用惩戒领域的合作机制。[①] 比如，将失信被执行人名单向其所在的单位同事、生意伙伴、亲戚朋友等熟悉群体进行公益推送，告知其被执行人失信行为；可以在被执行人居住小区、工作单位内的电梯楼宇广告媒体内，广泛公告滚动播放其拒不履行法院判决、裁定之行为，促使被执行人自觉履行义务；可以将失信被执行人名单数据与中国人民银行征信评价体系和商业信用评价数据结合运用，禁止失信人进行融资、贷款、创业甚至禁止其开设淘宝店铺、微商营销等网络商业活动，切断其主要生产经营收入来源，督促其主动向法院履行判决和裁定。[②]

同时，最高人民法院、中国银保监会鼓励和支持银行业金融机构与人民法院建立联合信用惩戒机制。银行业金融机构与人民法院通过网络传输等方式，共享失信被执行人名单及其他执行案件信息；银行业金融机构依照法律、法规

---

① 最高人民法院《关于公布失信被执行人名单信息的若干规定》第7条规定，"各级人民法院应当将失信被执行人名单信息录入最高人民法院失信被执行人名单库，并通过该名单库统一向社会公布。各级人民法院可以根据各地实际情况，将失信被执行人名单通过报纸、广播、电视、网络、法院公告栏等其他方式予以公布，并可以采取新闻发布会或者其他方式对本院及辖区法院实施失信被执行人名单制度的情况定期向社会公布"。

② 最高人民法院《关于公布失信被执行人名单信息的若干规定》第8条规定，"人民法院应当将失信被执行人名单信息，向政府相关部门、金融监管机构、金融机构、承担行政职能的事业单位及行业协会等通报，供相关单位依照法律、法规和有关规定，在政府采购、招标投标、行政审批、政府扶持、融资信贷、市场准入、资质认定等方面，对失信被执行人予以信用惩戒"。

规定，在融资信贷等金融服务领域，对失信被执行人采取限制贷款、限制办理信用卡等措施。对有履行能力并且能够履行的情况，拒不履行，情节严重的被执行人根据《刑法》第313条的规定追究其刑事责任。[①] 被执行人失信名单的公告不能由法院单独完成，需要借助社会力量开展失信惩戒宣传，对“老赖”的行为进行曝光，利用整个社会网络对其公示，要让失去诚信的人寸步难行。

此外，加强社会诚信体系建设，集合全社会资源，逐步形成以自动履行法院生效法律文书为荣、以拒不履行生效法律文书为耻的良好法治氛围。这样，法律文书的自动履行率才会大幅提高。需要进一步探索研究被执行人强制破产清算制度，对符合特定情形的被执行人予以强制破产清算，促使其强制履行，通过以上措施，“执行难”问题才会不断缓解。

十二、精准公告推送悬赏执行破解执行难

为督促被执行人履行生效法律文书确定的义务，同时鼓励公民、法人和其他组织积极协助法院执行，及时有效地履行生效法律文书，根据《民事诉讼法》第255条、最高人民法院《关于民事执行中财产调查若干问题的规定》第22条[②]、最高人民法院《关于依法制裁规避执行行为的若干意见》第5条的规定[③]，法院依照申请执行人提交的悬赏执行申请书，可以依法发布悬赏执行公告。

凡向涉案法院举报被执行人下落，并找到被执行人或被执行人藏匿、转移的财产线索，使案件得以执行的，申请执行人自愿按照公告的内容给予一定金额奖励。但是，目前存在信息不对称的问题，即知情人并不了解有此悬赏公告，而看到公告的人却并不一定知道被执行人的财产线索。因此，需要进一步借助社会力量来寻找财产线索，这是非常有效的查找被执行人财产的途径。法院可

---

① 《刑法》第313条规定：“对人民法院的判决、裁定有能力履行而拒不执行，情节严重的，处三年以下有期徒刑、拘役或者罚金；情节特别严重的，处三年以上七年以下有期徒刑，并处罚金……”

② 最高人民法院《关于民事执行中财产调查若干问题的规定》第22条规定，“人民法院决定悬赏查找财产的，应当制作悬赏公告。悬赏公告应当载明悬赏金的数额或计算方法、领取条件等内容。悬赏公告应当在全国法院执行悬赏公告平台、法院微博或微信等媒体平台发布，也可以在执行法院公告栏或被执行人住所地、经常居住地等处张贴。申请执行人申请在其他媒体平台发布，并自愿承担发布费用的，人民法院应当准许”。

③ 最高人民法院《关于依法制裁规避执行行为的若干意见》第5条规定，“建立财产举报机制。执行法院可以依据申请执行人的悬赏执行申请，向社会发布举报被执行人财产线索的悬赏公告。举报人提供的财产线索经查证属实并实际执行到位的，可按申请执行人承诺的标准或比例奖励举报人。奖励资金由申请执行人承担”。

以依靠大数据和人工智能,向失信人所居住的社区居民,以及可能认识失信人的亲朋好友(该类人群为潜在财产线索知情人),通过悬赏公告,[①]进行失信人财产有奖举报,相关的费用由申请执行人垫付,由被执行人承担;可以比照交通违章行为抓拍奖励实行失信人财产线索奖励,利用社会力量寻找汽车、房产等社区财产线索,充分调动群众力量共同解决执行难的问题。毕竟熟人关系对失信人的真实财产情况最为了解,利用被执行人通讯录名单向其亲朋好友推送悬赏广告,并实施匿名举报失信人财产线索,执行到位后由申请人予以奖励。当然,法院应当对提供财产线索的人员身份及提供线索的有关情况予以保密。

十三、大数据破解海外财产执行难

对于海外财产执行难问题,可以利用朋友圈照片、视频等产生的图像数据,通过视图软件结合定位信息、海淘地址来分析确认周围社区景观,锁定海外房产所在地;还可以利用本地银行转账记录,对其子女就读海外私立大学、家人海外奢侈消费进行取证,据此对被执行人进行警示甚至采取进一步的强制措施。对于潜逃国外的被执行人,一旦入境即可由出入境机关及时告知法院执行部门,利用天网高清摄像系统了解其国内行踪,保证法院及时上门调查询问案件情况,出示识图软件逆向查找到的被执行人豪车、房产、金银首饰、旅游等照片,警示被执行人拒绝履行相关执行义务将可能遭到包括拒执罪在内的惩罚,促使失信人主动履行相关债务。

十四、运用大数据变现被执行财产

执行实践中对于存款、基金、证券、债权等因其货币化财产特征,变现时间较短较易;而对于房产、汽车等不动产、动产又因其高流通性和市场化特点,对其价值的评估和变现虽不及货币化财产容易,不过也属于执行财产中变现价值和方式并不存在较大难度的财产。但是,对于股权、实物、知识产权、债权等财

---

① 最高人民法院《关于民事执行中财产调查若干问题的规定》第22条规定,"人民法院决定悬赏查找财产的,应当制作悬赏公告。悬赏公告应当载明悬赏金的数额或计算方法、领取条件等内容。悬赏公告应当在全国法院执行悬赏公告平台、法院微博或微信等媒体平台发布,也可以在执行法院公告栏或被执行人住所地、经常居住地等处张贴。申请执行人申请在其他媒体平台发布,并自愿承担发布费用的,人民法院应当准许"。

产,因其价值较难评估,潜在买受人受局限,流通性较差等限制因素影响而无法快速、高价值地进行变现受偿,往往要经历几次拍卖和流拍,甚至以变价抵给申请执行人的方式来完成相关执行。

究其原因还是存在信息不对称的情况,此类财产因流通性较差而难以变现,但并非价值低廉,有些财产甚至还极具价值,但因财产拍卖信息仅在淘宝、京东、司法拍卖网等少数网络主体进行公示,大部分潜在买家并不知道这一拍卖信息而错失相关拍卖,造成拍卖财产溢价率不高甚至以折价、低价、变价的方式进行处理。而大数据对于普通网络用户浏览的商品种类、信息十分了解,对于同种类商品具有购买意向的用户即潜在执行财产的买受人,可以利用淘宝、京东等网站向其推送相关执行拍卖财产,增加该类型财产与潜在买受人之间的精确匹配度,以此提高该类财产变现的价值和变现的实践,提高司法拍卖的效率,提升申请人债务受偿的比例,解决执行难中部分财产变现困难、变现时间长的难题。

第四节　涉及隐私权的法律保护

目前,对大数据查询执行中涉及隐私权的问题,需要进行相关立法保护。当前,数据的数量时刻都在飞速增长。信息分享在全世界范围内越广泛,确保数据安全和保护人们隐私的任务就越难完成。隐私权不是普遍的、永恒的。为此如何在创新执行方式的同时尽可能地保护被执行人隐私也是我们面临的重要课题。

2018年6月28日,美国加利福尼亚州州长杰瑞·布朗(Jerry Brown)签署了一项《数据隐私法案》,目的是让用户对公司收集和管理个人信息的方式有更多控制权。此前,谷歌和其他大公司抗议这项立法造成了过多的障碍。根据这项立法,从2020年开始,掌握超过5万人信息的公司必须允许用户查阅自己被收集的数据、要求删除数据以及选择不将数据出售给第三方。公司必须依法为行使这种权利的用户提供平等的服务。比照值得借鉴的经验是:

1. 由各法院设置相关查控权限审批部门,设立菜单式查询内容选项,由执行法官选择需要调查的执行大数据信息选项,各职能部门对执行法官提交的被执行人查询及执行措施信息进行审核,审查查询执行措施是否符合法律规定、是否违反法定程序,审核完毕同意后提交最高人民法院网络执行查控系统或各对口信息查询部门进行查询。最高人民法院和各省高级人民法院相关执行部门对移动大数据查控信息进行抽查,采取严格审查核准制度,核查控制对被执行人隐私的查询度及必要性,不仅审查该查询执行申请本身是否符合相关信息查询规定,也审查具体查询权、执行权的运用是否合理合法。

2.《刑法修正案(七)》增加出售、非法提供公民信息罪,①表明国家对于公民个人信息隐私权保护的重视程度。因此对互联网大数据的查询,需由各法院定期将要查询的大数据信息内容依法告知阿里巴巴、腾讯、滴滴等建立协作关系的互联网公司,根据制定的执行法律要求出具法院生效的裁定书和协助执行通知书,由相关互联网公司建立 2 人以上的互联网信息查询部门,根据执行法院提供的身份证号、手机号码、关联银行卡号、互联网金融账户等任一身份数字信息,直接由软件自动执行查询要求,并将查询内容转为数字密码格式文件,查询部门全程参与查询过程,但不知晓查询结果,最后由系统自动生成加密邮件或文件,直接递送给执行法官邮箱,由系统自动将开启密码向执行法官手机单线发送,保证被执行人的隐私权得到合理保障和尊重。

3. 通过人防和技防相结合的方式防范对大数据的非法利用,通过制度管理和惩戒机制的双重保障防止大数据利用的风险。人防之念在于"制防"和"技防"。"制防"是指通过对法院执行干警加强相关保护教育和监督,使其警钟长鸣、无机可乘,同时通过制定相应的管理制度和问责机制来加强管理,强化执行公开和内外监督,做好抽查与补漏,及时问责,坚决处理一切违法乱纪查控行为,切实让制度带"电",真正让标准落实。"技防"则着力通过对数据加密技术的合理运用防止泄密的可能,利用查控行为全程留痕的技术防范非法查控的违法行为,力争构建安全可靠的智能化查控数据系统。

现如今被执行人的财产可能正以传统查询方式无法触及的数据形式储存在虚拟的数据库或云端上,执行方式的创新已然刻不容缓,面对互联网金融创新蓬勃兴起、互联网技术发展层出不穷的背景,大数据信息的交互瞬息万变,大数据信息库的背后蕴藏着无尽的线索,如何运用好互联网大数据信息为司法执

---

① 在《刑法》第 253 条后增加一条:国家机关或者金融、电信、交通、教育、医疗等单位的工作人员,违反国家规定,将本单位在履行职责或者提供服务过程中获得的公民个人信息,出售或者非法提供给他人,情节严重的,处三年以下有期徒刑或者拘役,并处或者单处罚金。窃取或者以其他方法非法获取上述信息,情节严重的,依照前款的规定处罚。

行服务已经刻不容缓。互联网大数据渗透到了我们每一个人的生活，研究其规律，趋利避害，将互联网金融运用到司法执行领域，创新司法执行，促进司法公正、高效、权威是每一个法律人共同追求的价值目标。

第三十九章　精细化执行应用

2016年4月20日,最高人民法院召开"基本解决执行难"暨执行案款清理工作动员部署视频会,提出"用两到三年时间,基本解决执行难问题"。这是"执行难"问题首次以明确性的时间节点纳入最高人民法院攻坚计划,解决法院执行难问题跃升为全国法院的整体规划,这也是推动综配司改的重中之重。毫无疑问,涉及内外数据交互的大数据应用,已在破解执行难的问题中扮演极为关键的角色。其中,以查人找物的大数据挖掘和应用视角进一步定位"执行难",主要集中在被执行人联络难、被执行财产查找难、被执行人规避执行难三个方面,亟待作深入全面的研究。

第一节　执行破难的大数据化

一、破难的切入点

法院执行难原因是综合性的。一方面,当前的信用环境决定了我国信用体系不够完善,被执行人自主履行法律文书的比例不高,从而导致法院需要在执行案件中投入大量人力、物力和财力;另一方面,法院执行部门的权力较为有限,在查询、冻结、扣押、划拨某些财产时遭遇到各种执行困难,在被执行人对实际持有财产采取隐瞒和隐匿之时,还不能完全查控到位,达不到完全执行效果。

很显然,快速、便捷地掌握被执行人的信息是提高司法执行效率的关键所在。通过应用大数据和人工智能破解执行难题,必然给法院的进一步执行带来重大突破(见图 39-1)。根据 2016 年美国斯坦福大学研究报告预测,司法执行甚至会成为 2030 年之前人工智能应用前景中的重要领域之一。

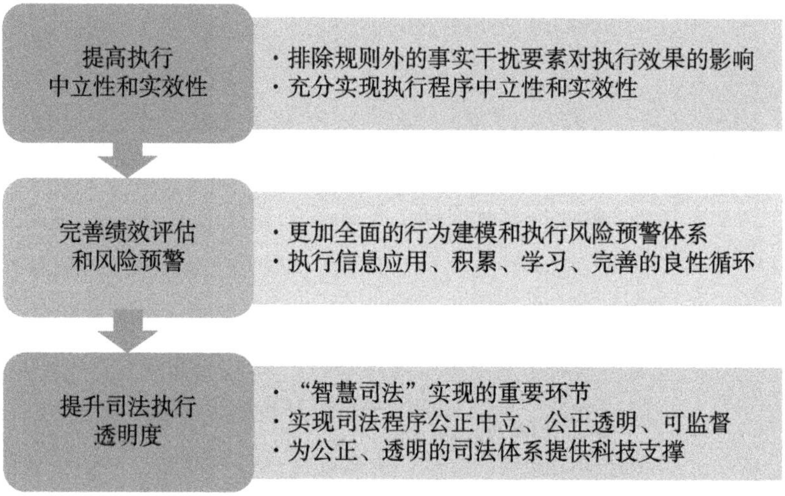

图 39-1 人工智能在司法执行领域的应用前景

无规则、无踪迹的信息数据,随时都在记录着每一个人的行为轨迹,这些海量数据被贮存进入各个行为路径汇总的信息库。信息库中的多维异构数据看似无关却又彼此相连,司法内外交互数据的原始底层数据积累,事实上已形成了一个规模庞大的国家社会治理大数据库,其蕴含的巨大数据价值,尤其是紧密结合主题数据库构建,且又经过结构化处理的法院执行专题数据库,会对破解执行难产生革命性影响。在此基础上,已经可以勾勒出被执行人的行为意识,并为其进行数据“画像”,且寻踪查找到所谓的“隐形人”或“隐匿财产”。因此,迈向大数据时代解决“执行难”问题,需要在传统路径的基础上开展逆向思维,从传统的“被动查”向“主动传”数据化执行模式转变,充分利用有效数据独辟蹊径,开拓一条全新、高效和便捷的数字化执行之路,为推动法院执行工作开创新纪元。

二、执行大数据化

目前,创新大数据化执行已取得丰富成果。(1)借助大数据执行思维,根据打车软件、淘宝收货、导航软件等地址信息,以及结合手机 App 等实时上传的个人定位、填报数据等信息,确定被执行人目前居住地址、经营地址、经常出入地、实时所在位置,以及通过大数据电子化送达方式,解决查找被执行人难的问题。(2)根据主题数据库和专题数据库叠加,以深度大数据挖掘技术,分析获取的通讯录、相册、身份、指纹、手机、社交、寿险、公积金、社保、房产、求职、个税、互联网金融、银行卡等数据,加以删选、分类和整合,从而查询到被执行人的隐匿财产,解决查找财产难的问题。(3)对被执行人的数据化财产进行电子化查控,采取更有效、更便捷的数据化方式,借助于推动人脸识别限高新技术、采取商业软件查询工商信息、利用社交新媒体创新劝执、不断丰富互联网生态执行、探索社区化的查控体系、完善人工智能推送失信人名单制度以及探索推动大数据悬赏执行,解决规避执行难的问题。

根据这一思路,依赖于大数据的精细化执行,需要进一步与社会诚信的信用体系进行更全面、更深入的"内外数据交互"。可以说,构建和完善整个社会的诚信体系,乃是执行难得以解决的基石之一。通过对拒不履行的被执行人行为高强度跟踪,高效运用整个社会网络建立失信公示系统,才能大幅提高生效法律文书的自动履行率,才能从制度上解决执行难问题。目前,中国人民银行的征信体系建设初见成效,商业上芝麻信用体系也被整个社会普遍接受,利用这两种类型的信用体系的融合对企业和个人进行信用等级的综合评价,让那些失去诚信的企业和个人寸步难行,这是真正解决执行难的体系化保障。

当然,执行大数据化离不开保护个人隐私。大数据的数量和颗粒度随时在飞速增长,信息共享和开放在全世界范围内日益广泛,同时,确保数据安全和保护人们隐私变得更加艰巨。所以,在以大数据创新执行方式之时,尽可能地保护被执行人的隐私,同样是需要另外独立探讨的重要问题。

第二节　国内外执行大数据梳理

大数据是指无法在一定时间范围内,使用常规软件工具捕捉、管理和处理的多维异构数据的高度集成，是需要新处理模式才能成为具有更强的决策力、洞察发现力和流程优化能力的信息资产，它在样态上具有多种样本、高增长率和亟待语义智能分析等特质。大数据和人工智能分析技术在法院执行领域的广泛应用，不仅是综配司改的重点，也是国内外司法水平提升的趋向。

一、国内司法大数据研发分布

目前，全国各级法院已在提高执行中立性和实效性、完善绩效评估和风险预警、提升司法执行透明度等方面取得了重要进展。归纳来说，全国法院执行大数据建设亮点主要包括图 39-2 所示内容。

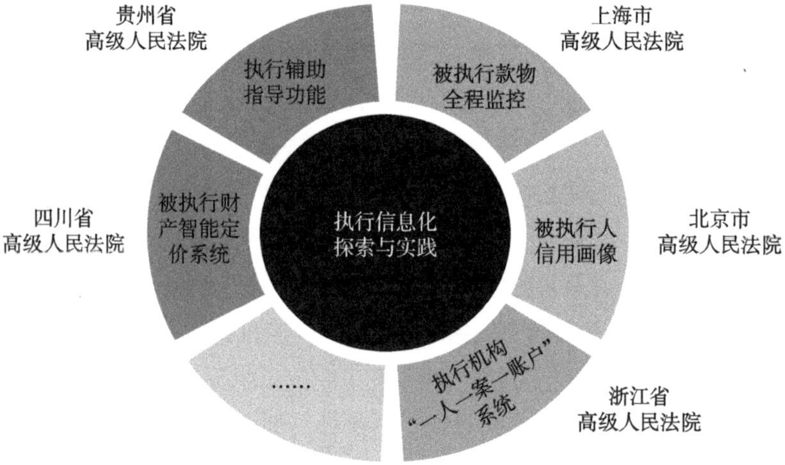

图 39-2　全国部分法院执行信息化的探索与实践

在此基础上，体系化地推动全流程管辖的精细化执行技术及装备研究，已成为中国法院执行的重要领域。已步入精细化执行阶段研究的这一领域，从理论包括以下关键问题：研究面向被执行人活动轨迹融合分析的人员线索查找技术、研究面向虚拟网络金融交易行为分析的隐匿涉案财物线索挖掘技术、研究面向多要素数据综合分析的司法委托机构信誉动态评价及推荐技术、研究面向拍卖数据综合分析的拍卖价值差异合理性预警和拍卖违规预警技术、研究面向执行案件全流程管控的智能分流和辅助监管技术、研究面向执行案件的单兵执法辅助技术及装备。

根据以上关键问题，基于大数据的法院精细化执行深度研究至少需要破解以下具体命题：通过对失信惩戒、网络查控等反馈信息的融合分析，建立若干当事人行为模型，自动生成查人找物辅助方案；支持基于银行、证券、不动产等财产数据和交易行为的融合分析，构建若干隐匿财产挖掘模型，支持甄别被执行人隐匿财产行为；构建基于资质信誉、经营业绩、委托反馈等多元化数据的司法评估、鉴定、拍卖机构动态评价模型，支持智能推荐委托机构；支持对房产、车辆、有价证券、器械类、家具类等多类型涉案财物建立影响价值的特征模型，建立成交价与保留价的差异量化模型，支持价格预警和拍卖违规识别；支持基于案件性质、涉案标的、财产查找、争议解决、变现处置等复杂因素分析的智能分流，根据执行财产情况自动进行查控处置、财产令下达等环节处理及流转，实现对执行全流程的程序规范性监督和偏离预警；研制单兵执行装备，支持法警指纹认证和被执行人人像识别，支持实时办案流程和预警信息智能推送，能够自动完成执行指令送达，支持地理定位及轨迹回放、多点数据语音同步通信等功能。集成破解上述难题的相关研究成果群，为构建起执行案件精细化综合管理平台奠定坚实基础，客观上在综配司改中又把破解执行难推上一个全新高度。

围绕这些命题的研发，国内从事司法大数据理论研究的不少。但是，能够拥有跨文理工诸多学科，基本形成产学研用的闭环链条，以及聚焦式专门进行法院精细化执行大数据研发能力的，仍然极为有限。以下梳理的只是全国从事司法大数据应用研究的代表性机构（见表 39-1）。

表 39-1　国内从事司法大数据研究的代表性机构

机构名称	研究内容	研究成果	成果应用
清华大学	围绕智慧法院核心业务运行中信息公开的现实需求，以司法实务为枢轴、利用数据驱动和知识驱动的计算方法对司法公开信息中的敏感内容管理、信息搜索推荐、公开效能评查等问题开展研究，并开展技术实现及应用落地	庭审直播效能评估系统，构建裁判文书公开敏感信息识别与保护工具，支持对裁判文书中敏感信息的智能识别与屏蔽；构建司法公开信息探索式搜索引擎，建立司法数据分词模型、相似语义链网络模型，能够根据用户习惯查找可能的搜索目标；基于诉讼当事人、律师、法学专家等用户行为的深度分析的司法公开信息精准推送系统；司法公开评查系统，形成诉讼全流程公开监测评查模型	15 个地市级以上法院落地

续表

机构名称	研究内容	研究成果	成果应用
上海交通大学	被执行人活动轨迹融合分析的人员线索查找技术、虚拟网络金融交易行为分析的隐匿涉案财物线索挖掘技术、多要素数据综合分析的司法委托机构信誉动态评价及推荐技术、拍卖数据综合分析的拍卖价值差异合理性预警和拍卖违规预警技术、执行案件全流程管控的智能分流和辅助监管技术、执行案件的单兵执法辅助技术及装备	“赋强通”普惠金融区块链数据分布式差别存证与强制执行系统;“房评通”“法拍易”“司鉴通”全行业司法诉讼服务辅助机构动态数据采集系统;全国诉讼服务对外委托平台系统;基于大数据的繁简分流系统;单兵执行装备体系;司法拍卖价格“偏离度”预警系统;人财物全数据挖掘及画像	10个省、市法院落地
东南大学	一体化诉讼服务智能辅助技术及装备;支持多方接入的跨网系网上调解技术及装备;诉讼财产保全智能评估及预警技术;面向数据追溯的电子送达防伪保真技术;面向多方证据关联分析的诉讼风险智能分析和结果预测技术;诉讼材料辅助生成及智能审查技术与装备	大数据在刑事诉讼中的个案场景决策;智慧检务建设基本理论与实施规范;智慧司法综合信息化服务平台;案件非结构化数据分析系统、文本结构化信息提取与标注系统	10个省、市法院落地

续表

机构名称	研究内容	研究成果	成果应用
四川大学	虚假诉讼甄别预警技术;案件繁简智能分流技术;庭审辅助信息智能生成技术及庭审虚拟示证装备;智能化庭审记录和分析挖掘技术及装备;类案精准推荐技术;刑事案件量刑智能辅助技术	构建以资产、信用、涉诉等多维度当事人画像模型;基于司法实践和文书规则的繁简分流通用模型;搭建多源异构庭审笔录和数据库;优化多模态融合的音视频深度学习模型;开发基于NLP技术的类案精准推送和量刑智能辅助技术平台	刑事罪名量刑规则库;智能定罪量刑平台;15个跨省市的中、高级法院落地推广
中国司法大数据研究院	智慧法院研究、司法大数据分析,司法人工智能研发,社会治理研究,经济社会司法大数据服务,法院信息化集成评估,司法信息安全,司法大数据人才培养	法院大数据管理服务平台;互联网+法律服务示范窗口、人工智能+法律服务示范窗口,包括司法知识库、涉诉信息服务、类案推送服务、智能诉讼评估、司法数据分析;司法大数据分析研究报告	

二、国外司法大数据研究地图

近年来,美国、欧洲和日本等国家也不同程度借助大数据和机器学习辅助司法执行,与我国"基于大数据和人工智能的智慧执行"具有类似的科研和实践导向。

国外一般也是由数据应用公司负责场景应用的落地,多数也与高校研究机构展开多维度的深度合作,广泛开展司法大数据和人工智能技术的应用实践。其中,国外已经研发出一些针对不同类别行为和地区监测的执行信息化系统,这些系统涉及执行的不同流程,以及与执行密切相关的执行预测预防等方面,为我国解决执行难问题提供了一定的借鉴和参考(见图 39-3)。

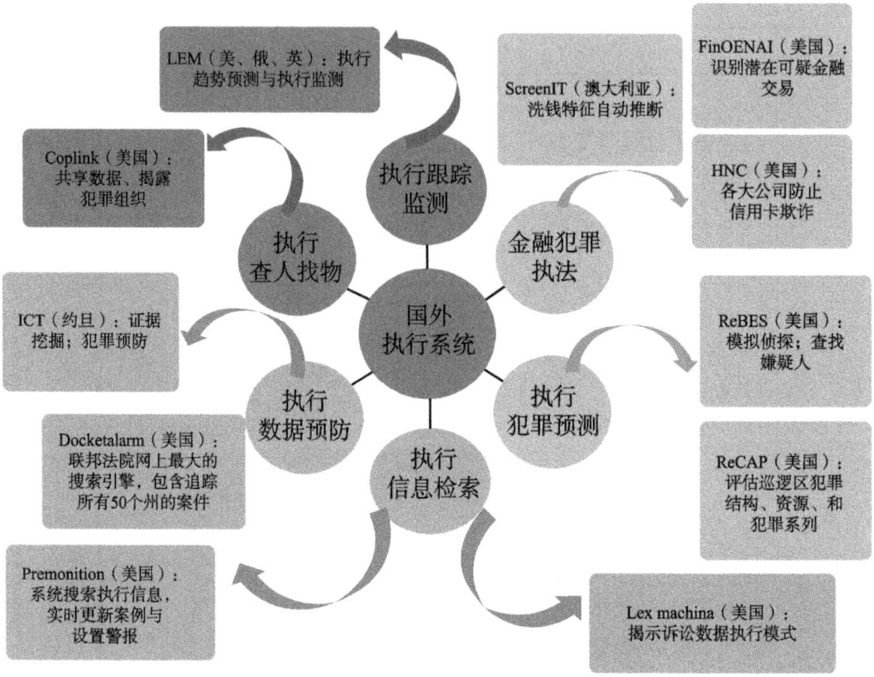

图 39-3　国外司法执行信息化的探索与实践

目前，国外专门从事司法执行大数据相关研究的机构比较有限，且绝大多数集中在美国（见表 39-2）。

表 39-2　国外从事司法大数据研究的代表性机构

机构名称	研究内容	研究成果	成果应用
美国卡耐基梅隆大学	自动化法律文本语义信息提取；律师辅助系统	基于法律注释信息的法律文本排序和语句分类算法	早期应用
美国斯坦福大学	行为轨迹检测预测以及目标提取算法	建立多个行为轨迹预测模式；循环神经网络、社交长短时记忆网络在线多目标追踪系统	早期应用
美国国防部机构 DARPA	可解释人工智能	可解释机器学习模型；可解释人机交互界面；深度学习黑箱解释方法	早期应用

续表

机构名称	研究内容	研究成果	成果应用
美国亚利桑那大学	司法执行查人找物	语音的匹配功能提供广泛的支持以促进类型搜索；运用专家智库技术创造法律智库，从中识别关联线索	COPLINK Connect 旨在允许司法部门共享数据，该界面集成不同数据源，包括传统记录管理系统
谷歌	开放知识图谱构建	构建了超过 4 亿万数据条目的大型知识图谱，覆盖法律、医疗、建筑等各领域，建立全球开放参与的知识图谱社区	用于全球范围科学研究；为各个专业领域的知识图谱构建提供了数据基础

整体而言，全球范围内在深度应用人工智能辅助司法精细化执行上面临诸多挑战。主要包括：蕴含复杂多元关系的司法执行领域的知识学习、表示、纠错和推理；机器学习辅助司法执行分析决策的可解释性和正当性；融合司法专家先验与机器智能的专家自动化司法辅助决策技术；针对司法执行业务数据共享有限、标准样本缺乏的小样本集泛化；融合认知心理的被执行人行为机制建模和潜在意图预测等。这些问题是法院执行大数据和人工智能得以更为广泛的实际应用所需攻克的关键科学问题。

现阶段的大数据和人工智能在执行中应用尚处于基础起步阶段。下一步重点是围绕解决以上归纳的法院精细化执行涉及领域知识学习、小样本集泛化和人机混合推理三个关键科学问题，研究面向人机协同的专家自动化混合增强决策的基础理论和可解释的辅助执行关键技术，为构建中立、公正、透明的司法执行体系提供科技支撑。

第三节　执行难关键科学问题

针对法院执行难，需要开展全流程管控的精细化执行技术研究。通过深度融合专家先验、被执行人博弈心理、逻辑归纳、溯因推理和机器学习模型算法，探索人机协同的专家自动化混合增强决策模型和辅助执行关键技术。具体来说，主要有六个方面需要重点关注。

一、领域知识学习

针对法院执行数据多源异构稀疏的特点，需要解决蕴含多元关系的有噪声、非完备知识图谱补全、纠错和推理。执行业务数据来源碎片化、个人隐私性强、噪声比例高，甚至还会存在较多缺失，容易给自动化构建知识图谱的过程带来杂乱信息。因此，需要融合司法内部数据和社交网络外部数据的本体知识所蕴含的复杂多元关系，掌握利用多维度的数字化表征、特征提取和语义分析等手段，提炼法院执行本体化的知识组织模式。然后，逐步完善法院执行大数据资源库，构建多层次法院执行本体化知识图谱库及其时空演化模型。

在此基础上，破题重点在于：融合基于有限信念的逻辑表达和基于置信度的知识表示，为蕴含多元关系的知识图谱进行精确纠错、补全和推理；利用网络嵌入蕴含多元关系的知识图谱设计，保持网络拓扑结构的低维表示，降低分析和推理的复杂性；探索将基于社经张量网络进行知识补全的方法，推广到法院执行的多元关系分析。

二、认知心理计算

当人们进行判断决策时，会受到社会属性和外部客观环境的影响，从而产生不同的认知心理和行为模式，比如，被执行人的规避执行和隐匿财产等博弈行为。

“行为博弈论”重视人们在决策时的系统性推理偏差，考虑个体的心理特质、行为特征等非理性因素对个体决策的影响。因此，需要基于认知心理学，建立隐匿财产博弈行为的统一量化模型和意图计算体系。比如，面向虚拟网络金融交易行为分析的隐匿涉案财物线索挖掘技术，可以聚焦于被执行人的心理特质、认知偏差、参考依赖、敏感性递减、高估低概率事件、低估高概率事件、损失规避等特征，刻画被执行人从认知到决策的行为过程；探知被执行人深层次内心意志的动机、目的和认知，阐释认知心理学与外部环境对被执行人隐匿财物行为的影响机制，建立行为机制的统一量化模型，在模型或数据驱动的统计分析中融入被执行人的潜在意图，提出数据驱动和认知引导相结合的执行意图计算新方法，预测被执行人的行为轨迹。

三、小样本集泛化

针对法院执行业务的外部数据共享有限的问题,需要研究基于概率图模型和多任务学习的小样本集泛化。执行全流程管控过程中,个案情况复杂或缺少有价值数据,以及执行数据共享不充分,实际上造成了精细化执行的困境。比如,在执行财产处置的司法拍卖环节,存在价值评估和确定拍卖保留价的不规范性,以及拍卖公司违规、竞买人恶意竞标等现象。所以,需要在综合司法拍卖数据、第三方评估机构等基础数据、历史评估和拍卖鉴定数据等基础上,深入讨论拍卖数据综合分析的拍卖差异理性预警和拍卖违规预警技术。

涉及的主要内容包括:基于多任务学习,加强模型对于任务之间关联性的建模能力,通过提高强相关任务之间的知识共享,减少弱相关任务之间的噪声干扰,提升模型的小样本泛化能力;对任务之间特征的相关性建模,通过精确共享任务特征,填补缺失维度所代表的任务知识,提升模型对稀疏数据的表现;在多层次、多粒度的执行业务概率图模型中关联词法语义,综合基于统计关系学习的领域知识表达,以及基于概率图模型的不确定性知识表示和处理,逐步提升小样本集泛化能力。

四、人机协同

当前的人工智能系统无法达到具有高度自主学习能力的人类智能,特别是在法院执行决策等专业技术含量较高的重要应用领域。因此,更为有机结合人类态势感知、认知能力以及机器的计算和存储能力,融合司法专家经验和机器学习分析预测能力,建立人机协同的混合增强智能和可解释的辅助决策理论,是精细化执行的大数据和人工智能运用未来能否取得成功的重要关键。

在这一技术路线上,可以融合专家执行决策经验和统计学习方法的分析推理能力,引入专家监督和在线学习评估,探索面向全流程管控精细化执行的“人机双向协作模式”;定义法院执行大数据领域的本体、专家先验以及机器学习参数、结果的统一量化表达,探索执行法官参与分析决策过程环节,以及“人在回路”的人机混合增强计算模型。

五、概率图模型

执行案件个案情况复杂,存在众多影响案件执行的因素,导致执行流程不固定,执行选择分支多且存在并行环节,造成执行案件全流程管控困难。所以,需要关注综合查人找物、隐匿财产挖掘、司法评估、鉴定和拍卖评价机构等量化、分析和预测模型,刻画司法执行不同维度和要素特征之间的层次结构关系,为全流程管控的精细化执行构建多层次、多角度的执行业务概率图模型。

六、终端证据固化

执行办案全程留痕,是法院保障执行案件办理规范化的重要手段。对执行单兵装备现场取证文件的证据固化和加密反篡改,是为了确保取证文件真实性而必须采取的方式。因此,需要基于移动端的证据固化和加密反篡改技术解决方案,建立移动取证唯一性认证标准体系,以此确保移动单兵装备发挥全程留痕的重要作用。这里,需要关注区块链技术,取得执行办案中流程记录与取证电子文件的可信存证,实现执行流程和物证的永久性、防篡改和可追溯,提升执行的真实性和公信力。

第四节 融合轨迹的线索查找

现实社会已在虚拟网络空间映射出它们的数字孪生。虚拟网络空间中存在海量的多源异构数据,通过数据挖掘和分析技术,可以描绘出被执行人的行为特征,推演被执行人的活动轨迹等,并以此为基础,依托对象化存储技术,就可以搭建被执行人的活动轨迹预警系统。同时,通过对失信惩戒、网络查控、物联网信息等反馈信息的融合分析,可以建立当事人行为分析和预测模型,自动生成查人找物的辅助方案,为法院对被执行人活动行为探查与发现,提供技术支持和系统支撑。

一、被执行人活动轨迹

被执行人的线上线下行为、属性以及相互之间关系,需要高效感知和采集,建立起线索查找分析框架。在此基础上,按照数据预处理、实体网络创建、领域知识库构建、关系分析等程序,进行面向被执行人活动轨迹的大数据分析。

由于被执行人在网络空间的数据来源复杂多样，需要基于广域分布式计算，采集和融合多源异构的数据，包括网络空间数据的分布式爬取、专网数据的分布式实时接取等。在此基础上，以高效预处理技术形成涵盖数据清洗、数据集成、数据变换和数据归纳等一系列完整过程。同时，还要关注多源数据的分级分类与数据治理技术，实现海量多源异构数据的规范应用标准与数据统一共享机制，建立完整的数据应用与管理框架。

其中的关键点在于：(1)从巨大的活动轨迹数据中抽取不同粒度实体，以及实体之间的关联分析，构建能够反映被执行人员或实体线下线上的行为、属性以及相互之间关系的大规模实体网络，支持跨多个节点刻画行为关系。这是依托领域知识库研究重点人员及群体性特征的描述方法。同时，基于采集到的被执行人员相关信息，结合所构建的实体网络，深度挖掘重点人员在社交媒体、购物网站、出行平台等场景的行为，可以将其网络社会关系图予以展示。(2)针对挖掘被执行人的行为习惯和喜好，还可以通过大数据分析在凌乱纷繁的数据背后，找到更符合当事人兴趣和习惯的行为和轨迹，并对其进行针对性深度学习与建模，最终结合被执行人实体网络，实现被执行人行为特征的全方位刻画，构建出面向多源异构被执行人活动轨迹的知识图谱。这里，基于关联分析及分布式图挖掘算法，实际形成了支持被执行人推理计算及知识挖掘的分析工具。(3)针对有效的移动对象时空索引技术，进行复杂应用场景下的轨迹数据挖掘和分析，借助信用卡、第三方支付、消费记录中的当事人以往就餐地点等相关位置数据，分析其饮食、消费习惯，为法院对被执行人定位提供高效方案。(4)针对现有预警积分模型过度依赖人工经验，进而难以准确预警的问题，需要构建起大规模分布式模型训练平台，探讨根据知识和经验自动学习完善预警模型机器的学习算法，并基于大规模实体网络，构建被执行人行为特征和位置轨迹分析模型，实现基于模型分析的被执行人智能轨迹行为预警。

二、线索挖掘系统构建

根据以上框架和思路，需要进一步构建起面向被执行人活动轨迹融合分析的人员线索挖掘系统(见图 39-4)。

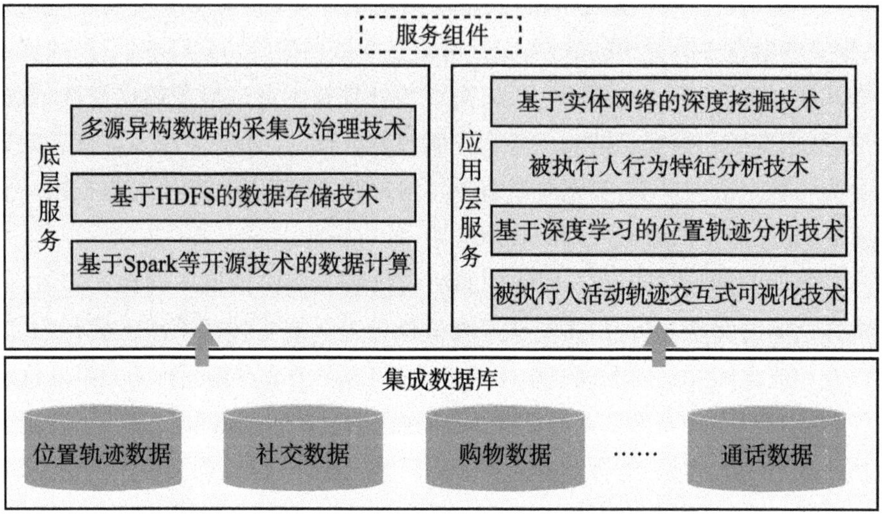

图 39-4 被执行人活动轨迹融合分析人员线索挖掘体系

技术上的首要破解点，是蕴含多元关系的大噪声，非完备执行知识图谱的补全、纠错和推理。法院执行业务数据来源异构多源或存在部分缺失，容易给自动化构建知识图谱的过程引入噪声。融合司法内部数据和社交网络外部数据的本体知识蕴含复杂多元关系，需要利用多角度的数字化表征、特征提取和语义分析等手段，提炼法院执行本体化的知识组织模式。融合法院执行大数据资源库和第三方海量被执行人线上线下数据信息，构建多层次法院执行本体化知识图谱及其时空演化模型，为蕴含多元关系的知识图谱进行精确纠错、补全和推理。

在此基础上，从内外部数据交互获取的数据，需要深入挖掘数据之间的有序列性和截面上数据的空间结构关系，提出时间和空间耦合的分析处理和多模态特征计算框架，以及设计多模态信息融合的高效算法，构建出高质量融合多模数据和先验知识的特征工程。具体表现为如何深度挖掘和构建大规模被执行人实体网络行为模式，以及基于社交大数据分析被执行人虚拟网络行为特征，并融合法院大数据资源库实施多模态特征体系。比如，以被执行人网络空间数据为核心，以法院专网数据、出行记录及公安手段数据为补充，利用网络空间虚拟身份关联技术、身份虚实映射方法等虚拟身份判定技术、实体抽取等文本挖掘技术，构建基础的图数据实体及其关系体系。利用中文分词、语义消歧等自然语言处理技术，对挖掘数据按照规则进行结构化处理，并构建人、事、物的基础图数据信息；利用网络空间虚拟身份关联技术、身份虚实映射方法等虚拟身份识别技术，对虚拟身份等信息进行串并处理，剔除冗余信息，进一步提高数据质量，再一次完善图数据信息。

接下来，还需要建立起基于行为画像的法院被执行人员自适应轨迹预测模型，将被执行人画像的概念引入法院被执行人行为分析领域，从多维度对被执行人的行为特征加以分析，解决大数据环境下被执行人信息的有效收集和组织，并通过变量衍生的方法增强单变量的风险区分能力。在实施技术上，可以将机器学习理论中的随机森林模型与 Logistic 回归模型进行结合，构建 RFML+LG 模型，生成一系列具有被执行人行为画像的子模型。在进行统计建模前，利用随机森林中的决策树进行分析，并生成二元决策树变量。然后，将随机森林模型的输出结果导入 Logistic 回归模型中进行统计建模，为被执行人大数据信息转变为其行为画像奠定算法基础。

需要关注的是，被执行人移动轨迹数据分析需要建立移动点轨迹索引及全轨迹模型，才能实现移动点轨迹的更新和预测。在这里，可以设计基于隐马尔可夫模型（HMM）的自适应轨迹预测模型，对大数据环境下实时的移动对象海量轨迹数据，利用基于密度的聚类方法，进行位置密度分区和高效分段处理，减少 HMM 的状态数量。然后，根据输入轨迹自动选取参数组合，避免出现 HMM 模型中状态不连续、状态停留等问题。该模型旨在研究位置大数据环境下的新型、高效和准确的轨迹预测方法，实现对位置大数据进行高效预处理，将基于密度的聚类方法用于位置密度分区和轨迹分段局部位置数据特征提取，完成被执行人的轨迹预测。

基于上述实体网络、行为特征分析和位置轨迹预测模型等方面，通过机器学习建立积分预警模型，提供基于 web 的动态交互式可视化技术，使用开源的图形可视化技术，构建支持交互式的活动轨迹可视化分析平台，并为分析人员提供实时的交互功能。包括知识快速查询、图结构的可视化拓展、知识计算、线索发现和推理，实现被执行人的关系网络分析，为法院获取被执行人相关信息和展开线索查找提供重要手段。

第五节　在线网络金融交易行为的线索挖掘

法院被执行人利用法律漏洞或采取不正当手段隐匿涉案财产的现象日益

突出，已成为影响司法公信力的顽症。随着互联网金融交易的迅速发展，被执行人隐匿财产的方式日趋多元和隐蔽。因此，有必要对在线网络金融交易行为进行分析，构建隐匿涉案财物线索挖掘系统。这是运用定量模型解决被执行人财产难寻问题。换言之，就是通过对被执行人各类网络行为和交易活动进行分析，借助社交网络、人工智能和机器学习等技术，准确掌握被执行人的社会关系、财产交易等行为特征，构建被执行人隐匿财产的方法模式库，从博弈角度探究被执行人的心理活动和认知意图，构建统一量化的计算模型。

一、隐匿涉案财物发现机制

解决这一问题，需要基于多个层次和视角，挖掘被执行人涉案财物的线索和规律，并对被执行人的隐匿财产进行定量的估算和跟踪（见图 39-5）。

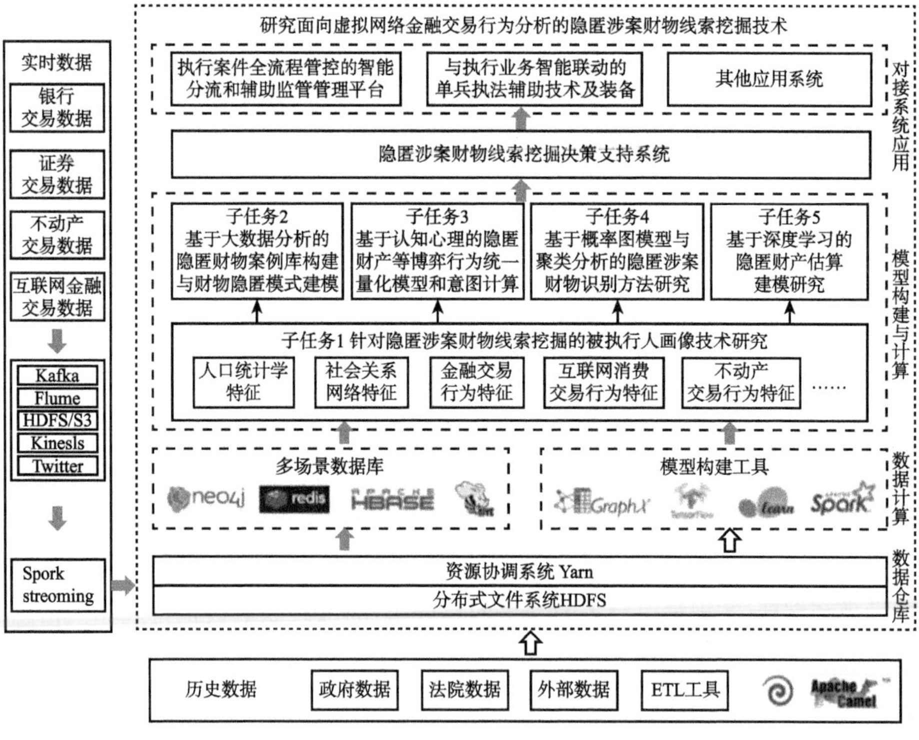

图 39-5　基于虚拟网络金融交易行为分析的隐匿涉案财物线索挖掘

执行人画像，是对被执行人的财务分布、性格、心理行为特征等现有数据的综合描述和全面集成。多维画像的维度视角包括：被执行人的成长过程、融资分布、实物财产分布、社会关系网络、性格、爱好、心理行为、财务交易网络等。根据这一思路，需要建立法院与政府机构、金融机构等的深度合作，获取被执行人的房产、车辆、工商税务、在线消费、金融资产交易数据，以及在线消费记录、银行、基金、债券、股票交易和其他涉案资产的动态数据。以这样的方式，构建分布式数据存储、查询和处理系统，挖掘用户社会关系和交易行为特征，在大数据平台进行可视化展示。

事实上，由于历史上的财物隐匿案例数量庞大、财物隐匿线索错综复杂、隐匿方法和渠道种类繁多，所以，在执行过程中并没有太多能从历史案例中及时、准确检索和抽取的高价值信息。所以，需要从收集和分析历史上的财物隐匿案例入手，通过大数据分析技术与案例推理技术实现增量学习，建立包括检索、重用、修正、保存和解答功能的隐匿财物案例库，实现对新问题进行快速、准确求解。此外，历史案例中被执行人隐匿财物的方法不尽相同，因此还要基于财物隐匿案例分析，探讨不同场景下被执行人隐匿财物的共有特点，抽象出被执行人财物隐匿的行为模式，建立描述财物隐匿过程的数学模型，最终归纳总结成各种不同的财物隐匿模型，为后续执行应用系统提供标准的财物隐匿模式。

当然，被执行人的隐匿财物行为会受到社会属性、心理特质和外部客观环境的影响，产生不同的认知心理和行为模式。接下来，就要立足于被执行人的心理行为角度，从博弈角度关注被执行人在执行前与执行中的隐匿财物行为，尤其是从博弈论中的前景理论，构建考虑被执行人心理因素的博弈分析框架，基于价值函数构建隐匿财物行为的收益感知矩阵。在这一框架里，重要的是判断被执行人深层次内心意志的动机、目的和认知，建立行为机制的统一量化模型。这里融合了被执行人的心理因素和潜在意图，提出了数据驱动和认知引导相结合的被执行人意图计算新方法，以此预测出被执行人的财物隐匿行为。

获得以上数据之后，基于社交网络分析的相关理论，可以研究被执行人的静态数据和财产隐匿转移的动态行为数据，构建描述被执行人线下线上行为、社会关系和兴趣爱好等多维度的大规模实体网络，分析和挖掘交易隐匿行为的线索和规律。通过对被执行人的静态特征和动态行为特征数据的分析研究，采用量化模型衡量被执行人财产隐匿行为之间的相似度，对被执行人隐匿涉案财产的行为和方法进行聚类分析。之后，构建被执行人行为、特征知识的向量模型，使用张量分解、循环神经网络、卷积神经网络等多层神经网络结构，描述被执行人的基本信息、消费记录、资产转移等多维度的数据信息特征。同时，根据隐匿财物的案例库、方法知识和经验，完善深度学习的算法过程和表现，并且结合迁移学习的强化学习的算法框架，探讨被执行人行为特征与隐匿财产的内在关系，实现对隐匿财产进行估算预测，提高估算模型的运算效率。

二、隐匿财产的挖掘模型

传统模式下，法院对被执行人采取的措施主要依赖办案经验。但是，这一过程会受到信息不对称、个人偏见等主客观因素的制约。因此，需要通过大数据技术对被执行人和案件进行多特征、多维度的分析，从自然属性、社会属性、经济属性、社会关系、家庭关系等多个方面，对被执行人进行数据画像，全面展示被执行人的各类属性和标签，并提供被执行人在人格和信用方面的评估。

这一模型的构建，是通过将大数据分析集成技术与人工智能领域的案例推理技术有机结合，针对海量的历史隐匿财物案例，依据案例表示、案例属性、案例检索和案例自学习过程，构建隐匿财物的案例库。然后，利用案例的特征检索维度加以关联分析，进一步再通过层次聚类等数据挖掘技术，寻找历史案例的财物隐匿规律，提炼隐匿财物案例中的隐性知识，形成包括多种财物隐匿模式的数学模型。在此基础上，基于认知心理学建立判定隐匿财产等博弈行为的统一量化模型。其中，重点是把被执行人的心理特质、认知偏差、参考依据、损失规避等特征纳入博弈分析框架，刻画被执行人从认知到决策的行为过程，反映心理因素与外部环境因素对被执行人隐匿财物行为的影响机理。再然后，通过隐匿财物博弈分析框架确定参数权重，进而计算各种财物隐匿行为的量化概率值。通过由此构建起来的概率模型，描述被执行人多维度静态信息和动态特征之间的概率，简单直观把被执行人信息全面可视化，继而通过贝叶斯网格、隐马尔可夫模型、条件随机场等，分析被执行人不同维度之间的关联依赖，探讨被执行人的输入特征与隐匿涉案财物行为识别之间的关系。

第六节　执行智能分流与监管

执行过程的复杂性和不确定性，需要面向执行案件全流程管控的执行难度，实现动态量化评估和智能繁简分流。而其前提又是进行案件执行全流程风险评估和偏离预警，尤其是针对执行全流程的程序规范性识别和执行规范精确性推送等问题。

一、执行全流程管控的评估和分流

法院“执行难”缺乏量化的评估和考评标准，使得法院难以依据案件难易程度合理优化司法资源的配置，导致案件执行效率整体不高，亟待建立执行全流程管控的动态量化评估和智能繁简分流体系。

法院执行立案时，即使与当事人深度沟通，事实上也难以完全预测执行难度和复杂性，这会导致对执行结果的预期不合理，影响民众满意度。法院传统的执行分案是人工操作，只是从办案数量评估法官实际工作量，具有较大主观性，评价标准单一，不利于繁简分流机制的建立和合理的员额配置。因此，亟待研究解决综合查人找物、隐匿财产挖掘、分析和预测模型，精细化构建多层次、多粒度的执行业务概率图模型，寻找到求解构建案件执行难度的统一动态量化评估模型和算法。其中，主要是分析案件性质、涉案标的、财产查找、争议解决、变现处置等多维度、多要素影响案件执行难度的复杂因素，构建融合执行规范，基于深度神经网络等分类算法的分案推荐和员额配置算法，优化执行案件分案机制，以实现动态智能繁简分流、合理分配司法资源和提高案件执行效率。

一方面，需要建立执行案件全流程管控的执行风险实时评估和偏离预警系统。法院传统的针对执行业务的管控和评价体系，主要是基于对执行结果指标的评估和分析，具有滞后性和片面性。而通过对偏离案件执行预期的整体态势分析，能够让执行管理部门实时掌握执行案件各环节可能出现的问题，为管理决策提供实效性分析，实现对执行案件全流程管理的实时辅助监管。所以，需要建立针对案件执行全流程的执行风险实时评估方法和偏离预警模型。同时，通过对执行业务数据分析研究，综合时间、行为、结果等多个维度，进行数据异常分析和特征识别构建，寻找到基于过程管理的执行案件偏离行为的分析识别方法。值得关注的是，还要设计预警信息的标准数据接口，提供给系统平台、指挥中心大屏、单兵终端等第三方展示和预警平台使用，加强法院对执行业务全流程的实时高效管控。

另一方面，还要进行案件全流程管控的程序规范性识别和执行规范精确推送。执行业务规范对执行过程有着明确的处置流程规定和行为要求。办案规范化的实现途径有主动方式和被动方式两大类。主动方式，是在案件办理过程中执行法院主动按照规范办法要求办理的方式；被动方式，则是对执行法官的不规范办理行为进行纠偏。比如,在案件执行中对执行程序规范性进行动态识别,并依据案件特征为执行法官推送执行规范,主动帮助执行法官规范办案,这对法院执行业务全流程的精准管控具有积极作用。具体包括:基于自然语言处理技术的执行规范实体识别、规则解构以及历史案件中的执行数据,针对法院执行决策要素的汇聚组织技术与支撑环境,建立执行规则库、执行规范结构化模型以及执行决策样本。在此基础上,通过对执行案件阶段性特征和模型进行构建,借助监督学习自动预测和生成执行方案,精准推送执行规范到执行法官的桌面系统和执行单兵终端。此外,还可以在执行法官接收案件时,向其提供包括被执行情况、财产分析情况、执行采取的路径和步骤等执行方案,以提高执行法官办案效率。

二、执行全流程管控的模型构建

在法院执行这样的影响因素较为复杂的领域,人工智能的高度自主学习空间比较有限。因此,需要有机结合人类态势感知、认知能力、机器计算以及存储能力,融合法院执行专家经验和机器学习分析预测能力,探索人机双向交互和协作模式,建立"人在回路"形式的人机混合增强计算模型。这是一种通过定义执行领域本体、专家先验和机器学习参数和结果的统一量化表达。这里使用了新的量化方法描述和解释各学习组件的功能,使执行法官得以主动参与分析决策环节,从而有针对性地提升决策和监管的实效性。

其中一个比较重要的前提,是完成多维度、多要素法院执行实体的特征识别和模型构建。法院执行数据包括前置案件数据、卷宗文书材料、立案材料,以及银行、房产、车辆、工商等横向部门数据,互联网裁判文书、法院公告、电子商务、互联网金融、出行等互联网数据。这些数据具有多来源、多类型、稀疏异构等特点。所以,需要综合利用 OCR、文本标注提取、数据综合治理等技术,对数据资源池进行统一存储和挖掘,以及结合法院执行领域本体,从这些多源异构稀疏数据中识别提取高质量特征和构建特征模型。

同时,由于深入理解大量参数和数学函数构成的复杂运算比较困难,因此,机器学习算法和模型的可解释性已成为一个重要问题。对此,需要研究面向执行决策的逻辑推理和统计分析算法的归并统一方法。换言之,通过为机器学习组件,自动产生测试和验证数据,以及融合逻辑归纳和溯因推理,自动合成满足执行规约的模型和分类。基于此,通过让机器学习各个环节关联司法语义和执行规则，提高机器学习算法模型的透明性和可解释性，构建出人机协同的专家自动化决策系统和可解释的辅助决策模型。

必须承认的是，法院执行案件的个案情况复杂，存在众多影响案件执行的因素，导致了执行流程不固定，执行选择分支多且存在并行环节，造成执行案件全流程管控难。面向执行案件全流程管控的智能分流和辅助监管技术，其实是建立在准确表态和构建法院执行业务流程模型及其复杂的联结和交互关系之上的。因此，需要对前面的综合查人找物、隐匿财产挖掘等建立分析和预测模型，刻画法院执行之间不同维度和要素特征之间的层次结构关系，为全流程管控构建多层次、多粒度的执行业务概率图模型。这是综合基于统计关系学习的领域知识表达、基于概率图模型的不确定性知识表达，以及构建各类统计分析和机器学习算法模型的重要方面。

第四十章　智慧诉讼服务

最高人民法院建设的诉讼服务指导大数据平台，旨在指导和推动各级法院建立集约高效、便民利民、智慧精准、交融共享的现代化诉讼服务体系，实际上已成为综配司改的重要一环。它主要围绕多元化解、立案服务、分调裁审、司法服务、涉诉信访五大服务功能，依托目前已有的诉讼服务大厅、诉讼服务网、移动终端、“12368”诉讼服务热线等多元线上线下载体，以信息化为支持，科学统筹全国法院的诉讼服务工作，全面建设和实现现代化诉讼服务体系和综合管理系统。

围绕现代化诉讼服务大格局体系这一突破口，赋能智慧诉讼服务，需要进一步实现司法鉴定、司法拍卖、司法评估等诉讼服务辅助事项的特定化、集约化管理模式。可以说，司法委托是广泛服务于诉讼的专门性活动，直接关涉公正严谨的诉讼服务程序性建设，以及影响司法公信力和法律权威的树立。根据最高人民法院关于诉讼服务大数据平台的建设需求，需要深化系统集成和功能整合，建设覆盖司法辅助全业务全流程、贯通各类信息应用系统，融合大数据分析功能，构建科学完善的诉讼委托业务和机构的全流程管理系统。通过多元内外部数据，利用自然语言理解技术和非结构化数据处理技术，建立多维度、层次化、条理化的评估指标和分析模型。

第一节　司鉴通

诉讼委托鉴定，长期以来存在寻找机构难、评价机构难、管理机构难的问题。为了解决这一难题,需通过进一步结合司法机关的内外部数据,结合机器学习、深度学习、概率图模型,运用自然语言理解技术和非结构化数据处理技术,建立多维度、层级化、条理化的评价指标和分析模型,精准、动态地分析委托机构的信誉和质效。同时,结合专家知识,对评价模型实时监控,动态干预,及时预警,提升系统的稳定性,最终构建基于动态与静态数据结合的司法鉴定诉讼服务机构的动态评价系统即"司鉴通",目标是实现智能推荐司法委托鉴定机构的功能。

一、整体框架

科学、可靠的司法鉴定意见是审查、判断其证据材料、认定案件事实的重要依据,是保障当事人合法权益、实现公正司法的重要前提。目前,法院对外委托鉴定备选机构名录中入册的机构没有等级划分,鉴定机构在软硬件上存在较大差别,只是一味在选择鉴定机构过程中强调平等对待,不能体现择优和竞争原则。因此,需要将机构差异体现在司法对外委托鉴定机构的选择之中,对于那些能提供优质服务、效率高的机构应大胆地增加委托,反之应减少委托,营造良性竞争氛围。同时,随着社会经济的迅速发展,鉴定要求非常规、不常见类型的案件越来越多,比如,身体猛烈碰撞造成多颗牙齿折断的更换假牙费用,以及一生更换次数之类的鉴定问题,寻找和推荐可鉴定机构实际上极为困难。此外,鉴定机构和鉴定人名册管理欠制度化、规范化,延期鉴定现象屡见不鲜,鉴定人徇私舞弊问题也不断出现,亟待对之加以有效监管。简言之,司法对外委托中鉴定业务多样繁杂,存在技术壁垒,司法机关面临选鉴定类型难、寻找鉴定机构难、监督评价难等业务痛点,并且在现行法律制度下鉴定机构管理又存在较多空白与争议。因此,需要设计一套司法鉴定机构负面信息动态提醒和特殊鉴定业务的机构推荐名册系统。

那么,到底如何建立这一系统模型?传统人工智能算法大多依赖完整准确的标准数据,并假设数据的分布和特征维持不变,但是,这一"窄巷思维"经常导致理论模型难以实用。以诉讼服务中的委托鉴定环节为例,由于诉讼服务中可能发生的委托鉴定服务机构数量众多、细分领域繁杂、服务质量差异化等问题,导致在鉴定机构评估过程中,以往机构及相应服务的数据特征实际上会随着其所属领域不同而产生很大变化。因此,需要面向委托鉴定机构信誉动态量化评估,建立起新型自适应的学习模型和鲁棒算法。

在整体框架上,司法鉴定根据类别不同,可以分为“四大类”(法医、物证、声像、环境)鉴定、“四大类外”鉴定两大类别。除了资质信誉、经营业绩等基本信息,获取和建立负面评价模型更加符合司法鉴定的业务特征,其核心乃是制订鉴定机构负面指标体系(委托反馈、刑事处罚、行政处罚等)。“四大类”鉴定的管理权限在司法行政部门,需要在尊重司法行政部门的相关名册基础上,充分结合内外部数据,全面获取四大类鉴定机构的负面数据,构建起四大类鉴定机构负面清单模型;四大类外鉴定由于类别较为分散,可以先把相关鉴定机构精细划分为不同类别,将类别划分后的机构进行负面数据的获取,构建四大类外鉴定机构评价模型。最终将二者结合形成司法委托鉴定机构动态信誉评价和推荐的“司鉴通”系统。

借助“司鉴通”这一诉讼对外委托鉴定辅助管理系统,通过在线化工作方式,可以极大降低法院司法鉴定辅助工作的线下综合成本,提高法院评估执行和诉讼服务的工作效率。这一方案是基于对多源异构司法大数据快速采集和处理,通过自然语言处理的司法文本特征提取和分析,构建自学习的司法本体化知识图谱,实现了关键科学技术的突破。同时,还可以配套制定全流程管控的司法委托辅助机构数据处理性能测评认证指标体系和技术标准,这将会大幅提升中国在法律人工智能领域研究的起点和竞争力。

二、构建思路

由于司法委托鉴定机构涉及不同领域和类型,需要基于内部数据、外部数据和反馈数据等多种数据源,通过大规模分布式数据获取、人工制定规则、机器自动标注等,逐步构建和完善司法委托鉴定机构资质特征库。在此基础上,对特征库特征转换和归一化、数据质量治理、特征选择等进行处理,获取和司法委托鉴定机构资质信誉、经营业绩、委托反馈等关键属性相关的特征展示。基于半监督学习,结合机器学习 XGboost、LightGBM 和深度神经网络等模型,构建司法委托鉴定机构信誉的动态量化评估模型和算法,对司法委托机构信誉进行精准量化、评估、预测和排序。同时,将以上数据获取、特征学习、模型训练等模块部署至线上云平台,并集成为自动化处理系统,通过持续更新数据实现模型的在线更新和优化迭代,完成司法委托鉴定机构信誉资质的实时监控、分析和可视化等任务,为司法机关实现规范委托鉴定业务,完善司法鉴定机构名册、严格委托收费标准和质证机制等实体性事项提供有效决策支持(见图 40-1)。

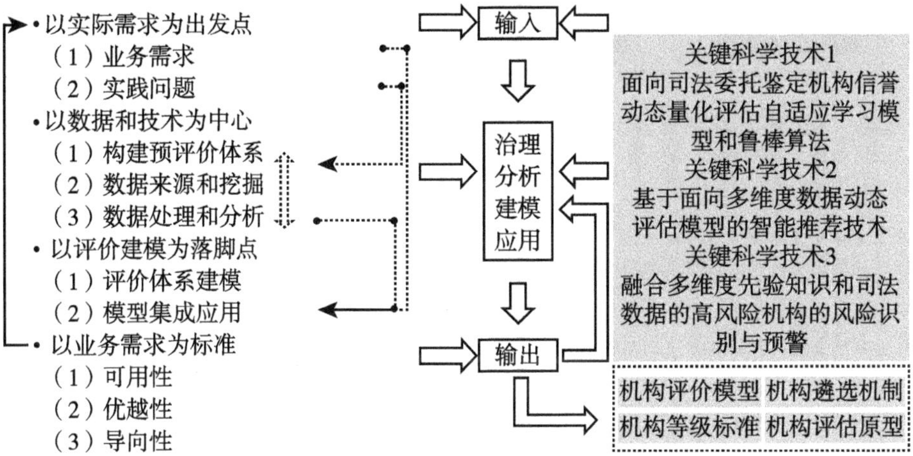

图 40-1　诉讼委托鉴定机构动态评价与推荐的整体架构

三、指标体系

基于以上指标体系通过专家论证，确立司法评估机构静态数据四项指标：机构资信、经营业绩、人员资质、委托反馈。通过行业协会收集司法委托鉴定机构至少五年的数据，后期以动态业务数据的随时补入为主。

这几类数据的获取方式，主要包括：(1)面向高级人民法院、中级人民法院、基层人民法院，可以公开获取对外委托专业机构名单(名册)。当然，目前的人民法院诉讼资产网的数据比较简略，名单(名册)中基本仅列出机构名称，但可以作为详细信息采集的线索、索引方向。(2)人民法院诉讼资产网中专业机构和专家库。专业机构的信息包含了营业证照、统一社会信用代码、资质等级、资质证号、专业人员、专业技术职称等信息。(3)互联网公开获取。比如，关于《国家司法鉴定人和司法鉴定机构名册》等。

在此基础上，根据司法委托鉴定的特征，除了基本信息，关键是建立负面清单模型。为了实现这一目标，需要以抓取动态可持续的外部大数据为主，构建司法鉴定机构负面指标以及清单数据。负面指标包括：行政处罚、CNAS 能力验证(不通过)、诉讼纠纷(刑事、民事、行政)、违规操作(公告)、严重违法失信、鉴定意见不被采纳等。另外，针对特殊机构推荐名册，基于裁判文书的大数据分析和自然语义处理，获取现有的机构名册中没有且在实际操作中难以获取的特殊鉴定机构(见图 40-2)。

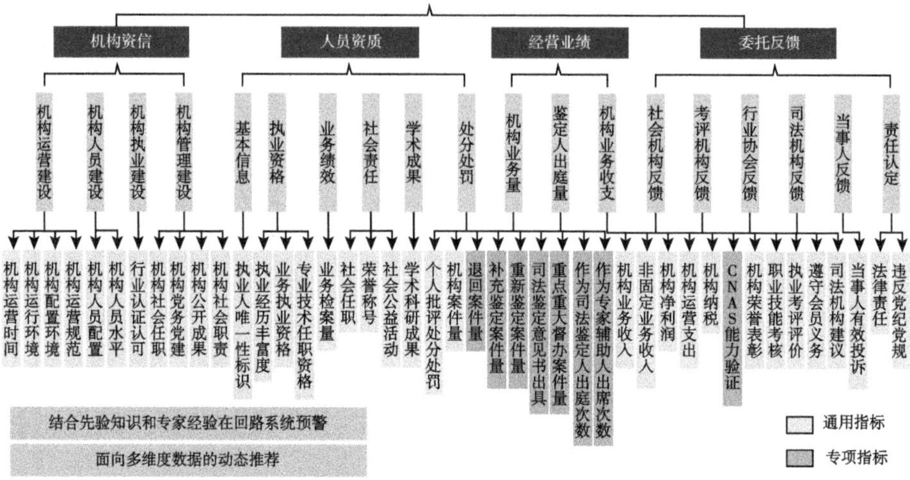

图 40-2　诉讼委托鉴定机构动态评价与推荐指标体系

其实，建设法院委托鉴定的辅助管理系统，主要是为了实现对全市各级法院鉴定机构实行负面清单提醒，实现数据共享，提高工作效率。实现特殊鉴定机构/专家管理（包括鉴定机构/专家、评估机构/专家），审判案件对接、执行案件对接、裁判文书管理、电子卷宗管理、鉴定评估相关信息查询、鉴定评估报表统计、法院组织机构用户管理、权限管理、操作日志管理、数据字典管理、系统配置管理等。

四、系统建设

当前相关应用系统有“人民法院诉讼资产网”，该平台是由最高人民法院研发的，主要功能是面向全国各级法院、社会辅助机构的综合信息发布。应用范围包括司法鉴定专业机构信息归集以及专家库建设，实现司法鉴定机构信息、司法拍卖机构信息的数据库归集。“司鉴通”作为诉讼服务系统中审判辅助服务的核心内容，是诉讼服务指导中心信息平台的重要组成部分。

“司鉴通”系统的设计实现基于法院专网集中式数据处理系统，采用 B/S 架构和集中存储方式，实现统一数据采集、统一移送流程、统一数据格式、统一文书模板、统一统计标准；系统将连接高级人民法院、中级人民法院、基层人民法院等各单位，对各级法院的数据进行集中管理和查询统计，还实现了各级法院对自己的数据的分别管理和查询统计；系统将实现与高级人民法院现有的审判管理系统、诉讼服务管理系统的信息交换和共享,同时系统设计具有前瞻性,为日后的业务扩展留下余地。

系统功能上要求结合司鉴通的精准需求,分析系统需要具备的功能和性能,列举具体的性能指标,实现对用户信息、业务数据、日志数据的数据存储;对不同类型、不同等级用户配置不同的用户权限;根据司法鉴定辅助工作流程评价标准,对机构业务进行鉴定和数据分析;不同等级法院需要异步开发与对接;数据汇总在最高人民法院或省法院。此外,为了防止该系统归集和结构化的数据与其他重要业务数据的混杂和污染,需要建立网络安全、数据安全机制和软硬件配套措施。

当然,需要进一步明确的是,该系统模型的构建目标,是建立司法鉴定辅助机构信誉动态评价模型、司法鉴定辅助机构负面清单体系、特殊司法鉴定辅助机构名册系统(见图 40-3)。这将为全国法院诉讼服务信息平台的完善提供重要补充。

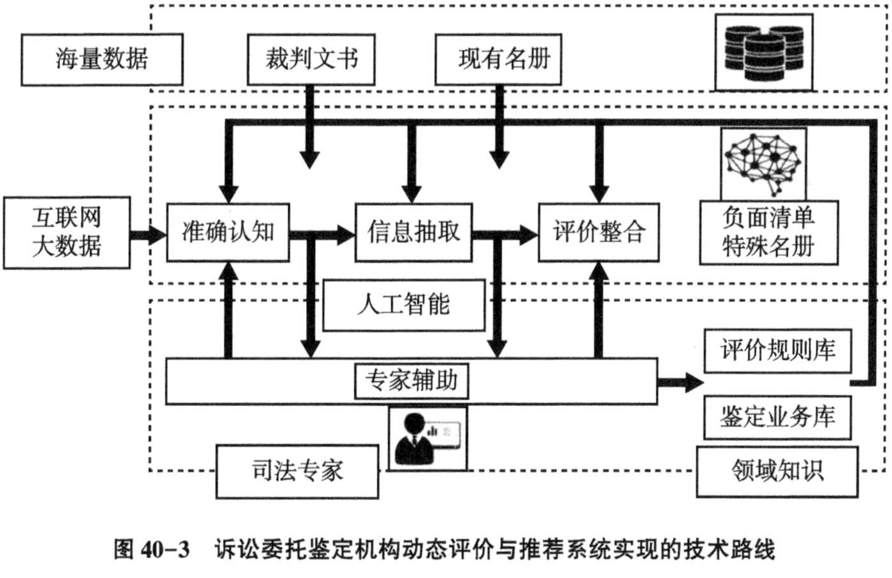

图 40-3　诉讼委托鉴定机构动态评价与推荐系统实现的技术路线

第二节　法拍易

财产处置难,长期以来是人民法院执行难的重要组成,司法拍卖则是财产处置中的重要环节,备受社会关注。现有的司法拍卖存在价值评估和确定拍卖保留价的不规范性,以及拍卖机构违规、竞买人恶意竞标等问题,需要面向拍卖数据综合分析的拍卖差异合理性预警和拍卖违规预警,同时,基于司法拍卖数据、第三方评估机构等基础数据、历史评估和拍卖鉴定数据等,构建司法委托拍卖机构的全流程、即时性的监控模型。目标是实现拍卖价格偏离预警和拍卖机构流程管控两大功能。

一、拍卖价格偏离预警

该模型需要针对不同类型的拍卖物,利用物品的性质、属性等特征,自动评估当前拍卖物的价值水平,辅助法官对拍卖物价值形成客观判断,以及实现对司法拍卖过程的全面数据分析和监控。主要解决拍卖价格与拍卖物品实际价值超出合理区间、拍卖环节违规等问题,最终实现支持对房产、车辆、有价证券、器械类、家具类等多种涉案财物的影响特征体系,建立成交价与保留价的差异量化,支持价格预警和拍卖违规的自动识别。模型在体系架构上涉及四个关键方面(见图 40-4)。

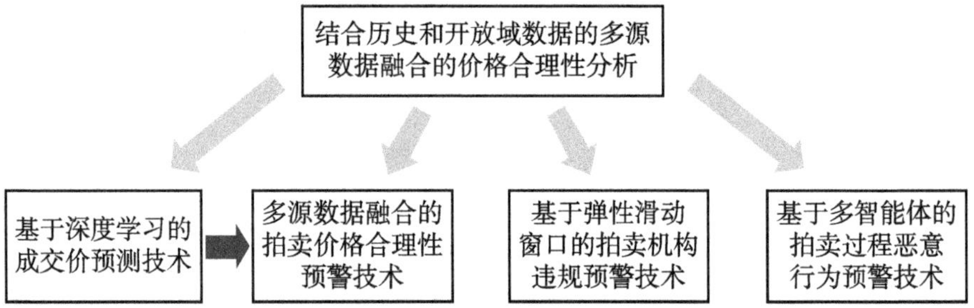

图 40-4　司法拍卖价格偏离预警系统架构

1. 结合历史和开放域数据的多源数据融合的价格合理性分析。针对司法拍卖多源数据融合的需要,应用大数据获取、存储、清洗和分析等技术,解决多源数据之间实体对齐和实体融合的问题,实现数据集中统一和交叉分析,借助数据获取和多源数据的融合技术,有机结合司法拍卖历史数据和开放域数据,建立司法拍卖大数据库,建立司法大数据实时扩展、互联互通、同步计算的数据平台,辅助司法拍卖数据分析。同时,价格的合理性分析需要融合专家知识建立置信度区间,动态设置合理阈值等一系列关键参数。在此基础上,基于深度学习建立拍卖标的的价值评估模型,实现符合市场动态和标的特征的精准评估模型，分析创建标的价值的合理概率区间，最终实现价格的合理性分析。

2. 基于深度学习的成交价预测。根据拍卖物品的多源异构数据，借助深度神经网络实现对拍卖物品的成交价格预测。要点在于，基于大数据技术对海量拍卖物品的多种数据进行整合，比如，拍卖物品的各种人为设置的属性、原始图片、文字描述等，结合物品的实际拍卖价格，并参考同类物品的市场价格，运用深度学习技术分析拍卖物品的实际价值，对拍卖物品的成交价进行合理预测，为法院执行物品拍卖价格，以及识别拍卖违规行为提供价格参考。通过这种基于深度学习的成交价预测算法，可以充分利用现有的大数据技术和数据资源，提供更为准确的拍卖成交价预测。

3. 基于弹性滑动窗口的拍卖机构违规预警。根据拍卖成交历史数据，对不同类别的拍卖物品建立拍卖价格数据库。违规预警主要是基于海量原始数据，利用大数据技术对历史拍卖成交价格进行汇聚，提取出各类拍卖物品的成交价格分布，通过统计学习结合专家经验，把违规的历史拍卖数据剔除，对各类拍卖物品进行合理估值。同时，通过实时监控机构给出的拍卖价格，并与同类拍卖物品的历史估值进行比较，使用弹性窗口对价差进行异常检测，对拍卖机构违规加以预警。

4. 基于多智能体模型的拍卖过程恶意行为预警。定义竞拍过程中的行为框架，并据此界定恶意行为。根据竞拍者的个人信息、行为信息和历史竞拍数据进行行为特征分析，筛选与竞拍行为相关的特征，并在此基础上提出恶意竞拍行为的预警体系。这一体系包括两个部分：先是通过智能体模型对竞拍者行为进行学习，预测在竞拍过程中最可能出现的行为模式；然后，借助于分类器对模式进行分类，并与定义的恶意行为进行模式匹配，提前预测出哪类竞拍者更可能发生何种恶意竞拍行为。

二、拍卖机构流程管控

拍卖机构的流程管控以司法拍卖辅助工作标准化流程为基础，目的是确保司法拍卖程序公开和高效运行。其中，已被研发成功并被多地实际应用的移动智能"拍辅通"，具有典范和样板意义。

拍辅通，作为"法拍易"的两大功能之一，乃是在司法拍卖多年精细化管理经验的基础上，基于微信平台，以及结合移动互联网和大数据，为司法拍卖辅助工作提供的“一站式”智能解决方案。该系统集成了工作标准、一站监管、信息互通、精细管理和统计分析等应用特点，实现了司法拍卖辅助工作20个主要环节，200余项工作细节的全流程覆盖，辅助机构工作实时更新，步步留痕，全程存档，法院对拍卖标的全程可查可控，纠偏溯源。系统根据15种标的状态、10个重要节点，向法官和当事人自动推送进程和状态。系统还结合大数据和智能算法，融入标的推荐、看样预约、在线咨询、税费预估、金融贷款等服务，助力司法拍卖高效运行。

拍辅通融入了司法拍卖辅助工作量化考核标准，通过系统将所有拍卖标的辅助工作各个环节的工作效率、质量、规范化进行量化评分，结案后系统自动生成个案得分，单个辅助机构多个拍卖标的生成机构得分，多家拍卖辅助机构工作质效排名直接生成，力促辅助机构取长补短。

从法院端来看，法院主要担任监督与管理角色。法官可以实时掌握拍卖标的执行进展，全程监督辅助机构工作进程，对机构工作完成情况进行评价。在整个执行过程中，法官可在线向辅助机构进行系统内部的消息提醒与建议，也可以通过系统内的通讯录进行直接的电话沟通。其功能特点包括：(1)白名单制。法官登录拍辅通采用白名单制，需将法官姓名及手机号码提前录入系统。录入以后，法官只需关注拍辅通微信公众号，验证手机号码即可安全登录。系统对法官的手机号码保密，确保信息安全。(2)分级授权。法院用户分为三个权限(高院主管、各法院主管、承办人)，每个权限所能查看的案件范围不同。无论是高院权限的用户还是基层法院的用户，都可以对权限内的所有标的进行全局浏览。(3)案件标的总览。拍辅通标的涵盖所有司法拍卖平台，可通过多种条件进行筛选。同时，也可以通过案件执行号或标的名称进行快速精确定位。(4)关键节点推送。拍辅通中设置10项工作关键执行节点，工作进程到达某一节点，拍辅通会通过微信公众号向相关承办法官发送通知。法官只需点击推文中的详情，即可查看完整信息。(5)实时沟通。法官可浏览标的拍卖前、中、后三大阶段所有流程项，在标的任意阶段与辅助机构进行系统内的信息交互，实时沟通。对存在疑问的流程内容提出提醒或异议，异议内容将会直达辅助机构。

从辅助机构端来看，辅助机构是拍辅通内标的信息内容的记录者，在拍卖执行过程中，所有辅助机构都遵循标准化流程，其在拍辅通内的操作都将被记录在案。辅助机构在工作的同时，也可通过拍辅通系统与法官实时沟通,接受竞买人咨询与看样,并在重要环节获得信息推送。其功能特点包括:(1)步步留痕。辅助机构的每一次操作,拍辅通都会对其操作的内容进行记录,便于辅助机构用户追溯可能发生问题的节点,同时向法院展示了该辅助机构整个工作的服务轨迹。(2)移动办公。拍辅通是基于微信公众号的移动应用,所有用户可通过手机登录使用拍辅通系统,高效便捷。(3)流程标准。拍辅通把辅助工作全程梳理为标准化流程模块,分为三大阶段,20个主要环节,200余项内容,辅助机构按此标准操作,以确保规范和效率。系统中各环节还融入了量化评分体系,促进辅助机构自查自比、提质增效,也便于法院精细化评估。

拍辅通提供公众用户端,为潜在竞买人提供拍前数据。通过该入口,潜在竞买人可以自定义感兴趣的拍品类型,以及实现在线咨询、预约看样、一键转发和分享拍卖标的。其功能特点包括:(1)在线咨询。潜在竞买人可对感兴趣的标的进行在线咨询,及时了解拍卖物状况及瑕疵,辅助机构工作人员将提供专业的在线咨询服务。(2)在线预约看样。潜在竞买人能够在拍辅通中得到来自各网拍平台的标的信息,对感兴趣的标的物可一键进行预约看样。辅助机构获得预约信息之后,便会及时联系提供线下陪同看样服务。(3)实用工具。拍辅通系统结合大数据和智能算法,为潜在竞买人提供标的推荐、税费预估和金融贷款等跟进服务。

同时,系统专门设计了当事人用户端。当事人是指执行案件的申请执行人与被执行人,通过关注拍辅通,该类用户可以获得拍卖执行节点信息的推送,帮助案件当事人第一时间了解拍卖进展、拍卖结果和案款支付等重要信息。

另外,这一系统还可以对辅助机构进行全面评价。为了适应法院精细化管理的要求,对辅助机构的工作做出评价,拍辅通与法院司法拍卖辅助工作量化考核标准整合起来,从辅助工作中的规范、效率、质量三方面(覆盖了3个阶段、20个环节、200多项内容)进行自动化考核,依托拍辅通所形成的大数据,逐一进行个案客观评分,规范辅助工作流程,提高执行效率。单个辅助机构多个拍卖标的生成机构得分,多家拍卖辅助机构工作质效排名直接生成,倒逼辅助机构提高质效。

第三节　房评通

司法委托评估涉及种类较多,本次研究以房地产评估作为业务类别对象,采取静态数据填报与动态数据实时获取的方式,建立智能司法机构动态信誉评估模型。静态数据方面,根据司法评估业务特点建立机构资信、人员资质、经营业绩、委托反馈等评估初步模型,线下收集100家上海司法评估机构指标数据,通过指标赋值、模型训练建立司法评估机构年度静态数据模型;动态数据方面,对接房地产评估辅助管理系统的数据,将评估机构所承担的司法评估业务实时数据进行整合和机器学习,形成司法评估机构动态数据模型。在此基础上,将静态模型与动态模型分别赋不同权重值,构建司法评估机构的动态信誉评价模型系统。

一、指标体系

房地产司法评估辅助管理系统集成了工作标准、一站监管、信息互通、精细管理、统计分析的应用特点,实现了司法评估辅助10个主要环节、100余项细节的全流程覆盖,辅助机构工作实时更新、全程存档,法院对评估标的全程可查可控,实现房地产司法评估辅助事项集约化、管理效率化、执行精准化、全面留痕化和评价数据化。

数据获取及处理,包括两个重点内容:(1)基于面向多维度数据动态评估模型的智能推荐技术。融合针对法院、机构的管理和反馈等多维度数据,构建时间变化的法院—机构二分图模型,引入基于元、基于特征、基于决策的层次化数据融合技术,得到机构信誉评价的准确估计。然后,根据机构信誉评价,构建基于高阶张量分解的动态推荐系统模型,在张量中引入机构信誉、法院偏好随时间变化的特性,实现动态性的推荐。最终构建基于资质信誉、经营业绩、委托反馈等多维度数据的司法评估辅助机构动态评价模型,实现委托评估辅助机构的智能推荐。(2)融合多维度先验知识和司法数据的高危机构实时预警技术,把静态特征和动态特征使用多层深度神经网络融合。使用人机交互的方法进行种子标签标注,同时通过专家标注少量机构的正负样本,并通过标签传播生成更多的标签。之后使用深度学习模型进行有监督学习,对机构的规范性进行评分。基于此得出机构的评分、排名动态序列，通过时间序列模型刻画出机构的评分与排名变化趋势，使用异常检测算法对高危（失范）机构进行预警。

二、即时性数据获取

以上只是线下静态的数据获取基本信息，但是，涉及房地产评估行业即时性数据获取，直接关系到动态信誉评价系统的实现，这是房评通的最重要的功能的体现。它既与司鉴通有部分类似性，也根据其所在行业特点有极大不同。

根据房地产评估行业特点画出业务流程图（见图 40-5），重点说明对原业务流程的优化情况，以及根据实际情况测算系统运行时将达到的业务量。具体程序包括：首先是创建评估标的，显示评估标的详情。比如，标的目前所处状态，以及所经历的工作天数（此天数以委托日开始计算自然日），参考工作流程，用户对六项流程进行操作完成整个评估（见图 40-6）。该机构的工作人员及法官对该标的进行的所有操作，都会记录在工作日志上。接下来是现场勘察。这是资料收集阶段的重要流程工作项，也是进入报告制作状态的必经流程。用户可根据标的物的具体状况增加单张或多张勘察表。勘察表分三个层级：勘察表—建筑物状况—部位状况。每添加下一个层级都需要保存当前层级，勘察表中不限建筑物数量和部位数量。所有的勘察表都为已完成才可进入报告，完成之后即可提交评估资料。当评估资料进入法院，法院提出质疑及添加通知推送后，标的状态变为质证答疑，此状态不是标的必经的状态。添加质证答疑通知后，在评估文书页面会增加质证答疑工作项目，时限为 5 日。用户点击确认完成所有质证答疑工作项后，标的状态会回归评估完成。另外，评估费用根据实际情况填写即可，采信评价则由法院进行填写，机构可以查询。以上所有数据都会被房评通记载并供动态信誉评估使用。

图 40-5　房评通的整体界面

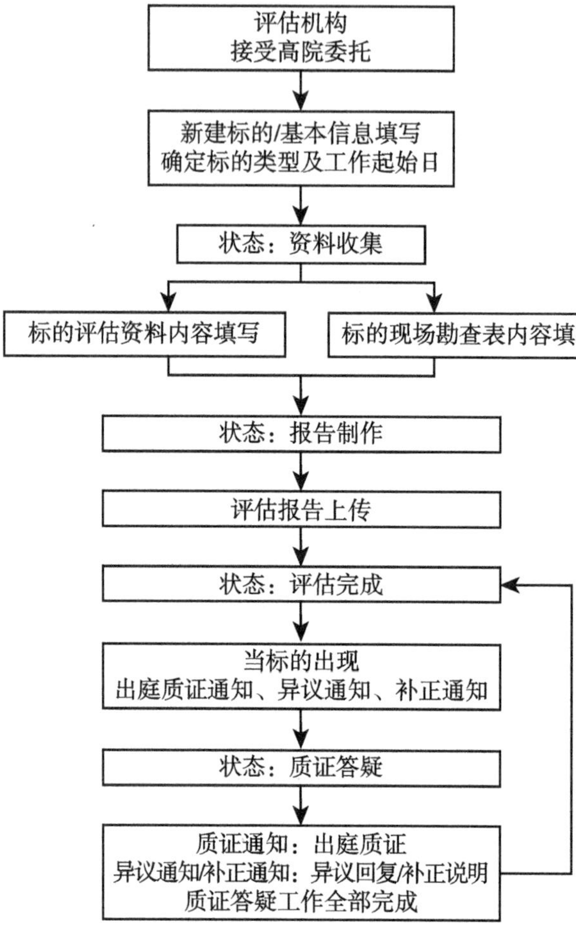

图 40-6　房地产评估的一般数据动态获取

三、更精细化数据获取

除了以上根据指标体系的线下静态数据获取，以及依赖房评通的数据动态获取，还要进一步根据房地产评估行业的独特性获取更为精细化的数据，这需要深入房地产评估的全流程业务解析。

诉讼委托房地产评估的全流程包括：摇号和接受委托评估函；中介平台签收案件和下载案件信息表；确定主估价师、经办人与法官取得联系，以及询问案件相关情况；与当事人取得联系；现场勘察（拍照、信息记录、欠费调查、调取产调、拍摄视频、其他相关资料如租赁等）；录入中介平台汇报；拟初稿及与法官沟通;拟定评估费和正式稿;法庭质证(包括提出异议、异议解释、开通通知书、书面异议答复、资质提供、相关案例等);遇到特殊情况,会涉及标的物名称变更、增加标的内容、增加评估内容等;完成办案日志后评估结束;最后是费用结算。

根据这一流程,房评通的更为精细化数据获取,需要涵盖中介平台评估机构的全部工作流程及功能,为平滑替代中介平台功能做准备;评估现场勘察的移动办公设计,为评估机构人员的现场办案进行功能优化;为所有节点预埋信息记录,为可能的评估量化做准备;可为评估机构进行数据对接,以便评估机构从该系统中导出相关数据为该机构所用;与上述的拍辅通进行数据对接,可对进行强制拍卖阶段的标的进行关联,从已知评估内容中提取案件信息,避免重复工作。

进一步获取的数据项覆盖:案件基本信息(案件信息表、签收动作、确定评估人员);案件当事人信息(与法官或当事人取得联系后的询问信息);现场勘察(具体内容由评估公司提供);评估报告初稿(含评估费);评估结案(费用结算及评估报告正式稿备案)。同时,前台其他管理中的数据项还有:工作日志(工作汇报,可作为服务轨迹)、信息(与法官在 App 内的信息交互)、搜索(案件检索功能)等。此外,数据管理涉及多个主体和多个维度,具体包括:评估机构管理、法院管理、评估机构白名单管理、法院白名单管理;案件管理、参数管理、数据报表、管理员账户管理等。

四、数据分析和处理

接下来,结合基础数据、一般数据和精细数据,需要继续完成所有的数据分析和数据库设计。前者需要分析数据产生、处理和存储的全过程;后者须有数据内容分析、数据量分析、输入输出分析及数据库选型分析。

1. 经营业绩数据处理。数据清洗对照指标,未填写的指标数据记为 0,填写"无","-"也记为 0;数值带有量词单位的删除量词。当然,还要对数据进行可靠性分析,需要坚持数据符合一般规则,最简单的就是:总数≥各分项指标之和,若不满足则任务数据有误。比如,历年司法委托评估总数≥历年各品类社会评估场次数量+历年司法委托评估总场次数量,若满足,则数据可分析系,否则数据有误。具体到数据处理过程上,需要将每家机构的数据按照年份提取,分析每一年的数据。计算每项指标的归一化数据,即 $xi=(xi-min)\div(max-$

min)；从归一化数值计算每一项指标的标准差，将此标准差作为该指标的权重 $ai=std=\sqrt{\sum_{i=1}^{N}(xi-\bar{x})^{2/N}}$；然后，将归一化数值乘以权重，即是机构该指标的分值，最后对所有指标的分值求和得到机构的得分 $xi=(xi-min)\div(max-min)$。由此，即可按照机构得分大小对机构进行排名。

2. 委托反馈数据处理。数据清洗中对照填写“无、否”记为0，未填写的同样记为0；“是”“有”记为1。将企业等级转化为数值：纳税信用等级可分为A5、B4、C3、D2、E1，其他或无均为0；评估AAA企业：AAA3、AA2、A1，其他或无均为0；其余比如纳税等级、信用等级等，可设定5A5、4A4、3A3……依据以上规则处理完毕后，即排名处理如前述的经营业绩数据处理过程。

3. 机构资信数据处理。数据清洗对照填写“无、否”记为0，未填写的同样记为0。运营资质类型可以按照一项3分的原则，即根据机构场所产权性质：完全所有权3，共有2，租赁1；根据评估专业领域任职：每项职位记为1，几个任职职位即几分。

4. 历年期刊、著作、专利、商标成果数量。不细分期刊、著作、专利、商标成果，计算总数。数据清洗完毕之后，数据处理即排名处理参照前述的经营业绩数据处理过程。

5. 机构信息。不再按照年度记分，不考虑成立时间，社会信用代码信息。职工硕士及以上(含硕士)比例、本科及以下(含本科)比例两项指标只考虑一项。

其他数据项数据清洗和处理原则基本类似，不复赘述。最后需要融合多个数据进行排名，因为数据处理时按照归一处理，因而最后分值相当公允。此外还可设定不同年份的不同赋权，比如，score=0. 3×score_2018+0. 3×score_2019+0. 4×score_2020等。

第四十一章　区块链赋强公证

习近平总书记在关于加快推动区块链技术的讲话中强调，把区块链作为核心技术自主创新重要突破口，加快推动区块链技术和产业创新发展。2019 年，国家发改委、银保监会联合印发《关于深入开展"信易贷"支持中小微企业融资的通知》，进一步鼓励支持中小微企业融资，包括鼓励金融机构依托金融科技建立线上可强制执行公证机制，加快债务纠纷解决速度，以及依托全国信用信息共享平台对失信债务人开展联合惩戒，严厉打击恶意逃废债务行为，维护金融机构合法权益。其中，依托金融科技建立线上可强制执行公证机制，即所谓"赋强公证"，指的是赋予债权文书具有强制执行效力的公证。此外，最高人民法院、司法部、中国银保监会实际上也通过各项文件，确认了它的效力和种类。

基于国家推进普惠金融的这一背景，可以把传统方式办理的赋强公证过程加以数据化固定、存储和场景应用，以区块链技术实现大数据在贷款端以及金融、公证和司法机构之间的分布式、差别化存放，通过结构化的图谱式大数据获取和处理，构建技术整体系统和子系统的架构，以及结合法院智能执行系统，进行链上数据技术的法律论证，一体化解决金融机构在线贷的难点痛点。

第一节　金融在线贷的难点

推进互联网行业与金融实现融合的目标市场合作模式,是国家进一步推动普惠金融背景下金融创新的新模式,目标是让金融机构充分释放在线综合金融服务能力,共同服务合作平台内的C端用户、B端用户,实现多方共赢。

一、需求与供给

在互联网技术的推动下,互联网平台出于流量变现、增加用户黏性目的,快速推动了互联网金融服务。区别于传统产品,在线贷款以方便快捷、客户体验好,逐步培养了客户使用习惯。这种以互联网为依托的普惠金融,突出特点是贷款金额在5万元人民币以下、C端用户碎片化、在线放贷方式更易被普及。但是,问题在于这一方式的合规性差、风险极大。

为了改变互联网金融主体多元导致的风险陡坡上升,国家政策引导和鼓励国资银行等金融机构进入和开拓这一领域。根据银保监会2018年76号文,鼓励发展有场景依托、有指定用途的自营消费贷款;随后在2019年8月27日,国办《关于加快发展流通促进商业消费的意见》,鼓励金融机构创新消费信贷产品和服务。以上海银行为例,截至2019年年底综配司改收官之前,上海银行在线个人客户总数已超过3000万,互联网消费贷款余额达到1076亿元,互联网累计交易笔数3.18亿笔,互联网业务交易额已达到2.65万亿元。银行作为持牌机构和金融正规军,积极响应监管规范市场的号码,参与和提供了日益增多的规范化的在线贷款产品。

在线贷款业务类型主要包括三类:快线贷、在线普惠贷款和平台消费贷。快线贷是依托电子账户在线上完成个人小额信用消费贷款;在线普惠贷款是全线上个人经营性贷款,这是支持普惠金融的重要平台;平台消费贷是指金融机构与蚂蚁金服、微粒贷、京东、唯品会、中国平安、苏宁等平台机构开展在线贷款业务合作,提供个人小额信用贷款。银行等金融机构以在线贷款等多元化方式,下沉服务长尾客群以践行普惠金融。

二、救济上的短板

无疑,伴随互联网在线金融的快速发展,收贷成本较高、坏账风险较大等问题逐步显露出来。尤其是在线贷款交易在举证上存在较大困难,毕竟全部是纯线上操作,借款人全部操作在线上完成而不是临柜,缺乏纸质文本证据;基础验证操作又仅以人脸识别等基础手段验证借款人操作的真实性;借款协议等重要档案既不具备纸质存证,也未进行电子化存储;电子借据、电子合同都是由银行单方面设计和完成交互。所以,在线贷款在数量迅猛上涨的同时,客户投诉、否认交易、呆坏账率等负面问题也比较突出。

而在救济应对上的不足主要包括两个方面。其一,在线贷款的违约成本偏低。金融机构对于在线贷款的催收手段有限,比如,银行的主要催收手段是短信和电话;同时,金融机构无法通过失信人名单,借助限制高消费方式加以约束,客户压力主要来自所谓的征信记录,但征信的警示作用又相对有限,实际上其约束交易程度明显不足。其二,缺少有效资产保全手段。传统的资产保全和恢复方式有实现担保物权,抑或付诸仲裁裁决和法院诉讼。但是,这些救济方式的法律途径周期长、纠错成本高、批量处理难、司法立案难、举证难度大,甚至有时还要引入司法鉴定等冗长环节和程序,而在线贷款特征体现为无担保抵押物、贷款数量大、单笔贷款金额小、客户主体分散、客户地域分布广、贷后失联率高等特点。因此,以上救济方式的流程和效率都难以满足在线贷款的大规模需求(见图 41-1)。

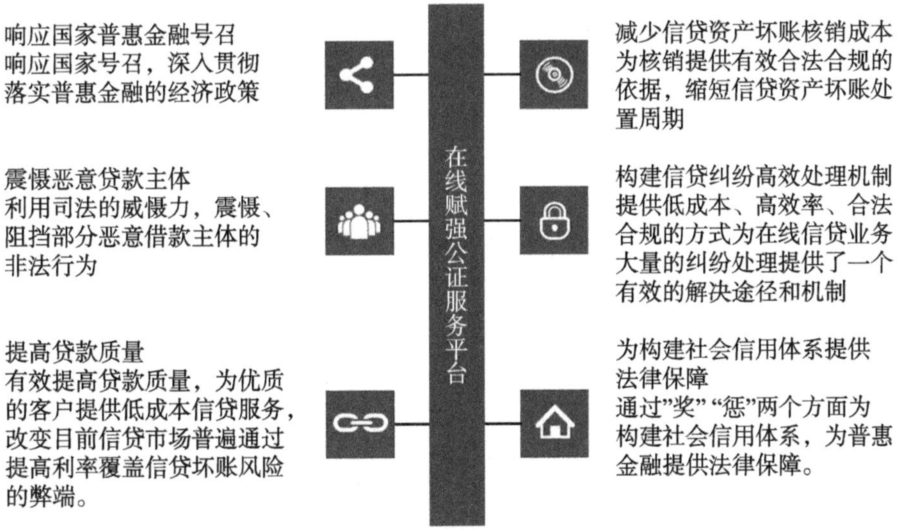

图 41-1　在线赋强公证服务平台的深刻社会价值

第二节　赋强公证的链架构

2018年9月30日，最高人民法院发布《关于公证债权文书执行若干问题的规定》，阐明了赋予强制执行效力债权文书的公证和执行的规范化，对债权文书执行智能系统的建设具有重大意义。客观上讲，赋强公证区块链就是运用大数据、云计算、人工智能技术，构建了一个智能的债权文书执行系统，针对性解决了普惠金融的催收成本高、效率差、周期长等痛点问题。

一、金融在线电子存证

回应与解决普惠金融问题的关键，在于让金融机构与公证机构建立区块链的数据分布式存储与互信体系，借助在线赋强公证的方式，获得具有执行效力的法律文书，推动在线贷前、贷后的全流程管理。它在贷款申请环节实现了对客户的警示和堵截潜在欺诈客户风险；在贷后催收环节由公证机构进行核实催告，减少了金融机构相关部门的催收工作量，同时在催收监管趋严的当下，解决传统催收方式催收成本高、效率低、周期长、催收手段不合规等问题。一旦发生不良贷，凭借线上出具的电子执行文书，即可直接进入法院强制执行阶段，大幅提高法院执行效率，且法院追缴失败之后，又可及时把失信人纳入失信被执行人名单加以惩戒。

其中，金融机构的这种在线贷款借助赋强公证的切入点，即把贷款申请嵌入公证流程，引入公证机构直面借款人进行识别，把赋强公证的流程清晰向客户告知，予以贷前的法律连续后果提示和预警。然后，完成借款协议的双方在线签约，客户每笔用款交易数据在线存证，构建起完整的贷款证据链。基于金融机构的视角，贷前赋强公证的所有获取客户信息全部基于符合公证法定要件的客户授权，且通过加密算法传送和存放。同时，贷款交易数据也是通过密文形式加以传输。借助这样的方案，区块链上的大数据被客户端、金融机构端实现了安全可靠的分布式存储。正是这一分布式存储的可信性，让金融机构实现了全线上完成贷前流程申请、公证机构的贷后不良对客催告，以及属地化的申请法院强制执行和对接失信被执行人名单。

因此，赋强公证区块链的本质在于解决了电子存证的公正性，借此可以大幅提升线上债权文书执行的质效，为金融机构和客户两端提供“一站式”的债权纠纷解决方案，结果表现为高效保护债权人、债务人的实体和程序权益，在推动普惠金融建设上具有标杆性作用。

二、公证哈希值差别存储

金融电子存证的配套和支撑是“云公证赋强平台”。它包含了两大功能：一方面，通过与金融机构线上产品技术平台的有效对接，完成对金融机构、客户线上签署的借款合同全过程的公证程序，最后出具“具有强制执行效力”的公证书。该平台运用身份三要素核验、生物活体识别、OCR、第三方人像比对等技术对借款人身份进行核实，确保了借款人主体的真实性。接下来，金融机构通过与公证处的“云公证赋强平台”进行对接，其与借款人签署合同的“盖章、签字”行为在云平台上完成并进行数据存储，利用云平台数字证书认证功能，确保了盖章和签字行为的不可篡改，保证整个签约行为的真实性、客观性，然后通过对相关步骤标准化、模块化的设计，并调用公证机构、公证员的电子签章，让系统直接生成具有强制执行效力的公证书，完成“赋强”公证。另一方面，通过贷中数据交换，记录金融机构、借款人的贷中履约行为，一旦借款人出现违约行为，金融机构可以在线上提交申请，由公证处出具执行证书，再通过云平台与法院执行立案系统的对接后的数据推送，完成线上立案以及后续的司法限高等措施。金融机构将其放款以及借款人按约还款的行为数据，推送到云平台，以生成哈希值的方式加以差别存储。一旦借款人违约，金融机构向公证处发起申请出具执行证书，云平台即可通过哈希值比对确认违约事实，直接线上发送催告核实函，督促借款人还款。若借款人在一定期限后仍未履约的，云平台通过与法院执行立案系统的对接，对包含有执行要素的执行证书推送给法院执行部门，完成线上批量立案、对被执行人实施限高措施、线上查扣冻结被执行人财产等司法措施，最终帮助金融机构实现债权。

云公证的哈希值存放虽然是整个区块链架构的组成部分，但出于权利、隐私和安全等考量，它在本质上不同于金融机构的电子存证，而是建立了区块链存证的差别性标准。因此，整个逻辑上是融合区块链技术，与前端金融机构的线上产品平台以及法院执行系统结合，共同形成“强执通”这一金融机构线上业务，从合同签约、公证赋强，到贷后管理和数据存储，延伸到核实催告和法院执行，在全流程链上构建了体系完整、处理功能完善的电子数据流转和分散存放体系。在提升公证机构的公信力的同时提升了法院执行有效性。

三、法院批量数据对接

强制执行公证一般由财产所在地或被告所在地法院管辖。进入执行环节后,法院不会返回数据流,并且由于网络赋强公证的开创性,在探索阶段仍缺少技术和制度的深层关照,所以,定位于国家治理稳健角色的法院在较短时间之内,暂时不会实现与客户留备信息、金融电子存证、公证哈希值的区块链同步数据布局,而是会以立案登记制为基础,采取受理立案批量数据对接的区块链数据获取方式。

其中一个比较关键的问题是,当客观上财产所在地或被告所在地的法院拒绝受理批量网络赋强案件,此类纠纷就难以形成全链条上的最终闭环。因此,全国法院可以考虑参照跨行政区划法院、知识产权法院、金融法院、互联网法院之例,仿效行政诉讼案件、食品药品案件、破产清算案件、资源环境案件和大交通案件那样,面对网络赋强案件采取专门法院或专门法庭的案件集中管辖机制。在这一机制尚未确定之前,金融机构也可以在线上贷前,让客户端承诺在拟集中受理地金融分支机构开立二类账户,并实际将贷款一次付入该二类账户,以确保纠纷发生之后的法院以财产所在地受理案件问题。当然,客户端在线上即可便捷把存入二类账户的金额转入实际用途,而强制留下结算零头,目的是保证申请贷款地与司法管辖地的一致性和兜底性。

可以说,采取区块链技术应对普惠金融痛点,让法院执行破难,既是以技术革新推进综配司改的有益尝试和提前布局,也是升级法院诉讼服务平台,促进营商环境在执行合同评估维度上获得更好司法保障的重要创新。一方面,基于区块链技术的债权文书执行智能系统,有利于诉讼服务指导中心信息平台的不断完善和升级。最高人民法院正在指导和推动各级法院建立集约高效、多元纠纷、便民利民、智慧精准、交融共享的现代化诉讼服务体系,尤其是以信息化为支持,科学统筹全国法院诉讼服务,全面建设和实现现代化诉讼服务和综合管理系统。根据最高人民法院这一需求,需要深化系统集成和功能整合,建设覆盖辅助全业务全流程、融合大数据分析功能和打造一站式的债权纠纷诉讼服务体系。基于区块链技术的赋强债权文书执行智能系统,贯通了法院内部执行和失信、法院外部与公证机构协同,切实让民众在诉讼服务中感受到依法治国的“获得感”。另一方面,2019 年 10 月 24 日,世界银行发布《2020 年营商环境报告》。在世界银行营商环境评价的10个一级指标中,执行合同是与法院工作直接相关的两项指标之一,该指标从前一年的全球第六名提升至第五名。债权文书执行是合同执行的重要组成部分,建立债权文书执行智能系统,既减少了借款催熟的成本以助力普惠金融体系的建设,也会有利于进一步巩固法院在营商环境中起到的标杆性带头作用,凸显法院系统在优化营商环境中的能动性和影响力。

第三节　区块链的数据知识图谱

数据分析和数据库设计于债权文书执行智能系统的司法特性,需要认真分析数据产生、处理和存储的全过程。同时,相应的数据库设计也须有数据内容分析、数据量分析、输入输出分析及数据库选型分析,构建起区块链赋强公证的知识图谱,以大规模和自适应来获取数据和处理数据(见图41-2)。

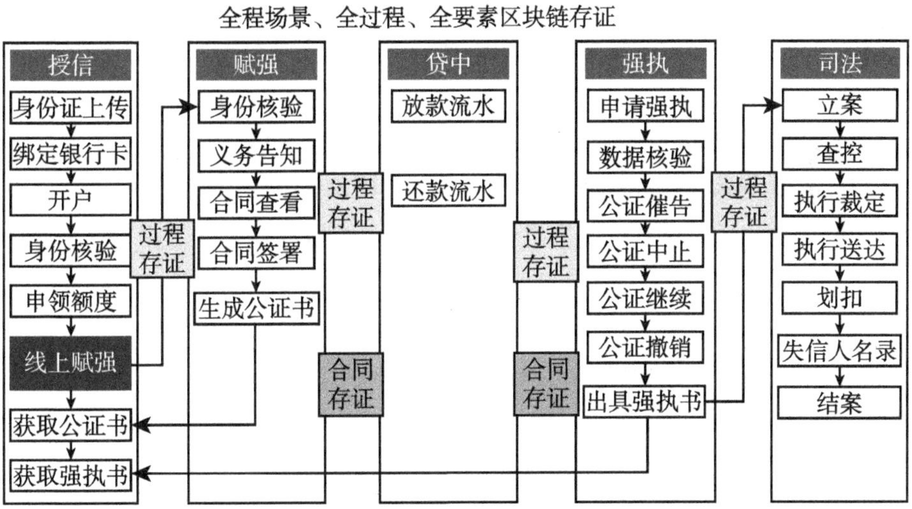

图41-2　区块链+金融+司法:在线赋强公证完整业务形态

该系统架构图(图41-2)是个人与金融机构产生借贷关系之后,线上赋予债权文书强制执行力的所有数据流转过程。某一债权关系的最初根源,从借款人在线上进行借贷申请开始,在线上赋强环节与公证部门产生数据流转。除了金融机构的一般性放贷合规审查,公证机构进一步对用户的身份进行核验、告知其义务及对合同进行查核,最终生成公证文本。此后,被赋予强制执行力的公证文本回到债权关系当事人手中,整个流程进入贷中环节。如果发生需要强制执行的情形,公证文本数据将流转到法院强制执行,法院对文本进行数据核验、公示催告等步骤,然后进入下一步执行实施及失信名录的推送阶段。

其中,比较重要的是区块链的数据分布结构。主要包括基本信息输入型数据、放贷金融机构的标签型数据、给贷款人画像的电商标签数据、反欺诈数据和核验型数据。

1. 输入型数据。赋强公证云平台对每一笔借贷均有大量输入数据,数据的真实性与准确性乃是通过公证审验得到保证。大量数据将形成具有法律证据效力的大数据池,在输入型数据基础上,逐渐形成了海量宽表数据。

2. 金融标签型数据。该类型数据确保了贷前的金融合规和赋强云平台公证的"双重审验",其数据获取范围实际延伸到贷中甚至法院强执阶段,对金融机构、贷款人、公证机构和法院具有事实证据效力。

3. 电商标签数据。基于电商数据的贷款人画像,是在对其财务分布情况、社会关系网络、心理行为特征、在线消费记录以及其他资产交易的动态特征数据获取基础上,通过深度挖掘贷款人的社会关系和交易行为特征,作出判断其资信状况的初步决策。

4. 反欺诈数据。从内部和第三方获取高质量的多源数据,进一步挖掘数据之间有序列性和截面上数据的空间结构关系,提出时间、空间紧耦合的贷款人更精细化数据分析框架,以作出对贷款人的多模态信息判断结论。

5. 核验型数据。融合金融机构内部数据,以及以上的电商标签数据、反欺诈数据,实际上构建了多层次贷款人资信知识图谱库及时空变化模型。而核验型数据,则为蕴含多元关系的知识图谱进行精确纠错、补全和推理。

第四节　赋强公证系统的子系统

普惠金融的网上赋强公证系统构建,根据以上知识图谱获取相关内部和外部数据后,需要进一步分析应用系统采用的技术架构,列出需开发的应用系统,划分各系统所含的子系统及功能模块,给出详细的功能模块图,分别描述其具体功能。

一、子系统 1：区块链分布式存储

运用区块链技术，实现了金融类数据的分布式存储，由银行存源文件、公证机构对关键数据存哈希值的方式，在保证金融类数据安全的同时，以公证机构天然公信力和集成技术手段确保了数据客观真实，以及司法实践运用时的有效性。

并非所有的数据都会在区块链中加以展示。例如，法院系统内一些纯粹只有法院系统需要使用、不具备外部意义的数据，则没有必要将其展示在区块链之中，从而可以减少区块链数据存储和查询的数据量。对于需要上链的数据，可以依靠区块链的 Merkle Tree 技术提升数据核验查询的速度。当然，Merkle Tree 的节点主要存放哈希值，以及访问大文件的质疑标志符，从而实现数据存储与数据查询核验的分离。一方面，这减少了子系统之间的耦合性，利于子系统的维护和独立开发。另一方面，这增加了系统的扩展性，可以通过运用 NoSQL 等新型大数据存储技术解决区块链数据存储量的瓶颈。

二、子系统 2：债权文书前台系统

这里可以与已有的诉讼服务网进行集成，提供用户一个"一站式"的诉讼服务系统入口。针对平台后台注入的存证服务、签名服务、身份认证等功能模块，前台界面系统将进行集中集成，以实现用户前台界面与后端服务之间的分离，促进系统后台的复用性和可测试性。

这一前台系统将与现存的诉讼服务平台进行对接，充分利用现有系统的用户登录、认证、权限管理界面。在此基础上，针对债权文书的独立操作进行新界面研发，使用户体验变得更有针对性、高效性，并结合法院外部系统而实现集成（见图 41-3）。

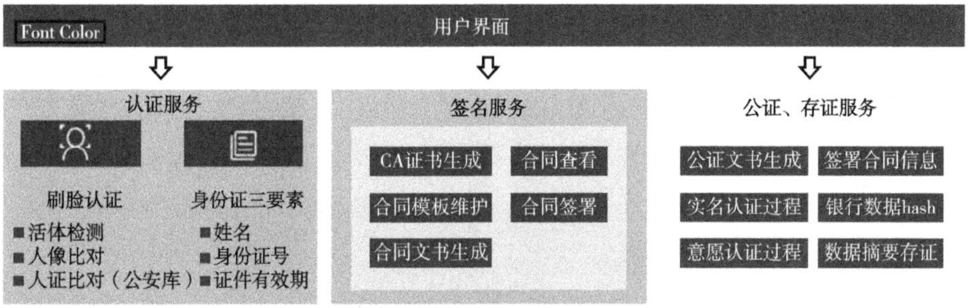

图 41-3　债权文书前台系统

三、子系统3:债权文书执行流程管理系统

这一子系统在整个平台中起到协同作用,根据债权文书执行过程中所处阶段,流程管理系统进行任务调度、系统集成、消息通知、案件生命周期数据管理等;程序性规则(如立案、送达、执行等)都在本子系统中作为一个流程管理环节而存在。

四、子系统4:数据存储系统

区块链中存储的是相关数据的哈希值,而对应的真实数据存放在这一存储子系统中。对于数据库的选型,将使用可扩展性强、扩容空间大、性价比高的新一代 NoSQL 技术。

五、子系统5:债权文书执行规则引擎系统

规则引擎系统与执行流程管理系统一同协作,通过将债权文书执行的规则转化为机器可以理解的数据(存储为 JSON 格式),从而实现执行规则的动态维护。相比使用程序语言将规则固化为代码,规则引擎的方式有利于系统的维护,可以根据具体应用场景以及相关法律法规的改变,对平台的执行流程进行定制和动态更新。相应地,该子系统将利用数据存储系统对规则数据进行存储,并使用规则解释器将规则转化成机器可直接执行的代码。

第五节　链上数据技术的法律论证

基于普惠金融大数据在金融机构端、客户端、公证机构端,以及今后延展到法院端的“高并发”特征,需要同步建立起经受过法律严格论证的持久化数据分布式存证体系。区块链技术的去中心、时间戳、防篡改、共享、透明,对应可以解决谁在什么时间、什么地点、干了什么事情,完整记录所有主体和流程数据,且具有不可篡改的特性,这恰恰契合了司法对证据真实性的基础性要求(见图41-4)。

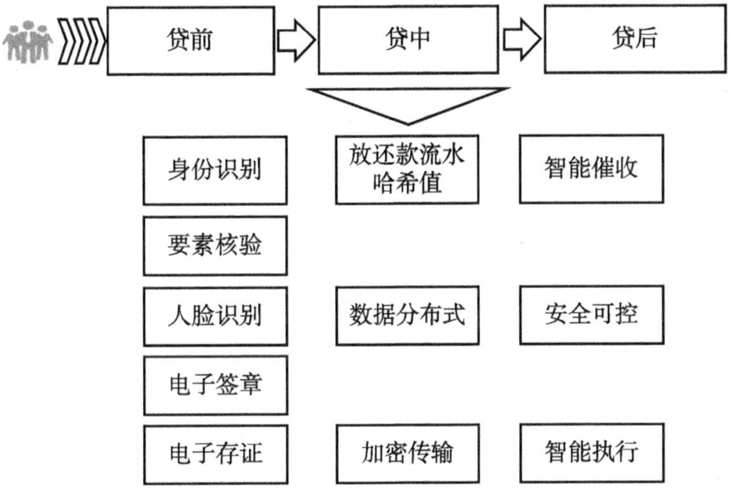

图 41-4　链上数据技术的法律论证要素和环节

一、主体识别的多维防诈结构

普惠金融中的赋强公证债权文书，是有关双方当事人债权关系的重要依据。赋强文书的法律效力渊源，来自对整个贷前、贷中、贷后全流程的数据全面、可靠和安全存储及使用。

流程之始是贷前面向贷款主体识别的多维防欺诈体系，包括身份识别、要素检验、人脸识别、电子签章和电子存证等要素。目前的反欺诈技术被法律接受了的应用已比较成熟，包括传感器反欺诈、JS 行为分析、黑名单筛选、硬件设备反欺诈、风险集中度、GPS 行为验证、社交关系识别、手机 App 信令行为轨迹定位等。根据这些贷前数据的全面获取，由金融机构根据具有自适应性的深度学习判断作出贷前合规性审查结论，然后进行读数视频和验证码校验两重身份核实。接下来，施以区块链加密防篡改、过程存证合同存证、公证机构存储合法合规判断系统以及技术上的数据安全保障，完成贷前所有的金融合规和公证赋强意义上的严格法律审查。

二、完整数据链和证据链

以赋予债权文书强制执行力为突破口，打通了债权合同存证、文书公证、法院执行、执行申请裁定、执行任务调度、被执行人诉讼等法律问题，为当事人提供了一站式的诉讼服务,减少了当事人的重复性工作,避免不同部门之间的权责不明问题。更为重要的是,从微观的角度来说,这一系统反推了法院执行内外系统的进一步集成,提升不同业务部门数据共享水平,以区块链为突破口,推动了整体数据链条的前后无缝连接,形成了赋强债权文书形式的完整司法证据链。

这一系统的体系化部署,需要构建起债权文书执行系统用户界面;实现债权文书的数据存储;运用区块链技术实现存证功能;完善债权文书执行的流程管理功能;建设债权文书执行的规则引擎,以及支持规则的定制化和动态更新等前后全流程。涉及证据链的关键要素包括:实现了金融机构、公证机构以及延伸到法院的系统集成或批量对接,所有业务和流程数据不经过任何第三方系统,具有完全封闭特征;通过公证机构提供的加密 sdk 接口包,实现金融机构与公证机构和法院的安全通信;金融机构仅提供借还款的流水信息单向加密值,避免金融机构全量贷款数据外泄;公证机构对金融机构提供的数据进行单向加密计算,并与贷中的单向加密值进行比较,防止金融机构篡改数据。正是以这样的方式,实质上形成了司法意义上的完整证据链。

三、贯通式安全体系构建

网络赋强系统是借助对法院内外数据和流程的高效整合,通过对接不同系统以及对不同数据源的挖掘与治理,建立了多维度、层级化、条理化的指标和分析模型。它在法院端实际上又打通了以下环节:执行管辖机制、线上立案机制、电子送达机制、执行办案机制、公证机构对接机制,直接依据金融需求、债权文书和司法保障特征,建设基于区块链技术的债权文书执行智能系统。

不同于金融机构和公证机构的创新思维,司法的系统架构考量要点在于贯通式安全体系构建。包括:金融机构、公证机构的网络在硬件上的通信完整性、网络可信接入及软件上的通信加密程度,是否足以达到区块链的安全性标准;金融机构的电子协议、电子签名等电子存证数据库,以及公证机构的哈希值数据库,是否已建立起合规和内控的备份策略和安全策略;全流程流转的所有文件系统分布式备份情况,以及文件系统防盗链设计,是否足以达到文件系统的安全保障体系化要求。此外,兼及安全与高效之间,安全应用是否具有高可用性、高并发性、可扩展性、可伸缩性、易集成性等一般性特征等。

四、技术安全等级保护设计

这一大数据分布式存储的典型场景应用,除了以上的制度和流程达到"法律证据认定标准",还离不开从技术上深度分析系统的安全风险,对信息系统安全等级给予准确定位,以及根据安全等级的要求进行系统安全保障设计。

该系统采用了区块链存证技术,但是,不能让任意接入区块链的节点都能够访问整个链内的所有节点,否则将有信息泄露的隐患。因此,以法院、金融机构、公证机构为代表的存储重要信息的"主节点",将对以数据的唯一标准识别符进行访问的访问节点,进行权限认证。从安全分级的角度来说,可以将这一系统内的节点分为公共数据、受限数据、机密数据。如果是公共数据,则任意接入节点都可以访问,不过对于受限数据和机密数据,则需要进行访问权限的核对,以防信息泄露。此外,对于那些已经过了诉讼时效的债权文书,可以将其从区块链中移除,转入非公开的存储介质,既可以减少在区块链存证系统中的数据体量,减少硬件成本,也可以减少暴露在外的数据量以避免安全隐患。

五、法院配套保障机制

普惠金融的链上数据技术创新,实现了基于数据安全、分布式存储及应用产生的明显效益。但仍有意见认为,这种创新会导致过多普惠金融的批量案件进入法院,导致案多人少的执行压力加剧。事实上,已把合规判断和风险预警前置的区块链赋强公证,在局部地区的批量样本试点中,并没有导致进入法院申请强制执行案件的数量大幅上涨,反而降低了本来将会涌入当地法院的审判和执行案件总量。这是一个需要高度关注的实证结果。

因此,围绕链上法律技术还要法院建立比较完整的配套保障机制,主要包括:把赋强公证的区块链纳入法院整体谋划的区块链建设,从金融机构小额放贷之始就嵌入法院的司法公信力背书,以解决安全性和可信度等问题;推动进入强制执行的赋强公证接受质量服务标准化体系认证,以筛选出质优的公证部门,以解决中间环节的公信度;完善执行管辖机制,使被执行的贷款人在开立账户有一定存款可供执行,以保证申请执行人所在地法院具有管辖权,抑或干脆确定此类案件的集中管辖机制;完善线上立案机制,完成前期的线上放贷、线上公证,与法院的线上申请执行、全流程封闭式信息化有机衔接;完善电子送达机制,在贷款合同中订立电子送达条款,探索电子送达以提高执行效率;完善执行办案机制,对接全国法院执行系统的“总对总”查控,实现限高消费和推送失信被执行人名单,同时进行繁简分流,以完成执行团队和要素的集约化管理。此外,还要完善执行考核机制,毕竟普惠金融的批量信贷案件增多,会导致执行终本率提高,到位率和实际执结率降低,因此应建立相应适宜的执行考核制度,保障普惠金融的实施效果。

第四十二章　全流程无纸化办案

全流程无纸化办案，涉及电子卷宗随案同步生成与应用、单套制试点，附随还覆盖到书记员集约化管理。2018 年下半年以来，综配司改首个试点的上海法院在基础司改先行试点成果的基础上，着力推进审判机制改革与现代科技应用深度融合，集中推出无纸化办案、书记员集约化管理等改革举措，并以此为依托，优化资源配置，促进审判方式转型和管理方式升级，已取得初步成效。

第一节　无纸化办案的界定

信息化是社会发展的必然趋势，“互联网+”也逐渐渗透到社会的各个领域。卷宗又称案卷，是经过分门别类、系统化整理后具有内部联系的一些文件材料。古代官署文书案牍分类保存，每一类谓之一宗，成卷存放，一案一卷，故称卷宗。现在则是指在法官办案中形成的具有参考利用价值，并按照司法规定立卷归档、集中保管的法律文书、法院流程材料、当事人提供的材料，包括纸质、音视频及物证。一份整理后完整的卷宗便于档案的保管、借阅和统计。通过借阅案卷可以了解整个案件的处理过程。而电子卷宗是把纸质卷宗电子化后的形式，通过在案件受理前或者案件受理过程中，将装订成卷的纸质案卷材料依托数字影像技术、文字识别技术、数据库技术等媒介制作而成的具有特定格式的电子文档和电子数据。电子借阅即借助这些电子文档及电子数据为载体，将电子卷宗通过一定的借阅规则传送给不同的人员查看。

一、信息安全

传统借阅局限于纸质卷宗，随着民众法律意识增加，案件量也在随之增加，纸质卷宗也在日积月累。传统借阅需要档案人员人工登记所有的借出收回情况。部分信息化建设较好的法院，可以通过内部系统，将电子文书调出后，再打印并盖章提供给当事人；而信息化建设较为落后的法院，需要专人找到纸质的卷宗，遇到人数较多，时常需要等待，也容易造成混乱，卷宗在安全方面无法得到保障，极易发生丢卷、少卷等问题，这对于法院人员来说是一项繁杂的事务性工作。

在日常的法院办案中，不同法院之间的移送与公检部门之间的借阅，传统方式除了现场查看就是人工寄送，常常需要申请人提交纸质申请，对方同意后再通过机要部门或档案部门以及实际移送人移送，这中间跨越了多个部门，经过多人之手，消耗了大量人员来回奔波的时间以及卷宗搬运的成本，特别是一些案子，证据材料达到万页，这无疑又给司法效率增加了难度；而且移卷时间不算入审限，故无时间限定，卷宗移送即使拖上数月，当事人也只能苦苦等待。对于一些偏远地区，存在交通不便的情况，移送卷宗的时间更是无法预估；不仅如此，法院的纸质卷宗作为唯一一份记录整个案件情况的材料，倘若因交接人员不够负责，交接过程的登记不够仔细、及时，卷宗将面临丢失、被篡改或未能尽快到达指定人员手中的司法风险，一旦发生意外，势必造成严重后果，轻则影响案件进展、重则会损害当事人权利甚至司法的公平正义。而通过信息技术，将卷宗电子化后可以轻松地保护卷宗的完整性，提高借卷的效率。

二、资源共享

针对当事人及律师，传统借阅卷宗需要其工作时间到法院指定位置进行查看，当事人及律师需要花费几个小时乃至好几天进行查阅、复印等，无法保证阅卷的便捷性。而且对于刑事案件，“因纸质卷宗只有一套，承办人自己要看，分管专委在讨论审核案件时也需要查阅，导致给律师的阅卷时间相对有限，律师阅卷不充分，那么，犯罪嫌疑人的辩护权难以保障，控辩双方力量悬殊，法庭庭审呈现‘二打一’的局面”①。

但是卷宗电子化后,“电子卷宗的使用切实保障了律师执业权利的行使,曾经的辩护律师阅卷难、阅卷时间长等问题迎刃而解,律师阅卷更为高效便捷。”②律师可以在网上或者法院指定地点进行申请,而且随着电子卷宗系统的发展,基本可以实现律师异地阅卷,当事人及律师可以看到一份通过业务系统导出并经过一定保密处理的电子卷宗,对符合借阅要求的卷宗也可以通过复刻到专用光盘上,即可把材料带走,可以导入电脑后,按实际需求随时查阅,节约了诉讼成本,也能彻底解决了律师“阅卷难、阅卷慢、来回跑”的问题。

针对政法部门,由于司法文书卷宗制作传输归属公安机关、人民检察院、人民法院、司法行政机构和国家安全机构五大部门,它们互不隶属,无法形成统一的管理制度。目前,“政法部门之间提交的司法文书仍以纸质为主,除检察系统外,没有规定应当提供电子文本、制作电子卷宗,更没有网上数据交易平台,实行信息共享”③。电子卷宗的发展相当于将所有卷宗电子化后放入一个虚拟的档案室,“每个法官都拥有一个专属的账号,只要通过系统的申请和审批,可以在线实现不同单位,不同法院、不同部门间实时有效的同步移送并查看,它也将成为联系公检法司之间的一个重要桥梁,只要协商合作建立起电子卷宗数据互通共享平台,借助信息化技术,办案人员只需在自己的办公系统进行操作,短短几分钟就能看到所需的卷宗内容。政法机关跨部门使用电子卷宗,实现了只制作一次便可提供给侦查人员、办案检察官、主审法官、律师四家使用”④。通过司法信息的共享,可以打破司法部门之间的数据壁垒,减少不必要的事务性工作,提高诉讼效率。同时借助大数据分析手段,更能有效地提升社会治理能力,而且方便主管领导和办案人员同时阅卷、发现问题,避免只依靠汇报就做出决定的局限性,避免误判等司法风险。

---

① 陈军:《信息视野下的刑事卷宗移送制度的研究》,载《法制博览》2017年第2期。

② 温娟娟、王伟东:《电子卷宗条件下规范律师阅卷权的思考》,载《江苏法制报》2016年11月3日,C版。

③ 唐敏、张设华:《“互联网+司法电子卷宗”之统一制度化建设刍议》,载《内江科技》2017年第2期。

④ 刘恒恒:《电子卷宗应用问题探究——以检察系统应用为视角》,载《法制与社会》2017年第19期。

三、案件评查

法院工作中需要对案件及办案人员的工作进行监督、评判法官办案质量等。“传统的案件评查依托纸质卷宗,卷宗交接程序繁琐、评查周期长、耗时费力。”①因需要调取大量的实体案卷进行评估判断,而一份卷宗同时只能供一人查阅,卷宗搬运和借阅登记就影响了卷宗查阅的效率,也直接影响评查工作的进度。而通过电子卷宗,审判监督工作就会变得更为轻松与便捷,借助信息技术,调阅档案不会受时间、空间上的限制,也可以实现多用户随时调阅、同时阅卷和打印,减少了调取实体档案的工作量,降低了实体档案流转中的不确定性。“电子卷宗的真实性、不可篡改性,确保了案件评查基础工作的客观性和准确性。”②同时,电子卷宗的存在,还可以结合审判案件管理系统、人事系统等,对法院案件归档、卷宗电子化及数字档案利用等情况进行监管,利用大数据等信息技术实现数据汇集、数据分析、综合考核等功能,减少了人工统计有误的风险。

“电子卷宗不仅可以查阅,还可以复制、摘录其中内容,极大地为检察官、法官、律师办理案件提供了便利,避免了大量的文字重复录入工作,节约出的时间可以更多地投入案件思考中去,促进办案效率、提高办案质量。”③承办法官可以根据自己的需要在统一业务应用系统上对电子卷宗直接检索、编辑、利用,激活了电子数据的价值,而文书同时结合系统中庭审数据的回传,法官可以增加或删除,并自动生成判决书等法律文书,节省了不少办案时间。“一个骨干审判员每年审判的刑事案件按 70 件算,每件字数平均算 5000 字,裁判文书的写作量是 35 万字左右。而事实上很多裁判文书字数上万,经济发达地区,一个法官每年制作的裁判文书的字数都在 40 万字以上。但如果公诉人、当事人、诉讼代理人都向审判机构提交电子化的司法文书,初步统计显示,审判员制作判决书的工作量至少要减少 60%。”④

---

① 王斐:《论电子卷宗在动物卫生监督执法中的应用》,载《中国动物检疫》2016 年第 11 期。

② 赵信等:《既要办好案子,又要管好案子》,载《检察日报》2017 年 8 月 1 日,第 1 版。

③ 刘恒恒:《电子卷宗应用问题探究——以检察系统应用为视角》,载《法制与社会》2017 年第 19 期。

④ 唐敏、张设华:《“互联网+司法电子卷宗”之统一制度化建设刍议》,载《内江科技》2017 年第 2 期。

第二节　无纸化新型办案模式

上海在综配司改试点中借助科技力量,试水无纸化新型办案模式,取得了明显成效。以下以上海综配司改试点为例加以说明。

一、分步推进新型办案模式

无纸化办案模式基于电子卷宗展开,目前涵盖了立案阶段诉讼材料扫描、电子卷宗随案生成、电子卷宗移送,立案后的随机分案、电子阅卷,开庭时无纸化庭审、电子阅签,以及庭后起草法律文书等一系列功能和应用。纸质卷宗变成电子卷宗后,要实现最后的归档阅卷,与法官的业务系统融合也是至关重要的。这需要与原有电子档案系统进行整合,实现档案系统与审判系统对接,改变以往档案与审判基本无关联的状态,案卷上传后,电子卷宗与统一业务应用系统中相应案件进行绑定,使得案件从立案、审理到归档直至电子化,形成一个完整流程,并在业务系统上形成各类节点信息。通过归档操作最终将电子卷宗形成一套完整的案件卷宗,汇入电子档案信息库。推行无纸化办案初期,可借鉴经验较少,综配司改在综合考虑案件类型、数量、可推广性等因素后,率先对无纸化办案系统进行试点,对各个流程设置和工作环节进行打磨完善,实现了人机的有效结合。在此基础上,不断加强无纸化办案的有关培训,进一步完善相关应用软件,推广使用经验,于 2018 年年底基本实现了无纸化办案全院全员全覆盖。

二、电子卷宗随案同步生成

在电子卷宗使用的过程,要立足法院的实际严抓每一环节、每一细节,对卷宗扫描、网上归档、扫描加工的文件格式、管理系统的流程和操作方法,特别是对电子卷宗调阅的操作流程及查阅范围等制定规范的工作要求。对于需要保密的文书卷宗,通过互联网传输时,应当严格遵守《网络安全法》的规定,做好电子卷宗的安全保密工作,严防失密、泄密事件发生;对形成 PDF 格式的电子卷宗提供上传和下载保存,但不支持对扫描原件的修改,从根本上杜绝了纸质卷宗被涂改、撕页或损毁现象的发生,确保了案卷信息的安全;并进行严格的权限控制,与案件有关的人员凭个人身份认证后才能进入系统,有效防范非授权人员接触、修改文件和数据，保证电子文书的真实性、完整性和不可抵赖性，也使法院电子卷宗从生成到利用的整个过程有据可循，有根可查。在上海市高级人民法院信息处专业团队的大力支持与指导下，上海二中院审管办、办公室等部门全力攻关，经反复研究、多次完善，优化了电子卷宗生成系统，使其初步具备了靶向识别功能。目前，扫描材料在导入时自动识别归类和排序准确率不高的问题已基本解决，一审案件和申诉案件电子卷宗目录对扫描材料的自动识别准确率达到90%以上，二审案件识别准确率达到92%以上。

三、便利审判诸多技术突破

“由于目前公安、检察、人民法院、司法行政和国家安全机构五大部门的司法文书运作各自为政，尚未形成统一的网上司法文书电子化管理制度，使得统一电子化业务应用系统在深化应用中也遇到了‘梗阻’。”①要实现电子借阅，单纯的归档后将卷宗扫描到系统里，已满足不了现在的诉讼需求，将电子卷宗贯穿于整个审判执行过程，不仅能借助信息化推进电子卷宗的深度应用，减负法官的部分事务性工作，让法官可以专注于审判工作，同时可以减少扫描业务系统自动生成的材料，避开系统文件仍需打印和扫描的多余性工作。此前，由音字转换系统形成的电子笔录从WORD格式转换成PDF格式后，必须待各方当事人全部阅看完笔录，法官和当事人才能进行电子签名，笔录签名环节效率不高。经技术优化后，现已实现各人阅看电子笔录内容后随签随走，节省了大量时间。此外，上海法院还先后解决了音字转换系统在多人同时发言时的转换对冲、庭审笔录不能自动上传案件管理系统等技术问题，极大方便了法官开展阅卷、庭审、制作文书等工作。通过在实践中不断修正和完善，人机默契度进一步提升，无纸化办案相关软件在辅助案件审理上的便捷度和贡献度大幅提高。

四、资源集约化高效管理

通过社会招录和业务庭调派等方式，综配司改试点的上海法院把原先分散在各个业务庭的书记员进行集约化管理，在音字转化系统的辅助下，以驻庭书记员保障庭审，极大提高了人均保障庭审频次和人力资源利用效率，并且同步

---

① 唐敏、张设华：《“互联网+司法电子卷宗”之统一制度化建设刍议》，载《内江科技》2017年第2期。

推进了庭审记录的专业化、规范化和标准化。综配司改的内设机构改革和审判团队建设完成以来，驻庭书记员已实现对民商事及行政案件庭审、听证的全覆盖。刑事案件因程序特殊需要，暂未完全覆盖。主要包括：(1)庭前准备到位。书记员通过电子阅卷做好庭前准备，将案件中出现频次较高的词语设置为系统“关键词”，提高庭审中音字转换系统的识别正确率。此外，书记员还会提前到庭，做好开庭前的各项准备工作，使法官或法官助理能更专注于庭审实质审查等。(2)庭中效率提升。得益于庭审音字转换系统的运用，书记员的庭审记录工作主要是对音字转换生成的电子笔录进行校对和调整，各方当事人的庭审陈述意见均能及时全面地记载。与传统人工记录模式相比，因记录不及时、不完整可能造成的等待迟延、庭审不连续、当事人对笔录内容提出异议等情况显著减少，庭审时间大大缩短。(3)庭后安排合理。音字转换系统与人工校对相结合的庭审记录模式，在功能设置上可基本避免当事人对笔录内容的异议，法官和法官助理在庭审结束后即可离开，安排当事人阅看笔录并签名的工作则全部交由驻庭书记员完成。根据实践需求，上海法院还专门开设了庭审电子笔录阅览室，使一部分需延时阅看笔录的当事人，在电子笔录阅览室远程阅看并签署笔录，从而保证同一法庭后续案件审理工作的正常开展。

第三节　无纸化改革配套机制

除了硬件设施的改革，全流程无纸化办案的可持续实现还需要在制度、技术和机制上建立比较完整的配套性体系。

一、常态长效的制度建设

以上海综配司改为例，在无纸化办案方面，推出《电子卷宗随案生成及无纸化办案试行流程》，确定办公室、立案庭扫描中心、试点业务庭的职责分工。在集约化管理方面，研究制定《书记员管理办公室与审判业务庭工作衔接办法》《关于驻庭书记员履职的暂行规定》《关于驻庭书记员内务管理的暂行规定》等工作制度，并发布了《驻庭书记员工作流程》，建立起“六项规定”“一个流程”的“6+1”工作机制，对书记员的基本岗位职责和操作流程做了详细规定。将原本分布于多个部门、多个环节的事务重新整合，统一管理、统一分配、统一调度,解决了人员分类管理中书记员和法官助理间的职责不明、交叉混岗等问题,提高了工作效率,为采用专业化、科技化手段保障庭审活动和审判工作奠定了基础。通过购买社会化服务,进一步剥离归档等审判辅助事务,确保法官助理将更多的精力投入协助法官办案中。

二、纵深发展的技术强化

注重运用新技术推进改革、辅助办案,全力加快智慧法院建设。目前,综配司改在全流程无纸化办案的系统配置上,正在逐步完成高清法庭改造,以及在法庭全部安装音字转换设备,同步推动专案信息化系统改造、审判管理延伸服务平台拓展、在线调解平台与诉调中心平台在线对接等20余项信息化建设项目。在软件升级上,全力整合升级案件流程管理、庭审语音识别等软件系统,不断优化升级电子卷宗即时扫描和庭审音字转换系统,持续推进当庭电子卷宗查阅、电子质证、电子笔录查看和批注、电子签名等无纸化办案软件功能的充分运用。在具体应用上,不断优化扫描和识别程序,实现诉状、证据等诉讼材料在接收时即时进行同步数据转化,确保其可使用性、可流转性,为全面推行全流程无纸化办案、逐步实现"一键归档"创造条件。

三、流程再造的系统集成

随着无纸化办案和书记员集约化管理等改革项目的深入推进,"科技应用+制度创新"双引擎驱动模式逐步成形,带动上海法院综配司改工作整体发展。无纸化办案将科技元素大量注入审判流程,使得制度刚性得到增强,管理监督更为有效,办案质效显著提升。庭审、评议等办案环节更加规范、更为便捷,全程留痕落到实处,倒逼审判人员依法履职尽责。书记员集约化管理一方面使法庭记录、案卷归档等事务性工作实现院级统筹,促进司法资源集中统一调配、精准配置、高效使用;另一方面,推进法官助理回归本职,将原来兼任书记员工作的一些法官助理解脱出来,推动部分已通过国家统一法律职业资格考试、具有相应任职资格的书记员,择优转任法官助理。通过上述改革,电子卷宗深度应用将不断延伸,案例检索、证据校验、文书生成、裁判偏离度提醒等网络化、智能化的办案辅助平台将会不断涌现和完善,法官、法官助理、书记员三类人员岗位职责及其界限将进一步明确,庭前、庭后等程序价值和法官助理的程序功能将进一步凸显,从而带来办案模式的深刻变革。

第四十三章　法院员额绩效

建立员额的动态配置,本质上乃是对有限司法资源的最大化利用,其前提是精准地评估一个地区法院、检察院需要多少员额法官、检察官,需要多少办案辅助人员和其他人员、需要多少人财物资源;同时,还会直接关系到司法人员的绩效薪酬,以及办案团队的高效组建和运行等深层次问题。其中,关键又在于测算“饱和工作量”和“实际绩效”,包括:影响饱和工作量和绩效测量有哪些要素,以及这些要素如何进行分类;什么要素的影响大、权重高,什么要素的影响小、权重低;基于决策依据的简洁化和动态性,影响要素如何被甄别、筛选和敲定,又有什么要素可以被科学忽略。在此基础上,权重的赋值是否会随地域、经济、社会、装备、能力等的不同在不同地区之间存在差别或发生变化;接下来,饱和工作量及绩效测算的大数据模型如何进行构建。

第一节　测算依据的梳理

饱和工作量及绩效测算,其重要意义不言而喻。综配司改的这一深改问题,涉及一系列重大命题的破解。“饱和工作量”,是法院和法官在现有条件下能够承受的“最大目标工作量”;“实际绩效”,是法院和法官在某一设定的时限内完成任务的“阶段结果工作量”。

一、最高人民法院"文件史"

2002年7月,最高人民法院在《关于加强法官队伍职业化建设的若干意见》(以下简称《2002年意见》)中提出,实行法官定额制度的职业化建设目标,确定各级法院法官员额要综合考虑的因素包括我国国情、审判工作量、辖区面积和人口、经济发展水平等各种因素。同时,鉴于当时中国法院的具有审判职称的人员数量已经非常庞大,该意见中明确将各级法院法官员额限定在现有编制内。

2004年9月,最高人民法院在《关于在部分地方人民法院开展法官助理试点工作的意见》(以下简称《2004年意见》)中提出,实现法院审判人员分类管理的职业化建设目标,确定所需的法官员额应当考虑的基本因素是案件数、审判工作量,综合因素是法官素质、机构设置、辖区的面积、经济发展水平、人口等。

2009年12月,最高人民法院在《对网民意见建议答复之三:关于队伍建设》(以下简称《2009年答复》)中认为,法官定员定编的基本依据是工作量,综合因素是经济、地域、人口、审级等因素。同时认为,法官员额应在前述编制管理框架下,按照人员分类管理原则,根据各级法院的特点和工作量,设计相应的员额方案。

2015年2月,最高人民法院在《关于全面深化人民法院改革的意见》(以下简称《2015年意见》)中提出,建立法官员额制度的正规化、专业化和职业化建设目标,认为确定四级法院的法官员额的基础数据是辖区经济社会发展状况、人口数量(含暂住人口)、案件数量、案件类型等,辅助数据是法院审级职能、法官工作量、审判辅助人员配置、办案保障条件等因素。鉴于法院人才流失的现状,该意见特别强调要设置法官员额制改革过渡方案,以确保优秀法官留在审判一线。

二、文件中的基础数据

上述四份文件中关于配置法官员额的基础数据,为司法饱和工作量和实际绩效的测算提供了重要依据(见表43-1、表43-2)。

表 43-1　最高人民法院相关文件表述中配置法官员额因素的变化

文件	因素					
	社会	案件[1]	法院[2]	法官	法官助理	保障条件
《2002 年意见》	中国国情辖区面积和人口经济发展水平	审判工作量	无	无	无	无
《2004 年意见》	辖区的面积 经济发展水平 人口	案件数 审判工作量	机构设置 审判工作量	法官素质	无	无
《2009 年答复》	经济地域人口	工作量	审级 法院特点	工作量	无	法院特点
《2015 年意见》	经济社会发展状况人口数量(含暂住人口)	案件数量 案件类型 工作量	审级职能	工作量	审判辅助人员配置	办案保障

〔1〕"案件"因素从外延上看包括案件数量及类型,但它又可以换算成法院或法官的工作量,因此"工作量"一项就可以同时归入上述三类(案件、法院、法官)因素之中。

〔2〕"法院"因素从外延上看也可以包括除社会因素之外的其他所有因素,但是既然本表将之与其他因素并列,那么可以归入其他因素的项目就不再重复归入该因素。

表 43-2　最高人民法院表述中配置法官员额因素的序位变化

文件	因素					
	社会	案件	法院	法官	法官助理	保障条件
《2002 年意见》[1]	综合排 1、3、4	综合排 2	同前	同前	无	无
《2004 年意见》	综合排 3、4、5	基本排 1	综合排 2	综合排 1	无	无
《2009 年答复》[2]	综合排 1、2、3	基本排 1	综合排 4、5	无	无	综合排 5
《2015 年意见》	基础排 1、2	基础排 3、4	辅助排 1	辅助排 2	辅助排 3	辅助排 4

〔1〕《2002 年意见》没有对上述因素进行地位区分,但有排序之分。

〔2〕《2009 年答复》"基本依据"中只有"工作量"一项,因此没有排序之分。

通过对比可以发现,《2004 年意见》将《2002 年意见》中的"综合因素"析解为"基本因素"和"综合因素",将前者中的"审判工作量"确定为后者中的"基本因素”,同时将前者中的辖区面积和人口、经济发展水平归入后者中的综合因素。《2009 年答复》基本上沿袭了《2004 年意见》的思路,只是将后者的两项“基本因素”合并为一项“基本依据”(即工作量),而综合因素中的“审级”或“法院特点”大体上可以视为对后者相应项目中的法官素质和机构设置的概括。2015 年 2 月,最高人民法院将《2009 年答复》中的基本依据、综合因素分别更名为基础数据和辅助数据,并分别给予了相应的调整:《2009 年答复》中是基本依据的“工作量”被降格为“辅助数据”,更名为“法官工作量”;而《2009 年答复》中是“综合因素”的经济、地域和人口则被升格为“基础数据”,分别更名为“辖区经济社会发展状况”和“人口数量(含暂住人口)”。从不断调整所使用的术语及其增加的定语上看,最高人民法院在确定法官员额定额的影响因素上可谓再三权衡。例如,就“人口”这一项,《2002 年意见》中是和“面积”合并在一起使用的,到《2004 年意见》中则开始单列,而到了《2015 年意见》中则被更名为“人口数量”,且加上了“含暂住人口”的限定语。

第二节 影响要素及类型

由于历史、经济、人口、文化等原因,全国各地法院、检察院在案件数量、案件性质、人员配置、法官构成、收入保障等方面,均存在较大差异。因此,在各地司改中需有相对统一的标准体系测算绩效。

一、核心要素

在最高人民法院的上述文件中,“案件数”这一因素始终处于基础或基本的地位,且在多数时候排在前列。虽然在《2015 年意见》中“案件数”被排在倒数第二的位置,但并不表明它就不重要,恰恰相反,其被作为压轴式数据。从最高人民法院的历次文件可以看到,案件数或者审判工作量是影响法官员额数量配置的最重要的因素,其他各项数据基本上是对该关键数据的展开或补充。

1. 案件数量。一直以来,案件数量都是司法工作的牵引器,是司法管理的轴心,案件数量对于员额数的配置而言,无疑是最重要的考量因素。从某种意义上说,按照案件数量来评价法官、检察官的工作业绩,相比于主观评价而言,更侧重于客观分析范畴。但实践中在考察案件数量与法官、检察官员额数的关系时，往往会因案件的性质、难易程度、处理方式或审级等因素，无法制定一个统一的标准。毕竟难易不同的案件，工作量相差极为悬殊。例如，员额数在相同层级的法院、检察院之间进行动态配置时，考虑到全院整体收案类型大致相同的情况下，收案数量的差别就可以作为确定员额数的主要依据。但在同一司法机关的不同部门之间，不能仅以案件数量来核定所需的员额数量，这就需要一种更为精准的测算方式，将不同案件的工作量予以量化。

2. 法官、检察官工作量。在上述最高人民法院的文件中，均将“审判工作量”和“法官工作量”作为确定员额配置的基本要素，特别是同一法院的不同部门之间员额法官的配置，工作量应作为核心要素来对待。法官、检察官工作量中除了案件办理，还包括培训、调研等其他任务。法官、检察官所能承受的工作量，应将其全部工作任务都量化后计算。因此，在科学确定员额数时，不应单纯使用司法统计的案件数据，而应当将不同类型的案件、不同难度的案件按照某一参照标准进行量化处理，打通不同案件之间的差异，科学测算审判工作量的大小，实现对法官、检察官工作时间的取值和评估，为员额测算提供数据基础。与此同时，还应技术化考虑非司法工作量的量化。

二、基础要素

案件数量是历史状态，贴合客观实际的司法资源配置还应考虑未来发展。这里，地区经济发展情况及常住人口数量，对于案件数量或者司法工作量的影响是显见的，同时据此也可预测一个地区的案件数增长趋势。

1. 地区经济发展情况。案件是经济社会发展的“晴雨表”。从全国范围的数据看，司法机关尤其是法院的收案数量与经济增长之间存在正相关。应当说，经济社会的发展导致的交易增加和人员流动，是诉讼案件数量增长的直接因素，由此对于法官、检察官数量的需求也必然显著增加。而所谓人案矛盾的根本原因，就是员额数的配置与案件数量增减趋势的背反。在确定地区员额数总量的时候，应当将当地社会经济发展状况作为一个重要因素。但是，无论是国家层面还是各省内部，均不同程度存在地区之间发展的不平衡。仅以地区发展水平来确定员额数量，很显然对经济发展落后地区并不合理，故经济发展水平应当作为重要因素，但非唯一因素。

2. 常住人口数量。通常而言，人口数量多的地方，人与人之间的交往就多，纠纷和矛盾的发生概率也会因此增加。但人口增长与案件数量之间增加是否存在必然的单一线性关系，还有赖于统计数据。根据相关统计分析，辖区人口的增加与地区经济总量的增加存在更大的关联性，即人口增加的规律基本与经济发展水平相适应，因此人口因素可以并入经济因素考量，对于法官、检察官员额数的配置而言，只是一种间接因素。

三、影响要素

确定员额数是一项系统工程，其核心问题既涉及司法机关内部的行政管理体制，又涉及编制、组织、人事、财政等外部关系。其中，编制数在员额数的配置过程中是无法回避、必须考虑的重要影响要素。

政法专项编制数量。“新中国成立伊始，司法机关的编制就定格在政府机构设置和编制定额中。”①法官、检察官隶属于行政编制，且与行政机关的干部在人事制度上并无差异。直至 1982 年，全国政法系统编制从国家总的行政编制中划出单列，而现有政法专项编制即为确定法官、检察官员额数的基础红线。根据员额制改革的相关文件，各省司法机关在确定员额比例时，不得超过中央政法编制数的 39%。而中央政法编制又脱胎于行政编制，其确定时依据当时的人口、地域面积划分。过去几十年以来，该项编制虽然略有调整，但整体框架已定，这就导致此种历史上确定的编制数与当地现有经济发展状况不相适应。②

四、辅助要素

司法团队中的辅助人员设置是否科学，直接影响员额的优化配置。同时，为了科学评估审判辅助人员，法官、检察官工作年限、软硬件设施对于法官、检察官工作量的实际影响，可以采取量化的数据统计和问卷调查。

1. 司法辅助人员贡献率。虽然司法辅助人员对于员额数配置的重要性不言而喻，但很多司法机关并未明确司法辅助人员的具体职责，特别是对于法官助理、检察官助理与书记员的职能定位不进行相对划分，使得包揽了从整理案卷、送达到收集资料、查阅法规、阅卷、撰写审理报告、草拟判决书等一系列环

---

① 周道鸾：《关于确立法官员额制度的思考》，载《法律适用》2004 年第 8 期。

② 例如，历年来江苏省南京市的案件总量较苏州市要少 10% ~ 20%，但南京中级人民法院核定的中央政法编制数量是苏州中级人民法院的两倍，结果导致根据同样的比例核定的法官员额数，苏州中级人民法院仅约为南京中级人民法院的一半，这显然与两地的收案数量差异不相匹配。

节,既不利于权责明晰,也不利于司法辅助人员队伍的稳定。因此,“只有通过对法官、检察官与司法辅助人员、司法助理与书记员职责范围的界定,才能让员额法官、检察官专司办案核心工作,助理集中精力从事司法事务性工作,书记员专司庭审记录、送达、归档等工作,做到各司其职,有效保障司法运行的高效”①。

在综配司改试点的上海某中级人民法院的专项测试中,我们通过对民事案件流程的要素化分析,诸如送达、公告、移送、归档、裁判文书上网等工作均可以由书记员完成,而对于核心审判工作范围的阅卷、调查、文书撰写等工作,如果配备具有专业素质(如中央政法编尚未入额的助审员)的法官助理,有80%~90%的非审判核心工作可以由法官助理替代完成,从而大大提高了员额法官的工作效率。在二审民事案件中,如果给员额法官配备1名书记员和1名具有审判经历的法官助理,则审判辅助人员对一个案件可完成的工作量合计为87.49%。如果是年限较长的法官助理,其对案件的核心审判贡献率可达到90%以上,员额法官除需要进行必要的开庭(二审开庭数量较少)及合议、审签文书外,其余工作均可由法官助理完成。因此,审判辅助人员尤其是专业法官助理的配置,影响对法官员额数的确定。因此,完全以法院现有的编制数测算法官员额数缺乏合理性,必须在考虑审判辅助人员配置的情况下确定法官员额数,才更符合审判实践中的科学性。以二审买卖合同案件为例,审判辅助人员对案件审理的贡献率样本见表43-3。

表43-3　审判辅助人员案件贡献率

流程	买卖合同纠纷(二审)平均工作时间/小时	审判辅助人员平均贡献率/%	
		书记员	法官助理
送达	0.5	100	0
报结	0.1	100	0
文书上网、归档	0.8	100	0
阅卷	1.0	0	90

① 王静、夏志阳:《多少法官才算够——基于民事审判核心工作量的实证研究》,“中国法学会审判理论研究会2014年年会暨全面深化司法改革促进司法公正理论研讨会”中国法学会审判理论研究会会议论文,2014年10月于石家庄。

续表

流程	买卖合同纠纷(二审)平均工作时间/小时	审判辅助人员平均贡献率/%	
		书记员	法官助理
庭前准备	0.4	0	90
调解	0.5	0	90
调查	2.0	0	90
合议	0.5	0	0
草拟文书	5.2	0	85
合计	11.0	15	72

2. 员额法官的工作年限。在研究员额数的配置过程中,还应当注意法官、检察官的身体状况、工作熟练程度、生活负担、精神状态及司法能力差异,这些因素必然影响到其在司法活动中的工作效率。从法官、检察官的个体差异和各类环境因素中,我们选取了法官的工作年限作为主变量,将其与单位时间内能够实现的工作成果之间变化关系作为研究样本,以上海市某中级人民法院民事审判这条线2017年的结案情况为例,按法官助理及法官办案年限统计,工作年限对审判业绩的影响见表43-4。

表43-4　工作年限对审判业绩的影响

法官助理办案年限	审结及协助审结案件数量(平均)/件	员额法官年龄段	平均结案数量/件
第一年	173	31~35岁	382
第二年	264	36~40岁	231
第三年	291	41~45岁	253
—	—	46岁以上	218

从表43-4可知,法官助理、检察官助理工作年限与其协助审理案件的能力存在正相关性,而35岁以下的员额法官、检察官处于办案的黄金年龄。因此,在员额数配置的动态调整过程中,需要考量法官、检察官工作年限的均衡比例。

3. 法检信息化程度和软硬件设施。随着科技的发展,司法机关的硬件、软件智慧化程度的不断提高已对解决人案矛盾产生深远影响,因此,法院、检察院的信息化程度以及软硬件设施也是考量员额数配置的一个参考因素。

以苏州市中级人民法院的智慧审判系统运行为例。以道路交通事故赔偿案件和金融借款案件为例,此类案件通常涉及多个自然人,证据资料琐碎繁杂,对于涉及银行的金融借款类案件,在诉请中还经常会涉及众多的抵押物信息。因此,在传统模式下,立案部门承办法官和书记员往往要花费大量时间和精力对当事人身份地址信息、诉请事实理由及证据材料进行手动录入,同时需要手动填写各类诉讼文书的邮寄凭证,耗时费力。从系统实测的情况看,以案件立案受理到移送业务部门的全部流程作为计算期间,在传统模式下,道路交通事故赔偿案件平均耗时为 1.1 小时,金融借款案件平均耗时为 1.4 小时。而在智慧审判模式下,有效剥离了审判人员和书记员邮寄、扫描等重复性和事务性工作的负担,大幅提升了案件立案受理的效率。对于道路交通事故赔偿案件,平均耗时为 0.3 小时,与传统模式相比平均节省 0.8 小时,对于金融借款案件,平均耗时为 0.5 小时,与传统模式相比平均节省 0.9 小时。审理裁判阶段中,以智慧模式代替传统办案模式,道路交通事故赔偿案件平均每案节省 2.4 小时,金融借款案件平均每案可节省 3.9 小时(见表 43-5、表 43-6)。① 因此,司法机关的信息化水平与软硬件设施状况,也应当列为测算员额数的影响因素。

表 43-5　测试案件立案受理阶段用时均值数据统计

单位:小时

立案流程	案件类型							
	道路交通事故赔偿案件				金融借款案件			
	传统模式		智慧模式		传统模式		智慧模式	
	方式	耗时	方式	耗时	方式	耗时	方式	耗时
1. 立案材料审核	手动	0.2	手动	0.2	手动	0.3	手动	0.3
2. 材料扫描识别			扫描	0.1			扫描	0.2
3. 当事人信息录入	手动	0.1	自动	0	手动	0.1	自动	0
4. 当事人诉请录入	手动	0.1	自动	0	手动	0.2	自动	0

① 参见徐清宇、孙一鸣:《运用智慧审判苏州模式提升审判质效的实证研究》,载《姑苏审判》2018 年第 1 期。

续表

立案流程	案件类型							
	道路交通事故赔偿案件				金融借款案件			
	传统模式		智慧模式		传统模式		智慧模式	
	方式	耗时	方式	耗时	方式	耗时	方式	耗时
5. 当事人证据录入	手动	0.1	自动	0	手动	0.2	自动	0
6. 立案文书制作	手动	0.2	自动	0	手动	0.2	自动	0
7. 诉讼材料收发	手动	0.2	云柜	0	手动	0.2	云柜	0
8. 立案材料移送	手动	0.2	自动	0	手动	0.2	自动	0
工作小时合计		1.1		0.3		1.4		0.5

表 43-6 测试案件审理裁判阶段用时均值数据统计

单位：小时

审判流程	案件类型							
	道路交通事故赔偿案件				金融借款案件			
	传统模式		智慧模式		传统模式		智慧模式	
	方式	耗时	方式	耗时	方式	耗时	方式	耗时
1. 阅卷笔录	手动	0.5	语音	0.2	手动	0.7	语音	0.2
2. 证据交换	手动	0.8	扫描	0.3	手动	1.0	扫描	0.5
3. 开庭准备	手动	0.2	语音	0.1	手动	0.2	语音	0.1
4. 庭审记录	手动	0.5	语音	0.3	手动	1.0	语音	0.3
5. 笔录核对	手动	0.2	自动	0.1	手动	0.1	自动	0.1
6. 审理报告	手动	1.0	语音	0.5	手动	2.0	语音	1.0
7. 案件讨论	手动	0.5	语音	0.3	手动	0.6	语音	0.3
8. 文书制作	手动	0.5	语音	0.3	手动	1.2	语音	0.8
9. 文书签发	手动	0.6	自动	0.3	手动	0.7	自动	0.3
工作小时合计		4.8		2.4		7.5		3.6

第三节　黔苏沪的三个方案

如何科学合理地定岗、定编、定员，需要对工作进行定量。客观、理性地认识和把握本地区各类案件的审判工作总量后，测算需要耗费的人力、物力等审判资源，并以此为依据，科学地调配各个层级的人力资源，优化法院和检察院的人员队伍结构。

全国少数地方法院已经初步研究对案件的实际工作量"精算"。其中，尤其以贵州、上海和江苏的方案比较具有代表性。

一、贵州方案

贵州方案，得益于时任贵州省高级人民法院院领导的高度重视，理念新、提出早。最高人民法院之后出台的员额动态配置意见，相当程度上沿袭了这一方案。这也是贵州在新一轮司改之初，跻身"6+1"第一批试点省份中那个"1"的主要原因。

贵州提出了根据法院辖区的经济社会发展状况、人口数量、案件数量、案件类型等外部和内部数据，以及结合法院审级职能、审判辅助人员配置、办案保障条件等更多影响因素，确定不同法院的法官员额。可以说，这一理念具有开先河的重要意义。

遗憾的是，贵州方案未能落实。原因在于：除了理念新，执行力和相关部门的协同性需进一步提高；法院外部数据不足，内部数据的结构化程度不高；设计建模的部分维度测算难度较大；负责技术实施的外部公司对法院内部业务缺乏深入了解。

二、江苏方案

江苏方案，同样得益于时任江苏省高级人民法院院领导的高度重视，并且分别在苏南、苏中、苏北进行了广覆盖试点。

该方案提出在法官绩效评估和案件权重体系的设计上，包括了固定权重和浮动权重，还进行了可视化界面的设计，取得一定成效。问题在于：小数据定量分析色彩浓厚；以"广撒网"的大范围问卷调查为主，可复制可推广性不强；大数据挖掘不足,尚未涉及人工智能等机器训练的创新应用。

三、上海方案

上海方案,以案件类型为“经线”,以笔录字数、案件文书字数、庭审时间、审理天数四项要素为“纬线”,按一定的规则计算出各类型案件对应的权重系数。

其中,案件类型分为“固定系数案件类型”、“浮动系数案件类型”和“案由”三个层次。“固定系数案件类型”主要指特殊程序案件,如刑事简易案件、简单批量案件、不予受理、督促、公示催告、诉前保全案件、非诉行政案件等;“浮动系数案件类型”主要指案件审理过程中因客观或主观原因有增加事项的案件,如刑事附带民事、反诉、审计、鉴定、评估、数罪并罚、增加当事人、审委会讨论等;“案由”包括刑事一审普通程序、二审程序的案由,民事小额诉讼、特别程序及一审简易、普通和二审程序的案由,行政案由,以及上述案件的申诉、再审阶段(见图 43-1)。

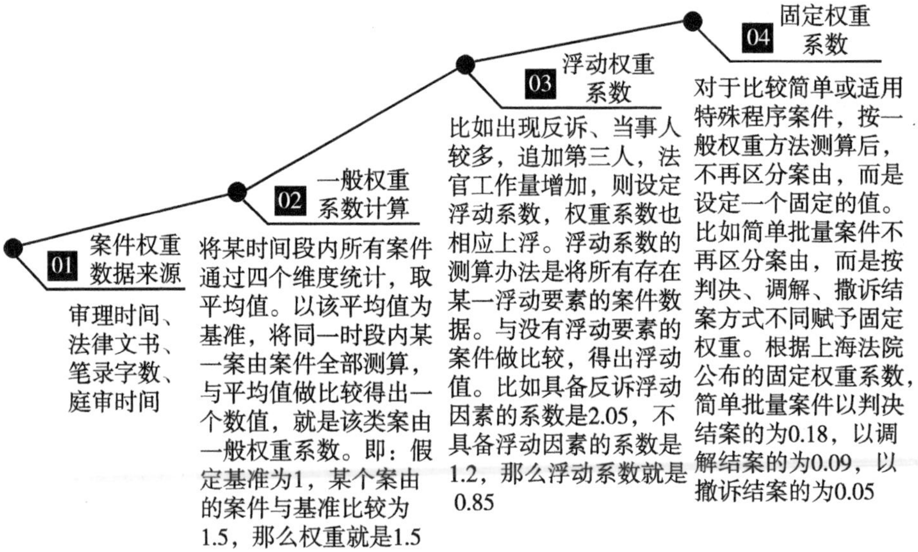

图 43-1 上海法院案件权重系数计算说明

通过上述分析,我们不难发现,员额数量的确定应当综合考量多方面的因素。其中最为核心的要素是法官、检察官的工作量,只有根据工作量来确定员额数,才能真正达到司法资源优化配置的改革目的。从全国以及省级层面,确定员额数必须考虑当地的经济总量和辖区内的常住人口数量，根据相关统计，人口、经济与案件数量呈现密切的正相关性，因此，在各省法检统筹员额的数量配置时，应当主要考虑地区经济、人口对案件数量的影响。同时，现有的编制制度也是影响员额数动态配置的重要因素，不仅员额数的比例囿于中央政法专项编制限额，员额的流动也受限于编制的管理制度。

这种办案绩效评估方式要点包括：(1)借助于样本抽样，比如，专家调查法、问卷调查法、审判数据提取法、统计年鉴查询法等，运用案件权重赋值法、区间估值法、线性回归法等，初步进行定量分析；(2)辅之以资深办案人员的经验，对不同类型、案由的案件，以统计学和人工主观折算方式完成绩效评估。

该方案在上海试点中的优势在于：上海市高级人民法院院领导高度重视，协同性和执行力强，以往累积的结构化的基础数据质量高；初步建立了一般和浮动的案件权重设计架构；2008 年以来的试点周期长，甚至在新一轮司改中又进一步要求上海市浦东新区、闵行区两个基层人民法院在指定控制时间内，以“航海日志法”，动员一线办案人员完成了实际工作量的“手填式”测试，为专家评估提供了宝贵经验。同时，这一方案缺点在于定位于小数据分析，缺少全景大数据；难以考虑影响办案工作量全过程要素；对于数据的结构化要求很高；案件权重不具有自我学习和进化功能，需要进一步改进。

第四节　大数据、小数据的测算模型

基于大数据和人工智能算法的案件权重体系模型，是我们探索大幅超越以往的更新迭代方案。该方案除了运用于员额动态配置的测算，还可被广泛应用在全国司法机关绩效面上评估、各个司法机关工作饱和度测算、法官和检察官绩效工资测算、全省人财物统筹配置以及以新路径优化资源配置破解案多人少等更多场景。

一、基本思路

这一模型构建的思路：(1)数据挖掘。需要甄选全省具有区域、类型、审级代表性的若干法院、检察院试点，抽样挖掘结构化(标签)和非结构化(ETL、OCR 识别等)的类型案件全过程数据，包括但不限于办案时间、出庭时间、法律文书、内卷文本等，提取和筛选足以影响办案时间的案件要素。(2)专家评估。以社会学的小数据抽样方法，合理地邀请若干一线办案人员进行实际工作量经验评估，分别给出不同类型样本案件合理办案时间均值，建立目标数据。(3)模型训练。以案件要素、目标数据构建"案件标准元数据"，对小样本的测试数据进行训练，通过变量控制、算法优化、偏离度分析等，初步构建案件权重系数模型。(4)模型应用。以初步模型为基础，覆盖全省司法机关大数据，以及结合当地真实情况、法院和检察院的实际需求，综合应用问卷小数据统计、案管经验值校验、信效度差错纠偏等方式，不断完善案件权重系数分析模型，使之更加具有"当地的适应性"。

这一方案的优势在于：(1)绩效考核简单有效。实现了法院、检察院不同内设部门之间的案件管理考核全流程打通，司法机关无需再对各个内设部门的案件进行主观折算。(2)数据支撑员额管理。在案件结案后可直接得出个案办案时间结果，司法机关和办案团队的实际工作量可以由个案工作量累加而来，实时对员额动态配置提供数据支撑。(3)移植性高、时效性强。根据各级司法机关数据的实际情况，可以单独进行机器学习训练，更贴合各地实际情况，测算结果更精确，方案可移植性高，机器学习可以不断根据案件变化和当事人其他影响要素的变化更新模型，保证模型"接地气"，具有时效性和先进性。(4)权重设置减少了人为影响。它是在模型基础上利用大数据技术"随时管理"全面绩效，自动完成对各类案件的权重测算，模型趋于成熟之后，不需要人为过多干预调整，降低了人为影响的程度。

二、权重体系

该模式是通过对类型案件抽样的大数据挖掘提取案件要素，结合一线办案人员目标数据，构建起案件标准元数据，分布式进行测试和全景数据机器训练，初步构建案件权重体系模型，并辅之以小数据、经验检验、效度纠偏等，不断"喂料"和完善绩效评估结果。

我们已通过在多地试点，初步提取了30多个影响权重的案件要素，包括：庭审笔录、开庭次数、开庭时间、文书总数、认定事实字数、判决理由字数、当事人陈述字数、判决部分字数、文书查重率、引用法律数量、是否保全、是否委托评估鉴定、是否内部协调、是否调查取证、是否委托或特邀调解、是否出现管辖异议、案件类型、立案案由、审理时间、结案案由、案件代理、审理程序、结案方式、结案标的、涉案人数、是否上诉、上诉次数、是否附带民事诉讼、是否提交审委会、是否为小额诉讼、审判监督类型等。

三、两种算法

在建构大数据与人工智能的案件权重系数模型中，采用了 spark Mllib (Machine Learnig lib)技术，在机器学习上使用了决策树、线性回归两种算法。

模型构建中"决策树"算法，早已在共享单车大数据中成功应用。比如，单车公司通过大数据模型测算在特定时间、地点、天气下，共享单车的租用数量，根据预测情况投放单车，增加营业额，避免资源浪费。其中，特征数据包括：天气、时间、假日/工作日、星期、月份、季节、温度、湿度、风速等；预测目标是小时租用数量。而在法院案件权重模型构建中，借助于该算法，个案的合理审理时间、法院和法官的实际办案工作量，都可由个案累加得出。其中，特征数据就是上述提取的30多个影响权重的案件要素，预测目标是测算办案时间。

另外，回归算法是在"半监督式学习"中，输入训练数据(整理好的案件信息数据集)，每组训练数据有一个结果即案件办理时间。在建立预测模型时，监督式学习建立一个学习过程，将预测的案件办理时间与实际的案件办理时间进行比较，不断调整预测模型，直到模型的预测结果达到一个预期的准确率。

四、技术路线

模型的执行环节包括三个：

1. 数据挖掘。(1)协调全省办案系统软件供应商，提供办案系统查询权限账号，抑或建设数据中间库，要求附系统表结构说明，完成技术对接；(2)协调全省办案系统软件供应商，提供涉及绩效评估案件要素的全量底层数据；(3)对全量底层的系统数据进行ETL抽取，对纸质数据进行OCR提取，整理形成案件标准元数据；(4)专家打分的随机抽取案件样本数据，以10万件案件为暂定基数，民事、刑事、行政案件比例为7∶2∶1。

2. 专家评估。(1)在全省范围内根据社会科学的小数据样本研究，科学选择若干具有区域代表性、现实类型化特征的中级和基层法院，从不同业务庭室选择若干具有群体代表性、不同年龄段的一线办案人员，进行办案时间评估方法和评估工具使用的培训；(2)提供各类案件标准模板案件各100份，进行案件评估培训；(3)敲定选案标准，办案时间的最小单位确定为0.5小时；(4)实施一线办案人员对各类型案件评估,凭经验给出合理办案时间。

3. 模型训练。(1)涉及司法大数据的敏感性和保密性,以“沙箱数据”获取方式,准备机器学习的服务器,搭建本地计算环境;(2)对样本数据预处理,主要是对案件样本数据随机划分为训练数据、校验数据和测试数据,三者比例为8∶1∶1;(3)根据训练数据、校验数据等,进一步确定线性回归算法的迭代次数,以及决策树归类算法的树深度、最大分叉数等;(4)模型训练完成之后,再使用测试数据对模型性能和准确性进行评估。

第四十四章　法院辅助人员比例

基于对司法机关最大工作量饱和度和员额绩效的测算，下一步可以对司法辅助人员比例进行基于大数据和小数据相结合的比例测算。因为司法辅助人员配置不到位，诉讼机制改造的基础司改会很难实现；配置过度，又会造成人员竞争过于激烈影响以后入额，造成对于职业规划和前景的不明朗。因此，综配司改需要进一步解决基础司改尚未解决的这一问题。

第一节　人员招录机制

破解司法辅助人员配置问题，首先要解决司法辅助人员的来源问题，尤其是法官助理的来源。拓宽来源渠道，构建一支后备力量充足、能力素质适应的司法辅助人员队伍已成为当下突破司法辅助人员配置困境的关键环节。

一、合同制和实习法官助理

在基础司改中从人员供给上看，书记员总量已经可以实现在省级层面与员额内法官数量大体相当，①基本可以满足与

① 李宗诚：《徐家新在全国法院聘用制书记员管理制度改革动员部署会上强调：以改革为动力　优化人力配置　着力建设专业化职业化聘用制书记员队伍》，载《人民法院报》2017年5月26日，第1版。

法官 1∶1 进行配置。就法官助理来说，许多地区中基层人民法院法官助理基本都是在编法官助理，由于人员转岗落差、编制限制，现有在编法官助理远不能满足实践需要。而通过前文分析可知，若仅依靠扩大招录在编法官助理去弥补中基层人民法院法官助理缺口，且不论庞大的后备法官队伍会造成在编法官助理职业通道阻塞，即便将所有的空余编制全部用于招录法官助理也无法满足中基层人民法院的需求。出于现实考虑，增加编外法官助理势在必行，除了按编制招录外，应当将合同制法官助理、实习法官助理的招录常态化。① 鉴于在编法官助理的招录规模应与地方法官员额相匹配，在编法官助理招录应实行省级统筹、总量控制，今后招录的法官助理应以合同制为主，逐步让合同制法官助理成为法官助理队伍的中坚力量，形成以扩大聘用合同制法官助理队伍应对业务性辅助工作随案件增长而增长所带来的压力，以“少而精”为思路将在编法官助理打造为职业化、专业化的后备法官队伍，借力实习法官助理分流少部分辅助性事务的“橄榄形”队伍结构（见图 44-1）。

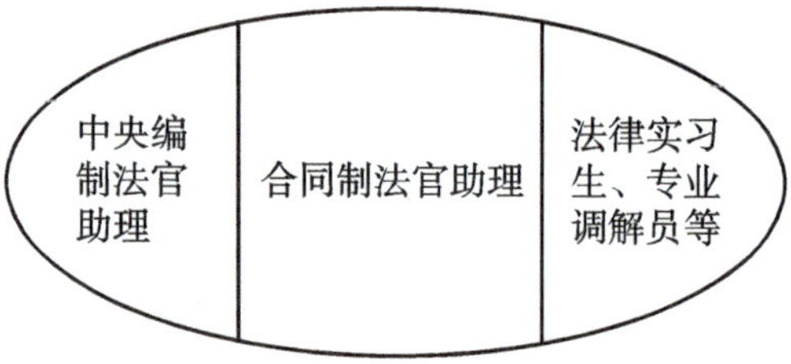

图 44-1　法官助理队伍的理想化结构

二、在编法官助理招录与遴选机制的对应

根据法官遴选制度，在编法官助理遴选成为初任法官一律要在基层人民法院任职。依此规定，三级法院在编法官助理遴选入额后任职岗位完全相同，招录时对各级法院在编法官助理设定不同的学历和工作经验条件，显然缺乏必要性。为确保各级在编法官助理在招录和遴选时均处于同一起跑线，可不对三级法院在编法官助理的招录条件进行区分。而鉴于初任法官需面对基层审判工作的考验，故学历和工作经验方面要求参照原来基层人民法院招录助理审判员的条件较为合适。除此之外，也可采取由高级人民法院统一组织招录并安排至

① 陈瑞华：《法官员额制改革的理论反思》，载《法学家》2018 年第 3 期。

基层人民法院任职，中高级人民法院不再接收新进在编法官助理，全部从基层人民法院遴选的做法。这种方式一方面可以让长期无法入额的在编法官助理通过遴选到中高级人民法院获得在本序列内的职级晋升空间，另一方面也与在编法官助理"基层入额"的岗位要求相对应。

三、合同制法官助理招录机制

目前，中央及最高人民法院层面并未明确提出合同制法官助理的概念，但正如上述分析，"合同制法官助理是解决现有司法辅助人员不足问题的合理选择"①。鉴于此，最高人民法院应当对各地法院合同制法官助理的引入予以必要的制度支持和保障。合同制法官助理招录主要有第三方派遣及用人法院直接聘用两种模式，依靠地方财政支撑，地方化特征较为明显。因而，与在编法官助理相比，合同制法官助理的招录、管理更适应结合本地特色，突出灵活性，由各高级人民法院会同地方人社部门根据三级法院的实际情况共同确定、机动调整为宜。合同制法官助理是在在编总量受控、法官助理人手不足的情况下应运而生的一种新尝试。从法院的角度出发，自然期望合同制法官助理拥有扎实的知识储备和较高的法律执业能力，但从客观上看，"合同制法官助理的职业定位、配套条件和发展前景的吸引力是有限的，若过于强调合同制法官助理的专业能力，很可能陷入由于晋升空间有限、性价比不高无法吸引高学历的优秀人才，学历不高但能够满足工作需要的应聘者又被拒之门外的尴尬境地"②。因此，合同制法官助理的门槛应当充分考虑合同制法官助理岗位设置在同类招聘市场中的竞争力，合理设定招录条件。

四、实习法官助理自行招录管理

实习法官助理系法院与高校、律所共同探索的合作项目，具有临时性。调查情况反映，"由高级法院统筹招录实习法官助理所需人力成本和精力太大，对比实习法官助理每期半年到一年的实习时间，机制成效将大打折扣"③。故

---

①　重庆市云阳县人民法院课题组：《员额制改革背景下法官助理招录模式的实践考察与制度完善——以部分法院法官助理招录模式为样本的实证分析》，载《法制博览》2017年第7期。

②　芮铭珍、亚明：《司法辅助人员如何配置》，载《人民法院报》2018年2月10日，第2版。

③　刘茵、宋毅：《法官助理分类分级管理和职业化发展新模式研究——以北京市第三中级人民法院司法改革试点实践经验为基础》，载《法律适用》2016年第5期。

实习法官助理工作交由各法院根据所处地方高校、律所专业程度和分布情况自行安排为宜。与此同时，高级人民法院可给出一定的指导意见，如规定辖区法院应以就近合作为原则选择合作对象，辖区法院与院外单位建立合作项目应在高级人民法院进行备案，控制单个法院的合作对象数量，强调合作深度广度而非合作数量等。

五、聘用制书记员招录的一线倾斜

纵观各地法院审判实践，除法官助理数量不足制约了辅助人员的作用外，一线书记员空缺也是许多地方的突出问题。有的地方书记员队伍基数小，不能满足审判需求，有的地方书记员总数足够，但大量书记员被安排至司法行政部门及综合部门工作，同样引发办案部门人员紧缺。因此，聘用制书记员的招录应由高级人民法院统筹下辖法院用人需求，根据地区案件增长、人员分布及配套资金情况合理编制招录计划，在重点向一线倾斜的基础上划定辖区各法院的计划招录人数、安排招录岗位。[①] 就招录条件而言，应充分考虑岗位保障的实际情况适当放宽对专业、学历、年龄等方面的要求。[②]

第二节 差异化配置基准

根据综配司改精神，法院要逐步建立新型审判团队，以更高效的组织结构应对新时期人民群众的司法诉求。新型审判团队将成为法院中最小的组织单元，绝大多数司法辅助人员最终要落脚在每个审判团队中。可以说，确定新型审判团队中的人员配置结构是解决司法辅助人员配置最为核心的问题。

一、基于审判团队的考量

案件数量、诉讼程序、审级、地区特点等都会影响审判工作与审判辅助工作的体量，直接关系到法官和司法辅助人员的配比。因此，为使人员配置更加具

① 青岛市中级人民法院课题组等：《中级法院审判团队配备问题研究》，载《山东审判》2017 年第 1 期。

② 聂海科：《书记员队伍建设存在的问题及应对建议——以濮阳市中级人民法院事业编制书记员为视角 》，载《法制与社会》2013 年第 21 期。

有针对性，有必要确定一种基准配置模式，再根据上述因素进行因地制宜地调整。考虑到基层人民法院一审民事案件在司法审判工作中占比最大，且国内法院和部分学者已进行过一些研究，故拟以基层人民法院一审民事案件为对象，借鉴现有调研成果并辅以实地走访调查，对司法辅助人员配置基准进行讨论。

对于部分法官和案件的调查能否反映我国基层一审民事案件整体审理状况的问题。实际上，这是任何个案研究所共同面临的理论难题，社会学界亦有过持久的争论，并最终对个体研究在一定范围内所具有的普遍意义基本达成共识。① 如人类学家埃里克森所述，"你在人类学分析的一定程度上是一个恰当的相对主义者，同时提供理由说明某种特定的潜在模式对于所有社会或人们来说是共同的。"②就此而言，依选取的调研样本和走访情况所得出的结论具有一定的整体性意义，并且不同地区的调研成果及采集到的数据显示测算结论接近实际情况，一方面可以作为扩展研究的基准，另一方面以下研究过程也提供了一种测算人员配比的合理方法。

(一)基层人民法院一审民事案件核心工作量与审判辅助工作量分析

根据我国《民事诉讼法》，一审民事案件可适用简易程序或普通程序，两者对法官与司法辅助人员的工作时间要求具有很大差异。

适用简易程序时，单个一审民事案件平均总耗时为 6.64 小时，其中，开庭审理、合议定案及文书制作属于核心审判事务，一般由法官承担，平均耗时为 2.49 小时，其他事务属于辅助性事务，由司法辅助人员承担，平均耗时 6.77 小时(由于开庭审理及合议定案时也必须有一名司法辅助人员在场记录，故此部分时间在审判辅助中也需计算，下同)，故从事核心审判事务所需时间与从事辅助性事务所需时间的比例约为 1∶2.7。

单个适用普通程序的一审民事案件总耗时为 25.24 小时，其中，开庭审理、合议定案及文书制作属于核心审判事务，必须由法官亲力亲为，耗时为 13.41 小时，其他事务属于辅助性事务，可由司法辅助人员承担，耗时为 21.93 小时，可推知从事核心审判工作所需时间与从事辅助性审判事务所需时间的比例约为 1∶1.6。鉴于一审民事案件中简易程序的适用率在 70%左右，因此，单个一

---

① 张青：《基层法官流失的图景及逻辑：以 Y 省部分基层法院为例》，载《清华法学》2018 年第 4 期。

② [挪威]托马斯·许兰德·埃里克森：《小地方，大论题：社会文化人类学导论》，董薇译，商务印书馆 2008 年版，第 14~15 页。

审民事案件平均耗时为6.64×0.7+25.24×0.3=12.22小时，法官核心事务平均耗时为2.49×0.7+13.41×0.3=5.77小时，司法辅助人员辅助事务平均耗时为6.77×0.7+21.93×0.3=11.32小时，从事核心审判工作所需时间与从事辅助性审判事务所需时间的比例约为1∶2，即理想状态下，基层人民法院一审民事案件的法官与司法辅助人员比例应为1∶2（见表44-1）。

表44-1　不同程序下基层人民法院一审民事单位案件平均耗时

单位：小时

程序	平均总耗时	核心事务平均耗时	辅助事务平均耗时	核心事务与辅助事务耗时比例
简易程序	6.64	2.49	6.77	1∶2.7
普通程序	25.24	13.41	21.93	1∶1.6
不区分程序	12.22	5.77	11.32	1∶2.0

（二）基层人民法院一审民事案件法官办案量与司法辅助人员配置关系

在理想状态下，法官应当是专注于核心事务且工作量恰好饱和。根据法官审判工作饱和时间和单个案件上核心事务耗时、从事核心审判工作所需时间与从事辅助性事务所需时间比例可以得出，基层人民法院一审民事法官理想状态应是在配备2名司法辅助人员的情况下，办案饱和量为1433.25÷5.77=248.40件。①

法官仅能配有一名司法辅助人员，在两人均勤勉工作的前提下，作为一个整体，法官不可避免地要在核心事务之外承担部分辅助性事务，才能确保最高效完成所有审判工作，此时两人在单个案件中所投入的平均耗时是相同的，即（5.77+11.32）÷2=8.55小时，此时法官年度办案饱和量为1433.25÷8.55=167.63件（见表44-2）。

---

① 以2018年1月1日至2019年1月1日为例，全年工作日为365-11（法定节假日）-52×2（休息日）=250天。除法定假日外，法官的探亲假等具有很强的偶发性，故忽略不计，以法官年休假5天进行计算，法官全年工作为245天。扣除闲杂事务所需时间，法官每天集中精力工作6.5个小时应为饱和工作状态，故全年法官饱和工作时间为245×6.5=1592.5小时。而除审判之外，法官平均每年将花费10%的工作时间分配至会议、培训、活动等非审判工作中，故法官实际用于审判工作的饱和时间为1433.25小时。

表 44-2　人员配比与法官办案饱和量的关系

法官与司法辅助人员配比	法官办案饱和量
1：1	168
1：2	248

基层人民法院一审民事审判团队按 1：2 的比例配置审辅人员时，法官办案饱和量为 248 件，此时法官与司法辅助人员均可实现尽职勤勉和有效分工，达到最理想的配置状态，亦可以视为法官与司法辅助人员配置基准。若在人员不变的情况下增加办案量，或办案量恒定的情况下人员配置不足，都会让法官和司法辅助人员陷入超负荷工作。

这一结论也与实际情况基本相符。课题组随机电话调查了上海市三家基层人民法院民事案件承办法官，均表示在“一审一助一书”的配置结构下，办案量达到 220～270 件时基本饱和，若仅配备“一审一辅”，则办案量在 150～180 件时达到饱和，具体情况还跟所配置辅助人员的身份、学科背景、学历、能力等有关。① 鉴于法官助理与书记员的职责有所不同，在 1：2 的配置模式下，“一助一书”可视为司法辅助人员最为合理的配置基准。

二、审判团队中法官与司法辅助人员配置模式

从三级法院的职能定位来说，审级越高的法院越侧重于审判监督管理和业务指导职能，审判工作越偏向宏观层面，人均办理案件数量越少，但案件平均审理难度更大，对审判人员法律专业能力和审判经验的要求相应提高。在对司法辅助人员的需求上，由于司法辅助人员在法官办案过程中主要发挥辅助性作用，审理难度越大，法官在案件审判中的核心作用越明显、核心事务在单位案件中的耗时增加、辅助事务耗时所占比例降低，故司法辅助人员配比随审级提高呈现下降趋势，这亦可在前述简易程序和普通程序测算对比中得到印证。

因此，即便中高级人民法院人数总量普遍高于基层人民法院，但三级法院

① 2015 年，在法官与司法辅助人员总体配比 1：1.5 的情况下，上海法院人均办案数 187 件，其中基层人民法院人均办案 230 件，但加班情况严重。上海法院经过初步测算，在有效工作时限内，不含加班加点的情况下，上海法官年均办案量在 150 件左右，而理想化的配比应为一个法官配备两个司法辅助人员。参见商西：《专访上海高院院长崔亚东：建议法官员额动态管理争取一个法官配两个辅助人员》，载《南方都市报》2016 年 3 月 14 日。

的职能定位决定了司法辅助人员在各级法院总人数及配置比例应呈现出高级人民法院低于中级人民法院，中级人民法院低于基层人民法院的趋势，而司法辅助人员尤其是法官助理的平均业务水平应为高级人民法院高于中级人民法院，中级人民法院高于基层人民法院（见表44-3）。

表44-3　三级法院司法辅助人员配置总量对比

项目	配置对比
司法辅助人员在本院总人数中占比	高级人民法院<中级人民法院<基层人民法院
司法辅助人员与法官的配置比例	高级人民法院<中级人民法院<基层人民法院
法官助理平均业务水平	高级人民法院>中级人民法院>基层人民法院

（一）基层人民法院

基层人民法院主要负责一审案件的审理工作，人均办案量大是基层人民法院审判活动最突出的特点，包括司法辅助人员在内的司法审判资源理应向办案团队倾斜。

1.立案团队。立案环节与审判环节不同，除确定是否立案及案件分流涉及专业判断外，起诉材料审核（仅看起诉材料是否齐全）、材料收集整理、案件信息录入、案件材料移交等均为事务性辅助工作乃至行政事务，可通过成立诉讼服务中心及人工智能技术等方式进行分担。与之相对应，立案环节法律适用难度下降。根据现有立案标准，大多数起诉是否可以当场立案的判断难度较小，即便出现部分起诉不符合条件但被受理的情形，审理中仍可以用驳回起诉的方式予以修正。可见，与实体审理相比，登记立案对法律业务能力的要求相对不高，具有一定经验的法官助理足以承担大多数起诉的登记立案工作，故可在立案环节提高法官助理配额，由法官助理完成立案工作，进一步释放审判力量。由此，根据立案环节工作需要可对各类人员作如下分工：法官助理主要负责对当事人起诉进行立案咨询、登记立案，若无法当场判定是否符合立案条件的，可交由法官审查。法官除对存疑起诉决定是否立案外，主要负责对案件进行诉调分流，并对适合调解的案件及时对接诉调中心安排诉前调解。立案信息录入、分发案件、材料收集、扫描等工作则由书记员、司法行政人员及诉讼服务中心负责。与民事法官办案相比，立案环节法官核心事务占比更少，司法辅助人员特别是初级法官助理、书记员乃至行政人员将成为工作主力，故单元立案团队的配比可以在配置基准之上大幅提高，同时压缩立案环节团队数量。鉴于司法辅助人员对立案团队工作提质增效的积极作用,提高司法辅助人员配比将直接降低立案环节对法官的需求量,可以释放更多的员额法官至办案一线。故可按1∶4甚至更高比例配置法官与司法辅助人员,同时可引入司法行政人员分担部分事务。

2. 民事审判团队。基层法院在民事审判团队的构建上存在不同模式,具体可分为三种模式:一是分别成立适用简易程序和普通程序的审判团队;二是以1名法官为核心建立审判团队,主要适用简易程序审理案件,需适用普通程序时则以承办法官所在团队为主与另外两个审判团队中的法官组成临时合议庭;三是以3名法官组成的合议庭为核心建立审判团队,3名法官又均可独自适用简易程序审理案件。在第一种模式下,简易程序团队与普通程序团队应采取不同配比模式。按照前述测算,基层人民法院一审民事法官若仅适用简易程序审理案件①,则一年办案饱和量为575.60件,同时应至少按1∶3的比例配置司法辅助人员,其中事务性辅助工作占比又明显超出业务性辅助工作,故书记员比例应适当高于法官助理;若仅适用普通程序审理案件,则法官一年办案饱和量为106.88件,同时应至少按1∶1.7的比例配置司法辅助人员,其中业务性辅助工作耗时与事务性辅助工作相近,法官助理与书记员比例基本相当,或略低于书记员比例。从实践看,相当一部分法院采取的是第二、三种模式,没有按简易程序和普通程序对民事案件审判团队进行划分,这类审判团队可直接适用前述测算中的审辅人员配置基准模式,即按照1∶2的比例配置法官与司法辅助人员,其中法官助理与书记员各占一半,此时,法官年度办案任务应在250件左右。根据测算,若法官人均办案任务低于基准值约30%以下,则可按照1∶1的比例配置司法辅助人员,且应首先满足事务性辅助工作需要,优先配置书记员。参照前述标准,若需法官人均办案量超过基准值约30%以上,则应当按照1∶3的比例,增加一名司法辅助人员配置,而鉴于一审民事案件简易程序适用率高,简易程序中事务性辅助工作又略多于业务性辅助工作,故更适宜在"一审一助一书"的基础上增加书记员配置。

3. 刑事审判团队。对比刑事案件、行政案件与民事案件的审理情况可知,各级法院刑事案件收案数量小于民事案件,但刑事案件的复杂程度跨度较大,

---

① 实践中,承办督促程序、公示催告程序、特别程序类案件的审判人员也往往与承办简易程序案件重合,不再单述。

单个案件平均耗时要长于民事案件，相近情况下法官办案饱和量少于民事案件。具体到法官与司法辅助人员的分工上，在整个案件办理过程中必须由法官承担的工作占比要大于民事案件，耗时比例更高，法官助理、书记员能够为法官分担的辅助性工作要少于民事案件。因此，刑事案件审判团队司法辅助人员配比应略低于民事案件审判团队，以一审民事案件人员配置基准为参照，一审刑事案件法官与司法辅助人员配比可在1∶1.8左右调整。根据《刑事诉讼法》，“基层人民法院适用简易程序、速裁程序的案件可以由审判员一人独任审判”，故部分法院也采用类似民事审判简易程序和普通程序审判团队的分割方法，将刑事审判团队分为简易程序审判团队、普通程序审判团队。显然，简易程序审判团队中，司法辅助人员承担的工作量要高于普通程序，故简易程序审判团队法官与司法辅助人员配比可超过1∶2，普通程序审判团队则更适宜在1∶1.5左右。

4. 其他审判团队。其他审判团队主要指承担行政、知识产权、少年家事、再审等案件审判工作的团队。以普遍情况来看，行政审判团队和知识产权审判团队法官人均办案量与民事案件基本持平或略多一点，单位案件审判工作体量与耗时均与民事案件类似，可借鉴民事案件的配置基准进行人员配备，但同等条件下法官人均办案饱和量应下调。若审判团队法官人均办案量较少，在司法辅助人员有限的情况下，法官与司法辅助人员可按照1∶1进行配置。

5. 执行团队。执行权是人民法院依法采取各类执行措施以及对执行异议、复议、申诉等事项进行审查的权力，包括执行实施权和执行审查权。① 根据最高人民法院执行实施权与执行审查权相分离的要求，大多数地方法院均已建立平行的执行裁判机构及执行实施机构，前者负责审查和处理执行异议、复议、申诉以及决定执行管辖权的移转等审查事项，后者负责财产调查、控制、处分、交付和分配以及罚款、拘留措施等实施事项。执行争议的审查方式类似于普通程序，故基层人民法院执行裁判团队可参照基层人民法院一审民事案件法官与司法辅助人员配比方式进行配置，并根据法官人均案件任务量进行调整。执行实施权涉及对当事人财产乃至人身进行强制执行，其中所涉及的辅助性工作主要包括财产线索调查、协助法官控制实施强制行为等，工作量较大但涉及法律业务难度不高，法官核心事务较少，在执行团队中增加法官助理、书记员数量能够进一步优化执行人员结构，在保证执行效率的前提下降低员额法官的配置需

① 《最高人民法院关于执行权合理配置和科学运行的若干意见》（法发〔2011〕15号）。

求。因而,执行实施团队法官助理、书记员的配比应适当高于配置基准,可在1∶2.5左右灵活调整。

(二)中级人民法院

作为基层人民法院的上一级法院,中级人民法院自然承担起大部分二审案件的审理工作,一审案件、再审案件在中级人民法院受理案件中所占比例较小。中级人民法院人均案件量要小于基层人民法院,单个案件辅助性工作的繁琐程度整体上小于基层人民法院(二审案件有一审裁判及案卷为基础,在证据整理、争点归纳、与当事人沟通、文书撰写等方面比一审更为便捷),但是审理难度相对提高,法官在单个案件中的核心作用更加凸显,因此,中级人民法院司法辅助人员配比应整体上小于基层人民法院。

1. 立案团队。中级人民法院的立案工作主要针对上诉案件,也包括少量一审案件。前者不需要对是否立案进行判断,工作重点在于案件分流环节,后者鉴于法院级别管辖的规定,相比基层人民法院更为繁琐和谨慎。在没有授权法官助理办理程序性案件的情况下,中级人民法院立案环节适宜法官助理承担的业务性辅助事务较少,主要由法官对部分程序案件进行裁判,并结合案件分流系统对立案工作、案件分流作出判断,由书记员、司法行政人员处理事务性工作,故在人员配置方面不需要过于强调法官助理的配置,可在基层人民法院立案团队的配置基础上适当降低司法辅助人员配比,以1∶3左右为宜。

2. 审判团队。如前所述,中级人民法院受理的一审、二审案件平均审理难度高于基层人民法院,需要法官在单个案件审判中投入的时间和精力亦多于基层人民法院。案件平均审理耗时变长,且增长量主要体现在法官的耗时上(审判辅助工作的耗时虽也有加长,但总体上仍低于核心事务耗时的增加)。因此,单个案件中司法辅助人员需承担的辅助工作量占比将小于基层人民法院,但对司法辅助人员特别是法官助理的业务水平要求有所提高,法官办案饱和量要小于基层人民法院。基于此,中级人民法院审判团队中的司法辅助人员应按照“少而精”的方式进行配置,即法官与法官助理的配比上应低于从事相同类型审判工作的基层人民法院审判团队,并可根据中级人民法院审判组织特点,按照合议庭配置司法辅助人员,并下调法官办案饱和量标准。关于人员类型,由于中级人民法院所受理案件事务性辅助工作往往不因审判难度而减少,在配置司法辅助人员时,应根据实际需求首先保证法官与书记员能够满足1∶1的需求,在此基础上拓宽法官助理来源渠道,增加一定数量的法官助理。

3. 执行团队。中级人民法院的执行工作与基层人民法院类似,但执行案件数量相对更少,案件平均执行有一定难度。而就执行团队对法官助理的需求而言,无论是执行审查团队还是执行实施团队,中级人民法院所需法官助理、书记员数量不及基层人民法院,故应适当降低执行团队中法官助理、书记员的配比,可以按 1∶2~1∶1.5 的比例进行配置,在此基础上可增配适当数量法警。

(三)高级人民法院

与中、基层人民法院相比,高级人民法院更侧重于管理、指导、规范和监督职能,审判工作量小,但审判难度较大。高级人民法院不仅要做好疑难复杂案件的审理工作及审判监督工作,还负有统一法律适用、为下级法院提供业务指导的重要职责。作为法官的"助手",高级人民法院审判团队中的法官助理除承担案件审理中的辅助性事务外,必要时还需协助法官完成法律研究、司法统计等综合性辅助工作,故确定高级人民法院审判团队中司法辅助人员的配置方式时,应更注重质量而非数量。

就高级人民法院内部分工而言,虽然高级人民法院各类团队的工作范围不同,但基本上所有法官的人均结案量相差不大,各团队中业务性辅助工作体量和难度也没有明显区分,再根据审判团队类型对司法辅助人员进行细分并无太大意义,可采取统一配置结构,但比例应与中级人民法院的比例上略有降低。若个别审判团队案件承办量超出平均水平 1 倍以上,可适当增配 1 名司法辅助人员。同时,从审级越高法官职责越多元化的角度看,配置司法辅助人员时应保证有相当数量的法官助理,才能真正辅助法官完成各项业务性辅助工作。

三、审判团队辅助人员配置思路

根据上述分析,在较为理想的状态下,各级法院审判团队中法官与司法辅助人员配比将普遍在 1∶1 以上。那么司法辅助人员由谁来担任,法官助理与书记员具体应如何分配,这些问题也是人员配置中必须考虑的。

从目前的岗位职责分工上看,"法官与法官助理的工作内容在很大程度上是可以相互转移的,书记员与法官助理亦是如此,但法官与书记员之间则很难发生转移。"①无论案件难易、案件量大小,单个案件中法官与书记员是必不可

---

① 青岛市中级人民法院课题组等:《中级法院审判团队配备问题研究》,载《山东审判》2017 年第 1 期。

少的，法官助理则是在案件量太大的情形下为法官提供帮助、提高法官办案效率的“帮手”。在配置司法辅助人员时，应首先满足书记员的配置需要，否则即便配置再多的法官助理，也会有相当数量的法官助理必须充当书记员角色，陷入事务性工作中。

法官助理绝大部分工作具有辅助性，若法官的办案任务有限，远低于饱和量，再为其配置法官助理分担事务，则明显会造成法官与法官助理工作量“吃不饱”，让一部分人力处于空置状态；而在法官办案任务过多的情况下，则必须增加法官助理配置，通过分担业务性辅助工作提高审判质效，解决“人案矛盾”。“一名法官配备多少法官助理或多少法官配备一名法官助理，主要应当根据办理案件的需要确定，一名法官配备两名司法辅助人员，很多法院做不到，有的法院不需要。”①因此，确定司法辅助人员具体配置类型时，应当充分考虑人员配置的必要性和可行性，从法官所承担的办案任务角度进行衡平：首先需确保审判团队中书记员的配置，在法官无法依靠“一审一书”完成办案任务、人案矛盾突出时，应合理配置法官助理促进审判质效的提升，在编法官助理不足部分可由合同制法官助理补充，避免单纯追求数字比例造成人力资源的浪费。

第三节　智能化与辅助人员配置

在大数据、人工智能的时代巨变中解决制约司法效率提高的问题，不仅要依靠人力资源的优化配置，更需要将现代科技和人员管理改革深度融合，充分运用现代科技的伟力，发掘司法大数据所蕴藏的巨大潜能，探索全新的破解之道。

一、以智能化促辅助事务集约化

随着智能化技术水平的提高，人工智能化让大量原先必须要靠人力完成的事务交由机器完成，这一趋势也已延伸至司法审判领域。

---

① 赵春晓：《胡云腾在江苏南通法院调研时强调：深入推进法官助理制度改革》，载《人民法院报》2016年8月18日，第1版。

目前,全国部分法院已进入“庭审智能化”阶段,通过“庭审音字转化系统”基本实现庭审实时记录。原有庭审记录必须依靠书记员手动输入,笔录完整性完全取决于书记员打字速度和细心程度。而当下语音转化技术的发展则从根本上解决了这一问题。语音转化系统可以对庭审参与人的发言实时转写、庭审笔录自动生成,实现对庭审过程全面、客观的记录,有效解决了人工输入时的漏输、错输问题。同时,语音转换系统法律专业数据库的建立既可以避免书记员法律知识不足造成的记录质量不高问题,其不断更新的数据库又能使书记员顺利应对各类型案件需求,使庭审记录集约化管理变为可能。因此,在语音转化系统和庭审录音录像的配合下,书记员仅需对记录中的瑕疵进行修正,并引导当事人阅看签名,不再需要花费时间提前熟悉案卷,因书记员输入速度影响庭审顺畅的问题也将大为减少,记录效率和笔录的完整性明显提高,大大减轻了书记员负荷。未来时机成熟时,甚至完全可以用录音录像电子数据代替纸质卷宗。

除语音转换系统外,还有无纸化办案机制,可以有效促进司法工作效率提升。无纸化办案主要依靠诉讼材料、案件卷宗电子化以及网上司法辅助服务系统来实现。电子卷宗随办案进程同步网上生成、流转,逐步改变以往依赖纸质卷宗的办案模式,能够有效节省纸质材料流转、审批、归档所需精力,压缩审判辅助事务所需人力时间。目前部分法院已在尝试对于简单一审案卷不再向二审移交纸质卷宗,二审法官直接调阅一审电子卷宗,逐步打通一审、二审法院案件流转信息化渠道,加快上诉案件流转节奏。

二、以集约化促辅助工作高效化

通过对司法工作进行归类分组、规模操作,将司法资源进行统筹调度、集中使用,实现化零散为集合的“批量生产”,可以达到“低投入高产出”的效果。

信息化建设通过“数据跑路”“智能替代”不仅直接促进了审判辅助工作效率提高,更为审判辅助事务的集约化管理奠定了基础。办案智能化有效降低了案件中个性化要素对部分审判辅助事务的影响,消解了具体审判辅助人员隶属于单个案件的必要性,使得部分审判辅助事务可以通过集约化实现工作效率的二次提高。

庭审语音转换直接减轻了单个案件中书记员负荷,但如何在技术的支撑下进一步优化资源配置则必须要通过书记员的集约化管理来实现。在全面完成了庭审语音转换系统建设及法庭改造的基础上，可以成立书记员管理办公室，抽调部分业务书记员成为专职"驻庭书记员"，由书记员管理办公室。根据案件开庭排期情况，选派驻庭书记员负责相应案件的记录工作。跟案书记员从庭审记录中解脱出来，辅助事务工作量明显降低。而"无纸化办案"则为立案、送达、鉴定、保全等事项的集约化提供了可能。通过组建诉讼辅助事务中心等形式，由专人集中办理案件材料电子扫描录入、发送传票、办理公告、协调鉴定机构等事项，法官或司法辅助人员仅需在收阅电子卷宗后，通过系统向服务中心发出公告、送达、排期、移送评估鉴定、保全和报结等指令，等待事务中心的结果反馈即可。个案中的司法辅助人员不再需要为此花费过多精力，可进一步减少单位案件中审判辅助所需人力。通过审判辅助事务的集约化处理，司法辅助人员单个案件中的辅助事项变少，同样多的时间内可以多跟 1～2 个法官，审判环节司法辅助人员配比亦可相应降低。

三、以高效化释放辅助人员人力

从审判辅助事务的分类来看，事务性工作具有重复性高、判断度低、流程单一的特点，信息化建设和集约化管理对这类事务的积极作用更加明显。所以，通过前述信息化建设和集约化管理所节约出的人力资源主要是承担事务性辅助工作的书记员。

释放出的人力资源如何合理分配、解决现有司法辅助人员人手不足的问题同样至关重要。目前，司法辅助人员问题最为突出的即法官助理不足，对此，除了通过前述扩大法官助理编外来源的方法来增加人数外，还可以将从审判辅助人员中解放出的优秀在编书记员补充到法官助理队伍中。在法官助理岗位出现之前，这些在编书记员实际上已或多或少承担业务性辅助工作，以确保团队效率。长期从事审判辅助工作让这些书记员普遍具有经验丰富、业务熟练的特点，且多与法官已形成良好的协作默契，而编内身份又可确保其履职时谨慎负责，对其行为作出约束，客观上具备担任法官助理的能力和条件。此外，将这些书记员补充到法官助理的队伍中辅助法官办案，不仅可以达到高效辅助法官办案、实现"1+1>2"的效果，也不会因此影响在编法官助理的遴选问题。可见，在信息化建设与集约化管理背景下，择优将编内书记员增配到法官助理队伍中，无疑是实现司法辅助人员优化配置的另一种路径。

第四节 辅助人员职业规划

拓宽司法辅助人员的职业管理和发展，不仅是构建一支素质高、能力强的司法辅助人员队伍的基本要求，也是助力每一个司法辅助人员未来发展的重要举措。司法辅助人员的来源有别、性质多样，职业管理发展不可能千篇一律。为司法辅助人员创设多样性的发展道路，既符合现实司法实践经验，又能满足司法辅助人员自身发展诉求，是法院队伍建设的重要组成部分。对于司法辅助人员职业发展的拓宽，我们认为，主要有三条路径：一是司法辅助人员通过遴选成为法官；二是司法辅助人员内部职位晋升；三是司法辅助人员外流至其他职业。三条路径各成一体，却又相互连通，给予司法辅助人员足够宽广的发展空间，为吸引人才和稳住队伍提供了有力的保障。

一、在编法官助理遴选晋升考核

通过遴选成为法官，已然是大多数在编法官助理所期望的职业发展首要通道。对此，法院在处理在编法官助理配置问题时，应充分考虑未来法官的培养问题，有意识地通过岗位配置加强对法官助理的专业培养，兼顾辅助办案与培养发展双重目标。

1. 注重在编法官助理的培养。在编法官助理是未来法官的后备军，为法官队伍提供持续有效的人才保障。法院应当重视对法官助理审判实务、专业知识、工作技巧等方面的培养，构建一支高素质的法官助理队伍。就我国实践情况看，各地均不同程度考虑到了法官助理培养问题。如上海市第二中级人民法院针对法官助理培养，制定法官助理岗位说明书，将法官助理分为实习阶段、熟悉阶段、熟练阶段，要求法官助理在法官指导下分层级履行审判辅助职责（见表44-4）。①

表44-4 法官助理岗位说明书

阶段	实习阶段	熟悉阶段	熟练阶段
年限	试用期及法官助理任职第1年	法官助理任职第2~3年	法官助理任职第4年及以后

① 该院法官助理均具有中央政法编制，其80%为2015~2020年招收的硕士研究生。

续表

阶段	实习阶段	熟悉阶段	熟练阶段
培养目标	主要培训书记员工作；指定素质好的书记员结对工作；承担庭前准备、庭审记录；观摩承办人开庭	学习审判技能，积累办案经验；培养庭审驾驭、文书写作、群众工作能力	组织庭前调解；进行谈话接待；独立办理简单案件，但需经承办人把关；参加合议庭评议；撰写文书
责任提示	开展审判辅助工作时，应严格遵守诉讼程序法的有关规定，切实履行相关工作职责，避免侵害诉讼参与人的各项诉讼权利。承担草拟调解书、裁判文书等涉及文字的审判辅助工作时，应认真负责、仔细核对，避免出现文字、数字及标点符号错误或脱漏等低级错误		

虽然不同地区均注意到了培养问题，但根据一线法官助理反馈，培养机制缺乏完整体系和具体落实，与岗位实际情况贴合度不高。结合法官助理队伍建设实际，在编法官助理的培养应该着重从以下几个方面进一步加强落实：第一，契合司法辅助工作的实践需要。要注重法官助理辅助法官办案的能力培养，使之成为法官工作的好帮手，提高团队的审判质效。第二，符合法官助理岗位的性质定位。"大多数法官助理职业目标是成为法官，故对法官助理的培养要对接上述职业期待，满足法官助理自身发展需求。"①第三，遵循事物发展的客观规律。对法官助理的培养要遵循人的发展规律和司法规律，不能拔苗助长，在科学可行的前提下，提高培养力度，加快培养速度。

2. 加强在编法官助理的考核。法官助理的考核不仅是确定绩效的主要依据，也是法官助理培养成果的具体量化，更是促进工作效能的提升、建设一支高素质的法官助理队伍的必要举措。在编法官助理的考核应当和配置情况联系起来，一方面应针对在编法官助理进行单独考核，根据各法院对在编法官助理的工作要求结合公务员序列管理体系进行；另一方面，应针对不同审级在编法官助理工作的具体内容，"参照法官权重系数考核的做法，设定考核系数，并引入带教法官、审判长的评价以及调研、法制宣传等综合型审判事务内容"②，以真实全面反映法官助理的工作情况。同时，在编法官助理的考核还应具有指引

① 张太洲：《现行与展望：我国法官助理制度完善机制研究》，载《海峡法学》2016 年第 2 期。

② 李颖异、王岩岭：《法官助理绩效管理机制完善之探究——以 KPI 绩效管理机制为镜鉴》，法院改革与民商事审判问题研究——全国法院第 29 届学术讨论会 2018 年会议论文。

性，重视对是否具备法律知识、法律实践经验以及成为法官的潜质，以及在协助法官办案方面的责任心、主动性、服务意识和团队协作精神等方面的情况考察，合理设定考核比重。比如，按照“基本工作量40%+选择工作量20%+工作评价20%+调研综合20%”的方法进行量化积分，全面记录在编法官助理的工作业绩。

二、合同制辅助人员考核

1. 构建合同制司法辅助人员的考评管理体系。构建司法辅助人员考评机制，需要符合其内在价值追求。作为司法审判团队的重要组成部分，“合同制司法辅助人员队伍应当被配置好、管理好、使用好”①。结合司法实践，合同制司法辅助人员考评应有如下几点考虑：评价内容应分两部分，业务性评价和职业性评价。职业性评价，主要关注的是职业操守、人际关系等方面的能力，评价主体为所辅助的承办法官、团队审判长以及业务庭；业务性评价则参照在编法官助理评价方式，对不同角色承担的具体事务设定不同权重，并进行评分统计。在评价结果和运用上，合同制辅助人员的评价结果分为优秀、合格、基本合格、不合格四种，获评优秀等级可在经济上予以额外奖励，每年获评合格以上的合同制辅助人员可提升一个工资级别，基本合格以下的不提升工资级别，连续两年评价不合格应当予以解聘。此外，考核的结果还可作为调整级别、工作奖惩、解聘续聘、培训交流等的依据。

2. 健全合同制司法辅助人员的激励机制。对于合同制司法辅助人员内部晋升模式的设计可以采取“三级九等”模式，将法官助理、书记员两种不同职位单独序列，各自确定晋升等级。合同制司法辅助人员的晋升不同于编制内的晋升，司法辅助人员的工作性质主要是事务性工作，而非管理性，其“权力性”增加较弱，主要依靠“物质性”的提升。另外，不同等级应与不同工资级别对应，同时可参照公务员序列待遇进行设定。比如，把最高等级的合同制法官助理薪酬等同于正处级公务员薪酬，极大提升合同制辅助职业的荣誉感和吸引力。

三、司法辅助人员流动机制

1. 司法辅助人员的内部转任。理论上，在编法官助理、编制内书记员、合同

---

① 孙海龙、彭婧婕：《法官助理考核评价机制研究——基于实证与比较的双重视角》，2018年“羊城杯”新时代人民法院深化司法体制综合配套改革主体征文获奖论文。

制法官助理、聘用制书记员之间均有转任的可能(见图 44-2)。就目前实践情况来看,合同制司法辅助人员转为在编法官助理需通过公务员考试,编制内书记员转为在编法官助理基本都已完成,而合同制法官助理转为聘用制书记员的情形并不常见,故本节着重讨论聘用制书记员转为合同制法官助理的问题。

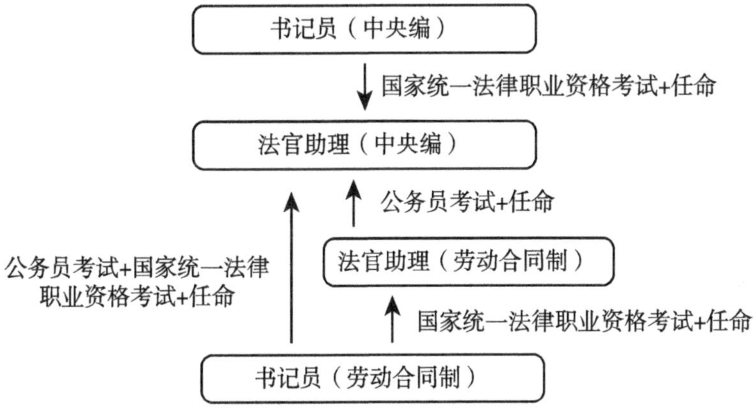

图 44-2　法官助理及书记员转任衔接机制

聘用制书记员在取得法律职业资格并被所聘用法院选任后,可以成为合同制法官助理,但转任衔接机制应进一步完善:第一,衔接机制制度化。《人民法院书记员管理办法(试行)》中对聘用制书记员选任为合同制法官助理进行规定,明确选任条件,打破聘用制书记员和合同制法官助理之间壁垒。第二,衔接机制常态化。法院每年应根据申请情况划出部分合同制法官助理名额在聘用制书记员中选拔,使一定比例聘用制书记员成长为法官助理。第三,工作年限可折算等级。聘用制书记员的等级和合同制法官助理的等级挂钩,聘用制书记员的职业期限可在合同制法官助理等级评定中做一定折抵,满足各方心理预期。

2. 司法辅助人员的外部流动。司法辅助人员的外部流动是遴选入额、内部职级晋升之外的另一主要职业发展形式,在司法辅助人员职业发展体系中具有不可或缺的地位(见图 44-3)。目前,司法辅助人员职位社会吸引力不高的重要原因之一就在于,司法辅助人员对外流动不畅、发展不好,前期的不良反馈直接影响后续人员的招录质量。对此,司法辅助人员外部流通路径设计应具备包容性和限定性。包容性体现在法院要以包容开放的态度去接受司法辅助人员选择新的职业,为其提供必要的帮助;限定性意味着法院必须列出一张负面清单，进行必要执业限制，如法官助理离职后应当不得在原就职法院代理案件等。

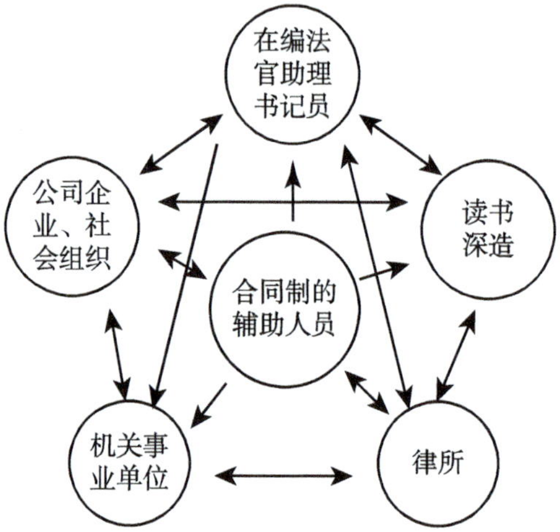

图 44-3　司法辅助人员外部流通路径

注：单箭头代表单向循环，双箭头代表双向循环。需要指出的是，单箭头不代表没有特例。比如，也会有合同制司法辅助人员读书深造后，继续回归从事司法辅助工作的情况，但因为此类案件较少，予以忽略；又如，合同制司法辅助人员成为公务员、中央编法官助理后，再从事合同制司法辅助人员的情况极为罕见。

从现实状况看，各地多关注法院人员离职的负面清单，忽略了外部流动与法律职业圈的衔接问题。顺畅的衔接机制，不仅能够提高外部流动的有效性、扩充职业发展空间，反向促进队伍的稳定，更能在更高层面上实现法律共同体的构建。

以司法辅助人员流出后的主要职业选择律师为例，目前衔接机制应于两点上重点探究。第一，法官助理转为律师的实习期应缩短。《中华人民共和国律师法》《申请律师执业人员实习管理规则》没有对实习期有特殊规定，考虑到法官助理的工作性质，可以将一年律师实习期缩短为三个月，经专门考核合格后免去不必要的培训，降低转行执业的时间成本。[①] 第二，评定律师登记与法院工作年限挂钩。2017 年 3 月司法部印发《关于建立律师专业水平评价体系和评定机制的试点方案》，规定曾从事审判、检察、立法等工作的律师，从事审判、

① 江苏省高级人民法院、江苏省司法厅、江苏省律师协会联合出台《关于开展申请律师职业人员到法院担任实习法官助理的实施意见》中已规定，曾担任过人民法院聘用制法官助理的人员，在申请律师执业时，其法官助理的任职时间可以折抵最长不超过 6 个月的申请律师执业人员的实习期。

检察、立法等法律业务的时间计算为执业时间。法官助理虽不直接行使审判权，但与审判工作紧密相连，在律师定级执业时间的认定上也应考虑其担任法官助理的时间。

第五节　司法辅助人员履职依据

现有员额法官保障机制相对健全，但对于司法辅助人员的保障问题，学理界与司法实务界均鲜有涉及。“司法辅助人员保障制度的缺失，一方面，让司法辅助人员履职缺乏法律依据、带来不便，间接阻碍了审判质效的提升；另一方面，也影响到司法辅助人员队伍的稳定性和履职的积极性，构建司法辅助人员保障机制迫在眉睫。”①

一、“组织法”需明确身份保障

完善司法辅助人员的法律制度保障，首先需在法律上明确司法辅助人员身份，这也是司法辅助人员依法履行职务行为的基础与前提条件。2018 年新修订的《人民法院组织法》中规定中虽提及司法辅助人员的职责，但显然并没有明确各类人员的定位与权责，有必要进一步细化。对此，一是对《法官法》第 52 条进行增补“人民法院的法官助理的管理办法，由最高人民法院制定”的内容，为进一步制定《人民法院法官助理管理办法》奠定基础；二是在条件成熟的情况下，由最高人民法院制定《人民法院法官助理管理办法》，参考《人民法院书记员管理办法（试行）》，明确在编法官助理及合同制法官助理的身份定性、职责权限、选任条件等内容，凸显在编法官助理与合同制法官助理的差异性，衔接《公务员法》《人民法院组织法》等上位法；三是修改《人民法院书记员管理办法（试行）》，根据法官助理与书记员的职责分工，重新划分书记员职责。

除此之外，让在编法官助理职责在现有辅助性事务上适度突破，赋予法官助理一定的独立权限，是保障法官助理岗位可持续发展、真正分担法官事务的必由之路。未来可以允许符合条件的法官助理在一定范围内独立履职，以自己名义进行接待立案、办理程序性事项等，而这种赋权则应当在《人民法院组织

---

① 史秀永：《建立聘任制书记员的职业保障机制》，载《人民法治》2015 年第 1 期。

法》上予以明确。《人民法院组织法》第 48 条可增加一款，经最高人民法院授权，符合条件的法官助理可以自己名义完成立案登记、调解与和解等审判辅助事项，并依法承担相应的责任。而在《人民法院法官助理管理办法》中也可细化在编法官助理及合同制法官助理独立办理的事务。以民事案件为例，在编法官助理经授权可以独立完成以下工作：接待立案、出具决定立案文书；组织当事人调解、和解，出具民事调解书；办理管辖异议案件；办理财产保全和证据保全；办理先予执行案件；办理适用公示催告程序的案件。

二、“诉讼法”需明确程序保障

程序法不仅是诉讼各环节的程序性依据，更是明确诉讼主体职责权限的明确依据。法官助理作为代表公权力的一方，其行为权限应当遵守“法有规定方可为”的原则，但法官助理是新兴概念，其程序保障极为欠缺。《民事诉讼法》等高阶法通篇均无关于法官助理的规定，导致法官助理参加诉讼活动缺少法律依据，不利于其职务履行。因此，须尽快完善司法辅助人员在诉讼法上的程序保障，为法官助理履行职责提供法律遵循。

具体来说，结合法官助理的职责划分看，《民事诉讼法》中组织证据交换、办理诉讼保全、协助组织庭前调解属于其工作职能，应重点对《民事诉讼法》第四章回避、第七章期间与送达、第八章调解与第九章保全与先予执行及《最高人民法院关于民事诉讼证据的解释（征求意见稿）》进行修改，将法官助理的职能予以法律明确和细化。比如，可考虑修改第 39 条，将法官助理明确纳入审判组织，使之成为审判辅助人员。《刑事诉讼法》中，刑事诉讼集中体现司法公正和人权保障，法官助理作为重要参与者之一，应对其履职行为进行法律规范，应重点对第三章回避和第五章证据进行修改完善。比如，第 31 条回避适用中应加入对于法官助理的限定。又如，第 52 条关于证据收集合法程序中同样应对法官助理的履职行为作出规定。另外，《行政诉讼法》回避规定中也应增加针对法官助理的回避事由等。

三、“权益法”需明确权益保障

目前，诉讼法中已经有部分内容涉及司法辅助人员权益保障。比如，2017 年 2 月最高人民法院印发《人民法院落实〈保护司法人员依法履行法定职责规定〉的实施办法》，强调要切实保障司法人员依法履职的安全，对司法辅助人员依法履职的保护参照适用司法人员。法官助理作为司法辅助人员受上述文件保护,这表明对法官助理权益的立法保护已经迈出坚实一步,但法官助理同法官、其他司法辅助人员职能上均存在差异,其履职行为保障也应当具有一定特殊性,故需进一步完善专门针对法官助理权益保护的法律法规,根据前述实施办法制定法官助理依法履职保障的实施细则,并在各级法院出台的法官助理、书记员管理办法中增加法官助理权益保障相关内容。

第四十五章　庭审同声传译直播

最高人民法院印发《人民法院信息化建设五年发展规划(2016~2020)》,要求“全国各级法院依托大数据及智能语音等前沿科技,统筹利用以司法办案数据为核心的法院数据资源,建立法院大数据总体架构,营造大数据应用良好生态,打造智慧法院”。其中,“庭审和文书智能传译系统”就是智能语音科技在法院的前沿应用。它是上海金融法院综配司改的重要组成部分。

第一节　中国司法的国际透明度

综配司改试点为了拓展国际传播渠道和探索建立国际推广机制,以及面向国际裁判案例和司法实践,以上海金融法院为试点,推动建设了金融审判案例的同声传译和国际直播,为增强审判的国际透明度和提升国际司法话语权起到了重要作用。它既是“206 工程”的延伸和创新,也是同传和直播技术在司法领域的深度应用场景。

一、建设规划

最高人民法院指出,要建设一流的国际金融法院要深化国际交流合作,向国际社会广泛宣传中国金融司法理念和裁判规律,努力做国际金融司法规律的制定者和引领者,提升中国金融司法的国际话语权。为此,上海金融法院作为全国首个金融专门法院,在“五五”改革纲要提出,积极拓展上海金融法院国际传播渠道,探索建立国际推广工作机制,面向国际展现上海金融法院的裁判案例和司法实践。加强金融审判案例的翻译传播,积极参加有国际影响力的金融司法学术交流活动,承办或协办高层次、高水平的国际金融法律论坛,向国际社会传递中国金融司法理念。

其中,上海金融法院借助于上海作为国际金融中心的有利环境,有效利用高科技智能化技术,开发出专业化的人工智能同声传译系统,实现了实时双语字幕同步、庭审笔录输出、视频音频回放、国际直播等功能,使之在国际金融案件庭审和外事接待中的国际交流能力实现了质的飞跃。

综配司改围绕“努力让人民群众在每一个司法案件中感受到公平正义”的目标,研发法院庭审同传国际直播平台,并且自动生成谈话笔录,用于科技法庭庭审笔录自动撰写、审委会会议、日常系统办公、党组会议及日常会议纪要、卷宗记录、听取律师意见笔录、日常文书制作及培训等应用场景,能有效减轻法院人员的工作压力,同时减少民众及律师等待时间,提高整体工作效率。目前人工智能应用的初步成效已经显现,为各行业的发展注入强劲动力,其中人工智能机器翻译技术取得显著提升。已有不少高规格的会议验证了人工智能同声传译系统在提升国际沟通中效率的作用。结合机器翻译实时便利、快速学习、不会疲劳的特点,解决跨国金融案件在庭审、外事接待、资料翻译等场景需求,这是中国法院国际化战略布局中的重要创新。

二、重要意义

上海金融法院推出的“庭审和文书智能传译系统”,是人工智能同声传译技术在司法领域的首次应用,既满足了技术标准,又结合了司法场景,具有非同一般的重要意义。

1. 符合“一带一路”和构建人类命运共同体需要。积极参与“一带一路”倡议,加强与世界各国的互联互通,必须加强与各国语言的互联互通,人工智能翻译正当其时,随着人工智能语言翻译大规模商业化应用,不仅自身市场规模巨大(千亿级别),而且以语言为纽带,辐射广泛,带动经济、文化等全方面交流,将有力地支撑人类命运共同体建设。人工智能翻译水平正在快速进步,其进步速度之快可能大大超出人们的预期,人工智能翻译可以让人们腾出更多的精力和时间去从事那些有创造性、有意义的活动。当前的人工智能翻译水平离人们的预期还有不少差距，存在翻译机械、生硬、整体匹配性差等问题，机器仅能够取代翻译当中句法和结构比较简单、人们对翻译结果要求不高的部分。但相信在不久的将来，人工智能翻译将完全可以和人工翻译媲美。在市场应用前景方面，人工智能翻译市场潜力巨大。同声传译作为一种高端的翻译方式，这种翻译最大特点在于工作效率非常高，原文与译文翻译的平均间隔时间是3~4秒，最长的时间也就持续十多秒，因此，同声传译可以保证讲话者的发言是连贯的，不会影响或打断讲话者的思路，对现场的听众理解演讲人所发表的看法并没有影响。因此，"同传"成为目前世界上最受欢迎的翻译方式，然而人工同传翻译人员的培养成本高，对紧急、同时高并发的翻译需求难以规模性解决。使用人工智能翻译与同声传译，可以应对同时并发的海量文字翻译请求、随时开始的国际会议和高保密要求的会议。

2. 符合最高人民法院"智慧法院"的指导方针。2016年年初，最高人民法院印发《人民法院信息化建设五年发展规划(2016~2020)》，要求"全国各级人民法院将依托大数据及智能语音等前沿科技，统筹利用以司法办案数据为核心的法院数据资源，建立法院大数据总体架构，营造大数据应用良好生态，打造智慧法院，通过运用云计算、大数据、物联网、人工智能等新技术，促进法院工作与信息化深度融合"。2016年11月17日，在第三届世界互联网大会智慧法院暨网络法治论坛上，周强同志指出，"将积极推动人工智能在司法领域的应用"。人工智能的深度应用既是司法审判现代化的本质特征，也是司法审判现代化得以实现的必然选择，人工智能技术应用下的司法审判现代化，就是互联网、云计算、大数据在司法审判中的深度应用，就是推进数据共享，最终实现司法人工智能系统的创新和构建。智慧法院就是充分运用互联网技术、大数据、云计算、人工智能等先进的信息技术，支持全业务网上办理、全流程依法公开、全方位智能服务。智慧法院以现代科技的深度应用为依托，以互联网平台和现代传输设备为载体，利用云计算、大数据、人工智能辅助司法审判，运用现代技术改造和强化司法审判的方式和手段，提升司法审判能力。2017年2月，最高人民法院修订发布《关于人民法院庭审录音录像的若干规定》中明确提到，将人工智能技术引入庭审记录，赋予这一新技术成果法律效力。建设上海金融法院庭审同传国际直播平台，符合最高人民法院的指导思想。

第二节　智能传译与直播

庭审和文书智能传译系统,实现了实时双语字幕同步、庭审笔录输出、视频音频回放、国际直播平台等功能。最终减少人工同声传译与日常翻译的资金和人力投入、提升国际庭审的效率与规格。

一、两个子系统

该系统的主要目标是实现庭审同声传译和国际直播。包括:庭审同声传译套件(法院定制版客户端软件、人工智能翻译引擎服务器、法院定制版的人工智能翻译引擎模型和拾音设备)、国际直播套件(法院定制版客户端软件、直播配套硬件)。

1. 庭审同声传译。运用经过结合金融法院特色定制的人工智能同声传译引擎模型,让法院在庭审过程中快速高效地进行语言转换的同时,完成大量文本翻译,并且在一定程度上实现中、英双语同步转化,减少了法官、书记员人工文字录入所耗费的大量时间,从而有效提升审判效率,减轻办案负荷,减少办案时间,缓解案多人少矛盾,同时实现庭审全程留痕。

通过该系统的五大功能:实时转写、实时翻译、实时速记、实时编辑、实时上屏。有效提升法院在跨国金融案件庭审等场景的综合能力。同时,考虑到法院在跨国案件庭审中使用的语言、术语具有极高行业专业性,以及目前人工同声传译的资源稀缺性,该系统实际大幅降低人工同声传译与日常翻译的资金和人力投入,并解决庭审时由于翻译不及时、不准确带来的交流沟通障碍,使得庭审流程更加顺畅;同时能大幅提升庭审时书记员的工作效率,使得庭审笔录的质量得到更好的保障。更何况,该系统还具备人工智能机器学习及优化能力,在投入使用后,将会不断提升识别和翻译的准确度。通过人工智能同声传译技术在庭审翻译的过程中进行中英双语同步转换、庭审及文书翻译,以及同时记录和导出文本。

2. 国际直播。现场运用直播无线设备,通过音频和视频编码解码技术,进行先进的无线传输,将直播视频呈现于电脑端和移动端,并同时将记录下的视频进行自动保存,形成点播链接,方便后续滚动观看。直播平台分为两个:最高人民法院的庭审直播平台和金融法院门户网站。通过同声传译国际直播平台让法院实现“让数据多跑路，让群众少跑腿，最大限度方便人民群众”，有效减轻当事人的诉累、问累和跑累。同时，解决了国际庭审和国际会议的难题。同时让法院从“互联网+”走向“人工智能+”的时代，既节约了人力，又提高了法院服务质量和效率。

通过该直播功能，能将庭审实况进行高品质的公网直播。在秉承法院在案件审理时公开公平公正的同时，提升中国法院的国际影响力。结合智能同声传译系统，实现实时内嵌中英翻译字幕，并且还具备实时统计功能，对庭审直播的所有接入点进行分析统计，从而从数据上反映每一次庭审直播的国际影响力。直播内容发布到最高人民法院庭审直播平台、金融法院门户网站。

二、同声传译直播界面

法院运用定制版庭审同声传译套件和国际直播套件，可以实现同时向全世界进行直播。

1. 同声传译。通过人工智能同声传译技术，在庭审翻译的过程中进行中英双语同步转换，并同时记录和导出文本。庭审同声传译套件为法院进行高度定制化开发。主要内容包括：翻译模型定制化，即通过大量金融案件的庭审笔录及相关资料进行定制化训练的模型，使得识别和翻译的精准性和识别率高度提升；角色分离，即根据庭审场景不同，可以针对人员不同对麦克风进行人员名称设置；母语预设置，根据个别麦克风的使用人员所使用的语种，可进行预设，在识别和翻译时根据预设自动切换中译英或者英译中。实时修正功能，提供实时修改界面，并自主机器学习，提高识别和翻译效果；热词及预学习，可以提前导入热词列表或和案子相关的资料，供机器学习以提高识别和翻译效果；导出笔录及录音，也就是结束后可以将识别翻译文字和录音导出。投屏及字幕的高度定制化，支持设置双语、原文或译文三种字幕投屏模式，支持设置投屏字幕字体及大小、颜色、字间距、位置等，支持设置投屏区域大小、位置和背景色等，能够记忆上次设置等。

2. 无线直播台。就是利用直播无线设备，实现信号传输、记录与分享，导播平台触屏操控，同时对接互联网直播平台，实现微信直播分享，同时生成直播地址，可通过电脑观看。国际直播套件为综配司改的法院高度定制化开发。其技术规格有：支持配合同声传译翻译套件，将识别和翻译的文字，以字幕形式嵌入直播画面中。并可以根据需要自定义设置位置区域大小等;支持设置单路或多路视频切换及画中画功能;支持直播及录像点播回看功能;支持直播数据统计:直观简单的大数据统计与存档,可以查看每个时间段的直播观看人数,分析与统计观众的地域特点,并可导出数据到报表。

3. 直播画面共享。所有庭审直播画面可以即时实现多平台共享,以保证庭审监控和直播效果的传播性。

第三节　整体系统架构

随着我国法院的国际事务及案件呈增长势头,为了能够更好地促进法院审判工作的公开透明,庭审和文书智能传译系统研发设计目标是为法官、当事人、律师提供全方位服务和支持,以及对紧急、同时高并发的翻译需求实现规模性解决;同时,还可以应对同时并发的海量文字翻译请求、随时开始的国际庭审、高保密要求的外事接待等。

一、系统架构总图

庭审和文书智能传译系统由音频采集硬件、智能同声传译客户端、智能同声传译引擎服务器、音视频采集硬件、直播编码终端和国际直播平台六大模块组成。

通过音频采集硬件(麦克风等拾音设备)将音频模拟信号通过外置声卡进行数字编码输送到安装了智能同声传译客户端的业务处理终端,然后终端将数字音频流发送到智能同声传译引擎服务器,请求识别和翻译服务,引擎服务器将处理结果返回到客户端用户界面,通过各种自定义设置呈现出原文和翻译结果。以上节点为同声传译服务的处理节点。音视频采集硬件(高清摄像头等设备)将音视频信号传输到直播编码终端,直播编码终端根据同声传译客户端输出的带有时间戳的原译文双语文本,将字幕内嵌到音视频流中,然后推送到国际直播平台上,用户点击直播链接即可在各种终端上收看直播视频。平台可实时统计在线收看人数等信息。以上节点为国际直播服务的处理节点(见图45-1)。

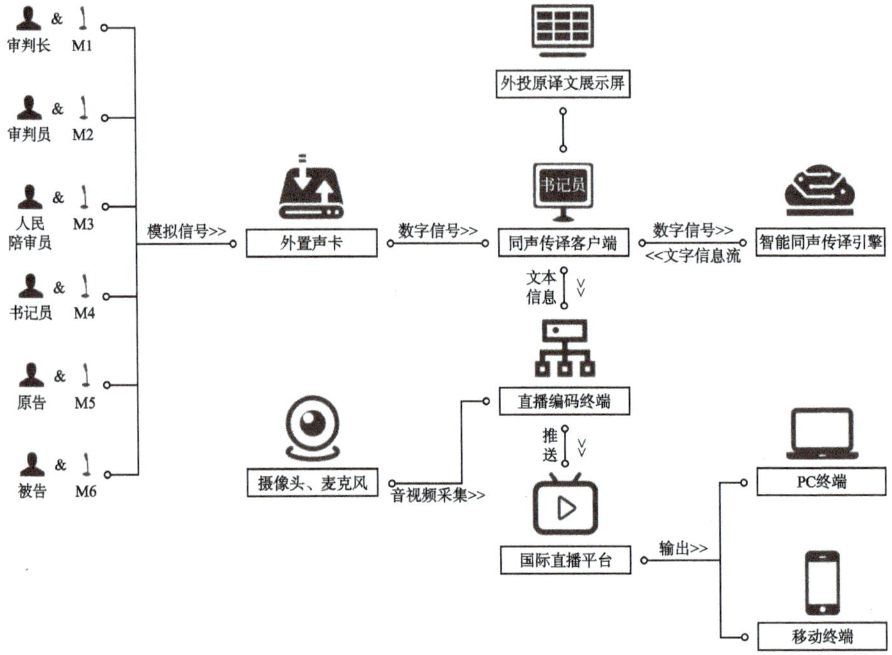

图 45-1　庭审和文书智能传译系统总体架构

二、智能同声传译引擎

随着深度学习技术的快速发展，借助大数据、云计算等技术平台，识别及翻译的准确率大大提高。针对日益丰富多样的市场需求，智能同声传译引擎基于大量的数据及技术积累，已经构建起可靠、稳定、易用的核心语音识别引擎。智能同声传译引擎经过充分使用和优化，识别率及翻译准确率已经达到业界领先水平，稳定性和可靠性也经历了海量用户及翻译需求大并发的验证。庭审和文书智能传译系统具备开放性和扩展性，支持大规模分布式使用。

智能同声传译引擎针对科技法庭庭审笔录、审委会会议、日常会议的会议纪要、卷宗记录、日常文书制作等应用场景，在通用引擎的基础上，利用科技法庭的语音、文本数据进行定制化训练，提升法院领域的识别及翻译准确率，满足法院系统日常使用。通过建设基于智能同声传译引擎的上海金融法院庭审同传国际直播平台，办案人员的工作效率得到明显提高。通过系统自动采集语音，并进行自动化的语音转文字、文字自动翻译，提高了业务效率，节约了法院资源。

三、典型应用场景

智能同声传译引擎使用深度 LSTM 进行声学模型训练，使用 RNN 进行语言模型训练，在训练过程中采用 GPU 服务器加快训练速度，能够更快地进行模型训练升级和日常的定制化工作。针对声学模型和语言模型在输出结果上具有一定的互补性特点，通过对来自不同识别系统的 lattice 进行分段对齐，然后对每个对齐位置的识别结果重新打分，并选择得分最高的词。在中文大词表连续语音上的识别任务中，融合音素模型系统和声韵母模型系统的识别结果，极大降低了系统的错误率，且该技术具备很强的扩展性，能够适应各类场景的语音特征。

智能同声传译引擎经过内部大规模应用，以及外部客户定制优化，已形成核心技术能力和结合行业领域定制的灵活方案，能够满足多样化的场景需求。具体包括：强大的识别能力，立足社交数据大平台，积累了数十万小时标注语音数据，拥有海量的语言层数据，具备有竞争力的识别准确率；方法最全，具备业内领先语音识别建模方法，比如，LSTM，BLSTM，Deep CNN，LFMMI，CTC 重估等多种声学模型建模技术；接入便捷，可以提供基于公有云的 API 接口及移动端 SDK，第三方系统能够快速方便地把语音识别能力集成到自有系统中，针对安全性要求高、场景复杂的客户能够进行私有化部署；准确率高，支持中文普通话以及带口音的普通话，朗读场景下的错误率在 5% 以内，能够满足大多数业务场景需求；落地场景丰富，智能同声传译引擎已经在政法多个领域落地应用，支持体验更好的语音交互模式，支持各个行业对语音数据进行结构化抽取和分析；检索精准，除了应用于语音输入法及语音全文转写，还支持高召回率的语音检索应用，尤其是针对一定噪声环境下的关键词检索；稳定可靠，经过内部的大规模使用，以及大量企业政府用户的场景化落地，能满足大规模用户、高峰值在线、高可用性的业务需求，以及支持针对特殊方案的性能及可用性定制；灵活扩展，建立了一套通用的语音技术基础，支持针对行业术语、专有名词的定制化训练，能针对不同的硬件前端进行模型适配，支持与呼叫中心、客户系统的对接；高度定制化，通过大量案件的庭审笔录及相关资料进行定制化训练的模型，使得识别和翻译的精准性和识别率高度提升。

第四节　整体技术路线

一、技术路线

人工智能同声传译是解决机器“听懂”人类语言,并在理解的基础上,自动翻译成另外一种语言的技术。“听懂”人类语言,按照识别内容可分为语义识别和声学识别。语义识别,其识别目的是将人类语音中的词汇内容转换为计算机可处理的输入。声学识别,主要是指通过语音信号提取说话人的声学特征,进而识别出因素、音节等发音单元。

在理解的基础上,自动翻译成另外一种语言使用的是神经网络机器翻译技术。

智能同声传译引擎系统构建过程整体上包括两大部分:训练和识别。训练过程通常是离线完成的,对预先收集好的海量语音、语言数据库进行信号处理和知识挖掘,获取系统所需要的声学模型、语言模型和翻译模型;而识别过程通常是在线完成的,对用户实时的语音进行自动识别和翻译。识别过程通常又可以分为前端和后端两大模块:前端模块主要作用是进行端点检测(去除多余的静音和非说话声)、降噪、特征提取等;后端模块的作用是利用训练好的声学模型、语言模型和翻译模型,对用户说话的特征向量进行统计模式识别(又称“解码”),得到其包含的文字信息。此外,后端模块还存在一个自适应的反馈模块,可以对用户的语音进行自学习,对声学模型、语音模型和翻译模型进行必要校正,进一步提高识别及翻译准确率。

二、关键技术

语音数据表示。即语音数据的特征化,包括对语音输入进行预加重、分帧、听觉能量分析、离散傅式变换等过程。主要是在声学前端完成。

声学模型。声学模型主要是建立声学特征到发音单元的映射。发音单元主要是指因素(a,o,e…)、三因素(wo,men…)的处理,通过描述声音的起始、维持和停止建立声音的多个状态。进而利用机器学习的方法,建立声学特征到发音单元的关联。训练声学模型需要对语音数据进行采集、标注以及模型的调优。

词典。词典是发音单元到字词的映射。将声学模型的输出映射到字词、短语。

语言模型。语言模型描述的是词和词之间的搭配关系。简单理解为一句话是否符合语言习惯。语言模型具有领域特性，不同领域的说话方式、用词等有一定的差异。

解码器。涉及从声学特征、发音单元、词典、语言模型多个环节，各个环节彼此独立又相互影响，引擎通过建立搜索图的方式进行整体的结果识别。通过训练语料建立的模型可以计算出识别结果的概率，进而解码出文字。

翻译模型。运用最优化的算法，进行识别后语义的理解和翻译任务，并进行学习和训练。

三、技术特征

智能同声传译引擎是在互联网开放环境中打造的全开放自主化平台，支持灵活的部署方式，可基于已有的基础设施进行安装、部署和扩展，实现在内网独立部署，不与外网进行数据交互。其技术特征主要包括：

1. 深度定制服务。随着人工智能技术不断深入发展，智能语音的应用范围也在不断拓展，比如，“206 工程”中的智能庭审审讯系统。在全面应用智能语音技术之前，垂直领域的技术积累是“刚需”，目前语音交互技术正在经历着从感知智能向认知智能的飞跃，不仅要让机器听见，更要让机器听懂并反馈有效信息，甚至自主做出决策。基于此，智能同声传译引擎为法院行业提供深度定制服务，根据业务背景深度定制具有行业特点的声学及语言层模型，让法院行业专有名词识别和翻译得更精准，更高效。开放 SDK 及 API，帮助行业更好地挖掘藏在语音中的业务价值。智能同声传译法庭解决方案使用的引擎是经过专业领域定制化训练的模型，能够支持庭审、会议、法院日常办公的识别及翻译要求。

2. 法院专业语料库。针对法院数据缺失、开放性差的问题，需要加大数据开放和数据流通。事实上，智能时代的数据相当于工业时代的石油、天然气，大数据是人工智能的能源与基础，必须重视数据在开展办案业务过程中的作用。目前的大数据还不具有同步性，没有充分的数据支持，因而不具有全面性，不是全样本公布。相当数量的数据缺失以及数据本身的缺陷没有得到充分解释，法院的大数据实质是“大量的数据”，或者是在取得所需要的大数据过程中。但是，司法审判的大数据运用需要全面、充分的数据，而且更重要的是数据不能够成为一个个孤岛，而是要互联互通。因此，智能同声传译系统具备业内领先的语音识别建模方法，包括LSTM、BLSTM、Deep CNN、LFMMI、CTC重估等多种声学模型建模技术；并结合超大规模语言模型，通过机器学习海量的法律法规及裁判文书等语料，构建专业法律领域定制化引擎，可有效识别和翻译法律专业术语。通过不断积累法院行业的专业语料库，提高法院场景下的识别和翻译准确率，对法律专有词汇能够准确地识别和翻译。

3. 热词支持。法律语言是语言在法律领域应用的一种机构性语言，有自己独有的特点，区别于一般的语言并具有一定的权威性。根据其不同的特点和作用，我们又把法律语言分为立法语言、司法语言和执法语言等。而司法语言主要包括庭审和判决时所用语言，这些语言有其自身的特殊性及语言习惯。现实场景中，带有预设立场的语言习惯和日常交流时不是很一致，这需要在语言模型层面进行训练。此外，全案材料中对于当事人提交的诉辩材料和证据中涉及的地名、人名、术语、专有名词等的识别率也存在下降的现象。另外，随着互联网技术的发展和商业模式的创新，各种新类型的案件不断涌现，这些案件也会出现一些"网络新词"，会对识别翻译形成挑战，增大了案件审理难度。智能同声传译引擎从声学模型、语言模型和翻译模型多个角度入手，解决上述遇到的专有名词、人名地名、语言习惯、网络新词等识别挑战。一是从声学模型上针对通用的法言法语，建立通用的语料库，利用深度学习技术进行训练，通过进行覆盖性训练，能够支持80%的常用专有名词。二是通过多典型的用语习惯，针对语言模型及翻译模型进行定制化训练，得到符合法院领域的专用模型，提升整体的识别率、翻译准确率。三是建立以词槽技术为基础的热词系统，可以动态地添加热词的识别权重，支持临时性的用词识别。智能同声传译引擎综合利用多种技术手段，能够支持自定义热词识别人名、公司机构名，专有名词识别和翻译准确率达到95%；针对案件的卷宗及文档预学习机制，可以更好地应对互联网、化学、物理、商标等领域的知识产权案件，准确率相对提升50%。可以根据客户端设置的热词，提高对热词的识别灵敏度，提高特定词汇的准确率。

4. 敏感词与语气词过滤。法院每年涉及的案件非常多，每个原告和被告的素质和承受能力完全不一样。庭审过程中，通过部署安装"智能同声传译系统"，可将庭审语音同步转写成文字并生成庭审笔录，具有准确率高、记录完整、批量修订等特点，在一定程度上弥补传统庭审笔录记录不完整、错误率较高、速度较慢等问题。进一步缩短了笔录制作时间、提升工作效率、减轻书记员工作压力。但同时由于识别是全文转写，现场出现的脏话脏词、暴力敏感词，对案件记录并没有实质意义，还会影响后续的文字处理。另外，还有一些语气词，对记录也没有特别大意义。智能同声传译引擎支持对敏感词的过滤，可事先在过滤词表中添加需要过滤的词，在实际庭审过程转写结果中就不会出现该词汇。该引擎还支持通过 VAD 检测，去掉语气词，并支持对语气词进行开关设置。比如，对“嗯、啊”等处理，这样可以屏蔽毫无意义的语气词或者其他背景噪声造成的识别错误，在全文转写的基础上进一步提高庭审记录的质量。

5. 声音处理。考虑庭审现场不同角色人员讲话时的音量大小不同，距离麦克风远近不同，会出现串音、回响、噪声等现象，这些会造成识别率的下降。提升声音采集的质量，有助于提高识别率。类似防串音、回声消除、降噪术语前端处理技术。前端处理是指在特征提取之前，先对原始语音进行处理，部分消除噪声和不同说话人带来的影响，使处理后的信号更能反映语音的本质特征。最常用的前端处理有端点检测和语音增强。端点检测是指在语音信号中将语音和非语音信号时段区分开来，准确地确定出语音信号的起始点。经过端点检测后，后续处理就可以只对语音信号进行检测，这对提高模型的精确度和识别正确率有重要作用。语音增强的主要任务就是消除环境噪声对语音的影响。除了前端处理，声学特征的提取与选择是语音识别的一个重要环节。声学特征的提取既是一个信息大幅压缩的过程，也是一个信号解卷过程，目的是使模式划分器能更好地划分。由于语音信号的时变特性，特征提取必须在一小段语音信号上进行，即进行短时分析。这一段被认为是平稳的分析区间，称为帧，帧与帧之间的偏移通常取帧长的 1/2 或 1/3。通常要对信号进行预加重以提升高频，对信号加窗以避免短时语音段边缘的影响。语音识别系统的模型通常由声学模型和语言模型两部分组成，分别对应于语音到音节概率的计算和音节到字概率的计算。

6. 过滤去噪。智能同声传译系统通过对实时音频流信号的处理完成从信号获取、转换、处理、识别、翻译、输出、展示等一整套流程动作。通过使用特定的录音服务，以及麦克风收集后，送达后台服务端完成编码工作，实时上传到系统，供后续的转写文字等功能使用，同时保存到内容管理模块中。系统通过专业麦克风对会议全程进行高保真录音，并针对连续中文语流进行实时语音转写识别，并持续进行转写结果文本内容的输出。在实时转写翻译过程中，通过提供语气词过滤、自动分段等功能自动优化文字转写翻译和显示结果。具体包括:语气词过滤,用户可以在实时语音转写开始前或者进行文稿整理时根据需要选择是否开启语气词过滤按钮,开启按钮可将语气词和多余的词汇去除,以保证文稿的规整,语气词过滤只针对新转写的结果,已经修改过的内容不支持过滤;噪声消除,语音识别系统具备噪声消除能力,以适应用户在不同环境中的应用;防串音,系统具有防串音算法,能有效解决现场串音问题;自动分段,在会议内容实时语音转写成文字的过程中,为了方便用户编辑可查看,系统提供根据 VAD+固定字数和 VAD+固定关键词两种自动分段方式。系统提供最佳的默认自动分段方式,用户也可根据实际情况进行设置。

7. 预学习。针对某一案件的审理过程,智能同声传译能全程记录庭审现场的语音,辅助形成庭审笔录。庭审笔录是记录法庭审理全貌的书面材料,是最重要的诉讼材料,庭审笔录不但是法官判决的主要依据,也是考验书记员司法水平的重要方面。一份优秀的庭审笔录应当满足客观、准确和规范三个基本条件,即客观真实地反映庭审原貌,准确无误地记录下诉讼参与人的诉辩意见,还有格式规范、语句通顺。但识别引擎如果将"人身攻击"识别为"人参攻击"或者"人参工具",会对后期的文本整理造成很大的困惑,对于知识产权类案件,其专有名词对识别也存在很大挑战。智能同声传译系统想要达到更准确地反映庭审原貌,字识别率是非常重要的指标。而字识别率除了依赖声学模型的水平之外,通过预先对案件材料进行处理,可以最大化减少同音不同字、多义词等问题。热词能够解决单词错误的问题,但对于句子级别,文章级别的错误不能有效预防。智能同声传译系统通过预先将案件材料录入到引擎中进行预学习,将学到的模型参数同步到主识别引擎中,基于长文本更多的语义信息,自主进行智能纠错,持续优化识别结果,可以大幅提升识别率,形成更加准确的记录。

8. 机器学习。当前深度学习技术在语音识别机器翻译领域已经取得很大进展,但由于法院场景的复杂性,包括参与人员的口音、方言,麦克风、声卡的多样性,法言法语的特殊性,专业案件的领域性,都对正确识别文字、准确翻译译文提出了很大挑战。智能同声传译技术中的语音识别技术作为一种日趋成熟的新型信息化,目前已广泛应用于军事和社会生产生活的诸多领域。利用语音输入控制各种开关和设备,自定义编排屏幕显示信息,有效优化行业操作流程。语音识别系统的模型通常由声学模型和语言模型两部分组成,分别对应于语音到音节概率的计算和音节到字概率的计算。

四、声学模型

智能同声传译引擎的声学模型是 HMM 声学模型(马尔可夫模型),它是一个离散时域有限状态自动机,隐马尔可夫模型 HMM 是指这一马尔可夫模型的内部状态外界不可见,外界只能看到各个时刻的输出值。

HMM 的评估、解码和训练相应的算法是前向算法、Viterbi 算法和前向后向算法。通过对大量录音文件的特征提取、算法训练,不断优化 HMM。

语言模型主要分为规则模型和统计模型两种。统计语言模型是用概率统计的方法来揭示语言单位内在的统计规律,其中 N-Gram 简单有效,被广泛使用。

N-Gram:该模型基于这样一种假设,第 N 个词的出现只与前面 N-1 个词相关,而与其他任何词都不相关,整句的概率就是各个词出现概率的乘积。这些概率可以通过直接从语料中统计 N 个词同时出现的次数得到。由于计算量太大,N 一般取值不会很大,常用的是二元的 Bi-Gram 和三元的 Tri-Gram。智能同声传译引擎使用了 N-Gram 模型对语言模型进行训练。

在 DNN 之前,NN 在语音识别中的应用至少有 30 年历史,只不过只有一个隐层,当时的做法一般通过融合能获得相对 5%左右提升。由于 NN 的结构天生决定了鉴别性模型的特性,也就是说 NN 每一个输出的物理意义都一个后验概率。DNN 通过多帧扩展作为输入,多个隐层,状态后验概率作为输出,BP 训练(事实证明其实 pre-training 对语音识别提升是有限的),替换 GMM,根据状态先验概率将后验转为似然值,参与直接解码中的声学模型打分。DNN 在大词表连续语音识别中对声学模型中的状态建模,直接参与解码过程打分;隐层从一层延伸到了多层,更好地学习了特征的表示;原有的 GMM-HMM 学习过程是逐帧的,而且做了一个假设,即帧与帧之间是独立的,在训练中没有用到任何长时信息,当然这个假设出于数学原因,并不完全合理。而神经网络的输入是多帧扩展,每一帧的学习其实都用到上下多帧的信息,借助神经网络对非线性结构较高的学习能力,充分利用长时信息,也是一个性能提升的重要因素。

智能同声传译引擎使用 DNN 和 N-Gram 算法模型,都具备很强的特征学习能力,可以基于数据不断提升识别率。

智能同声传译解决方案支持基于大量数据的机器学习,同时对声学模型和语言模型进行训练,提高法院场景的识别准确率。

第五节　基本体验指征

一、同声传译的体验指征

基于大数据和分析,进行分词、词性标注,具有快速、效率高、不会疲劳等优点。在特定的规则设定下,可根据语料库进行语言转换、自动工作,能够实时完成大量文本的翻译,同时精准度可高达91%以上。智能同声传译在客户端的体验,支持全流程、多终端,可专属定制、会议现场投屏、小程序同步查看、手机实时收听、会后纪要回放,同时具备以下优点:低容错率,智能同声传译利用声学模型对语音数据进行采集、标注以及模型的调优并融合音素模型系统和声韵母模型系统的识别结果,极大降低了系统的错误率;高质量低延时,该系统基于神经网络机器翻译,从海量语料库中自主学习,对翻译的全过程整体建模,达到高准确率与流畅度;融合领域知识,依托互联网大数据,融合法律专业领域的专业知识和术语,通过机器学习,建立专业的法院行业语料库,从而提升同声传译的识别率和准确度。

从客户端的体验来看,智能同声传译系统的一般性技术特征包括:庭审场景时的同声传译与速记、翻译辅助,极大提升跨语言交流、翻译场景中的效率;操作简单,即开即用;各使用环节流程畅通;使用稳定;网络安全,防止网络入侵,有效保障系统安全性;信息安全,所有的信息内容均在本地实现,无外网泄露风险;内容安全,在使用过程中,过滤敏感词;高效率,语言快速转换,支持中英双语同步转化;准确度高,同时消除噪声,同时实现智能断句。

二、国际直播的体验指征

音视频信号输送到直播编码终端(录播一体机),推送到法院主页,以及最高人民法院直播网站、液晶控制面板、显示屏等多种直播输出方式。

在技术特征上,国际直播既有多种控制方式,前面板一键操作、液晶控制面板、第三方中控对,又提供更直观的导播控制系统,预览、导播、画面合成和预制位,设置一个界面即可完成。

同时,国际直播支持 RTSP、RTMP 等多种流媒体协议;支持多平台同时直播;支持文件修复,对于录制过程中出现异常的文件可进行自动修复;支持 HTML5 和 Flash 两种流媒体发布技术,移动端采用 HTMIL5,完美支持 IOS,Android 等智能移动终端;电脑端采用 Flash 技术,最大限度地支持独立三画面的同步播放,各个画面可以独立放大,全屏播放;支持直播点播评论管理和问答管理,对评论和问答进行统计和导出,并可设置直播公告和点播公告等。另外,还提供法院高度定制化的衍生功能:可提供定制化的直播界面和功能模块;支持配合同声传译翻译套件,将识别和翻译的文字以字幕形式嵌入直播画面,并可以根据需要自定义设置位置区域大小等;直播数据统计,直观简单的大数据统计与存档,可以查看每个时间段的直播观看人数,分析与统计观众的地域特点,并可导出数据到报表。

第四十六章　智慧检务规划

相对于智慧法院建设已进入多场景深度研发的快速发展阶段,深化智慧检务仍需在已有成果基础上进一步凝练和完善顶层规划,以及更积极推动实施。综配司改中,检察系统通过统一部署和地方试点,以点带面,逐步实现从以往电子检务向智慧检务的质的跃升。内容上不仅覆盖智慧公诉、智慧侦监、智慧民行、智慧控申、智慧金融检察等主要职能的结构化智慧应用,而且还涉及推动员额绩效管理、检务公开管理、案件动态管理、公检法数据分级授权与共享衔接管理、跨行政区划检察机构评估管理等检务管理和司法体制公共配套改革的精准化智慧应用。可以说,智慧检务建设是全国检察系统综配司改中一项具有全局性、战略性、基础性的工程。

第一节　评估与深改前沿

全国不少地方检察系统全力推进信息化与深化司改、检察办案、法律监督和行政管理的深度融合,尤其在基础设施、应用系统、数据资源和保障体系建设等方面取得较大进展,实际成效显著。

一、初显成效

一方面,根据最高人民检察院的统一规划和部署,部分地区的电子检务工程已初步完成，侦查监督平台创新、网上信访、队伍管理、检委会系统、智慧公诉等高检试点任务持续推进；另一方面，不少地方先后创建了检察对外一门式服务、司法办案场所一体化管理、技术类证据网上同步审查、涉罪人员信息随案移送共享、刑事案件智能辅助等一系列融合信息化元素的全新检察工作机制，已为推动智慧检务提供了强劲科技助力。

整体而言，全国不少地方检察机关在智慧检务的着力点上，基本上遵循了以业务为主线，以网络为基础，以需求为主导，以安全、运维、人才为保障，着力于以大数据和人工智能为深化重点的智慧检务建设“渐进式”格局，已取得了初步成效。主要表现为：(1)基础设施上，不少地区形成了以检察内网、检察工作网、政务网、互联网为纽带，网内互联互通、类型较为齐全的网络基础平台；检察工作网和政务网已成为检察机关与其他部门数据共享和业务协同的重要渠道；互联网接入及服务设施支撑检察机关直接面对人民群众的服务内容。(2)数据资源上，以案件信息为主体，部分地区已经实现了检察大数据的集中管理，初步形成与公安、法院等部门的数据共享机制；相关数据正在进行结构化处理，高效案件信息资源库的建设初具规模；初步开展了若干领域的检察数据专题专项分析，激活了基于业务规则与机器规则之间的数据挖掘与处理。(3)各类应用上，许多检察业务应用系统已上线并投入使用，直接为诉讼办案、法律监督和检务管理的提质增效提供支持；以覆盖核心业务流程的办公应用为核心，实现检察信息化更多延伸拓展，检务公开和司法为民应用不断丰富；不少应用和服务贯通各级检察机关，已局部实现与外部单位的业务协同。(4)保障体系上，不少地区的智慧检务建设强调以安全稳定运行为目标，建设安全服务平台，深化三网协同机制，提升基础设施关键设备的安全可靠水平；等级保护和分级保护工作有序开展，实行数据分级分类管理，加强访问权限控制，做到全员应用、分级授权；配套建设的运维保障体系初步建成，智慧检务长线发展所依赖的大数据与检务复合型人才队伍组织保障体系初具雏形。

二、深化要点

不过，深化智慧检务建设的提升空间和压力依然很大。尤其是更为全面和深度实现信息技术与全过程检务工作的融合度，重点在于智慧检务如何对各项检察工作客观上形成更为有效、泛在的信息化乃至进一步智慧化提供支撑。支撑的要点主要集中在五个方面：

1. 进一步完善智慧检务的顶层设计和总体执行方案。亟待构建起新一代智能检察管理模式，让更为深度的智慧检务更多运用于检察系统的诸多方面，提升检察机关现代化水平；在此基础上，更为全面梳理符合现代检察办案特点的重大核心问题，对于关键信息技术研究组织重大攻关；此外，还需要全方位完善信息的资源融合、共享交换、安全服务、辅助决策、服务支撑体系。

2. 加速培育更多基于检察职能定位的智慧检务新增长点。随着新一轮司改和检察机关优化职权配置的重新定位，以及深化检察司法体制的综合配套改革，亟待顺应检察职能转变和及时跟进信息化和智慧化应用，尤其是对“重建设、轻应用”的现象，要提出切实有效的扭转措施。比如，设计刑事办案智能辅助系统、加强民行监督和控申职权、构建刑事执行监督平台、强化公益诉讼职能、转变技术鉴定部门定位等检察工作新增长点等。

3. 配套建立信息技术标准和成效评估机制。标准是智慧检务可复制和推广的技术实现关键，目前覆盖检察主要业务领域的信息化建设技术标准亟待进一步优化和完善，同时，检察机关在信息化和智慧化办案应用和统筹管理的成效评估体系也应当尽快建立和优化。

4. 关注横向之间融贯检察信息化的各类应用和系统。检务办公办案等内部应用系统仍待实现流程整合和信息集成，检务公开和司法服务等对外服务系统要尽快设立统一入口和避免过度分散建设导致的服务整合性差，检察机关内部应用系统与对外服务系统之间的高效协同也有待进一步加强。

5. 同步快速提升检察数据管理和智能服务的水平。已经集中的案件大数据结构性水平与质量要继续大幅提升；与其他单位之间、不同网系之间的授权数据共享交换体系要进一步打通和建立；大数据服务与业务系统等应用的无缝集成要尽快实现；全方位的大数据智能分析服务水平亟待快速提高。

第二节　定位和切入点

新一轮的基础司改与综配司改，已使得智慧检务的跨越式和可持续发展既获得极为难得的历史机遇，又面临前所未有的巨大挑战。

一、基本定位

智慧检务结构性的定位可以分为"向外看"和"向内看"两个侧面。基于"向外看",智慧检务建设的根本目标,即在于检察如何更好满足群众的多元化需求。比如,充分利用数据和智能技术,创新检务公开平台,畅通人民群众参与、监督检察工作渠道;建立更加便捷的沟通渠道,并为检察公信力测评提供数据支持,更好地接受社会各界监督;整合接访数据,推动涉法涉诉信访案件的信息共享,智能辅助生成涉法涉诉信访案件的应对策略。在此基础上,智慧检务无疑必须进一步提升检察业务质效。其重点是逐步实现智慧公诉,实现智慧远程提审、抓取法律法规和类似案例,自动生成审查报告和法律文书等,提供更高效的智能决策辅助手段;推动智慧民刑,以案件偏离度分析、交叉大数据组比对分析等,深度挖掘和发现民事和行政案件事后监督,以及公益诉讼事中监督的有效案件线索;建立智慧控申,以网上信访信息平台为核心,建立涉法涉诉信访案件信息共享,采集上访人真实身份信息以及指纹信息,通过身份数据库比对,做到真实上访和有效上访,同时生成上访数据库;打造智慧执检,建立在押人员诉讼期限监督预警系统,以及建立数学分析模型,实现刑罚变更执行监督、羁押必要性审查评估辅助建议,实现对社区矫正人员脱管漏管行为及时发现、财产刑事执行案件的有效监督等。

"向内看",智慧检务的程度直接决定了司法责任制的实现程度,以及检务管理的科学性。智慧型的司法责任制实现包括:为案件管理提供更有效的风险识别和案件偏离度预警系统;全面实现网上办理,做到案件管理全程留痕和实时动态监控;满足检察办案人员外出办案的实际需要;推进检务档案网上统一调阅和移送,大幅提升检务档案管理水平。同时,大幅提高检务管理的科学性,又覆盖了推进资源库建设,将检察机关各类内外部的结构化数据、文档、音视频等数据进行汇聚,构建标准统一、数据精准、管理规范的数据资源池;通过建设协同信息化办公指挥中心,实现数据可视化、音视频数据融合,实现全景式应急指挥与调度。

二、切入点

智慧检务建设为了实现以上的应然之义,逻辑上突破的第一步就是融合各类数据资源。也就是根据必要性和可行性,融合和充实检察系统内外的各类数据资源，为检察机关信息化建设转型升级提供基础性支撑，提升数据资源的服务能力。

攻坚克难的第二步，在于进一步驱动智慧应用的高效整合。智慧检务信息化的动力源泉是促进业务应用和资源服务能力的跃升。因此，需要深化推动各类应用的不断完善和整合，构建起“应用集成”的综合管理平台，形成全面支持检察各类业务的信息化应用。具体辐射向三个方面：一是为人民群众提供检务公开和检务服务的一体化系统。改造检务公开平台，完善信息查询、案件关联等功能；融合内外网业务应用，构建全流程检务服务平台，为人民群众提供全流程检务服务；整合政务网站，丰富新媒体和移动应用，建立更加便捷的沟通渠道。二是为检察机关各类人员提供方便和快捷的一站式应用。以用户为中心实现一次登录、流程贯通、信息集成的综合业务应用系统，满足司法体制改革对检务的相关要求，实现检务管理业务全覆盖；满足移动办公办案、涉密办公办案，以及与法院、公安等部门业务协作的实际需要。三是为全国检察机关提供贯通的统一综合管理平台。以省一级统筹为突破口，建设贯通各级检察机关的专网门户网站，集成业务应用，扩充完善相关业务应用功能，实现信息上传下达和横向交互，支撑上下级检察机关的业务协作和统一管理；建设音视频统一管理和调度系统，实现检察机关的庭审、信访、立案窗口等音视频统一调度。

不可或缺的第三步，是加强和健全安全保障、运维保障和人才队伍保障，尤其是探索新型的信息化和智慧化保障体系新模式。根据检务建设现状，首先，要建设网间安全交换和统一身份认证体系。对检察机关信息化安全保障工作进行统一规划，制定人民检察院信息系统安全保障总体方案，指导各级检察机关的安全保障建设；建设检察机关统一身份认证体系，整合各类应用系统的认证方式，规范用户认证过程；有效推进检察机关等级保护和分级保护等信息安全保障工作。其次，要建设质效型的可视化运维平台保障体系。通过可视化运维平台，实现信息系统动态监控、故障预防和效能评估；建立信息系统应急处理中心，通过统一的服务入口接收和处理应急服务请求，保障上下级贯通应用的有效运行；从运维组织、运维管控、运维过程、运维资源保障等方面构建质效型运维管理体系，全面提升信息化运行质效。最后，还要督导和落实检察信息化人才的队伍培养。建立科学的信息化专业人才分类体系，建立人才培养良性机制；加强各级检察机关信息化人才队伍建设。

第三节　“渐进式”目标与模式

根据最高人民检察院关于《“十三五”时期科技强检规划纲要》《检察大数据行动指南(2017~2020年)》的总体要求,智慧检务建设应精确把握新时代法治发展要求,牢固树立发展新理念,促进检察工作提质增效,更好地维护司法公正、提升司法能力、强化检察监督、规范检察行为、深化检务公开,实现检察工作的与时俱进和创新发展。

一、目标设定

根据这一指导思想,新时代的智慧检务建设就是围绕检察机关办案,以及适应检察改革新要求,将“全面透彻感知、安全高效传输、知识支撑服务、新型智能应用、科学高效管理”的智慧化发展理念与检察工作和改革的实际需求相结合,向科技要检力,向信息化要战斗力,依托科技进步推动检察工作方式和管理模式创新。

具体而言,就是通过理论体系、规划体系和应用体系的三大体系建设,形成“全业务智慧办案、全要素智慧管理、全方位智慧服务、全领域智慧支撑”的智慧检务整体框架。

二、云建设基础

“示范”的实现逻辑,核心是结合检察主要业务特点,率先开展云计算、下一代网络等新技术的应用与实践,构建检察机关新型的信息基础环境,为检察信息化高效建设和有序发展提供有力支持。其中的关键是优化云建设基础。

主要包括:(1)以“三朵云”示范新型信息基础设施建设模式。不断优化检察机关层级网系,建设检察机关的专有云、开放云和涉密云,完善音视频等配套设施,满足服务人民群众、检务管理和司法管理等各类业务快速增长的需求。(2)以检察专网为重点构建专有云。建设光传输网络,提高专网网络功能性能,支持业务灵活部署,满足各类数据和音视频应用需求;建设数据中心和标准化机房,实现集约化管理,提升信息技术(IT)资源利用效率;完善音视频综合管理调度基础设施,管理检察机关各种业务视频的接入和展现;建设移动专网,为检察机关外出移动业务提供支撑；拓展和完善外部专网连接，为部门之间信息交换、信息共享和业务协同提供支撑；建设网间交换系统，为检察专网与其他网系之间的安全数据交换提供支撑。(3)可以租用社会化服务构建开放云。针对互联网应用对计算、存储、网络等资源提出的更高要求，利用社会资源，通过租用互联网公有云构建上海检察机关开放云，实现业务灵活开展、资源弹性伸缩、成本按需可控、系统稳定运行，全面提升互联网应用服务支持能力。(4)以涉密内网为基础构建涉密云。根据国家电子政务内网政策要求，在安全保障允许情况下，建设涉密云。

第四节　深改高标准定位

不过，深化智慧检务建设任重道远，智慧检务发展仍有较大提升空间，尤其是如何更全面和更深度实现信息技术与检务全流程的融合度，形成更有效、更泛在的智慧支撑体系。

一、迫切需要解决的问题

为此，根据以往的目标、定位和切入点，以及权衡资源、重点和可延展性等要素，深化智慧检务建设迫切需要解决以下五个问题：(1)聚焦核心和优先问题组织攻关问题。围绕适应现代检察办案特点的智慧检务若干核心和优先问题，对涉及的关键技术协调组织重大攻关，比如，刑事办案智能辅助系统的算法优化，刑事执行监督系统的区块链技术应用。(2)"重建设、轻应用"问题。加速培育深化检察综合配套改革中的智慧检务应用增长点，比如，民行监督的偏离识别与预警技术，公益诉讼的多元化数据线索挖掘与证据固定等。(3)建立信息技术标准和成效评估问题。设备端口、数据参数、软件编程等技术标准不仅是以后智慧检务经验被复制和推广实现的关键，也是构建智慧建设评估体系的基础。(4)融贯检察信息化各类应用和系统问题。检务办公办案等内部应用仍待流程整合和信息集成，检务公开和司法服务等对外服务宜尽快设立统一入口以避免过度分散建设导致服务整合性差。(5)同步快速提升检察数据管理和智能服务水平问题。已经集中的案件大数据结构性水平与质量要继续大幅提升；与其他单位之间、不同网系之间的授权数据共享交换体系要进一步打通和建立;大数据服务与业务系统等应用的无缝集成要尽快实现;全方位的大数据智能分析服务水平亟待提高。

二、高标准定位

基于以往基础,到底如何进一步正确看待和精准回应目前迫切性最高的以上五个支撑点问题,最重要的就是智慧检务的高水平定位。

根据最高人民检察院关于《"十三五"时期科技强检规划纲要》和《检察大数据行动指南(2017~2020年)》的总体要求,智慧检务建设分两步走:第一步是充分运用新一代信息技术,推进检察工作由信息化向智能化跃升,全部研发完成智慧检务的所有重点应用;第二步是全面实现智慧检务的发展目标,打造新型检察工作方式和管理方式,构建起智慧检务"四梁八柱"的应用生态,全面实现数字化、网络化、应用化、智能化。

基于此,深化智慧检务建设要走在前列,就应在第一步驱动重点应用的研发上集成攻关,在第二步构建应用生态的框架上持续培育"示范性"效应。

引领驱动重点应用的研发,关键在于建立"科研、建设、应用、管理、评估"的流线型发展机制。"科研",重点是针对提升检察主要业务能力的核心信息化和智慧技术,主导开展预先研究和重大技术攻关;"建设",核心是立足于国家标准,整合、修订现有检察机关的各种信息化标准,形成与智慧检务建设需求相适应的信息化标准体系;"应用",就是持续抽调各级检察业务骨干集中培训和重点应用攻关,以轮训等方式提高检察全员信息化认知和应用水平;"管理",以促进业务应用和资源服务能力的跃升为目标,建立覆盖重点应用的智慧管理系统,推动各类应用的不断完善和整合,构建起"应用集成"的综合管理平台;"评估",建成应用成效评价指标体系和支撑系统,实现评估的定量化、可视化、可考核,建立评估、通报和改进机制,促进智慧应用成效的持续提升。

构建应用生态的示范框架,关键在于营建"需求、供应、融合、责任、保障"的网格状智慧环境。"需求",当务之急是提高检务公开和检务服务一体化、检察公信力测评、接访分析和应对的智慧化程度,更好接受外界监督,满足群众多元需求;"供应",重点在于高效整合智慧应用,既为检察机关提供便捷一站式应用,又健全贯通各级检察机关的专网门户网站,系统集成各类业务应用;"融合",不仅是指融合各类数据资源,更重要的在于紧扣检察主要业务特点,优化专有云、开放云、涉密云等层级网系之间的云建设基础;"责任",智慧检务的程度相当程度上决定了司法责任制的实现程度,包括为案件管理提供更有效的风险识别和案件偏离度预警系统,全面实现网上办理进而做到全程留痕和实时动态监控等;"保障",要义是建设网间安全交换和统一身份认证体系、检察机关统一身份认证体系、检察等级和分级保护体系、可视化运维平台保障体系、信息系统应急处理体系等。

第四十七章　检务大数据治理

根据最高人民检察院的统一规划和部署，综配司改中的上海电子检务工程已初步完成，侦监平台、网上信访、队伍管理、检委会系统、智慧公诉等最高人民检察院试点任务持续推进。同时，检察机关又先后创建了检察对外一门式服务、司法办案场所一体化管理、技术类证据网上同步审查、涉罪人员信息随案移送共享、刑事案件智能辅助等一系列融合智慧元素的全新检察工作机制，为推动检务大数据治理提供坚实基础。

第一节　数据治理的维度与技术

上海检察机关全力推进信息化与深化司改、检察办案、法律监督和行政管理的深度融合，尤其在基础设施、应用系统、数据资源和保障体系建设等方面取得较快进展，实际成效显著。

一、数据治理维度

检察机关围绕最高人民检察院深化智慧检务建设的目标，探索人工智能新应用、创新、融合，推进智慧检务建设，助推上海检察工作转型升级。

1. 强化大数据思维，推进检察大数据的开发、整合和利用。大数据建设和应用是智慧检务建设的重点、也是实现智慧检务的基础。综配司改中,上海检察机关立足区域特色对大数据建设统一规划、统一标准、统一设计、深度挖掘、充分汇聚、有效利用检察大数据资源大力提升检察工作智能化水平。比如,建立上海检察大数据中心,在全国检察机关中率先成立大数据机构中心,通过跨单位、跨条线、跨部门的统筹协调,进一步规范全市检察数据应用管理、统一发布等机制。建立大数据挖掘、分析、管理、服务的统一管理平台,对数据进行集中处理、统一标准和有效整合,建立检察办案数据的"中央厨房"。与高等院校、科研机构联合组建检察大数据融合创新实验室、借力外脑智库、加强对检察大数据的深度挖掘与利用、大力推进大数据系统的应用开发。加强大数据人才培养,着手建立专业的数据分析师队伍、为大数据建设和应用提供有力的人才保障。

2. 加强智慧办案,推进信息化与司法办案的深度融合。上海检察机关全力推进人工智能与司法办案的深度融合,提升检察办案的质量和效率。比如,积极推进与以审判为中心的诉讼制度改革配套的智能办案系统建设。现代科技的预见性、精准性可以很好地弥补因人的认知和精力局限而产生的疏漏,发挥拦截司法错误和司法瑕疵的作用。按照中央政法委部署,包括检察机关在内联合开发刑事案件智能办案辅助系统,构建渐进式证据模型,把公、检、法统一适用的证据标准嵌入数据化的程序,为公安机关明确侦查方向、检察官审查案件提供规范性的证据指引,大大减少司法的随意性。研发社会危险性证据模块,将法定社会危险性情形设置为标签,提示公安机关在提交证据时予以标注,督促其重视对社会危险性证明材料的收集提供,促进逮捕必要性评估的科学化、规范化。梳理总结非法证据、瑕疵证据常见多发情形,归纳出200多个审查逮捕监督点,形成证据校验规则,实现对单一证据和侦查活动程序合法性的智能校验。开发定罪要素审查功能,选择危险驾驶、信用卡诈骗两类案件,运用OCR识别、文义分析等人工智能技术,由系统在电子功能卷宗中自动识别影响案件定性、量刑的要素及监督点,提高检察办案效率。

3. 推进智慧管理,促进检察权依法规范运行。信息技术是检察机关加强司法管理,提升司法效能的重要支撑。通过打造具有流程监控、执法检查等多种功能的检察智慧管理体系,推动检察管理模式创新,实现检察管理工作标准化、流程化和智能化。比如,实现流程监控全覆盖。依托大数据和人工智能,以"全程可追述、进度可视化、结果可评价"为目标,探索对办案流程进行智能管理和监控,不断强化内部监督的精准度,确保案件质量。研发流程监控智能预警系统，对办案过程全面监控、全程留痕、实时预警。同时，不断完善监控规则，在全流程监控中突出对强制措施、诉讼权利保障、涉案财物处理等环节的监控。消除监督弱点和盲点，以信息化倒逼规范司法行为。

二、治理关键技术

检察大数据治理有赖于围绕智慧检务的核心业务研发出一整套关键运行技术，目前的治理关键技术主要包括：

1. 辅助检察办案关键技术研究。需要研究案例特征匹配检索及法律法规推荐技术；研究面向多源异构检察数据的案件特征分析、业务态势分析技术；研究证据体系与案情辅助研判技术；研究检察官庭审应对策略模型及出庭预案组建技术；研究未成年人的犯罪风险评估体系与预警机制；研究控告申诉信息的过滤、校核、分类模型与集中管控技术。

2. 基于案件集中管理的办案多维评估及检务公开技术研究。需要研究案件与检察办案人员能力匹配模型；研究检察办案质量保障、办案监督风险评估、办案过程控制模型与辅助决策技术；研究基于法律法规的司法解释文件核查关键技术；研究检察公开信息的范围评估模型及风险识别、预警与处置技术；研发基于多种人机交互模式的检务公开一体化智能装备；开展检察办案质量保障和监督平台应用示范、检察院一站式服务应用示范。

3. 重点领域公益诉讼案件动态监督关键技术研究。需要研究生态环境与资源保护、食品药品安全、国有土地出让和国有财产保护等领域分类评估与趋势分析技术；研究环境侵权和食品药品侵权领域内的损害分析模型与评估技术；研究重点领域公益诉讼案件信息获取和动态监督技术；研究检察建议的决策模型和效果跟踪与分析技术；开展公益诉讼案件动态监督示范应用。

第二节　检务大数据治理模式

构建上海检务大数据治理规范框架，进一步提升检务大数据资源建设和管理水平，规范检务大数据项目建设，完善上海检务大数据应用生态。开展上海市检务大数据标准化研究，支撑多系统数据对接，促进各部门的数据共享和应用，为上海智慧检务系统的大数据应用提出建议。完成数据规范化治理方法梳理，为智慧检务大数据应用提供支撑。

一、整体框架

为了实现“运营合规、风险可控、价值实现”的数据治理总体目标，检察机关需要规划建立一套完整的数据治理体系。通过行业实践经验、相关标准和监管要求的调研，上海检察院的数据治理体系围绕八大数据治理核心领域展开，并梳理数据治理组织、管控制度、管控流程、平台工具等数据治理保障机制（见图 47-1）。

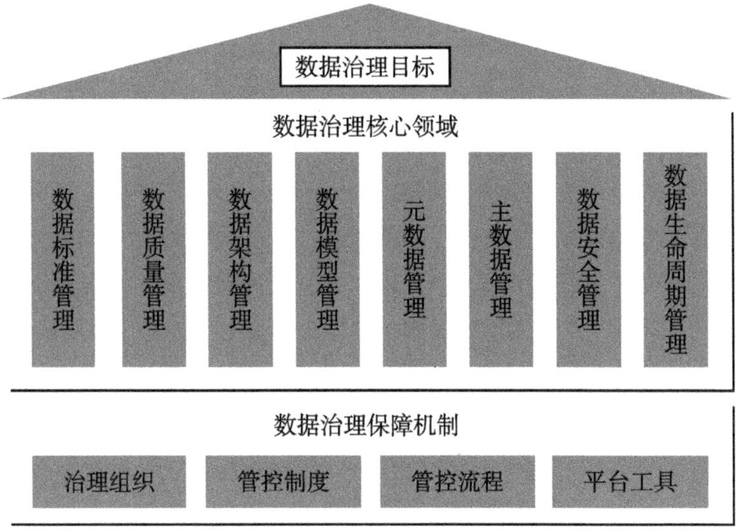

图 47-1　检察数据治理框架

二、核心任务

数据治理是一项长期的复杂工程，其涉及面之广且深。为了更好地落实数据治理工作的开展，检察机关数据治理需要根据其当前的现状和水平分阶段逐步展开。其实施路径旨在不断完善检察机关的数据治理体系，营造数据治理实施环境。

检务大数据治理的重点任务包括智慧检务系统、数据治理平台、推动数据治理体系、数据治理流程、数据治理工具和数据治理成熟度等级。

1. 智慧检务系统。大数据和人工智能技术给传统行业带来了契机，当然，检务领域也不例外。通过完善数据治理组织结构，引入相关领域专业人士，进行系统沟通、专业培训、绩效考核、数据治理体系认证等步骤，进一步确保上海检察院治理能力和治理水平稳步上升，形成全业务智慧办案、全要素智慧管理、全方位智慧服务和全领域智慧支撑的全面智慧格局，进而达到行业领先水平。

2. 数据治理平台。围绕元数据、数据质量、数据标准、数据安全和数据生命周期等数据管理体系的治理等核心领域，明确元数据、数据质量、数据标准和数据安全的管理目标和范围，对数据生命周期的不同阶段制定对应的管理策略，打造集团化数据治理平台，支撑检察数据治理管理体系和制度办法在流程上的落地实施，最大限度实现检察数据治理工作的自动化，提升数据治理能力和数据服务水平。

3. 推动数据治理体系。在智慧检务系统建设和平台架构整合的基础上，推进数据治理体系在全上海检察院的实施落地与应用推广，推进信息化与司法办案的深度融合，加强检察院内外部数据资源的整合治理，提高数据集合度，实现数据在检务应用过程中的可视化、智能化和有效管控，促进检察权依法有规范地进行，推进检察大数据的开发、整合和利用，不断提升检察数据资产应用能力，实现数据资产价值最大化。

4. 数据治理流程。数据治理是一项长期的系统工程，不是简单地针对一个单独的个体、组织，甚至某一个领域，而是一个全生态体系的运作。除需要制度的指导和约束外，还需要相应科学的、严谨的流程来保证，以使数据治理的组织架构可以高效地运作起来，取得良好的数据治理效果。数据治理流程是基于数据治理每项核心领域的工作目标，依据数据治理组织，明确各参与方的工作步骤、任务以及流转方向，引导组织对数据进行管理和应用。数据治理流程的设立是数据治理核心领域内容得以贯彻执行的基础，通过将数据治理任务进行分解，最大限度提高数据治理的执行效率，降低管理成本。数据治理流程的设计应从上海检察院实际出发，充分考虑上海检察院的业务特点、管控模式以及数据管控的应急响应，同时将数据管控流程固化在相应的管理工具或平台，实现各数据管理流程的自动化、可视化和实时监控。

5. 数据治理工具。随着信息技术的发展，数据治理工作不能仅仅停留在手工管理层面，应将相关规划、制度、规范、流程等通过系统或工具支撑来实现，以促进数据治理工作的高效执行。针对数据治理的关键领域，搭建配套的系统工具进行管理。数据治理各个领域存在相互协同与验证的关系，相关配套系统也需要相互引用支撑,才能有效提升数据治理的效率,优化数据治理的效果。因此,可以通过搭建一体化的数据治理平台,实现元数据管理、数据标准、数据质量管理、数据模型、主数据管理、数据生命周期管理等领域的功能集成,全面有效支撑检察数据治理制度和相关流程在上海检察院业务中的稳定、高效运行,实现上海检察院数据治理各相关领域的自动化、集中化、智能化管理。

6. 数据治理成熟度等级。在智慧检务系统建设、平台架构完善、数据治理体系落地以及数据治理流程和治理工具的融合基础上,针对数据治理体系过程,规定了组织进行数据管理、评价的成熟度等级,主要包含初级阶段、基本管理、主动管理、量化管理和后期的主动优化等五个等级,这五个等级成为上海检察院近期和中远期的数据治理实施工作的重点任务,其中量化管理阶段是整个数据治理实施路线的中远期目标,而初级阶段、基本管理和主动管理则是近期任务,目的是完善上海检察院的数据治理体系,营造数据治理实施环境,更好地推动数据治理体系在司法办案、依法规范运行、群众司法满意度和检务大数据的开发整合利用等业务方面的落地实施,树立集团化数据治理理念,保障上海检察院数据治理能力和治理水平稳步提升,进而达到行业领先水平。

第三节 高水平治理关键

根据以上检察数据治理新模型和定位,智慧检务跃升前列,需要同时推动以下结构性维度的全面协同发展。

一、整体规划

1. 整体规划、技术标准和评估。重点是智慧检务新技术、新模式的“一体化贯通”应用,以及数据、应用、安全、基础设施、运维五个领域的技术标准的建立与优化。基于此,还可以借助采集人民群众、律师、当事人和其他诉讼参与人的多维度行为数据,推动智慧检务应用的外部效度评估;通过采集使用频率、方便快捷性、用户满意度等结果数据,探索智慧检务应用的内部质效评估。

2. 全覆盖检务数据资源库建设。以数据统一管理为基础,“内部数据”实现案件管理、流程节点、政务办公、人员管理、检察监督等所有信息全覆盖,并且推行数据资源目录和校检,建立检察系统内的数据互信机制,提高数据有效性和一致性，在此基础上探索构建起分类办案、检务公开、绩效评估等专题板块的数据库。同时，“外部数据”则按需扩充，不断加强与外协单位之间的授权数据共享交换，重点是建立数据关联和集成，实现内部与外部数据一体化研发，借助关联、比对、聚类和趋势预测等大数据分析技术提升智能化水平。

3. 新一代集约化信息基础改造。关键是以云计算和下一代网络为支撑，构建升级版、集成性的网络信息基础设施。基于检察专网、互联网和涉密内网，进一步建立健全检察系统的专有云、开放云和涉密云。同时，以安全交换和移动便捷为重点建设移动专网，按需配置安全终端，实现移动专网与检察专网之间安全隔离交换；以信息共享和业务协同为目标完善外部专网，按需采用专线、电子政务内外网、互联网等多种接入方式，实现与外部单位之间异质多维数据的衔接与集成。

4. “中央厨房式”的案件集中管理。以智慧办公办案为核心融合检务管理、检务支撑、司法人事、司法政务等应用，通过人、案、物的信息自动关联实现流程全贯通和业务全覆盖。完善办案系统，提供以案件为中心的案例参考、量刑规范、舆情分析等检务支持功能，实现案件评查自动化；完善办公系统，融合电子公文交换，拓展司法管理功能，全面覆盖综合行政、电子卷宗、司法研究、信息化等各类司法管理业务；另外，建设检察机关音视频综合管理调度平台，实现对远程庭审、远程提讯、远程接访、立案窗口接待等音视频的统一调度。

5. “一体化”检务公开平台构建。协调与整合政务网站、检察专网、检务公开服务平台、微博、微信公众号等多元化渠道，试点人机交互智能装备，设立统一对外公开窗口，提供“一站式”服务应用示范，提高智慧检务应用认知度；建立电子证据、电子卷宗、庭审音视频等实体信息公开和自动关联，更全面地实现多维检务要素公开程度；构建检务公开语义标准库，同时探索公开的范围和风险预警的处置。

二、顶层设计

具体是加快上海刑事案件智能辅助办案系统的研发与应用，逐步统一刑事办案各阶段的证据标准，规范办案程序。后续，上海市检察院将根据市委政法委意见，深入推进上海刑事案件智能辅助办案系统二期建设，完善电子换押流程，建设智能报告、智能阅卷、文书生成等检察定制功能。[①] 善于运用科技创新成果，是近年来政法工作的一个亮点。上海关于综配司改试点方案中专门将“推进前端治理、深化科技应用，着力解决案多人少矛盾”作为一个专门版块，可以说科技支撑就是综合配套改革的应有之义。上海市检察院要深刻认识现代科技对于提升司法效能、提高司法治理、规范司法行为、推进司法为民方面的重要意义，发挥“制度+科技”的双重效应。

1. 以信息化助推司法体制改革。积极构建体制机制改革和科技应用双轮驱动的司法运行新模式，让司法体制改革融合科技进步，不断促进检察权运行更加公正高效。比如，针对绩效考核问题，可以采用大数据自动测算案件数量、质量、难易程度和效果，将考核方式由定期考核向动态考核转变，由单一考核向综合考核转变，对检察官进行精准、高效考核，为绩效奖金发放提供科学依据。在此基础上全面测算分析各院人均办案量，精准调配员额，做到哪里案多人少矛盾突出，就给哪里多配员额。又如，针对检察管理监督问题，可以通过检察管理监督“一平台”建设，打通管理监督前、中、后“三条线”。“第一条线”是信息汇集，主要实现对群众诉求、案件和诉讼监督线索的信息采集、汇总和提供。“第二条线”是案件、线索调度，主要实现对各类信访、案件和诉讼监督线索的流转和调度。“第三条线”是执法监控，主要通过流程监控、案件评查等手段，实现对执法办案的全院、全员、全过程、全系统、闭环式监管。通过信息科技技术运用，切实改变之前检察机关信息处理、案件办理、数据统计分散于多个平台、信息不通、反馈不及时、信息数据利用不充分的情况。

2. 推进信息化与检察业务的深度融合。上海市检察机关提出了全业务推进“智慧检务”的要求，就侦查监督部门而言，主要是深化刑事办案智能辅助系统与统一业务应用系统有机衔接、深度应用。统一业务应用系统是全国检察机关标准统一、流程全面，覆盖检察业务工作的办案管理系统，拥有海量的办案数据。上海市检察院正在重点推进以下三项工作：首先，如何将统一业务应用系统与“206 工程”对接，借助全程电子卷宗、同类案件风险性预判、量刑建议、法律法规自动推送等办案辅助功能，实现对检察大数据的深度应用；其次，借鉴“206 工程”的技术模式，研发简案快办功能，对危险驾驶、信用卡诈骗案等罪状

① 2019 年 3 月 28 日，上海市检察院收到市发改委《关于上海检察刑事案件智能辅助办案系统（二期）项目建议书的批复》，原则同意“206 工程”二期项目建设。目前，“206 工程”二期可研报告已经市检察院党组会审议通过后，报市发改委审核。

简单、受案量较大的案件，探索运用人工智能分析、自动推送定罪量刑结论及格式化文书，结合人工复核，有效缓解人案矛盾；最后，研究“206 工程”的社会危险性审查模块嵌入统一业务管理系统的可行性，增强社会危险性审查的规范化、科学化。

3. 借助信息化实现管理精细化、智能化。这主要是推动智能辅助办案系统和移动终端办案系统应用，加强对司法大数据的深度挖掘和有效运用，为司法办案和行政管理提供智能辅助服务。比如，有的单位研发“检务通”移动终端，实现对一般行政管理事务的信息化管理，提升检察机关经费保障、装备管理、基础设施建设、机关后勤服务的精细化和智能化水平。

三、重点应用

1. 智慧捕诉一体化应用的研发。以法律为标准更多元地集成数据，客观评估犯罪嫌疑人的羁押必要性；探索案件智能化繁简分流技术，大力推广简易案件的远程提审和远程公诉；借助已成熟的案由模型，智能抓取办案规则和生成文书。

2. 智慧民事行政监督应用的研发。以案件偏离度分析为目标，建立案件的质量量化模型和评估工具，进行类型化案件之间大数据组比对，识别民事、行政案件的异常波动和做出偏离预警；智能化识别案件的证据有效性、诉讼时效性、裁判行为规范性、诉讼请求合理性等风险，提高监督有效性。

3. 智慧刑事执行检察应用的研发。基于沪东、沪西两个刑事执行检察院的前期机构建设、设计和研发在押人员的诉讼期限监督预警技术、矫正质量的置信度评估技术、循证策略智能化推荐技术；探索刑事执行的社区矫正人员“电子手铐”监控系统、脱管和漏管人员的及时发现、服刑人员的减刑假释暂量化评估模型与减刑假释暂评估数据共享与监督机制、财产刑事执行的全方位信息查询监控系统等。

四、安全保障

1. 质效型运维管理的结构化。建立质效型的运维管理体系，覆盖基础设施、应用系统、数据系统和安全系统等各业务系统，为应用成效评估系统提供运维数据，促进信息系统运行质效提升。在此基础上，建设可视化运维平台，汇集基础设施、应用系统、数据系统和安全系统的运维数据，并行实现下级检察机关可视化运维平台接入,既进行可视化综合展示,又通过质效分析为智慧检务的运维决策和应用成效评估提供支撑。

2. 统一身份认证和应急管理机制。一方面,结合检察业务系统统一认证需求,开发和部署相应统一身份认证融合平台,配置认证和密钥管理;与检察人事系统对接,与业务系统各类认证方式集成;指导各级检察机关进行辖区检察业务系统统一身份认证体系建设。另一方面,面对可能出现的基础设施、应用系统、数据资源的突发性、大规模和大范围故障,以及黑客入侵、大面积病毒发作等突发事件,通过统一应急处理服务入口接收应急报告,提供应急预案、预测预警、应急资源保障和应急处置等功能,实现与各级检察机关应急处理平台对接与联动。

第四十八章　检察质效管理

案件质量是检察机关执法办案的生命线，是评价检察机关执法办案能力与水平的重要指标。随着综配司改不断推进，司法责任制的全面落实，检察官的办案主体地位突出，在办理刑事案件的权限扩大之时，也造成原本依附于行政性三级审批的监督制约减弱。所以，在检察机关内设机构改革深入推进，更加突出专业化办案和刑事案件实行捕诉一体的背景下，需要进一步加强内部监督制约，建立与之相适应的更加有效的案件质量保障机制，以提升案件质效。

第一节　质效的制度化管理

"检察机关的案件质量管理是一个综合性活动，通过对影响案件质量优劣的要素进行优化组合和控制，确保办案质量。"[①]综配司改以来，检察机关针对所办各类案件探索建立涵盖检察权运行监督、流程监控、案件质量评查、办案风险评估等一系列具体制度和措施的案件质量保障机制，已经形成比较完备的制度化管理体系。

一、检察权运行机制

检察机关根据检察官权力清单，推出检察官授权清单、检

① 孙谦主编：《中国特色社会主义检察制度》，中国检察出版社2009年版，第267页。

察权内部配置与运行管理制度等，重点是进一步厘清办案组织、办案人员的职责权限，明晰检委会、检察长、检察官的承办权、审核权、审批权的权力边界、运行方式及司法责任的承担。

1. 明确职责权限。根据检察办案实际，对应由检察长、检委会行使的职权以及部分其他重要职权，按照“刑事检察权充分放权，诉讼监督检察权部分授权”的原则，进行分级授权并落实责任。其中，由检察长授权检察官行使决定权，由检察官承担责任的案件或事项主要包括：批准逮捕、存疑不捕、相对不捕、延长羁押期限审查意见报上级、存疑不诉、相对不诉、起诉及量刑建议、同意暂予监外执行、减刑、假释意见等 39 项职权。基于此，又对于存疑不捕、相对不捕、存疑不诉、相对不诉等 16 项职权，敲定需报请分管副检察长审核，并视情况由分管副检察长和检察官承担责任。

2. 优化权力运行方式。在刑事检察权力运行方式上，建立案件由业务管理部门按照专业化和均衡化相结合的方式分配至承办检察官，实行捕诉一体化办案模式；在刑诉监督权力运行上，确定检察官对统一登记管理的立案监督、审判监督程序抗诉等线索予以审查，符合诉讼监督办案化模式条件的，完成事项受理登记和审批进行受理。检察官对监督线索进行调查核实并提出监督意见和建议；在刑事执行监督权力运行上，采取羁押必要性审查与减刑、假释、暂予监外执行案件同步监督参照刑事检察权力运行方式，同时，罪犯再犯罪案件的批捕、起诉实行批捕起诉一体化，均由同一检察官承办；民事行政检察和公益诉讼权力的行使，则由部门负责人根据案件类别指定承办检察官，检察官在审查中发现审判人员违法线索需要调查的，将线索移送相关部门进行调查，检察官根据调查情况，提出监督意见；涉及业务管理权力运行方面，流程监控检察官对发现的办案检察官程序不规范情况，提出纠正意见，并制作案件流程监控通知、案管通报等材料，案件质量评查检察官对不捕不诉案件进行全覆盖评查，对捕后不诉、诉判不一等案件开展重点评查，对其他案件进行随机抽查；控告申诉业务权力运行中，刑事申诉案件受理参照刑事检察业务权力运行方式；司法救助案件由检察官审查后提出意见，报分管副检察长决定；国家赔偿案件受理后，由检察官办案，审查终结，检察官提出是否赔偿意见，报检察长或者检委会决定。

3. 完善办案模式。建立以独任检察官办案组为基本办案组织的专业化办案模式，设立盗抢案件、人身伤害案件等办案组。办理重大、疑难、复杂案件或者重大监督事项等情况时，经检察长决定可临时成立主任检察官办案组。

4. 制定岗位责任清单。制定检察官岗位设置清单、检察官岗位说明书等，以大数据科学测算全院近三年各部门案件数量、监督数据等核心工作指标的年人均工作量，并以公诉检察官(组)岗位工作量为基准，按数量和质量相结合、劳力与压力相结合原则，制作检察官岗位责任清单，列明每个岗位的执法办案数量、质量、规范和效果等年度基本工作量及工作标准，形成检察官履职量质效指标。

二、案件流程监督管理

案件流程监控是检察机关案件质量监督管理的核心。以上海检察机关为例，依托全国检察机关统一业务应用系统和地方流程监控智能预警系统，上海检察机关在综配司改试点中围绕强制措施适用、诉讼权利保障、办案责任制落实等关键节点、重点问题，对涉及审查批捕、审查起诉、执行监督、民事行政、控告申诉五类 14 种案件进行全程监控，对检察官办理的每个案件的办案诉讼流程、当事人诉讼权利保障、涉案财物处理、法律文书使用及 35 项程序性规范、28 项办案纪律作风及规范、21 项实体性要求进行流程监控与预警。发现办案流程中有违法违规情形的，视情节轻重，通过口头提示、发送案件流程监控通知书方式予以督促纠正。办案人员在收到口头提示后 3 个工作日以内，将核查、纠正情况回复案件管理部门；办案部门收到案件流程监控通知书后 10 个工作日以内，将核查、纠正情况书面回复案件管理部门。案件管理部门建立案件流程监控日志和台账，记录每日开展的案件流程监控工作情况、发现的问题、处理纠正结果等，及时向办案部门反馈，定期汇总分析、通报，提出改进工作意见。

三、执法办案风险防控

在涉及检察办案风险评估预警上，综配司改开始对侦查监督、公诉、金融检察、未成年人案件刑事检察、监所监狱检察、控告申诉检察、民事行政检察等部门所办案件作出处理决定前进行风险评估。将风险分为当事人风险和社会风险两大类。风险由高到底分为严重风险、较大风险、一般风险和无风险四个等级。当事人风险是指执法过程中，案件或线索当事人及其近亲属已经或可能引发的风险，具体包括健康风险、身份风险、办案安全风险、信访风险。社会风险是指办理的案件和线索已经或可能引发负面政治效果和社会效果的风险，包括舆情风险和其他风险。案件承办人在规定期限内通过统一业务应用系统进行执法风险评估，勾选相应风险项，设定执法办案风险评估预警值。当确定为有风险的案件时,通过执法办案风险评估预警后的风险等级逐级报部门负责人、分管副检察长和检察长。案件同时具有若干个风险项的,按照风险等级就高原则进行评估和处理。经评估确定为有风险的案件,根据风险情况开展预警和化解。

四、案件质量评查机制

综配司改探索构建以检委会为主导的案件评查工作体系,成立由检察长担任组长、检委会专职委员担任副组长、其他检委会委员及案件评查检察官为成员的案件质量评查工作小组,负责对检察官办案质量及权力运行进行监控,对不捕、不诉等案件进行全覆盖重点评查,并通过日常检查、随机抽查、专项评查、司法责任评鉴初核等方法对检察官办案进行事中和事后监督。(1)扩大评查范围。确立日常评查、随机评查、重点评查、专项评查相结合的四位一体评查机制,对上级院没有明确要求的检察官权力运行、"三书一表"审查和不批捕、不起诉案件,全部纳入案件评查范围,从案件实体把握、程序规范、办案效果、权力运行和文书质量等方面进行综合评判,提出评查意见。(2)细化评查标准。制定了科学合理的评查办法,按错误严重程度,将案件质量问题细分为工作瑕疵、一般错误、严重错误三大类。除了案件实体性问题之外,程序性问题、文书质量、风险评估等也被纳入了评查内容,实现了评查工作多角度、全方位的覆盖。(3)强化评查结果运用。将案件质量评查结果与检察官的员额进退、考核晋升等直接挂钩。规定因故意承担司法责任一次或因过失承担司法责任两次以上的,检察官当年年度业务考核评定为不称职,可以调离检察官岗位或提请免除检察官职务;同时规定了违反权力运行规则,造成案件质量严重错误、一般错误及工作瑕疵所应承担的相应责任,从而倒逼检察官不断提升业务素质和执法办案能力,提高办案质量。确立每季报告和一案一报相结合的总结模式,每月评查结束后及时梳理汇总各评查人员发现的案件质量问题,形成书面报告,向各业务部门进行通报,每季度和年度汇总形成季度和年度评查报告,进一步强化案件质量评查工作实效。

第二节 质效的数据化管理

大数据背景下检察案件质效管理改革,是检察理论与实践的前沿问题。检察大数据的生产运用和检察案件质效管理互为表里、相互促进。严格规范的案件质效管理可以提高检察大数据的准确性和可用性;同时,检察大数据的运用亦可大幅提高案件质效管理的高效性和精准性,实现检察办案的科学化、规范化和精细化管理。

一、理论基础

把大数据应用、检察案件质效管理与加强检察机关内部监督在规范检察权运行统一起来,契合"建立健全保障严格司法的办案责任制"顶层设计要求,是规范检察权运行的切实举措。大数据背景下检察案件质效管理改革应在遵循司法规律和检察工作规律的基础上,充分借助大数据工具应用实现扁平化管理与流程再造,对检察案件管理工作机制进行革新,以加强检察机关内部监督、规范执法行为,提高办案质量和工作效能。

在学理上的构建基础包括:检察案件质效管理的根本目的是通过强化检察办案流程监管,实现对检察权行使的有效制约与规范,其本质体现了程序正义理论在检察办案环节的落实。同时,将现代管理科学引入检察案件质效管理,也是检察工作法治化和现代化的要求。建立检察案件质效管理新机制,除遵循司法的基本原理外,还应参考、运用管理学的过程控制与管理效益原理。

二、重点环节

综配司改试点中,上海检察机关在质效管理上运行大数据进行了有益尝试,积累和凝练了不少值得关注的问题,以下就其重点加以分析:

1. 案件质量。在事前和事中环节,检察机关推出案件流程监控智能预警系统,把最高人民检察院案件流程监控工作规定的具体要求具体化为系统监控规则,通过对办案环节中的期限、文书和案卡开展三位一体组合监控,对检察官办案流程进行自动检查和预警,颠覆了以往人工核查的传统模式,并将预警提醒发送至检察官邮箱,方便提前核查、及时纠正,避免错误的发生,实现了确保案件程序质量、服务办案、提高效率的良好效果。在事后环节,检察机关不断升级案件质量评查系统,将最高人民检察院案件质量评查工作规定的要求变成系统规则,以常规抽查、重点评查、专项评查、交叉评查等方式,对每一位检察官办理的案件进行全面科学的检查和评定,并将评查中发现的问题通过系统发送给检察官,及时监督纠正,促进了案件质量的不断提升。

2. 办案效率。为了适应司法责任制改革，检察机关制定案件承办确定工作流程，借助统一系统确立了“随机分案为主、指定分案为辅”的案件分配原则，实现了智能分案、科学分案，做到了阳光分配、公平轮派和严格监督，从源头上避免出现人情案、关系案，强化对刑检案件的法律监督，同时也使员额检察官有机会办理不同类型的案件，提高案件综合办理能力，保障了办案公平与效率。同时，通过电子卷宗的网上移送，系统对单一证据、证据链和全案证据进行校验和审查，自动发现证据之间存在的矛盾，防止人工比对的遗漏，有效节约办案时间。

3. 办案绩效。检察机关上线运行一套运用大数据动态可视、全面客观反映检察官办案质量和效率的检察官办案全程监督考核系统。通过统一系统实现数据对接，采集每个案件办理过程中的基本信息和办案数据，汇总检察官的办案数量、质量、效率等数据，对检察官办案完成全面评价。这是在司法责任制改革背景下，依托现代化信息技术，对检察官行使权力进行有效监督、科学评价和严肃追责一体化管理的重要举措。之前由于信息化手段支持缺位，使案件质效现代化管理不到位。随着人工智能发展，检察案件质效管理逐步迈向现代化、科技化和智能化，案件的精细化管理得以实现。通过网上办案信息的全流程资源共享，确保对案件的统一管理和整体监控，便于不同部门之间彼此监督、互相制约，在提高工作效率的同时保证办案效果，实现强化法律监督。

第三节　深化质效数据管理

运用大数据改革检察案件质效管理模式，在路径方向上需遵循程序与实体监督并行、监督与保障并重、持续创新的原则。从具体的完善方向上来说，运用大数据技术实现检察案件质效管理的创新发展，切入点是数据可用、数据会用和数据活用。

一、数据可用

以往检察统一业务应用系统已积累浩瀚的数据资源，直观可见的数据展现方式则为统计子系统的报表，比如，上海检察机关的统计子系统部署运行后统计案卡项目大范围扩展，基本上是办案人员前台数据的镜面映射，尽管细粒度项目未生成固定化报表，却能从报表项目延伸开来进行多维度的组合查询。在统计报表的基础上，如果要实现对犯罪手段、区域化态势等分析，则应当对统一系统中的非结构化数据进行提取，同时需要能读取并语义识别相关法律文书，挖掘更为核心的案件情况数据。

可用化数据需要大量的基本数据支撑，与案件相关信息包括文书信息、非文书信息。与系统本身相关的信息，则又包括了后台日志、使用时间和时长、常用功能等方面信息。因此，为了发挥案件质效管理中数据的最大价值，还需进一步辨别哪些数据更好用、易用。

二、数据会用

1. 涉及案件办理相关数据。(1)文书信息。文书信息包括检察机关文书和外来文书，检察机关的办案活动主要是以文书的形式承载，并存储于最高人民检察院统一业务应用系统中，文书中的信息与系统内的结构化数据存在部分比例的对应关系，实现案卡回填文书的功能；外来文书则主要是指其他机关或个人移送检察机关的文书，和检察文书一起构成了检察内卷的组成部分。为了更大程度地挖掘数据应用程度，处于“沉睡阶段”的大量文书信息如何能够发挥效用成为下一阶段亟待解决的问题。在探索大数据应用的过程中，基于文书信息的挖掘出现不少有益探索，比如，通过提取文书中的犯罪地点形成区域化犯罪热力图，为当地治安防控提供有力的数据支撑；“206 工程”中的单一证据校验功能、证据链审核功能的基础均是对文书内容的深度利用。(2)非文书信息。非文书信息主要是指随案产生的各项电子信息如案卡信息，案卡信息目前主要是由第一手信息接收人员根据案件状态实时添加，主要依据是检察机关文书、外来文书以及对案件本身的定性判断，经过对公诉案件数百余项案卡信息进行分析，发现逾三分之一的数据来源是外来文书，近三分之一的数据来源是对案件本身的判断，剩余的则来源于检察机关文书等。因此，可以看出案卡信息对文书的依赖性较大，如果能够在文书信息提取的基础上自动生成案卡信息，则能够实现解放填录人力和提高精准度的目标。鉴于当前各司法机关的法律文书(无论是否为检察机关产生)主要是格式化文书为主，这也为文书内容的定位提取提供了一定的便利。

2. 信息系统相关数据。(1)后台日志。后台日志数据是客观记录使用人操作的历史痕迹，从中可以了解操作人何时登录和退出系统、制作文书、修改案卡数据以及处于未操作状态，一切都能够用时间标记。它有效降低数据造假及“倒操作”行为不被发现的可能性，也是对检察官办案行为静默式的刻画。如果能够将后台日志记录以直观方式展现在前台，则能够对检察官形成一种明示提醒，也可对办案行为进行可视化记录，进而形成个人的工作日志。工作时间的记录不仅可以反映到个人行为上，还可以反映到每件案件中，这又为侧面评价案件的难易程度提供了有力数据支撑。（2）智能化推送。智能化推送的主要应用场景有法律法规推送、类案推送和量刑参考等，其中类案推送和量刑参考对历史数据量有较高的要求，原因在于需要提供给计算机大量学习的样本，在不断的试错、偏差中学习，使其逐渐接近使用所需所想。目前对何为类案并没有统一的标准，常见判断方式是通过给案例打标签的方式实现类案识别。然而，这种方式所付出的人工和时间代价较大，需要长时间大量人力的参与才能让精准度更进一步。整体而言，智能化推送还需要长足的发展进程，真正实现智能化辅助办案还需要长期实践应用。

三、数据活用

从案件质效数据管理的进一步优化角度，数据活用包括数据融合、应用反馈和科学建设三个主要维度。

1. 数据融合。数据融合是解决案件质效管理问题中全面性不足的重要途径，通过数据共享和平台互联，能够最大程度地展示案件全貌，而不仅仅是就案论案。一是实现数据最大共享。目前统一业务应用系统中的数据共享，主要是基于案件受理时的关联操作和案件办理过程中的文书移送操作，即使关联完成，仍然是处于个案之间的信息互联且不是全部信息的互联，检察官限于信息的不完整而无法全面掌握案件有关情况。不过数据共享需解决的关键问题之一是保密问题，当前案件的知悉范围被严格控制，以防止发生泄密事件，可以考虑通过技术手段对当前的知悉范围进一步扩大，最低实现案件相关承办检察官能够了解案件在本地区甚至全国范围内有无关联信息。比如，通过嫌疑人身份证号将相关信息进行关联，使得承办检察官发现前科或者流窜作案的相关情况或线索。二是建立平台深度关联。除了统一业务应用系统以外的其他信息化平台，大多是围绕统一系统而延伸发展的辅助平台或者拓展应用平台，不同功能平台的多方应用在带来便利的同时，仍然有进一步上升空间。比如，可以通过建立一个各来源数据的集成平台，将不同平台的数据进行碰撞交融，进行异常情况的预警提示；可以通过对比公检法信息共享平台数据和检察机关内部数据，对公安机关的捕后未移诉情形进行专门跟踪；可以根据法院共享的上诉信息，对法院转交上诉状的刑事案件进行监督等。实际上数据集成维度越多，越容易发现异常点，这对案件质量的整体把握较为有利。

2. 应用反馈。一是问题反馈。应用大数据技术进行案件质效的管理尚属于初级阶段，很多情况下并没有真正触及到大数据的核心技术应用，即使已经使用了最新的技术手段，仍然会存在不能适应实际办案需求的情况，也就是智能化程度不足导致管理方面的疏漏。此时，需要的是系统应用者的积极应用与反馈，系统建设中难免会出现设计与实际不相符的情况，问题反馈则是快速完善的较好方式。问题反馈的路径应以尽可能方便提问者和解答者为宜，自嵌式问题上报效果则更优于专门的提问平台。二是需求反馈。案件质效管理并非仅仅是案件管理部门或者是院领导所关心的方面，这也是各个部门所关心的方面。质效管理并非为了管而管，而是为了提升优化而管，此时在专门管理部门之外，更加需要各个业务部门甚至各位检察官的深度参与。如何更精准地提出案件质效管理的大数据应用需求，以更好地服务办案、服务管理离不开一线检察官的实践经验。让检察官能够更了解当前的信息技术水平，根据办案经验提出更加符合办案实际的信息化需求将有利于质效管理水平的进一步提升。数据只有用起来才具有生命力，而真正能够激发提供数据者积极性的则是能为承办人自己所用，从统计结果中找到其日常办案、调研所需的价值信息，拓宽专业视野，减轻工作负担，分享大数据管理红利。

3. 科学建设。系统建设需要覆盖案件全景和检察官全景，毕竟数据融合与深度应用带来的红利不仅包括个案管理的优化提升，也能够形成案件关系网，展现案件的全貌和走向；同时，还能够对检察官办理案件进行全方位描绘分析，从案件质量和效率中发现检察官的优势业务能力。利用大数据分析模型，可以分别建立人、案得分体系，完善办案组织配置，进而实现智能匹配。在此基础上，构建案件质效评价模型，即在经验惯例的基础上制作案件质效评价表，再应用大数据工具在质效管理中形成比较成熟的模式化评判标准，提高评判效率。同时促进评价标准的建立，以此为基础实现办案质效自动检测。主要是利用大数据方式对各类案件的难易程度初步判断，然后对案件管理中发现的问题进行严重程度的细分，两者结合来评价案件质效，尽量避免以绝对问题数评定案件质效。

总而言之,大数据背景下信息技术带来的不仅有办案质效的提升,还可能带来一些新的认识上或习惯上的风险,而将大数据手段同时应用到案件质效管理工作中,则能够形成更完整的办案与管案的闭环,避免出现监管缺口。检察机关需要进一步探索数据技术在检察业务中的应用场景,以期进一步提高办案质效。

第四十九章　智慧检务绩效

智慧检务绩效测算，既与法院饱和工作量和绩效测算有共同之处，也与检察机关的职能定位、业务特征、内设机构、工作流程、管理方式、决策机制不同而存在重大区别，需要单独序列加以深入研究。它同样是综配司改的重要组成部分。

第一节　检察办案量化考核

根据主观经验判断赋予影响办案绩效的相应权值，长期以来是检察机关绩效评估的主要方式。虽然已有一些检察办案量化考核的初步研究，传统检察理论和实践仍坚持认为，鉴于检察办案不同于法院的特殊性，实际上很难对检察办案实现量化评估。不过，由于监察改革和检察机关三类部门转隶，这种观点正在发生改变。

一、何以重要

以捕诉合一为观察视角，在综配改革试点期间，根据2018年《中国统计年鉴》统计数据，“检察案件数量逐年递增，平均增长率3.01%”①。截至2017年，“全国人民检察院审查逮捕、审查起诉情况为批准、决定逮捕合计764,878件，决定起诉

① 1999~2018年《中国统计年鉴》中关于“人民检察院审查逮捕、审查起诉情况”数据，近20年案件量呈递增变化。

合计1,219,603件”①。从全国各个地区来看,同年“全国员额检察官共计84,444名”②,案多人少矛盾同样已成为检察工作长期以来的现实问题。因此,做好办案量化能为检察人员的案件量饱和度、员额动态管理、绩效考评等相关改革配套措施奠定基础。

基于综配司改的全面铺开,检侦分化职能合并、③内设机构优化调整、④员额配置资源管理等多线并行,节点利益决策盘根错节,实施检察工作量测算的现实意义主要有:(1)量化检察官员额配比的数据支撑,“制定员额配置应当严格科学控制比例,统筹考虑不同地区和业务的实际情况,择优入额,留有余地”⑤。事实上,“良性的统筹人员配置需要因时制宜、因地制宜、因人制宜,‘一刀切’的员额标准已无法有效适应不同时期、不同地区实际需求”⑥。一视同仁的工作量管理分配方式,更是背离了理性人的成本—收益选择规律。因此,公信科学的检务工作量化方法是合理设定检察官员额配比的必要条件。(2)探索员额再优化机制,持续引导检察官向办案一线有序流动,确保检察权运行更加规范高效。其方式就是“验证检务工作饱和度,动态且合理流转办案量,有效测算平均办案工作量,实行人力统筹管理和调配,做好检察官员额规划和调

---

① 2017年《中国统计年鉴》。

② 《全国遴选出20多万名员额法官检察官　司法人员分类管理改革基本到位》,载《中国青年报》2017年11月2日,第6版。

③ 自2016年11月开展国家监察体制改革试点以来,检察机关反贪污、反渎职和预防职务犯罪等部门的相关职能被整合至监察委员会,检察机关相应的侦查权被监察委员会调查权吸收,形成“一府一委两院”的政治体制。

④ 2018年12月,最高人民检察院对内设机构作出系统性、整体性、重构性的改革,形成刑事、民事、行政、公益诉讼“四大检察”法律监督总体布局,以上率下,实行四级检察统筹推进,以实现协调发展、专业化建设、提升司法质量效率、规范统一,推动新时代检察工作创新发展。地方各级检察机关响应最高人民检察院,逐步推广内设机构改革,以上海市人民检察院为例,按照有效整合机构职能,体现精简高效的要求,共设业务部门12个:分别为第一至第十检察部、法律政策研究室、案件管理办公室,行政部门4个:分别为办公室、政治部、检务督察部(巡视工作领导小组办公室)、检务保障部(上海市检察技术信息中心)。其中改革点睛之笔是根据案件类型和实行捕诉合一的要求进行设置,由同一刑事办案部门专门负责办理一类或几类刑事案件,由同一检察官办案组或检察官全过程负责同一刑事案件的审查逮捕、审查起诉、立案监督等检察工作。

⑤ 曹建明:《牢固树立改革大局观　切实担起改革主体责任　确保中央部署的各项司法改革任务落到实处》,载《人民检察》2015年第1期。

⑥ 陈永生、白冰:《法官、检察官员额制改革的限度》,载《比较法研究》2016年第2期。

整,最大化缓解人案矛盾”①。(3)奠定绩效考核基础,辅助资源分配决策,“合理规范的检察业务绩效评价机制以量为体,以质为核,量质关联”②。同时,通过公共服务管理方式和绩效优胜序列促使机构内部衍生良性的竞争性生态环境,改善资源投放精准度,追求服务运作的效益最大化。(4)强化纵横双向协调管理③,做实司法责任制,推动公信有效的工作量化方法是,“平衡检务工作职能差异极大化的必要手段,结合检察官权力清单,实现不同部门不同工作岗位的效率动态化管理,让每一位检务人员感受到工作分配的实质性公平,促使谁办案谁负责、谁决定谁负责的司法责任制理念植根并一以贯之”④。基于此,当下检察机关应结合深化司法体制改革的内核与最优办案量化评估方法,以满足检察资源配置和管理的急迫需求和改变滞后的人案分配和流转模式。

二、上海试点

测算检察人员办案工作量是一直以来困扰检察机关的难题,也是深化司法体制改革道路上亟须解决的问题。针对这一难题,国内研究学者与实务专家提出了诸多测算方法,较多运用经验评测、时间权重、切割工作条块等维度和方式。但是,从检察工作内在规律来看,这些方法的主观性调控过甚,均缺乏对检察工作交叉性、复杂性、不定性的实际考量,只是依靠从带有目的性的经验知识转化得来的测算样本“数字”,必然蕴含了“数字主体”的意识偏见,纯以“数字算数字”得到计算结果往往纸上谈兵,无法有效实际落地应用。

上海市检察机关在综配司改中,研发应用“检察官执法办案全程监督考核系统”,按照简便科学的要求,优化办案绩效考核指标,建立考核数据模型,提

---

① 《紧跟时代　勇于创新不断推动检察改革向纵深发展——上海市检察机关推进落实司法体制改革主要情况》,上海检察机关推进落实司法体制改革集体采访会——聚焦上海检察2017年集体采访会。

② 天津市滨海新区大港人民检察院课题组、王煜、赵刚:《基层检察机关建设绩效考评体系的科学构建》,载《中国检察官》2012年第15期。

③ 纵向管理,1997年1月通过的《人民检察院刑事诉讼规则》第4条规定:“人民检察院办理刑事案件,由检察人员承办,办案部门负责人审核,检察长或者检察委员会决定。”由此确立了中国检察机关以三级或者四级审批为主要内容的案件纵向管理机制。横向管理,最高人民检察院2003年6月下发的《关于加强案件管理的规定》提出,要建立科学的办案流程管理机制,充分运用局域网对办案流程实行动态管理,对办案质量进行动态监督。最高人民检察院案件管理工作机构提出了“统一受案、全程管理、动态监督、综合考评”的工作要求和目标,即开始了横向管理的改革。参见金立栋、郑春霞:《案件管理:横向管理和纵向管理要统一》,载《检察日报》2013年6月28日,第3版。

④ 张步洪:《2015年检察改革综述》,载《人民检察》2016年第4期。

炼算法公式，形成到岗、到人的信息化、自动化考核体系。系统试用版对检察官办理的每起案件的各项流程性问题、权力运行问题、案件质量问题等情况进行全程、全面、实时、动态提醒监控，并已经部署所有基层检察机关推行。部分基层检察机关还探索建立“入额院领导干部工作绩效考核系统”，对入额领导干部直接办案和审核审批进行记录考核。有的检察院还探索以办案团队为基础，实现检察官助理与检察官在双向选择基础上实行联动考核。

第二节　量化考核研究梳理

相较于法院工作量化研究，国内学者和团队针对检察机关的办案工作量化的研究文献相对较少。以“检察+工作”“办案+量化或测算”为组合关键词，在中国知网中抓取并梳理涉及检察办案量化的相关文献，[①]得到内容相关性的文献数量共计36件。[②] 以“法院”或“审判机构”作为“检察”的替换分词，可得到内容相关性的文献数量共计119件。从研究方法来看，以司法领域知识作为研究对象，法院与检察院虽各有职能特点和差异，但对于工作量测算可作为同性方法移植参考，因此，法院与检察院的工作量测算方法在一定程度上可以相互借鉴。综合上述检索结果，分析数据获取途径和时间计量方式、工作量测算方法主要有经验调查法、个案权重法、作业日志法三类。

一、经验调查法

经验调查法是基于办案时间与案件数量的分析统计、多名司法人员基于自身办案经历，对某年业务填写办案时间调查问卷。[③] 样本的选取来源于不同性别、年龄和学历层次的一线法官（见表49-1）。

---

① 结合中国知网关键词检索实际结果反馈，“检察、工作量、测算”命中结果很少，仅有3条记录，且此3篇论文是从法理研究层面分析问题，鉴于实际针对检察工作量测算研究文献较少的现实问题，因此，课题组将“绩效”也作为关联检索分词。“绩效”的计算范畴包含了工作量测算，因此，从“绩效考核”中可以借鉴“工作量测算”。

② 从严格意义上来说，除了期刊论文的研究成果，针对检察业务工作量测算的研究形式还存在各类课题和专门会议论文集等相关文献，但未公开的成果并不能及时体现。

③ 孙玉、刘刚等：《基层法院民事法官案件饱和度调研报告——以江苏省连云港市基层法院民事审判第一庭为例》，载《江西科技师范大学学报》2015年第5期；洪泉寿：《民事审判单元质效的“帕累托效率”——以A市10个基层法院民事审判单元配备为视角》，载《法治社会》2018年第3期。

表 49-1　经验调查法统计

业务类型	内容	时间	计件比例
简易程序核心工作	包括调查、审理等核心流程	t_1	1-d
普通程序核心工作	包括开庭审判等核心全流程	t_2	d
其他非核心工作	参加会议、活动、培训交流等	t_3	—

按照案件繁简分类(如普通程序和简易程序),分为一般案件办案均时 t_1 和复杂办案均时 t_2,其他工作耗时(非核心工作时间) t_3。[①] 分析计算司法人员每年可用于工作总时间 T,可得到每年人均办案件数区间[(T- t_3)/ t_2,(T- t_3)/ t_1]。若普通程序案件比例占总案件比例 d,可计算出司法人员办案工作量饱和度为 $\frac{T - t_3}{dt_1 + (1 + d)t_2}$ 件。

二、个案权重法

案件权重的方法,是在办案经验调查基础上,厘清案件中影响案件工作量各权重因素,采用一定方式计算出个案权值,进而采用加权求和法得出工作总量[②]。简要计算过程如下:

1. 测算模型的样本选取,以某市某年度审结的各类刑事案件为全样本,样本内容包含审理程序、审理方式、结案方式、工作事项等划分的各类案件数量及平均实际审理天数,具体案件类型有 $X_n, n = \{1, 2, \cdots\}$ 。

2. 确定个案权重因素(数量有限且由专家经验确定),全样本案件审理均时为 D,具备某种权重因素的案件均时为 D′,得出该个案类型的权重 $\omega_{X_n} = D/D'$

3. 实际工作量 F 测算,个案工作量 I= $\omega_{X_a} \times \omega_{X_b}$ (个案基础权重×个案特殊权

---

① 各项均时结果是来源于统计 X 名司法人员(如法官或检察官)对一般案件的经验性判断的办案时间之和 Y,则一般案件的办案均时为 Y/X,复杂案件办案均时亦是如此。

② 工作量测算通常以案件计数的方式,但对具体案件类型的工作量差异化缺乏有效体现,无法衡量办案人员的真实核心工作强度,因此,个案权重因素应当在计算过程中有所体现。代表性研究参见吴涛、江明:《法官工作饱和度测算模型的建构及运用》,载《法律适用》2018 年第 17 期;钱小军、赵萌:《案件权重测算法简析——检察系统的实践与思考》,载《人民法治》2018 年第 18 期;严丹等:《基层民商事法官饱和工作量的实证研究与司法应对——基于七家基层法院民商事审判数据的实证分析》,全国法院第 29 届学术讨论会 2018 年会议论文。

重）,F= $\sum_{i=n}^{1} I_i$;设非核心工作分流比例为r(假设值),则修正实际工作量F′=F×（1－r）。

三、作业日志法

作业日志法主要通过制定详尽的工作模块记录日志,由K名办案人员或者助理每天填报,经过长时间全流程的跟踪调查,将办案人员所有业务活动时间全部记录。① 作业日志法关键在于如何将办案全流程逐一细化为不同阶段,覆盖到阶段中的任务内容、发生频次、所耗时间。以法官工作日志表为例,详见表49-2。

表49-2　作业日志法计时

核心内容要素		勾选项	案号	任务频数	用时/分钟	权重
立案阶段	1.1 立案接待	Y/N	No. 1	μ_{11}	t_{11}	ω_{11}
	1.2 法律咨询	Y/N	No. 2	μ_{12}	t_{12}	ω_{12}
	1.3 起诉指导	Y/N	No. 3	μ_{13}	t_{13}	ω_{13}
	1.4 诉前保全	Y/N	No. 4	μ_{14}	t_{14}	ω_{14}
	1.5 ……	Y/N	No. 5	μ_{15}	t_{15}	ω_{15}
庭前准备	2.1 送达文书	Y/N	No. 6	μ_{21}	t_{21}	ω_{21}
	2.2 接待谈话	Y/N	No. 7	μ_{22}	t_{22}	ω_{22}
	2.3 法律援助	Y/N	No. 8	μ_{23}	t_{23}	ω_{23}
	2.4 诉讼保全	Y/N	No. 9	μ_{24}	t_{24}	ω_{24}
……	……	……	……	……	……	……
N	N. 1	Y/N	No. n	μ_{mn}	t_{mn}	ω_{mn}

注:依据上述工作时间日志归纳整理得出预设的某一案件类型所消耗的工作时间 $T=(\sum_{j=1}^{K}\sum_{i=1}^{n}\omega_i t_i)/K$。

四、方法论评价

纵观上述三类办案工作量测算方法的全过程,包括样本定位、数据获取、指标提取、权重分析、去除干扰因子、计算逻辑,基于司法规律和实证研究的视角,

① 屈向东:《以案定编与法官员额的模型测算》,载《现代法学》2016年第3期。

主要存在以下问题：

1. 样本定位偏重专家经验判断，缺乏更为客观的量化数据。经验证据是实证研究的核心，量化数据和统计分析又是经验证据的结构内容。但是，以往量化数据的不足，使得普遍存在法律实证研究的数据统计分析随意性。鉴于我国检察机关的检察信息化全面统一推行时间较短，[①]以及考虑到案多人少的现实状态，检察人员很难形成记录时间的统一工作模式，也没有记录工作时间的习惯，导致样本定位完全依赖检察人员经验性判断，无法获得客观精确的量化数据。比如，在经验调查法和个案权重法中，对业务流程中时间片段均由不同层次（如工龄、经验、学历等）的法官以调查问卷或访谈座谈的形式予以确定。然而，实际上用以工作量化的基础数据完全由人的主观记忆决定，较难确保所填数字的全面性和准确性。因此，若已持有期望结果态度的被调查者，无论是有意还是无意，都可能将主观性偏见掺杂在所填数据内，较难保证数据的真实性和客观性。此外，经验数据的实际使用应当是有所鉴别和取舍的，从经验数据—逻辑测算的直接闭环，存在数据噪声、统计误差、遗漏数据等情况，需要改善为经验数据—数据处理—逻辑测算的过程，提升基础数据质量，保证测算的客观过程。

2. 数据来源单一，且获取成本较高。数据来源的多样性与数据体量存在正相关性，有利于目标值计算的科学性。绝大多数工作量测算研究成果的基础数据有且仅有来源于人工录入，上述三种研究方法也印证了这一现象。固然从统计分析所需的样本数据性质上，单一数据亦可实现工作量的测算，但仍需要通过其他方式对基础数据予以验证。此外，以人工录入日志等跟踪调查为获取方式的方法，虽然获取数据精准度得以有效保障，但在获取成本和办案人员的配合度上要求也较高，增加了一线业务人员的工作负担，不具有可持续性。

3. 指标权重主观性设定、随意性色彩过甚。许多学者意识到，简单的计件均时统计具有局限性，没有将个案的复杂性和特殊性纳入研究范畴，因此，测算

---

① 2012年8月，最高人民检察院根据案件集中管理工作需要，决定以深圳等地成熟软件为基础，集中研发适用于全国检察机关的统一业务应用系统，融业务办理、管理、监督、统计、查询于合一，覆盖各项检察业务。2014年5月，全国各级检察机关除绝密级案件外，各检察机关业务部门的案件受理、办理、文书制作、审批程序等各办案环节都在系统内实现。史兆琨：《“数字检务”“网络检务”“信息检务”“智慧检务”的检察信息化：从探路到腾跃》，载《检察日报》2017年10月30日，第5版。

逻辑中增加了案件指标和权重因素。然而，根据检索文献的分析结果来看，指标口径设计的主要角度差别较大，比如，以办案业务的核心与非核心程序、案件的审理时间与卷宗数量、案件类型和发生频数等为依据。指标权重的确定，则简单以某年案件统计数据为基础，针对具体某项指标，以其指标数据与该指标所属类数据的比值为准，没有区分各指标之间影响关系和影响程度。比如，个案权重法中有的学者采取将个案的卷宗页数权重①、庭审时间权重、审理天数权重等计算术和为个案权重。此外，有的学者也指出，“固定不变的指标权重并非稳定不变，必定受到其他因素影响，需要介入纠偏因子，但对于因值的确定较为含糊，多以业务专家自行商定”。② 因此，指标及其权重的设定存在主观上的随意性。

4. 统计变量结构粗糙，运算逻辑错位，前后量纲不一。实际检务所涉及的案情环节、资源分配、人员能力是错综复杂的，过于简单粗暴地将每项变量量化均衡存在待商榷之处。在调查问卷的统计办案时间中，“把样本统计办案人员的某环节办案时间直接均衡在全体办案人员的平均时间进而计算办案工作量”③。即使以统计抽样的逻辑规律角度，也存在无法确定该时间变量能否具备泛化性的问题。同时，时间、频数、案件类型、案卷页数、案件复杂性的基本单位不完全一样，与最终所求结果“工作量”的单位在量纲处理上存在矛盾。比如，统计分析权重表示一组数值中某项数值的重要性系数，可以被用以辅助工作时间单位的逻辑运算和时间结果输出（时间是基本量纲之一）。但是，在不少研究中并未合理注意到这一基础问题，错误以时间权重与案件权重的乘积无量纲输出形式，模糊代替了工作时间输出结果。④

---

① 卷宗页数权重是通过取样案件的此项数据值与这类案由案件总体样本的均值的比值，庭审时间权重、审理天数权重亦如此。

② 吴涛、江明：《法官工作饱和度测算模型的建构及运用》，载《法律适用》2018 年第 17 期。

③ 严丹等：《基层民商事法官饱和工作量的实证研究与司法应对——基于七家基层法院民商事审判数据的实证分析》，全国法院第 29 届学术讨论会 2018 年会议论文。

④ 张澎、姜金良：《法官员额制的测算与配置——以民事案件权重值模型为中心》，全国法院第 27 届学术讨论会 2016 年会议论文。文中调查核证判决结案建筑工程合同工作量折算即为：[固定权重值] 1.58×[浮动系数] 1.15（判决）×1.52（调查核证）= 3.3337，各项参数均时权重值，其计算结果并非时间量纲。

第三节　检察实务特殊性

综配司改中,检察工作内容正处转型和梳理阶段。捕诉一体化的侦监和公诉流程合一、国家检察体制改革、检察机关内设机构调整等,都深刻影响检察职能和检察权的内涵,更是不断冲击检察实务办案实质内容和过程。从实务办案角度,影响检务办案有效量化的因素有检察业务职能并非线性恒定、办案量化与绩效考评的复杂糅合和检察办案量化考核。

一、检察业务职能并非线性恒定

“检察业务职能反映了检察活动范围、内容、过程和方式等。”[①]职能定位历经了“从监督为主到诉讼为主的转变,检察机关的宪法定位与职能实践也随之出现错位”。[②] 就检察权运行机制现状而言,“检察职能的实现具体体现在职务犯罪监督权、公诉权、诉讼监督权、侦查监督权、审判监督权、执行监督权等法律监督权的行使上”。[③] 以审判为中心的司改任务之一,就是规范化检察权力与职能。此外,除了普遍的公诉与监督职能外,随着社会发展需求,实际上又在生态资源保护方面强化了检察机关的民事、行政公益诉讼职能。不同职能之间并非孤立运行,而是以相互穿插衔接合作的形式共同实现检察权能,但也为不同职能的工作量化带来了差异性和复杂性,有检察一线办案和非办案工作内容、核心工作和非核心工作之分等,检察职能呈现“离散树状”。

长期以来,检察内设机构模式以业务条线作区分,沿循司法办案流程而分设自侦、侦监、起诉和执行监督等部门的“条线状”机构设置模式,极易造成各部门之间职责权限不清以及职能配置模糊。因此,最高人民检察院在综配司改中着重强调,“按照科学、精简、高效的工作要求,推进扁平化管理,进一步推动内设机构改革”[④]。然而,内设机构调整给检务办案量化带来了前后标准的差

---

① 徐程锦、张益刚:《司法体制改革背景下新型检察权运行机制研究——以“一元属性、多元类型”的检察职能调整为视角》,载《齐鲁学刊》2018 年第 3 期。

② 王一鸣:《检察机关职能定位演变的反思与展望》,载《兰州大学学报(社会科学版)》2017 年第 2 期。

③ 向泽选:《检察权运行机制与检察权配置》,载《政法论坛》2012 年第 6 期。

④ 最高人民检察院《关于深化检察改革的意见(2013~2017 年工作规划)》(2015 年修订版)。

异性，但必须阐明这种差异性并非简单指向办案量化不利的一面，随着检察大部制改革，办案类型化反而更有利于工作量测算。根据前述三种工作量测算方法，都是遵循了办案业务条线流程的基本思路，无法有效应对检察专业化和双向管理需求的机构调整现实情况。但是，以业务专业性为导向的内设机构调整，也前置性将检察办案量化给定了基本标准，有利于减少不同案件类型办案量化的差异，厘定工作量测算的合适粒度。

二、办案量化与绩效考评的复杂糅合

有效的检察业务绩效考评，能够良性催生检察人员理性督促自我优化意识，保障办案效率和质量，而办案量化是绩效测算的基本依据之一。但是，结合检察机关运行管理效果来看，其考评实效并非完满如意，导致工作量测算标准的制定进程频频受阻。同时，检察人员为通晓规则逻辑的强理性人，在成文的量化标准和绩效利益关联情况下，通常也会趋向办案标准与考评标准对齐，在检察机关调研访谈中从领导层至一线办案人员都提及这一问题，即如何尽可能避免指标驱动检务工作，从检务工作中发现测算指标。

三、检察办案量化考核基本原则

从上述现有工作量测算方法问题和检察实务的特殊性，有效的检察工作量测算应当具备以下基本要求：

1. 数据来源及其客观性。不能影响数据产生过程，是数据分析的基本要求。[①] 单一数据来源只能从小数据范围验证片面数据的合目的性，无法从整体客观层面保障研究的客观性。简言之，仅通过专家打分表等统计形式来获取测算基础数据，无异于完全控制数据的形成过程，以偏主观性指标的方式，过度简化了基础数据的来源和范围。以前置性指标人为圈定工作量化数据容易偏离预期路线，致使测算逻辑的边界动摇不定。因此，检察办案量化的数据来源仅仅来源于工作打分表或计时表不足以保障数据乃至测算全流程的客观性，需要尽可能发现和汇集非定向数据。

2. 方法应用及其科学性。复杂的办案量化方法并非等同于最优的解决方

---

① 原始数据的生成一般有两种方式，第一种是在专家（建模者）控制和指导下生成，常见于统计分析；第二种是专家不能影响数据生成过程，保证数据的随机客观性，常见于数据挖掘。

案,但问题复杂性与解决方法的复杂性通常存在正相关性。检察办案量化无论是案件权重法还是时间研究方法或是数据挖掘法都应当遵循逻辑方法的科学性,指标设定、权重计算、回归系数、实体提取等各类操作步骤符合严谨的论证过程。在司法领域中的应用数据方法解决法律问题更应该保证任何环节经得起推敲和验证,技术方法的科学性与法律契合的逻辑性二者并行不悖,相辅相成。

3. 量化思路及其合理性。检察办案工作量化切入点与数据来源和目标输出紧密相关。一方面,从数据来源角度,前文总结的测算数据来源的切入点,均是运用抽样技术从整体人员样本,通过调查问卷等形式获取办案事项的统计时间。基本上是由研究人员提出假设指标、构建测算模型、收集时间数据,最终验证影响检察办案工作测算的指标和测算模型。典型特征是以局部抽样代替总体样本,其合理性在于保证局部、决定整体。另一方面,从目标输出角度,前文总结的三类测算模式均以假设指标的权重和时间关系,计算得出单位时间的办案数或某类案件的办案均时。典型特征是以假设指标的单项时间直接推算到办案时间,其合理性在于假设指标影响办案时间的可信度验证。实际上,从检察办案工作量化出发以特定条件下全样本数据为基础,①分析和测算影响特定案件类型的工作时间的规律,基于不断迭代的案件数据预测工作量评估值,其合理性则具备更优可解释性和可验证性。

4. 利益分离及其导向性。检察办案工作量测算的实效目的,涉及检察员额配置和绩效考核。但是,在测算过程中将后置目的先行嵌入量化思路,极易在指标设定上产生分歧,并有失公平公正。从量化理论上,既定目的的量化指标实际上是前置性商定的阶段结果,无疑是以测算指标明示出潜在的职业利益标杆。从检察实务角度,蕴含考核性的指标就像一座灯塔指引着检察人员趋向考核指标,其背后的逻辑是在资源有限分配情况下,检察机关也如现代企业组织管理,在追求“帕累托效率”的同时,作为有限理性人的检察人员自然会做出有利于自身的合理性行为选择。因此,检察办案量化需尽可能将利益性指标剥离出检察工作量测算,避免将资源配置或绩效分配等后续复杂性目的先行定性指标,防止纯粹的趋利导向。

---

① 特定条件是确定数据来源的限定条件,以统一业务系统数据为例,其案件数据不断增加,样本量和测算模型亦可迭代。

第四节　以捕诉考核为例

检察办案数据，“是在检察工作中各种统计、计算、科学研究和技术设计所依据的数值。它包含了侦查监督、公诉、民行等各项检察工作运行的数据，具有政治性、国家性、专业性和保密性特征”①。以下以捕诉合一之后的绩效考核为例。

一、数据来源和内容

实施获取检察办案量化数据来源的基本思路，主要有两种类型：一是正序定向法（自上而下），从研究的根节点目标出发，结合业务架构分化出二级目标，沿循业务架构寻获基础数据。比如，细化金融类案件捕诉合一办案流程，从流程节点捕捉各类可得数据，其优势是紧密结合办案流程，获取目的性明确，不足在于摸排范围较窄，可能遗漏潜在的数据来源。二是倒查摸排法（自下而上），从检察信息化系统切入，结合金融类案件捕诉合一办案流程特点，逐一分析排查记录相关联的各类数据类型，其优势在于数据获取具有全面性，但需要投入更多研究资源。上述两类获取数据思路通常交叉适用，同时需结合调研访谈的实证方法，以尽可能获取金融类案件捕诉合一办案数据为目的，摸排数据来源和确定数据类型。基于实际调研和访谈，以全国首个综配司改试点的上海检察统一业务信息系统为本次测算的基础数据来源。

从案卷数据获取限定条件来看：

来源限定1：时间区间，2018年金融诈骗类犯罪结案总量前三名的案由（以结案时间为准）；②

来源限定2：案由选择，取结案总数前三的案件卷宗信息，根据“数据统计”结果确定，具体为信用卡诈骗案件、集资诈骗案件、非法吸收公众存款案件；

来源限定3：案件类型，审查逮捕案件和审查起诉案件（同案）；

来源限定4：上海市人民检察院管辖本院和区院受理案件（本院共享、跨院

① 崔峰、王建民：《检察办案数据科学量化问题研究》，载《中国检察官》2018年第5期。

② 上海市基层检察院于2018年6月开始实施捕诉合一办案流程，上海市检察院于2019年3月开始实施捕诉合一办案流程，因而以实际可获得案件量存在一定不足问题，但本书旨在探索检察办案大数据量化模式，因此，在捕诉合一数据不断迭代的基础上可以获得更好的训练结果。

共享）。

从数据来源和数据类型来看，主要分为业务系统结构统计数据和相关电子卷宗。根据捕诉合一办案过程，结合电子卷宗内容，分析办案核心要素，从上海检察统一业务信息系统中初步建立办案量化的“元数据集”假设范围，如涉案人数、受理时间、审查逮捕意见书字数、证据种类、证据数量和公诉案件审查报告字数等（见表 49-3）。

表 49-3　捕诉合一办案核心要素

核心要素			对应内容	数据形式
案件承办	承办部门		承办单位	字段
	承办检察官		承办人	字段
案件介入	介入时间		受理日期	字段
	案卡录入	案件信息	案件受理情况	案卡全部字段
		相关报告、请示		
		书面意见		
审查批准逮捕（侦监）	全面审查	证据采信	审查逮捕意见书	卷宗文档
		事实认定		
		法律适用		
	审查方式	询问意见		
		复核定案证据		
	指定辩护	提示通知		
		纠正意见		
	引导侦查	继续侦查取证意见		
		补充侦查意见		
	延押审查	报上级检察机关决定		
	决定（不）逮捕	决定时间	审查逮捕意见书	卷宗文档
	—	绝对、存疑不捕的检察官联席会议讨论	会议记录	无法获取
	—	报请检察长或者检察委员会决定	会议记录	无法获取

续表

核心要素			对应内容	数据形式
(不)捕后跟踪监督和引导侦查	捕后跟踪和引导	—	检察建议及线索移交情况	卷宗文档
	—	—		
	存疑不捕后的跟踪和引导	定期跟踪侦查机关对补充侦查意见落实情况		
		补充侦查		
	督促移诉	—		
	逮捕变更的监督	—		
审查起诉	一般内容	审查案件的管辖	公诉案件审查报告	卷宗文档
		羁押与否		
		难易程度		
		认罪认罚情况		
	简案快办			
	补充侦查	分析与提示补充侦查		
		退回补充侦查		
	—	报请检察长或者检察委员会		
	变更强制措施	自行决定		
		报请检察长或者检察委员会		
	侦诉不一办案说明	—		
	决定(不)起诉	决定时间		
	—	相对不起诉的听证审查		
	—	绝对、存疑不诉的检察官联席会议讨论		
	—	报请检察长或者检察委员会决定		

续表

核心要素			对应内容	数据形式
诉讼监督	立案、侦查活动监督	—	侦查活动监督情况	字段
	审判监督	—	审判活动监督情况	字段
办结信息	办结时间	—	办结日期	字段
起诉文书	—	—	起诉文书(包括量刑意见书)	卷宗文档

二、文本处理和词频计算

在司法大数据研究中,法律相关文书是数量最多的信息类型,司法文本的处理直接影响目标评估的实现。使用自然语言处理,是将文本转化为可处理的数据的必经之路。在统一业务系统中卷宗文书基本都是非结构化文本数据,只有通过 NLP 转为结构性数据,比如,审查逮捕意见书、电子卷宗、审查起诉意见书中存在不同的案情表述、证据描述和论证等语句,其形式是由汉字(包括标点、符号等)组成的字符串,不同的字符串组合成不同的语词表达内容。

根据上述初步获取的数据列项,需要结合专家论证和实地调研,建立办案量化的“元数据集”假设范围:受理日期、涉案人数、是否上诉、①证据数量、讯问笔录字数、审查逮捕意见书字数、是否羁押、②羁押时间、办结日期、起诉书字数、量刑建议书字数。③ 其中,办结日期与受理日期的时间差 T 作为评估目标,其他作为影响参数加以分析。因此,假设以关键影响因素作为本次测算的实验对象,具体包括:“涉案人数 x_1”“是否上诉 x_2”“证据数量 x_3”“讯问笔录字数 x_4”“审查逮捕意见书字数 x_5”“是否羁押 x_6”“羁押时间 x_7”“起诉书字数 x_8”“量刑建议书字数 x_9”。而实际情况是,“元数据集”应通过对捕诉合一办案中电子卷宗以及相关电子文书进行实体提取,以及借助于词频统计分析加以获

① 是否问题属于二元(0,1)分类,不能够直接用以评估计算,可以在其总体基数的概率加以代替。

② 同上。

③ 量化元数据的假设范围是为了演示检察办案量化大数据模式的一种假设形式,实际内容应当根据专家论证的方式予以确定。

取,这里主要以模式探索为目标,因此,只以假设影响因素作为影响办案量化“元数据集”。

三、实证分析方法与过程

建立影响捕诉合一办案时间与待定的影响因素之间的多元线性回归模型,运用最小二乘估计方法来估计回归模型的系统。通过系统能否通过检验,来检验影响因素与办案时间的关系,以这样的方法获得的结果对数据的依赖程度很大,并且普通最小二乘法估计求得的解往往是局部最优解,导致后续的检验可能会失去应用的意义。因此,更宜采取在运用 Adaptive-Lasso 变量选择方法的基础上,结合检务专家就捕诉合一的实务经验,来研究影响办案时间的影响因素。

选择评估方法。Lasso 是由 Tibshriani 提出的将参数估计与变量选择同时进行的一种正则化方法,①这与选择影响办案时间的经验性判断存在相类似之处。Lasso 参数估计被定义为:

$$\widehat{\beta}\,(\text{lasso}) = \underset{\beta}{argmin}^2 \left\| y - \sum_{j=1}^{p} x_j\beta_j \right\|^2 + \lambda \sum_{j=1}^{p} |\beta_j| \qquad (49\text{-}1)$$

其中,λ 为非负正则参数,$\lambda \sum_{j=1}^{p} |\beta_j|$ 为惩罚项。② Lasso 方法虽然能够弥补最小二乘法和逐步回归局部最优估计的不足,但所需数据的契合条件极其苛刻,现有的捕诉合一办案量化数据很难满足,因此,本书在原有基础上采取一种改进的 Lasso 方法,为不同的系统赋予不同权重。③

上述改进方法称为 Adaptive-Lasso 方法,定义如下:

$$\widehat{\beta}^{*(n)} = \underset{\beta}{argmin} \left\| y - \sum_{j=1}^{p} x_j\beta_j \right\|^2 + \lambda_n \sum_{j=1}^{p} \widehat{\omega}_j |\beta_j| \qquad (49\text{-}2)$$

---

① See Tibshirani R. J. , *Regression Shrinkage and Selection via the LASSO*, Journal of the Royal Statistical Society, Vol. 73 (1996).

② 损失函数只有一个部分,在学术上称为“经验风险”,后半部分的损失函数(加入的正则化项的部分)叫作“结构风险”。所谓的“经验风险”就是指由于拟合结果和样本标签之间的残差总和所产生的经验性差距所带来的风险,由于差距越大,拟合失效的可能性就越大,这是欠拟合的风险;“结构风险”就是前者模型不够“简洁”带来的风险。

③ See Hui Zou, *The Adaptive Lasso and Its Oracle Properties*, Journal of Industrial and Management Optimization, Vol. 476(2006).

其中,权重 $\widehat{\omega}_j = \frac{1}{\widehat{\beta}_j^{\gamma}}(\gamma > 0, j = 1,2,\cdots,p)$,$\widehat{\beta}_j$ 为由普通最小二乘法得出的系数。

设变量 $X^{(0)} = \{X^{(0)}(i), i = 1,2,\cdots,n\}$ 为一非负单调原始数据序列,建立灰色预测模型①:首先对 $X^{(0)}$ 进行一次累加得一次累加序列 $X^{(1)} = \{X^{(1)}(k), k = 1,2,\cdots,n\}$ 。

对 $X^{(1)}$ 建立一阶线性微分方程,确定 GM(1,1)模型:

$$\frac{dX^{(1)}}{dt} + aX^{(1)} = \mu \tag{49-3}$$

解式(49-3),得到预测模型:

$$\widehat{X}^{(0)}(k+1) = \left[\widehat{X}^{(0)}(0) - \frac{\widehat{\mu}}{\widehat{a}}\right]e^{-\widehat{a}k} + \frac{\widehat{\mu}}{\widehat{a}} \tag{49-4}$$

由于 GM(1,1)模型得到的是一次累加量,将 GM(1,1)模型所得数据 $\widehat{X}^{(1)}(k+1)$ 经过累减还原为 $\widehat{X}^{(0)}(k+1)$,即可得 $X^{(0)}$ 的灰色预测模型为:

$$\widehat{X}^{(0)}(k+1) = (e^{-\widehat{a}} - 1)\left[X^{(0)}(n) - \frac{\widehat{\mu}}{\widehat{a}}\right]e^{-\widehat{a}k} \tag{49-5}$$

后验检验模型精度详见表 49-4。

表 49-4　后验检验模型精度

P	C	模型精度
>0.95	<0.35	好
>0.80	<0.50	合格
>0.70	<0.65	勉强合格
<0.70	>0.65	不合格

① 灰色模型(grey models)就是通过少量的、不完全的信息,建立灰色微分预测模型,对事物发展规律作出模糊性的长期描述。用原始数据组成原始序列(0),经累加生成法生成序列(1),它可以弱化原始数据的随机性,使其呈现出较为明显的特征规律。对生成变换后的序列(1)建立微分方程型的模型即 GM 模型。GM(1,1)模型表示 1 阶的、1 个变量的微分方程模型。

因文本处理结果还未全部完成,因此本书以专家论证的形式初步确定了影响捕诉合一办案量化的关键因素。表 49-5 为影响办案时间的影响因素的数据示意列项,实际数据量根据三类案件数统计分析,“涉案人数 x_1”“是否上诉 x_2”“证据数量 x_3”“讯问笔录字数 x_4”“审查逮捕意见书字数 x_5”“是否羁押 x_6”“羁押时间 x_7”“起诉书字数 x_8”“量刑建议书字数 x_9”,办结日期与受理日期的时间差 T 作为评估目标(见表 49-5)。

表 49-5　影响办案时间关键要素

案件号	x_1	x_2	x_3	x_4	x_5	x_6	x_7	x_8	x_9	ΔT
No. 1	n_{11}	n_{12}	n_{13}	n_{14}	n_{15}	n_{16}	n_{17}	n_{18}	n_{19}	T_1
…	n_{m1}	n_{m2}	n_{m3}	n_{m4}	n_{m5}	n_{m6}	n_{m7}	n_{m8}	n_{m9}	T_m
No. n	n_{n1}	n_{n2}	n_{n3}	n_{n4}	n_{n5}	n_{n6}	n_{n7}	n_{n8}	n_{n9}	T_n

涉案人数(x_1):人数越多,办案人员需要核实确认的信息量也会增加,存在影响办案时间的可能性。

是否上诉(x_2):上诉案件通常与案件复杂度存在影响关系。

证据数量(x_3):一线办案人员在讯问犯罪嫌疑人时,最核心的工作是通过讯问挖掘潜在的证据,根据证据的现实情况,论证证据与案情之间的关联性。

是否羁押(x_6):存在影响办案人员审理进程的可能性。

讯问笔录字数(x_4)、审查逮捕意见书字数(x_5)、起诉书字数(x_8)、量刑建议书字数(x_9):这些由办案人员形成的文书直接体现其工作难度和工作量。

第五节　选用组合式模型

毫无疑问,以上为检察绩效评估的结构维度、数据获取、权重赋值和测试学习提供了坚实基础。下一步就是模型构建,以实现延展性、自适应性较强的深度大数据学习。

一、组合模型

在 Adaptive-Lasso 影响办案因素变量选择的基础上,鉴于灰色预测对小数据量数据预测的优良性能,对单个选定的影响因素建立灰色预测评估模型。由于 BP(Back Propagation)神经网络有较强的适用性和容错能力,对捕诉合一办案的统一业务系统中结构性数据和非结构电子卷宗进行文字 OCR 识别、信息抽取和统计计算,将数据结果代入训练模型,可以得到基于历史数据的捕诉合一办案时间评估结果。

图 49-1 为基于检察统一业务系统数据来源的分析评估模型。主要流程有:从检察统一业务系统中搜集前述限定的案件数据和文书,经过文本识别转化和自然语言处理,确定三类案件中影响捕诉合一办案时间的内容因素。在前一程序中完成的预处理建模数据,建立 Adaptive-Lasso 变量选择模型。建立单变量的灰色预测模型和神经网络预测模型。将系统中各单个捕诉合一案件的办案时间代入构建好的 BP 神经网络模型,得到基于历史办案数据的金融犯罪类案件代表性办案时间。通过随机抽取案件形式,以小数据验证形式把研究人员和检务专家进行结果评估,以可解释性为辅助条件调整影响办案时间的测算因素,进而优化模型因素,使得预测评估值更逼近金融犯罪类案件办案时间的真实值。

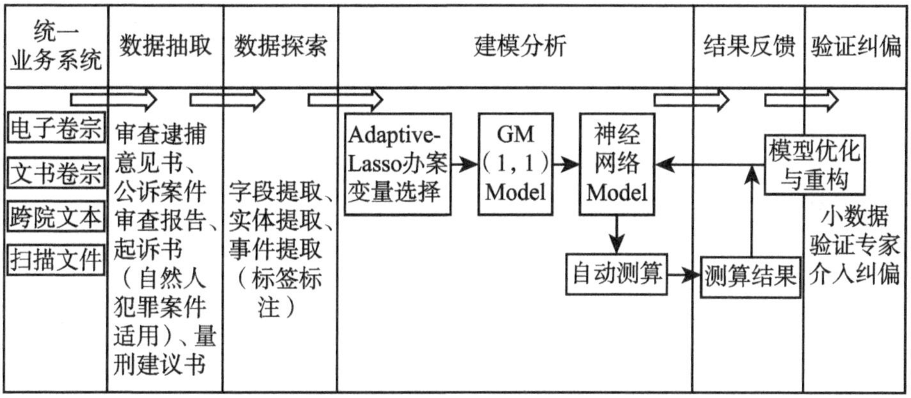

图 49-1　基于数据挖掘技术的捕诉合一办案时间分析评估模型流程

二、数据探索

首先,对文本处理的结构性数据列项能机械性描述统计分析,完成数据的整体性认识,通常为各变量的均值和标准差计算分析,发现各变量的稳定性和变化情况。

其次,相关系数可以用来描述定量和变量之间的关系,初步判断因变量

(办案时间)和解释变量之间(影响办案因素)之间是否具有线性相关性。相关系数(Correlation coefficient)是反应变量之间关系密切程度的统计指标,相关系数的取值区间在1到-1。1表示两个变量完全线性相关,-1表示两个变量完全负相关,0表示两个变量不相关。数据越趋近于0表示相关关系越弱,以$\rho_{xy}=\frac{K_{xy}}{K_x K_y}$表示相关系数。其中$\rho_{xy}$表示样本相关系数,$K_{xy}$表示样本协方差,$K_x$表示$X$的样本标准差,$K_y$表示y的样本标准差。下面分别是$K_{xy}$协方差和$K_x$和$K_y$标准差的计算公式。由于是样本协方差和样本标准差,因此分母使用的是n-1。

K_{xy}样本协方差计算公式:

$$K_{xy}=\frac{\sum_{i=1}^{n}(X_i-\bar{X})(Y_i-\bar{Y})}{n-1} \tag{49-6}$$

K_x样本标准差计算公式:

$$K_x=\sqrt{\frac{\sum(x_i-\bar{x})^2}{n-1}} \tag{49-7}$$

K_y样本标准差计算公式:

$$K_y=\sqrt{\frac{\sum(y_i-\bar{y})^2}{n-1}} \tag{49-8}$$

当某变量与其他变量呈现负相关,且线性关系不明显时可以发现其关系程度。

三、模型建构

运用*LARS*算法实现*Adaptive-Lasso*估计,[①]对于每一个γ,该算法会寻找一个最优解的λ_n,此处取$\gamma=1$,计算取得系数表。通常如果某些变量的计算系数为0,则可以在模型建立的过程中剔除此变量,但值得注意的是需要通过专家论证确定该因素变量的重要程度,防止出现违背司法规律的常识性错误。

---

① See Efron B., Hastie T., Johnstone I., et al., *Least Angle Regression*, Annals of Statistics, Vol. 32 (2004).

对 *Adaptive-Lasso* 变量选择方法识别的影响捕诉合一办案时间的因素,建立灰色预测模型和 *BP* 神经网络的组合预测评估模型(见图 49-2)。

BP 神经网络是 1986 年由 Rinehart 和 McClelland 为首的科学家小组提出,是一种按误差进行逆传播算法训练的多层前馈网络,是目前应用最广泛的神经网络模型之一。*BP* 网络能学习和存贮大量的输入—输出模式映射关系,而无需事前揭示描述这种映射关系的数学方程。它的学习规则是使用最速下降法,通过反向传播来不断调整网络的权值和偏置,使网络的误差平方和最小。*BP* 神经网络模型拓扑结构包括输入层(*input*)、隐层(*hide layer*)和输出层(*output layer*)。

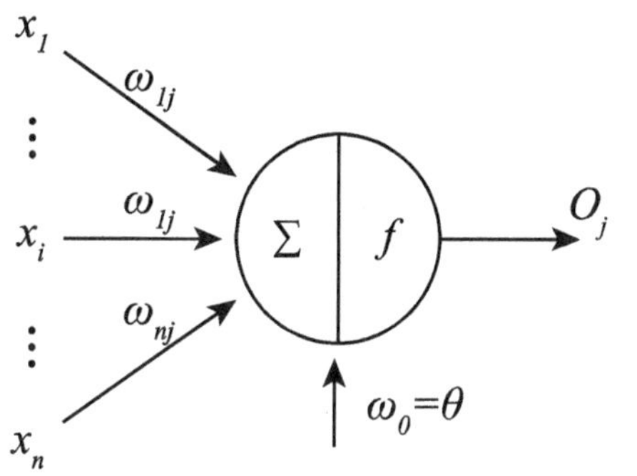

图 49-2 神经网络拓扑结构

在图 49-2 中,$x_1\cdots,x_n$ 是从其他神经元传来的输入信号,ω_{ij} 表示从神经元 j 到 i 的连接权值,θ 表示一个偏置,神经元 i 的输出与输入的关系表示为:

$$net_i = \sum_{j=1}^{n} \omega_{ij}x_{j-}\ \theta \qquad (49\text{-}9)$$
$$y_i = f(net_i)$$

具体计算步骤:

1. 选取前述中经过对假设影响因素进行系数计算之后,确定的实际影响因素作为输入变量,神经元个数为 *Lasso* 变量选择方法选择的变量个数 x(有实际影响的变量个数),将数据零均值标准化,对数据进行归一化处理,$y = 2 \times \frac{x-min}{max-min} - 1$。

2. 此处隐层和输出层的传输函数采用[0,1]型 *sigmoid* 函数 $f(x) = \frac{1}{1+e^{-x}}(0 < f < 1)$ 和线性函数 $y = ax + b$，训练函数采用 *Quasi-Newton Algorithms-BFGS* 算法。

3. 神经网络训练的目标误差设定为 0.0000001，迭代最大次数为 40 次，学习率设定为 0.15，建立 3 层神经网络（输入层为 x 个节点，隐层为 $2x$ 个节点，输出层为 1 个节点）。将计算所得预测评估值与真实值进行比对。

最后，通过对统一业务系统的结果性数据和非结构文本的处理，挖掘出真实影响金融犯罪类案由（信用卡诈骗案件、集资诈骗案件、非法吸收公众存款案件）的捕诉合一办案时间的影响因素，并予以评估验证。在研究过程中，必须强调对于法律文本处理是研究当中的重点亦是难点。如何提取与办案时间有关的影响因素“元数据集”，既需要客观的分析计算，也需要业务专家的辅助纠偏，在求得目标计算结果的同时，更需要满足所得因素的可解释性。

第五十章　智能辅审系统

推动公益诉讼,是检察机关在新时期四项职能之一,也是综配司改的重点和难点。但是,长期以来,检察机关提起公益诉讼难的症结之一,乃是挖掘公益诉讼的线索难。综配司改试点在这一领域进行了有益探索。

第一节　信息化共享平台

智慧公益辅审的前提,是建立基于共享机制的公益诉讼平台,以实现对来自政务数据、外部碎片化数据的有效整合,深入分析和寻找公益诉讼线索。

一、检察公益诉讼信息共享平台

《民事诉讼法》及《行政诉讼法》规定,赋予检察机关在特定范围的案件内提起公益诉讼,并予以检察机关调查的权力。但是,检察机关办理公益诉讼案件需要有效获取外部信息,否则只是依靠传统的调查模式,无论是效率还是数量都难以满足办案之需。因此,检察公益诉讼信息化共享平台是检察机关必须探索的一种信息化路径,借此扩大检察机关对外部信息的实时获取渠道,搭建信息交互平台,更好地服务于检察公益诉讼。

检察公益诉讼信息化共享平台应当具备功能包括:(1)信

息互联互通。通过技术手段在技术和设施上实现互联,形成检察机关案件系统与外部的信息系统一体化共享。例如,行政机关的行政执法办案系统等没有关联的两个系统,借助软件、硬件及设备将它们连接在一起,实现信息的传递,完成共享。(2)预警。对行政复议信息等与民事、行政检察监督业务有关的信息、线索需要共享的关键环节的异常信息进行自动预警。(3)实时监控。对系统的关键流程,对每个环节的线索案件流传进行实时监控。(4)咨询交互。在信息平台以系统邮件、对话框等形式搭建沟通咨询平台,对于案件涉及人数多、情节复杂,行政执法部门等外部单位对案件不易判定的,行政执法部门可以依法向检察机关就相关问题咨询。(5)统计收息数据功能。采集和处理案件信息,自动生成汇总表格,提供更加直观的分析报告。

构建检察公益诉讼信息化共享平台,可以实现"智慧辅审",即帮助办案检察官快速识别案件线索,提取有效信息,例如对涉及公民人身、财产权益的行政强制措施类案件设定关键词,确保该类案件迅速进入审查环节。在此基础上,完成公益诉讼案件"线索挖掘",就是根据公益诉讼的案件范围对被申请人为生态环境和资源保护、食品药品安全、国有财产保护、国有土地使用权出让等领域负有监督管理职责的行政机关的案件予以优先审查。此外,还可以实现分类监督,即结合检察监督业务,针对不同案件分门别类进行流转,并作出不同的处理。

二、智慧公益诉讼平台的建设逻辑

智慧公益诉讼平台的建设逻辑,是以公益诉讼存在的问题为切入点,因地制宜地结合建设现状,形成业务驱动的大数据创新模型和场景应用。具体包括:

1. 检察公益诉讼的问题驱动力起点。(1)社会认知不高,没有形成公益保护合力。检察公益诉讼是一项新业务,其主体定位、法理基础、诉讼规律、诉讼规则等方面还有待深化完善。检察机关、行政机关、社会组织、人民群众需要加深认识,凝聚共识,形成全社会关注、支持公益诉讼工作的氛围,形成共同开展公益诉讼的合力。(2)信息渠道不畅,不能及时掌握公益受损事实。目前公益诉讼案件来源主要是对历年涉及食品、药品类刑事处罚案件的梳理排查,基于单位、公民举报的立案案件数量较少。检察机关与行政执法机关公益诉讼信息共享、线索移送机制尚未完全建立。(3)办案能力不够,需要在实践中不断提升。检察机关对行政机关执法依据即行政机关在实践中形成的规范性文件或规则不太熟悉,导致对行政执法工作的监督标准、条件的把握上不够准确;此外,没有以往办案经验可以借鉴,需要在实践中边学习边办案、边探索边提高。

2. 检察机关开展公益诉讼信息化现况。针对上述问题,综配司改中上海市检察机关借力信息化挖掘公益诉讼线索。以上海市徐汇区人民检察院(以下简称徐汇区院)为例,该院把信息化建设作为加强益诉讼工作抓手,探索建立公益诉讼案源挖掘智能辅审系统:(1)建立行政复议与行政检察信息衔接平台,对平台中被申请人为区环保局、区市场监督管理局、区规土局、区国资委的案件逐一审查;(2)开发公益诉讼案源挖掘系统,导入该院2014年以来办理的刑事案件文书和证据材料、裁判文书网上徐汇区人民法院作出的民事判决书,构筑起一个拥有数万条案件线索的数据池;(3)运用*OCR*光学字符识别技术,将以非结构化数据形式存在的海量证据识别成文本等结构化数据,帮助检察官摆脱传统的逐一阅读筛选的低效工作方式,实现智能辅审功能;(4)聚焦公益诉讼重点领域,建立食品药品、环境资源、公共利益等重点领域的关键词搜索引擎,提升系统自动匹配的精确度,为检察机关挖掘公益诉讼案源提供有效的大数据支持。

第二节　智能辅助原理及成效

智能辅审的最大功能,是基于对内外部数据的有效集成,利用人工智能分析技术寻找公益诉讼案源线索,解决检察机关提起公益诉讼难的源头问题。

一、公益诉讼案源挖掘

随着侦防部门的转隶,检察机关的法律监督工作可能面临弱化,为了避免这一情况的发生,行政检察监督被寄予了厚望;同时,公益诉讼也被推到了风口浪尖,成为综配司改关注的焦点之一。那么,到底如何使用好公益诉讼这柄“利剑”,进一步加强行政检察监督职能,已成为检察机关思考的重点问题。

徐汇区院联合上海市检察院相关部门,收集各类所需的案件数据进入智能挖掘系统数据库中,逐步形成大数据池。把民检部门提出和公益诉讼案源相关的特征值录入该系统,借助于人工智能匹配的方式,由系统自动完成在海量数据中寻找、匹配和高亮提示存在特征值的案件，再由民检检察官对此类案件查阅，以便于进一步深挖可能存在的公益诉讼案件。该院历经调研、需求分析、数据收集、系统设计规划、研发和试运行，初步建成了基于公益诉讼案源挖掘的"公益诉讼案源挖掘智能辅审系统"（以下简称辅审系统），并在该院民检部门运行中取得了良好效果。

系统架构共分三大块功能区域：案件库、案源挖掘和收藏文件夹。

1. 案件库。作为整个系统的数据资源池，根据数据来源的不同分为四栏，检察院、法院、法制办和中国裁判文书网。检察院一栏其中存放的数据为徐汇区人民检察院从 2014 年以来办理的刑事案件，包括审查逮捕意见书、公诉案件审查报告和起诉书三类法律文书，以及对应的侦查卷宗的电子扫描卷；法院一栏存放的 53,850 条数据条目是导入的上海市高级人民法院提供的近年来全市刑事审判案件的裁判文书；法制办一栏存放的是徐汇区院行政复议和行政检察信息共享平台获取的 39 条数据。由徐汇区政府法制办向检察机关开放行政复议案件信息的平台。目前在共享平台上已经有 100 多个行政复议案件的相关信息，系统通过 *OCR* 识别转换将申请人提供的原始材料匹配这个系统自动识别的功能进行数据导入；最后一栏是来源于中国裁判文书网上公开的裁判文书和相关材料。

2. 案源挖掘。系统设置了是否含有公益诉讼案源的特征值，包括国有土地、食品药品、环境污染、国有资产等相关的一共 15 个关键词作为特征值。这些特征值的设置是由民行检察官根据民事、行政公益诉讼的要求，再结合办案中积累的经验进行细分。实际操作时，可以通过单选或者多选这些特征值点击查询，让系统自动根据选择的特征值去匹配数据池中的数据，并显示存在这些特征值的相关案件。例如，在检察院这个数据池中针对具有公益诉讼特征值的案件，同时选择特征信息，比如，通过对药品、食药品的关键词查询，可以看到相关符合条件的案件线索。在此基础上，对于这些案件线索还可以通过案件类型和案由来进行区分，对于案件类型显示公益诉讼、行政监督，即表明在这些案件的文书中，系统自动匹配到与公益诉讼、行政监督案件类型要求的相关特征值，所以就自动在设定的案件类型中把它归类到公益诉讼、行政监督案件。但是，这个匹配度可能还不够高，毕竟结构化文书中所有的"公益"两个字系统也会自动匹配出来，所以还可以通过案由来进一步区分，比如，我们可以看到有生产销售假药罪的，那么这个的匹配度可能更高。

3. 收藏文件夹。这是一个人性化的工作区域，使用者可在使用系统时，将感兴趣的或者比较重视的案件统一存放于此，以便再次登录时实现快捷查阅，无需再在数据池中重新搜索。

二、辅审系统成效

该系统经过在徐汇区院反复论证和实验，已获取相关的案件线索，启动了公益诉讼立案。该院在履行职责过程中发现，在杨某某销售假药案等15起刑事案件中（法院均已作出有罪判决）存在两起民事公益诉讼线索，经辅审系统处理后确定了相关案件情况，并取得实效。具体案件情况如下。

（一）基本案情

案例一：杨某某、郭某销售假药案

2013年8月许，杨某某在上海市经营美容整形业务过程中，结识在美容诊所担任护士的郭某，并将郭某招聘至其负责的上海香宁生物科技有限公司（以下简称：香宁公司），协助我国台湾地区赴大陆医师进行整形手术等。

2014年7月，杨某某、郭某在香宁公司没有取得药品经营许可的情况下，起意走私药品至本市，并以"台湾美白针"（系由贝力多、循必利、美久奥林等近十种注射液混合制成）、肉毒素、胎盘素等名义对外销售牟利。杨某某负责至台湾地区联系、购买当地生产的注射剂药品运至本市，并租赁仓库统一储存、管理；由郭某负责通过新浪微博、微信朋友圈等渠道公开宣传，并以每套"美白针"针剂6000元左右的价格对外销售，同时在二人租住的本市虹桥路某处或上门为客户提供药品注射服务。截至案发，杨某某、郭某销售"美白针"、肉毒素、胎盘素的金额达43万余元，且二人均参与分成。2016年8月1日，杨某某、郭某至本区桂林路某处销售"美白针"针剂时被徐汇区市场监督管理局工作人员查获，当场起获循必利等9种注射液。公安机关当日搜查时查获大量注射针剂、注射针头等物。经徐汇区市场监督管理局认定，涉案贝力多等13种注射用药品以及*J-CAIN cream*（*Lidocaine*）软膏剂药品未取得当时的国家食品药品监督管理总局的药品批准文号，均系依法应认定为假药。刑事案件中认定的已销售金额为436,200元，且有具体销售明细表。杨某某被判处有期徒刑10年6个月，剥夺政治权利2年，并处罚金50万元，郭某被判处有期徒刑10年3个月，剥夺政治权利2年，并处罚金40万元，缴获的假药及违法所得予以没收。

案例二：查某某生产、销售假药案

2017 年 4 月 17 日，上海市徐汇区市场监督管理局执法人员根据举报，会同徐汇区公安分局人员在田东路某处检查，查扣由查某某生产的“药王酒”406 瓶，并当场抓获查某某。公安机关从上述地址及查某某位于本市宝山区的暂住地内查扣分装待售的“药王酒”406 瓶及相关作案工具。经徐汇区市场监督管理局认定，涉案产品“药王酒”未取得当时的国家食品药品监督管理总局核发的药品批准文号（药品注册证书）。应依法认定为按假药论处的假药。法院经审理确认已销售金额为人民币 3 万余元，查某某被判处有期徒刑 1 年，并处罚金 6 万元，查获的假药以及犯罪工具予以没收。

（二）线索处理

上述两起案件的刑事判决书进入辅审系统数据池后，系统自动对该案进行了搜索，结合关键词“药品”“美容”“酒”等提示，徐汇区院承办人对案件进行了人工审查，经审查认定，该两案的被告人系无证销售美容药品、药酒等特殊消费品，且大量流入消费市场，已现实侵害了不特定消费者的权益，法院未对其作出刑事附带民事赔偿判决，因此，该案符合民事公益诉讼范畴案件。经徐汇区院排摸审查后将线索移送上海市人民检察院第一分院处理，上海市人民检察院第一分院经审查后均予以立案，并向法院提起公益诉讼。

三、辅审系统完善

该系统从意向形成、需求调研、数据收集、系统规划到最后研发并试运行，时间短、任务重，所以在数据的积累、功能的完善方面还存在较大拓展空间。重点包括以下几个方面：

1. 进一步完善特征值。由于目前在系统初级研发阶段，因此在自动匹配的特征值整理方面还存在一定的局限。随着系统研发和使用的深入，将进一步组织相关专家学者对公益诉讼特征值再进行深度研究，加强案源的精准定位。

2. 进一步扩充数据池。案源挖掘的根本是基于大数据，没有海量的数据就没有高效的案源挖掘，因此数据收集、分析和导入的工作永远不会停止。下一步要组织专门力量，完成将中国裁判文书网中徐汇区人民法院办理的民事案件和行政案件的判决书导入系统，从而进一步充实我们的数据池。

3. 进一步完善功能。功能完善要从两方面入手：一是在案件类型中除了公益诉讼外，再增加行政监督，还计划增设审判违法、执行监督等类型，由民行部门提供相关特征值,也进行智能匹配和深度挖掘,使系统从公益诉讼案源挖掘单一功能拓展到民事行政检察案源挖掘的系统功能,从而尽可能地提高数据的利用效率,扩大系统的使用成果。二是计划增设案件跟踪评估模块,要求办案检察官在此模块中详细记录挖掘到的公益诉讼等案件的办理情况、所处阶段和时间节点等信息,便于使用人对系统使用和案件办理情况进行评估,了解系统的使用成效,并为综配司改中的检察官饱和工作量和绩效考核提供坚实的数据基础。

第八编　定量定性评估体系

第五十一章　法院司改定量评估

截至 2019 年 12 月,上海已率先完成新一轮结构性司改所包括的基础司改和综配司改的所有内容。毫无疑问,叠迭式改变内卷化现象的前后两个阶段司改,都得到中央的高度肯定,绝大多数都具有相当的可复制和推广意义。因此,基于量化方式对其进行客观全面评估,具有很强的样板示范功能。

第一节　指标、被试与实施

以下出于方便叙事起见,主要围绕法院司改实证研究的设计思路和实施过程,展示上海新一轮结构性司改的基本全貌,同时检察院评估在相当程度上可以参照适用。评估目的是客观、全面反映上海司改的主要成就,归纳可复制、可推广的经验,以及进一步拓展深改空间。

一、评估对象

根据《上海司改推进情况满意度评价指标体系》内容设计要求,评估主要对司法权力运行机制改革 $B1$、人员分类管理改革 $B2$、司法公信力建设 $B3$ 三项二级指标;让审理者裁判 $C1$、由裁判者负责 $C2$、司法权监督制约机制 $C3$、司法廉洁监督机制 $C4$、人员分类管理制度 $C5$、法官助理体制机制 $C6$、法官选拔任用制度 C7、法官晋升机制 C8、法官职业保障制度 C9、法官日常考核机制 C10、高素质法官培养机制 C11、司法公正建设 C12、司法效率建设 C13、司法透明度建设 C14、司法便民建设 C15、司法民主建设 C16、司法形象建设 C17、司法能力建设 C18 等 18 项三级指标；制定独任法官、合议庭审判规则及审判人员权力清单 D1，规范案件分配、裁判文书签发等审判规则 D2，建立专业法官会议制度 D3、完善审判委员会工作机制 D4 等 55 项四级指标进行评估。

二、评估指标

经过四轮评估组的“设计—修改”指标体系过程，以及三轮专家对指标体系的论证，最终形成《上海综配司改推进情况满意度评价指标体系》。该评估指标体系设计要点包括指标特点、体系结构和指标说明。

（一）指标特点

一是科学性。指标体系综合运用统计学、社会学、法学等多学科理论，按照科学程式，经反复论证、数易其稿后形成，符合科学性和司法工作实际。二是系统性。司改推进情况满意度评价指标体系采用复合指标，是客观指标和主观指标的有机统一，能够客观反映司法工作和外部评价；指标体系所采集的评价数据，既有司法系统内部资料，又有律师群体的评价与判断，符合评估系统性要求。三是可操作性。基于理论的视角，上海司改映射的指标比较繁杂，但是，指标体系中指标甄选一定要贴合司改现实，而不是纸上谈兵，需要运用具有落地性方案测评相关数据。因此，指标体系舍去不符合司改工作实际及难以测量的指标，符合评估可操作性要求。

（二）体系结构

以科学性、系统性、可操作性和可比性为原则，构建上海司改满意度评估指标体系。上海基础司改和综配司改的推进满意度评价指标体系由 1 项一级指标、3 项二级指标、18 项三级指标构成、55 项四级指标构成。具体二级指标为司法权力运行机制改革 B1、人员分类管理改革 B2、司法公信力建设 B3；具体三级指标为让审理者裁判 C1、由裁判者负责 C2、司法权监督制约机制 C3、司法廉洁监督机制 C4、人员分类管理制度 C5、法官助理体制机制 C6、法官选拔任用制度 C7、法官晋升机制 C8、法官职业保障制度 C9、法官日常考核机制 C10、高素质法官培养机制 C11、司法公正建设 C12、司法效率建设 C13、司法透明度建设

C14、司法便民建设 C15、司法民主建设 C16、司法形象建设 C17、司法能力建设 C18。

（三）指标说明

1. 司法权力运行机制改革。司法权力运行机制是对司法权配置、运行及其相互关系的制度性安排，它包括司法责任制、案件管理监督机制和纪法衔接问责机制等。

2. 人员分类管理。在结构性司改中，上海实行司法人员分类管理和动态员额调整制度。具体把司法机关工作人员分成法官、法官助理等司法辅助人员、行政管理人员，分别占比 33%、52%和 15%，以确保 85%人力资源投入办案。该架构基础是建立法官员额制，提高法官任职条件，解决目前法官队伍大、门槛低的问题。结构性司改实行了法官单独职务序列管理。改革后，法官主要从法官助理中择优选任；上级法院法官主要从下级法院逐级择优遴选，同时可以从优秀律师、法律学者等公开选任；四级法官至三级按期晋升，二级、一级择优选升，每晋升一级一般不少于 4 年；提高法官入职门槛、严格办案责任的同时，健全法官的职业保障制度；提高司法三类人员的薪酬待遇，尤其是员额法官，让他们获得职业尊荣感。

3. 司法公信力。它是司法机关通过其职权建立的公共信用，是司法行为所产生信誉和形象在民众中所形成的心理反应。比如，民众对司法权力享有处置某些纠纷权力正当性的认可，以及对司法处断纠纷结果的尊重；民众对司法机关行使相关职能的肯定，以及对司法职务行为过程和结果的信任。其中，对司法裁判人员的信任和尊重，又可分为对法律素养、道德品质的信任和尊重。

4. 指标确定权重。《上海司改推进情况满意度评价指标体系》采用层次分析法，确定二级指标、三级指标和四级指标、两类受访者群体（法官及律师）之间的权重。指标权重结果为：（1）二级指标权重。司法权力运行机制改革 B1 为 31. 63%，人员分类管理改革 B2 为 28. 85%，司法公信力建设 B3 为 39. 52%。（2）三级指标权重。让审理者裁判 C1 为 26. 43%，由裁判者负责 C2 为 29. 41%，司法权监督制约机制 C3 为 23. 25%，司法廉洁监督机制 C4 为 20. 91%，人员分类管理制度 C5 为 14. 36%，法官助理体制机制 C6 为 18. 31%，法官选拔任用制度 C7 为 17. 54%，法官晋升机制 C8 为 14. 57%，法官职业保障制度 C9 为 12. 23%，法官日常考核机制 C10 为 11. 65%，高素质法官培养机制

C11 为 11. 34%，司法公正建设 C12 为 19. 67%，司法效率建设 C13 为 16. 29%，司法透明度建设 C14 为 17. 18%，司法便民建设 C15 为 11. 35%，司法民主建设 C16 为 10. 97%，司法形象建设 C17 为 9. 55%，司法能力建设 C18 为 14. 99%。(3)两类社会群体的权重。法官为 64. 05%，律师为 35. 95%。

三、调查对象

新一轮司改是动态的、多维的、复杂的结构性工程，对改革认知也必然是多元的。基于法院改革的复杂性，评估重点调查法官和律师两大群体：

1. 法官。法官是司法改革的参与者和见证者，他们直接参与了基础司改和综配司改的各项工作，对司改的真实状况、内在规律和潜在问题有较为深刻的认知体验，对上海司改能作出专业评价。这类群体对司改问题和解决方案也有不同理解，收集和归纳此类信息对深化司改无疑具有积极意义。同时，法官对司改方向和路径有自己需求，改革设计者应当掌握这些需要，使结构性司改更加符合司法规律。基于这一理由，法官是本次调查基本对象。当然这类群体评价不足在于，当评估与自身工作相关的事项时可能难以摆脱"自我评价"局限，且个体感受和体验是零散的、感性的，所得出的判断也存在表象性和片面性。

2. 律师。律师是借助法律专业知识为社会提供法律服务的专业人士，他们在职业行为规范许可的范围内保持思想独立、行动独立和责任独立，其具体执行的业务活动不能受到某个组织左右，不受某一时期政策影响，也不受政治利益影响。律师既是法律产品提供者又是特殊消费者，对司改有较为深刻体验。不过，整天在各种问题、纠纷和矛盾中摸爬滚打的这一群体，也容易放大司改问题，对司改发展有比一般社会群体更高的期许，所以衡量司改标准也更高。

因此，不同群体对结构性司改的感知各有其特点和局限，评估需通过不同视角解读和整合分析，以期体现司法工作与司法评价的统一，回避学界对"指标数据来源单一性"的质疑，通过这两类群体对上海司改的主观评价和判断(满意度、认同度等)，获得多维的、较为接近实际情况的综合判断。

四、评估过程

根据《上海综配司改推进情况满意度评价指标体系》，第三方评估的实施过程为：

1. 进行民意调查,收集主观评价数据。评估通过科学的调查与统计方法,运用问卷调查方式,收集法官和律师两类群体对上海司法改革的意见和态度倾向等民意调查主观评价数据。截至综配司改试点结束的 2019 年 12 月底,围绕《上海司改推进情况满意度评价指标体系》内容,评估组设计《"上海司法改革推进情况满意度评价"课题调查问卷》,对法官及律师两类群体进行问卷调查,并用于回收问卷。市民问卷调查主要采用多阶抽样的概率抽样方法,结合使用配额抽样,按高级法院：中级法院：基层法院=1：2：4 比例抽取,即抽取 1 个高级法院、抽取 2 个中级法院、抽取 4 个基层法院,共发放 800 份,有效回收 713 份,有效回收率 89. 1%;律师主要采用简单随机抽样方法,在律协网站、律师事务所发放问卷 500 份,有效回收 412 份,有效回收率 82. 4%。

2. 进行工作测评,收集客观评价数据。截至 2019 年 12 月底,围绕《上海司改推进情况满意度评价指标体系》内容,评估组收集汇总 2017 年以来相关工作材料,分析与上海基础司改和综配司改相关工作数据,并进行实地走访及数据检验,验证工作统计材料客观性、准确性,分析有关司改的工作数据,形成上海两个阶段结构性司改工作测评的客观评价数据库。

第二节　司改满意度指数

司改满意度指数,是异构多源的大样本数据归集之后,经过水平方差处理和信效度检验,形成的对结构性司改成效评价的整体结果。

一、样本分布状况

运用 *SPSS* 统计软件对各类型受访群体进行描述性分析,样本数据来源与分布特征详见表 51-1、表 51-2。

表 51-1　司改推进情况满意度调查样本构成(法官)

类别	基本指标	频数	百分比/%	类别	基本指标	频数	百分比/%
性别	男	375	52. 6	法律职务	法官	285	40. 0
	女	338	47. 4		司法辅助人员	301	42. 2
年龄	“90 后”	73	10. 2		司法行政人员	127	17. 8
	“80 后”	334	46. 8	是否入额	是	209	29. 3
	“70 后”	164	23. 0		否	504	70. 7
	“60 后”	94	13. 2	亲属律师职业	是	13	1. 8
	“50 后”	48	6. 7		否	700	98. 2
工作年限	1~5 年	619	86. 9	所在区域/机构	黄浦	222	31. 1
	6~10 年	31	4. 3		徐汇	3	0. 4
	11~15 年	14	2. 0		长宁	101	14. 2
	16~20 年	15	2. 1		静安	4	0. 6
	21~25 年	11	1. 5		普陀	91	12. 8
	26~30 年	8	1. 1		虹口	1	0. 1
	30 年以上	15	2. 0		宝山	1	0. 1
最高学历	硕士	310	43. 5		浦东	40	5. 6
	博士	37	5. 2		一中院	73	10. 2
	本科	354	49. 6		三分院/铁法院	81	11. 4
	专科及以下	12	1. 7		高院	96	13. 5

表 51-2 司改推进情况满意度调查样本构成(律师)

类别	基本指标	频数	百分比/%	类别	基本指标	频数	百分比/%
性别	男	269	65.3	最熟悉区域/机构	静安	24	5.8
	女	140	34.0		普陀	19	4.6
年龄	“90 后”	20	4.9		虹口	16	3.9
	“80 后”	175	42.5		杨浦	19	4.6
	“70 后”	140	34.0		闵行	27	6.6
	“60 后”	46	11.2		宝山	6	1.5
	“50 后”	28	6.8		青浦	6	1.5
最高学历	大学专科及以下	9	2.2		松江	13	3.2
	大学本科	266	64.6		嘉定	13	3.2
	硕士研究生	129	31.3		奉贤	9	2.2
	博士研究生	8	1.9		金山	5	1.2
年收入	20 万元以下	240	58.3		浦东	129	31.3
	20 万~50 万元	127	30.8		崇明	3	0.7
	51 万~100 万元	26	6.3		一中院	22	5.3
	100 万元以上	19	4.6		二分院	13	3.2
最熟悉区域/机构	黄埔	31	7.5		三分院	3	0.7
	徐汇	28	6.8		高院	1	0.2
	长宁	25	6.1				

二、指标得分计算

调查问卷量表中的设计除了个人背景之外的其他问题,均采用李克特(*Likert Scale*)式“5 点量表法”,5 点量表法比较符合人们判断问题的方式,可以表示温和意见与强烈意见之间的区别。为了数据单位一致性,我们把指标值的范围进行平均区间划分,给每一个区间相应分数,分值越高代表上海司改满意度水平越高。具体而言,指标选取“非常满意”选项为“5 分”,选取“比较满意”选项为“4 分”,选取“一般”选项为“3 分”,选取“不太满意”选项为“2 分”,选取“非常不满意”为“1 分”。各项问题的满意度分值由各满意度等级所对应的反馈者比例与该满意度等级对应的分值之间的乘积的加总计算。以“法官等级晋升采用按期晋升和择优选升相结合的方式”为例,有 33. 8%的法官对探索建立符合职业特点的法官晋升机制非常满意,45. 3%的法官较为满意,15. 7%的法官认为一般,1. 0%的法官不太满意,0. 6%的法官非常不满意,3. 6%的法官表示说不清。则可计算法官对建立法官晋升机制总体满意值为 81. 78 分(33. 8×1+45. 3×0. 8+15. 7×0. 6+1×0. 4+0. 6×0. 2+3. 6×0. 5=81. 78 分)。具体的指标得分详见表 51-3。

表 51-3　司改推进情况满意度评价

一级指标	二级指标	三级指标	四级指标	综合权重/%	法官指标得分/分	律师指标得分/分
司法改革推进度 *A*	司法权力运行机制改革 *B*1(0. 3163)	让审理者裁判 *C*1(0. 2643)	制定独任法官、合议庭审判规则及审判人员权力清单 *D*1(0. 3241)	2. 71	82. 81	84. 46
			规范案件分配、裁判文书签发等审判规则 *D*2(0. 1893)	1. 58	82. 03	83. 58
			建立专业法官会议制度 *D*3(0. 2125)	1. 78	82. 26	80. 8
			完善审判委员会工作机制 *D*4(0. 2741)	2. 29	81. 85	79. 65
		由裁判者负责 *C*2(0. 2941)	制定司法人员责任清单,在职责范围内对办案质量终身负责 *D*5(0. 5579)	4. 86	80. 20	85. 25
			在司法工作中,因主观过错依法承担违法责任 *D*6(0. 4421)	4. 11	80. 79	83. 03

续表

一级指标	二级指标	三级指标	四级指标	综合权重/%	法官指标得分/分	律师指标得分/分
司法改革推进度 *A*	司法权力运行机制改革 *B*1(0.3163)	司法权监督制约机制 *C*3(0.2325)	制定关于院、庭长行使审判管理权、审判监督权的职责规定 *D*7(0.5841)	4.12	81.44	81.75
			规范院、庭长行使管理权、监督权的职责和方式 *D*8(0.4158)	3.06	81.48	81.22
		司法廉洁监督机制 *C*4(0.2091)	建立案件廉政回访制度和廉政风险环节监督提示系统 *D*9(0.5804)	3.84	79.01	84.26
			健全完善“法官任职回避制度”和“一方退出”机制 *D*10(0.4196)	2.78	76.94	70.44
	人员分类管理改革 *B*2(0.2885)	人员分类管理制度 *C*5(0.1436)	人员分类管理采用公开透明、公平公正、考核考试、差额择优原则 *D*11(0.5538)	2.52	82.20	83.08
			人员分类管理的程序性步骤公开透明 *D*12(0.4462)	2.03	81.51	82.28
		法官助理体制机制 *C*6(0.1831)	制定法官助理的职责、选拔、任命等制度规定 *D*13(1)	5.19	79.98	80.71
		法官选拔任用制度 *C*7(0.1754)	制定法官的准入门槛和选拔条件 *D*14(0.4502)	2.50	82.40	83.52
			高级人民法院、中级人民法院的法官从基层法院择优遴选 *D*15(0.3040)	1.69	80.89	84.70

续表

一级指标	二级指标	三级指标	四级指标	综合权重/%	法官指标得分/分	律师指标得分/分
司法改革推进度 *A*	人员分类管理改革 *B*2(0.2885)	法官选拔任用制度 *C*7(0.1754)	从优秀律师、法律学者中公开选拔法官 *D*16(0.2458)	1.36	75.06	83.77
		法官晋升机制 *C*8(0.1457)	法官等级晋升采用按期晋升和择优选升相结合的方式 *D*17(1)	3.61	81.78	82.39
		法官职业保障制度 *C*9(0.1223)	推动建立与法官单独职务序列配套的薪酬制度 *D*18(1)	3.77	82.67	83.41
		法官日常考核机制 *C*10(0.1165)	制定法官岗位考核管理办法 *D*19(1)	3.58	80.30	80.76
		高素质法官培养机制 *C*11(0.1134)	对改革后三类人员实行分类分层培训 *D*20(1)	3.59	81.69	82.13
	司法公信力建设 *B*3(0.3952)	司法公正建设 *C*12(0.1967)	当事人权利得到保障 *D*21(0.3834)	2.95	79.23	75.00
			法官公正办案 *D*22(0.3157)	2.45	79.29	73.12
			判决结果合法公正 *D*23(0.3009)	2.34	78.89	72.75
		司法效率建设 *C*13(0.1629)	案件及时受理 *D*24(0.2605)	1.68	79.47	73.64
			案件信息及时送达 *D*25(0.2119)	1.36	78.99	79.33
			案件审理进度较快 *D*26(0.2303)	1.45	78.58	70.46
			案件执行及时 *D*27(0.2973)	1.91	77.29	64.38

续表

一级指标	二级指标	三级指标	四级指标	综合权重/%	法官指标得分/分	律师指标得分/分
司法改革推进度 A	司法公信力建设 $B3$ (0. 3952)	司法透明度建设 $C14$ (0. 1718)	公众旁听 $D28$ (0. 2814)	1. 81	80. 49	76. 76
			“12368”服务平台 $D29$ (0. 3903)	2. 51	78. 86	74. 05
			查询案件进度 $D30$ (0. 3283)	2. 11	79. 50	72. 62
		司法便民建设 $C15$ (0. 1135)	诉讼引导 $D31$ (0. 5647)	2. 53	79. 55	77. 05
			休息场地 $D32$ (0. 4353)	1. 92	79. 46	75. 97
		司法民主建设 $C16$ (0. 1097)	陪审员充分发挥作用 $D33$ (0. 4374)	1. 92	75. 60	68. 55
			积极回应群众信访 $D34$ (0. 5626)	2. 44	76. 37	68. 73
		司法能力建设 $C17$ (0. 2454)	庭审驾驭能力 $D35$ (0. 4015)	3. 85	77. 79	76. 08
			证据认定能力 $D36$ (0. 3575)	3. 47	77. 80	74. 71
			诉讼调解能力 $D37$ (0. 2007)	2. 33	77. 57	73. 80

三、司改满意度指数

评价指标的计算公式如下：

$$A = \sum_{i=1}^{37} W_i D_i \qquad (51-1)$$

公式(51-1)中：

A——表示上海司法体制改革满意度总指数；

W_i——表示第 i 个指标的组合权重；

D_i——表示第 i 个指标的分数。

根据调查资料，按照公式（51-1）计算可得出各级指标评价结果，再进一步对综合指数进行分级，可以确定上海司改满意度水平。本研究将上海司法改革水平分为5个等级，即司改满意度水平高、司改满意度水平较高、司改满意度水平一般、司改满意度水平较低、司改满意度水平很低（见表51-4），以此可以确定上海司改满意度所达到的水平等级。

表51-4　司改满意度水平等级

司改满意度水平级别	司改满意度水平数范围	司改满意度水平
Ⅰ	$80<A\leq100$	司改满意度水平高
Ⅱ	$60<A\leq80$	司改满意度水平较高
Ⅲ	$40<A\leq60$	司改满意度水平一般
Ⅳ	$20<A\leq40$	司改满意度水平较低
Ⅴ	$0<A\leq20$	司改满意度水平很低

第三节　群体之间比较分析

一、司改评价的群体比较

新一轮司改中，上海的基础司改和综配司法已按照中央统一部署，结合地方司法机关工作实际，全面、系统和深入地完成任务。梳理其整体脉络、主要措施、最新进展、工作亮点、取得的显著成效与不足以及未来的工作规划及时向社会公布，既是总结经验和汲取教育之需，也会增强司法宣传效果。在深化司改同时，更多倾听广大律师群体的意见和呼声，更好争取广大律师的理解和支持，为进一步深化司改营造良好舆论环境。此次评估实证中两大群体对司改主要成就几乎达成一致的肯定判断。

但是，两大群体的评价满意度基本一致，当具体到各个指标时，两大群体评价还是有所差距的。法官比律师群体对司改满意度评价高的指标有以下一些：完善审判委员会工作机制*D*4，规范院、庭长行使管理权、监督权的职责和方式*D*8，健全完善“法官任职回避制度”和“一方退出”机制*D*10，当事人权利得到保障*D*21，法官公正办案*D*22，判决结果合法公正*D*23，案件及时受理*D*24，案件审理进度较快 D26，案件执行及时 D27，公众旁听 D28，“12368”服务平台 D29，查询案件进度 D30，诉讼引导 D31，休息场地 D32，陪审员充分发挥作用 D33，积极回应群众信访 D34，庭审驾驭能力 D35，证据认定能力 D36，诉讼调解能力 D37。

其中，在二级指标司法权力运行机制改革 B1 中，法官对司法权力运行机制改革满意度评价比律师群体高的有 3 项，占 B1 全部 10 项指标的 30%，司法权力运行是司法功能实现的具体过程，是整个司法工作的核心，是对如何管理司法活动及相关事务的体制设计，更是对司法权配置、运行及其相互关系的制度性安排。其主要内容涉及让审理者裁判、由裁判者负责、司法权监督制约机制、司法廉洁监督机制等内容。为此，本项改革一方面赋予法官极大权力，同时承担相应义务，主动接受党的监督、人大监督、社团监督、舆论监督和公民监督。因此，法官群体对本项改革的满意度评价相对较低。

在人员分类管理改革 B2 中，法官对人员分类管理改革满意度评价 10 项指标全部低于律师。基础司改中人员分类管理改革，就是要突出法官在司法办案工作中的主体地位，把法院工作人员分为法官、司法辅助人员、行政管理人员。接下来在综配司改中，继续推行不断完善的分类管理制度，建立以法官为核心的人员分类管理体系。按照综配司改设计，法官员额不能超过一定比例，一些法院要消化 20%～30%的比例，如何转岗、分流、淘汰便成为必须直面的问题，对未来没有预期、走向不明，遇到质疑乃至阻力也就在所难免。因此，调查中法官对人员分类管理改革的评价相对较低。

在司法公信力建设 B3 中，法官对司法公信力建设满意度评价比律师群体高的有 16 项，占 B3 全部 17 项指标的 94.1%；司法公信力是指民众在对法院和法官的业务实施过程或业务实施结果经过长期观察与体验后形成的信任度，以及法院和法官在接受民众考察与检验的过程中所获得的说服力与感召力。就此而言，法官是一个有荣耀的职业：社会尊重是法官最基本、最根本的荣耀；群众认可是最体现法官社会价值的荣耀；自我实现则是最体现法官自我价值的荣耀。法官较为注重职业认同、自我实现和社会尊重，对司法公信力建设满意度评价的得分相对较高。

二、基于法官角度分析

1. 得分排名前 10 位指标分析。经过统计，四级指标满意度评价得分排行前 10 位分别为：制定独任法官、合议庭审判规则及审判人员权力清单

（*D*1,82. 81 分）>推动建立与法官单独职务序列配套的薪酬制度（*D*18,82. 67 分）>制定法官的准入门槛和选拔条件（*D*14,82. 40 分）>建立专业法官会议制度（*D*3,82. 26 分）>人员分类管理采用公开透明、公平公正、考核考试、差额择优原则（*D*11,82. 20 分）>规范案件分配、裁判文书签发等审判规则（*D*2,82. 03 分）>完善审判委员会工作机制（*D*4,81. 85 分）>法官等级晋升采用按期晋升和择优选升相结合的方式（*D*17,81. 78 分）>对改革后三类人员实行分类分层培训（*D*20,81. 69 分）>人员分类管理的程序性步骤公开透明（*D*12,81. 51 分）。

2. 得分排名后 10 位指标分析。四级指标满意度评价得分排行后 10 位分别为："12368"服务平台（*D*29,78. 86 分）>案件审理进度较快（*D*26,78. 58 分）>证据认定能力（*D*36,77. 80 分）>庭审驾驭能力（*D*35,77. 79 分）>诉讼调解能力（*D*37,77. 57 分）>案件执行及时（*D*27,77. 29 分）>健全完善"法官任职回避制度"和"一方退出"机制（*D*10,76. 94 分）>积极回应群众信访（*D*34,76. 37 分）>陪审员充分发挥作用（*D*33,75. 60 分）>从优秀律师、法律学者中公开选拔法官（*D*16,75. 06 分）。

三、基于律师角度分析

1. 得分排名前 10 位指标分析。经统计，四级指标满意度评价得分排行前 10 位分别为：制定独任法官、合议庭审判规则及审判人员权力清单 *D*1（*D*1,85. 46 分）>制定司法人员责任清单，在职责范围内对办案质量终身负责（*D*5,85. 25 分）>高院、中院的法官从基层法院择优遴选（*D*15,84. 70 分）>建立案件廉政回访制度和廉政风险环节监督提示系统（*D*9,84. 26 分）>从优秀律师、法律学者中公开选拔法官（*D*16,83. 77 分）>规范案件分配、裁判文书签发等审判规则（*D*2,83. 58 分）>制定法官的准入门槛和选拔条件（*D*14,83. 52 分）>推动建立与法官单独职务序列配套的薪酬制度（*D*18,83. 41 分）>人员分类管理采用公开透明、公平公正、考核考试、差额择优原则（*D*11,83. 08 分）>在司法工作中，因主观过错依法承担违法责任（*D*6,83. 03 分）。

2. 得分排名后 10 位指标分析。经统计，四级指标满意度评价得分排行后 10 位分别为：诉讼调解能力（*D*37,73. 80 分）>案件及时受理（*D*24,73. 64 分）>法官公正办案（*D*22,73. 12 分）>判决结果合法公正（*D*23,72. 75 分）>查询案件进度（*D*30,72. 62 分）>案件审理进度较快（*D*26,70. 46 分）>健全完善"法官任职回避制度"和"一方退出"机制（*D*10,70. 44 分）>积极回应群众信访（*D*34,

68.73分)>陪审员充分发挥作用(*D*33,68.55分)>案件执行及时(*D*27,64.38分)。

第四节　指标联列表分析

一、指标“司改关注度”分析

1. 从性别角度而言,男性受访者(83.81分)对司改的关注度要高于女性受访者(82.52分),这或许与司法机构的人员组成构成密切相关,一般而言,男性在司法机构掌握实权的数量和比例要高于女性,因而男性对司改的关注度要高于女性。

2. 从年龄角度而言,呈现“两头高、中间低”的趋势,即年轻法官与快退休法官对司改的关注度要高于中年群体,其顺序依次为:“90后”(84.67分)>“80后”(83.68分)>“70后”(83.00分)>“50后”(82.91分)>“60后”(80.85分)。青年法官由于职业发展需要,对于能否入额非常关注,毕竟一是自我能力的证明;二是居住城市的高房价,通过司改来增加法官收入是维持职业荣耀的重要保障;对于临近退休的法官群体能否通过入额来增加退休后收入是一个关注的焦点,同时如果能够顺利入额,也是对法官职业生涯的肯定,体现职业荣耀;中年法官对于司法改革的动力和期望相对不足,毕竟如果通过入额来获得一定收入的增加要付出相应的投入代价,这对中年法官群体是较难承受之重,因而关注度较低。

3. 从学历角度而言,硕士研究生学历群体关注度最高,具体数据如下:硕士研究生(85.10分)>博士研究生(83.24分)>本科(81.75分)>专科及以下(76.67分)。原因在于硕士研究生群体是司法机关的新进力量,现在通过国家统一法律职业资格考试和公务员考试而进入法院系统的一般准入门槛就是硕士研究生学历门槛,这就决定了拥有硕士研究生学历的青年法官们对司改关注度最高,在很大程度上决定了今后职业规划和职业发展;而博士群体一般而言在法院系统的人数不是太多,本科、专科及以下这两类群体一般而言都是“老人”,在法院系统经历丰富,历经多次改革,对改革的敏感程度有所降低,同时这两类群体都快临近退休,对于能否入额关注度不太高。

4. 从职务角度而言,法官的关注度最高,具体数据如下:法官(84.77分)>司法辅助人员(82.57分)>司法行政人员(81.19分)。原因在于法官、司法辅助人员、司法行政人员三类群体的关注度都较高,均在80分以上,但三类群体的关注度又有所差异,具体而言,法官关注度最高,因为这类群体已经入额成功,正因为关注了才有入额行动,因而可以说,只要入额了,几乎都关注了。只有极个别资深法官干部铁定入额,因而对司改关注度不高,其余系统人员几乎全部关注;司法辅助人员主要指执行员、法官助理、书记员、司法警察,这类群体将来有可能入额,因而对司改的关注度也较高;司法行政人员的关注度相对较低,由于即使成功入额,并不意味着可以轻松,面对年复一年的案件积压工作,对入额司法人员也是一个沉重的负担,如果没有通过国家统一法律职业资格考试,或者说即使通过国家统一法律职业资格考试但不愿意承担过大的工作压力,从事司法行政人员工作也是一个不错选择。

5. 从是否入额角度而言,已入额的高于未入额的,具体数据如下:已入额(85.84分)>未入额(82.10分)。原因在于已入额受访群体要高于未入额群体,一些不符合入额条件的受访者可能会对司改不予以关注,因而拉低了未入额群体的评价满意度。

二、指标“最关注司改领域”分析

受访者对于司改关注度领域高低顺序依次为:薪酬>人员分类>司法责任>司改效果>省级以下人财物统管>其他。

1. 从人员分类角度而言,具体而言:以性别为区分度,男性(25.33%)对人员分类关注度高于女性(23.08%);以年龄为区分度,中年受访群体对人员分类关注度最高,具体数据分布如下:“70后”(28.05%)>“60后”(26.60%)>“80后”(23.65%)>“90后”(20.55%)>“50后”(16.67%);以司法工作年限为区分度,中青年受访者对人员分类的关注度越高,具体数据分布如下:21~30年(31.58%)>11~20年(31.03%)>10年以下(24.15%)>31年以上(6.67%);以学历为区分度,硕士研究生群体对人员分类的关注度最高,具体数据分布如下:硕士研究生(25.16%)>专科及以下(25.00%)>博士研究生(24.32%)>本科(23.45%);以职务为区分度,司法行政人员对人员分类的关注度最高,具体数据分布如下:司法行政人员(29.92%)>司法辅助人员(25.25%)>法官(20.70%);以是否入额为区分度,未入额群体对人员分类管理的关注度要远远高于已入额群体，具体数据分布如下：未入额（28.57%）>已入额（13.88%）。

2. 从省级以下人财物的统管来说，这一指标的受访者关注度较低，毕竟受访者的切身利益与是否统管之间并不具有直接性。因此，受访者普遍对此与其他改革内容关注度并不太高。具体来说，以年龄为区分度，越年轻受访者对省级以下人财物统管的关注度越高，具体数据分布如下："90后"（8.22%）>"80后"（6.89%）>"50后"（6.25%）>"70后"（5.49%）>"60后"（5.32%）；以司法工作年限为区分度，工作时间越短受访者对省级以下人财物统管的关注度越高，具体数据分布如下：10年以下（6.92%）>21～30年（5.26%）>31年以上（0）>11～20年（0）；以学历为区分度，学历程度越低群体对省级以下人财物统管的关注度越高，具体数据分布如下：专科及以下（8.33%）>硕士研究生（7.42%）>本科（5.93%）>博士研究生（2.70%）；以职务为区分度，司法行政人员群体对省级以下人财物统管的关注度最高，具体数据分布如下：司法行政人员（7.87%）>司法辅助人员（6.31%）>法官（5.96%）；以是否入额为区分度，未入额群体对省级以下人财物统管的关注度高于已入额群体，具体数据分布如下：未入额（7.94%）>已入额（2.87%）。

三、指标"司改总体满意度评价"分析

司改必须坚持以提高司法公信力为根本尺度，当好司法公正的"排头兵"。要做到公正司法，公正地办理好每一起案件，以司法公正、效率赢得人民群众的满意和信任，让民众有司改的获得感，切实提升司法公信力。根据上文分析，尽管结构性司改的整体满意度较高，但不同群体对司改的满意度还是有所差异的，根据分析可知，从性别角度而言，男性对司改满意度要高于女性；从年龄角度而言，年龄越大者，对司改满意度越高，具体数据分布为："50后">"60后">"70后">"90后">"80后"；从工作年限来看，工作年限越长者对司改满意度最高，具体数据分布为：工作年限31年以上>工作年限10年以下>工作年限21～30年>工作年限11～20年；从学历角度而言，学历越低者对司改满意度越高，具体数据分布为：专科及以下>本科>硕士研究生>博士研究生；从人员分类角度而言，法官作对司改满意度最高，具体数据分布为：法官>司法行政人员>司法辅助人员；从是否入额角度而言，已入额群体对司改满意度高于未入额群体。

四、指标"改革前后，工作内容、要求、标准、难度是否有变化"分析

在整体看到结构性司改对其中各个参与者的改变的同时，也要注意各个不

同群体对司改变化的感受度是有差异的。实证数据显示，从性别角度而言，男性（63.17分）对“改革前后，工作内容、要求、标准、难度有变化的评价”高于女性（58.46分）；从年龄角度来看，年龄越大者对“改革前后，工作内容、要求、标准、难度有变化的评价”最高，具体数据分布为：“50后”（63.96分）>“80后”（61.62分）>“60后”（60.74分）>“70后”（60.43分）>“90后”（57.26分）；从司法工作年限角度而言，从事司法工作年限越长者，对“改革前后，工作内容、要求、标准、难度有变化的评价”最高，具体数据分布为：31年以上（63.33分）>10年以下（61.28分）>11~20年（57.59分）>21~30年（52.63分）；从学历角度而言，学历越低者对“改革前后，工作内容、要求、标准、难度有变化的评价”最高，具体数据分布为：专科及以下（63.33分）>硕士研究生（61.77分）>本科（60.65分）>博士研究生（55.95分）；从职务角度而言，从事审判一线工作的法官对“改革前后，工作内容、要求、标准、难度有变化的评价”最高，具体数据分布为：法官（62.21分）>司法行政人员（61.34分）>司法辅助人员（59.57分）；从是否入额角度而言，已入额群体（63.64分）对“改革前后，工作内容、要求、标准、难度有变化的评价”高于未入额群体（59.82分）。

五、指标“辞职想法”分析

新一轮结构性司改以来，法官辞职数量有所增加。其中原因很多，主要是长期以来我国把法官按照公务员来管理，行政职级晋升机会少，很多优秀法官在待遇上得不到提升，而一些律师或者公司的法务部门待遇优厚，这可能在一定程度上引起法官辞职。但是，我们还应该看到，随着依法治国的推进，全国对律师、法律顾问的需求大大增加，为司法人员离职后提供更多职位，这也是法官辞职的原因之一。正在进行的司改对法院进入员额内的法官收入水平，按高于普通公务员50%的比例安排，并向一线办案法官倾斜。此外，还将分步实施法官延迟领取养老金政策。继续试行基层女法官延迟至60周岁领取养老金。不担任领导职务的二级高级法官延迟至62周岁，一级高级法官延迟至63周岁领取养老金，待纳入员额管理的法官选升展开后再行实施。这些举措加大了法官职业的吸引力。调查显示，各类群体对于辞职并不抱有过多想法，各类群体的辞职意愿得分几乎均在50分以下，说明受访者对于司改充满信心，具体数据分布为：从性别角度而言，男女辞职意愿相当，男性为50.08分，女性为50.92分；从司法工作年限角度而言，越年轻群体的辞职意愿越为强烈，越年长者的辞职意愿越低,具体为:10 年以下(50.86 分)>11~20 年(47.58 分)>21~30 年(46.84 分)>31 年以上(40.67 分);从学历角度而言,学历较低者的辞职意愿最为强烈,学历较高者的辞职意愿并不太强烈,具体为:本科(53.52 分)>专科及以下(50.56 分)>硕士研究生(50.08 分)>博士研究生(47.5 分)。

调查进一步发现,想要离开原因多元化,占比从大到小顺序依次为:薪酬过低(34.0%)>职业前景不佳(21.2%)>工作压力大(19.6%)>没有职业尊荣感(14.3%)>领导干预案件审理(10.5%)>用人选人不公平(4.5%)>司法环境差(5.9%)。从职业前景来看,工作年限 10 年以下的法官有较为强烈的离职想法,这类法官主要是未入额法官和法官助理。

六、司改满意度与制度落实评价比较

通过受访者对司法制度的满意度评价与制度落实情况评价进行比较分析,试图分析司改制度落实的基本状况(见表 51-5)。

表 51-5　司改满意度与制度落实情况评价比较

单位:分

四级指标(若干)	制度满意度评价	制度落实情况评价
制定独任法官、合议庭审判规则及审判人员权力清单 *D1*	82.81	71.12
规范案件分配、裁判文书签发等审判规则 *D2*	82.03	73.57
建立专业法官会议制度 *D3*	82.26	72.58
完善审判委员会工作机制 *D4*	81.85	73.83
制定司法人员责任清单,在职责范围内对办案质量终身负责 *D5*	80.20	71.85
制定关于院、庭长行使审判管理权、审判监督权的职责规定 *D6*	81.44	72.70
规范院、庭长行使管理权、监督权的职责和方式 *D7*	81.48	72.67
健全完善"法官任职回避制度"和"一方退出"机制 *D8*	79.01	76.94
人员分类管理采用公开透明、公平公正、考核考试、差额择优原则 *D9*	82.20	73.11

续表

四级指标(若干)	制度满意度评价	制度落实情况评价
人员分类管理的程序性步骤公开透明 *D*10	81.51	73.63
制定法官助理的职责、选拔、任命等制度规定 *D*11	79.98	73.29
制定法官的准入门槛和选拔条件 *D*12	82.40	74.77
高院、中院的法官从基层法院择优遴选 *D*13	80.89	73.55
从优秀律师、法律学者中公开选拔法官 *D*14	75.06	68.65
法官等级晋升采用按期晋升和择优选升相结合的方式 *D*15	81.78	72.32
推动建立与法官单独职务序列配套的薪酬制度 *D*16	82.67	64.45
制定法官岗位考核管理办法 *D*17	80.30	71.93
对改革后三类人员实行分类分层培训 *D*18	81.69	72.29

由表 51-5 可见,司改制度满意度与制度落实情况较好。

第五节　回归分析

在模型 1 中,将司法权力运行机制、审理者裁判、司法责任制、法官廉洁监督制约、人员分类管理、法官助理、法官选拔任用机制、法官晋升机制、法官职业保障、法官日常考核、法官培养机制、人财物统管、司法公信力建设、司法公正、司法效率、司法透明建设、司法便民建设、司法民主建设、司法能力建设十九个维度的解释变量纳入模型,模型 2 将模型 1 中没有通过显著性检验的变量予以剔除,在模型 3 中,加入了控制变量,包括受访者性别、年龄、司法工作年限、学历、职务、是否入额、亲属律师职业、所在系统、所在区域、上海司改关注度、关注领域、司改变化、辞职想法;在模型 4 中,将模型 3 中没有通过显著性检验变量予以剔除,从而得出对应的优化模型。具体回归结果见表 51-1。模型 1 至模型 4 都比较好地通过了异方差性、方程显著性等基本计量经济学检验。进一步分析可以得出如表 51-6 基本结论。

表 51-6 计量模型的回归结果

指标	模型 1	模型 2	模型 3	模型 4	指标	模型 1	模型 2	模型 3	模型 4
司法权力运行机制 *D*1	0. 070 (1. 337)	0. 079* (1. 805)	0. 032 (0. 653)		法官培养机制 *D*11	0. 076 (1. 243)		0. 073 (1. 273)	0. 080* (1. 726)
审理者裁判 *D*2	-0. 002 (-0. 038)		0. 025 (0. 485)		人财物统管 *D*12	0. 077 (1. 457)	0. 094** (2. 037)	0. 063 (1. 260)	
司法责任制 *D*3	0. 015 (0. 278)		-0. 032 (-0. 634)		司法公信力建设 *D*13	0. 140*** (2. 970)	0. 152*** (3. 543)	0. 086* (1. 929)	0. 126*** (3. 206)
法官廉洁监督制约 *D*4	-0. 005 (-0. 251)		0. 002 (0. 086)		司法公正 *D*14	0. 018 (0. 288)		0. 038 (0. 646)	
人员分类管理 *D*5	0. 219*** (3. 985)	0. 235*** (4. 956)	0. 196*** (3. 698)	0. 248*** (5. 652)	司法效率 *D*15	0. 018 (0. 267)		0. 010 (0. 154)	
法官助理 *D*6	0. 084 (1. 295)		0. 087 (1. 433)		司法透明建设 *D*16	-0. 004 (-0. 052)		0. 017 (0. 261)	
法官选拔任用机制 *D*7	-0. 098 (-1. 308)		-0. 063 (-0. 896)		司法便民建设 *D*17	-0. 118* (-1. 911)	-0. 120** (-2. 216)	-0. 117** (-2. 022)	-0. 097* (-1. 924)
法官晋升机制 *D*8	-0. 032 (-0. 488)		0. 011 (0. 178)		司法民主建设 *D*18	0. 146** (2. 476)	0. 164*** (3. 295)	0. 093* (1. 680)	0. 112** (2. 400)
法官职业保障 *D*9	-0. 009 (-0. 154)		-0. 046 (-0. 813)		司法能力建设 *D*19	0. 007 (0. 124)		0. 009 (0. 182)	
法官日常考核 *D*10	0. 006 (0. 087)		-0. 031 (-0. 504)		性别			0. 127* (1. 731)	

续表

指标	模型 1	模型 2	模型 3	模型 4	指标	模型 1	模型 2	模型 3	模型 4
年龄			0.023 (0.512)		所在系统			0.031 (0.369)	
司法工作年限			0.013* (1.935)	0.011* (1.856)	所在区域			0.004 (0.760)	
学历			-0.005 (-0.118)		上海司改关注度			0.100** (2.165)	0.105** (2.378)
职务			-0.001 (-0.015)		关注领域			0.074*** (3.219)	0.077*** (3.604)
是否入额			0.127 (1.095)		司改变化			0.220*** (7.920)	0.224*** (8.384)
亲属律师职业			-0.007 (-0.027)		辞职想法			-0.086*** (-2.772)	-0.075*** (-2.592)

注:表中括号内数值为该回归系数的 t 统计值;***、**、*分别表示该系数在1%、5%、10%的水平上显著。

在四个模型中，“人员分类管理 *D*5”“司法公信力建设 *D*13”“司法便民建设 *D*17”“司法民主建设 *D*18”四项指标均通过了显著性检验，占总数的 21.1%。这说明受访者对这些因素的认识是影响上海市司改满意度的重要因素，“人员分类管理 *D*5”、“司法公信力建设 *D*13”和“司法民主建设 *D*18”三个因素与司改满意度呈显著正相关关系，“司法便民建设 *D*17”因素与司改满意度呈显著负相关关系。不少法官的工作状态是“5+2”“白+黑”，案多人少的矛盾引发了一系列严重问题，主要表现为：法官的精力牵扯过多，知识难以更新；片面追求高结案率、高调解率，案件的质量无法保障；大量的案件涌进法院，法院付出的司法成本日益沉重；长时间负荷工作，法官的身心健康受到损害。基于这一视角，司改满意度与“司法便民建设 *D*17”呈明显的负相关系。

指标“司法权力运行机制 *D*1”和“人财物统管 *D*12”在模型 2 中通过了显著性检验，但加入受访者个性特征变量后的模型 3 和模型 4 中均未通过显著性检验。这表明，“司法权力运行机制 *D*1”和“人财物统管 *D*12”是影响司改重要因素，但不同背景受访者对“司法权力运行机制 *D*1”和“人财物统管 *D*12”的重视程度存在不同认识。

在四个模型中，“司法权力运行机制 *D*1”“审理者裁判 *D*2”“司法责任制 *D*3”“法官廉洁监督制约 *D*4”“法官助理 *D*6”“法官选拔任用机制 *D*7”“法官晋升机制 *D*8”“法官职业保障 *D*9”“法官日常考核 *D*10”“法官培养机制 *D*11”“人财物统管 *D*12”“司法公正 *D*14”“司法效率 *D*15”“司法透明建设 *D*16”“司法能力建设 *D*19”等十五项指标均没有通过显著性检验，占总数的 78.9%。这充分说明，这些因素尽管是司改重要内容，但由于这些指标主要依靠体制内自上而下的刚性约束机制加以推进，也不可能从一开始就面面俱到、兼顾各方，这在一定程度上限制了每一个改革主体积极性，阻碍了司改工作深入和可持续展开。

从个性特征来看，“司法工作年限”“上海司改关注度”“关注领域”“司改变化”“辞职想法”五个变量均显著。这表明个性特征是影响司改重要因素。具体来看，“受访者司法工作年限越长”“受访者对上海司改关注度越高”“受访者关注领域越聚焦”“受访者认为司改变化越大”的群体对司改满意度越高，受访者辞职想法越强烈者对司改满意度越低。“性别”“年龄”“学历”“职务”“是否入额”“亲属律师职业”“所在系统”“所在区域”八个变量均不显著。这表明来自不同性别、不同年龄、不同学历、不同职务、是否入额、亲属是否从事律师职业、不同系统、不同区域的受访者对司改认识没有显著差异,表现较一致的统计学特征。

第六节 法院深改空间

基于实证数据的分析,法院司改值得进一步完善之处包括:基于33%员额的存数定量测算出区域内员额的差别配置。“四五”改革纲要提出了员额管理应结合“经济社会发展状况、人口数量、案件数量等基础数据”。接下来的员额配置难点在于,上海地区33%员额不是一个恒定比例,上下级法院、检察院和同级法院、检察院之间应逐步打破编制造成的藩篱,根据实际状况的“承受工作量”更为合理地配置员额。简单地说,就是根据不同法院、检察院的案件数量、案件类型、繁简分流、难易程度、交通状况、队伍结构、业务素质、保障条件等因素敲定办案实际的承受工作量,而不是司法统计数据,进行员额配比的大样本定量分析。虽然在综配司改中有所研究和尝试,但仍然不够深入。

审判辅助人员的人才队伍建设应设定更合理预期。除了法官助理的配比既应考虑办案团队的构建,又应为未来有序入额设计合理的规模。在此基础上,是否可以更进一步考虑“合同制”的审判辅助岗位的设计,即不仅书记员等一般性辅助岗位可以采取“合同制”,而且包括肩负诉讼保全、庭前听证、主持调解、事实查明、争点筛选、起草裁判文书等更多职责在内的法官助理,也可考虑引入“雇员制”,培养与分流“双轨制”并存,为法官遴选保留适当的法官助理比例即可。

司法责任制与法律监督的平衡点还可以进一步厘清。司法责任应当坚持社会合理性,寻找社会自我防卫和个人权利发展的结合点;坚持责任的谦抑性,在可能和允许的范围内实施落实改革责任;坚持责任的比例性原则,过分地强调责任和过分地给予权力带来的后果是一样的,需要注意二者的平衡。对此应进一步理顺审判权、审判管理权和审判监督权之间的关系。事实上,司法权的依法独立行使不等于不要监督,“去行政化”不等于“去审判管理”,缺乏对依法独立行使审判权的监督制约可能会带来审判质效下滑,甚至会产生新的司法不公、司法腐败等问题。

司改的一些制度执行力在未来改革中有待加强。进一步推动司改有赖于揭示更多改革背后潜在的更为深层次的难点和症结，比如，实证研究结果显示，从优秀律师、法律学者中公开选拔法官 *D*16 指标的制度满意度与制度落实情况均不是太高；推动建立与法官单独职务序列配套的薪酬制度 *D*18 指标的制度满意度较高，但制度落实情况不佳，这种情况在相当程度上源于改革之前的不少局部地区补贴过度，导致改革之后的薪酬上升幅度不显著，甚至少数地区还有回落，让这部分原来的既得利益群体的改革获得感不强；此外，健全完善“法官任职回避制度”和“一方退出”机制 *D*10 指标的制度满意度不是太高，但制度落实情况最佳等。

部分法官的综合素养不能完全适应形势和任务需要。司改后法官的权力更大，责任更大，对法官的素质要求将更高。但在现有的法官队伍中，一些法官的素质及能力与其承担的法律赋予的司法职责和日益繁重的司法任务还有一定差距。有部分入额法官和法官助理从事司法经历相对较短、办案经验不足，仍亟待提升。需要进一步健全和完善法官的选拔、遴选和交流机制，健全和完善以培养法官的政治素质、法律素质、专业素质、职业操守等为重点的法官教育培养机制。

法官的合法权益尤其人身权益保障机制有待健全。近年来，侵害法官权益的情况时有发生，法官的权益保护保障制度仍未完全建立，法官权益保护情况不容乐观。实证研究显示侵害法官人身权益事件主要包括：(1)对法官精神的侵害。曾经遭遇当事人言语辱骂的，超过 88%，骚扰、威胁 40%，跟踪 27%。(2)人格、名誉的侵害。侮辱、诽谤 73%，发布不实信息 63%，贬低法官名誉 63%，还存在向纪检部门不实举报情况。(3)对法官身体的侵害。推搡、围堵 52%，伤害、杀害 20%。(4)对法官住宅、隐私的侵害。非法获取、公布联系方式、住址等私密信息 30%，侵入住宅 10%。(5)对法庭秩序的损害(同时侵害法官公权力和私权利)。哄闹、冲击法庭 65%，携带危险物品进入法庭的 20%。(6)妨碍法官执行公务(法院外调查、保全、执行等)。干扰、阻碍法官执行公务 50%。(7)对法官财产和人身权益的侵害。案例中，存在利用虚假视频意图敲诈勒索的情形。

司法地方化与地方政府治理的关系有待继续理顺。对于司法地方保护主义的遏制，除了应继续朝地方司法机关在财政、人事上减少对同级权力系统依赖性的方向发展，寻求改革突破之路，还需要在现有体制格局之下，设法促进地方党委、政府认识到不是片面关注短期利益，而是需着眼于区域的综合竞争力，为地方司法机关提供依法独立行使审判权和检察权的环境。因此，除了统筹推进时可在地方官员政绩考核中增加改善区域司法环境软实力的衡量标准，以后地方司改的难点在于，进一步探索地方法院、检察院的改革举措及司法标准反过来对区域司法环境，乃至区域发展软实力的影响。

法官助理定位于法无据和队伍稳定性应引起重视。相当比例的法官助理无法跟踪全案，只是为数名法官、检察官提供“片断”事务辅助，乃至兼任书记员之职，导致他们相对缺乏办案大局观，自身的水平提高不快。同时，法官、检察官助理试点的“于法无据”，法定职责的经常交叉造成未形成对自己职责的独立认识，又难以按量取酬而只能无差别同酬，加上绩效评估和职级晋升不太科学，导致法官、检察官助理的不确定性和职业倦怠感逐步增强。

员额分流之后的骨干流失和让沉淀人员平稳过渡。司法人员在体制外另择高薪法律职业的替代性较强，试点以来流失的办案中坚力量环比明显增多。同时，从律师和学者选任法官未达到实际预设目标，除了薪酬倒挂，客观上缺乏前期的职业同质化训练也导致了“畏难”。另外员额制分流后，不少年龄较大、资格较老而学历又较低的法官降为法官助理、检察官助理，同时还有沉淀到行政岗位的“闲置人员”，需要建立平稳过渡机制，尽力降低他们的负面情绪可能会对改革带来的冲击。

遴选委员会功能局限及构成和运作机制有待优化。相对检察机关而言，法院审级之间独立性显著，因此，法官遴选交由上级法院会产生审级异化，而交给权力机构或司法行政部门，又可能难以实现独立行使审判权。所以，设立相对独立、多方参与乃至以竞争方式组成的第三方委员会，专司荐任法官，已逐步为越来越多的国家所接受。[①] 不过，结构性司改成立的遴选委员会的最大短板在于，在功能上只涉及初任员额的遴选和惩戒，缺少作为司法机构长远规划的智库和进行司法预算第三方评估等更多角色的担当；而在构成上则基本以顶层设计部门的代表或专家为主，缺少更多下级法院、检察院和非法律代表的参与；此外，员额改革之初遴选的差额竞争又略显保守，随着员额遴选的常态化需要加强力度。

---

① 1992年，波兰成立司法委员会；1997年，匈牙利成立国家司法会议，葡萄牙成立最高司法委员会；1999年，丹麦设立司法委员会；2000年，比利时设立最高司法会议；2002年，挪威设法官任命委员会，荷兰设司法委员会，俄罗斯设立法官资格委员会；2004年，巴西设司法委员会；2005年，英国也设立了法官任命委员会；等等。参见何帆：《法官遴选委员会的五个关键词》，载《法制资讯》2014年第8期。

司法责任制尚未配之司法运行荷载的既定约束机制。诚然,新一轮司改并未把司法责任停留于抽象化表面,而是充分考虑了司法本身就具有的“可错性”,比如,审级和再审制度的设立本身就是为了纠错。因此,改革所设定的责任承担规则要点在于,除非违法或犯罪导致错案才予以追究,基于正常的理性不足和认知偏差导致的错误,绝大多数实行“责任豁免”,只列入绩效考核。但是,放权后的司法责任制除了要理顺错综复杂的独任法官、独任检察官、合议庭、主任检察官办案团队,审委会、检委会等之间的权限划分和责任范围,还应以司法运行既定的荷载为切入点,配套构建起比较立体化的司法过错责任追究的相应制度和机制。

改革发展应与法治跟进相结合做到改革在立法有据。新一轮司改提出了“重大改革于法有据”的原则,它要求改革过程:需修法的先修法,先立再改;需解释法律来解决的,先释后改;需废止法律的坚决废止,先废后改;对确需突破现行法律的改革试点,而先行取得“立法授权”。客观而言,“货真价实”贯彻中央改革意图的上海试点,在改革的法治边界上极为审慎,基本上没有招致僭越立法权和挑战法律权威的批评,在相当程度上避免了“违法改革”问题。但是,深化结构性司改到底如何在寻找框架内的合法性与改革的试水性之间最大公约数,并能够得以继续在技术层面上体现出来,仍是“深水区”体制改革面临的巨大挑战。

第五十二章　检察司改定性评估

检察司改与法院司改有不少共性。然而，在实现目标的具体路径上，区别于法院审判权的典型司法属性，检察机关行使的检察权既有司法属性，又有行政属性，还有监督属性，权力范围比法院更广。因此，对检察司改的评估需要遵循不同的规律和规则。

第一节　复合权属

检察机关有司法性就要相对独立，同时有行政性还需要上命下从，需要“检察一体”。正是由于检察权的这一“复合权属”特点，使得与法院司改相比，检察司改具有自身的特殊规律，主要包括办案组织构建、检察办案权限、办案监督制约。

一、办案组织构建

在检察权司法属性与检察一体要求的共同作用下，检察办案组织架构要比法院审判组织更具层次性与复杂性。与法院经由立法明确的独任与合议庭审组织方式相比，检察机关的司法办案组织在立法层面还没有明确规定。最高人民检察院规定的“独任检察官”与“检察官办案组”两种办案组织模式该如何具体设置和运作，两种办案组织的人员、案件分配应如何根据检察履职需要、案件类型及难易程度进行设置等很多具体问题，尚未在实践中达成共识。考虑到检察权的“复合性”，结构性司改中的检察机关在设置办案组织时没有简单照搬法院模式，片面强调独立性与扁平化，保证检察办案组织构建既符合司法一般规律，同时符合检察一体要求与检察职业特点。

二、检察办案权限

一方面，权力清单设置体现检察履职多样性。检察办案的职能多元导致检察官办案的方式多样。比如，刑事检察办案呈现的中立判断特质，职务犯罪侦查呈现的主动调查、程序启动特征，诉讼监督集中体现的基于公共利益履职的客观公正义务，使检察权履行兼具司法与行政特征。不同业务部门检察官的办案职责权限需要以权力清单方式分别明确。另一方面，权力清单设置兼顾检察权独立与检察一体。虽然检察官与法官在履职上都有独立性要求，但两者在独立性程度上区别较大。检察官的相对独立，一方面，体现在职权范围内相对独立办理案件，独立作出案件处理决定，独立承担司法责任；另一方面，在检察一体制下检察长统一领导检察机关司法办案工作，可以行使“职务收取”和“职务移转”权，检察官对检察长的指令应当服从。换言之，合理划分检察办案权限，厘清职责界限，必须从权力行使的内在差异入手，在改革中准确把握检察特质。

三、办案监督制约

在检察机关，由于职务犯罪侦查、刑事检察、监督等各个业务部门办案在行为性质与方式方法上存在较大差异，不同检察业务无法折算或量化到同一尺度进行评价，难以适用简单划一的办案监督方式，在进行归责确认时也存在责任区分复杂，难以简单适用“审理者裁判、裁判者负责”的方式进行归责的问题。因此，在完善诸如案件分配、审核机制、案件流程管理、联席会议制度、案件质量评查、司法责任评鉴等各项检察办案监督制约机制时，也必须一并考虑司法规律与检察特质。在具体制度设置上，不仅体现与法院的共性一面，也有别于法院，需在尊重检察特质的前提下，适度司法化。

第二节 成效评估

改变基础司改的内卷化，综配司改主要聚焦于完善检察机关司法责任制，主要涉及检察人员管理、检察办案组织建设、办案职责权限设置、司法责任认定与追究、司法办案监督制约等具体改革措施。

一、检察人员管理制度

检察人员尤其是检察官，是检察机关落实司法责任制的第一责任主体。完善检察人员分类管理与职业保障，妥善处理检察业务与行政工作之间关系，建立科学合理的检察人员分类管理制度，选拔任用、考核与保障制度是完善检察机关司法责任制的前提。

1. 推进检察人员分类管理。分类管理①，是适应检察机关执法办案和检察队伍发展的需要，是此次司法改革的重点和切入点，也是推进司改难点之一。分类改革后，检察官按照专业职务序列实行管理：(1)实行检察人员分类招录与管理。检察机关中的司法行政人员按普通公务员招录，检察官助理从法学院毕业并取得法律职业资格证书的人员中招录，新招录的司法行政人员不得转任检察官助理和检察官，司法行政人员与检察官助理、检察官之间不再流动，确保各分类部门的职业化和专业化。(2)建立检察官遴选和公开选拔制度。市院机关检察官一般从分院、基层院的优秀检察官中遴选，由省级院检察官遴选(惩戒)工作办公室负责组织实施，一般每年组织一次。符合条件的市院机关检察官助理，由市院"统一遴选、统一调配"，安排到基层院担任检察官。检察官也可以从优秀的律师、法律学者及其他法律工作者等专业法律人才中公开选拔。(3)明确检察官岗位设置。进入员额管理的检察官全部配置在业务部门的司法办案岗位。各级检察院侦监、公诉、未检、反贪、反渎、民行、监所部门的检察官足额配备；社区、案件管理、控告申诉、预防、法律政策研究部门的检察官从严控制，按照规定岗位和数额配备；业务部门的综合岗位以及办公室、政治

① 对于"检察人员分类管理"与"检察官员额制"改革，有部分报道与论著将两者分列并述。本研究认为，"检察官员额制"是包含于"检察人员分类管理"改革的核心项目，两者并非同一逻辑层面的改革事项。

部、行政装备、纪检监察等司法行政部门不配备检察官。①

2. 健全检察官职业保障。检察官职业保障包括身份保障、薪酬待遇保障两方面。身份保障包括办案权,按期晋升权,非因法定事由、非经法定程序不被免职、降级、辞退等。目前,上海市已完成全市检察官职务等级套改,初步建立了检察官专业职务序列,检察官等级与行政职级脱钩。检察官等级晋升采取按期晋升和择优选升相结合的方式,明确检察官在年度考核中称职,达到规定年限就可以晋升到上一等级,将检察官等级作为检察官管理和确定薪酬待遇的基础和依据。同时,为确保入额后的检察官依法公正行使检察权,上海市检察院在检察官管理、业绩考核与职业培训方面也推出了一系列配套改革措施包括:制定检察官岗位说明书,明确检察官的岗位要求和主要职责;建立检察官司法档案制度,通过全面客观记录检察官的个人信息、案件评查及监督、具体案件督导及检察官执法过错责任追究等内容,作为检察人员考核中选任、晋升、惩处、退出的依据;实行严格的检察官职业回避制度,对检察官的职业操守和职业形象、社会交往等提出更高要求;建立检察官研修制度,提升检察官司法专业素能。在薪酬保障方面,上海市按照检察官等级确定薪酬待遇,建立了与行政级别脱钩的单独的检察官工资序列。

二、检察办案组织构建

办案组织是检察机关司法办案的基本载体。检察办案组织建设经历了以主任检察官办案组为基本办案组织形式到独任检察官与检察官办案组并存互补的发展过程。目前,检察机关实行独任检察官和检察官办案组两种办案组织形式。

独任检察官是由一名检察官和检察官助理、书记员组成的办案组织。独任检察官必须具备独立行使检察权的职业素养和专业能力,在进入员额的检察官中产生。独任检察官的部门配置与检察办案的司法属性、经办案件数量呈正比例关系,与办案难度与案件重要程度呈反比例关系。比如,批捕、起诉等刑事检

① 以首批试点的市检察一分院、徐汇区院、闵行区院、宝山区院为例,四个试点院首批建议确认或遴选入额检察官共308名,占队伍编制总数的29.9%。入额检察官主要配置批捕、起诉、反贪、反渎和法律监督部门的办案岗位,占建议入额检察官的72.3%;案件管理、控告申诉、预防等其他业务部门的检察官配备从严控制,占建议入额检察官的17%。办公室、政治部等行政综合部门不配备检察官,即使业务部门的综合业务岗位也不配备检察官。

察部门检察官办案的司法属性较强，办理案件适用刑事速裁程序和简易程序的案件数量较多且不断增加，这些部门一般均以独任检察官作为常态化的办案组织形式。反之，反贪、反渎等职务犯罪侦查部门检察官办案的行政属性和团队属性较强，“上令下从”特点明显，办理案件数量较少，实践中一般少设或不设独任检察官；同样，监所、民行等诉讼监督部门办案往往涉及相关部门纠正错误、堵漏建制等重大事项，独任检察官很难单独胜任，因此，这些部门一般也会根据办案实际少设或不设独任检察官。

检察官办案组由三名以上检察官和若干名检察官助理、书记员组成，办案组负责人为主任检察官。针对检察机关履职差异性较大的特点，区分专业化办案组、团队制办案组、合议制办案组和专案办案组四种类型。在设置形式上，为淡化司法办案行政化色彩、有效整合内设机构、加强检察业务管理和专业化建设，除专案办案组为临时组建以外，专业化办案组、团队制办案组、合议制办案组参照法院合议庭的设置模式，相对固定设置。目前，对于四种类型的检察官办案组在各检察业务部门之间的实际配置及运作：(1)批捕、起诉等刑事检察部门，根据案件相对集中的特点，目前主要设置未成年人、金融和知识产权、职务犯罪、外国人犯罪等若干专业化办案组。(2)反贪、反渎等职务犯罪侦查部门办理案件更多需要团队分工配合协作，主要配置检察官履职关系更为紧密的团队制办案组，以确保侦查工作效率和执行力。(3)监所、民行等诉讼监督部门办理抗诉、纠正违法意见、重要检察建议等重要监督事项，引发相关部门效应较大，主要配置合议制办案组，由多名检察官共同合议决定重要监督事项，确保监督权行使的民主性、合理性。(4)除上述三类办案组以外，根据部分特别重大案件跨区域、跨领域或者具有重大社会影响的特点，检察长可以决定临时组建专案办案组，组织下级院、不同办案部门的检察官组成办案组，共同办理案件。

结构性司改以来，检察机关根据办理案件类型、难易程度以及区域特点等情况，对独任检察官和检察官办案组并存互补的检察办案组织形式作了进一步完善。比如，在刑事检察部门，原则上授权独任检察官负责办理一般案件，检察官办案组办理重大、疑难、复杂案件；在职务犯罪侦查部门，由检察官办案组行使案件侦查权；在检察部门、民行部门，根据案件性质和难易程度，由检察官办案组或独任检察官承办案件；其他业务部门原则上不设检察官办案组，由独任检察官办案。比如，对独任检察官办案实行专业化与均衡化相结合，对于开设赌场、妨害公务、交通肇事、涉毒、金融知识产权、涉食品药品安全、职务犯罪等案件实行相对集中办理，其他类型案件则按照均衡化原则分配；在公诉部门专门设立办案组办理速裁案件，实现案件繁简分流，进一步提高办案效率；同时，设立办理涉黄赌毒犯罪、涉外国人犯罪、强制医疗以及重大暴力恐怖犯罪等办案组，侦监部门设立了涉外国人犯罪、污染环境类犯罪、食药品犯罪、涉高科技犯罪、办理知识产权、金融犯罪、职务犯罪案件等多个办案组，并成立了办理重大金融犯罪案件的专案组；不同地方也根据工作实际，分别设置了职务犯罪、毒品犯罪、网络犯罪、航运犯罪等专业化办案组，实现了专业化案件由特定的独任检察官或检察官办案组相对集中办理。

三、办案职权配置与司法责任落实

（一）进一步扩大对检察官的授权

检察机关采取按照业务部门分类制定的方式，检察机关按条线分别制定检察官权力清单，除重大办案事项决定权外，一般的办案职权均授权独任检察官或检察官办案组行使。综配司改中的具体做法包括：

1. 在权力清单中规定除应由检察长或检察委员会行使的重大职权外，其余职权均可授权其他检察官或主任检察官依法行使。明确除应由检察长或者检察委员会依法行使决定不批捕、不起诉、撤回起诉等职权外，其他办案职权均可授权主任检察官或检察官行使。主任检察官行使案件审核权，但不得改变检察官的决定；业务部门负责人从事政务和业务管理，不再具有审批权。进一步突出检察官的办案主体地位。

2. 针对不同层级院、不同业务部门在办理案件类型、疑难复杂程度等方面情况不同的特点，对检察官进行区别授权。刑事检察部门办案量大，时间要求较高，司法属性较强，为减少办案环节、提高办案效率，对检察官大胆授权，除绝对不捕，存疑不捕，不诉，撤回起诉，重大、有影响的案件是否批准（决定）逮捕、是否提起公诉等决定权仍应由检察长或检察委员会行使以外，其余如相对不捕，变更、追加起诉等决定权均可授权检察官行使；职务犯罪侦查部门办理案件的行政属性较强，谨慎授权，初查，立案、不立案，案件侦查终结，撤销案件等重大事项决定权，以及采取涉及人身权利的强制措施，采取技术手段侦查，采取查封、扣押、冻结财产等措施，必须由检察长行使；诉讼监督部门办理监督事项则适当扩大授权，重大监督事项，例如提出抗诉和再审检察建议，必须由检察长或检察委员会决定以外，其余职权均可授权检察官行使。

（二）明确各类检察人员职责权限

1. 要求检察长既要直接办理一定数量的重大案件，又要运用好案件决定权、审核权和法律文书签发权行使检察长职权，通过行使案件审核权、决定权，全面加强对司法办案工作的领导和指导。不少检察机关出台检察长直接办理案件的具体规定，结合工作实际对办案类型、办案方式和数量标准等作出具体细化。比如，以正面清单方式设置检察长、检委会、检察官的办案权限，并逐项对照《宪法》、《人民检察院组织法》、《检察官法》和《刑事诉讼法》，以及《人民检察院刑事诉讼规则》等司法解释，共同对检察长、检委会和检察官的办案权限进行了配置。

2. 明确主任检察官、业务部门负责人的司法管理和案件审核职责，加强检察业务管理。主任检察官作为检察官办案组的负责人，除亲自办案外，主要负责对组内承办案件进行组织、指挥和协调，确保案件质量和办案效率。在不同的办案部门，主任检察官的职责有所区别，在刑事检察部门主要负责组内检察官独任承办案件的审核职责，在职务犯罪侦查部门主要负责侦查活动的组织、指挥职责，在诉讼监督部门主要负责主持讨论决定以人民检察院名义提出的监督事项。业务部门负责人从过去侧重于行政管理转变为以司法管理为主，减少行政审批对其履职精力的过多消耗，更多发挥其对案件质量进行监督管理的作用。例如对一类案件的法律政策问题组织开展研究，对存有争议的重大、疑难、复杂案件召集检察官联席会议进行讨论，对独任检察官和主任检察官承办决定的案件及相关文书进行审核把关等，减少对检察官司法办案的直接介入。

3. 合理界定检察官与检察官助理、书记员的职责关系。明确检察权必须由检察官行使，只有检察官对所承办案件在职权范围内具有决定权，首次讯问犯罪嫌疑人、被告人，出席法庭，询问关键证人和对诉讼活动具有重要影响的诉讼参与人，代表检察机关当面提出监督意见，采取涉及人身权利的强制措施等核心办案职责，必须由检察官直接行使，规定检察官助理在办案组织中接受检察官的指导，协助参与办案。除完成必要的办案辅助工作之外，也承担较为重要的办案职责，比如，检察官首次讯问犯罪嫌疑人、被告人之后的复核性讯问，审阅案卷并提出认定事实和适用法律意见，协助收集、调取、核实证据、现场勘验、检查等辅助办案职责；明确书记员应当承担案件记录、收转、登记、文书送达等辅助办案职责；同时赋予检察官对检察官助理、书记员的考核评价职能，突出检察官在办案中的主体地位。

(三)区分各类检察人员办案司法责任

按照"谁办案谁负责、谁决定谁承担责任"原则,健全办案归责制度,明确了不同情形下的办案责任承担:(1)检察长(副检察长)决定案件和审核案件的司法责任,规定检察长(副检察长)对职权范围内决定的办案事项以及改变检察官决定的办案事项承担司法责任,检察长(副检察长)虽审核案件但未改变检察官的决定,司法责任仍由检察官承担。(2)区分不同办案组织形式中检察官的司法责任,规定检察官办案组团队承办和合议决定的案件,由主任检察官和检察官共同承担责任,增强检察官的责任心,确保检察官恪尽职守、尽心履职。(3)为进一步突出检察官的办案主体地位,区分检察官和检察辅助人员的责任界限,规定检察辅助人员除个人违法违纪行为外,依检察官要求参与司法办案工作,案件质量和司法责任由检察官承担,以充分增强检察官履职责任心,严格检察官对辅助人员的管理。此外,上海检察机关还建立、健全个案评鉴制度,规定对案件被宣告无罪,国家赔偿,被认为是冤、假案的等情形,组织开展个案评鉴,决定是否应当追究检察官责任。

四、办案监督制约机制

强化对司法办案的监督制约,是在授予检察官更大办案权力、突出检察官办案主体地位的情况下,加强案件质量管理,确保检察官依法公正行使检察权的重要保障。综配司改分别从案件审核、流程管理、司法责任评鉴及司法公开等方面,对完善司法办案监督制约作出全面规定。

1. 建立案件审核制度。检察机关探索实行刑事检察部门负责人、主任检察官分别对检察官办案组、独任检察官承办案件进行审核的工作机制。明确刑事检察部门主任检察官对组内检察官承办的案件进行审核,业务部门负责人对本部门主任检察官和独任检察官承办的案件进行审核。除检察长审核案件可直接改变案件处理决定外,业务部门负责人、主任检察官无权直接改变检察官的决定。经审核后未改变检察官决定的,司法责任仍由检察官承担,案件审核机制在保障检察官办案质量方面起到重要的作用。

2. 完善案件分配制度。综配司改建立了随机分案为主、指定分案为辅的案件分配机制,规定刑事检察部门在兼顾专业分工前提下,以随机分案为主,重大、疑难、复杂案件可由业务部门负责人指定分案;职务犯罪侦查部门以指定分案为主；监督部门积极推进监督事项案件化的办案方向，完善立案标准和办案程序。此外，开始探索实行审查逮捕、审查起诉案件由案管部门随机分配至独任检察官或检察官办案组办理，确保检察官办案工作的相对均衡；上海市检察院案管处也正在研究制定案件分配相关规定，对随机分案、指定分案的案件范围、分案方式以及变更分案程序等作出细化规定。

3. 完善办案流程监管。依托最高人民检察院统一业务应用系统，在案管部门设置专职的流程监控员，客观、全面记录检察官办案数量、质量、效率、效果等相关信息，对检察办案进行全程动态监控。在加强重点案件质量评查同时，实现对职务犯罪侦查案件不起诉或撤案的、捕后不诉、影响定性或跨幅度量刑的诉判差异等案件每案必查。比如，建立综合管理信息平台，将统一业务应用系统的数据资源整合为核心和辅助指标，从案件、时间、人员、绩效四个维度对检察官办案活动进行实时统计、分析和管理。案件从受理、办理、审核、提交讨论到审结的全过程，以及诉讼监督、风险预警、案件评查等延伸工作，都能被抓取、整合为平台各项数据，并加以综合利用，实现自动抓取、自动分析、直接展示。

4. 完善外部监督制约。检察机关组织检察业务专家、人大代表、政协委员、科研院校专家学者等组成司法责任评鉴委员会，对检察官司法办案中可能存在重大质量问题或严重违背职业操守的情形开展评鉴，确认检察官是否存在过错责任或违法违纪行为，确保司法责任界定和追究的公开、公正。同时，各级检察院还依托检察服务平台，进一步深化司法公开工作，案件程序性信息、已生效法律文书及时通过网上平台提供公开查询，对存在社会危险性争议的逮捕案件、拟作相对不起诉处理的案件、羁押必要性审查等案件实行公开审查，确保检察权公开透明规范行使。

第三节　深化司改重点

基础司改和综配司改已取得不少成效。但是，不少地方仍需攻坚克难，尤其是检察人员管理、办案组织构建、办案职权配置和办案监督制约难点等。

一、检察人员管理

1. 检察官员额制改革的独特关注。作为实现检察官专业化、职业化的重要手段,员额内检察官的名额相当有限。以上海市为例,综配司改前上海全市检察机关检察官有近2900名,占实有检察干部数的71%。按照员额内检察官占比33%来计算,综配司改后的检察官总数只有1800余名。目前,上海各试点院均不同程度出现大量符合条件的助理检察员、回归办案一线的检察员排队等待入额现象。① 与此同时,由于多数业务部门中实际办案检察官人数较综配司改前大幅下降,员额内检察官承受的办案压力骤增,一些地方出现现有检察官员额配置难以满足实际办案需要的情况。此外,随着薪酬改革、工资福利的逐步到位,还出现未入额人员思想不稳定、司法行政人员职业发展不明朗等问题。

2. 检察官管理考核的提升空间。一是检察官办案业绩难以量化考核。检察办案工作是高度复杂的逻辑与经验思维的复合体,区别于简单的"流水线"作业,无法像计件工人一样,对检察官的劳动进行简单的计量、排序与对比。不仅是不同业务部门之间工作无法横向对比,即便是同一业务部门内部,随机分配的案件其实际工作量也存在极大差异。尤其在团队制办案、合议制办案模式下,职务犯罪侦查及法律监督部门的独任检察官和检察官办案组办案强调团队协作、整体配合,在这些部门,业绩考核要真正公正有效地量化到人非常困难。二是传统条线考核与检察官业务考核难以有机融合。传统的基层检察院考核主要以条线部门为单位进行考核,对检察官的业务考核则主要是个体考核,两者在办案业绩的考察上侧重点不同,考核标准、方式等方面存在较大差异,在考核导向上甚至出现截然相反的情况。②

二、办案组织构建

1. 办案组内主任检察官是否相对固定设置。目前,多数检察机关是主任检察官相对固定,理由是经过员额制改革后,检察官队伍虽然实现了一定的精英化,但在一段时期内检察官的办案能力和水平仍然参差不齐,如果主任检察官

① 比如,位于上海市中心的黄埔区人民检察院,该区由原黄埔、卢湾、南市三区合并而成,由于历史原因,现有检察员年龄偏大、人数较多。经该院党组向上海市人民检察院特别申请,目前入额检察官104名(含遴选入额检察官8人),但仍有应入额而未入的检察员33人。

② 比如,公诉部门追诉、抗诉等工作在部门考核中占据比重较大,但检察官需要承担较大的办案风险,且在办案业绩与司法责任评价上体现不多,导致检察官履职的动力不足;未成年人刑事检察部门需要额外承担大量的社会综合治理、项目创新等案外工作,这些工作无法作为司法办案在业绩评价中得以体现,削弱了检察官的工作积极性;控申部门考核中规定开展公开审查可以加分,但检察官可能需要承担更多的办案风险和压力,因此,往往倾向于"多一事不如少一事"等。

"随案而生",可能会对案件质量产生不利的影响。从有效组织办案和进行司法管理的角度,主任检察官应相对固定。实践中也有另一种声音,即认为主任检察官应当"随案而生",从最高人民检察院关于主任检察官的定位理解,凡是进入员额的检察官都可以作为主任检察官带领检察官办案组办理重大、疑难、复杂案件。

2. 主任检察官选任标准与程序更精准设计。综配司改尚未对主任检察官的任职资格、任命程序、在入额检察官中的占比等作出精细化规定。部分检察机关规定主任检察官应严格掌握质量和标准,从具有 10 年以上检察工作经历或有检察业务能手称号的检察员中择优选任;也有以内部指定方式确认若干主任检察官;有的根据各自情况和原有工作模式,沿用主诉、主办检察官带领办案组办案;有的由业务部门负责人或指定检察官作为负责人领导团队办案;还有的由入额检察官两两协作办案等方式开展办案工作并承担办案责任。择优选任主任检察官的高标准化体系建立与否,一定程度上会影响检察办案组织的正常构建和运行。

3. 独任检察官是否选任产生问题。独任检察官作为一种办案组织形式,已经在最高人民检察院规范性文件中得到明确,但对于独任检察官如何产生,在办案中如何运行,实践中仍出现分歧,有的地方认为,独任检察官作为一种办案组织形式,如同检察官办案组中的主任检察官一样,需要有正式的任命程序,入额检察官并非当然的独任检察官,选任产生独任检察官也较符合目前整个检察官队伍的办案能力现状。有些地方则暂时不另设独任检察官职位,仅作为办案制的一种方式,即独任检察官是入额检察官在授权范围内依法独立行使检察权,并独立承担办案责任的一种办案模式,也就是说,所有入额检察官在独立办案时都是独任检察官。

三、办案职权配置

1. 权力清单的更合理设置。一是实践中对办案权力的界定存在较大的分歧。除职务犯罪侦查、批捕、起诉、诉讼监督等一线办案业务外,对其他非诉讼化的办案业务,如职务犯罪预防、国家赔偿、司法救助、涉罪未成年人帮教等,如何界定办案权力仍然存在认识上的分歧。二是权力清单有待进一步调整或细化,职权划分存在模糊点。不少检察机关权力清单虽对检察院检察长(副检察长)或检委会、检察官(含部分主任检察官)的办案权力作了全面的规定,但大部分为检察机关共性权力，对于不同层级院办案中的一些特有问题，仍需进一步调整完善。比如，对于如何界定“重大、有影响案件”的标准，相关业务部门的权力清单并未作出明确界定，给办理相关审查逮捕、审查起诉案件的权限设置带来难度。三是不同业务部门、不同岗位的检察官、检察官助理的职权和责任界定不明确，检察长、检委会和部门领导与检察官的关系有待进一步厘清。尤其是综配司改前的助理检察员和书记员在被统一任命为检察官助理后，两者的具体职责范围尚需进一步明确。① 同时，一线业务部门经检察长授权办案的检察官助理与检察官工作任务、压力相近；综合业务部门检察官与检察官助理工作内容趋同、分工不明显，都成为检察机关司法责任制实际落实过程中的模糊点。

2. 办案职权的更合理行使。部分检察机关考虑到检察官的办案能力与司法责任制的要求存在相当差距，对不诉、不捕案件办案权限，暂不下放至检察官。也有一些检察官虽然被授予较大的办案权力，但实际上却怠于行权，逃避责任。有的检察官习惯于传统的三级审批办案机制②，为减轻办案风险和压力，逃避办案责任，对一些原本属于检察官职权范围内的案件，在没有认真细致研究案件事实和证据的情况下，通过改变案件定性意见的方式提请三级审批，转移案件决定权和司法责任。检察官被授权而怠行权，反过来也造成主任检察官、部门负责人过多介入实体办案，司法管理压力过大。

四、办案监督制约难点

1. 随机分案的合理性。一是大量疑难复杂案件都会开展提前介入工作，案管部门在案件分配过程中对此并不掌握情况，信息不对称容易造成分案后检察官与提前介入的检察官不一致，办案责任难以界定。二是刑事检察部门根据办案需要设立专业化办案组，但案管部门对案件并不熟悉，囿于现有人员状况也无法开展实质性审查，难以作出科学合理分配。③ 三是案件本身疑难复杂程度

---

① 在当前办案实践中，检察官助理分为两类：一类是原具有助检员身份的检察官助理，对这一类助理经授权后其可以行使检察官职权，但对其在授权后的职权范围目前尚没有明确规定；另一类是没有助检员身份的检察官助理，这一类助理不能行使检察官职权。

② 三级审批办案机制是指由案件经办检察官提出处理意见，由部门负责人审核，检察长（分管副检察长）决定的传统检察办案模式，是检察权运行行政化的集中体现。

③ 调查发现，正是因为这一原因，部分检察院暂仍由部门负责人承担分案工作。如徐汇区院拟待案管部门具备统一分案条件后改由案管部门统一分案。

情况不同，无法单纯以办案数量来衡量检察官的工作量，且检察官会承担较多办案以外的工作，相较于业务部门负责人而言，案管部门无法准确掌握检察官工作量的实际情况。四是目前检察官办案能力水平不一，履职责任心也各有差异，随机分案既不利于保障办案质量，也容易造成法律适用的不统一。

2. 案件审核中的正当性。一是审核层级过多，审核范围过广问题。一些检察机关在案件审核中存在主任检察官、部分负责人、分管检察长等诸多层级，且审核的范围几乎涉及所有的案件。由于基层检察院刑事检察部门的绝大多数案件由检察官决定，每案必审使案件数量较大部门的负责人深陷案件审核工作无法抽身顾及其他。一些检察机关对于业务部门负责人、主任检察官是否应对全案进行审核存在分歧。比如，在刑事检察部门，对书面审查的理解是只审查起诉书还是审查起诉书和审结报告存在疑问。二是在审核方式上，对审核应当实质审查还是形式审查把握不准。有的担心如果只是形式审核，并不发挥实际上的案件质量把关作用，如果实质审查，则混淆审核与审批，与综配司改前的办案模式无实质改变。三是在审核责任承担方面。对于审核应尽到何种程度的注意义务才可以免除监督管理责任，以及何为“案件存在明显瑕疵应负监督管理责任”的判断标准，实践中较难把握。①

3. 流程监管中的优化性。通过流程监控进行同步监督尚未完全实现，比如，案件质量评查仅限于每季度进行质量分析，而个案评鉴仅针对严重违法行为，缺乏日常性的流程监控机制，监督的及时性还需要强化。流程监控虽然主要依托统一业务应用系统进行，但流程监控员并非只是承担具体的事务性工作，在该岗位上应当配置办案经验丰富、在业务上具有权威性和公信力的优秀检察官，然而案管部门的检察官员额配置较少，职业保障上略显不足，且案件分配、质量评查和司法责任评鉴等履职任务日趋繁重，与现有队伍状况之间的矛盾日渐突出，目前尚无法配置优秀的检察官到流程监控岗位上，对司法办案活动的同步监督尚未完全发挥作用。

---

① 按照现有审核制度的设计，除分管检察长直接改变原拟处决定的需要承担司法责任外，其他审核均由检察官承担责任，而审核者不承担责任。没有责任的审核很难起到应有作用。同时，也使普通检察官和具有审核权限的有职务的检察官（领导）之间存在责任承担上的不平等。